Albach/Gabelin · Mitarbeiterführung

Universitätsseminar der Wirtschaft

USW-Schriften für Führungskräfte

Herausgeber:
Prof. Dr. Dr. h. c. mult. H. Albach, Prof. Dr. W. Busse von Colbe,
Prof. Dr. H. Sabel, Dr. L. Vaubel

Band 9

Prof. Dr. Dr. h. c. mult. Horst Albach
Dr. Thomas Gabelin

Mitarbeiterführung

Text und Fälle

ISBN 3 409 87391 0

Copyright by Dr. Th. Gabler-Verlag, Wiesbaden 1977

Vorwort

Mitarbeiterführung ist ein praktisch bedeutsames und wissenschaftlich interessantes Gebiet. Wichtige Erkenntnisse zum Verständnis dieses Gegenstands haben die Herrschaftssoziologie, die Bürokratismustheorie, die Wahrnehmungs- und Lernpsychologie, die Kleingruppenforschung und die Organisationstheorie geliefert. Die Betriebswirtschaftslehre hat sich, an ältere Arbeiten anknüpfend, in den letzten Jahren verstärkt diesem Gebiet zugewandt. Dabei haben Fragen der Mitbestimmung, der Ertragsbeteiligung und der Personalplanung im Vordergrund gestanden. In zahlreichen Führungsmodellen wurden Erkenntnisse der Entscheidungs- und Planungstheorie systematisiert.

Fragen der Mitarbeiterführung waren von Beginn an auch Gegenstand der Arbeit des Universitätsseminars der Wirtschaft (USW). Sie werden in den Zehn-Wochen-Seminaren behandelt und sind seit 1973 zentrales Thema der Seminare „Führung von Mitarbeitern". Zwei Grundsätze wurden bei der Entwicklung der Seminare beachtet, die auch für die Gestaltung des vorliegenden Bandes tragend sind:

— Mitarbeiterführung ist ein Problem, das einen interdisziplinären Ansatz erfordert,

— Mitarbeiterführung ist ein Problem, das nur auf dem Hintergrund organisatorischer Bedingungen und gesellschaftlicher Einflüsse und Werthaltungen verstanden werden kann.

Dieser Band ist daher auch das Ergebnis gemeinsamer Diskussionen zwischen dem Betriebspsychologen und dem Betriebswirt.

Das Anliegen des Bandes ist es, die Diskussion über Fragen der Führung von Mitarbeitern durch Texte und Fallstudien aus der Praxis zu erleichtern.

Die Texte vermitteln ein Bild von der Offenheit wissenschaftlichen Bemühens um Fragen der Mitarbeiterführung, die unserer Ansicht nach kennzeichnend für den gegenwärtigen Stand der Theorie ist. Sie lassen aber auch erkennen, daß wir einen problemorientierten Ansatz zur Lösung dieser Fragen für fruchtbarer halten als einen methodenorientierten Ansatz, wie er für viele psychologische, soziologische und betriebswirtschaftliche Behandlungen von Teilaspekten des Gebiets der Mitarbeiterführung typisch ist.

Die Texte sind als einführende Lektüre gedacht, die Begriffe vermitteln soll, mit denen die Diskussion über die Fallstudien leichter geführt werden kann. Dabei haben wir uns aber bemüht, einem Denken in Schablonen und Rezepten keinen Vorschub zu leisten.

Die Falltexte nehmen den größeren Teil dieses Bandes ein. Die Zuordnung zu den einzelnen Kapiteln erfolgte danach, wo unserer Ansicht nach der Schwerpunkt des in dem Fall geschilderten Sachverhalts liegt. Je vielschichtiger aber die geschilderten Führungsprobleme sind, um so willkürlicher wird eine solche Zuordnung.

In dem Band sind überwiegend deutsche Fallstudien zusammengefaßt. Daneben wurden eine Reihe ausländischer Fälle aufgenommen, die sich im Unterricht bewährt haben und für die kein gleichwertiger deutscher Fall erarbeitet werden konnte.

Alle deutschen Fälle sind Fälle aus der Realität. Wir haben den Grundsatz beachtet, keine Fälle aufzunehmen, die nicht eine tatsächlich gegebene Situation widerspiegeln oder das Führungsverhalten in einem konkreten Falle schildern.

Nicht in jedem Fall werden „Roß und Reiter" genannt. Das ist bei Führungsproblemen verständlich. Die Fälle stellen Führungsprobleme aus Unternehmen verschiedener Branchen, Betriebsgrößen und Rechtsformen dar, die in den verschiedensten Bereichen der Unternehmen aufgetreten sind. Sie vermitteln ein breites Bild von den in der Praxis auftretenden Führungsproblemen.

Wir haben bewußt sowohl Kurzfälle als auch längere Problembeschreibungen in den Band aufgenommen. Die Kurzfälle sollen die Phantasie beim Nachdenken über die Problemlösung fördern und in der Diskussion über die unterschiedlichen Antworten die Frage nach dem „Warum" so verschiedener Antworten entstehen lassen. Dies ist die Voraussetzung dafür, daß in der Fallbehandlung im Seminar die Bedingungen analysiert und die Vor-Urteile herausgearbeitet werden, auf denen die verschiedenen Antworten beruhen.

Die längeren Falltexte dienen der Erörterung der Anwendbarkeit analytischer Instrumente. Diese können teils zur Strukturierung eines komplexen unternehmenspolitischen Problems, teils zur Ableitung einer personalpolitischen Entscheidung eingesetzt werden. Ihre Handhabung soll an dem Fall geübt werden.

Einen Band mit „Lösungen" für die Fälle legen wir nicht vor. Ein solcher Band könnte allzu leicht dazu verleiten, das Nachdenken über die Lösung und über den methodischen Weg, wie man zur Lösung des Führungsproblems kommt, abzukürzen. Nicht zuletzt haben wir aber auch deshalb auf einen Band mit Lösungen verzichtet, weil der Leser lernen soll, selbst zu entscheiden, welche der geschilderten Probleme wichtiger und welche von geringerer Tragweite sind.

Ein Wort des Dankes möchten wir an die Teilnehmer der Führungsseminare des Universitätsseminars der Wirtschaft richten. Die zahllosen Unterhaltungen mit ihnen über ihre Führungsprobleme haben den Blick für die praktischen Probleme geschärft. Ihr Beitrag zu diesem Band kommt zwar nicht stets namentlich zum Ausdruck, er ist aber dennoch nicht zu übersehen. Dank gebührt auch den Referenten der Führungsseminare aus Wissenschaft und Praxis, von denen wir viel gelernt haben. Die Verantwortung für den Inhalt dieses Bandes trifft uns aber allein.

Horst Albach   *Thomas Gabelin*

Inhaltsverzeichnis

        Seite

Kapitel 1: Menschenführung 17

Grundlagen der Führung im Unternehmen 19

  I. Einleitung 19

  II. Führungsmodelle 20

    1. Die Formen der Herrschaft bei Max Weber 20

    2. Die disfunktionalen Aspekte bürokratischer Herrschaft bei Selznick und Gouldner 23

    3. Typologie moderner Führungsmodelle 26

      a) Grundkonzepte der Unternehmensführung 26

      b) Die Managementlehren als Führungskonzepte 27

      c) Führungsmodelle 28

        (1) Das Harzburger Modell 29

        (2) Das Führungsmodell des Schweizerischen Instituts für höhere kaufmännische Bildung (SIB-Führungsmodell) . . 32

        (3) Das St. Galler Management-Modell 33

  III. Grundelemente eines Führungsmodells 37

    1. Formale Elemente eines Führungsmodells 37

    2. Inhaltliche Elemente eines Führungsmodells 39

      a) Das Menschenbild 40

      b) Führungsziel: Gestaltung der menschlichen Beziehungen . . 41

      c) Führungsstil 44

      d) Die Führungssituation 45

	Seite
Charles Bullard A	47
Charles Bullard B	53
Der junge Vorgesetzte	55
Der Reviersteiger	56

Möglichkeiten der Veränderung von Verhalten 57

I. Abgrenzung des Themas 57

II. Grenzen der Veränderbarkeit menschlichen Verhaltens 57

III. Verhaltensänderung als Lernen 59

IV. Checkliste zur Verhaltensänderung 64

Kronkorken AG	67
Das neue Formular	68
Konwert AG	69

Kapitel 2: Die Organisation als Determinante der Mitarbeiterführung. . . . 79

Formelle Organisation und informelle Gruppe im Betrieb 81

I. Vorbemerkung 81

II. Die drei Grundkonzeptionen 81

    1. Das mechanistische Modell 81

    2. Das sozialpsychologische Modell 83

    3. Das betriebssoziologische Modell 88

III. Schluß 92

	Seite
Der Übergangene	93
Der Diebstahl	95
Das Verhältnis	97
Die Zahnschmerzen	98
Der Agitator	99
Häusliche Schwierigkeiten	100

Motivation durch neue Formen der Arbeitsorganisation 101

   I. Motivation durch Organisation 101

  II. Neue Formen der Arbeitsorganisation 102

Klöckner Starkstrom GmbH 107

Personalführung mit Verrechnungspreisen in divisionalisierten Unternehmen. 121

   I. Die organisationspolitischen Instrumente 121

  II. Die Kombination der organisationspolitischen Instrumente in divisionalisierten Unternehmen 123

      1. Bedingungen einer zieladäquaten Kombination der organisationspolitischen Instrumente 123

         a) Die kurzfristig optimale Kombination der organisationspolitischen Instrumente 123

         b) Die langfristig optimale Kombination der organisationspolitischen Instrumente 124

Seite

2. Anpassungsmaßnahmen bei Zielkonflikten in nur partiell divisionalisierten Unternehmen 125

    a) Änderungen des Verrechnungspreissystems 126

    b) Änderungen des Kontrollsystems 127

    c) Änderungen des Motivationssystems 129

III. Ergebnis . . . . , ... 131

    Birch Paper 133
    Deutsche Lufthansa AG 135
    Sussex Oil Company 163
    Die Umorganisation 168
    Planung eines neuen Bürohauses 169
    Meßtechnisches Ingenieurwesen 172
    Die Nachlackierung 173
    Die Versuchswagen 174

Kapitel 3: Führungsstil und Führungsverhalten 175

Verhaltenserwartungen an Führungskräfte 177

    I. Einführung 177

    II. Die Verhaltenserwartungen der Vorgesetzten 178

    III. Die Verhaltenserwartungen der Mitarbeiter 179

    IV. Die Verhaltenserwartungen der Kollegen 183

    V. Konflikte zwischen den Verhaltenserwartungen an Führungskräfte 184

    VI. Konflikte zwischen den Rollenerwartungen und dem Rollenverständnis der Führungskraft 185

Inhaltsverzeichnis 11

Seite

Personalführung mit Führungsgrundsätzen 187

I. Die veränderte gesellschaftliche Situation der Personalführung . 187

II. Der Niederschlag gesellschaftlicher Entwicklungen in den Führungsgrundsätzen der Unternehmen 191

    1. Das gewandelte Selbstverständnis der Unternehmen 191

    2. Die Wandlungen in der Bedeutung der Bezugsgruppen für die Willensbildung im Unternehmen 194

    3. Die Wandlungen in den Aufgaben und Zielen unternehmerischer Tätigkeit 195

    4. Die Wandlungen im Führungsstil 197

        a) Der Wandel vom autoritären zum partizipativen Führungsstil 197

        b) Das Bild des Mitarbeiters in den Führungsgrundsätzen . . . 198

        c) Der kooperative Führungsstil 199

III. Die Instrumente der Personalführung 201

    1. Die Delegation von Verantwortung 201

    2. Die Information von Mitarbeitern 202

    3. Die Motivation von Mitarbeitern 203

IV. Betriebliche Personalpolitik im Spannungsverhältnis von Führungsgrundsätzen und Führungspraxis 206

Bob Knowlton A 209
Bob Knowlton B 218
Der Fahrstuhl 219
Die Sachbearbeiterinnen 220
Der Fleißige 223
Die Kantine 224
Synthetics AG 225
Die verdorbene Charge 227
Der Sicherheitsingenieur 228
Der Bullige 230
Der Choleriker 231

	Seite
Kapitel 4: Führung durch Information und Motivation	233

Grundbegriffe der Information 235

    I. Grundlagen der Informationstheorie 235

        1. Informationssysteme 235

            a) Arten 235

            b) Ausgestaltung 235

            c) Formale Darstellung 236

        2. Der Informationsinhalt 239

        3. Der Informationswert 240

    II. Information als Führungsinstrument 241

        1. Rechtliche Regelungen des Informationssystems im Unternehmen 241

        2. Allgemeine Regelungen im Unternehmen 243

        3. Persönliche Information 248

Motivation von Mitarbeitern 249

    I. Der Begriff der Motivation 249

    II. Motivationstheorien 249

    III. Motivationsinstrumente 253

        Die Schichtarbeiter 255
        Der Betriebsführer 256
        Josiah Doncaster & Co., Ltd. 258
        Sombart AG 263
        Die Mitarbeiterinformation 290

Inhaltsverzeichnis 13

Seite

Die Diskussion 299
Der Schlüssel 300
Der Bummler 302
Die Transportkarre 303
Quellenhof 305
Chemikalien AG A 307
Chemikalien AG B 308
Chemikalien AG C 312

Kapitel 5: Führungsprobleme bei einzelnen Mitarbeitergruppen 315

Die altersbedingte Entlassung von Mitarbeitern aus ihrer Führungsaufgabe 317

I. Verlauf und Bedeutung des Berufsaustritts für das Individuum . . 317

    1. Das Paradoxon der Pensionierung 317

    2. Einige verhaltenswissenschaftliche Forschungsergebnisse . . . 318

        a) Die Altersstereotypien und ihre Legitimität 319

        b) Die Veränderung der beruflichen Leistungsfähigkeit im höheren Erwachsenenalter 321

        c) Die Bedingungen subjektiv erfolgreicher Bewältigung und der Krisenhaftigkeit des Ruhestandes 324

II. Die Pensionierung als ökonomisches Entscheidungsproblem . . . 326

    1. Darstellung der geltenden oder praktisch vorgeschlagenen organisatorischen Entscheidungsregeln zur Pensionierung 327

        a) Die Altersgrenze 327

        b) Die Stellenanpassung an altersbedingte Entwicklungen . . . 331

        c) Die Altersversorgung 335

        d) Weitere die Alterskündigung flankierende Maßnahmen . . 336

    2. Zur Begründung der Angemessenheit einer neuen Pensionierungspolitik 338

Seite

Der Abteilungsleiter 341
Der Vorsichtige 343
Der Leistungsabfall 344
Laborant Meier 345
Felix Unzufrieden 346
Der Sinneswandel 347
Weibliche Vorgesetzte 349
Fluktuation 350
Der Gast 351

Kapitel 6: Zusammenarbeit mit der Personalabteilung 353

Instrumente der Mitarbeiterführung 355

I. Vorbemerkung 355

II. Instrumente der Mitarbeiterführung 355

    1. Organisatorische Hilfsmittel 355

    2. Prozeßhilfsmittel 357

    3. Kontrollhilfsmittel 359

    4. Entlohnung als Führungsinstrument 362

    5. Entwicklungsplanung als Hilfsmittel der Führung von Mitarbeitern 363

Fräulein Nellung A 367
Fräulein Nellung B 371
Einstellungsstopp 372
Kaufhaus AG 374
Deutsche Fina GmbH 393
Gehaltsgruppen bei Einkäufern 401
Der Brasilianer 403

Inhaltsverzeichnis

Seite

Psychologische Aspekte der Mitarbeiterbeurteilung 405

I. Einleitung 405

II. Beeinflussung des Wahrnehmungsprozesses 406

III. Beeinflussung des Beschreibungsprozesses 409

IV. Beeinflussung des Bewertungsprozesses 410

V. Bewertungskriterien für Beurteilungsskalen 415

VI. Beurteilungsverfahren: Stärken und Schwächen 417

Preuß AG A 421
Preuß AG B 459

Kapitel 7: Einstellung und Entlassung von Mitarbeitern 473

Interne Stellenausschreibung 475
Integrated Circuits GmbH 477
Der Lagermeister 483
Der Markttester 484
Das Plagiat 485
Der Schichtführer 487
Der Verlobte 488
Das Einstellungsgespräch 489

Kapitel 8: Bildungspolitik und Mitarbeiterförderung 491

Die Vertragsklausel 493
Krupp-Stufenplan 494
Ausbildung statt Ausbeutung 507

Seite

Kapitel 9: Führung in Zusammenarbeit mit Interessenvertretungen der Mitarbeiter 517

    Die Gehaltsliste 519
    Der Kandidat 520
    Die Frühstückspause 521
    Sempertreu AG 522
    Sprecherausschuß A 526
    Sprecherausschuß B 527
    Der Vertriebsleiter 528

Kapitel 10: Führung in Arbeitskonflikten 531

    Hessische Chemiewerke AG 533
    Precisia GmbH 562
    Pakaleman Ltd., Lahore 563

Kapitel 11: Zusammenfassende Thesen 577

Quellennachweis für die abgedruckten Fälle 589

Literaturverzeichnis 595

Namenverzeichnis 603

Stichwortverzeichnis 605

Kapitel 1

Menschenführung

Grundlagen der Führung im Unternehmen

I. Einleitung

Die Frage nach dem Wesen und dem Sinn von Führung wird in weiten Kreisen der Bevölkerung gestellt. Die Legitimation von Macht, d. h. der Ausübung von Herrschaft über andere Menschen, wird, wenn sie nicht grundsätzlich in Frage gestellt wird, als einer neuen Begründung bedürftig angesehen.

Die Frage nach der Legitimation von Führung wird in dieser Form nicht ohne Grund gestellt. In einer Zeit, in der Organisationsstrukturen als versachlichte Formen der Herrschaftsausübung einem ständigen Wandel unterliegen, wird der personale Kern der Herrschaft durch Organisation wieder deutlicher sichtbar. Die deutschen Unternehmen machen seit Jahren erhebliche organisatorische Veränderungen durch. Diese wurden durch die Ausdehnung der Märkte, durch die Differenzierung und Diversifikation der angebotenen Produktpalette, durch das Wachstum der Unternehmen und durch die zunehmende Komplexität aller betrieblichen Funktionen herbeigeführt. Nur zum geringeren Teil wurden sie durch gesetzliche Maßnahmen wie das neue Aktiengesetz, das Mitbestimmungsgesetz und das Betriebsverfassungsgesetz erzwungen. Die Frage nach dem „Warum" der Veränderung von Organisationsstrukturen und den damit verbundenen Veränderungen von Führungsbereichen ist daher meiner Ansicht nach das zwangsläufige Ergebnis der sogenannten „Anpassung der Organisation an die veränderten Umweltbedingungen". Die sogenannte „Krise der Führung im Unternehmen" ist daher nicht, so lautet meine These, das Ergebnis der Theoriediskussion einiger „linker Systemüberwinder", sondern ein der Marktwirtschaft immanenter Prozeß. Wenn die Frage nach der Legitimation der Führung im Unternehmen heute wieder grundsätzlich gestellt wird, so deshalb, weil wir in unserer dynamischen Wirtschaft ständig und immer schneller gezwungen sind, organisatorische Änderungen aktiv oder reaktiv vorzunehmen, und dabei ständig vor die Frage gestellt sind, ob diese Änderungen auch vom Standpunkt der Gesamtgesellschaft und der Gesamtwirtschaft aus akzeptiert werden können oder nicht.

Damit wird der dreidimensionale Aspekt der Führung deutlich, wie ich ihn vertreten möchte:

1. Führung bedeutet erstens Ausübung von Herrschaft über einen anderen Menschen (personaler Aspekt).

2. Führung bedeutet zweitens Schaffung von Herrschaftsbereichen, Abgrenzung von Kompetenzen und Herrschaftsstrukturen — Hierarchien — (organisatorischer Aspekt).

3. Führung bedeutet drittens Sichtbarkeit der Erfüllung von Aufgaben im Rahmen der Gesamtgesellschaft und damit Sichtbarkeit der arbeitsteiligen Organisation der Gesamtgesellschaft (gesamtwirtschaftlicher Aspekt).

Es ist meine These, daß in jeder Führungsaufgabe diese drei Dimensionen der Führung enthalten sind und daß eine richtige Lösung der Führungsaufgabe voraussetzt, daß alle drei Dimensionen in der Situation richtig beurteilt werden.

II. Führungsmodelle

Derartige Überlegungen zur Führung im Unternehmen stehen natürlich nicht im luftleeren Raum. Es soll daher im folgenden ein knapper Abriß einiger der für die weiteren Überlegungen wichtig erscheinenden Führungsmodelle gegeben werden.

1. Die Formen der Herrschaft bei Max Weber

Max Weber gilt allgemein als der Begründer der Herrschaftssoziologie, die heute den weniger suspekten Namen „Organisationssoziologie" trägt. In seinem Werk „Wirtschaft und Gesellschaft, Grundriß der verstehenden Soziologie" hat er die Herrschaftssoziologie entwickelt und dabei drei reine Typen der legitimen Herrschaft unterschieden[1]:

1. die charismatische Herrschaft,

2. die traditionelle Herrschaft,

3. die legale Herrschaft kraft Satzung.

Charismatische Herrschaft gründet sich auf Charisma des Führers einerseits und persönliche Hingabe der Geführten andererseits. Charismatische Herrschaft ist unabhängig von Fachqualifikation, Stand, Herkunft oder anderer persönlicher Abhängigkeit begründet.

Die *traditionelle Herrschaft* hat nach Max Weber zwei Erscheinungsformen. Patriarchalische Herrschaft gründet sich auf persönliche Abhängigkeit. Der

---

[1] Weber, M., Wirtschaft und Gesellschaft, Grundriß der verstehenden Soziologie, 4. Aufl., Tübingen 1956, S. 551.

Pater familias übt die Herrschaft als Familienoberhaupt über seine Frau und Kinder aus. In japanischen Unternehmen gründet sich patriarchalische Herrschaft auf das Senioritätsprinzip. Neben der patriarchalischen Herrschaft unterscheidet Max Weber die ständische Herrschaft. Hier ist die Legitimation von Herrschaft an den Stand gebunden. Ob die Ausübung von Herrschaft durch einen bestimmten Stand ihre tiefere Rechtfertigung in der sozialen Nützlichkeit dieses Standes hat, wird bei traditioneller Herrschaft nicht gefragt. Die ständische Herrschaft wird aus Tradition akzeptiert.

Legale Herrschaft kraft Satzung kommt nach Max Weber in Betrieben, Zweckverbänden und Vereinen, die auf einem Vertrag aufbauen, bei kollegialen Herrschafts- und Verwaltungskörpern und in der bürokratischen Herrschaftsform zum Ausdruck. Für Max Weber war die bürokratische Herrschaft das typische Merkmal seiner Zeit. Er sah sie keineswegs auf die öffentliche Verwaltung und die Ministerialbürokratie beschränkt. Er sagte: „Das aber, was dem modernen Kapitalismus im Gegensatz zu jenen uralten Formen kapitalistischen Erwerbs spezifisch ist, die strenge rationale Organisation der Arbeit auf dem Boden rationaler Technik, ist nirgends innerhalb irrational konstruierter Staatswesen entstanden und konnte dort auch nicht entstehen. Denn dazu sind diese modernen Betriebsformen mit ihrem stehenden Kapital und ihrer exakten Kalkulation gegen Irrationalitäten des Rechts und der Verwaltung viel zu empfindlich"[2]. Und: „Die ganz großen modernen kapitalistischen Unternehmungen sind selbst normalerweise unerreichte Muster straffer bürokratischer Organisation"[3].

Der bürokratischen Organisation politischer und wirtschaftlicher Instanzen sind nach Max Weber in ihrer Entfaltung praktisch keine Grenzen gesetzt. Sie hat vielmehr die Tendenz, sich auszudehnen: „Die Bürokratie ist gegenüber anderen geschichtlichen Trägern der modernen rationalen Lebensordnung ausgezeichnet durch ihre weit größere Unentrinnbarkeit. Es ist kein geschichtliches Beispiel dafür bekannt, daß sie da, wo sie einmal zur völligen Alleinherrschaft gelangt war — in China, Ägypten, in nicht so konsequenter Form im spätrömischen Reich und in Byzanz —, wieder verschwunden wäre, außer mit dem völligen Untergang der ganzen Kultur, die sie trug"[4].

Die Voraussetzungen für die Entfaltung der bürokratischen Herrschaft hat Max Weber in sechs Punkten zusammengefaßt[5]:

1. Es gibt feste Kompetenzen, d. h. eine feste Verteilung der regelmäßigen Tätigkeiten der erforderlichen Befehlsgewalten an Personen mit einer generell geregelten Qualifikation.

---
[2] Weber, M., a.a.O., S. 834.
[3] Weber, M., a.a.O., S. 570.
[4] Weber, M., a.a.O., S. 842.
[5] Weber, M., a.a.O., S. 578.

2. Es gilt das Prinzip der Amtshierarchie und des Instanzenzuges.

3. Es gilt das Aktenprinzip bei der Amtsführung.

4. Die Tätigkeit in der Bürokratie setzt eine eingehende Fachschulung voraus.

5. Die Arbeitskraft der „Beamten" ist durch die Tätigkeiten voll ausgelastet.

6. Die Amtsführung richtet sich nach generellen, mehr oder weniger festen und mehr oder weniger erschöpfend erlernbaren Regeln.

Die so definierte und gekennzeichnete bürokratische Herrschaft ist nach Max Weber in ihren Wirkungen deshalb allen anderen Organisationsformen überlegen, weil sie

1. bei der Erledigung komplizierter Aufgaben präziser ist,

2. im Ergebnis billiger ist,

3. das Prinzip der Arbeitszerlegung perfekter handhabt,

4. die Aufgaben „ohne Ansehen der Person" „sachlich" erledigt.

5. ihr Erfolg berechenbar ist.

Daher ist nach Ansicht von Max Weber die bürokratische Herrschaft „unzerbrechlich": „Wo die Bürokratisierung der Verwaltung einmal restlos durchgeführt ist, da ist eine praktisch so gut wie unzerbrechliche Form der Herrschaftsbeziehungen geschaffen."

Die Notwendigkeit einer Legitimation des aus der bürokratischen Organisation folgenden totalen Herrschaftsanspruchs über Menschen hat Max Weber deutlich gesehen. In den Debattereden des Vereins für Socialpolitik in Wien 1909 sagte er[6]: „Stellen Sie sich die Konsequenz jener umfassenden Bürokratisierung vor, die wir bereits heute im Anzuge sehen. In den Betrieben der Großindustrie sowohl wie in allen modern organisierten Wirtschaftsbetrieben überhaupt reicht die Rechenhaftigkeit, der rationale Kalkül, heute schon bis auf den Boden herunter. Es wird von ihm jeder einzelne Arbeiter zu einem Rädchen in dieser Maschinerie und innerlich zunehmend darauf abgerichtet, sich als ein Rädchen zu fühlen und sich nur zu fragen, ob er nicht von diesem kleinen Rädchen zu einem größeren werden kann." Von hier ist es nicht mehr so weit bis zum eindimensionalen Menschen von Marcuse.

---

[6] Weber, M., Debattereden auf der Tagung des Vereins für Socialpolitik in Wien 1909 zu den Verhandlungen über „Die wirtschaftlichen Unternehmungen der Gemeinden", in: Gesammelte Aufsätze, Tübingen 1924, S. 412 ff., hier: S. 414.

Die Legitimation der bürokratischen Herrschaft folgt bei Max Weber aus ihrer Unentrinnbarkeit, aus ihrer Rationalität, ihrer „Efficiency". Max Weber hat die „festen inneren Grenzen" dieser Herrschaftsformen gesehen, sie aber als nicht die Stabilität der bürokratischen Herrschaft bedrohende Faktoren bezeichnet. Er sagte: „Die Bürokratie hat im Staat wie in den Betrieben feste innere Grenzen. Der leitende Geist, der Unternehmer hier, der Politiker dort, ist etwas anderes als ein Beamter." In dieser Angewiesenheit der Organisation auf den Unternehmer oder den Politiker lassen sich die Kräfte ablesen, die auch zum Zerfall der bürokratischen Herrschaft führen können.

Das bürokratische Modell ist in Abbildung 1 in Form eines Regelkreis-Systems dargestellt. Die selbsterhaltende Kraft dieses Systems wird daraus unmittelbar ersichtlich.

Abb. 1: Das Bürokratismus-Modell von Max Weber

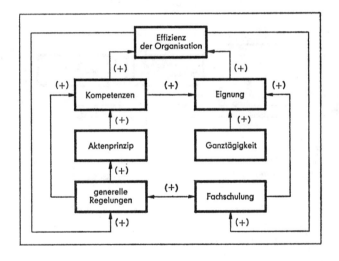

2. Die disfunktionalen Aspekte bürokratischer Herrschaft bei Selznick und Gouldner

In der amerikanischen Bürokratismustheorie, die auf Max Weber, aber auch auf den inzwischen gewonnenen Erkenntnissen der Betriebssoziologie aufbaute, wurden neben den die bürokratische Herrschaft bestätigenden und verfestigenden Faktoren, die Max Weber betont hatte, auch die destabilisierenden Kräfte analysiert, die die bürokratische Herrschaft gefährden und in Frage stellen.

Selznick verfolgte mit seinem Modell das Ziel, nachzuweisen, daß die Kontrolle in bürokratischen Organisationen eine Reihe von unerwarteten Ergebnissen hat. Die Wirkungsweise seines Herrschaftsmodells läßt sich in Form eines Regelkreisschemas leicht darstellen (Abbildung 2).

Abb. 2: Das Bürokratismus-Modell von Selznick

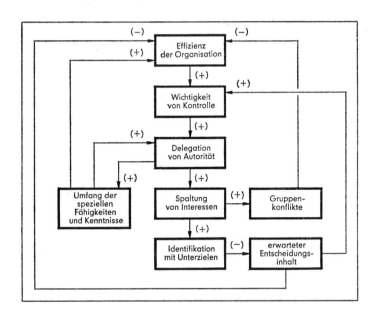

Rationale Organisation erfordert Kontrolle der Arbeitsergebnisse. Die Folge der Notwendigkeit von Kontrollen ist die stärkere Delegation von Autorität, des Rechtes also, die Arbeit anderer zu kontrollieren und bei Abweichungen Sanktionen auszusprechen. Kontrollautorität setzt jedoch selbst Beherrschung der zu kontrollierenden Aufgaben voraus. Ferner führt Kontrolle zu dem Wunsch der Kontrollierten, die Arbeit den Vorschriften entsprechend zu erledigen. Die Delegation von Kontrollautorität führt also dazu, daß die speziellen Fähigkeiten gefördert werden. Das hat erwartete und unerwartete Wirkungen. Die erwarteten Wirkungen liegen darin, daß die Organisation insgesamt wirksamer arbeitet und sich damit der Weg, Autorität zu delegieren, nachträglich als richtig erweist und zukünftige Entscheidungen in dieser Richtung positiv beeinflußt. Auf der anderen Seite ergeben sich jedoch unerwartete Wirkungen. Die Verstärkung spezieller Fähigkeiten verstärkt das Gruppenbewußtsein aller derjenigen, die über dieselben Fähigkeiten verfügen. Daraus resultiert, daß sich Sonderziele und Sondernormen einzelner Abteilungen im Unternehmen entwickeln. Daraus wiederum folgt, daß es teurer wird, Menschen von einer Abteilung zur anderen zu bewegen, und zwar deshalb, weil sie nicht über die speziellen Fähigkeiten verfügen, die in einer anderen Abteilung erforderlich sind.

Durch längere Verweildauer in einer anderen Abteilung verstärkt sich aber die Identifikation mit den Normen dieser Abteilung und die Absonderung von anderen Abteilungen. Es entstehen Gruppenkonflikte. Um diese zu beherrschen, wird die Kontrolle verstärkt mit der Konsequenz, daß auch die Gruppenkonflikte stärker werden. Schließlich kann es so weit kommen, daß die Gruppenkonflikte die Organisation sprengen, wenn nicht schon durch das Auseinanderfallen der Entscheidungsinhalte die Sachaufgabe nicht mehr angemessen erledigt werden kann und die Organisation daran zerbricht.

Auch Gouldner wollte zeigen, daß das Kontrollbedürfnis bürokratischer Organisationen unerwartete Effekte hat, die die Existenz des Unternehmens bzw. der Verwaltung gefährden. Sein Regelkreis sieht allerdings etwas anders aus als der von Selznick, und zwar deshalb, weil er nicht auf die Machtausübung durch Personen abstellt, sondern gerade diese Komponente der Stabilitätsgefährdung vermeiden möchte. Er ersetzt die Kontrollautorität durch unpersönliche generelle Regelungen, also durch einen unpersönlichen Kontrollmechanismus. Das Regelkreissystem des Gouldner-Modells ist in Abbildung 3 dargestellt.

Abb. 3: Das Bürokratismus-Modell von Gouldner

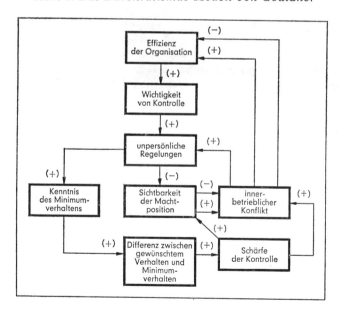

Das Gouldner-Modell baut also nicht auf dem Führungsprinzip der Delegation (Management by Delegation) auf, sondern auf dem Führungsprinzip der Sachregelung (Management by System). Derartige unpersönliche Regelungen setzen aber voraus, wenn sie operational sein sollen, daß das Verhalten, das von der Organisation noch akzeptiert wird, ohne daß es zu Sanktionen kommt, definiert wird. Unpersönliche Regelungen reduzieren daher die Sichtbarkeit der Machtposition, erhöhen aber die Sichtbarkeit des Minimumverhaltens. Die Verringerung des Konfliktpegels in der Organisation wird durch ein Absinken der durchschnittlichen Leistung der Organisation in ihrer Sachaufgabe erkauft. Will man aber dieser Effizienzminderung durch Verstärkung der Kontrollen begegnen, geht das nur bei einer Erhöhung der Sichtbarkeit von Machtpositionen im Unternehmen mit der Konsequenz, daß das innerbetriebliche Konfliktniveau steigt. Positive und negative Rückkopplungseffekte befinden sich also im Gouldner-Modell in einem labilen Gleichgewicht.

Ziehen wir das Fazit aus den dargestellten Herrschaftstheorien:

1. Die Ausübung von Herrschaft über andere Menschen ist eine Erscheinungsform aller Gesellschaften. Ohne die Ausübung von Macht in einer Gesellschaft ist kein Zusammenleben möglich.

2. Die Ausübung von Herrschaft in der Erscheinungsform der bürokratischen Herrschaft, wie sie für die modernen Unternehmen und Verwaltungen kennzeichnend ist, ist eine zeitlich bedingte Erscheinungsform der Herrschaft. Sie kann keineswegs als eine Herrschaftsform angesehen werden, zu der es nicht Alternativen gäbe.

3. Über alternative Herrschaftsformen nachzudenken ist um so wichtiger, als diese Herrschaftsform inhumane Komponenten hat und selbst unter dem Gesichtspunkt der Sacheffizienz nicht in jedem Falle „unausweichlich" überlegen ist.

3. Typologie moderner Führungsmodelle

a) Grundkonzepte der Unternehmensführung

Heute haben sich in der Literatur zwei Grundkonzepte der Unternehmensführung durchgesetzt. Das eine Grundkonzept baut auf dem Grundgedanken auf, daß jedes Unternehmen eine komplexe Aufgabe zu lösen hat, die nur durch das Zusammenwirken von Menschen und Sachmitteln in einem arbeitsteiligen, integrierten Entscheidungs- und Produktionsprozeß bewältigt werden kann. Im Mittelpunkt dieses Konzepts steht also der Entscheidungsprozeß im Unternehmen. Ich nenne diese Grundkonzeption der Unternehmensführung das *„aufgabenorientierte Führungskonzept"*.

Ein zweites Grundkonzept geht davon aus, daß das Unternehmen ein soziales Gebilde ist, in dem Menschen soziale Rollen ausfüllen und nach sozialen Normen handeln (T. Parsons).

Die sozialen Rollen stehen in einer wohl-definierten Beziehung zueinander. Sie sind in einem System integriert. Die „integrativen Beziehungen" (R. Mayntz) der Menschen im Unternehmen untereinander sind das Kernstück des Konzepts. Deshalb wird vielfach auch von einem anthropozentrischen Ansatz (Rühli) gesprochen. Ich nenne diese Grundkonzeption der Unternehmensführung das *„menschenorientierte Führungskonzept."*

In der Literatur ist eine Reihe von Versuchen erkennbar, diese beiden Grundkonzepte der Führung im Unternehmen miteinander zu verbinden und eine Synthese der Führungskonzepte zu entwickeln. Jedes praktische Führungssystem muß letztlich daraufhin beurteilt werden, wie weit es ihm gelingt, diese Synthese zu leisten.

b) Die Managementlehren als Führungskonzepte

In der praxisorientierten Literatur der letzten Jahre ist eine Fülle von Managementlehren entwickelt worden, die mit dem Anspruch auftreten, geschlossene Führungskonzepte zu enthalten. Hierbei handelt es sich zum Beispiel um

— Management by Delegation,

— Management by Objectives,

— Management by Let's go,

— Management by System,

— Management by Results,

— Management by Exception,

— Management by Participation.

Eine nähere Betrachtung dieser Managementlehren liefert zwei Ergebnisse:

1. Sie lassen sich jeweils einem der beiden Grundkonzepte der Unternehmensführung zuordnen.

2. Sie knüpfen jeweils an einen Aspekt der komplexen Führungsaufgabe im Unternehmen an und vernachlässigen gleichzeitig die anderen Aspekte.

Die ersten sechs Managementlehren lassen sich dem aufgabenorientierten Führungskonzept zuordnen. Management by Participation läßt sich aus dem menschenorientierten Führungskonzept ableiten.

Seit Gutenberg besteht in der Betriebswirtschaftslehre darüber Einigkeit, daß man den sogenannten dispositiven Faktor in die drei Komponenten Planung, Organisation und Kontrolle zerlegen kann. Eine weitere Unterteilung des Führungsprozesses zeigt Abbildung 4. In ihr sind den Führungsfunktionen die Managementlehren zugeordnet. Es wird deutlich, daß die verschiedenen Managementlehren an einzelne Aspekte des gesamten Führungsprozesses anknüpfen und dabei den Gesamtzusammenhang vernachlässigen.

Abb. 4: Gliederung des dispositiven Faktors

Führung	Komponenten	Funktionen	Führungslehren
Dispositiver Faktor	Planung	Zielformulierung Alternativensuche und -bewertung Entscheidung	Management by Objectives Management by Let's go
	Organisation	Aufgabenzerlegung Aufgabenzuweisung Informationssystem Entscheidungssystem	Management by Delegation Management by System
	Kontrolle	Messung der Ergebnisse Soll-Ist-Vergleich Beurteilung	Management by Results Management by Exception

Ihr Sinn kann also nur darin liegen, daß sie auf in der Praxis vielleicht bisher weniger beachtete Aspekte des Führungsprozesses aufmerksam machen. Sie bergen dann aber die gleiche Gefahr in sich, auf die sie hinweisen: nämlich einige Aspekte des Führungsprozesses zu vernachlässigen.

Das Fazit dieser Überlegungen lautet: Die vieldiskutierten Führungslehren können schwerlich die Grundlagen eines Führungsmodells bilden.

c) Führungsmodelle

In der Literatur wie in der Praxis haben in den letzten Jahren drei Führungslehren Aufmerksamkeit gefunden, die mit dem Anspruch auftreten,

Führungsmodelle anzubieten:

— das Harzburger Modell,
— das Führungsmodell des Schweizerischen Instituts für höhere kaufmännische Bildung (Zürich),
— das St. Galler Management-Modell.

Diese drei Modelle sollen daher kurz referiert werden.

(1) Das Harzburger Modell[7]

Das Harzburger Modell baut auf der folgenden Grundkonzeption auf[8]:

1. Die betrieblichen Entscheidungen werden nicht mehr lediglich von einem oder einigen wenigen Männern an der Spitze des Unternehmens getroffen, sondern jeweils von den Mitarbeitern auf den Ebenen, zu denen sie ihrem Wesen nach gehören.

2. Die Mitarbeiter werden nicht mehr durch Einzelaufträge vom Vorgesetzten geführt, sie haben vielmehr einen bestimmten Bereich, in dem sie selbständig handeln und entscheiden können. Sie tragen dafür die Handlungsverantwortung.

3. Der Vorgesetzte trifft im Bereich der Mitarbeiter keine Entscheidungen. Er trägt die Verantwortung dafür, daß er Mitarbeiter hat, die diese Aufgaben zu erfüllen vermögen, und daß er sie mit Dienstaufsicht und Erfolgskontrolle führt. Der Mitarbeiter trägt somit die Handlungs- und der Vorgesetzte die Führungsverantwortung, deren Kernstück die Kontrolle ist.

4. Stellenbeschreibungen legen im einzelnen die Aufgaben fest, die jeder Stelleninhaber zu erfüllen hat.

5. In einer „allgemeinen Führungsanweisung" werden die Grundprinzipien der Führung im Mitarbeiterverhältnis niedergelegt und für das Unternehmen als verbindlich erklärt.

Im Harzburger Modell werden die Führungsmittel besonders stark in den Vordergrund gestellt. Demgegenüber treten die Elemente des Führungsprozesses ganz in den Hintergrund. In Abbildung 5 wird der Versuch unternommen, die Führungstechniken des Harzburger Modells den Elementen der Führungstätigkeit zuzuordnen.

---

[7] Vgl. z. B. Höhn, R. unter Mitarbeit von G. Böhme, Führungsbrevier der Wirtschaft, Bad Harzburg 1969; Höhn, R., Menschenführung im Handel, 3. Aufl., Bad Harzburg 1969; Jegge, D., Darstellung und Vergleich des Harzburger Modells, Mitgliederdienst GSB 2/1970; Guserl, R., M. Hofmann, Das Harzburger Modell — Idee und Wirklichkeit und Alternative zum Harzburger Modell, 2. Aufl., Wiesbaden 1976.

[8] Kindlimann, W., Führungsmodelle aus der Sicht des Betriebspsychologen, in: Neue Zürcher Zeitung vom 1. 3. 1972, S. 87.

Abb. 5: Das Harzburger Modell

Führungstätigkeit	Führungstechniken des Harzburger Modells	Wirkung im Führungsprozeß	
		Vorgesetzter	Untergebener
Motivation	Delegation von Verantwortung (Stellenbeschreibung)	Führungsverantwortung	Handlungsverantwortung
	Zielsetzung	Zielvorgabe	Recht auf Anhörung
	Anregung	Anstoß, kein Befehl	Pflicht zur Rückäußerung
Instruktion	allgemeine Führungsanweisung	allgemeine Regelung der Pflichten des Vorgesetzten gegenüber dem Mitarbeiter	allgemeine Regelung der Pflichten des Mitarbeiters gegenüber dem Vorgesetzten
	Richtlinien	Erlaß von Richtlinien für das Verhalten und die Aufgabenerfüllung der Mitarbeiter	Recht auf Anhörung
	Einzelauftrag	Steuerung des Mitarbeiters im einzelnen	Pflicht zur Ausführung des Einzelauftrages
Information	Dienstgespräch	Anweisungen erteilen, Mitteilungen machen	Anweisungen und Mitteilungen entgegennehmen
	Information	geben und entgegennehmen	geben und entgegennehmen
	Mitarbeiterbesprechung	Initiative mehrerer Mitarbeiter zur Unterstützung der eigenen Entscheidungsvorbereitung wecken, Mitarbeiter anhören	Initiative zur Findung von Alternativen ergreifen, konstruktive Lösungsvorschläge machen
	Mitarbeitergespräch	die Meinung eines Mitarbeiters über ein Entscheidungsproblem anhören	Meinung über das Problem äußern, Lösungsvorschlag machen
	Rundgespräch	Gespräch unter Personen gleichen Ranges	Gespräch unter Personen gleichen Ranges
Kontrolle	Dienstaufsicht	Einhaltung der Normen für Verhalten und Leistung des Mitarbeiters laufend kontrollieren	Kontrolle als Ansporn zur Verbesserung von Verhalten und Leistung empfinden
	Erfolgskontrolle	Ergebnis der Sachaufgabe feststellen, Abweichungen mit Mitarbeitern durchsprechen, Wirkung des Führungsverhaltens ermitteln, Ergebnis des Führungsverhaltens mit Mitarbeitern besprechen	Kontrollgespräch konstruktiv mitführen
	Kontrollplan	anlegen	keine Einsichtnahmemöglichkeit
	Kontrollakte	führen	Einsicht nehmen
	Disziplinarmaßnahmen	verhängen	akzeptieren
	Ersatzvornahme	ergreifen	geschehen lassen
	Beschwerde	entgegennehmen	führen

Die interaktiven Beziehungen zwischen einem Vorgesetzten und einem Mitarbeiter können die genannten vier Erscheinungsformen haben: Motivation, Instruktion, Information und Kontrolle[9]. Man könnte daher das Harzburger Modell als Führungsmodell auf der Grundlage des „menschenorientierten Führungskonzepts" einstufen. Es ist aber auch eine andere Interpretation denkbar.

Die Informationen, die in dem Informationssystem laufen, das den Entscheidungsprozeß im Unternehmen ermöglicht, können inhaltlich den vier genannten Kategorien zugeordnet werden. Die starke Betonung des Systems der Delegation von Verantwortung, der Richtlinien und der Kontrolle im Unternehmen legen es daher nahe, das Harzburger Modell näher an das aufgabenorientierte Führungskonzept heranzurücken. Es trägt sogar deutlich bürokratische Züge (Stellenbeschreibungen, allgemeine Führungsanweisungen, Richtlinien, Dienstgespräch, Dienstaufsicht). Dynamische Elemente der Führung treten nur in der Mitarbeiterbesprechung zutage.

Es erscheint daher nicht überraschend, daß Jegge in seiner Kritik am Harzburger Modell zu dem Ergebnis kommt: „Auch die Tendenz Höhns, den Einsatz sämtlicher Führungsmittel in Plänen und Reglementen zu verankern, fördert die Erstarrung..., und schließlich scheint das dem Modell zugrunde liegende Menschenbild des Mitarbeiters in sich widerspruchsvoll und uneinheitlich. Einerseits beruht die Führung mit Delegation von Kompetenz und Verantwortung auf der Vorstellung von verantwortungsbewußten, selbständigen und loyalen Betriebsangehörigen. Andererseits aber scheinen doch ganz erhebliche Zweifel an der Richtigkeit dieses Bildes zu bestehen; nur so läßt sich jedenfalls die Existenz bürokratisch-autoritärer Elemente im System erklären."

Kindlimann formuliert noch deutlicher: „In den Ausführungen zum Modell wirkt das Gebotene zu stark determiniert und wirkt stellenweise wie ein (eher billiges) Rezeptbuch. Dieser Vorschriftencharakter läßt bei dem Leser oft ein Gefühl von doktrinärer Haltung des Autors gegenüber den unmündigen Schülern aufkommen, der im krassen Widerspruch zum Inhalt des Gesagten steht."

Das Fazit lautet:

Das Harzburger Modell ist in dem Sinne ein Führungsmodell, daß es sich auf das System der Führungstätigkeiten insgesamt erstreckt und nicht nur einen Teil betont.

Das Harzburger Modell ist insofern unvollständig, als
— die Formulierung des Menschenbildes fehlt,
— die Dynamik der Führungstätigkeit vernachlässigt wird,

---

[9] Vgl. hierzu auch Albach, H., Zur Theorie der Unternehmensorganisation, in: ZfhF 1959, S. 238.

— die Interaktion des Unternehmens mit der Gesellschaft unberücksichtigt bleibt,

— die (zum Teil aus der informellen Organisation und/oder dem Verhalten der Umwelt resultierende) Unsicherheit der Führungsentscheidungen übersehen wird.

Die Kritik am Harzburger Modell erstreckt sich

— auf mangelnde Offenheit des Modells,

— auf die innere Widersprüchlichkeit von bürokratischer Führungstechnik und partizipativem Führungsstil im Modell.

(2) Das Führungsmodell des Schweizerischen Instituts für höhere kaufmännische Bildung (SIB-Führungsmodell)

Das SIB-Führungsmodell stellt den Systemcharakter der Führungsaufgabe in den Mittelpunkt. Es zerlegt sie in die drei Phasen: Planung, Organisation (im Gutenbergschen Sinne der Realisierung des Geplanten) und Kontrolle. Schematisch läßt sich das SIB-Modell so darstellen, wie es Abbildung 6 zeigt[10].

Abb. 6: Das SIB-Führungsmodell

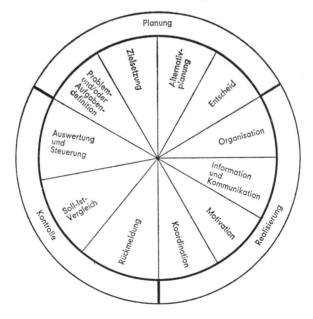

---

10) Vgl. v. Salis, U., Führungsmodelle schweizerischen Ursprungs, in: Neue Zürcher Zeitung vom 1. 3. 1972.

Das SIB-Modell ist folglich eindeutig dem „aufgabenorientierten Führungskonzept" zuzuordnen. Es versucht, Führung als einen „dynamischen" Rückkopplungsprozeß zu begreifen: Der Führungskreislauf geht von der Planung aus. Nach der Entscheidung muß der Entscheid durchgesetzt werden, die Ergebnisse müssen anschließend kontrolliert werden. Die Auswertung der Kontrolle führt zur Steuerung, und zwar der Aufgabendelegation und der Zielsetzung, die wiederum dem ersten Planungsvorgang angehören.

Mit Recht hat von Salis darauf hingewiesen, daß im SIB-Führungsmodell „wohl das funktionale, leistungsorientierte Subsystem angesprochen ist, nicht aber der soziologische Bezug". Er vermißt „den Bezug zum Menschen".

Das SIB-Führungsmodell unterstellt, daß „jeder Mitarbeiter weiß, daß eine Unternehmung kein Sozialverein ist, sondern daß harte, erfolgreiche Arbeit geleistet werden muß".

Wir ziehen das Fazit:

Das SIB-Modell ist in dem Sinne ein Führungsmodell, als es auf die Phasen der Führungstätigkeit insgesamt abstellt und nicht eine einzelne Phase isoliert heraushebt.

Das SIB-Modell ist insofern unvollständig, als
— es auf einem nicht oder nicht ausreichend formulierten Menschenbild aufbaut,
— es die menschlichen Beziehungen im allgemeinen, insbesondere aber die Interaktion mit der informellen Organisation und den innerbetrieblichen Konfliktfall vernachlässigt,
— die Interaktion des Unternehmens mit der Gesellschaft unberücksichtigt bleibt,
— Information und Motivation nur der Realisierungsphase, nicht aber der Planungsphase zugeordnet werden.

(3) Das St. Galler Management-Modell

Grundlage des St. Galler Management-Modells[11] bilden die Konzepte

— Gewinnstreben,
— kooperativer Führungsstil,
— Mitwirkung aller Unternehmensangehörigen am Willensbildungsprozeß,
— Systemdenken.

---

11) Vgl. Ulrich, H. und W. Krieg, Das St. Galler Management-Modell, Bern 1973; Sebastian, A., Das St. Galler Management-Modell, Diplomarbeit Bonn 1974.

Das System besteht aus vier Elementen:

— Unternehmen,
— Unternehmensführung,
— Unternehmensorganisation,
— Führungsbereich des Chefs.

Abbildung 7 enthält eine knappe Darstellung des Unternehmens als System, das die Umwelt des Unternehmens sowie die Funktionsbereiche und die Führungsbereiche einbezieht.

Abb. 7: St. Galler Management-Modell

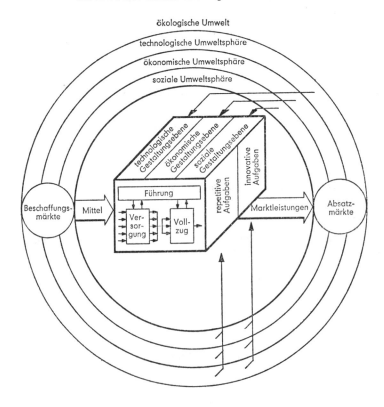

Das St. Galler Management-Modell versteht Führung als Informationsverarbeitung. Bei der Unternehmensführung wird zwischen Führungsstufen (Politik, Planung, Disposition), Führungsphasen (Ziele, Mittel, Verfahren) und Führungsfunktionen (Entscheiden, Ingangsetzen, Kontrollieren) unterschieden. Zu den Führungsfunktionen gehört aber auch die Menschenführung.

Menschenführung geht aus von den Wertvorstellungen im Unternehmen, vom Führungskonzept und vom Führungsstil. Die Wertvorstellungen gehen von einem Leitbild des Unternehmens aus. Es enthält eine allgemeine Vorstellung darüber, wie das Unternehmen in Zukunft sein und wo es stehen soll. Eine konkrete Ausprägung erhalten die Wertvorstellungen auf der Ebene der unternehmenspolitischen Entscheidungen durch das Zielprofil. Abbildung 8 gibt die Zielprofile zweier Unternehmen wieder.

Abb. 8: Zielprofile

Wertvorstellungen \ Gewichtung	schwach 1	2	3	4	stark 5
ausschüttbarer Gewinn	O	O			
einzugehende Risiken		O	O		
Eigentümerrechte			O		O
soziale und ethische Verpflichtungen			O		
Neuerungen	O			O	
Wachstum		O			O
....					

Bei diesen Zielprofilen handelt es sich um Darstellungen der Unternehmensziele. Die Aufschlüsselung dieser Ziele und ihre Umwandlung in pragmatische Handlungsanweisungen erfolgt im Führungskonzept, das Abbildung 9 wiedergibt.

Um die Integration dieser Konzepte und Ebenen sicherzustellen, wird ein „integriertes Führungskonzept durch vertikale und horizontale Koordination" vorgeschlagen. Die Koordinationsaufgabe soll durch das Synergieprinzip, das Marketingprinzip, das Gewinnprinzip und das soziale Prinzip gewährleistet werden. Im „Führungsbereich des Chefs" werden die sozialen Aspekte des St. Galler Management-Modells besonders deutlich sichtbar. Das zeigt Abbildung 10.

Im Gegensatz zu den beiden anderen Modellen handelt es sich bei dem St. Galler Modell um einen Ansatz, der sowohl die Sachaufgabe als auch die Menschenführung als Komponenten berücksichtigt. Der Systemansatz des

Modells wird überdies dem Bedürfnis nach einer mehrdimensionalen Erfassung der Probleme und auch einer integrierenden, interdisziplinären Betrachtungsweise gerecht.

Abb. 9: Das Führungskonzept

	leistungs-wirtschaftliches Konzept	finanz-wirtschaftliches Konzept	soziales Konzept
Ziele	– Marktziele – Produktziele – Produktivitätsziele	– Liquiditätsziele – Gewinnziele – Wirtschaftlichkeitsziele	– gesellschaftliche Ziele – mitarbeiterorientierte Ziele
Leistungs-potential	– Absatzpotential – Produktionspotential – Entwicklungspotential	– finanzielles Potential – Kapitalstruktur	– soziales Potential
Strategien	– Absatzstrategie – Produktionsverfahren – Entwicklungsstrategie	– Finanzierungsstrategie – Rechnungsverfahren	– gesellschaftliche Strategie – Führungsstil

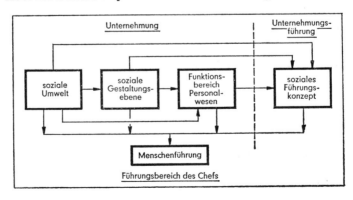

Abb. 10: Soziale Aspekte im St. Galler Management-Modell

Zusammenfassend kann man mit Sebastian feststellen, daß das St. Galler Management-Modell als ein Versuch zu werten ist,

— den systemtheoretisch-kybernetischen Denkstil und eine an diesem Denkstil orientierte Methodologie für die Management-Schulung nutzbar zu machen,

— ein Ordnungskonzept zu schaffen, mit dessen Hilfe inhaltliches Wissen vermittelt und konkrete Führungsprobleme diskutiert werden sollen.

III. Grundelemente eines Führungsmodells

Die Darlegungen haben gezeigt, daß es eine schwierige, langwierige und umfassende Aufgabe ist, ein Führungsmodell zu entwickeln. Es wird daher hier auch nicht der Anspruch erhoben, ein geschlossenes Führungsmodell zu entwickeln. Vielmehr werden die folgenden Ausführungen als eine Diskussionsbasis verstanden, die die Diskussion über ein modernes Führungsmodell in zwei Richtungen lenken soll:

1. Welches sind die Elemente eines Führungsmodells, das den Anspruch erheben kann, die komplexe Führungsaufgabe im modernen Unternehmen methodisch vollständig zu erfassen und zu beschreiben?

2. Welches sind alternative, in sich widerspruchsfreie Kombinationen von Inhalten dieser Elemente, die eine konsistente Lösung von Führungsaufgaben ermöglichen?

Im folgenden wird das Schwergewicht auf die erste Frage gelegt. Es wird jedoch auch ein Diskussionsvorschlag für die zweite Frage erarbeitet.

1. Formale Elemente eines Führungsmodells

Jedes Führungsmodell muß drei Aspekten gerecht werden:

1. Es muß eine Problemanalyse ermöglichen (Erklärungsmodell).
2. Es muß eine Bewertung von Lösungsalternativen ermöglichen (Evaluierungsmodell).
3. Es muß zur Auswahl einer Alternative führen (Entscheidungsmodell).

Jedes Erklärungsmodell der Führung im Unternehmen muß (mindestens) zwei Dimensionen aufweisen: die Mitarbeiter und die Sachaufgabe. Für die konkrete Ausprägung dieser Dimensionen sind meiner Ansicht nach zehn Elemente notwendig, aber auch hinreichend. Die Dimensionen und Elemente eines Führungsmodells sind in der Abbildung 11 aufgeführt. Hier wird die

These vertreten, daß nur dann von einem Führungsmodell gesprochen werden kann, wenn es Aussagen für jede Ausprägung von Dimensionen und Elementen liefert. Wir wollen deshalb im folgenden von einem „Referenzrahmen für Führungsprobleme" sprechen und davon ausgehen, daß jedes Führungsproblem im Unternehmen in diesen durch Abbildung 11 wiederge-

Abb. 11: Elemente eines Führungsmodells

Elemente		Dimensionen	
		Mitarbeiter	Sachaufgabe
Elemente der Führungsstrategie	1. Führungsvoraussetzung	Menschenbild	Problemdefinition
	2. Führungsziel	Gestaltung der menschlichen Beziehungen	Problemlösung unter Entwicklungszielen, Gewinnzielen, Wachstumszielen
	3. Führungsstil	autoritär oder kooperativ	analytisch oder pragmatisch
	4. Führungssituation	Harmonie oder Konflikt	Sicherheit oder Unsicherheit
Elemente der Führungstaktik	5. Führungsgegenstand	a) einer oder wenige oder viele b) jüngere oder ältere Mitarbeiter c) männliche oder weibliche Mitarbeiter	Routineaufgaben oder kreative Aufgaben
	6. Führungstätigkeit	motivieren, instruieren, informieren, koordinieren	Entscheidungen vorbereiten, treffen, durchsetzen
	7. Führungsmaßnahme	Einstellung, Leitung, Beurteilung, Versetzung, Beförderung, Entlassung	planen, entscheiden, organisieren, kontrollieren
	8. Führungsart	Einzelführung oder Kollegialführung	Einzelentscheidung oder Gruppenentscheidung
	9. Führungsform	direkt oder indirekt	generell oder fallweise
	10. Führungstechnik	a) individuell oder allgemein geregelt b) mündlich oder schriftlich	a) intuitiv oder deduktiv b) pragmatisch oder wissenschaftlich

gebenen Referenzrahmen einwandfrei eingeordnet werden kann. Dieser Referenzrahmen ist ein analytisches Werkzeug. Er ermöglicht die Analyse des Standortes des Vorgesetzten und seines Gegenübers.

Häufig wird behauptet, daß Personalführung Entscheidungen verlange, die nicht selten so schnell erfolgen müßten, daß keine Zeit für eine gründliche Analyse bleibe. Demgegenüber wird hier die Meinung vertreten, daß diese Aussage auf falsche Personalführung schließen läßt: Zu richtiger Personalführung gehört auch, Führungsprobleme rechtzeitig zu erkennen und zu verhindern, daß nur überstürzte Lösungen gefunden werden müssen. Ausnahmen sollten diese Regel bestätigen.

Für die Phase der Suche und Bewertung von Lösungen gilt: Es sind verschiedene Arten von Lösungsalternativen zu unterscheiden.
— Die Alternative löst das Personalführungsproblem.
— Die Alternative löst das personale Führungsproblem und das organisatorische Führungsproblem, das Ursache des personalen Problems war.
— Die Alternative löst das personale Führungsproblem sowie das organisatorische Führungsproblem und schirmt die Organisation gegen das gesellschaftliche Problem ab, das ursächlich für die Probleme in der Organisation und in der Personalführung ist.

Es liegt auf der Hand, daß diejenige Alternative, die nicht nur das aktuelle Problem löst, sondern auch verhindert, daß aus dem personalen, organisatorischen oder gesellschaftlichen Bereich dasselbe Problem erneut auftritt, nicht nur kurzfristige Lösungen anbietet. Im allgemeinen werden daher Personalführungsentscheidungen einen sehr komplexen Charakter aufweisen. Sie werden Komponenten enthalten, die sich auf den oder die zu führenden Mitarbeiter beziehen. Daneben werden sie organisatorische Regelungen und gegebenenfalls auch in die Umwelt hineinreichende Maßnahmen beinhalten.

2. Inhaltliche Elemente eines Führungsmodells

Inhaltlich wird ein Führungsmodell, wie gesagt, durch die jeweilige Ausprägung der formalen Elemente bestimmt. Hierfür sind viele Möglichkeiten denkbar. Wenn daher im folgenden eine inhaltliche Einengung vorgenommen wird, so werden damit zwei Ziele verfolgt:
1. Es soll eine persönliche Überzeugung darüber zur Diskussion gestellt werden, daß eine bestimmte Klasse von Führungsmodellen „besser" ist als andere Klassen.
2. Es soll ein inhaltlicher Bezugsrahmen gegeben werden, der auf seine Konsistenz bei der Lösung verschiedener Führungsprobleme geprüft werden kann.

a) Das Menschenbild

Zu den wichtigsten Voraussetzungen für ein Führungsmodell gehört die Fixierung des Menschenbildes. Dieses muß konsistent sein, d. h., das Bild des Vorgesetzten und das Bild des Untergebenen müssen aus demselben Menschenbild folgen. Führungstheorien, die nur auf eine Gruppe abstellen, sind ebenso abzulehnen wie solche, die von verschiedenen Menschenbildern ausgehen. Daraus folgt:

1. Die marxistische Führungslehre ist abzulehnen, da sie von zwei verschiedenen Menschenbildern ausgeht: dem Menschenbild derjenigen, die zur Avantgarde des Proletariats gehören, und dem Menschenbild der Masse der Werktätigen, deren sozialistisches Bewußtsein noch nicht voll entwickelt ist.

2. Die ökonomische Theorie, die von einem aktiven dispositiven Faktor und vom passiven Produktionsfaktor Arbeit ausgeht, kann keine Basis eines Führungsmodells sein.

3. Die „Theorie Y" von McGregor stellt zu einseitig auf das Menschenbild des Mitarbeiters ab, der in der „Theorie Y" als ein an seiner Arbeit interessierter Mensch verstanden wird, der den Wunsch hat, seine Arbeit selbst zu bestimmen und Verantwortung zu übernehmen, und der kreative Fähigkeiten besitzt, Probleme selbständig zu lösen. Das Menschenbild des Vorgesetzten tritt dagegen nicht in den Vordergrund.

Wir gehen im folgenden davon aus, daß der Vorgesetzte und der Mitarbeiter

1. „mündige Bürger" sind, die selbständig und frei ihre Persönlichkeit entfalten wollen und können;

2. Menschen mit sehr unterschiedlichen Zielen, Bedürfnissen und Fähigkeiten sind;

3. unvollkommene Menschen sind, d. h. beschränkte kognitive Fähigkeiten haben; Fehler in ihrem Verhalten und in ihrer Leistung gehören daher zu den konstituierenden Merkmalen des Menschen;

4. Menschen sind, die ihre individuellen Ziele nur im Zusammenwirken mit anderen Menschen realisieren können;

5. Menschen sind, die die Individualität des anderen bejahen und anerkennen;

6. Interessenkonflikte als ein Wesensmerkmal menschlicher Beziehungen akzeptieren.

b) Führungsziel: Gestaltung der menschlichen Beziehungen

Aus diesem Menschenbild folgt eine inhaltliche Festlegung der Gestaltung der menschlichen Beziehungen. Aus dem Definitionsmerkmal 4 des Menschenbildes folgt, daß die Notwendigkeit dafür, daß ein Mensch Entscheidungen mit Auswirkungen auf andere Menschen trifft, grundsätzlich akzeptiert wird. Die Frage, wer es ist, der derartige Entscheidungen in der Erwartung treffen darf, daß sie von den anderen (betroffenen) Menschen akzeptiert werden, ist damit nicht entschieden. Es ist nur grundsätzlich festgestellt, daß die Ausübung von Herrschaft über Menschen von den Menschen als notwendig angesehen wird.

Die Frage, wer diese Herrschaft ausüben darf, ist die nach der Legitimation von Herrschaft. Sie ist von entscheidender Bedeutung für die Gestaltung der menschlichen Beziehungen im Unternehmen.

Wie schon Max Weber in seiner Herrschaftssoziologie feststellte, gibt es zwei Grundprinzipien der Legitimation von Herrschaft über Menschen. Sie kann einmal von den Untergebenen, zum anderen von höheren Vorgesetzten ausgehen. Im ersten Falle wird die Herrschaft durch Wahl, im zweiten durch Ernennung legitimiert. Max Weber sah es für den Beamten als typisch an, daß er ernannt wird, letztlich also seine Herrschaft vom Staatssouverän ableitet. Dadurch wurde er unabhängig von den widerstreitenden Interessen der Parteien und konnte seine Verwaltungsaufgabe sachlich-rational erledigen.

Will man die Übertragung von Herrschaftsgewalt oder Führungsmacht über Menschen durch Ernennung legitimieren, dann muß gefragt werden, woher der Ernennende die Legitimation nimmt, Führungsmacht durch Ernennung zu delegieren. Das Gottesgnadentum hatte eine solche Legitimationsfunktion. Heute wird die Legitimation im Bereich der privaten Unternehmen aus dem Privateigentum abgeleitet. Ob das positive Recht eine ausreichende Legitimationskraft besitzt, um die Ernennung von Beamten zu Vorgesetzten zu rechtfertigen, bleibe hier dahingestellt. Uns soll nur die Frage beschäftigen, ob das Eigentum an den Produktionsmitteln Herrschaftsmacht über andere Menschen begründen kann.

Das Eigentum an den Produktionsmitteln selbst legitimiert zunächst noch nicht die Ausübung von Führungsmacht über Menschen. Es legt nur diejenigen Personen fest, die als „Arbeitgeber" Vertragspartei bei einem Abschluß des Arbeitsvertrages mit dem Mitarbeiter sind. Erst mit dem Abschluß des Arbeitsvertrages wird das „Direktions- und Weisungsrecht" des Arbeitgebers begründet und der Arbeitnehmer arbeitsrechtlich zum Gehorsam gegenüber den Anweisungen des Arbeitgebers verpflichtet. Die Legitimation von Führungsmacht folgt also, so könnte man sagen, aus der freien Entscheidung des Untergebenen, den Arbeitsvertrag mit diesem Arbeitgeber zu schließen.

Die Frage, ob die Vertragsfreiheit ausreicht, die Ausübung von Führungsmacht durch den Arbeitgeber zu legitimieren, hat die Mitbestimmungsdiskussion sehr stark beschäftigt. Die Mitbestimmungskommission hat dazu ausgeführt: „Ist die Unterwerfung unter eine allgemeine unternehmerische Planungskompetenz und das Direktionsrecht des Arbeitgebers dem Arbeitsverhältnis aus tatsächlichen Gründen immanent, so bedeutet dies jedoch, daß eine rechtliche Ordnung des Arbeitsverhältnisses strukturelle Gegebenheiten vorfindet, die mit den rechtlichen Mitteln der freiwilligen Kooperation (d. h. dem Wege der Vertragsfreiheit) allein nicht bewältigt werden können. Ebensowenig wie für den Abschluß oder Nichtabschluß des Arbeitsvertrages kann der Arbeitnehmer auch für die Unterwerfung unter die Planungskompetenz des Unternehmens und ein Weisungsrecht des Arbeitgebers auf seine ‚Freiheit' verwiesen werden, Verträge zu schließen oder ihren Abschluß zu verweigern. An einer solchen gleichberechtigten Freiheit fehlt es in beiden Fällen, damit auch an der vollen Verwirklichung des den Vertrag kennzeichnenden Konsensualprinzips.

Der wirtschaftliche Zwang zum Abschluß eines Arbeitsvertrages setzt sich in der Notwendigkeit fort, der Planungszuständigkeit des Unternehmens, ihrer Konkretisierung durch das Weisungsrecht und damit der Existenz und Ausübung von Befehlsbefugnissen zuzustimmen. Die Weisungsbefugnis läßt sich somit nach Auffassung der Kommission nicht allein durch die vertragliche Zustimmung des Arbeitnehmers rechtfertigen. Sie ist kein Resultat gegenseitiger Übereinstimmung der Vertragsparteien, sondern besteht unabhängig von dieser"[12].

Biedenkopf formulierte dieses Ergebnis in einem Vortrag kürzer: „Diese Wertentscheidung besagt, daß die Eingliederung des Arbeitnehmers in das Unternehmen und damit unter fremde Leitungsgewalt zwar auf dem Arbeitsvertrag beruht, der Arbeitsvertrag jedoch keine ausreichende Rechtfertigung für die Leitungsgewalt darstellt, weil der Arbeitnehmer wirtschaftlich nicht unabhängig ist und deshalb nicht zur Rechtfertigung fremder Leitungsgewalt auf die Freiwilligkeit des Vertragsabschlusses verwiesen werden kann"[13].

Die Mitbestimmungskommission ist zu dem Ergebnis gekommen, daß die Legitimation von Herrschaft im Unternehmen nur durch die Beeinflussung der Auswahl derjenigen Personen erfolgen könne, „die die Planung und Organisationsgewalt im Unternehmen und somit unmittelbar oder durch Funktionsträger auch die Weisungsbefugnisse des Arbeitgebers gegenüber dem Arbeitnehmer ausüben"[14]. Da diese Auswahl weder durch gesetzliche

---

[12] Mitbestimmung im Unternehmen, Bericht der Sachverständigen-Kommission, Stuttgart, Berlin, Köln, Mainz 1970, S. 109.
[13] Biedenkopf, K. H., Mitbestimmung im Unternehmen, Vortrag, gehalten vor der Jahresmitglieder-Versammlung der Vereinigung der Arbeitgeber-Verbände Nordrhein-Westfalens am 18. 3. 1970 (vervielfältigtes Manuskript), S. 12.
[14] Bericht der Sachverständigen-Kommission, a.a.O., S. 113.

noch durch vertragliche Regelungen gebunden werden könne, ohne daß die Funktionsfähigkeit des Unternehmens empfindlich gestört werde, müsse die institutionelle Mitbestimmung der Arbeitnehmer in den Organen des Unternehmens verwirklicht werden.

Aber auch die These, daß die Ausübung von Herrschaft bestimmter Menschen über andere Menschen im Unternehmen aus dem Eigentum an den Produktionsmitteln, dem Arbeitsvertrag und der Mitbestimmung gemeinsam legitimiert werden könne, wird heute vielfach bestritten. Die Forderung nach „Arbeiterselbstverwaltung" wird vielfach mit dem Hinweis darauf erhoben, daß erst dann, wenn die Arbeiter selbst alle Entscheidungsmacht im Unternehmen ausübten, die Fremdbestimmung der Arbeiter aufgehoben sei. In diesem Falle wäre dann die Ausübung von Führungsmacht im Unternehmen ganz durch Wahl von unten her legitimiert.

Freilich wirft auch die Legitimation von Führungsmacht durch Wahl Probleme auf. Angenommen, ein Vorgesetzter sei mit den Stimmen der Mehrheit seiner Untergebenen gewählt worden. Eine Minderheit habe ihn abgelehnt. Die Fragen lauten dann: „Wie kann man seinen Führungsanspruch gegenüber der Minderheit legitimieren? Welche Schutzrechte und welche Mitwirkungsrechte muß die Minderheit haben, damit die durch Mehrheitsentscheid zustande gekommene Herrschaft über sie legitimiert ist? Ist ein Mehrheitsentscheid überhaupt zu rechtfertigen? Und wenn ja, wie groß muß die Mehrheit sein?"

Meiner Ansicht nach folgt aus dem zitierten Menschenbild, daß die Gestaltung der menschlichen Beziehungen als Führungsziel nicht von der durch Ernennung geschaffenen Statusautorität des Vorgesetzten ausgeht. Der Führungsanspruch des Vorgesetzten wird nur dann durchsetzbar sein, wenn dieser Anspruch von den Geführten anerkannt wird. Diese Anerkennung setzt bei mündigen Menschen voraus:

— Der Führungsanspruch wird kritisch reflektiert.

— Der Führungsanspruch wird in Frage gestellt. Er ist also durch Argumentation und Überzeugung zu begründen.

— Der Führungsanspruch wird immer nur in Grenzen akzeptiert. Diese Grenzen können von Fall zu Fall verschieden sein. Der Vorgesetzte ist jederzeit bereit, sie zu diskutieren und zu verantworten.

— Der Führungsanspruch wird um so eher akzeptiert, je mehr Mitwirkungs- und Mitbestimmungsmöglichkeiten die Untergebenen haben.

Das Führungsziel des Modells besteht also darin, die menschlichen Beziehungen im Unternehmen kooperativ zu gestalten und nicht auf Autorität und Gehorsam zu gründen. Die Gestaltung der menschlichen Beziehungen darf nicht nur dem Ziel dienen, eine reibungslose und effiziente Erledigung der Sachaufgabe zu gewährleisten. Die Rechtfertigung dafür, daß Menschen so viel Zeit ihres Lebens im Betrieb verbringen, kann nicht nur aus der Sachaufgabe der Produktion von Gütern oder Dienstleistungen für andere Menschen abgeleitet werden. Vielmehr muß das Unternehmen als soziales Gebilde während dieser Arbeitszeit auch einen Beitrag dazu leisten, daß die Mitarbeiter sich frei entfalten und als mündige Menschen weiterentwickeln können.

c) Führungsstil

Damit ist auch schon das Element Führungsstil angesprochen. Ohne der eingehenden Diskussion der Führungsstile hier vorgreifen zu wollen, wird man sagen können, daß ein autoritärer Führungsstil mit dem genannten Menschenbild und dem Führungsziel für die Gestaltung der menschlichen Beziehungen im Unternehmen nicht vereinbar ist. Aber das bedeutet nicht, daß mit dem Hinweis auf die Notwendigkeit des kooperativen Führungsstils der Führungsstil determiniert wäre. Er ist vielmehr ein „offener Führungsstil".

Die Führungsstil-Diskussion hat gezeigt[15], daß Führungsstile nie eindimensional zu verstehen sind. Ein kooperativer Führungsstil ist vielmehr durch eine Reihe von Merkmalen gekennzeichnet, die situationsbedingt durchaus unterschiedliche Ausprägungen zulassen:

— hohe Partizipationsrate an den Gruppenprozessen,

— geringe Strukturierung und Dirigierung der Gruppenaktivitäten,

— lockere Kontrolle,

— an die Gruppen delegierte Entscheidungsgewalt,

— Motivation der Mitarbeiter zur Mitarbeit.

Wichtiges Merkmal des kooperativen Führungsstils des Modells ist es aber, daß beide Führungsdimensionen, die Menschen und die Sachaufgabe, sichtbar werden und die Führungsentscheidungen bestimmen. Das muß auch bei der Beurteilung des Führungsstils eines Vorgesetzten zum Ausdruck kommen. Der Führungsstil darf nicht nur danach beurteilt werden, ob die Sachaufgabe ganz oder teilweise erfüllt wird. Vielmehr sollte in die Beurteilung auch einfließen, in welchem Maße der Vorgesetzte zur Entfaltung der Persönlichkeit seiner Mitarbeiter beiträgt. Die Entwicklung von Beurteilungskriterien und -skalen für diese Komponente des Führungsstils wirft Probleme auf. Das darf aber nicht verhindern, daß eine solche Beurteilung vorgenommen wird.

---

[15] Vgl. Neuberger, O., Experimentelle Untersuchungen von Führungsstilen, in: Problem und Entscheidung, Heft 5, München 1971, S. 50.

d) Die Führungssituation

Wesentliches Merkmal des Führungsmodells ist es, daß eine Reihe von Konfliktarten unterschieden werden. Diese Arten werden aus den Führungstätigkeiten abgeleitet:

- motivieren — Konflikte wegen divergierender Ziele und Interessen (Interessenkonflikte).
- instruieren — Konflikte wegen mangelnder oder nicht ausreichender Fähigkeiten, Eignung und Bildung (Eignungskonflikte)
- informieren — Konflikte wegen unvollständiger oder ungenauer Informationen (Informationskonflikte).

Das Modell geht davon aus, daß Führung darauf gerichtet ist,

— Eignungskonflikte und Informationskonflikte durch organisatorische oder personelle Maßnahmen zu beheben und durch geeignete Maßnahmen ihr Entstehen zu verhindern,

— Interessenkonflikte als solche zu erkennen, offen zu diskutieren und durch Institutionalisierung ihre den Führungsanspruch und den Bestand des Unternehmens gefährdenden Auswirkungen zu vermeiden.

Das Führungsmodell hält Interessenkonflikte nicht für unvermeidbar und unlösbar, sondern es bejaht Interessenkonflikte als ein dynamisches, kreatives Element im Unternehmen. Führung im Konfliktfall ist daher keine unangenehme Ausnahmesituation, sondern essentieller Inhalt von Führung. Diese Konflikte werden also von allen Mitgliedern des Unternehmens bejaht und auf der Grundlage einer vertrauensvollen Zusammenarbeit geregelt. Daher ist ein solches Konfliktmodell nicht unvereinbar mit einem kooperativen Führungsstil, dessen Grundkonzeption — wie Neuberger[16] zutreffend herausgearbeitet hat — machttheoretisch dem Harmoniemodell nahesteht. Erst das harmonische Grundverständnis der Beteiligten macht die Bejahung von Konflikten möglich und setzt ihre schöpferischen Kräfte frei.

Durch Führungsvoraussetzungen, Führungsstil, Führungsziel und Führungssituation ist das Führungsmodell, von dem hier ausgegangen wird, inhaltlich so weit bestimmt, daß die Führungsstrategie festgelegt ist. Die übrigen Elemente des Führungsmodells engen das Führungsmodell weiter auf die jeweils konkrete Führungsproblematik ein. Ihre inhaltliche Fixierung ist Gegenstand der Führungstaktik. Sie kann inhaltlich nur bei der Analyse der Führungsmaßnahmen und der Führungsgegenstände im einzelnen fixiert werden. Das soll in diesem Beitrag nicht geschehen.

---

[16] Neuberger, O., a.a.O.

Charles Bullard

A

Für Charles Bullard war das Wochenende zu Hause die einzige Unterbrechung im Management-Training-Kurs, den er auf Wunsch seiner Gesellschaft in einer entfernt gelegenen Universität absolvierte. Trotzdem verbrachten Bullard und seine Frau einen Teil des Wochenendes zu Besuch bei Bullards Vorgesetztem, Jim Winship.

Winship besaß ein bequemes Haus in der besten Wohngegend von Kansas City. Bullard und seine Frau waren aufmerksame Zuhörer, als Jim Winship aus der guten alten Zeit der Gesellschaft erzählte. Winship, jetzt knapp 50jährig, war Geschäftsleiter der Region für Kansas und sechs angrenzende Staaten, und er war vor nahezu dreißig Jahren in die Gesellschaft eingetreten, und zwar auch in dieser Gegend. Seine Geschichten gaben Aufschluß über seine Verbundenheit mit den selbständigen Groß- und Einzelhändlern in seinem Gebiet, seine Loyalität gegenüber der Gesellschaft und seine fast religiöse Bindung an das Hauptprodukt der Gesellschaft: das sorgfältig hergestellte Backmehl, das den Ruf der Gesellschaft begründet hatte.

Bullard hätte gerne einen Aperitif getrunken. Irgendwie schienen gesellschaftliche Anlässe mit seinem Vorgesetzten glatter zu verlaufen, wenn sie mit Alkohol geschmiert waren. Aber die Winships, so gediegene Gastgeber sie auch waren, duldeten weder alkoholische Getränke noch Rauchwaren in ihrem Hause.

Während sie so gemütlich dasaßen und Winships angenehmem Plaudern folgten, hing Bullard den Gedanken über das Paradoxe in ihrer Beziehung nach — er bewunderte Winship, er bewunderte seine Logik und seine Klarheit, aber bei ihrem Beisammensein bestanden immer eine hochgradige Spannung und ein schwerer Streß.

Vielleicht, so dachte er, entsprangen sie der Verschiedenheit ihrer Ziele. Winship war eine gehobene Stellung in Chicago angeboten worden, die die Leitung der Tätigkeit der Gesellschaft für das ganze Gebiet der Central United States umfaßte und die den Posten eines Vorsitzenden des Aufsichtsrates der großen Firma für Bäckerei-Grundprodukte — auch im Besitz der Gesellschaft in Chicago — mit einschloß.

Er lehnte diesen Posten jedoch ab, genauso wie er alle Beförderungen ablehnte, die einen Wegzug von Kansas City mit sich gebracht hätten. Durch seine Heirat war Winship zu Ansehen in der lokalen Gesellschaft gekommen, und wahrscheinlich hatte seine Frau auch Geld mit in die Ehe gebracht. Er liebte die Fahrten durch sein Gebiet ... die selbständigen Händler und Großbäcker in den Städten wie Emporia, Dubuque, Grand Island und Joplin waren seine Freunde. Er war Mitglied des Vorstandes der Kirchengemeinde und beteiligte sich aktiv an deren Tätigkeit. Er war hier zu Hause, und er fühlte sich hier wohl.

Er dagegen, so dachte Bullard, war immer noch im Aufbau seiner Karriere. Er war vor 15 Jahren in die Gesellschaft eingetreten, und zwar in die Gruppe des Marketing-Dienstes; er betreute eine Anzahl von Staaten von Hutchinson, Kansas, aus, wo er mit seiner Mutter lebte. Damals war es seine Aufgabe gewesen, den selbständigen Händlern beim Absatz von Mehl in Bäckereien und Filialgeschäften für Lebensmittel zu helfen, indem er das Mehl bei Demonstrationen in Bäckereien verwendete und die Auslagen und Läger der Lebensmittelgeschäfte betreute. Obwohl seine Gebiete innerhalb von Winships Leitung lagen — und Winship war ihm bei der Einführung mit seinen guten Beziehungen in der ganzen Region treu zur Seite gestanden —, stand er mit der Geschäftsleitung des Gebietes durch einen anderen Kanal in Kontakt (siehe Abbildung 1, „alte" Organisation), er war dem Leiter des Marketing-Dienstes unterstellt, der dieses Ressort für das ganze Gebiet unter sich hatte.

„Ich reiste kreuz und quer durch das ganze Land — bis Miami, bis New Orleans ... die Gesellschaft zögerte nie, mich von meinen üblichen Pflichten abzuberufen, um mich irgendwohin zu schicken ... Wenn ich nahe genug war, so fuhr ich übers Wochenende nach Hause, und wenn nicht, so blieb ich eben draußen.

Und dann wurde ich dem Marketing zugeteilt und nach Iowa geschickt — Iowa war damals das verhaßte Sorgenkind; ich wurde dorthin versetzt, weil ich aufgrund meiner Kenntnisse in der Werbung und mit Winships Empfehlungen mit den Händlern verhandeln konnte, denn unser Marktanteil ging jedes Jahr zurück. Es gelang mir, einiges mit den Leuten anzureißen ... lokale Reklameschlachten, Back-Demonstrationen, alles, damit sich unser Absatz verbessere. Wenn das Geld fehlte, um Fachleute anzustellen, so packte ich selbst zu ... ich rollte meine Ärmel auf und kniete mich auch während der Wochenenden in die Arbeit. Vieles davon war nicht meine Sache, aber ich erledigte es trotzdem."

Einer von Bullards Erfolgen, durch den er in der obersten Geschäftsleitung bekannt wurde, war seine „Mini-Messe": Er hatte erkannt, als er das Gebiet Iowa übernahm, daß das Hauptproblem der Gesellschaft für die Aufrecht-

Abb. 1: „Alte" Organisation (Teildiagramm)

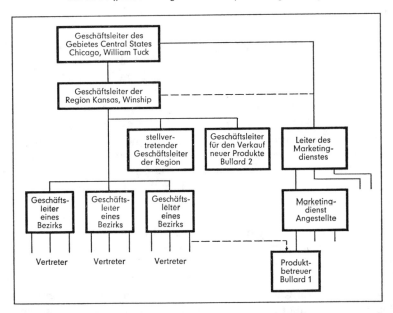

erhaltung des Marktanteils die schlechte Moral des Verkaufspersonals der selbständigen Händler war. Er persönlich übernahm die ganze Verantwortung für den Verkauf in Iowa und fand es deshalb überflüssig, Winship beizuziehen; als Modell nahm er die Messe, welche die Gesellschaft kürzlich für ihre eigene Organisation aufgezogen hatte, vereinfachte die ursprüngliche Millionen-Schau und organisierte die „Mini-Messe" für die Händler in Iowa.

„Wir übernahmen Tonbänder und Bildmaterial, und ich stellte einige Studenten an, und mit diesen Studenten und mit diesen Tonbändern brachten wir etwas Vergleichbares zustande. Als es durchsickerte, daß es eine ziemlich heiße Sache gäbe, interessierten sich auch höhere Angestellte des Unternehmens dafür; sie wollten auch einsteigen. Das taten sie denn auch, und sie sandten einen Fachmann, der mir die Arbeit abnahm und der ‚Mini-Messe' den nötigen Schliff gab ... und es kam zu einer wirklich maximalen Veranstaltung.

Aber Winship kam nicht einmal. Er war der Geschäftsleiter der Region, aber er hatte irgendeine Ausrede, anderswo zu sein. Die Händler in Nebraska hörten von der Veranstaltung, und man wiederholte sie dort, und zwar in noch gerissenerer Form, denn jetzt war es ein ganzer Stab von Fachleuten, der sie aufzog. Dann brachten sie sie nach Missouri. Und obschon die Firmenleitung und andere leitende Angestellte der Gesellschaft mich sehr gerühmt hatten, machte mir Winship Vorhaltungen wegen der investierten Arbeitszeit.

Ich hatte die Messe für weniger als 3 000 $ aufgezogen; in Nebraska hatte sie 13 000 $ und in Missouri 16 000 $ gekostet, und sie hatten dort nicht mehr gezeigt als wir ... mein Gehalt war damals 700 $ im Monat."

Während jener Zeit verlagerte und erneuerte die Gesellschaft ihr Angebot auf weitere Produkte, vor allem in Richtung Tiefkühlprodukte. Ein Unternehmen, das Tiefkühlbrot herstellte, wurde aufgekauft. Winship machte kein Geheimnis aus seiner Geringschätzung für jene Produkte; gleich wie bei den „Mini-Messen" war er der Ansicht, daß Produkte wie „Ofenfrisch auf den Tisch" (eine Reihe gefrorener Kleinbrotsorten) unter der Firmenehre lägen ... es sei modischer Firlefanz, der es niemals mit sorgfältig gemahlenem Mehl aufnehmen könne noch dieses je ersetzen werde. Trotzdem wurden die leitenden Leute der erworbenen Firmen auf wichtige Posten der Muttergesellschaft befördert, und man erwartete von Bullard, daß er seine Vertreter in Iowa überzeugte — was ihm auch gelang —, die neuen Marken aufzugreifen und zu verkaufen, auch wenn dies in manchen Fällen bedeutete, daß der Verkauf von einigen Artikeln im alten Sortiment eingestellt werden mußte. Er nahm das Problem in die Hand und bewirkte eine Übernahme der neuen Produkte, oft bevor er sich mit Winship oder seinem direkten Vorgesetzten, dem Geschäftsleiter des Bezirks, in Verbindung gesetzt hatte, weil er annahm, die Gesellschaft verlange jetzt einen Absatz der neuen Produkte.

Tatsächlich kümmerte sich der Geschäftsleiter des Bezirkes, der die Stellung zwischen Bullard und Winship einnahm, auch nicht mehr um die ganze Angelegenheit. Er war schon ein älterer Herr, Neffe eines der Gründer der Gesellschaft, der einmal gesagt hatte: „Hören Sie, Sie sind Winships Mann. Sie erledigen Ihre Arbeit prompt, und Sie halten mich auf dem laufenden — und das ist mehr, als ich von vielen anderen Leuten sagen kann. Ich verlange nichts anderes, als informiert zu werden."

Und es stimmte schon, daß Bullard „Winships Mann" war. Damals wohnte er in Iowa, und Winship rief ihn zu Hause an und schwatzte stundenlang, erteilte ihm Ratschläge und Instruktionen und unterhielt ihn mit Firmenklatsch. Winship war stolz auf die vielen Komplimente, welche die Händler Bullards hartem Einsatz und langer Arbeitszeit zollten; er empfand offensichtlich, daß vor allem die Ausbildung und Führung, die er Bullard hatte zuteil werden lassen, dessen Erfolg ausmachten.

Winships Region war ein Teil des Central-States-Gebietes, dessen oberste Geschäftsleitung vor allem aus Leuten zusammengesetzt war, die erst durch die Fusionen der letzten Jahre zur Gesellschaft gekommen waren. Der oberste Leiter des Gebietes war William Tuck — ehemaliger Präsident und Hauptaktionär der Gebrüder Tuck, Gefrierprodukte —, und er empfand gegenüber dem Hauptprodukt der Gesellschaft, dem Mehl, keine spezielle Verpflichtung. Sein Hauptinteresse lag in der Entwicklung und dem Absatz neuer Produkte.

Bullards intensive Werbung für die neuen Produkte fiel der Geschäftsleitung des Gebietes angenehm auf. Mit ihrer Unterstützung wurde Bullard von seinem Vertreterjob in Iowa zum Geschäftsleiter für den Verkauf neuer Produkte befördert, und damit war er direkt Winship unterstellt.

„Ich hatte drei Monate zuvor alles über jenen Posten erfahren", erinnerte er sich, „und ich wußte, daß ich befördert werden würde. Winship ließ mich in sein Büro kommen und sagte, daß er eben diesen Posten zu besetzen hätte und daß es in seiner Region fünf oder sechs Männer gäbe, die wirklich dafür geeignet seien... mich erwähnte er nicht. Einer von ihnen war ein ganz junger Mann, der eben seine Ausbildung hinter sich hatte und der seit fünfzehn Monaten bei uns arbeitete. Damals war ich schon seit mehr als zehn Jahren bei der Gesellschaft.

Und als ich dann zurück nach Kansas City kam und die neue Aufgabe übernahm, begann Winship mit dem Versuch, mich von der Einführung immer neuer Produkte abzubringen. Ich sollte mich mehr auf das alte Produkt konzentrieren. So versuchte er mehrere Male, mich den neuen Produkten zu entfremden, für die ich ja verantwortlich war... und zwar verantwortlich ihm gegenüber."

Bullard dachte an die Erfahrungen mit „Ofenfrisch auf den Tisch", einem der neuen Produkte seines Verantwortlichkeitsbereiches:

„Er stand unter Druck, einen größeren Absatz für ‚Ofenfrisch auf den Tisch' zu schaffen... Wir verkauften es nur an ungefähr 50 % unserer Händler... und jedesmal, wenn ich einen der wichtigen Händler besuchen wollte, um einen Vorstoß für ‚Ofenfrisch auf den Tisch' zu machen, blockierte mich Winship; er sagte jeweils: ‚Nein, die Zeit ist nicht reif, es gibt momentan anderes, das wichtiger ist.' Und als Winship einmal am Freitag die Stadt für einen vierwöchigen Ferienaufenthalt verließ, rief mich der Geschäftsleiter des Gebietes zu sich und sagte ‚Los!', und als Winship von seinem Urlaub zurückkehrte, hatten wir 90 % der Händler unter Vertrag."

Bullard erfuhr erst später, daß aus seiner Aktion „Ofenfrisch auf den Tisch" Schwierigkeiten für Winship resultierten, obwohl Winship die Angelegenheit mit ihm nie besprach. Die Gebietsleitung hatte den Eindruck gewonnen, daß Winship den Verkauf der neuen Produkte hindere und daß Bullard imstande war, mehr zu erledigen, wenn Winship abwesend war.

Kurz danach wurde innerhalb der ganzen Gesellschaft eine neue Art von Posten geschaffen — die zweitoberste in jeder Region — mit der Bezeichnung Marketing-Planer für die Region (siehe Abbildung 2).

Abb. 2: „Neue" Organisation (Teildiagramm)

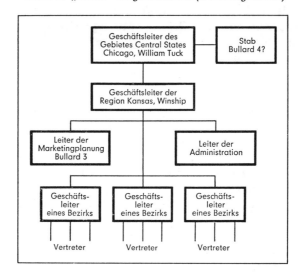

Winship ernannte Bullard für diesen Posten, und er bemerkte den Leuten seiner Organisation gegenüber, daß er Bullard als einen kommenden Mann betrachte.

„Er gab mir die Stelle und sagte mir nicht einmal, daß es eine Beförderung bedeutete. Ich erfuhr erst später, daß ich wirklich einen großen Schritt weitergekommen war. Eines Tages war ich bei Tuck im Büro. Er erwähnte meine Beförderung, und ich sagte: ‚Welche Beförderung?' Er explodierte und fragte, ob ich denn keine Gehaltserhöhung erhalten hätte, und als ich sagte: ‚Nein, Herr Tuck', da sagte er: ‚Schon gut, Sie werden eine bekommen, und zwar rückwirkend auf den ersten Tag'."

Wie Bullard so in Winships gemütlichem Haus seinen Gedanken über die Vergangenheit nachhing, bemerkte er plötzlich, daß er angesprochen worden war.

Winship sagte eben, daß er nach Abschluß des Management-Training-Kurses nicht unbedingt auf seinen Posten als Marketing-Planer in Kansas City zurückzukehren brauche. Die Geschäftsleitung des Gebietes sähe ihn gerne im Stabe des Gebiets-Hauptquartiers in Chicago, eine Stellung, die einen beachtlichen Aufstieg im Unternehmen bedeute. Winship machte einen etwas unbeholfenen Eindruck, als er ihm diese gute Nachricht mitteilte.

Bullard hatte seine Ruhe verloren. Er hätte lieber nicht in Gegenwart seiner Frau von der bevorstehenden Beförderung und Versetzung erfahren. Und er wurde sich auch bewußt, daß ihm vor allem der Gedanke ans Wegziehen gar nicht zusagte. Immerhin hatte er seit fünfzehn Jahren unter Winship in dessen Region gearbeitet.

Charles Bullard

B

Als Charles Bullard nach dem Wochenende zu Hause in den Management-Training-Kurs zurückkehrte, war er zerstreut und außerstande, mit der Kursarbeit Schritt zu halten. Die Frage, ob er die Beförderung in den Stab im Hauptquartier des Gebietes annehmen oder ob er als Marketing-Planer in seiner Region weiterarbeiten sollte, quälte ihn. Er erklärte einem seiner Kursleiter, daß ihn seine Sorgen von der aktiven Teilnahme in den Stunden abhielten. Der Kursleiter schlug vor, Bullard könne sich vielleicht durch eine Aussprache über das Problem Klarheit verschaffen. In der Diskussion machte Bullard folgende Bemerkungen:

„Ich gehe noch und noch in meinem Zimmer auf und ab, und ich gehe ans Meer hinunter und sitze lange allein auf den Felsen, und ich höre jeden Morgen die Tauben, wenn sie gegen fünf Uhr beginnen. Die ganze Sache quält mich sehr ...

Ich weiß nicht, ob mich das Problem mit Winship so frustriert ... Ich frage mich, ob mich das Problem des Erfolges oder des Nichterfolges in meiner Stellung so beschäftigt. Aber wenn man bedenkt — in den letzten drei oder vier Jahren bin ich schneller und weiter vorangekommen als irgend jemand anderer in der Gesellschaft ... Ich gebe nicht Winship alle Schuld; ich denke vielmehr, daß 60 % bis 70 % mein Fehler sind ... Ich glaube, ich bin wirklich an den meisten meiner Probleme selber schuld.

Ich möchte eigentlich lieber nicht nach Kansas City zurückkehren, denn offen gesagt umgibt sich Jim Winship neuerdings mit Leuten, mit denen ich nicht zusammenarbeiten will. Einer von ihnen ist ein Lügner und ein Dieb — ich weiß wohl, was ich sage. Und ein zweiter ist bei allen anderen Angestellten verhaßt ... diesem gehe ich aus dem Wege. Ein dritter ist einfach inkompetent. Der Mann scheint sich mit inkompetenten Leuten zu umgeben ... ich will nichts mit ihnen zu tun haben.

Aber wenn ich nicht zurückgehe, so empfinde ich es als eine Art Mißerfolg, nämlich insofern, als ich ihm nicht zeigen kann, was ich für ihn tun kann, und ich ihm seine gräßlichen Mißgriffe in der Personalauswahl nicht unter die Nase reiben kann ... Es gibt zwei große Mißerfolge in meinem Leben: Ich wurde aus gesundheitlichen Gründen aus der Militärakademie West Point entlassen, und das hat mich immer wieder beschäftigt. Und dann besuchte ich die technische Hochschule, und dort drehte ich wirklich durch. Im ersten Semester nahm ich 40 Wochenstunden — und ich flog in hohem Bogen von der Hochschule — und das zu Recht. Und diese zwei Mißerfolge ereigneten sich gerade zu jener Zeit, als es meiner Familie finanziell nicht eben rosig ging ...

Als ich geboren wurde, war mein Vater 56 und meine Mutter 44. Beide waren schon einmal verheiratet gewesen. Ich habe fünf Stiefbrüder und drei Stiefschwestern ... aber nur noch zwei von ihnen sind am Leben. Mein ältester Bruder war Offizier im Ersten Weltkrieg, und er war damals schon so lange verheiratet gewesen, daß ich gut *sein* Kind hätte sein können. Mein Vater hielt ihn für einen Gott, wirklich! Er war ein Held, denn er war zu verschiedenen Malen mit hohen Orden ausgezeichnet worden ... Er ging in die Kadettenschule, und er wurde Kadettenoffizier. Er war auch für mich eine Art Gott. Als mein Vater starb, war ich gerade vierzehn. Meine Mutter gab mich in die Kadettenschule, denn sie mußte nach dem Tod meines Vaters wieder arbeiten gehen. Ich aber lebte in jener Schule ... Mein Stiefbruder war ein Jahr lang Kadettenoffizier gewesen. Aber ich schlug ihn. Ich war es zwei Jahre lang.

Meine Stiefgeschwister sprachen in jener Zeit nicht mehr mit mir. Grund war irgendeine Geldaffäre mit meiner Mutter. Sie sprachen also weder mit meiner Mutter noch mit mir, und das war vollkommen lächerlich, da wir in der gleichen Stadt lebten. So machte ich mich also daran, es ihnen zu zeigen ... und am nötigen Ansporn fehlte es nicht! Es war die größte Enttäuschung meines Lebens, als mein ältester Stiefbruder nicht mehr mit mir sprach. Und damals war ich doch erst vierzehn.

Ja nun, als ich von der technischen Hochschule flog, zog ich an die Westküste und arbeitete sechs Monate lang. Dann bekam ich die Gelbsucht und mußte heimgebracht werden. Als es mir wieder gutging, trat ich wieder in die technische Hochschule ein, und von da an ging es gut in der Schule. Ich beendete meine Studien mit einem Diplom in Mathematik ...

Ehrlich gesagt, ich wurde schon immer als Sonderling angesehen. Bei Versammlungen stand ich ruhig auf und machte der Leitung klar, daß dieses Programm und jene Sache nicht in Ordnung seien. Ich machte viele Leute wütend durch dieses Verhalten ... Winship hat mir oft die Stange gehalten, wenn es hart auf hart ging.

Ich mag ihn gerne. Aber ich ärgere mich auch sehr über ihn, wenn ich mir überlege, wie er mit mir umgesprungen ist. Andererseits verstehe ich jetzt, daß die großen Tiere der Gesellschaft mich dazu verwendet haben, um ihm die Flausen auszutreiben.

Möglicherweise habe ich es ja gestattet, daß man so mit mir umgegangen ist ... Aber ich habe ihn nie bewußt angegriffen. Ich glaube, ich kann mein Problem so formulieren: Ich neige dazu, mich in die Rüstung zu stürzen und sofort zum Angriff überzugehen ...

Noch etwas: Ich besitze mehr Diplome von Militär-Fernkursen als irgend jemand anderer. Ich bin ohne einen Tag Militärdienst Major geworden."

Der junge Vorgesetzte

Herr Mönkeberg ist seit kurzem Geschäftsführer der Deutschen Jet GmbH (DJG), eines Produzenten von Strahltriebwerken für die Flugzeugindustrie mit Sitz in Stuttgart. Die DJG ist eine hundertprozentige Tochter der Deutschen Motorenfabriken AG, die Antriebe aller Art herstellt. Bei der Übernahme seiner Tätigkeit als Geschäftsführer — Herr Mönkeberg war auch vorher schon für die Deutsche Jet tätig — wandte sich der Assistent des ausgeschiedenen Geschäftsführers, Herr Hammes, an Herrn Mönkeberg: „Herr Mönkeberg, wo nun mein Herr und Meister weg ist, werden Sie verstehen, daß ich nach 3 Jahren Assistentenzeit nicht nochmals 3 oder 4 Jahre in dieser Position bleiben möchte. Ich werde mich nach einer neuen Stelle umsehen."

Herr Mönkeberg wollte den jungen Mann nicht verlieren. Hammes hatte sowohl eine technische als auch kaufmännische Lehre bei der DJG absolviert und dann Betriebswirtschaftslehre in Köln studiert. Nach bestandenem Examen kehrte er als Assistent des Geschäftsführers in seine Lehrfirma zurück und hatte für den ehemaligen Geschäftsführer vor allem Statistiken erstellt und umfangreiches Zahlenmaterial analysiert und verdichtet. Herr Mönkeberg bot ihm deshalb an, als stellvertretender Hauptabteilungsleiter der Marketingabteilung zu bleiben. Dies wurde von Herrn Hammes akzeptiert.

Seine neue Aufgabe bewältigt Herr Hammes sachlich hervorragend. Allerdings kommt es zu wachsender Unzufriedenheit unter den überwiegend älteren Mitarbeitern der Abteilung, die sich z. T. bei der Stellenbesetzung übergangen fühlten. Weitere Unruhe in der Abteilung ergibt sich daraus, daß Herr Hammes neue Methoden einführt, die er z. T. nur unzureichend erklärt, weil er ihre Beherrschung für „selbstverständlich" hält. Taucht ein Problem auf, so ist er durch seine besseren Fachkenntnisse oft in der Lage, schon ein Konzept für die Lösung zu entwickeln, ehe die Mitarbeiter das Problem überhaupt richtig analysiert haben. Seitdem er sich einmal darüber mokiert hat, daß einer der Mitarbeiter offensichtlich nicht so schnell „geschaltet" hat wie er selbst, unterlassen es die anderen Mitarbeiter, bei Unklarheiten Fragen zu stellen.

Herr Mönkeberg erfährt von diesen Problemen und möchte Herrn Hammes helfen, auch seiner Führungsaufgabe so gut gerecht zu werden wie der Sachaufgabe.

Was sollte er dazu tun?

Der Reviersteiger

Sohle 9. Flöz Sonnenschein. Zeche Hulda-Luise. Einfallen 40 Gon. Reviersteiger Jablonski hangelt von Stempel zu Stempel. Holz. Die Kumpel einzeln vor ihrem Stoß. Mit Preßluftbohrer und Beil. Schwere Arbeit.

Reviersteiger Jablonski ist stolz auf sein Steilflöz. Gibt es fast nicht mehr im Revier. Und dabei so kostengünstig wie das Flöz auf Graf Donnersmarck mit seinem Schildausbau. Dieser moderne Tinnef!

Natürlich ist die Produktivität nicht ganz so hoch. Sie könnte besser sein. Wäre sie wohl auch, wenn die Mächtigkeit geringer wäre. 1,50 zum Beispiel statt der 2,10. Ist auch für die Kumpel zu schwer. Die müssen die Balken und Stempel zu hoch über sich setzen. Na ja, man kann es sich nicht malen. Die Türken sind willig. Alle schon über 5 Jahre dabei. Erstklassige Zimmerleute. Kriegt man in Deutschland praktisch gar nicht mehr.

Nur noch ein einziger Deutscher ist im Flöz. Der Hugo. Erstklassiger Mann. Aber aufsässig. Drückt auf die Produktivität. Eigentlich, bei Licht besehen ... verdammte Scheiße! Das gestern war wieder mal ein Ding. „Verdammt schwere Arbeit!" hat er gebrummt. Gestern. „Na, nun mach schon, Hugo, Leistung muß kommen!" Ich dagegen. „Keine Müdigkeit vorschützen! Die Schichtleistung muß besser werden!" „Mensch, wenn ich das nur höre! Schichtleistung und immer noch mehr malochen!" Richtig aufsässig wurde er. Nur gut, daß die anderen das nicht hören konnten. „Und wofür? Alles auf Halde! Und dann nächste Woche: Kurzarbeit! Hör mich doch auf mit die Schichtleistung!" Verdammter Mist. Was sagt man da? Recht hat er! Ach, was sag ich denn da ... Verdammte Scheiße!!

Möglichkeiten der Veränderung von Verhalten

I. Abgrenzung des Themas

Im Rahmen dieser Darstellung kann es nur darum gehen, die allgemeinen psychologischen Grunderkenntnisse aufzuzeigen, die jeder Verhaltensänderung — gleich in welchem Bereich — zugrunde liegen. Es ist dann in jedem praktischen Einzelfalle zu prüfen, wie die hier mehr oder weniger abstrakt abgehandelten Prozesse und Mechanismen mit handfestem Inhalt gefüllt werden.

Die Berechtigung, im Rahmen des Themas „Führung von Mitarbeitern" über die Möglichkeit von Verhaltensänderungen zu sprechen, ergibt sich daraus, daß eine der wichtigsten Führungsaufgaben sicherlich darin besteht, die Mitarbeiter mit den erforderlichen Mitteln zu versehen, damit sie die ihnen gestellten Aufgaben erfüllen können. Zu diesen Mitteln gehören aber unbedingt auch die zur Bewältigung der anstehenden Aufgabe erforderlichen Verhaltensweisen. Wo diese Verhaltensweisen nicht vorhanden sind, kann man keine erfolgreiche Erledigung der Sachaufgabe erwarten. Dabei ist der Begriff „Verhalten" in einem äußerst weiten Sinne zu verstehen und schließt auch Verhaltensdispositionen wie etwa Einstellungen und Fertigkeiten mit ein, deren Veränderungen im Handlungsvollzug sichtbar werden. Damit wird deutlich, daß es sich bei Verhaltensänderungen in diesem Sinne immer auch um Persönlichkeitsänderungen handelt. Dies wirft aber sofort ethische Fragen auf — Behinderung der freien Entfaltung der Persönlichkeit, Manipulation —, die im Rahmen dieser Abhandlung nicht einmal angeschnitten werden können. Daß eine solche Manipulation nicht beliebig weit getrieben werden kann, wird uns im ersten Abschnitt beschäftigen, in dem es um die Grenzen der Veränderbarkeit menschlichen Verhaltens geht. Der zweite Abschnitt beschäftigt sich mit den vielfältigen, von der Lernpsychologie aufgedeckten Mechanismen der Verhaltensänderung. Zum Abschluß soll auf eine Checkliste eingegangen werden, die in systematischer Form die Schritte aufzeigt, die bei der Einleitung von Maßnahmen zur Veränderung von Verhaltensweisen ausgeführt werden müssen.

II. Grenzen der Veränderbarkeit menschlichen Verhaltens

Die Veröffentlichungen der Verhaltensforschung in den letzten Jahren haben einen großen Leserkreis mit Besonderheiten des tierischen Verhaltens, wie etwa den Instinktbewegungen, vertraut gemacht. Der von Konrad

Lorenz und seinen Anhängern vertretenen These, daß diese Instinktbewegungen genetisch fixiert sind und durch keine Umwelteinflüsse verändert werden können, ist von anderen Wissenschaftlern mit bemerkenswerten empirischen Belegen entgegengetreten worden[1].

Sie konnten nachweisen, daß bei einer Vielzahl von Verhaltensweisen Umwelteinflüsse aus der frühesten Kindheit der Tiere entscheidend an der Ausgestaltung der Instinktbewegungen mitwirken. Im Bereich des menschlichen Verhaltens — man denke nur an die „Risikokinder" — haben neuere Forschungen gezeigt, daß man den Auswirkungen genetischer Abweichungen im Phänotypus erfolgreich entgegenwirken kann. Wenn man daneben sieht, wie änderungsresistent etwa neurotische Verhaltensweisen sind, die sicherlich überwiegend umweltbedingt sind, wird man verstehen, weshalb sich in der Psychologie das Augenmerk von der Fragestellung „angeboren oder erworben?" verschoben hat auf die Fragestellung, „veränderbar oder nicht veränderbar?". Unter diesem Gesichtspunkt sind auch die Ergebnisse der Zwillingsforschung[2] neu zu interpretieren. Ansatzpunkt dieser Forschungsrichtung war der Vergleich der Persönlichkeit von eineiigen Zwillingen, die relativ kurz nach der Geburt voneinander getrennt wurden. Unterschiedliche Persönlichkeitsstrukturen glaubte man dann auf die unterschiedlichen Umweltbedingungen zurückführen zu können. Aspekte der Persönlichkeit, die dagegen identisch waren, schienen eher durch endogene Faktoren bestimmt zu sein. Weitere Belege hierfür versuchte man dadurch zu gewinnen, daß man Längsschnittuntersuchungen über längere Zeiträume hinweg durchführte.

Für die Praxis sind alle diese Untersuchungen insofern von Bedeutung, als sie Hinweise auf jene Bereiche der menschlichen Persönlichkeit geben, die — gleichgültig, ob sie stärker erb- oder umweltbedingt sind — weniger leicht zu verändern sind. Zu diesen Bereichen gehören:

— Der Erwerb bestimmter motorischer Fähigkeiten. Wann z. B. jemand laufen lernt, ist nur sehr wenig von außen beeinflußbar.

— Die Grundstimmung eines Menschen. Ob jemand eher heiter, ernst oder mürrisch ist, scheint schon sehr früh festgelegt zu werden und ist dann nur schwer änderbar. Genaue Untersuchungen zeigten, daß tatsächlich aufgetretene Änderungen in der Grundstimmung zumeist auf ausgesprochen krankheitsbedingte Einflüsse zurückzuführen sind (Meningitis, Hirnverletzungen). Auch schwere umweltbedingte Neurosen durch lang andauernde Belastungssituationen (Kriegsgefangenschaft, Konzentrationslager) bewirken eine Änderung der Grundstimmung. In einigen die-

---
[1] Roth, G. (Hrsg.), Kritik der Verhaltensforschung, München 1974.
[2] Gottschaldt, K., Das Problem der Phänogenetik der Persönlichkeit; Thomae, H., Das Problem der Konstanz und Variabilität der Eigenschaften; beide in: Handbuch der Psychologie, Bd. 4, Persönlichkeitsforschung und Persönlichkeitstheorie, Göttingen 1960.

ser Fälle konnte jedoch gezeigt werden, daß diese Veränderungen nicht irreversibel sind: Eine erfolgreiche psychotherapeutische Behandlung brachte auch wieder die ursprüngliche Grundstimmung zum Vorschein.

— Die Aktivität. Hiermit ist im wesentlichen die Auswirkung des allgemeinen Antriebsniveaus gemeint. Ob einer eher träge oder hektisch ist, läßt sich kaum durch äußere Einflüsse verändern.

— Die gefühlsmäßige Ansprechbarkeit. Wie schnell, tief und nachhaltig Gefühle ausgelöst werden können, läßt sich praktisch im späteren Leben nicht mehr verändern.

— Die affektive Erregbarkeit. Hierunter ist zu verstehen, wie rasch eine große Intensität der Gefühle erreicht wird. Bildlich gesprochen könnte man sagen: wie schnell jemand „auf die Palme geht".

Inwieweit zu diesen relativ wenig beeinflußbaren Persönlichkeitszügen auch die Intelligenz gehört, darüber ist in letzter Zeit durch die Veröffentlichungen des Amerikaners Jensen die Diskussion erneut aufgeflammt[3]. Festzustehen scheint jedenfalls, daß unter den jetzigen Bedingungen ab einem gewissen Alter die allgemeine geistige Leistungs*fähigkeit* nicht mehr erheblich zu verändern ist.

Neben den hier geschilderten veränderungsresistenten Persönlichkeitsaspekten gibt es eine Vielzahl weiterer, die sich leichter verändern lassen. Wie solche Veränderungen vor sich gehen, welche Mechanismen und Prozesse wirksam sind, hat im wesentlichen die Lernpsychologie aufgedeckt.

III. Verhaltensänderung als Lernen

Wenn man das Wort Lernen hört, so fällt einem dazu zunächst als Assoziation der Bereich Schule ein. In der Psychologie umfaßt aber der Begriff Lernen erheblich mehr als die Vorgänge in der Schule. Daher ist es erforderlich, zunächst ein einheitliches Verständnis dessen herbeizuführen, was Lernen ist. Lernprozesse selbst kann man nicht sehen; man kann nur etwa aus einer Verhaltensänderung (auch aus einer Erlebensänderung) schließen, daß gelernt wurde. Man denke z. B. an jemanden, der Radfahren lernt. Vergleicht man sein Verhalten zu Beginn des Lernprozesses mit dem am Ende, so kann man aus der Unterschiedlichkeit des Verhaltens — der größeren Geschicklichkeit beim Bedienen des Fahrrades — entnehmen, daß gelernt wurde. Da das Lernen selbst nicht beobachtet werden kann, spricht man von einem „hypothetischen Prozeß" bzw. „hypothetischen Prozessen".

---

[3] Fartke, R., Warum die Intelligenz-Debatte wieder aufgewärmt wird, in: Psychologie heute 2 (1975), Heft 9, S. 53; Klauer, K. J., Wie man einen lehrziel-orientierten Test entwickelt, in: Psychologie heute 2 (1975), Heft 2, S. 37.

Ferner handelt es sich beim Lernen stets um Änderungen. Diese Änderungen können sich auf konkrete Verhaltensweisen beziehen, sie können aber auch Erlebnisweisen einschließen. Jemand, der eine Fremdsprache gelernt hat, spricht sie nicht nur (Verhaltensänderung), er versteht sie auch (Erlebensänderung). Diese vorläufige Definition für Lernen als Gesamtheit der hypothetischen Prozesse der Verhaltens- und Erlebensänderung muß noch eingeschränkt werden, denn Lebens- und Verhaltensänderungen, die durch Reifung zustande kommen oder die durch Ermüdung oder den Einfluß von Drogen (Verhaltensänderungen unter Alkoholeinfluß) bedingt sind, gehören nicht hierher. Berücksichtigt man diese Einschränkungen, so kann man unter dem Begriff Lernen alle jene Prozesse der Verhaltens- und Erlebensänderung verstehen, die nicht durch Reifung oder vorübergehende Zuständlichkeiten des Organismus (Ermüdung, Drogen, Krankheit usw.) bedingt sind. Diese Definition sagt noch nichts darüber aus, wie eigentlich gelernt wird, welche Prozesse beim Lernen ablaufen. Der folgende Abschnitt beschäftigt sich daher mit einer Übersicht über die verschiedenen theoretischen Annahmen darüber, wie Lernen zustande kommt. Von verschiedenen psychologischen Richtungen sind in der Vergangenheit häufig einzelne Lernprinzipien verabsolutiert worden, was dazu führte, daß z. T. sehr heroische Zusatzannahmen gemacht werden mußten, um den Erwerb bestimmter Verhaltensweisen zu erklären. Heute ist man sich darüber einig, daß alle Prinzipien eine Rolle beim Erwerb und bei der Veränderung der vielfältigen Verhaltensweisen spielen und daß nur von Fall zu Fall unterschiedlich ist, welches Prinzip im Vordergrund steht.

Als erstes Lernprinzip sei das der *klassischen Konditionierung* genannt, das mit dem Namen des russischen Physiologen Pawlov eng verbunden ist. Der Pawlovsche Hund ist zu bekannt, als daß dieses klassische Experiment noch einmal dargestellt werden müßte. Wichtig bleibt festzuhalten, daß es bei diesem Lernprinzip darum geht, daß ein ursprünglich neutraler Reiz durch Koppelung mit einem relevanten Reiz später allein in der Lage ist, eine bestimmte, meist physiologische Reaktion auszulösen. Man kann hier von einer Art Signal-Lernen sprechen. Auch Menschen verändern ihre Verhaltensweisen nach dem Prinzip der klassischen Konditionierung. Als wichtigste unbedingte Reaktion bei Menschen ist hier wohl die Angst zu nennen[4]. Eine Vielzahl von unerklärlichen Ängsten des Alltagslebens — vor allem vor an sich harmlosen Gegenständen oder Situationen — kann als durch klassische Konditionierung erworben erklärt werden. Um Ängste bei sich oder seinen Mitarbeitern abzubauen, sollte man deshalb einige Eigentümlichkeiten des Lernprozesses besonders beachten:

— Vergessen (bzw. Löschung) tritt ein, wenn der bedingte Reiz auftritt, ohne daß ihm der unbedingte nachfolgt. Auf den Pawlovschen Hund bezogen, heißt dies, daß der Glockenton seine Wirkung, die Speichelabson-

---

[4] Hennenhofer, G. und K. D. Heil, Angst überwinden, Stuttgart 1973.

derung auszulösen, verliert, wenn über längere Zeit hinweg dem Glokkenton kein Futter folgt. In ähnlicher Weise kann man in einigen Fällen Angst dadurch abbauen, daß man die ängstliche Person der angstauslösenden Situation aussetzt, ohne daß die befürchteten negativen Konsequenzen eintreten. Leider kann so auch eine durchaus sinnvolle Angst abgebaut werden. So hat vielleicht der Fahrschüler noch Angst, den vorgeschriebenen Mindestabstand zu dem vorherfahrenden Auto zu unterschreiten. Da er aber sehr häufig nacheinander die Erfahrung macht, daß doch nichts passiert, verliert er die Angst vor dieser Situation, was zur Folge hat, daß sich der Abstand zum Vordermann immer mehr verringert.

— Von praktischer Bedeutung ist auch das Phänomen der Reizgeneralisierung, mit dem gemeint ist, daß andere als die ursprünglich gesetzten Reize in der Lage sind, die bedingte Reaktion auszulösen. Der Hund in dem angedeuteten Experiment reagiert auch auf eine andere als die ursprünglich verwendete Glocke mit der Sekretion von Speichel. Dieser Mechanismus ist sehr sinnvoll. Man stelle sich vor, man könne erlerntes Verhalten nur unter denselben situativen Bedingungen reproduzieren, unter denen man es gelernt hat. Ein sinnvolles Arbeiten wäre nicht mehr möglich. Für unser Beispiel ist es wichtig zu wissen, daß auch solche Situationen, die der ursprünglich Angst auslösenden ähnlich sind, ihrerseits dazu tendieren, eine Angstreaktion auszulösen.

— Auf der anderen Seite gibt es natürlich Situationen, in denen auf feinste Unterschiede in der Reizkonstellation auch unterschiedlich reagiert werden muß. Dies gilt beim Vokabellernen etwa für sehr ähnlich klingende bzw. sehr ähnlich geschriebene fremdsprachige Wörter, mit denen jeweils völlig unterschiedliche deutsche Begriffe assoziiert werden müssen. In den Fällen, wo dies gelingt, spricht man im Unterschied zur Generalisierung von Diskrimination. An dieser Stelle wird auch die Verflechtung des Lernprozesses mit dem Wahrnehmungsprozeß deutlich, auf den an anderer Stelle eingegangen wird.

Vergessen, Generalisierung und Diskrimination sind Aspekte des Lernprozesses, die auch auf Verhaltensweisen anwendbar sind, die nicht über den Weg der klassischen Konditionierung erworben wurden.

Insbesondere mit den Namen Thorndike, Hull und Skinner ist das Prinzip des *Lernens durch Verstärkung* verbunden. Sie erklären den Erwerb neuer Verhaltensweisen bzw. die Änderung bestehenden Verhaltens im wesentlichen durch Konsequenzen, die dieses Verhalten hat. Sind die Konsequenzen (die Verstärkung) positiv, so wird das neue bzw. geänderte Verhalten beibehalten — man hat gelernt. Sind sie es nicht, wird entweder ein neues Verhalten ausprobiert, oder die „Lernsituation" wird verlassen. Die alltäglichen Begriffe Lohn und Strafe bezeichnen nichts anderes als positive bzw. negative Verstärker. Auch die für den Vorgesetzten wichtigen Führungsmittel

Anerkennung und Kritik gehören in die Kategorie der Verstärker. Deshalb soll an dieser Stelle näher auf ihre psychologischen Wirkungen eingegangen werden. Dabei interessiert natürlich vor allem die Wirkung von Anerkennung und Kritik auf die Leistungen des Mitarbeiters. Sieht man sich hierzu die vorhandenen psychologischen Untersuchungen an, so kann man feststellen, daß es keine einfache Kausalbeziehung zwischen diesen beiden Führungsmitteln und der Leistung gibt. Man kann nicht einfach sagen: „Lob steigert die Leistung, Kritik mindert sie." Vielmehr müssen eine Vielzahl von Variablen beachtet werden, die mitbestimmend für die Wirkung von Lob und Tadel auf die Leistung sind.

Die Wirkung von Anerkennung und Kritik soll in Anlehnung an Neuberger[5]) unter folgenden Aspekten betrachtet werden:

— Informationsaspekt,

— Lernaspekt,

— Motivationsaspekt,

— sozialer Aspekt.

Bei der Behandlung dieser vier Aspekte wird deutlich werden, daß es sich um eine rein künstliche Trennung handelt. Alle vier Aspekte sind gleichzeitig wirksam und nicht voneinander zu trennen.

Wenn darauf hingewiesen wird, daß Anerkennung und Kritik einen Informationsaspekt besitzen, so ist damit gemeint, daß über diese Führungsmittel dem Mitarbeiter mitgeteilt wird, ob er ein bestimmtes Ziel erreicht oder verfehlt hat. Wenn ein neuer Mitarbeiter in eine Abteilung kommt, sind Anerkennung und Kritik des Vorgesetzten häufig erste Hinweise für ihn, welche Normen und Leistungsmaßstäbe in dieser neuen Abteilung gebräuchlich sind. Immer wieder konnte gezeigt werden, daß allein die Kenntnis dieser Normen und der Vergleich der eigenen Leistung mit ihnen leistungssteigernd wirkt. Kritische Äußerungen des Vorgesetzten wirken hierbei besonders dann leistungssteigernd, wenn sie einen hohen Informationsgehalt haben, d. h. sehr differenziert auf die Fehler des Mitarbeiters hinweisen. Kommt der Vorgesetzte dieser Informationsaufgabe nicht nach, so orientiert sich der Mitarbeiter an anderen Normen. Das werden dann im wesentlichen die informellen Normen seiner Arbeitsgruppe sein. Die Grenzen der verhaltensändernden Wirkung von Information liegen einmal in der Persönlichkeit des Mitarbeiters (siehe oben), zum anderen auch in Beeinträchtigungen seiner Leistungsfähigkeit durch die momentane Situation (Krankheit, persönliche Schwierigkeiten).

Anerkennung und Kritik müssen insofern auch unter einem Lernaspekt betrachtet werden, als sie den Erwerb neuer Verhaltensweisen fördern oder

---

5) Neuberger, O., Anerkennung und Kritik als Führungsmittel, in: Problem und Entscheidung 3, München 1970, S. 13 ff.

auch hindern können. Umfangreiche Untersuchungen konnten hier zeigen, daß neue Verhaltensweisen in einfach strukturierten Situationen unter Belohnungsbedingungen (Anerkennung) besser gelernt werden. Verhaltensweisen in komplexeren Situationen werden dagegen besser durch begleitende Kritik erworben. Wird die Kritik jedoch zu stark, so kann es geschehen, daß verschiedene Personen sich so intensiv auf den begangenen Fehler konzentrieren, daß er trotz gegenteiliger Absicht wieder auftritt. Anerkennung und Kritik können ihre verhaltensändernde Wirkung nur dann entfalten, wenn der Mitarbeiter davon überzeugt ist, daß er es durch sein Verhalten in der Hand hat, ob er Lob oder Tadel empfängt. Ist er der Meinung, daß er den Konsequenzen machtlos ausgeliefert ist, so dürften sowohl Anerkennung als auch Kritik wirkungslos bleiben.

Anerkennung und Kritik unter einem Motivationsaspekt betrachten heißt, die verhaltensauslösenden, energetisierenden Wirkungen dieser Führungsmittel zu berücksichtigen. Im Wunsch nach Anerkennung und der Vermeidung von Kritik, die als Motive wirksam sind, können starke interindividuelle Unterschiede festgestellt werden. Hier scheint das Selbstbild bzw. die Selbsteinschätzung des Mitarbeiters von besonderer Bedeutung zu sein. Unter diesen Konzepten ist die Tatsache zu verstehen, daß jeder Mensch sich bestimmte Fähigkeiten, Eigenschaften, Werte usw. zuschreibt, die an der Realität überprüft werden. Hier konnte nun nachgewiesen werden, daß extravertierte und selbstsichere Personen eher der Aufforderung zur Revision des Selbstbildes, die Tadel impliziert, nachkamen und zu Verhaltensänderungen angeregt werden konnten, während introvertierte und eher unsichere Menschen negativ auf Tadel, dafür aber sehr positiv auf Lob reagierten. Diese Ergebnisse scheinen die These zu bestätigen, daß Vorgesetzte in Zukunft noch stärker als bisher diagnostisch tätig werden müssen, wenn sie ihre Mitarbeiter mit Erfolg führen wollen.

Der soziale Aspekt von Anerkennung und Kritik verweist darauf, daß es sich dabei um eine Interaktion, also einen Austausch von Handlungen zwischen Vorgesetztem und Mitarbeiter, handelt, die nicht losgelöst vom gesamten sozialen Rahmen gesehen werden kann. Daß man einen Menschen sympathischer findet, der einen lobt, scheint selbstverständlich zu sein. Dies wiederum hat zur Folge, daß man verstärkten Kontakt zu dieser Person sucht, wodurch sich in der Mehrzahl der Fälle auch die gegenseitige Sympathie steigert. Nun ist aber bekannt, daß das Vorhandensein einer positiven Gefühlsbeziehung zwischen Menschen die Wahrscheinlichkeit gegenseitiger Beeinflussung vergrößert. Dazu kommt noch, daß erhöhter Kontakt zu einer Vermehrung der Beobachtungsgelegenheiten und damit zu einem treffenderen Urteil führt. Das Gegenteil gilt für Kritik. Stellt man wieder den Bezug zum Selbstbild her, so fordert Kritik eher zum „Abschalten", zu „Trotz" oder ähnlichen Techniken heraus. Unter dem sozialen Aspekt ist ferner zu berücksichtigen, daß Vorgesetzte und Mitarbeiter in die hierarchische Unternehmensstruktur eingebettet sind. Diese hierarchische Ordnung kann aber durchaus negative Nebenwirkungen haben: Kritik und Anerkennung folgen fast immer von oben nach unten. Lob von unten wird häufig als „Lobhudelei" bzw. „Radfahren" gesehen. Kritik von unten wird leicht verdächtigt, „Nörgelei" oder „Quertreiberei" zu sein.

Wenn so ausführlich auf Anerkennung und Kritik eingegangen wurde, so deshalb, weil diese Verstärker dem Vorgesetzten unmittelbar zur Verfügung stehen. Auf andere Verstärker (Lohn, Arbeitsbedingungen) hat er in der Regel dagegen weniger Einfluß.

Neben den bereits genannten Lernprinzipien spielt vor allem die *Änderung des Verhaltens durch Nachahmung* eine wichtige Rolle. Insbesondere der Neuling orientiert sich bei seinen Verhaltensweisen an den Verhaltensmustern der Kollegen. Gerade eine Vielzahl von Verhaltensweisen, die an Rollen gebunden sind (Geschlechterrolle, Vorgesetztenrolle), werden auf diesem Wege erworben. Wer also seinen Mitarbeitern, die ebenfalls Führungskräfte sind, das vom Unternehmen gewünschte Führungsverhalten vermitteln will, kann dies am besten dadurch tun, daß er selbst dieses Verhalten zeigt.

Der kooperative Führungsstil hat es unter anderem deshalb so schwer, sich durchzusetzen, weil kaum Gelegenheit besteht, das dieser Rollenerwartung entsprechende Verhalten zu beobachten und nachzuahmen. Für das Lernen durch Nachahmung ist aber außerdem wichtig, daß das beobachtete Verhalten auch einen positiven Effekt hat. Nur wenn das Modellverhalten positiv verstärkt wird, besteht eine Chance, daß es auch übernommen wird.

Als letztes soll noch auf das Prinzip des *Lernens durch Einsicht* kurz eingegangen werden. Hiermit ist gemeint, daß es den Menschen durch Nachdenken alleine gelingt, das in einer Situation richtige Verhalten zu wählen. Dieses Lernprinzip ist vor allem dort wirksam, wo es um rein rationale Prozesse wie etwa das Lösen von Problemen geht. Die Einsicht des eigenen Fehlverhaltens führt allerdings dann kaum zu einer Verhaltensänderung, wenn diese Verhaltensweisen sehr tief in der Persönlichkeit verwurzelt und sehr stark emotional getönt sind. Dies ist etwa der Fall bei den bereits angesprochenen Angstreaktionen. Die Verhaltensänderung aus Einsicht stößt auch da an ihre Grenzen, wo die Konsequenzen des „richtigen" Verhaltens negativ sind bzw. wo es gleichgültig ist, ob man sich „richtig" oder „falsch" verhält.

IV. Checkliste zur Verhaltensänderung

Ausgehend von der Erfahrung, daß viele Unternehmen häufig nach formaler Ausbildung bzw. Weiterbildung ihrer Mitarbeiter rufen, wenn sie sich nicht den Erwartungen entsprechend verhalten, gelangen Mager und Pipe[6] zu

---

[6] Mager, R. F., und P. Pipe, Verhalten, Lernen, Umwelt, Weinheim und Basel 1972.

der Erkenntnis, daß es häufig wichtig ist, sich die Konsequenzen des Fehlverhaltens und des erwünschten Verhaltens anzusehen und daraus Schlüsse für weitere Aktionen zu ziehen. Die Autoren haben die Denkschritte, die dabei zu vollziehen sind, in einem Flußdiagramm niedergelegt. Gleichzeitig haben sie in Form einer Checkliste die Fragen vorgelegt, die an den einzelnen Verzweigungspunkten zu stellen sind. Das Flußdiagramm ist in der folgenden Abbildung dargestellt.

Flußdiagramm zur Verhaltensänderung

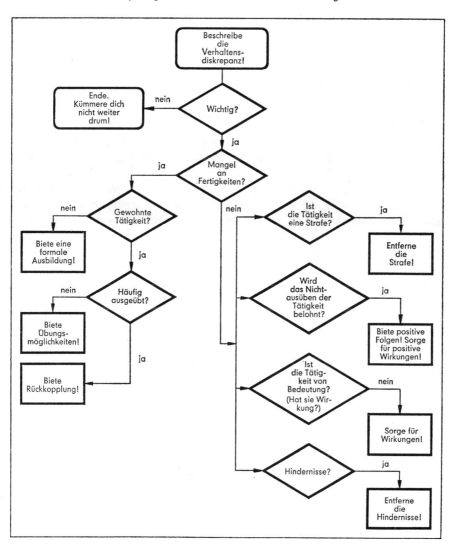

Wie man dem Flußdiagramm entnehmen kann, ist die entscheidende Frage die nach den Ursachen: Liegt ein Mangel an Fertigkeiten vor, oder könnte der Mitarbeiter das geforderte Verhalten einsetzen, wenn er es wirklich tun müßte? Konstatiert man einen Mangel an Fertigkeiten, so wird man — abhängig von der Beantwortung weiterer Fragen — verschiedene Ausbildungsmaßnahmen anbieten müssen (linker Zweig der Graphik). Besitzt der Mitarbeiter jedoch die erforderlichen Fertigkeiten, dann sind vor allem die im rechten Teil der Graphik dargestellten Fragen nach den Konsequenzen des Verhaltens relevant. Wird z. B. (1. Parallelogramm) das erwünschte Verhalten negativ verstärkt (bestraft), dann wird man zu dem erwünschten Verhalten nur kommen, wenn man die Strafe entfernt. Kann man die „Bestrafung" nicht entfernen, weil sie untrennbarer Teil der Tätigkeit ist, wird man sich damit zufriedengeben müssen, daß immer wieder Fehlverhaltensweisen auftreten. Ähnliches gilt für die anderen Verzweigungen in diesem Ast der Graphik.

Hat man aufgrund der Graphik und der dazugehörenden Fragen die Ursachen für das Fehlverhalten gefunden, so müssen Lösungsalternativen erarbeitet und schließlich die beste Lösung ausgewählt werden. Ein wichtiges Kriterium hierfür sind sicherlich die „Kosten", die die Verwirklichung der Lösungen verursachen werden. Sie müssen dem zusätzlichen „Gewinn" gegenübergestellt werden, der aus der Durchführung der Maßnahmen resultiert. Es wird sich dabei oft als erforderlich erweisen, das Problem in einzelnen Teilschritten zu lösen. Bei anderen Problemen wieder wird man zu der Erkenntnis gelangen, daß es auf die Dauer billiger ist, mit den Fehlverhaltensweisen der Mitarbeiter zu leben, als sie ändern zu wollen.

Kronkorken AG

Herr Peter Jansen, 37, ist erst seit relativ kurzer Zeit Vorstandsmitglied der Kronkorken AG. Aus diesem Grunde ist er noch nicht mit allen spezifischen Problemen des Geschäftes vertraut.

Herr Arne Schleier, 40, ist Verkaufsprokurist und gewissermaßen der Starverkäufer des Unternehmens. Er ist eine selbstbewußte Persönlichkeit und kritisch gegen jedermann. Da ein Verkaufsdirektor kurzfristig ausgeschieden ist, steht nun seine Beförderung zum Verkaufsdirektor an.

Unter Zeitdruck bereitet Herr Jansen einen Bericht über die Geschäftsentwicklung für eine Aufsichtsratssitzung vor. Hierfür benötigt Herr Jansen noch bestimmte Daten aus der Verkaufsabteilung, die nur von dem Prokuristen, Herrn Schleier, zusammengestellt werden können und etwa einen Zeitaufwand von 2—3 Stunden erfordern.

Da Herr Jansen als Vorstandsmitglied sehr stark in Anspruch genommen ist, beauftragt er seine Sekretärin, die Daten unter Hinweis auf die bevorstehende Aufsichtsratssitzung von Herrn Schleier, dem Verkaufsprokuristen, zu beschaffen. Die Sekretärin ruft Herrn Schleier an und erhält zur Antwort: „Tut mir leid, für solche Dinge habe ich jetzt keine Zeit, ich habe etwas Besseres zu tun." (Diese Aussage entsprach, wie sich später herausstellte, der Wirklichkeit, denn Herr Schleier war dabei, einen wichtigen Kontrakt abschließend zu bearbeiten.) Die Sekretärin teilte diesen Sachverhalt empört ihrem Vorgesetzten mit.

Welche Schritte sollte Herr Jansen tun, um seine akuten Probleme zu lösen, und welche längerfristigen Vorkehrungen sollte er treffen?

Das neue Formular

Innerhalb einer Verkaufsorganisation, die bei dem Kauf einer Firma mit übernommen wurde, war es nicht üblich, Rechenschaft über die einzelnen im Laufe einer Woche gemachten Besuche zu geben.

Es war nur üblich, daß jeder Außendienstler die hereingeholten Aufträge an das Stammhaus meldete.

Die Nachteile dieser Berichterstattung liegen auf der Hand:

1. keinerlei Kontrolle über die Anzahl der pro Tag gemachten Besuche,
2. keine Möglichkeit für die Verkaufsleitung zu prüfen, in welchem zeitlichen Abstand die einzelnen Kunden besucht wurden,
3. ungenügende Transparenz des Marktes durch das Fehlen spezifizierter Mitteilungen über Konkurrenzaktivitäten,
4. keine Möglichkeit, innerhalb einer Woche einen Außendienstler telefonisch zu erreichen, es sei denn, er meldete sich selbst.

Um diese negativen Fakten abzustellen, sollte ein kombiniertes Planungs- und Berichtsformular eingeführt werden, aus dem hervorging:

1. bei welchen Unternehmen in der folgenden Woche ein Besuch geplant war und
2. in Stichworten das Besuchsergebnis.

Es lag auf der Hand und war von einzelnen Außendienstmitarbeitern in Vorgesprächen schon klar ausgesprochen, daß man nichts von der geplanten Neuerung hielt und sich ihr mit allen Mitteln widersetzen würde. Von einigen Wortführern — naturgemäß gerade von den erfolgreichsten Verkäufern — war der gesamte Kollegenkreis entsprechend beeinflußt worden.

Was soll die Unternehmensleitung tun, um bei der Einführung des Formulars allzu großen Widerstand zu vermeiden?

Konwert AG

„Ich meine, daß der Vorsitzende des Vorstandes einer Gesellschaft wichtigere Dinge im Kopf haben sollte, als sich darum zu kümmern, wieviel Zeit die Leute bei der Kaffeepause verbringen und um welche Zeit sie vom Mittagessen zurückkommen. Man kann einfach eine Marketingabteilung nicht so führen wie ein Werk — pünktlich von 8 bis 17 Uhr. Wenn er das bei uns durchsetzen will, dann wird er nicht nur schlechtere Ergebnisse haben, sondern er wird wahrscheinlich auch einige unserer besten Leute verlieren."

Peter Marten, der Absatzchef der Konwert AG, unterhielt sich mit Hans Zeidler, dem Chefingenieur des Unternehmens. Im Büro Zeidlers war auch Gustav Persson anwesend, der Personalleiter von Konwert. Sie waren alle beunruhigt über die Abteilungsleiterkonferenz, die von Ludwig Disselkötter auf den Nachmittag einberufen worden war. Disselkötter war vor kurzem zum Vorsitzenden des Vorstandes ernannt worden. Er wollte mit den Abteilungsleitern Fragen der Anwesenheit, der Pünktlichkeit und der Hausordnung diskutieren.

Konwert war ein mittlerer Betrieb, der Telefonanlagen und sonstige Informationseinrichtungen für den militärischen Bedarf und für den industriellen Markt produzierte. Nach Ansicht des vorigen Vorstandsvorsitzenden war das Wachstum des Unternehmens in den vergangenen 20 Jahren weitgehend auf die Fähigkeit des Unternehmens zurückzuführen, sich den Tendenzen des Marktes anzupassen und stets mit Erfindungen und neuen Produkten die sich ändernde Nachfrage befriedigen zu können.

Die Marketingabteilung und die Entwicklungsabteilung hatten auf diesem Gebiet stets eng zusammengearbeitet, ja, leitende Angestellte der Entwicklungsabteilung machten häufig Verkaufsreisen und stellten neue Produkte vor, während sich die Angehörigen der Marketingabteilung an den Sitzungen der Entwicklungsabteilung beteiligten, bei denen es sich um die Formgebung neuer Produkte drehte.

Die Entwicklungsabteilung arbeitete ebenso wie die Absatzabteilung weitgehend in einer informellen Atmosphäre. Die in der Produktion Beschäftigten, die in einem angrenzenden Gebäude arbeiteten, sprachen sogar häufig von ihren Nachbarn als vom „Tennisclub" und meinten damit die flexiblen Arbeitsstunden und die gelöste Atmosphäre, die in den beiden Abteilungen vorherrschten.

Die Produktionsabteilung wurde demgegenüber stets sehr straff geführt. Die Arbeitsstunden mußten strikt eingehalten werden, die Einhaltung des Produktionsprogramms und des Terminplans wurde sehr genau überwacht, und peinlich saubere Arbeitsplätze waren der Stolz der Unternehmensführung, wenn Besucher durchgeführt wurden (Außenstehende sahen dagegen nur sehr selten die Entwicklungslabors von innen).

Konwerts Führungsspitze galt in der Industrie als eine erfahrene und leistungsfähige Gruppe. Anlage 1 gibt den beruflichen Werdegang einiger leitender Herren wieder.

Peter Marten und Hans Zeidler hatten das Empfinden, daß ihre beiden Abteilungen bei der Besprechung am Nachmittag in die Schußlinie geraten könnten. Sie unterhielten sich deshalb darüber, wie man sich am besten auf diese Konferenz einstellen könnte und wie man insbesondere einer Politik begegnen könnte, die nach ihrer Ansicht nicht in Übereinstimmung mit den Interessen des Unternehmens stand. Auf der anderen Seite wollten sie aber vermeiden, in die Rolle der Opposition gedrängt zu werden, und sie wollten es auch vermeiden, den Eindruck zu erwecken, als würden sie die Autorität ihres neuen Vorgesetzten nicht anerkennen.

Zeidler: „Ich stimme mit Marten voll überein. Die Probleme in der Entwicklungsabteilung sind zwar von denen in der Absatzabteilung verschieden, aber auch wir können uns nicht in starre Arbeitsstunden einpressen lassen. Disselkötter hat schon einige Bemerkungen über die Zahl der Kaffeepausen fallen lassen, die einige unserer Ingenieure täglich einlegen.

Ich frage mich nur, ob er weiß, wo wir schließlich die erlösende Idee hatten, wie wir die letzten zwei Kilo von unserem Empfänger runterkriegten, um den Gewichtsbeschränkungen entsprechen zu können — in der Kantine!

Persson, Sie haben schon einige Vorsitzende des Vorstandes erlebt, und jeder hatte seine eigenen Ideen, wie unser Unternehmen geführt werden sollte. Wie denken Sie über die ganze Angelegenheit?"

Persson: „Schön, jeder erfolgreiche Unternehmer hat seinen eigenen Arbeitsstil. Das geht weit über die Fragen der Pünktlichkeit und der Ordnung hinaus. Disselkötter ist keine Ausnahme. Solange er Produktionschef war, hielt er eine starke Hand über alles. Er hatte eine hochdisziplinierte Organisation, und ihm waren die Disziplinprobleme immer zuwider, die Ihr dadurch für ihn schuft, daß Ihr mit Euren Mitarbeitern weniger hart umgingt. Ich stimme auch nicht ganz mit Marten überein, daß das ein zu kleines Problem sei, als daß Disselkötter sich damit beschäftigen sollte. Das muß man schon seinem eigenen Urteil überlassen. Dabei geht es mir gar nicht darum, daß ich Ihnen dabei hineinreden möchte, wie Sie Ihre Abteilungen führen, aber aus meinem Gesichtspunkt muß ich doch sagen, daß es unsere Beziehungen mit den Gewerkschaften nicht gerade erleichtert, wenn wir auf der einen Seite einem Arbeiter, der in der Produktion beschäftigt ist, etwas von seinem Lohn abziehen, wenn er fünf Minuten zu spät ist, und auf der anderen Seite ein Techniker nebenan ganz augenscheinlich ankommen kann, wann er will. Diese Dinge werden immer wieder bei Verhandlungen über Betriebsvereinbarungen zur Sprache gebracht."

Marten: „Dann sind Sie also der Auffassung, Zeidler und ich sollten die Peitsche schwingen und jeden rauswerfen, der sich nicht fügt?"

Persson: „Nein, ich meine, daß Sie als verantwortliche Mitglieder der Unternehmensführung handeln sollten. Sie sollten Disselkötter eine klare Beurteilung seiner Anweisung aus Ihrer Sicht geben und sollten ihm gleichzeitig Empfehlungen geben, wie das Problem aus Ihrer Sicht gelöst werden sollte. Dann sollten Sie aber seine Entscheidung zu der Ihren machen, falle die Entscheidung nun, wie sie wolle."

Zeidler: „Ich hab' mir einige Notizen gemacht, während Sie sich unterhielten. Lassen Sie uns doch mal versuchen, die Diskussion nicht rein emotional zu führen. Lassen Sie uns vielmehr das Für und Wider einer ‚straffen' gegenüber einer ‚großzügigen' Personalführungspolitik diskutieren. Dann wollen wir uns über die Beurteilung dieser Argumente unterhalten, so daß wir heute nachmittag nicht emotional reagieren. Wir können Disselkötter dann zeigen, daß wir das Problem rational angepackt haben."

Die drei Herren arbeiteten nun in einigen weiteren Minuten die Notizen aus, die Zeidler begonnen hatte. Sie kamen überein, diese als eine Unterlage für ihre Sicht des Problems in der Nachmittagssitzung zu benutzen (vgl. Anlage 2).

Nach dem Mittagessen begann die Konferenz im Büro Disselkötters. Anwesend waren Ludwig Disselkötter, Hans Zeidler, Peter Marten, Gustav Persson und Emil Prömper, der Produktionsleiter von Konwert.

Disselkötter: „Ich glaube, Sie alle wissen, warum wir zusammengekommen sind. Ich habe mit jedem von Ihnen einzeln über die Frage gesprochen, wie wir die Primadonnen in Ihren Abteilungen unter Kontrolle bringen. Jeder von Ihnen wird vor allem bezahlt, um zu führen, und genau das ist es, was ich von Ihnen erwarte. Natürlich können nicht alle Abteilungen völlig gleich geführt werden, aber es gibt eben doch Grenzen. Ich bin der Meinung, daß wir vielleicht, wenn wir gemeinsam beraten, uns doch auf einige grundlegende, für den ganzen Unternehmensbereich gültige Regeln einigen könnten, die sich auf Dinge wie Arbeitsstunden beziehen. Dann wird es Ihre Aufgabe sein, diese Regeln auch durchzusetzen."

Zeidler: „Ich freue mich, Sie sagen zu hören, daß verschiedene Abteilungen auch auf verschiedene Weise geführt werden müssen. Es ist für mich, Herr Disselkötter, ein zentraler Punkt unserer Diskussion. Prömper hat eine Fließfertigung, die von 7 Uhr morgens bis 4 Uhr nachmittags an fünf Tagen der Woche läuft. Wenn bei ihm mal ein Arbeitsplatz nicht besetzt ist, dann türmt sich die Arbeit auf, und er hat Stillstandszeiten, bis er das Loch wieder gestopft hat. Im Gegensatz dazu könnte ich die Hälfte meiner Abteilung nach Timbuktu schicken und nur von ihnen verlangen, daß sie monatlich Fortschrittsberichte einreichen."

Marten: „Und die Hälfte meiner Leute ist zu irgendeinem beliebigen Zeitpunkt irgendwo unterwegs. Wenn einer meiner Leute von einer Verkaufsreise um Mitternacht nach Hause kommt, dann erwarte ich von ihm nicht, daß er zwischen 8 und 9 Uhr am nächsten Morgen im Büro erscheint."

Persson: „Wie steht's denn um unsere Notizen, Herr Zeidler? Sie führen die Diskussion gerade so, wie Sie es vermeiden wollten."

Zeidler: „ ... Marten und ich haben uns heute morgen getroffen, um diese Probleme untereinander zu besprechen. Persson hat sich netterweise daran beteiligt, um uns mit seinen Erfahrungen und mit seinem Blick für diese Dinge zu helfen. Wir haben einige der Problembereiche in einer Übersicht zusammengefaßt, die ich hier habe ... (er befestigt das Blatt an einem Flipchart). Schauen Sie, wir haben die zur Frage stehenden Probleme aufgeführt und dann die Pros und Kontras für eine straffe Unternehmensführung darunter geschrieben. Ich glaube, es wird deutlich, daß die Argumente für straffe Kontrollen mehr Gültigkeit bei Produktionsabteilungen als bei Entwicklungs- und Absatzabteilungen haben."

Marten: „Darüber hinaus beziehen sich die Argumente für straffe Kontrollen vorwiegend auf oberflächliche Erscheinungen. Diejenigen, die das Gegenteil befürworten, beziehen sich auf Ergebnisse. Wenn ich wirklich versuchte, meine Leute so zu führen, wie das Prömper in der Produktion tut, dann würde ich einige meiner besten Verkäufer verlieren — Leute, die bei uns jahrelang beschäftigt sind und die unsere Produkte und unsere Kunden in- und auswendig kennen. Sie würden wahrscheinlich schon für Fuhlrodt (Konwerts schärfsten Rivalen) arbeiten, noch ehe Sie sagen könnten, ‚der Umsatz ist gegenüber dem letzten Jahre um 25 % gefallen'."

Prömper: „Marten, ich weiß, daß Sie und Zeidler glauben, viele Ihrer Leute würden kündigen, wenn Sie einen ehrlichen Arbeitstag von ihnen verlangten; aber ich wette, Sie wären ziemlich erstaunt darüber, was passieren würde, wenn Sie das wirklich einmal versuchten. Zugegeben, Sie würden vielleicht den einen oder den anderen verlieren, aber wahrscheinlich würde es ohne diese ohnehin besser gehen. Viele der Leute würden vielleicht ein bißchen stöhnen und es dann aber doch schlucken. Menschen haben nun einmal die Tendenz, sich so viel Freiheiten zu nehmen, wie sie kriegen können. Wenn Sie einmal die Anfangsprobleme durchgestanden und die böse Erbschaft der Laxheit verwunden haben, würden Sie feststellen, daß Ihre unmittelbaren Untergebenen und sonstigen mittleren Führungskräfte es viel leichter haben, und Ihre ganze Abteilung wird letztlich besser arbeiten."

Zeidler: „Ich stimme 100%ig zu, Prömper, aber nur, soweit es die Fertigung betrifft. Was Sie offenbar nicht zu erkennen vermögen, ist, daß Sie Ingenieure einfach so nicht behandeln können."

Persson: „Vielleicht nicht, aber ich halte es für unwahrscheinlich, daß es irgendein anderes Unternehmen in unserer Branche gibt, wo sie sich so viel herausnehmen können wie hier. In der ganzen Industrie hat man in den letzten ein oder zwei Jahren die Gürtel erheblich enger schnallen müssen."

Prömper: „Das ist sehr richtig, Persson, und es fällt einigen meiner Leute sehr schwer, zu verstehen, daß sie sich den Kopf darüber zerbrechen müssen, wie sie die Herstellungskosten um ein paar Pfennige senken können, wenn sie auf der anderen Seite sehen, daß die Vertriebsleute mit Spesengeld nur so um sich werfen können."

Disselkötter: „Ich bin froh, feststellen zu können, daß Sie wenigstens einige der Dinge, die Ihre Leute tun, unter die Lupe genommen haben. Aber ich kann mich ganz und gar nicht der Meinung anschließen, daß eine gute Kontrolle der Mitarbeiter nur in der Produktion richtig wäre. Gerade gestern nachmittag bin ich mit einem potentiellen Kunden in das Chemielabor gegangen und habe da nicht einen einzigen Menschen angetroffen! Und damit nicht genug, das ganze Labor sah aus wie die Küche eines Junggesellen, die einen Monat lang nicht aufgeräumt worden war — Fläschchen und Reagenzgläser lagen überall umher, Papiere und Bücher auf Bänken und Stühlen usw., usw.... Ich glaube, ich war verrückt, daß ich überhaupt auf die Idee kam, den Kunden dahin zu führen."

Zeidler: „Ich kann schon verstehen, welchen Eindruck das auf Sie gemacht haben muß, Herr Disselkötter; aber diese Gruppe hatte eine ganze voraufgehende Nacht durchgearbeitet, um herauszufinden, was da plötzlich mit der Wicklerbeschichtung in der Produktion schiefgelaufen war. Sie haben's auch rausgefunden, und die Produktion lief am nächsten Morgen wieder einwandfrei."

Prömper: „Das ist wirklich wahr. Sie haben uns da wirklich aus dem Wasser gezogen."

Marten (sarkastisch): „Vielleicht brauchen wir zwei Arten von Labors — eines für Ausstellungszwecke, mit Schaufenstern und Besuchergalerie, und eines, wo die Arbeit getan wird."

Disselkötter (sehr ärgerlich): „Das reicht mir aber! Die Menschen brauchen nicht ein Haufen Hippies zu sein, um Ergebnisse zustande zu bringen. Zugegeben, Sie erzielen jetzt gute Ergebnisse, aber ich bin fest davon überzeugt, daß die Ergebnisse noch besser wären, wenn Sie auf Ordnung in den Büros achten und die Einhaltung von Arbeitsstunden kontrollieren würden. Sie haben einen Unterschied zwischen Ihren Abteilungen und der Fertigung gemacht ... aber vielleicht gibt es auch einige Gemeinsamkeiten. Niemand hier arbeitet in einem Vakuum. Man kann einfach nicht wirksam arbeiten, wenn man niemals weiß, ob die Leute, mit denen man sich unterhalten muß, auch da sind, wenn man sie braucht. Wir haben einen Haufen Starspieler, aber kein Team.

In anderem Zusammenhang sind diese Probleme ein Indiz für unsere eigenen Einstellungen. Ich will zugeben, daß all Ihre Leute sich großartig bewähren, wenn eine Notlage eintritt. Aber wieviel Monate, glauben Sie, dauert es im Augenblick länger, ein neues Produkt zu entwickeln? Wieviel mehr Zeit brauchen wir, als notwendig ist, um einen Verkauf zu tätigen? Wenn sie keine Disziplin haben, dann arbeiten die Leute an dem, was ihnen Spaß macht, und nicht daran, was uns einen Gewinn bringt. Wenn die Leute keine Anweisungen über etwas so Einfaches wie die Arbeitsstunden annehmen wollen, wie kann man dann von ihnen erwarten, daß sie in anderen Bereichen unsere Anweisungen ausführen? Wenn nichts geschieht, wenn sie zu spät zur Arbeit kommen und zu früh das Büro verlassen, und zwar tagaus tagein, warum sollten sie dann glauben, daß Terminpläne irgendeine Bedeutung haben?

Konwert macht im Augenblick Gewinne, aber diese Gewinne werden trotz unserer schlechten Personalführung erzielt. Die Frage, die ich an Sie stelle, lautet: Um wieviel besser könnten wir arbeiten?"

Anlage 1

Ausgewählte leitende Herren

Ludwig Disselkötter (52 Jahre) war kürzlich zum Vorsitzenden des Vorstandes der Gesellschaft ernannt worden, nachdem er fünf Jahre als Produktionschef in der Firma gearbeitet hatte. Bevor er bei Konwert eintrat, war er vom Chefingenieur Produktion zum Betriebsleiter eines großen Konkurrenten aufgestiegen. Während seiner 30jährigen Industrieerfahrung hatte er eine harte Einstellung gegenüber den Mitarbeitern und ihren Problemen entwickelt. Er charakterisierte sich gerne als „spezialisiert in der Ausführung des Unmöglichen". Obgleich er menschlich nicht besonders geschätzt wurde, wurde er doch wegen seiner Leistungen als Produktionsmanager geachtet. Er war ein starker Verfechter realistischer Terminpläne und Budgets, und in einer Krise hatte er sich stets den Anforderungen gewachsen gezeigt, die das Unternehmen an ihn gestellt hatte. Seine Neigung, hohe Ziele zu stecken und dann mit nahezu fanatischem Eifer danach zu streben, sie auch einzuhalten, hatte ihn oft in Konflikt mit anderen Mitgliedern des Unternehmens gebracht. Bei einer Gelegenheit hatte der Leiter des Beschaffungswesens mit seiner Kündigung gedroht, als Disselkötter persönlich die Vorstände verschiedener Lieferanten angerufen hatte, deren verspätete Lieferungen seinen eigenen Terminplan gefährdet hatten.

Gustav Persson (58 Jahre) war bei Konwert seit fast 20 Jahren angestellt. 15 Jahre hatte er als Personalchef verbracht. Neben seinen offiziellen Funktionen als Chef für alle Fragen der Beziehung mit der Belegschaft und für Tarifverhandlungen war seine Rolle als „informeller Berater der Unternehmensführung über fast alle Fragen" im Laufe seiner langen Erfahrungen bei Konwert und wegen seiner hervorragenden Beziehungen zu Arbeitern und Angestellten aller Ebenen des Unternehmens an Bedeutung gewachsen.

Jeder wandte sich ganz selbstverständlich an ihn als den inoffiziellen Historiker von Konwert, wenn eine Frage über Ereignisse in der Vergangenheit auftauchte, und es gab kaum ein Problem, bei dem er nicht auf einen treffenden Präzedenzfall hinweisen konnte. Vielen Angestellten erschien er als ein Element der Stabilität in einer im übrigen wechselnden Unternehmensführung. „Er hat diese Typen kommen und gehen sehen", drückte es ein Meister einmal aus.

Peter Marten (55 Jahre) war ein Neuling bei Konwert. Er war erst vor weniger als einem Jahr bei der Gesellschaft eingetreten. Anfänglich war er als „typischer Verkäufer" und „joviale Type" bezeichnet worden, aber in der Zwischenzeit hatte er sich den Respekt der Führungsspitze von Konwert und auch seiner eigenen Leute verschafft, weil er auch Verträge in Bereichen zum Abschluß gebracht hatte, wo das Unternehmen bis dahin ohne Erfolg geblieben war. Er hatte eine Senkung der Angebotspreise für größere

Aufträge mit dem Argument durchgesetzt, daß das zu erhöhtem Produktionsvolumen führen würde, so daß die Preissenkung durch Kosteneinsparungen mehr als gedeckt werden würde. Diese Idee war von Disselkötter, als er noch Produktionschef war, bitter bekämpft worden („eher gehen wir bankrott"). Aber tatsächlich war das Produktionsvolumen gestiegen, und die Geschäfte waren nie besser gegangen. Marten war 10 Jahre lang Generalvertreter eines Industrieunternehmens gewesen, aber hatte sein Unternehmen verkauft, als zwei seiner Hauptproduktlinien ausgegliedert wurden und sich das Unternehmen entschloß, eigene Verkaufsbüros für diese Produkte in seinem Gebiet zu errichten. Er hatte zahlreiche Beziehungen in der Industrie. Immer, wenn eine wichtige Absatzentscheidung davon abhing, daß man Informationen über einen wichtigen Punkt erhielt, schien Marten in der Lage zu sein, die Informationen mit einem oder zwei Telefongesprächen zu beschaffen.

Hans Zeidler (41 Jahre) hatte in jeder Ingenieurabteilung des Unternehmens in den 14 Jahren seiner Zugehörigkeit zu Konwert gearbeitet. Zu allen Zeiten war ihm der Ruf eines vorzüglichen Ingenieurs vorausgegangen, der an den schwierigsten und technisch interessantesten Problemen des Unternehmens arbeitete. Mehr als ein Drittel der Patente, die Konwert hielt, trug seinen Namen als Erfinder oder Miterfinder. Er hatte die feste Überzeugung, daß schöpferische Ingenieurleistungen ausschlaggebend für das Wachstum des Unternehmens waren und daß das auch in der Zukunft ein entscheidender Faktor sein würde. Er hielt wöchentlich in seinem Büro Konferenzen ab, in denen über den technischen Fortschritt bei allen wichtigen Programmen diskutiert wurde, und seine Fähigkeit, alle Einzelheiten der Arbeiten zu verstehen und zu behalten, war erstaunlich. Er machte die Runde durch die Labors wenigstens einmal täglich und unterhielt sich mit den Ingenieuren, Physikern, Chemikern und den technischen Angestellten, hörte sich ihre Probleme an und gab häufig selbst Ratschläge. Er sagte gern, daß er die Leute nur nach ihren Ergebnissen beurteilte und daß es für ihn keinen anderen Maßstab gäbe. Er hielt bei wissenschaftlichen Tagungen und Konferenzen Vorträge über technische Probleme, und zwar mehrmals im Jahr, und er ermutigte auch andere, das zu tun, um so auf der Höhe des technischen Wissens zu bleiben.

Emil Prömper (40 Jahre) war von Disselkötter vor fünf Jahren angestellt worden, und zwar mit dem Ziel, ihn als Nachfolger in seiner Funktion als Produktionschef auszubilden. Während dieser fünf Jahre waren ihm Überwachungsaufgaben in der Montage, in der Teilefertigung, in der Arbeitsvorbereitung, in der Materialkontrolle und schließlich als Chef der Kostenplanung übertragen worden. Häufig wurde er mit Sonderaufgaben betraut, die einen direkten Kontakt mit den anderen Abteilungen des Unternehmens erforderlich machten, und oft hatten sich andere direkt an ihn und nicht an Disselkötter gewandt, wenn es um Probleme der Beziehungen zwischen mehreren Abteilungen ging.

Anlage 2

Diskussionsunterlagen von Zeidler, Persson und Marten

Probleme

Arbeitsstunden, Zuspätkommen, zu frühes Verlassen des Arbeitsplatzes

Kaffeepausen

Lange Mittagspausen

Ordnung am Arbeitsplatz

Argumente für eine straffe Kontrolle des Personals

Auswirkung auf die Arbeitsmoral anderer Gruppen (z. B. Produktion)

Eindruck auf Besucher und Kunden

Wirtschaftlichkeit der Aufgabenerfüllung

Auswirkung auf die Beziehung zu den Gewerkschaften

Argumente für eine großzügige Kontrolle des Personals

Schöpferische Arbeit kann nicht routinemäßig gestaltet werden.

Lange Kaffeepausen und Mittagessen fördern die Teamarbeit.

Zuviel Ordnung am Arbeitsplatz stört Versuchsanordnungen in den Labors.

Ein Verkäufer ist 24 Stunden täglich im Dienst.

Ingenieure und Naturwissenschaftler erledigen einen großen Teil ihrer Arbeit zu Hause.

Unsere Ergebnisse sind stets gut gewesen, warum also eine Änderung?

Wertvolle Leute werden kündigen, wenn sie ihre Freiheit verlieren.

Kapitel 2

Die Organisation als Determinante der Mitarbeiterführung

Formelle Organisation und informelle Gruppe im Betrieb

I. Vorbemerkung

Aufgabe der Organisation im Betrieb ist es nach Gutenberg, „die Ziele, die sich die Unternehmensleitung gesetzt hat, und die Planungen, in denen diese Zielsetzungen ihren Niederschlag gefunden haben, zum praktischen betrieblichen Vollzug zu bringen". In der Unternehmensplanung erscheint die betriebliche Zweck- und Zielsetzung in ihren einzelnen Komponenten. Die betriebliche Organisation muß die vorhandenen Mittel des Betriebes so einsetzen, daß jeder Einzelplan durchgeführt werden kann. Zu den Faktoren, welche zur Durchführung der Planungen eingesetzt werden, gehört auch der Mensch. Damit wird das Verhältnis von im Betrieb Beschäftigten und Planung zu einem entscheidenden organisatorischen Problem. Die Erfassung dieses Verhältnisses hat die Betriebswirtschaftslehre vor schwierige Fragen gestellt.

Drei Grundkonzeptionen dieses Organisationsproblems lassen sich unterscheiden. Sie sollen hier als das mechanistische, das sozial-psychologische und das betriebssoziologische Modell bezeichnet werden. Jedem dieser drei Modelle liegt eine ganz bestimmte Auffassung vom Menschen im Betrieb und von dem Verhältnis, in dem der Mensch zum Betrieb als Ganzem steht, zugrunde. Die drei Modelle werden vielfach als Stufen einer Entwicklung der betriebswirtschaftlichen Organisationstheorie angesehen, doch lassen sich im betriebswirtschaftlichen Schrifttum Auswirkungen aller drei Auffassungen nebeneinander nachweisen.

II. Die drei Grundkonzeptionen

1. Das mechanistische Modell

(1) Dem mechanistischen Modell liegen die Gedanken Taylors über wissenschaftliche Betriebsführung zugrunde. Auch die auf Max Weber zurückgehende Bürokratismus-Theorie steht hinter dieser Konzeption. Die Beziehung zwischen dem Menschen und dem Unternehmen und seinen Zwecksetzungen kann danach rein instrumental verstanden werden. Der arbeitende Mensch ist ein physiologisches Instrument, das ebenso mechanisch gehandhabt werden kann wie die Betriebsmittelausstattung des Unternehmens. Der Mensch ist, mit den Worten W. W. Coopers, einer der Produktionsfaktoren, „die laut

Voraussetzung sofort wissen, was von ihnen erwartet wird, und sich dem ohne weiteres fügen". Diese instrumentale Auffassung vom Menschen wird durch die Ansicht ergänzt, daß der Mensch ein zweckrationales Wesen ist.

(2) Diese Konzeption von der Beziehung des Menschen zum Betrieb hat für die Organisation des Betriebes entscheidende Folgen. Die Organisation selbst wird damit exakter wissenschaftlicher Planung zugänglich. Bei der Organisation der menschlichen Arbeit sind gewisse objektive Nebenbedingungen zu beachten. Diese Nebenbedingungen sind qualitativer und quantitativer Art. Jeder Mensch weist für eine bestimmte Aufgabe eine ganz bestimmte Eignung auf. Diese Eignung läßt sich messen. Die Summe aller Eignungen der im Betrieb beschäftigten Menschen ergibt das Eignungspotential des produktiven Faktors Arbeit im Betrieb. In quantitativer Hinsicht werden der Ergiebigkeit der menschlichen Arbeit bei gegebener Eignung durch die tatsächliche Arbeitszeit und die individuelle Leistungsfähigkeit Schranken gesetzt. Die Leistungsfähigkeit des Menschen läßt sich ebenso exakt wie die tatsächliche Arbeitszeit messen. Das Verhalten des Menschen im Rahmen dieser Nebenbedingungen ist ausschließlich zweckrational determiniert. Es wird zwar von den Vertretern dieser Organisationstheorie nicht übersehen, daß der Mensch sehr unterschiedliche Bedürfnisse hat, aber es wird unterstellt, daß sich diese „leibseelischen Zuständlichkeiten", um einen Ausdruck von Scherhorn zu benutzen, in dem Wunsch nach dem Erwerb von Geld, dessen Besitz die Befriedigung aller Bedürfnisse ermöglicht, konkretisieren.

(3) Aus diesen Annahmen über die Bedingungen menschlicher Arbeit im Betrieb folgen bestimmte Hypothesen über die Ergiebigkeit menschlicher Arbeit. Sie ist um so größer, je mehr das Eignungspotential der Arbeiter der Anforderungskurve und die Arbeitszeit der physiologischen Arbeitskurve entspricht und je leistungsfähiger die Arbeiter sind. Die Leistungsfähigkeit eines Arbeiters wird um so mehr ausgenutzt, je stärker die Lohnanreize sind, die dem Arbeiter geboten werden. Diese Hypothese enthält die Verhaltenserwartung, welche die Beziehung zwischen dem Arbeiter und dem Betrieb und seinen Zielen kennzeichnet.

(4) Diese Hypothesen können direkt in Organisationsmaßnahmen umgeformt werden. Allgemein gilt danach: Eine Organisation ist um so besser, je besser sie die Verwirklichung der betrieblichen Ziele und Pläne ermöglicht. Je mehr der einzelne Arbeiter entsprechend seinen Fähigkeiten eingesetzt wird, desto ergiebiger ist die Arbeit im Betrieb. Da die Fähigkeiten neben der Anlage auch von der Übung des Arbeiters abhängen und die Übung von der Häufigkeit der Wiederholung bestimmt wird, wächst die Ergiebigkeit der Arbeit mit dem Grad der betrieblichen Spezialisierung. Damit werden die Spezialisierung und die Arbeitszerlegung zu entscheidenden Organisationsgrundsätzen. Die Koordination der einzelnen spezialisierten Organisationseinheiten macht Kontrolle erforderlich. Kontrolle erfordert Autorität.

Abb. 1: Das mechanistische Modell des Unternehmens

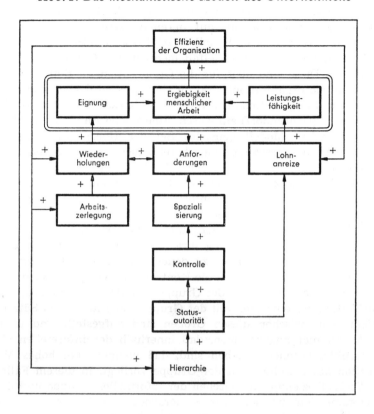

Diese wird durch den hierarchischen Aufbau des Betriebes gewährleistet. Damit ist die formelle Organisation des Betriebes geschaffen. Die Ergiebigkeit der formellen Organisation kann im Rahmen der objektiv gegebenen Eignung und Leistungsfähigkeit durch Lohnanreize variiert werden. Die tatsächliche Lohnhöhe wird durch den Markt bedingt und stellt kein Organisationsproblem dar. Die Frage nach der organisatorischen Beziehung des arbeitenden Menschen zum Betrieb ist also bereits durch die formelle Organisation gelöst.

Dieses Modell wird in Abbildung 1 als Regelungssystem dargestellt. Man erkennt, daß die Organisation nur sich selbst bestätigende Wirkungen hat.

2. Das sozialpsychologische Modell

(1) Bei der empirischen Überprüfung des mechanistischen Modells zeigten sich Widersprüche. Die Kritik setzte vor allem an der einfachen Verhaltenshypothese an. Unter dem Einfluß sozialpsychologischer Erkenntnisse wurde

die Bedeutung von Gefühlen und Motiven, von Gewohnheiten und unbewußten Reaktionen, von Wertschätzungen und Einstellungen für die betriebliche Organisation erkannt, auf deren Analyse man nicht verzichten darf. Das sozialpsychologische Modell setzt also an die Stelle der Prämisse zweckrationalen Verhaltens die Vielfalt menschlicher Gefühls- und Motivationsstrukturen. Diese sind aber für die Organisation im Betrieb nur dann relevant, wenn sie organisationswirksam sind. Das wird aber nur dann der Fall sein, wenn die Verhaltensstrukturen der Menschen „verfestigte Muster und Strukturen" (Dahrendorf) aufweisen. Eine solche Annahme wird in dem sozialpsychologischen Modell gemacht. Bei der Überprüfung dieser Annahme entdeckte die Forschung einen bereits 1909 von Cooley entwickelten Begriff, die primäre Gruppe, wieder. Nach Cooley wird die primäre oder informelle Gruppe durch unmittelbaren Kontakt und das Gemeinsamkeitsgefühl definiert. Primäre, informelle Kontakte entstehen spontan. Homans erhebt die Häufigkeit der in ihr stattfindenden Interaktionen zum Kriterium der primären Gruppe. Jede informelle Gruppe kennzeichnet sich durch die Stärke und die Richtung ihrer Verhaltenserwartungen, also den Gruppenzwang, die Interaktionen, zu denen vornehmlich die Kommunikation unter den Mitgliedern gehört, die Kontrolle der Gruppe über die Umgebung, die Konkurrenz innerhalb der Gruppe und, damit verbunden, das Maß an Identifikation des einzelnen mit der Gruppe. Eine Reihe von Sätzen über die Beziehungen zwischen diesen Größen sind aufgestellt und überprüft worden. Es sei hier angenommen, daß innerhalb der informellen Gruppe keine Konfliktsituationen gegeben sind, daß vielmehr ein hohes Maß an Identifikation des einzelnen mit der Gruppe vorliegt. In diesem Falle können die Wechselbeziehungen zwischen der informellen Gruppe und der formellen Organisation am deutlichsten herausgearbeitet werden. Innerhalb der Gruppe nimmt jeder einzelne einen ganz bestimmten Platz ein, an den die Gruppe eine bestimmte Verhaltenserwartung knüpft. Diese Verhaltenserwartung bezeichnet man als Rollenerwartung. Die Gruppe ist nach Scherhorn „eine Institution, indem sie Verhaltensweisen präzisiert, normiert und damit stabilisiert". Die von der Gruppe geprägte und stabilisierte Motivationsstruktur des Menschen im Betrieb ist organisationswirksam. Damit stellt die informelle Gruppe den Schlüsselpunkt des sozialpsychologischen Organisationsmodells dar.

(2) Das sozialpsychologische Modell der betrieblichen Organisation läßt sich nunmehr formulieren. Eignung und Leistungsfähigkeit der Arbeiter im Betrieb werden von seiner komplexen Verhaltensstruktur beeinflußt. Die Verhaltensstruktur des Menschen unterliegt nicht der Rationalitätsmaxime, sondern hängt von den Gruppennormen ab. Die informelle Gruppe als ein spontaner Zusammenschluß von miteinander in enger Beziehung stehenden Menschen ist die unabhängige Variable, an der sich die formelle Organisation ausrichten muß. Die aus der Planstruktur des Betriebes folgende formelle Organisation stellt an die einzelnen Komponenten ganz bestimmte Rollenerwartungen. Diese formellen Rollenerwartungen brauchen aber nicht mit

den Rollenerwartungen übereinzustimmen, welche die informelle Gruppe an den Menschen stellt, der an dieser Stelle in der formellen Organisation steht. Im Widerstreit zwischen formellen und informellen Rollenerwartungen siegt die informelle Rolle. Das ist der Kernpunkt des sozialpsychologischen Organisationsmodells.

Die informelle Gruppe kann zur Erfüllung der Unternehmensziele bzw. der den Mitgliedern in der formellen Organisation zugewiesenen Unterziele beitragen oder hemmend auf ihre Erfüllung wirken. Im ersten Fall soll von einer funktionalen Beziehung zwischen informeller Gruppe und Betrieb gesprochen werden, während im zweiten Falle dysfunktionale Beziehungen vorliegen.

Als erste Bedingung für eine positive Beziehung zwischen informeller Gruppe und Betrieb läßt sich angeben: Je größer das Maß an Identifikation zwischen der informellen Gruppe und dem Betrieb ist, desto stärkere funktionale Beziehungen bestehen zwischen informeller Gruppe und Betrieb. Das Maß an Identifikation hängt seinerseits von verschiedenen Faktoren ab, von denen einige genannt seien: Die Identifikation der informellen Gruppe mit dem Betrieb wird von der Sichtbarkeit des Betriebes in der Gesellschaft beeinflußt. Sichtbarkeit wiederum ist eine Funktion der Größe des Betriebes, des Prestiges des Unternehmens, des Wachstums des Betriebes und der von dem Betrieb hergestellten Produkte. Auch die soziale Stellung, welche die führenden Persönlichkeiten des Unternehmens bekleiden, ihre Anerkennung in der Gesellschaft, kann zur Identifikation der informellen Gruppe mit dem Betrieb führen.

Die Identifikation mit dem Betrieb hängt ferner von Faktoren ab, die gruppenbedingt sind. Je ähnlicher die Verhaltensnormen der informellen Gruppe und der formellen Organisation des Betriebes sind, desto stärker ist die funktionale Beziehung zwischen beiden. Je länger die Zugehörigkeit einer informellen Gruppe zur formellen Organisation ist, desto größere Identifikation kann erwartet werden. Je mehr die informelle Gruppe an sie betreffenden Entscheidungen beteiligt wird, desto eher wird sie die formelle Organisation unterstützen. Wesentlichen Einfluß auf die Beziehungen zwischen informeller Gruppe und Betrieb hat auch das Kommunikationssystem im Unternehmen. Die formelle Organisation wird nämlich um so mehr unterstützt, je mehr es durch das informelle Kommunikationssystem gelingt, die immer vorhandenen Lücken im Kommunikations- und Informationssystem der formellen Organisation zu schließen. Das formelle Kommunikationssystem ist auf der anderen Seite um so leistungsfähiger, je mehr die Knotenpunkte der formellen Kommunikation mit denjenigen Personen übereinstimmen, die von der informellen Gruppe spontan als Nachrichtenvermittler gewählt worden sind.

Im Mittelpunkt der sozialpsychologischen Organisationstheorie stehen aber die dysfunktionalen Beziehungen zwischen informeller Gruppe und Betrieb, die zur Entdeckung der informellen Gruppe führten. Sie kommen in den mannigfachen Konfliktsituationen zum Ausdruck, die sich zwischen formeller Organisation und informellen Gruppen ergeben können. Die formelle Organisation kann abweichendes Verhalten informeller Gruppen um so weniger dulden, je mehr ihre Planung auf die optimale Erfüllung des Betriebszweckes und nicht lediglich auf zufriedenstellende Leistungen gerichtet ist und je mehr das Gesamtziel von dem Verhalten der einzelnen Gruppen abhängt. Das ist aber besonders dann der Fall, wenn im Unternehmen gemeinsame Entscheidungen getroffen werden müssen. Die Notwendigkeit gemeinsamer Entscheidungen hängt ihrerseits von der Stufe in der Unternehmenshierarchie, der zeitlichen Interdependenz der einzelnen Tätigkeiten und der Knappheit der Produktionsmittel, die alle Gruppen beanspruchen, ab. Nichtkonformes Gruppenverhalten wird durch schlechte Arbeitsbedingungen und spezielle, genaue Kontrollen gefördert.

Konfliktsituationen werden von den informellen Gruppen hervorgerufen, zum einen wenn ihre Normen und Ziele von denen des Betriebes abweichen und zum anderen wenn die Gruppe die Wirklichkeit anders sieht als die für den gesamten Betrieb verantwortliche Unternehmensleitung. Bei vielen betriebspolitischen Entscheidungen können die Grenzen zwischen diesen beiden Konfliktursachen nicht genau gezogen werden. Konflikte äußern sich am deutlichsten in der Ablehnung von Mitarbeitern, die der Gruppe zugewiesen werden, von Vorgesetzten und von betrieblichen Maßnahmen wie z. B. solchen zur Verwirklichung des technischen Fortschritts im Unternehmen. „Indem informelle Gruppen sich als Cliquen abschließen und Außenstehenden den Zugang versperren, können sie die funktionalen und skalaren Strukturen der formellen Organisation durchkreuzen und lähmen" (Dahrendorf).

(3) Aus diesem Modell folgen für den Aufbau der formellen Organisation bestimmte Organisationsgrundsätze, welche das Verhalten informeller Gruppen berücksichtigen. Sie richten sich vor allem auf die Ausschaltung dysfunktionaler Beziehungen zwischen informellen Gruppen und Betrieb. Entsprechend den Hauptgründen für betriebliche Konflikte, unterschiedliche Auffassungen über die Wirklichkeit und abweichende Gruppenziele, haben sie zwei Schwerpunkte.

Durch die Wahl eines geeigneten Kommunikationssystems muß ein weitgehend angepaßter Informationsstand erzielt werden. Hierzu müssen nach Möglichkeit die Informationsquellen gemeinsam sein, und die Kommunikationswege dürfen nicht auf nur einige wenige Kanäle beschränkt werden. Gehen die Konflikte auf abweichende Normen zurück, so ist grundsätzlich zwischen lösbaren und unvermeidlichen Konflikten zu unterscheiden. Sofern die abweichenden Normen auf einer unterschiedlichen Interpretation im Grunde übereinstimmender Zielsetzungen beruhen, können daraus resultierende Mißverständnisse gelöst werden. Reicht das Verständnis der Gruppe nicht aus, die komplizierten Beziehungen zwischen Gruppennormen und betrieblichen Zielen zu verstehen, ist eine Lösung des Konfliktes nicht möglich; es ist aber denkbar, die informelle Gruppe durch Überzeugungs- und Überredungskraft zur Anpassung ihrer Normen an die formellen Unterziele zu bewegen. Sofern Konflikte objektiv unlösbar sind, müssen sie anerkannt und durch Aushandeln und Verhandlungstaktik geregelt werden. Daraus ergibt sich laut Dahrendorf ein wesentliches „Prinzip der industriellen Beziehungen, daß die Lösung von Konflikten stets nur in der Regelung ihrer Formen, nicht aber in der Beseitigung ihrer Ursachen gesehen werden kann". Für die formelle Organisation ergeben sich aus dieser Sachlage grundsätzlich zwei organisatorische Regelungen. Lösbare Konflikte bedingen die Schaffung von Ausspracheinstitutionen und Vermittlungsorganen wie dem Betriebsrat usw. Sind die Konflikte nicht lösbar, dann müssen die Spannungen und Streitigkeiten auf der Grundlage ihrer Anerkennung geregelt, verfestigt und damit institutionalisiert werden. Der Dienstweg der formellen Organisation, der auch vielfach der Beschwerdeweg ist, stellt eine solche Institutionalisierung ebenso dar wie unter Umständen der elfte Mann im Aufsichtsrat nach dem alten Montanmitbestimmungsgesetz, der in der Position war, zwischen streitenden Gruppen als Vermittler, Schlichter oder Schiedsrichter aufzutreten.

Abbildung 2 enthält die Darstellung dieses Modells in Form eines Regelungssystems.

Abb. 2: Das sozialpsychologische Modell des Unternehmens

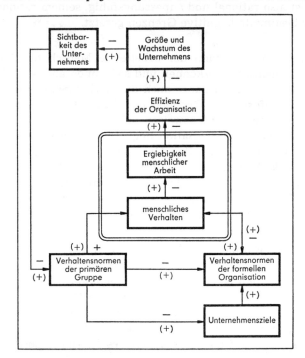

3. Das betriebssoziologische Modell

(1) Das sozialpsychologische Modell läßt die Frage ungeklärt, wie die formelle Organisation und ihre Entwicklung auf das Verhalten der informellen Gruppe einwirken. Die einseitige Betonung der Gefühls- und Motivationsstruktur des Menschen hat sich aber als ebenso bedenklich erwiesen wie die Hypothese des zweckrationalen menschlichen Verhaltens im mechanistischen Modell. Das von den Sozialpsychologen erarbeitete empirische Material läßt fast in jedem Falle eine von der sozialpsychologischen Deutung abweichende Schlußfolgerung zu. Die moderne Betriebssoziologie und Organisationstheorie haben versucht, psychologische und anthropologische Erkenntnisse in der betriebswirtschaftlichen Organisationstheorie nicht mehr einseitig zu betonen, sondern auf das ihnen zukommende Gewicht zurückzuführen und die Bedingungen anzudeuten, unter denen auch die formelle Organisation eine Wirkung auf die informellen Gruppen ausübt.

Das betriebssoziologische Modell ersetzt die Hypothese zweckrationalen bzw. unabhängig gegebenen, informellen Gruppennormen folgenden menschlichen Verhaltens durch eine besondere Form rationalen Verhaltens. Danach ist Rationalität menschlichen Verhaltens jeweils auf ein ganz bestimmtes Bezugssystem hin ausgerichtet. Dieses Bezugssystem seinerseits hängt von den Beschränkungen ab, denen das Wissen des rationalen Menschen unterliegt. Der Mensch ist also rational und anpassungsfähig, seinem rationalen Verhalten sind aber bestimmte kognitive Grenzen gesetzt.

(2) Als rationales Wesen kann der arbeitende Mensch die Anforderungen der formellen Organisation erkennen und sich ihnen anpassen. Das betriebssoziologische Modell bezieht daher auch die Wirkungen der formellen Organisation auf die informellen Gruppen ein. Dabei hat sich gezeigt, daß ein gewisser Bereich von Verhaltensweisen informeller Gruppen außerhalb der Kontrolle der formellen Organisation liegt. Das ist insoweit der Fall, als die Verhaltensnormen der informellen Gruppen von außerhalb des Unternehmens liegenden Faktoren, z. B. der allgemeinen wirtschaftlichen Entwicklung, beeinflußt werden. Ein großer Bereich informeller Normen kann jedoch von der formellen Organisation kontrolliert werden. Hierbei sind wiederum zwei mögliche Richtungen des Einflusses zu unterscheiden.

Die formelle Organisation kann, worauf Stirn hinweist, informelle Gruppen vernichten: „Die formelle Organisation des Industriebetriebes folgt den Gesetzen des Marktes und ist daher zu dauernden Veränderungen gezwungen. Diese zunächst technischen und organisatorischen Veränderungen ziehen unmittelbar Wandlungen in den formellen interpersonalen Beziehungen nach sich. Diese tendieren in ihrer Gesamtheit dahin, die informellen Gruppen zu zerstören." Das kann auf die Ergiebigkeit des Betriebes positive oder negative Wirkungen ausüben. Durch Arbeitsplatzwechsel des Anführers einer informellen Gruppe, der durch seinen Einfluß die Produktivität der gesamten Gruppe niedrig hielt, kann z. B. die Leistung der Gruppe gesteigert werden. Durch rasche Beförderung innerhalb des Betriebes wird das Maß an Identifikation mit einer informellen Gruppe beschränkt und die Identifikation mit dem Gesamtbetrieb gefördert. Durch Schaffung von Wettbewerbssituationen in der informellen Gruppe wird die Konkurrenz unter den einzelnen Mitgliedern gefördert. Je stärker aber die Konkurrenz in der informellen Gruppe ist, desto geringer ist ihr Normenzwang und desto stärker die Identifikation mit den Zielen der formellen Organisation. Die Vernichtung informeller Gruppen kann aber auch Konfliktsituationen, Streiks und andere „sozialpsychologische Verteidigungsmechanismen" heraufbeschwören, welche die Ergiebigkeit der menschlichen Arbeit beeinträchtigen. Auf der anderen Seite ist es der formellen Organisation nicht möglich, informelle Gruppen zu schaffen, welche die betrieblichen Ziele unterstützen könnten. Sofern aber erkannt wird, daß das Fehlen informeller Kontakte in der Organisationseinheit deren Ergiebigkeit beeinträchtigt, kann die Unternehmensleitung in der formellen Organisation die Voraussetzungen für die spontane Bildung von informellen Gruppen schaffen.

(3) Aus diesen Erkenntnissen folgen wichtige Organisationsregeln für die betriebliche Organisation und Personalpolitik. Auf einige dieser Regeln soll hier eingegangen werden. Je mehr der Entscheidungsprozeß im Unternehmen festgelegt, programmiert wird, desto operationaler sind die Unterziele, die den einzelnen Organisationseinheiten vorgegeben werden. Je operationaler die Unterziele, desto weniger Konfliktmöglichkeiten können zwischen informellen Gruppen und formeller Organisation entstehen. Bestimmt der technische Ablauf die Organisation der Elemente des Produktionsprozesses in eindeutiger Weise, so liegt nach Kesting gefügeartige Kooperation vor. Bei dieser Form der Kooperation im Betrieb wird das Verhalten des einzelnen vom „programmierten" technischen Ablauf eindeutig festgelegt. Abweichende Normen der informellen Gruppe können sich nur in Abwesenheit und Fluktuationsraten äußern, nicht aber in der Ergiebigkeit der Arbeitsleistung selbst. Da auf der anderen Seite der Mensch eher geneigt ist, sich mit nichtprogrammierter als mit programmierter Arbeit zu identifizieren, hängt bei gefügeartiger Kooperation das Verhältnis von formeller Organisation und informeller Gruppe von der Stärke der beiden gegenläufigen Tendenzen ab.

Das Maß an Programmierung des betrieblichen Entscheidungsprozesses und die Fixierung der formellen Organisation entsprechend diesem Programm haben nun aber eine erhebliche Konsequenz. Durch die Programmierung und Verfestigung des Entscheidungsprozesses im Unternehmen wird zwar die in dem Verhältnis von formeller Organisation und informeller Gruppe liegende Unsicherheit weitgehend ausgeschaltet, das Unternehmen begibt sich aber der

Möglichkeit, nicht in das Programm passende Fälle, z. B. besondere, selbständige Initiative erfordernde Gewinnchancen, auszunutzen. Je größer die Zahl genereller Regelungen in der betrieblichen Organisation ist, desto weniger ist das Unternehmen imstande, sich an Marktveränderungen anzupassen. Die Programmierung des Entscheidungsprozesses hat folglich auf den Entscheidungsprozeß selbst erhebliche Rückwirkungen. Nimmt nämlich das Unternehmen zur Ausschaltung organisatorischer Unsicherheiten die Möglichkeit in Kauf, nicht alle möglichen Alternativen zu erfassen, so wird die konkrete Entscheidung unter Umständen nicht optimal im Sinne aller Alternativen sein. Damit wandelt sich das Ziel des Unternehmens selbst. Angesichts der Starrheit des Entscheidungsprozesses ist es zufrieden, „befriedigende Ergebnisse" zu erzielen.

Damit tritt das Verhältnis von formeller Organisation und informeller Gruppe in ein neues Licht. Es gilt nämlich: Je mehr der Entscheidungsprozeß sich nur auf die Erzielung befriedigender Ergebnisse richtet, desto mehr kann er routinemäßig gestaltet werden. Je mehr der Entscheidungsprozeß programmiert ist, desto operationaler sind die Unterziele und desto weniger bedeutsam sind abweichende Normen der informellen Gruppe. Aus einer solchen Definition des Entscheidungsprozesses folgt ferner ein zweiter wichtiger Satz: Je weniger optimale Ergebnisse erstrebt werden, desto schwächer ist die Konkurrenz um die gemeinsamen knappen Produktionsmittel. Dadurch verringert sich die Notwendigkeit, gemeinsame Entscheidungen zu treffen. Je unabhängiger die einzelnen Entscheidungen der Organisationseinheiten voneinander sind, desto geringer ist die Wahrscheinlichkeit von Konflikten formeller Organisation und informeller Gruppen. Hinzu kommt, daß die Toleranz der formellen Organisation für Interdependenzen in den Entscheidungen um so größer ist, je vorhersehbarer und programmierbarer eine Situation ist.

Damit ergibt sich in dem betriebssoziologischen Organisationsmodell eine Gleichgewichtsbedingung, die simultan Entscheidungsprozeß und Organisationsstruktur unter Berücksichtigung informeller Gruppen festlegt. Durch Programmierung des Entscheidungsprozesses werden nämlich zum einen extreme Verhaltensnormen informeller Gruppen ausgeschaltet. Zum anderen werden dadurch die in der formellen Organisation liegenden Gefahren für die Schaffung von Konflikten aus der Eigendynamik der Gruppenziele vermindert, weil die Notwendigkeit gemeinsamer Entscheidungen und die Konkurrenz um die begrenzten produktiven Faktoren des Unternehmens vermindert werden. Dieses Gleichgewicht beinhaltet im Gegensatz zu den Optima-Modellen der traditionellen Organisationstheorie ein gewisses Maß an „organisatorischer Toleranz", die den informellen Kontakten und Verhaltensweisen einen gewissen Spielraum gewährt und gleichzeitig einen gewissen Abstand zwischen den tatsächlichen, lediglich befriedigenden Ergebnissen und den möglichen optimalen Ergebnissen zuläßt. Das Verhältnis zwischen dieser Ergebnisdifferenz und der Bandbreite möglichen informellen

Verhaltens ist möglicherweise ein Maß für die kulturbedingten Verhaltensmuster, in die jede informelle Gruppe und jeder Betrieb eingebettet sind.

Eine Zusammenfassung der organisatorischen Wirkungen dieses Modells enthält Abbildung 3.

Abb. 3: Das betriebssoziologische Modell des Unternehmens

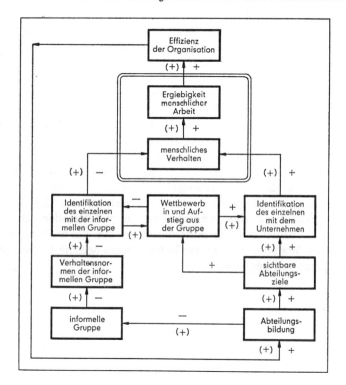

Die Abteilungsbildung kann informelle Gruppen, deren Verhaltensnormen nicht mit den Unternehmenszielen übereinstimmen, zerschlagen. Das ist durch das Negativzeichen ohne Klammern wiedergegeben. Gleichzeitig erhöht die Abteilungsbildung die Sichtbarkeit der Abteilungsziele und trägt dadurch dazu bei, daß der Wettbewerb in der Arbeitsgruppe verstärkt und die Identifikation mit dem Unternehmen verbessert wird, was sich sowohl direkt positiv auf ein dem Leistungsziel des Unternehmens entsprechendes Verhalten auswirkt als auch darin, daß Wettbewerb die Identifikation mit der informellen Gruppe aufhebt.

Abteilungsbildung kann aber auch Bedingungen schaffen, unter denen informelle Gruppen spontan entstehen (+). Die Verhaltensnormen dieser

Gruppen decken sich dann mit den Abteilungszielen (+). Das führt zu einer starken Identifikation mit der informellen Gruppe, die ein Verhalten erzwingt, das den Zielen der formellen Organisation entspricht (+).

III. Schluß

Diese Überlegungen rücken die bisherigen Modelle der betrieblichen Organisationsstruktur in das ihnen gemäße Licht. In Situationen gefügeartiger Kooperation, die durch generelle Regelungen und eine klare Programmierung des Entscheidungsprozesses sowie durch die Dominanz technologischer Ablaufformen gekennzeichnet sind, wird das Verhalten des arbeitenden Menschen weniger von der informellen Gruppe als von der formellen Organisation determiniert. In diesen Fällen scheint das mechanistische Modell in der Lage zu sein, sinnvolle Erklärungen der Organisationsstruktur zu geben. Es ist nicht verwunderlich, daß dieses Modell in einer Zeit entstand, als die im Produktionsprozeß selbst beschäftigten Arbeiter 95 % der Belegschaft umfaßten. Auf der anderen Seite haben die Untersuchungen informeller Gruppen vor allem in denjenigen Betrieben sinnvolle Resultate erbracht, in denen ein größeres Maß von Ermessensfreiheit gegeben ist und damit eine Vielzahl menschlicher Verhaltensstrukturen sich manifestieren kann. Die zunehmende Bedeutung der Angestellten in industriellen Unternehmen ebenso wie das Vordringen der Automation in der Verwaltung haben eine Synthese beider Modelle, wie sie das betriebssoziologische Organisationsmodell darstellt, sinnvoll gemacht.

Der Übergangene

Innerhalb einer Abteilung ist der Gruppenführer H plötzlich durch Tod ausgefallen. Er muß kurzfristig ersetzt werden, da es sich um die größte Gruppe der Abteilung handelt und der Erfolg der Abteilung entscheidend von der Arbeit dieser Gruppe getragen wird.

H hatte keine besondere Profilierung eines seiner Mitarbeiter ermöglicht. Der Abteilungsleiter kannte die Mitarbeiter der Gruppe gut, er wußte, daß unter ihnen eine Reihe sehr guter Fachleute waren. Vor allem P war ein hervorragender Fachmann, der seit der Gründung der Abteilung vor 15 Jahren dabei war, den ganzen Aufbau miterlebt und mitgetragen hatte und wegen seines Alters von 48 Jahren und seiner fachlichen Bewährung sicher damit rechnete, Gruppenführer zu werden. Der Abteilungsleiter konnte sich aber nicht entschließen, einen Mitarbeiter des verstorbenen Gruppenführers für die Nachfolge vorzuschlagen.

Man entschied sich daher, einen Nachfolger innerhalb des Unternehmens, aber außerhalb der Gruppe zu suchen. In K wurde nach kurzer Zeit der geeignete Mann für die Aufgabe gefunden.

K sah sich bei Dienstantritt einer geschlossenen Front der Mitarbeiter, aber auch seiner neuen Kollegen gegenüber; alle hatten sich vorgenommen, den neuen Mann auf jeden Fall „auflaufen" zu lassen. Dank seiner Führungsfähigkeiten und seiner überlegenen Sachkenntnis konnte sich K aber recht bald Respekt verschaffen. Die Front löste sich allmählich auf. Nach etwa zwei Monaten war die Gruppe der Gegner auf die Hälfte der Mitarbeiter zusammengeschrumpft. Nach einem halben Jahr war nur noch einer von der Gruppe der Gegner übriggeblieben, der in jeder denkbaren Weise versuchte, K das Leben und die Arbeit zu erschweren, nämlich P.

P hatte das wichtigste Arbeitsgebiet der Gruppe inne. Er stellte sich aus Verärgerung darüber, daß er nicht Gruppenleiter geworden war, quer und stur. K führte Gespräche mit P, die ohne Erfolg blieben. K bat den Abteilungsleiter, mit P zu sprechen. Auch das geschah, jedoch ohne Erfolg.

In ihren Gesprächen waren sich der Abteilungsleiter und der Gruppenführer K einig, daß es sehr schwer sein würde, P umzusetzen; denn die Lücke, die eine Versetzung dieses hervorragenden Fachspezialisten in der Gruppe hinterlassen würde, war nicht leicht zu füllen. Versuche, die Kollegen von P, die von den Führungsqualitäten des K überzeugt worden waren und eingesehen hatten, daß die Ernennung von K richtig war, auf Wunsch des Abteilungsleiters unternahmen, P wieder in die konstruktive Arbeit der Gruppe zu integrieren, scheiterten.

Das Betriebsklima in der Gruppe verschlechterte sich wegen der Quertreibereien des P zusehends. Jedem in der Abteilung ist nun deutlich geworden, daß eine Klärung in Kürze herbeigeführt werden muß, wenn nicht die Leistung der ganzen Abteilung gefährdet werden soll.

Der Abteilungsleiter weiß, daß jede Entscheidung Vor- und Nachteile hat. Auf der einen Seite muß bei der Entscheidung berücksichtigt werden, daß P ein hervorragender Fachmann ist, der nicht ohne weiteres durch einen ebenso guten und eingearbeiteten Fachmann zu ersetzen ist. Auf der anderen Seite muß davon ausgegangen werden, daß eine weitere Störung des Betriebsklimas nicht nur für die betroffene Gruppe, sondern für die ganze Abteilung untragbar ist: Die Effektivität der ganzen Gruppe würde in nicht zu vertretendem Maße leiden.

Welche Maßnahmen soll der Abteilungsleiter in Abstimmung mit dem Gruppenführer ergreifen?

Der Diebstahl

Eine kunststoffverarbeitende Fabrik in Süddeutschland stellt ihren Arbeitern in den Umkleideräumen Spinde zur Verfügung. Die Arbeiter sichern die Umkleideschränke mit eigenen Vorhängeschlössern.

Seit einiger Zeit werden im Umkleideraum der Verpackungsabteilung Einbruchdiebstähle in den Umkleideschränken mittels eines Nachschlüssels festgestellt. In den Schränken fehlen jedesmal Geldbeträge zwischen 2,50 DM und 50,— DM. Ein Vorarbeiter einer anderen Abteilung stellt durch Zufall fest, daß die Diebstähle stets an Schränken, die mit ähnlichen Schlössern abgesichert sind, zu einer bestimmten Zeit ausgeführt werden. Diesem Vorarbeiter Müller waren bereits zweimal Geldbeträge gestohlen worden, da auch sein Schrank mit einem ähnlichen Schloß gesichert ist. Eines Tages stellt Müller den Mitarbeiter Meier, als dieser gerade seinen Spind zuschließt, aus dem er 25,— DM entnommen hat.

Der Vorarbeiter informiert daraufhin sofort seine Vorgesetzten von dem Tathergang und verlangt eine Gegenüberstellung mit dem Mitarbeiter Meier. In Gegenwart mehrerer Vorgesetzter gesteht zwar Herr Meier die Tat, gibt jedoch über das Motiv der Tat keinerlei Auskunft. Durch die Entdeckung der Tat selbst ist Herr Meier sehr erregt, macht nur Andeutungen, daß er alles wiedergutmachen wolle, und bittet, man solle es niemanden wissen lassen.

Nach der Arbeitsordnung scheint der Fall klar zu sein: fristlose Entlassung. Die Angelegenheit wird vom Betrieb der Personalabteilung übergeben, die die entsprechenden Schritte einleiten soll.

Herr Meier ist 55 Jahre alt und seit 20 Jahren als ungelernter Arbeiter in der Verpackungsabteilung der kunststoffverarbeitenden Fabrik tätig. Der Mitarbeiter ist während seiner Berufszeit seinem Vorgesetzten nie besonders aufgefallen, weder in negativer noch in positiver Art. Er ist sehr sensibel, beugt sich ohne Widerspruch äußerem Druck sowohl im Betrieb als auch in der Familie. Die ihm gestellten Aufgaben versucht er nach bestem Wissen zu erfüllen. Um seinen Lohn aufzubessern, arbeitet er noch teilweise in seiner Freizeit.

Zunächst wird Herrn Meier in der Personalabteilung klargemacht, daß er mit einer fristlosen Entlassung rechnen müsse. Da er jedoch Vater von vier unversorgten Kindern ist, hält man es für ratsam, vor diesem Schritt mit seiner Ehefrau darüber zu sprechen. Die Ehefrau ist über den Vorfall sehr schockiert, denn ihr war von ihrem Ehemann nichts über diesen Vorfall gesagt worden. Im Laufe dieses Gespräches stellt sich heraus, daß Frau Meier ihren Mann finanziell sehr knapp hält. Er bekommt kaum Taschengeld, muß seinen gesamten Verdienst und auch das in der Freizeit erworbene Salär voll zu Hause abliefern. Damit ist das Motiv des Diebstahls geklärt: Der Mitarbeiter Meier verschafft sich durch die Einbruchdiebstähle ein Taschengeld. Die Ehefrau wußte also von diesen Einbrüchen bis zu ihrer Vorsprache bei der Personalabteilung nichts. Sie stellt daraufhin am gleichen Abend ihren Mann zur Rede, der aufgrund seines sensiblen Charakters jetzt völlig durchdreht und damit droht, sich das Leben zu nehmen, falls er fristlos entlassen werde.

Am nächsten Morgen informiert Frau Meier die Personalabteilung von der Selbstmorddrohung ihres Mannes.

Wie soll die Personalabteilung entscheiden?

Das Verhältnis

Am 8. 5. 1976 liest Herr Karsten, Direktor der Kaufhaus AG, dem die Häuser in Westdeutschland unterstehen, die eingegangene Post. Ein Schreiben ohne Briefkopf und Unterschrift lautet: „Sehr geehrter Herr Karsten, hiermit mache ich Sie darauf aufmerksam, daß der Geschäftsführer des Hauses Bonn, Herr Potter, ein Verhältnis zu der Angestellten Fräulein Schön hat. Die Mitarbeiter werden sich dieses unmoralische Benehmen des Herrn Potter sicher nicht tatenlos ansehen."

Herr Karsten läßt sich die Personalakten von Herrn Potter und Fräulein Schön vorlegen. Herr Potter ist 45 Jahre alt, verheiratet, zwei Kinder im Alter von 14 und 16 Jahren. Abitur 1952. Lehre bei der Kaufhaus AG, Haus Aachen, Kaufmannsgehilfenprüfung „sehr gut" 1955. Studium der Betriebswirtschaftslehre Köln 1955 — 1958. Diplom-Kaufmann mit der Note gut. 1958 Wiedereintritt bei der Kaufhaus AG, Ernennung zum Direktor des Hauses Bonn 1973, Beurteilungen der Leistungen von Herrn Potter sehr gut, gute Führungseigenschaften, Potentialbeurteilung gut.

Fräulein Schön ist 23 Jahre alt, wohnhaft in Remagen. Mittlere Reife 1969, zwei Jahre Handelsschule Koblenz, Eintritt bei der Kaufhaus AG 1971, Übernahme der Abteilung Damenoberbekleidung im Bonner Haus am 1. 1. 1975. Gute Beurteilung sowohl der Koblenzer als auch der Bonner Vorgesetzten.

Am 15. 5. führt Herr Karsten ein Gespräch mit Herrn Potter. Er legt ihm den anonymen Brief vor. Herr Potter bestätigt ohne Zögern die Richtigkeit der Sachdarstellung.

Herr Karsten muß eine Entscheidung treffen. Diese hat folgenden Fakten Rechnung zu tragen:

1. Herr Potter ist für die Kaufhaus AG wichtiger als Fräulein Schön.

2. Das Verhältnis von Herrn Potter zu Fräulein Schön hat unter den Mitarbeitern in Bonn Aufsehen und Unruhe erregt.

3. Fräulein Schön ist bei den Mitarbeitern des Hauses Bonn sehr beliebt.

Die Zahnschmerzen

Die Gross & Werth, Wirtschaftsprüfungsgesellschaft, Steuerberatungsgesellschaft mbH in Dortmund, stellt ihren Prüfungsassistenten Firmenwagen zur Verfügung und rechnet die gefahrenen Kilometer auf Kostenbasis mit ihnen ab. Die private Nutzung des Wagens ist gestattet. Abgerechnet werden jedoch nur diejenigen Kilometer, die durch die Arbeit bei Gross & Werth verursacht werden.

Bei der Durchsicht der monatlichen Reisekostenabrechnung stellt Herr Werth fest, daß Herr Schunck, der dem Wirtschaftsprüfer Neiss als Prüfungsassistent zugeteilt ist, für den Monat Juli 4 000 km abrechnet. Herr Neiss prüft die Firma Epple im Raum Frankfurt. Herrn Werth erscheint die Abrechnung von Herrn Schunck ungewöhnlich hoch. Er bittet Herrn Schunck bei nächster Gelegenheit um nähere Erläuterung. „Ich habe sehr empfindliche Zähne und bin seit Jahren wegen meiner Schwierigkeiten bei Herrn Dr. Dentig in Dortmund in Behandlung. Während des Monats, als wir bei Epple prüften, hatte ich wieder einmal erhebliche Zahnbeschwerden. Da bin ich zweimal in der Woche zur Behandlung nach Dortmund gefahren. In unserer Reisekostenordnung steht: Besuche beim Arzt können, soweit erforderlich, als Reisekosten abgerechnet werden. Und ich kann es mir nicht erlauben, einen Zahnarzt, der meine Zähne nicht kennt, mich behandeln zu lassen."

„Aber Sie wollen unser Geld dafür haben", bemerkt Herr Werth. „Wissen Sie, daß das Mehrkosten von rund 500 DM sind, ganz zu schweigen von dem Verschleiß des Wagens? Hätten Sie die Reisen zu Ihrem Dr. Dentig auch gemacht, wenn Sie keinen Firmenwagen hätten und Sie diese Kosten selbst tragen müßten?"

Der Agitator

Herr Blick, Geschäftsführer eines großen Verlagshauses, will eine neue Sekretärin einstellen. Aus den 12 Bewerbungen hat er nach der Schriftform fünf ausgesucht und zur Vorstellung eingeladen. Während des Gesprächs mit Fräulein Schulze, die einzustellen er beabsichtigt, erkundigt sich Herr Blick, was Fräulein Schulze über den Verlag wisse und was sie wissen wolle. „Ich kenne den Verlag aus meiner bisherigen Tätigkeit sehr gut, insbesondere wegen der Angelegenheit Lackmann!"

Herr Blick denkt einen Augenblick nach. „Lackmann, das ist doch der Pakker, den wir vor acht Wochen eingestellt haben und der jetzt die Leute aufwiegelt!" „Ganz recht, Lackmann ist eng befreundet mit dem Gewerkschaftssekretär Krampe, bei dessen Kollegen Müller ich während der letzten zwei Jahre Sekretärin war. Krampe hat Lackmann auch hier eingeschleust."

Blick bittet den Personalchef zu sich und läßt sich die Personalakte Lackmann kommen. Aus der Personalakte geht hervor, daß Lackmann früher Mitglied der Kommunistischen Partei Deutschlands war, jetzt Mitglied der Deutschen Kommunistischen Partei ist. Die Unterlagen weisen eine Vielzahl kurzfristiger Anstellungen auf, in den letzten drei Jahren alleine sechs Anstellungen, Entlassung jeweils wegen Agitation und Unruhestiftung. Der Personalleiter entschuldigt sich; an dem Tage habe er drei Graphiker einzustellen gehabt, da habe er die Personalakte von Lackmann, der nur als Packer eingestellt werden sollte und von Herrn Krampe empfohlen gewesen sei, nicht genau geprüft.

Herr Lackmann hatte während der ersten Zeit seiner Einstellung beim Verlag sehr geschickt auf vielfältige Mängel aufmerksam gemacht: zuwenig Toiletten, ungenügende Beleuchtung, ungenügender Reinigungsservice, zu enge Räume und andere Dinge mehr. Er hatte diese Mängel geschickt zu nutzen verstanden und allgemein die Aufmerksamkeit auf sich gelenkt. Mittlerweile war klargeworden, daß er sich systematisch für die in zwei Monaten bevorstehende Betriebsratswahl aufbaute.

Herr Blick überlegt, was zu tun sei.

Häusliche Schwierigkeiten

Vor einem Jahr wurde M als gewerblicher Mitarbeiter in der Anorganischen Forschung eingestellt. Er war 25 Jahre alt. Die Personalabteilung beurteilte ihn recht positiv.

M zeigte während der Probezeit, in der er in einer Versuchsgruppe eingesetzt war, viel Interesse. Er erwies sich als ziemlich beweglich, war geistig rege und zeigte praktisches Geschick.

Einen Monat nach Ablauf der Probezeit ließen die Leistungen von M plötzlich stark nach. M war häufig abwesend. Er meldete sich häufig krank. Seine Abwesenheit begründete er auch mit familiären Schwierigkeiten. Nachprüfungen ergaben, daß er in Scheidung lebte und Scheidungstermine wahrzunehmen hatte.

Dr. B, der Leiter der Versuchsgruppe, fragt sich, welche Maßnahmen er ergreifen soll. Er ist überzeugt, daß es möglich ist, M für seine Aufgabe und seine Arbeit zu interessieren und zu begeistern. Er ist davon überzeugt, daß die Leistungen, die M in der Probezeit gebracht hat, nicht nur ein Strohfeuer waren.

Motivation durch neue Formen der Arbeitsorganisation

I. Motivation durch Organisation

Die Klassiker der Wirtschaftstheorie entwickelten das Prinzip der Arbeitsteilung zum Instrument der Erhöhung der Effizienz von wirtschaftlichen Einheiten. Bereits zu Beginn dieses Jahrhunderts aber erkannte man, daß es ein Optimum an Arbeitsteilung (Arbeitszerlegung) und Spezialisierung im Unternehmen geben muß. Wird die Arbeitsteilung über dieses Optimum hinaus fortgesetzt, kommt es zu Effizienzverlusten infolge steigenden Ausschusses, steigender Fehlleistungen und steigender Abwesenheitsrate. Diese Erscheinungen wurden auf die steigende Monotonie der Arbeit zurückgeführt. Aus dieser Erkenntnis wurde das Prinzip der Arbeitszusammenfassung abgeleitet, das durch Vermittlung des Sinnbezuges und des Ganzheitserlebnisses steigende Effizienz bewirken sollte.

Zwei gegenläufige Faktoren sind hier am Werk. Einmal wird Motivation durch fachliche Kompetenz und ihre Bewährung bei der Aufgabenerfüllung bewirkt. Je stärker spezialisiert die Arbeit ist, um so eher wird ein hohes Maß an fachlichen Fertigkeiten und beruflicher Kompetenz erreicht. Will man also durch Bewährung in der fachlichen Kompetenz an der Aufgabenstellung motivieren, muß das Prinzip der Arbeitsteilung angewendet werden. Ist die fachliche Kompetenz aber einmal erreicht und werden die Aufgabenstellung und die damit verbundenen Ziele nicht verändert, dann wird die Aufgabe nicht mehr als Leistungsansporn empfunden. Es kommt zur Monotonie. D. h., die Arbeit verliert ihren Sinnbezug. Von ihr geht keine Motivationswirkung mehr aus. Es müssen dem Mitarbeiter entweder neue Aufgaben übertragen werden oder er muß zusätzliche Aufgaben übernehmen, von denen ein neuer Leistungsanreiz ausgeht. Um die erworbenen Fähigkeiten nicht ganz ungenutzt zu lassen, wird es sinnvoll sein, die alten Aufgaben mit neuen zusammenzulegen. Das geschieht durch die Anwendung des Prinzips der Arbeitszusammenfassung.

Die Diskussion um Arbeitsteilung und Arbeitszusammenfassung, die zu Beginn dieses Jahrhunderts geführt wurde, ist Anfang der 70er Jahre erneut aufgelebt und hat unter dem Schlagwort „Humanisierung der Arbeitswelt"[1] eine starke emotionale Auflagung erfahren.

Hierbei ist es zu mancher ideologischen Übertreibung gekommen. Nicht ganz zu Unrecht hat daher der Unternehmer Moeller darauf hingewiesen: „Vor allem aber lassen wir uns nicht treiben von ideologischem Geschwätz. Der Arbeitsplatz, der von allen beklatscht wird, aber nicht zu bezahlen ist, dürfte abzulehnen sein. Nicht ein *interessanter* Arbeitsplatz ist human, sondern ein *sicherer* Arbeitsplatz"[2]. Die Aufgabe der Zukunft wird allerdings darin bestehen, sichere Arbeitsplätze auch interessant zu machen.

---

[1] Cella, G. P., Humanisierung der Arbeit, in: Friedrichs, G. (Hrsg.), Aufgabe Zukunft: „Qualität des Lebens", Band 8, Frankfurt 1972, S. 92.

[2] Moeller, G., Weg vom Fließband, unveröffentlichtes Manuskript, 3. 10. 1974, S. 9.

II. Neue Formen der Arbeitsorganisation

Vier Formen der Arbeitsorganisation können heute unterschieden werden, in denen sich die Versuche konkretisieren, die Mitarbeiter zu höheren Leistungen zu motivieren:

1. Job Rotation,
2. Job Enlargement,
3. Job Enrichment,
4. die autonome Arbeitsgruppe.

Unter *Job Rotation* versteht man den geplanten Arbeitsplatzwechsel des Mitarbeiters. Hierbei sind zwei Formen zu unterscheiden: feste Job-Rotations-Pläne stellen einen vom Vorgesetzten geplanten Wechsel der Arbeitsplätze dar. Bei freien Job-Rotations-Plänen kann der Mitarbeiter die Reihenfolge der Arbeitsplätze und die Verweildauer an den einzelnen Arbeitsplätzen selbst wählen. Es liegt auf der Hand, daß die motivierende Wirkung eines freien Job-Rotations-Plans größer ist als die fester Job-Rotations-Pläne. Auf der anderen Seite darf nicht übersehen werden, daß ein System freier Job Rotation die Unternehmensorganisation vor erhebliche Probleme stellt. Es ist schwer zu gewährleisten, daß ein Arbeitsplatz überhaupt und im gewünschten Zeitpunkt für den Arbeitsplatzwechsel zur Verfügung steht.

Von *Job Enlargement* wird gesprochen, wenn mehrere Arbeitsschritte zu einem sinnvollen Aufgabenpaket zusammengefaßt werden[3]; Job Enlargement ist also nichts anderes als der englische Ausdruck für das Prinzip der Arbeitszusammenfassung, das in der deutschen Diskussion seit Beginn dieses Jahrhunderts bekannt ist. Die Frage, wieviele Arbeitsaufgaben zu einer Gesamtaufgabe zusammengefaßt werden sollen, kann nur im Einzelfall entschieden werden. Muß das Fließband aus Gründen der Arbeitsorganisation des Fertigungsflusses aufrechterhalten werden, dann bereitet die Zusammenfassung mehrerer Aufgaben erheblich größere Probleme (weil die Arbeitskräfte wieder an ihren Ausgangspunkt zurückkehren müssen), als wenn es gelingt, Einzelarbeitsplätze zu schaffen. Aber auch die Fehlerhäufigkeit bei steigender Komplexität der Arbeitsabläufe spielt eine wichtige Rolle bei der Frage nach dem Maß an Arbeitszusammenfassung. Es hat sich jedoch als möglich erwiesen, z. B. bei der Herstellung von Schaltgeräten an Einzelarbeitsplätzen bis zu 18 Montagegänge zusammenzufassen. Nicht jeder Mitarbeiter wird aber durch die Zusammenfassung so zahlreicher Einzeltätigkeiten zu höherer Leistung motiviert und zu höherer Arbeitszufriedenheit geführt. Vielmehr ist der Wunsch nach größerer Arbeitszusammenfassung am Einzelarbeitsplatz vom Bildungsniveau des Mitarbeiters abhängig. Geistig und manuell weniger geschickte Mitarbeiter ziehen nach den vorliegenden Erfahrungen Arbeitsplätze mit wenigen Tätigkeiten vor.

---

3) Vgl. Lauterburg, Ch., Motivation durch Aufgabenstrukturierung, in: Industrielle Organisation 42 (1973), S. 555.

Auch beim *Job Enrichment* wird versucht, eine höhere Leistung des Mitarbeiters dadurch herbeizuführen, daß sich der Mitarbeiter am Arbeitsplatz wohler fühlt, weil er weniger Monotonie empfindet, sich stärker mit dem Produkt identifizieren kann und die Abläufe selbst verantwortlicher gestaltet.

Riecke hat die einzelnen Schritte einer Job-Enrichment-Organisation beschrieben[4]. Danach kann der Mitarbeiter
— auf die Festlegung der Ziele seiner Tätigkeit Einfluß nehmen,
— selbständig eine Arbeitsanweisung für seine Tätigkeit entwickeln,
— die einzelnen Schritte seines Aufgabenbereichs selbstverantwortlich durchführen,
— sich seine Arbeit selbst einteilen,
— selbst Kostenverantwortlichkeit übernehmen,
— einen täglichen Soll-Ist-Vergleich selbständig vornehmen,
— selbst Unterschriftsberechtigung erhalten,
— selbst Änderungen der Arbeitsinhalte anregen,
— für gut befundene Anregungen selbst einführen,
— Begründungen für nicht realisierte Vorschläge verlangen.

Das bedeutet, daß der Vorgesetzte einen Teil seines Aufgabenbereiches an den Mitarbeiter abgibt. Damit werden die hierarchischen Linien in der Unternehmensorganisation zum Teil durchbrochen, und es wird ein höheres Maß an Selbständigkeit des einzelnen Aufgabenbereichs erreicht.

Einen Schritt weiter in der Überwindung der hierarchischen Organisation geht die Idee der *Arbeit in autonomen Gruppen*. Hierunter versteht man die Bildung von kleinen Arbeitsgruppen, die große Selbständigkeit in der Bestimmung des Aufgabeninhalts, der Zielsetzung und der Durchführung der Aufgaben erhalten. Die einzelnen Schritte eines solchen Programms werden von Lauterburg wie folgt beschrieben[5]:
— Eine Arbeitsgruppe von 7 bis 14 Personen wird gebildet;
— die Arbeitsgruppe wählt ihren Gruppenführer;
— die Arbeitsgruppe trifft eine Gruppenentscheidung über die individuelle Aufgabenverteilung;
— die Arbeitsgruppe entscheidet über ihre Ziele und Normen;
— die Arbeitsgruppe wacht selbständig über die Einhaltung ihrer Normen und über die Zielerreichung;
— die Arbeitsgruppe übernimmt selbst eine Reihe von ehemaligen Stabsfunktionen, Stabsabteilungen werden weitgehend aufgelöst;

---
[4] Riecke, H.-G., Die Motivation von Mitarbeitern in der betrieblichen Praxis, Hamburg 1976 (unveröffentlichtes Manuskript).
[5] Lauterburg, Ch., Motivation durch Aufgabenstrukturierung, a.a.O.

Auswahl praktischer Beispiele

Unternehmen	Land	Jahr	Formen der Arbeitsgestaltung	Bereich
IBM, Endicott	USA	1943	Job Enrichment	Reparatur mit Kontrolle und Maschineneinrichtung
Philips, Eindhoven	NL	1959	5 Experimente: 1. Arbeitsgruppen am Fließband 2. Job Enlargement 3. Job Enlargement und Job Rotation 4. Job Enrichment 5. Autonomous Workgroups	Fernseher-Montage
Klöckner-Moeller, Dausenau	D	1966	Job Enrichment	Einzelarbeitsplätze für die Geräte-Endmontage
SAAB-Scania, Södertälje	S	1970	Job Enlargement Teilautonome Gruppen	Motoren-Montage
Volvo, Göteborg	S	1971	Job Enlargement Job Enrichment Job Rotation Teilautonome Gruppen	Vormontage
ESSO, Köln	D	1971	Job Enrichment	Wartung und Instandhaltung
FIAT, Turin	I	nach 1970	Job Enlargement Job Enrichment	Motoren-Montage Vormontage
Bosch, Stuttgart	D	nach 1970	Job Enrichment	Endmontage, Mix von Einzel- und Bandarbeitsplätzen
Daimler-Benz, Stuttgart	D	nach 1970	Job Enlargement Job Enrichment Job Rotation Teilautonome Gruppen	Motoren-Montage
Ford, Köln	D	nach 1970	Job Enlargement Job Enrichment Job Rotation Teilautonome Gruppen	Vormontage
Mannesmann, Düsseldorf	D	nach 1970	Teilautonome Gruppen	Metallbearbeitung
Volvo, Skörde	S	1973	Autonomous Work Groups	Motorenbau
Volvo, Kalmar	S	1974	Autonomous Work Groups	Pkw-Endmontage
American Telephone & Telegraph Co.	USA	1966	Job Enrichment	Kunden, Kundenkontakt
General Foods Co. Topeka, Kans.	USA	1968	Autonomous Work Groups	Tierfutterherstellung

— die Mitarbeiter wechseln ihren Arbeitsplatz innerhalb der autonomen Gruppe;
— die Gruppenführer haben die Gruppenmitglieder zu koordinieren;
— Planung und Kontrolle obliegen der Gruppe als ganzer, nicht dem Gruppenführer.

Die Darstellung dieser Aufgaben der autonomen Arbeitsgruppe läßt auch ihre Schwächen erkennen. Der Gruppenzwang kann zu einer Belastung für die gesamte Organisation werden. Die Konflikte, die bei anderen Formen der Arbeitsorganisation mit stärker hierarchischen Komponenten zwischen dem Vorgesetzten und den Mitarbeitern entstehen, werden hier internalisiert. Das kann u. U. Reibungsverluste erhöhen und je nach Mitarbeiter eine stärkere Belastung bedeuten als die Auseinandersetzung mit dem Vorgesetzten.

Auf der anderen Seite kann die autonome Arbeitsgruppe zu höherer Gruppenkohäsion und bei entsprechendem Leistungsanreiz zu höherer Leistungsmotivation führen.

Die dargestellten Formen der Arbeitsorganisation sind bereits vielfältig in der Praxis eingesetzt und erprobt worden. Sie haben im allgemeinen zu nicht unerheblichen Kosteneinsparungen, zu größerer Mitarbeiterinitiative im Betrieb, zu geringerer Fluktuation und besserem Kundendienst geführt. Gleichzeitig stiegen die Arbeitszufriedenheit der Mitarbeiter und die Identifikation der Mitarbeiter mit dem Unternehmen.

Eine Auswahl praktischer Beispiele für die Verwirklichung der neuen Formen der Arbeitsorganisation gibt die Tabelle auf Seite 104.

Klöckner Starkstrom GmbH

I.

Die Betriebsleitung der Klöckner Starkstrom GmbH in Köln steht vor der Entscheidung, Einzelarbeitsplätze für die bisherige Fließbandfertigung des Motorschutzrelais ZO einzurichten.

II.

Die Klöckner Starkstrom GmbH ist eines der zehn Werke, die zur Klöckner-Moeller-Elektrizitäts-GmbH zusammengefaßt sind (vgl. Anlage 1). Mit 60 000 DM Umsatz pro Mann und Jahr bei 3 500 Mitarbeitern gehört Klöckner-Moeller auf ihrem Spezialgebiet, der Herstellung von elektrischen Niederspannungsschaltgeräten und -schaltanlagen, mit zu den bedeutendsten Anbietern in der BRD und im europäischen Ausland.

Das Lieferprogramm umfaßt alle zwischen dem Transformator und elektrischen Verbraucher liegenden Energieverteilungs- und -transportanlagen, Steuerungen und Schaltgeräte, wie z. B. Schütze, Leistungsschalter, Motorschutzrelais, Nockenschalter, aber auch komplette Steuerpulte und Schaltanlagen.

Im Jahre 1899 wurde von Ingenieur Franz Klöckner die Firma „F. Klöckner Ing., Spezialfabrik Elektrische Schaltgeräte" in Köln gegründet. Zwölf Jahre später trat Hein Moeller in die Firma ein, und nach Werksgründungen in Bonn, Gummersbach, Unna, Dausenau, Lochmühle und Bad Schwalbach wurde 1942 die Firma „Klöckner-Moeller GmbH" in Köln gegründet, die ihren Sitz nach dem Kriege nach Bonn verlegte.

Die Geschäftsführung liegt in den Händen der Vettern Moeller, von denen der eine Kaufmann und der andere Techniker ist. Dieses Prinzip des „Doppel-Managements" mit der Teilung der Aufgabengebiete gilt für alle Führungspositionen. Ein wesentliches Element dieses Prinzips ist es, eine sehr große Selbständigkeit für die einzelnen Werke zu gewähren.

Forschungs-, Entwicklungs-, Konstruktions-, Fertigungs- und Verkaufsplanung, Werbung und Export werden zentral von der Verwaltung in Bonn durchgeführt. Einkauf, Lagerhaltung, Personalwesen, Versand und Bilanzerstellung jedoch werden der eigenen Verantwortung der jeweiligen Werksleitung überlassen.

Das Werk Köln wird von der Geschäftsleitung zwei- bis viermal im Jahr besucht. Kaufmännischer und technischer Leiter müssen dann Rede und Antwort stehen. Monatlich muß der Kaufmann in komprimierter Form im Vergleich zum Vorjahresmonat berichten, und zwar nur anhand von vier Zahlen: Werkserlös, Materialkosten, Personalkosten und Gemeinkosten. Aus ihnen kann der Rohüberschuß errechnet werden. Diese Information gilt als ausreichend. Vom Techniker werden diese Angaben zu gegebenem Anlaß ergänzt, z. B. wenn ein neuer Leistungsschalter gefertigt werden soll. Hierbei würden z. B. Werkzeugkosten anfallen, die das Zahlenbild wesentlich verändern würden.

Der Kölner Klöckner-Betrieb ist voll ausgebaut und kann nicht erweitert werden, weil angrenzende Gebäude eine Expansion unmöglich machen. Die Instandhaltung der Gebäude und der Anlagen gehört zu den Pflichten der Werksleitung, die diese ebenfalls in eigener Verantwortung ausführt.

Seit 1932 gibt es bei Klöckner-Moeller die 5-Tage-Woche. Damals wurde 44 Stunden gearbeitet, und 48 Stunden wurden bezahlt. Heute wird 40 Stunden gearbeitet, und es gibt grundsätzlich nur den Stundenlohn mit monatlichen Gehaltsabrechnungen. Diese Gehaltsabrechnungen richten sich nach einer Jahresstundenrechnung, bei der einmal vor Jahresbeginn bestimmt wird, wieviele Stunden im folgenden Jahr gearbeitet und bezahlt werden. Die Vorteile eines solchen Systems sind gleichmäßiger Lohn und Minimierung der Lohnabrechnungskosten.

Die bei Klöckner-Moeller vorherrschende Art, relativ große Serien gleichmäßig zu fertigen, sowie die Möglichkeit, den Ein- und Verkauf langfristig zu planen, lassen wesentliche Vereinfachungen zu. So gibt es bei Klöckner-Moeller weder einen Betriebsabrechnungsbogen noch eine Kostenstellen- bzw. Kostenträgerrechnung. Auch ein Formularwesen ist bei Klöckner-Moeller ziemlich unbekannt.

In Gummersbach, wo nur ein Artikel hergestellt wird, wird die Divisionskalkulation angewendet. Im Werk Köln ist es nicht ganz so einfach, weil viele verschiedene Produkte hergestellt werden. Dennoch läßt sich auch im Werk Köln wegen der stückzahlmäßig konstanten Herstellungsweise sehr leicht für die Zukunft disponieren. So gilt denn Klöckner-Moeller auch als lieferantentreu: Mit den Lieferanten werden Abschlüsse für ein ganzes Jahr getätigt, und wenn es keine Zwischenfälle gibt, wird ab dann nur noch über Fernschreiber abgerufen. Diese Methode spart Kosten, sowohl beim Lieferanten als auch beim Besteller.

Dabei wird erwartet, daß der Lieferant diese Vorteile zum Teil an Klöckner-Moeller weitergibt.

III.

Die Fließbandfertigung galt, seit Henry Ford sie im Jahre 1910 einführte, für ein halbes Jahrhundert als das wirtschaftlichste Herstellungsverfahren fließbandgeeigneter Produkte. Der besondere Vorteil war, auch ungelernte Arbeitskräfte schon nach kurzer Anlernzeit voll am Fließband einsetzen zu können. Der Arbeiter von 1910 ist aber ein anderer als der Arbeiter von heute. Wir finden eine bessere Schulbildung, veränderte soziale Verhältnisse sowie ein größeres Selbstbewußtsein vor. Für Tätigkeiten mit geringen Arbeitsinhalten wird es immer schwerer, Mitarbeiter zu finden.

Auch Klöckner-Moeller spürte das. Der eigentliche Grund aber, über die Arbeit am Fließband nachzudenken, bestand für Klöckner-Moeller darin, daß in den letzten Jahren immer häufiger Jugendliche, die Fließbänder bei Klöckner-Moeller besichtigten, Kritik übten. Ferner stellte man bei Neueinstellungen von weiblichen Mitarbeitern eine immer größere Abneigung gegen das Fließband fest. Außerdem ist die Einführung einer gleitenden Arbeitszeit bei Fließbandfertigung nicht möglich.

Anfang der sechziger Jahre begann Klöckner-Moeller, zunächst in den Werken Unna und Dausenau, ganze Arbeitsgänge von Automaten durchführen zu lassen. Durch diese Maßnahme wies das Fließband immer mehr Lücken auf und schrumpfte zusammen (vgl. Anlage 2). Parallel dazu kam es zur Entwicklung eines flexiblen Montagesystems, das aus einzelnen Arbeitstischen bestand, welche durch Glied- bzw. Schoßbänder miteinander verbunden waren und so eine funktionsfähige Montagekette bildeten (Anlage 3). Diese Glied- bzw. Schoßbänder oder auch Kleinförderbänder erfüllen zwei Aufgaben: Erstens dienen sie zum Materialan- und -abtransport und zweitens als Materialpuffer.

Es ergab sich, daß durch den Einsatz dieser Bänder die Nebenzeiten (Griffzeiten für das Holen und Hinlegen der Arbeitsstücke) praktisch auf Null gebracht werden konnten. Bei der Montage auf dem Fließband machten diese Nebenzeiten 8 % der gesamten Montagezeit aus. Mit diesen veränderbaren, mit Kleinförderbändern verketteten Arbeitsplätzen wurde insgesamt eine Leistungsverbesserung von etwa 10 % erreicht.

Seit 1965 werden alle Montageplätze nach dem Kleinzeitverfahren TMU (Time-Measure-Unit) analisiert. Bei diesem Verfahren wird eine Zeitstunde in 100 000 TMU-Zeiteinheiten aufgeteilt (1 Minute = 1 666,7 TMU, 1 Sekunde = 27,8 TMU). Alle Bewegungen, Arbeits- und Montagevorgänge werden dann nach dieser Zeiteinheit gemessen. Als Ergebnis dieser Analysen ergaben sich bei der konsequenten Vervollkommnung der Montageplätze die Beidhandarbeit, die Symmetrie der Armbewegungen sowie zunehmende Zusammenfassungen von Montagevorgängen. Beispiele für die Anlernkurven von einzelarbeitsplatzerfahrenen und -unerfahrenen Mitarbeiterinnen sind in Anlage 4 dargestellt.

Als letzte Stufe der Vervollkommnung bei der Zusammenfassung von Montagevorgängen ergab sich der Einzelarbeitsplatz (Anlage 5). Der Einzelarbeitsplatz ist ein geschlossener Arbeitsplatz, bei dem die Griffkästen in einem engen Radius um die Aufnahmevorrichtung herum angeordnet sind. Die Mitarbeiterin hat die Wahl, sitzend oder stehend zu arbeiten. Die Aufnahmevorrichtungen sind so gebaut, daß zwei Geräte gleichzeitig montiert werden können; damit ist eine Symmetrie der Arbeit erreicht. Armlehnen bzw. Ellenbogenstützen sind so angebracht, daß Ermüdungserscheinungen der Arme nach Möglichkeit vermieden werden. Zur Aufnahme und Ablage montierter Geräte werden Paletten herangefahren. Die montierten Geräte können vom Mitarbeiter überblickt werden; das Sichtbarmachen des Arbeitsfortschritts steigert das Ganzheitserlebnis. Zwei Zähluhren sind am Arbeitsplatz so angeordnet, daß stets die Differenz zwischen Soll- und Istwert der Tagesleistung abgelesen werden kann. Das Tagesleistungskurvenblatt ist sichtbar angebracht.

Nach mehreren Jahren Erfahrung in der Produktion am Einzelarbeitsplatz hat Klöckner-Moeller folgende Vor- und Nachteile festgestellt:

Vorteile

1. Am Einzelarbeitsplatz wird schon während des Anlernens eine gewisse Leistung erbracht.

2. Der Lohn ist am Einzelarbeitsplatz objektiver zu ermitteln und zu begründen.

3. Die Arbeiten am Einzelarbeitsplatz sind bei den Mitarbeitern höher angesehen als die am Fließband.

4. Der Ausschuß ist stellenweise bis zu 60 % zurückgegangen.

5. Durch Pufferbildung von vormontierten Baugruppen wirkt sich der Ausfall einer Mitarbeiterin nicht auf das Tagesergebnis unmittelbar aus.

6. Es ist möglich, gleitende Arbeitszeit einzuführen.

7. Der Einzelarbeitsplatz gestattet der Montiererin ein Anpassen ihrer im Laufe des Tages schwankenden persönlichen Leistungsfähigkeit.

8. Die Mitarbeiterin hat am Einzelarbeitsplatz einen in sich abgegrenzten Arbeitsbereich und ist nicht vom Takt des Fließbandes abhängig.

9. Persönliche Differenzen treten nicht so leicht auf.
10. Jugendliche und werdende Mütter dürfen im Gegensatz zum Fließband an Einzelarbeitsplätzen beschäftigt werden.
11. Beim Anlauf eines neuen Produkts kann man mit ein oder zwei Einzelarbeitsplätzen bereits kleine Serien fertigen.
12. Einzelarbeitsplätze können besser an steigende oder fallende Produktionszahlen angepaßt werden.
13. An Einzelarbeitsplätzen kann u. U. in Heimarbeit gefertigt werden.
14. Ein Einzelarbeitsplatz kann für Varianten einer Grundtype ausgelegt werden. Eine solche Fertigung macht am Fließband große technische Schwierigkeiten.

Nachteile

1. Die Investitionskosten eines Einzelarbeitsplatzes liegen höher als die eines Fließbandplatzes.
2. Der Platzbedarf ist um etwa 15 % größer als beim Fließband.
3. Bei komplizierten Montagevorgängen ist eine längere Anlernzeit als am Fließband erforderlich. In der Regel liegen die Anlernzeiten von Montagen mit normalem Schwierigkeitsgrad zwischen einer und drei Wochen.
4. An die Gerätekonstruktion werden in montagetechnischer Hinsicht größere Anforderungen gestellt.

Unterschiedliche Erfahrungen wurden bei der Motivation der Mitarbeiterinnen am Einzelarbeitsplatz gemacht. Als in Unna der Einzelarbeitsplatz eingeführt wurde, richteten sich alle Montiererinnen nach derjenigen, die die geringste Stückzahl am Tag hatte. Es wurde als unkameradschaftlich angesehen, wenn von einigen anderen Montiererinnen deren Stückleistung bei weitem übertroffen wurde. Im Werk Dausenau dagegen war die Philosophie ganz anders. Hier strebten alle Montiererinnen danach, der Besten der Montiererinnen nachzueifern.

IV.

Bei der Kölner Klöckner Starkstrom GmbH wird z. Z. das Motorschutzrelais ZO auf drei Bändern mit insgesamt fünf Spuren gefertigt. Zwei dieser Bänder sind Fließbänder mit je zwei Spuren. An jedem dieser Bänder sitzen 22 Mädchen, denen ein Vorarbeiter und ein Springer zugeordnet sind (vgl. Anlage 2). Bei diesen Bändern wurde von einer Taktzeit von 10 Sekunden ausgegangen. Die effektive Stückzahl pro Tag und Doppelspur beträgt 3 200. Wie die Anlage 2 zeigt, weist das Fließband einige Lücken auf. Einige Arbeitsgänge konnten so rationalisiert werden bzw. wurden Automaten übertragen, daß statt zwei 20-Sekunden-Arbeitsplätzen ein 10-Sekunden-

Arbeitsplatz eingerichtet werden konnte. Dennoch gibt es an diesem Band Totzeiten, weil vom Arbeitsinhalt her die Montage nicht besser vorbereitet werden kann. Die Mädchen wechseln die Arbeitsplätze von Zeit zu Zeit, damit die Arbeit nicht so eintönig wird.

Bei der fünften Spur handelt es sich um die sog. „mittlere Lösung" (Anlage 3). Die einzelnen Arbeitsplätze sind durch Kleinförderbänder (Glied- oder Schoßbänder) miteinander verbunden. Durch diese Verkettung der Arbeitsplätze konnten die Nebenzeiten praktisch auf Null gebracht werden, so daß bei dieser Montageart mit einer durchschnittlichen Taktzeit von 9 Sekunden gerechnet wird.

Wie die Anlage 6 zeigt, sind an zwei Fließbändern mit vier Spuren 48 Mitarbeiter beschäftigt. An beiden Bändern werden pro Tag 6 400 Stück hergestellt, was bei 235 Arbeitstagen bei achtstündiger Arbeitszeit eine jährliche Stückzahl von 1 504 000 bedeutet. Der Ausschuß bei dieser Produktionsleistung beträgt 220 Stück pro Tag. Bis dahin betragen die variablen Kosten dieser Ausschußstücke im Durchschnitt 6,10 DM.

Um die Tätigkeiten der Fließbandmontage auf Einzelarbeitsplätze zu übertragen, wurde folgender Weg beschritten (vgl. Anlage 8): In der ersten Stufe der Zusammenfassung von Arbeitsvorgängen wurden als Denkmodell drei Einzelarbeitsplätze eingerichtet. Nach mehreren MTU-Analysen konnten jedoch immer mehr Arbeitsgänge zusammengefaßt werden, so daß schließlich in einer siebenten Version der Einzelarbeitsplätze ein zweistufiger Herstellungsprozeß zustande kam.

Die Situation bei der Einrichtung von Einzelarbeitsplätzen für diese beiden Fließbänder verdeutlicht die Anlage 7. Um die gleiche Produktionsleistung zu errreichen, werden 40 Einzelarbeitsplätze benötigt. Die gesamten Investitionskosten pro Einzelarbeitsplatz belaufen sich auf 50 000 DM. 42 Mitarbeiter einschließlich der zwei Vorarbeiter würden an diesen 40 Einzelarbeitsplätzen beschäftigt werden. Die durchschnittlichen Lohnkosten pro Jahr belaufen sich auf 25 000 DM. Der Ausschuß bei einer Produktion auf Einzelarbeitsplätzen würde sich auf 40 Ausschußstücke pro Tag verringern.

V.

Nach Ermittlung aller Berechnungen und Informationen setzt sich die Geschäftsführung der Klöckner Starkstrom GmbH zur Erörterung des bevorstehenden Investitionsprojektes zusammen. Zuvor wurde der Betriebsrat gehört, um die Wünsche der betroffenen Belegschaftsmitglieder berücksichtigen zu können. Es besteht der Wunsch, gleitende Arbeitszeit einzuführen und Teilzeitbeschäftigte einzustellen.

Von der Finanzabteilung der Klöckner-Moeller GmbH liegt ein Schreiben vor, in dem auf die sehr angespannte Finanzlage und die begrenzte Kreditaufnahmefähigkeit hingewiesen wird. Ferner wird das gleich große Investitionsprojekt in Unna angesprochen, das eine 11 %ige Verzinsung des eingesetzten Kapitals nach Steuern[1] mit Sicherheit bringen würde und ebenfalls über 10 Jahre abgeschrieben wird.

Wie soll die Geschäftsführung der Klöckner Starkstrom GmbH entscheiden, und wie soll sie ihre Entscheidung gegenüber der Geschäftsführung der Klöckner-Moeller GmbH in Bonn begründen?

---

[1] Der zugrundegelegte Steuersatz beträgt 52%.

Anlage 1: Organisationsplan

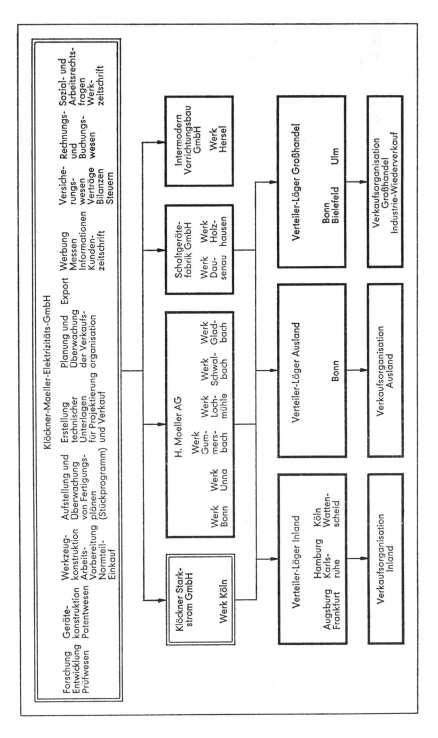

Anlage 2: Fließbandproduktion mit 2 Spuren, dargestellt am Beispiel des Motorschutzrelais ZO

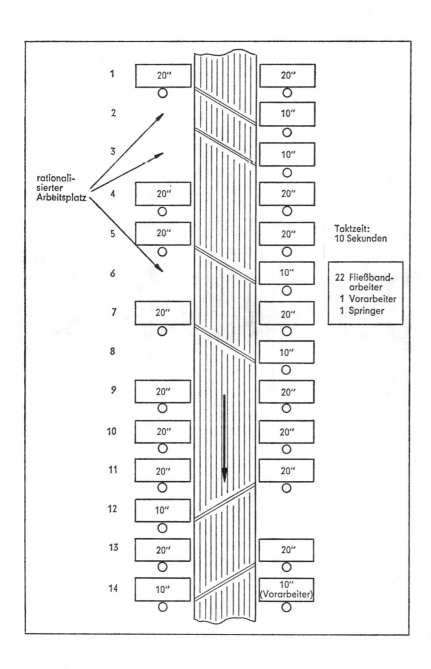

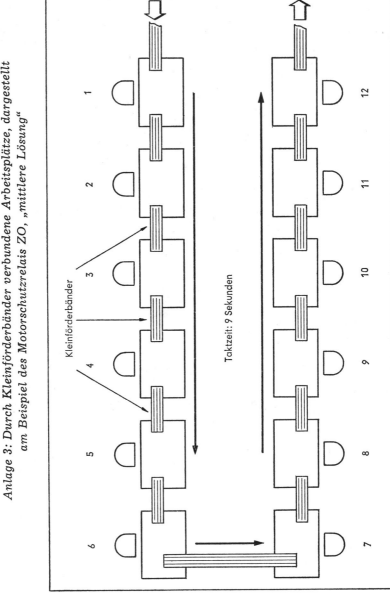

Anlage 3: *Durch Kleinförderbänder verbundene Arbeitsplätze, dargestellt am Beispiel des Motorschutzrelais ZO, „mittlere Lösung"*

Anlage 4: Anlernkurven für Einzelarbeitsplätze bei der Montage einer neuen Geräteart

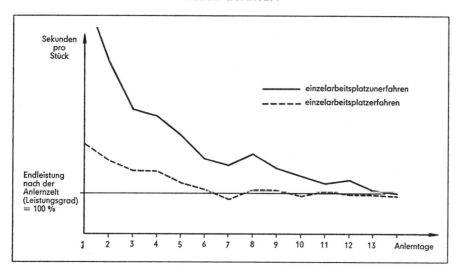

Anlage 5: Einzelarbeitsplätze

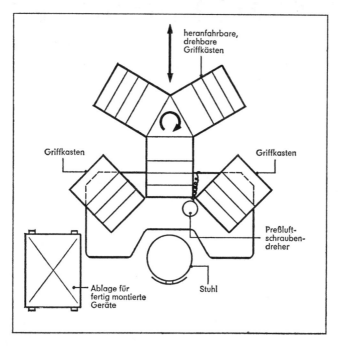

Anlage 6: Bisherige Produktion Motorschutzrelais ZO

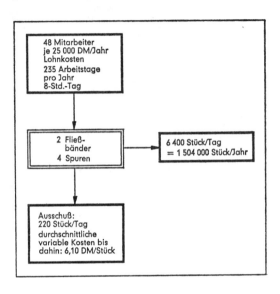

Anlage 7: Alternative Produktion, Motorschutzrelais ZO auf Einzelarbeitsplätzen

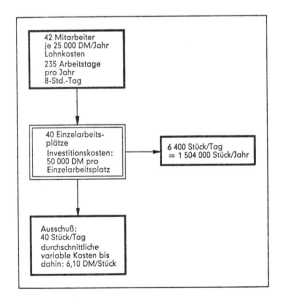

Anlage 8: Zusammenfassung von Arbeitsgängen des Fließbandes bei der Entwicklung von Einzelarbeitsplätzen

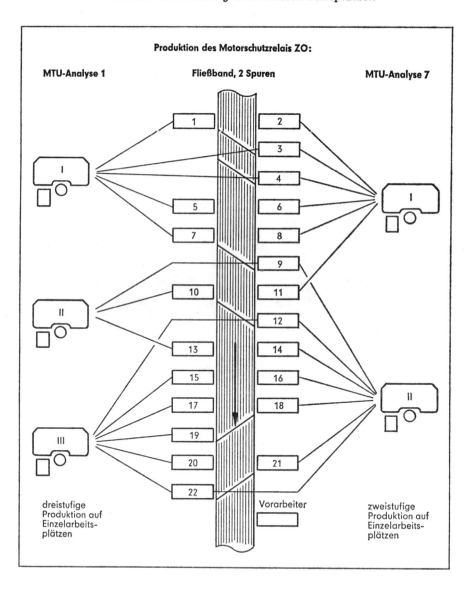

Personalführung mit Verrechnungspreisen in divisionalisierten Unternehmen

I. Die organisationspolitischen Instrumente

Ausgangspunkt der folgenden Überlegungen ist die These, daß der Streit, der in der Praxis immer wieder um die Frage nach den „richtigen" Verrechnungspreisen entbrennt, aber auch die Kluft, die nach den empirischen Ermittlungen von Drumm[1)] nach wie vor zwischen Theorie und Praxis bei der Beantwortung dieser Frage besteht, auf einer zu engen Sicht des Problems beruht.

Die theoretische Diskussion hat versucht, das Problem der richtigen Verrechnungspreise im Rahmen kostentheoretischer und preistheoretischer Modelle zu lösen. Personalpolitische Aspekte blieben dagegen unbeachtet.

Schmalenbach hat in seiner „Pretialen Lenkung" aber auch die organisatorische Seite der Führung von Unternehmen mit Verrechnungspreisen gesehen. Er sagte: „Die Abteilungsleiter müssen an den wertmäßigen Ergebnissen ihrer Abteilungen stärker interessiert sein"[2)].

Schmalenbach hat also eine Kombination von Personalbeurteilung nach Spartenerfolg, Selbständigkeit der Entscheidung und Verrechnungspreisen in Form der „Betriebswerte" gefordert. Er hat jedoch nicht untersucht, ob diese drei personalpolitischen Instrumente überhaupt miteinander vereinbar sind. Zweifel an ihrer Vereinbarkeit müßten durch Schmalenbachs Hinweis selbst aufkommen, daß ein Preissystem „unter der Fülle seiner Aufgaben versagt", wenn es sowohl die Steuerungsfunktion für Entscheidungen im Unternehmensinteresse als auch die Beurteilungsfunktion der Leistungen, die die Spartenleiter erbringen, wahrnehmen soll. Schmalenbach meinte, daß man daher „dem Preis die Aufgabe der Einkommensverteilung", wie er die Beurteilungsfunktion nannte, abnehmen müsse, wenn man Verrechnungspreise im Unternehmen bilde[3)].

[1)] Drumm, H. J., Theorie und Praxis der Lenkung durch Preise, in: ZfbF 1972, S. 253; ders., Zu Stand und Problematik der Verrechnungspreisbildung in deutschen Industrieunternehmungen, in: ZfbF 1973, Sonderheft 2, S. 91.
[2)] Schmalenbach, E., Pretiale Wirtschaftslenkung, Bd. 2: Pretiale Lenkung des Betriebes, Bremen 1948, S. 12.
[3)] Schmalenbach, E., Über Verrechnungspreise, in: ZfbF 3 (1908/1909), S. 168, vgl. aber auch S. 182.

Die folgende Analyse soll zeigen, daß man eine so radikale Konsequenz nicht ziehen muß. Vielmehr lassen sich durchaus Verrechnungspreise einsetzen, wenn man gewährleisten will, daß die dezentralen Entscheidungen im Unternehmen die Unternehmensziele im ganzen nicht verletzen und gleichzeitig der Spartengewinn ein Maß für die Beurteilung der Leistung bleiben kann, die der Spartenleiter erbringt.

Im folgenden sollen drei Instrumente der Personalführung unterschieden werden: Motivation, Information und Kontrolle.

Für die Motivation von Mitarbeitern gibt es eine Reihe von Motivationsinstrumenten. Hier sind die folgenden vier Instrumente von besonderem Interesse:

1. die Mitwirkung bei der Zielformulierung für das gesamte Unternehmen und die eigene Tätigkeit,

2. die Aufgabenstellung und der Inhalt der Tätigkeit („Meaningful Work"),

3. die Selbständigkeit in der Aufgabenerfüllung,

4. die Karrieremöglichkeiten.

Information ist das zweite Instrument der Personalführung. In unserem Zusammenhang sind es drei Typen von Informationen, die in der Kombination der organisationspolitischen Instrumente festgelegt werden müssen:

1. Anweisungen,

2. Steuerungs- und Entscheidungsinformationen,

3. Kontrollinformationen.

Zu den Anweisungen gehören in einem dezentral geführten Unternehmen vor allem die zentralen Entscheidungen über Bezugszwang der Sparten untereinander, über Lieferzwang und über die Meistbegünstigung. Zu den Steuerungsinformationen sind auch die Verrechnungspreise zu rechnen. Diese Informationen können von der Zentrale in allgemeiner oder auch in spezieller Form geliefert werden. Sie können aber auch durch selbständiges Aushandeln ermittelt werden. Hier kommt es entscheidend darauf an, zu klären, ob es sich bei diesen Steuerungsinformationen um kurzfristige oder langfristige Informationen handelt.

Zwei Formen der Kontrolle können unterschieden werden. Bei mehr zentraler Unternehmensführung überwiegt die laufende Aufsicht. Bei dezentraler Führung wird der Anteil der Ergebniskontrolle größer.

II. Die Kombination der organisationspolitischen Instrumente in divisionalisierten Unternehmen

Motivation, Information und Kontrolle sind die organisationspolitischen Instrumente, deren Kombination den Organisationstyp eines Unternehmens prägt und die Art der Personalführung kennzeichnet. Die Frage nach dem „richtigen" Verrechnungspreissystem kann daher nie losgelöst von der Frage nach dem gleichzeitig verwirklichten Motivationssystem und Kontrollsystem beurteilt werden. Im folgenden wird daher gefragt, welches die optimale Kombination der organisationspolitischen Instrumente in divisionalisierten Unternehmen ist.

1. Bedingungen einer zieladäquaten Kombination der organisationspolitischen Instrumente

Die Kombination der organisationspolitischen Instrumente zu einem Optimum setzt voraus, daß bekannt ist, welche Größe optimiert werden soll. Eine solche Vorentscheidung wird in der Festlegung des Unternehmensziels getroffen. Im folgenden gehen wir davon aus, daß es nicht Aufgabe der Unternehmensführung ist, die Belegschaft auf Kosten der übrigen Mitglieder der Gesellschaft glücklich zu machen, sondern daß es nach wie vor als Aufgabe der Unternehmensführung betrachtet wird, die im Unternehmen eingesetzten Faktoren gesamtwirtschaftlich optimal einzusetzen. Nur unter dieser gesamtwirtschaftlichen Verantwortung der Unternehmensleitung ist auch ein Abwägen der Partialinteressen der Sparten und Produktgruppen gegeneinander mit Aussicht auf Rationalität und Objektivität möglich. Die konkrete Ausprägung dieses Unternehmensziels hängt entscheidend davon ab, ob es mehr kurzfristig oder mehr langfristig interpretiert wird. Es soll daher die optimale Kombination der organisationspolitischen Instrumente zunächst für die kurze und dann für die lange Frist skizziert werden.

a) Die kurzfristig optimale Kombination der organisationspolitischen Instrumente

Kurzfristig liegen die Kapazitäten der Sparten fest. Entscheidungen sind nur über Preise und Mengen möglich. Sollen diese Entscheidungen im Sinne des Unternehmensziels optimal getroffen werden, dann müssen folgende Bedingungen erfüllt sein:

1. Die Geschäftsbereiche müssen versuchen, ihren Spartenerfolg zu maximieren.
2. Die Geschäftsbereiche müssen selbständig über die Hereinnahme oder Ablehnung von Aufträgen entscheiden können, die von außen kommen.

3. Die Geschäftsbereiche müssen selbständig über den Bezug von außen entscheiden können.
4. Die Geschäftsbereiche müssen interne Lieferungen zu Grenzkosten zuzüglich Opportunitätskosten ausführen bzw. zu diesen Preisen beziehen.
5. Die Geschäftsbereiche müssen an ihrem kurzfristigen Spartenerfolg unter Einschluß der internen Lieferungen und Bezüge beurteilt werden.

b) Die langfristig optimale Kombination der organisationspolitischen Instrumente

Langfristig sind die Kapazitäten in den Geschäftsbereichen nicht gegeben, sondern variabel. Eine Entscheidung über die Ausweitung der Kapazität kann ebenso getroffen werden wie über die Einstellung der Produktion. Langfristig sind also sowohl Produktions- und Preis- als auch Kapazitätsentscheidungen möglich. Sollen diese Entscheidungen im Sinne des Unternehmens optimal getroffen werden, dann müssen folgende Bedingungen erfüllt sein:

1. Die Geschäftsbereiche müssen versuchen, ihren langfristigen Spartenerfolg zu maximieren.
2. Die Geschäftsbereiche müssen selbständig über die Hereinnahme oder Ablehnung von externen Aufträgen entscheiden können.
3. Die Geschäftsbereiche müssen selbständig über den Bezug von außen entscheiden können.
4. Die Geschäftsbereiche müssen selbständig über ihre Investitionen entscheiden können.
5. Die Geschäftsbereiche müssen interne Lieferungen zu Marktpreisen abwickeln.
6. Die Zentrale stellt den Sparten Kapital zu einem Verrechnungspreis in Höhe des Marktzinsfußes zur Verfügung.
7. Die Geschäftsbereiche müssen an ihrem langfristigen Spartenerfolg (unter Einschluß der internen Lieferungen und Bezüge) beurteilt werden.

Die kurzfristige Kombination der organisationspolitischen Instrumente scheint nicht unerheblich von der langfristig optimalen Kombination abzuweichen. Das Dilemma von kurzfristiger und langfristiger Betrachtungsweise in der Personalführung divisionalisierter Unternehmen ist aber nur ein scheinbares. Macht man nämlich mit der dezentralen Unternehmensführung Ernst, dann ist der Marktpreis nicht ein Datum. Vielmehr wird der liefernde Geschäftsbereich bei schlechter Auslastung der Kapazitäten und Freiheit des Verkaufs an Dritte auch diesen gegenüber kurzfristig einen Preis in Höhe der Grenzkosten stellen, und die beziehende Sparte sollte ihrerseits aus der Tatsache, daß sie kurzfristig zu Grenzkosten beziehen kann, nicht den Schluß ziehen, daß sie langfristig einen Gewinn erwirtschaften kann, der die Ausdehnung der Kapazität über das bei Zugrundelegung des Marktpreises sich ergebende Maß hinaus rechtfertigt.

Kurzfristig sind also Grenzkosten zuzüglich Opportunitätskosten nichts anderes als eine Spezialform des Marktpreises. Bei dezentraler Unternehmensführung ist mithin die optimale Kombination der organisationspolitischen Instrumente wie folgt festzulegen:

1. Die Geschäftsbereiche sind in ihren Produktions-, Preis- und Investitionsentscheidungen selbständig.
2. Lieferungen zwischen den Bereichen erfolgen zu Marktpreisen mit der Maßgabe, daß die Sparten bei internen und externen Geschäften nicht unter den Grenzkosten anbieten dürfen.
3. Kapital wird den Sparten von der Zentrale zu einem Verrechnungszinssatz in Höhe der Marktzinsen zur Verfügung gestellt.
4. Die Geschäftsbereiche werden an ihrem Geschäftsbereichsergebnis gemessen und beurteilt. Da die Unterscheidung zwischen externen und internen Lieferungen gegenstandslos ist, bedarf es einer Modifikation der Ergebnisrechnung nicht.

2. Anpassungsmaßnahmen bei Zielkonflikten in nur partiell divisionalisierten Unternehmen

Betrachtet man die Organisationsstruktur divisionalisierter Unternehmen[4], dann wird man feststellen, daß praktisch in keinem Unternehmen eine so weitgehende Verselbständigung der Geschäftsbereiche vorgenommen worden ist, wie sie hier idealtypisch bei der Ableitung der optimalen Kombination der organisationspolitischen Instrumente unterstellt wurde.

Das hat zwei Gründe:

1. Die Führungsspitze ist nicht bereit, so viel Entscheidungsbefugnis zu delegieren.
2. Es gibt eine Reihe von Verbundvorteilen, die nur bei zentraler Führung anfallen. Hierzu gehören[5] Größenvorteile infolge von Marktmacht, nied-

---
4) Vgl. hierzu auch Siegelkow, R., Die Reorganisation der IG-Farben Nachfolger, Diplomarbeit Bonn 1972.
5) Vgl. auch die neun Verbundvorteile bei Poensgen, O. H., Geschäftsbereichsorganisation, Opladen 1973, S. 467 ff., sowie die Darstellung der Verbundeffekte bei Everling, W., Der Verbundeffekt und seine Erfassung, in: BFuP 15 (1963), Heft 4, S. 203.

rigere Produktionskosten infolge technologischer Größenvorteile, niedrigere Absatz- und Vertriebskosten sowie niedrigere Kapitalkosten und schließlich Vorteile in der Sicherheit und Qualität der Belieferung.

Die Sicherung solcher Verbundvorteile für das Gesamtunternehmen erzwingt nicht in jedem Falle den Übergang zu zentraler Unternehmensführung. Es ist aber auch nicht erforderlich, von vornherein auf die Realisierung solcher Verbundvorteile zu verzichten aus Sorge davor, daß der Verlust an Motivation der Mitarbeiter durch Elemente zentraler Planung größer sei als der mögliche Gewinn aus dem Verbund[6]. Vielmehr geht es um die Verwirklichung der optimalen Kombination von zentralisierten und dezentralen Entscheidungen.

Das kann durch Anpassungen

1. mit dem Verrechnungspreissystem,
2. mit dem Kontrollsystem,
3. mit dem Motivationssystem

geschehen.

a) Änderungen des Verrechnungspreissystems

Um die Verbundvorteile zu sichern, wird vielfach vorgeschlagen, die Kombination der organisationspolitischen Instrumente durch Anpassung mit dem Verrechnungspreis zu ändern. Alle diese Vorschläge sind durch zwei Eigenschaften gekennzeichnet:

1. Sie heben durch Aufgabe des Marktpreises als Verrechnungspreis die Indifferenz der Sparten gegenüber Dritten und den Sparten des eigenen Unternehmens auf.
2. Sie wagen es nicht (einstufige Systeme) oder nicht durchgängig (zweistufige Systeme), auf die Grenzkosten als Verrechnungspreis überzugehen.

Analysiert man die vielfältigen Vorschläge[7], so kommt man zu dem Ergebnis, daß eine Anpassung der Kombination von Selbständigkeit, Verrech-

---

[6] Vgl. Gould, J. R., Internal Pricing in Firms where there are Costs of Using an Outside Market, in: The Journal of Business 37 (1964), S. 67.

[7] Hirshleifer, J., Economics of the Divisionalised Firm, in: The Journal of Business 30 (1957), S. 98 ff.; Solomons, D., Divisional Performance, Measurement and Control, New York 1965, S. 200, zitiert nach Poensgen, O. H., Geschäftsbereichsorganisation, a.a.O., S. 476; Poensgen, O. H., Geschäftsbereichsorganisation, a.a.O., S. 476; Siegelkow, R., Die Reorganisation der IG-Farben Nachfolger, a.a.O., S. 75; Dean J., Decentralization and Intracompany-Pricing, in: Harvard Business Review, July/August 1955, S. 64, hier S. 71; Heyn, P., Verrechnungspreise in der chemischen Industrie (Farbwerke Hoechst AG), in: ZfbF 1973, Sonderheft 2, S. 61, hier S. 65; Cook, P. W., Decentralization and the Transfer-Price-Problem, in: The Journal of Business 28 (1955), S. 87, der ein Verhandlungspreissystem ohne Moderator vorschlägt; Vellmann, K., Das Verrechnungssystem der Henkel-Gruppe, in: ZfbF 1973, Sonderheft 2, S. 69; Wojdak, J. F., An Introduction to the External Aspects of Transfer-Pricing, in: The New York Certified Public Accountant, Band 37 (1968), S. 341, hier S. 348.

nungspreis und Kontrollsystem an ein stärker zentrales Führungssystem zur Realisierung von Verbundvorteilen in der Form, daß das Verrechnungspreissystem verändert wird, nicht möglich ist. Solche Veränderungen haben zur Folge, daß entweder die Steuerungsfunktion oder die Kontrollfunktion der Verrechnungspreise verletzt wird. Die Vorschläge zur Veränderung des Verrechnungspreissystems, die in der zitierten Literatur gemacht werden, sind dadurch gekennzeichnet, daß sie beide Funktionen nur unvollkommen erfüllen.

b) Änderungen des Kontrollsystems

Richtige Entscheidungen unter Berücksichtigung von Verbundeffekten machen es auch langfristig erforderlich, die Verrechnungspreise in Höhe der langfristigen Grenzkosten anzusetzen. Daraus wird der Zielkonflikt zwischen den Zielen der Sparten, die, ihren Spartenerfolg vor Augen, die Belieferung des Marktes der Belieferung innerhalb des eigenen Unternehmens vorziehen, und den Zielen der Unternehmensleitung abgeleitet, die den Verbundeffekt realisieren will.

Dieser Zielkonflikt tritt aber nur ein, wenn die Sparten mit Sanktionen der Unternehmensleitung für den Fall rechnen müssen, daß der Spartenerfolg niedrig ist, und mit Vorteilen, wenn sie einen hohen Spartenerfolg erwirtschaften. Das heißt, das Kontrollsystem des divisionalisierten Unternehmens orientiert sich ausschließlich an den Periodenerfolgen der Geschäftsbereiche.

Ein solches Kontrollsystem begegnet aber schon, ohne daß die Problematik der Verrechnungspreise einbezogen wird, einer Reihe von grundsätzlichen Bedenken, die im Falle partiell divisionalisierter Unternehmen zusätzliches Gewicht erhalten:

1. Werden die Sparten nach ihrem relativen Erfolg beurteilt (z. B. Kapitalrentabilität oder Rentabilität des in den Sparten eingesetzten Anlagevermögens), dann hat der Spartenleiter in dem Maße, in dem über Investitionen zentral entschieden wird, keinen Einfluß auf sein Ergebnis.

2. Wird der Spartenerfolg auf der Basis der Buchwerte berechnet, haben die Spartenleiter ein Interesse daran, möglichst lange mit abgeschriebenen Anlagen zu arbeiten und, aufgrund ihrer guten Spartenerfolge inzwischen befördert, ihren Nachfolgern einen ausgedienten Maschinenpark zu hinterlassen.

3. Wird der Spartenerfolg nur auf der Basis der Periodenerfolge berechnet, dann haben die Spartenleiter ein Interesse daran, Gewinne vorzuziehen und langfristig wirksame Maßnahmen der Gewinnverbesserung zu unterlassen.

4. Wird der Spartenerfolg nur auf der Basis des finanziellen Erfolges berechnet, wird die Bedeutung der Personalentwicklung und der Personalführung für die Sparte und das Unternehmen unterschätzt.

Die Tatsache, daß bei Lieferungen zu Grenzkosten der liefernde Geschäftsbereich keinen Erfolg ausweist, der abnehmende dagegen einen höheren Gewinn, ist also nur ein weiterer Kritikpunkt an einem ohnehin unvollkommenen Kontrollsystem.

Die Frage nach einem Kontrollsystem, das die aufgezeigten Nachteile nicht aufweist, wird sehr unterschiedlich beantwortet. Allgemein kann man sagen: Alle Verfahren der Erfolgsbeurteilung auf der Basis des Spartenerfolges versuchen, die wegen der Existenz von Verbundvorteilen nicht vorhandene Selbständigkeit der Sparten wenigstens nachträglich rechnerisch herzustellen, um die Spartenkontrolle dann so durchzuführen, als ob die Sparten ein selbständiges Ergebnis erwirtschafteten. Ein solches Kontrollverfahren verstärkt durch die Auseinandersetzung über die richtigen Schlüssel für die Aufteilung der Verbundvorteile das Denken in Partialinteressen und den „Verteilungskampf" zwischen den Sparten, statt die Koordination auf das Gesamtinteresse des Unternehmens zu fördern. Ein solches Kontrollverfahren wirkt also dem eigentlichen Ziel der Divisionalisierung entgegen, das in einer wirksameren Koordination der Teile des Unternehmens auf das Ganze besteht, als das bei funktionaler Organisation im Unternehmen möglich ist. Keiner der in der Literatur gemachten Vorschläge zur Ausgestaltung der Spartenergebnisrechnung erscheint daher sinnvoll.

Vielmehr erscheint eine Anpassung des Kontrollsystems in der Weise erforderlich, daß die Beurteilung des Spartenerfolges (ohne nachträgliches Face Lifting!) durch eine direkte Beurteilung des Beitrages zur Erzielung von Verbundeffekten ergänzt wird.

Beurteilungsmaßstäbe für einen solchen ergänzenden Teil der Spartenkontrolle können sein:

1. der Anteil der internen Lieferungen an den Gesamtlieferungen,

2. das Verhältnis von freigesetzten Mitteln zu in Anspruch genommenen Mitteln,

3. das Verhältnis der an andere Sparten abgegebenen Mitarbeiter, insbesondere Führungskräfte, zur Zahl der von anderen Sparten erhaltenen Mitarbeiter,

4. die Zahl der für andere Sparten entwickelten Produkte und Verfahren,

5. das Volumen von Kundenaufträgen, die die Sparte hereingeholt hat, an deren Erfüllung aber auch andere Sparten beteiligt waren,

6. der Anteil der Produktionskapazitäten, die für die Belieferung anderer Sparten in Anspruch genommen wurden.

Eine solche „Verbundskala" lenkt das Denken der Spartenleiter auf die Gemeinsamkeiten und die Vorteile, die die Berücksichtigung des Verbundes durch die Sparten für das Gesamtunternehmen bedeutet.

Es ist mithin festzustellen, daß eine dezentrale Unternehmensführung auch mit Sparten möglich ist, die in einem Verbund miteinander stehen, der erhebliche Vorteile für das Gesamtunternehmen mit sich bringt. Voraussetzung dafür ist:

1. Die Selbständigkeit der Sparten bleibt bestehen. Lieferzwang und Bezugszwang werden nicht eingeführt.

2. Lieferungen zwischen den Sparten erfolgen zu kurzfristigen bzw. zu langfristigen Grenzkosten.

3. Das Kontrollsystem liefert Beurteilungsmaßstäbe sowohl für die Tätigkeit der Sparte auf dem Markt als auch für andere Sparten.

Die hier angedeutete Kombination von Selbständigkeit, Verrechnungspreisen und Kontrollsystem hat einen Nebeneffekt, der nicht unbeachtet bleiben sollte: Die Zahl der Informationen, die im Unternehmen über Verbundleistungen der einzelnen Sparten ausgetauscht werden, steigt beträchtlich an. Das ist erwünscht, denn vielfach ist Streit über die Höhe der Verrechnungspreise in divisionalisierten Unternehmen nicht ein Ausdruck für die mangelnde Bereitschaft der Bereichs- und Spartenleiter, das Unternehmensganze im Auge zu haben, sondern das Ergebnis mangelnder Informationen darüber, wo die Vorteile für das Gesamtunternehmen liegen. „Schiefe" Verrechnungspreise lassen mithin auf Führungsfehler der Unternehmensspitze schließen, die eine ihrer wesentlichen Aufgaben vernachlässigt, nämlich ihre Führungskräfte ausreichend, systematisch und laufend zu unterrichten.

c) Änderungen des Motivationssystems

Zwei Aussagen über die Wirkungsweise der organisationspolitischen Instrumente sind es, die zu dem in der Diskussion um die richtigen Verrechnungspreise im divisionalisierten Unternehmen zum Ausdruck kommenden Zielkonflikt zwischen Sparten und Unternehmensleitung führen:

1. Je größer die Selbständigkeit der Sparten und ihrer Leiter ist, um so größer sind die Anstrengungen in der Sparte, und um so größer ist der Beitrag, den die Sparte selbst für das Unternehmen leistet.

2. Je größer die Selbständigkeit der Sparten und ihrer Leiter ist, um so weniger können Verbundeffekte zwischen den Sparten realisiert werden, und um so größer ist der Schaden, den die Sparten dem Unternehmen zufügen.

Nun ist Selbständigkeit kein Wert an sich. Selbständigkeit wird nur deshalb erstrebt, weil sie die Chance erhöht, Erfolg zu erleben. Das hat zwei Gründe:

1. Selbständigkeit gibt die Möglichkeit, Tätigkeiten so abzugrenzen, daß der Erfolg zurechenbar wird. Damit wird die formale Voraussetzung für ein Erfolgserlebnis geschaffen.
2. Selbständigkeit gibt die Freiheit, sich Ziele zu setzen, die ein Erfolgserlebnis erwarten lassen. Damit wird die inhaltliche Voraussetzung für ein Erfolgserlebnis geschaffen.

Sind Ziele zu hoch gesetzt, kann weder ein Frustrationserlebnis noch ein Erfolgserlebnis eintreten, weil die Ziele von vornherein als unerreichbar gelten. Werden die Ziele zu niedrig gesetzt, kann kein Erfolgserlebnis eintreten, weil die Zielerreichung ohne Anstrengung gelingt.

Unter Berücksichtigung der gemachten Aussagen ist es möglich, das Motivationssystem so anzupassen, daß das Verrechnungspreissystem die Steuerungsfunktion im Unternehmen erfüllt, ohne daß die Kontrollfunktion beeinträchtigt wird. Drei Wege seien hier nur kurz skizziert:

1. Ausdehnung des Zuständigkeitsbereichs der Spartenleiter etwa auf den Kapazitätskauf[8],
2. Änderung der Zielvorgabe für die Sparten, etwa statt Ergebnismaximierung Minimierung des Spartenerfolges[9],
3. Mitwirkung bei der Aufstellung der Unternehmens- und Spartenziele[10].

Schließlich soll nicht übersehen werden, daß es eine letzte Möglichkeit der Anpassung gibt: die Änderung der Organisationsstruktur. Es soll daher abschließend darauf hingewiesen werden, daß die Divisionalisierung von Unternehmen zwar eine Modeströmung, nicht aber ein Ziel an sich ist. Aufgabe der Unternehmensführung ist es, die ihr von den Kapitaleignern, von der Belegschaft und von der Gesamtgesellschaft anvertrauten Ressourcen so zu verwalten, daß sie den besten Verwendungen zugeführt werden. Ob dies im Rahmen einer zentralen oder dezentralen Führung des Unternehmens geschieht, ist letztlich nur von diesem Ziele her zu beurteilen. Weder mit dem Lippenbekenntnis zur dezentralen Unternehmensführung noch mit dem Zurückscheuen vor einer notwendigen Zentralisation kann man dieser Aufgabe gerecht werden. Dort, wo die Lieferbeziehungen zwischen den Sparten grö-

---

[8] Vgl. Gödde, A., Konzernverrechnungspreise in der Stahlindustrie (August Thyssen-Hütte AG), in: ZfbF 1973, Sonderheft 2, S. 37, hier S. 40.
[9] Poensgen, O. H., Kapazitätspolitik und Verrechnungspreise, März 1973 (vervielfältigtes Manuskript).
[10] Albach, H., Die Koordination der Planung im Großunternehmen, in: Schneider, E. (Hrsg.), Rationale Wirtschaftspolitik und Planung in der Wirtschaft von heute, Berlin 1967.

ßeres Gewicht haben als die externen Lieferungen, sollte man sich stets fragen, ob nicht der Fehler in der Organisationsstruktur liegt und der Streit um die Verrechnungspreise nur das Symptom für eine falsche Divisionalisierung ist[11].

Mit Recht weist Cook darauf hin, daß eine dezentrale Unternehmensführung um so größere Erfolgschancen hat, je geringer die Liefer- und Leistungsströme zwischen den Sparten sind[12].

III. Ergebnis

Die Ergebnisse aus der Untersuchung von Verrechnungspreisen in divisionalisierten Unternehmen und ihrer Bedeutung für die Personalführung und die Personalbeurteilung können wie folgt zusammengefaßt werden:

1. Rechnet die Unternehmensleitung damit, daß der Motivationseffekt einer Divisionalisierung des Unternehmens größer ist als der Verbundeffekt, dann ist die optimale Kombination der organisationspolitischen Instrumente die Verbindung von: Selbständigkeit der Sparten in den Entscheidungen über Produktion, Preise und Kapazitäten, Verrechnungspreisen in Höhe der Marktpreise und Kontrolle der Sparten anhand ihrer Spartenergebnisse.

2. Rechnet die Unternehmensleitung damit, daß der Motivationseffekt einer Divisionalisierung des Unternehmens mit Sicherheit kleiner ist als der Verbundvorteil aus der Zusammenarbeit der Sparten, dann ist eine zentrale Unternehmensführung geboten.

3. Läßt sich von vornherein nicht eindeutig abschätzen, ob der Motivationseffekt einer Divisionalisierung so groß ist, daß er entgehende Verbundvorteile kompensiert, kann sich die Unternehmensleitung für ein System partiell dezentraler Unternehmensführung entscheiden. Die optimale Kombination der organisationspolitischen Instrumente besteht dann in einer Verbindung von: Selbständigkeit der Sparten bei Koordination der Spartenziele und des Gesamtziels durch Mitwirkung der Sparten, Verrechnungspreisen in Höhe der Grenzkosten und Kontrolle der Sparten sowohl anhand des Spartenerfolges als auch der Verbundskala.

4. Verrechnungspreise sind kein Problem des internen Rechnungswesens. Sie sind in viel breiterem Verständnis ein Teilproblem der dezentralen Unternehmensführung.

---

[11] Vgl. auch die vier Bedingungen für die Schaffung von Gewinnzentren bei Dean, J., Decentralization and Intracompany Pricing, a.a.O.
[12] Cook, P. W., Jr., Decentralization and the Transfer-Price-Problem, a.a.O., S. 93.

5. Die Frage nach den richtigen Verrechnungspreisen im divisionalisierten Unternehmen ist daher als Frage nach der richtigen Kombination der organisationspolitischen Instrumente Selbständigkeit (Motivation), Verrechnungspreis (Information) und Spartenerfolgsrechnung (Kontrolle) zu verstehen.

6. Überwiegen die Motivationsvorteile dezentraler Unternehmensführung die Verbundeffekte aus der zentralen Koordination der Sparten, ist der Verrechnungspreis stets in Höhe des Marktpreises anzusetzen.

7. Selbständigkeit der Sparten, dezentrale Führung und Beurteilung der Sparten anhand der Spartenergebnisse sind aber nicht die einzigen Voraussetzungen für die Realisierung von Motivationsvorteilen. Diese können auch bei Verrechnungspreisen in Höhe der Grenzkosten, die die optimale Steuerung der innerbetrieblichen Lieferströme im Sinne des Gesamtunternehmens zur Realisierung von Verbundvorteilen gewährleisten, durch veränderte Kontroll- und Motivationssysteme erreicht werden. Streit über innerbetriebliche Verrechnungspreise deutet daher meist auf Phantasielosigkeit oder Unentschlossenheit der Unternehmensleitung bei der Entwicklung und Einführung neuer Kontroll- und Motivationsinstrumente hin.

8. Die zentrale Unternehmensführung ist insbesondere dann, wenn Formen der Mitwirkung bei der Entscheidungsvorbereitung entwickelt werden, die zu einer Identifikation aller Unternehmensbereiche mit der zentralen Entscheidung führen, nicht so schlecht, als daß Lippenbekenntnisse zur dezentralen Unternehmensführung mit dem zwangsläufig folgenden Streit über die Verrechnungspreise gerechtfertigt wären.

Birch Paper

Die Birch Paper Company hatte fünf Geschäftsbereiche. Sie fabrizierten Papierbrei, Papier, Packpapier, Pappe und Wellpappe, ferner färbten und bedruckten sie Papier und Pappe und stellten Kartons her. Die Geschäftsbereiche wurden seit Jahren auf der Basis der Gewinne und Rentabilität getrennt beurteilt. Zwischen den Geschäftsbereichen bestanden erhebliche Lieferbeziehungen, dennoch konnten die Geschäftsbereichsleiter ohne Genehmigung von jedem beliebigen Lieferanten beziehen. Der Preis bei Lieferungen innerhalb des Unternehmens beruhte auf Vereinbarung, normalerweise war dies der Marktpreis. Vor einigen Jahren entwickelte einer der Geschäftsbereiche der Gesellschaft, die Thompson Division, einen Karton für die Northern Division und bot die Lieferung zu 480 $ je 1 000 Kartons an. Sie wurde kurz danach von der Northern Division darüber unterrichtet, daß zwei auswärtige Unternehmen ihren Preis mit 430 $ und 432 $ erheblich unterboten hatten.

Falls der Geschäftsbereich Thompson den Auftrag erhielt, würde er Schalpappe und die geriefte Zwischenpappe von einem weiteren Geschäftsbereich der Unternehmung, der „Southern Division", beziehen. Thompson würde die äußere Schalpappe bedrucken, Wellpappe und anschließend Kartons herstellen. Einer der anstelle von Thompson in Frage kommenden Lieferanten würde einen geringeren Teil der Vorprodukte (innere Schalpappe und geriefte Zwischenpappe) von Southern beziehen. Der Geschäftsbereich Thompson hatte bei seiner Preisstellung seine auszahlungswirksamen Kosten in Höhe von 400 $ sowie einen Zuschlag für seine primären Gemeinkosten und einen Gewinnaufschlag von insgesamt 20 % berücksichtigt. Die Thompson angelasteten Kosten in Höhe von 280 $ für das intern bezogene Vorprodukt wurden von Thompson als variable Kosten betrachtet. Da der Verrechnungspreis von Southern an Thompson über Southerns variable Kosten von 168 $ hinaus jedoch Zuschläge für fixe Gemeinkosten und Gewinne enthielt, waren die echten variablen Kosten aus der Sicht der Unternehmung geringer als aus der Sicht von Thompson.

Der Geschäftsleiter von Thompson glaubte, einen moralischen Anspruch auf den Auftrag zu haben, weil der Spezialkarton von Thompson für Northern erst entwickelt worden war, wenn auch gegen Erstattung der Kosten. Der Geschäftsbereichsleiter war auch nicht willens, unter 480 $ zu gehen, da er gerade erst seinen Verkäufern eingebläut hatte, daß mit „Aufträgen, die nicht einmal einen angemessenen Teil der Gemeinkosten decken, keine Gewinne auszuweisen, geschweige denn auszuschütten sind". Northern wandte sich, „da die Situation ein wenig ungewöhnlich erschien", an den zuständigen Vizepräsidenten der Unternehmensleitung: „Wir verkaufen auf einem hart umkämpften Markt, auf dem sich Kostensteigerungen nicht überwälzen lassen. Wie kann man von uns erwarten, einerseits einen annehmbaren Gewinn und eine relativ gute Rentabilität zu erwirtschaften, wenn wir andererseits für unser Material über 10 % mehr als den gegenwärtigen Marktpreis bezahlen müssen?" Angesichts der Marktlage war Thompson zur Zeit nicht ausgelastet. Der Vizepräsident fragte sich, ob er eingreifen und einen Präzedenzfall setzen sollte.

Aufgabe:

Welche Entscheidung soll der Vizepräsident treffen? Unterstellen Sie, daß Thompson vorträgt, er könne 400 Einheiten zu 480 $ je Einheit am Markt absetzen, und daß Southern mitteilt, er habe einen Kunden, der 200 Einheiten zum Preise von 280 $ je Einheit zu kaufen bereit sei. Northern will entweder 1 000 Einheiten von Thompson oder vom Markt beziehen, nicht aber die Aufträge stückeln. Die Kapazitäten bei Thompson und bei Southern reichen gerade noch aus, um den Auftrag über 1 000 Einheiten für Northern zu produzieren.

Deutsche Lufthansa AG

I. Problemstellung

Ende 1968 beschließt der Vorstand der „Deutschen Lufthansa Aktiengesellschaft", durch eine Kommission prüfen zu lassen, ob die Einführung der gleitenden Arbeitszeit im Unternehmensbereich Verwaltung zu empfehlen sei oder nicht. Die Initiative war durch ein Arbeitspapier der Abteilung „Zentraler Psychologischer Dienst" ausgelöst worden. Folgende Überlegungen gingen voraus:

Hauptursache für die Diskussion über die Vor- und Nachteile und über Probleme der Einführung der gleitenden Arbeitszeit sind hierfür zunächst — wie schon bei einigen anderen Unternehmen — die schwierigen Verkehrsverhältnisse. Dies wird besonders für die Hauptverwaltung der Deutschen Lufthansa AG in Köln deutlich, da 60 % der rund 1 000 Arbeitnehmer nur über die Rheinbrücken ihren Arbeitsplatz erreichen können. Die Kölner Rheinbrücken sind jedoch insbesondere morgens und nachmittags durch den Berufsverkehr nur im Schrittempo — häufig verbunden mit längeren Wartezeiten — passierbar. Hinzu kommen Warteschlangen an der Zufahrt des Lufthansa-Parkhauses und den Aufzügen und Rolltreppen im Verwaltungsgebäude selbst.

Wenngleich die Verkehrsmisere den Anstoß gegeben hat, sind auch andere Argumente zu nennen, die zu der erwähnten Vorstandsinitiative geführt haben. Sie können unter folgenden Punkten zusammengefaßt werden:

1. Möglichkeiten des einzelnen, seinem persönlichen Lebensrhythmus weitgehend zu folgen,

2. Anerkennung der Mitarbeiter als mündige Menschen und Erwartung der sachbezogenen Selbstdisziplin durch den einzelnen,

3. günstiger Einfluß auf Arbeitsfreude und Betriebsklima durch Appell an das individuelle Verantwortungsbewußtsein.

Trifft das tatsächlich zu, so wäre die Hypothese „gleitende Arbeitszeit führt zu höherer Produktivität der Arbeit und Attraktivität des Jobs" bestätigt.

Der Vorstand der Deutschen Lufthansa AG steht diesen Aussagen allerdings sehr kritisch gegenüber, insbesondere weil noch zu wenig Erfahrungen mit dieser Art der Arbeitszeitregelung vorliegen. Außerdem dürften Beurteilungskriterien für die Rentabilität nur teilweise vorhanden sein. Man möchte vermeiden, mit einem Instrument zu experimentieren, nur weil es hochaktuell ist und zunehmend diskutiert wird. Dabei sind viele daraus resultierende Nachteile nicht zu übersehen. Die gleitende Arbeitszeit ist noch in keinem der Deutschen Lufthansa AG vergleichbaren Unternehmen eingeführt worden. Die erwähnte Kommission soll daher zunächst insbesondere prüfen,

— welche Möglichkeiten der flexiblen Arbeitszeitregelung generell bestehen,

— welche Erfahrungen bei anderen Unternehmen mit der gleitenden Arbeitszeit gemacht wurden,

Tab. 1: *Verkehrsleistungen der Deutschen Lufthansa AG*

Verkehrsleistungen (Linien- und Charterflüge)	1967	1968
Fluggäste	4 267 373	4 970 653
Zahlfracht in Tonnen	87 884	117 072
Post in Tonnen	23 904	26 336
Sitzladefaktor in %	52	53
Nutzladefaktor in %	55	58
Anzahl der Flüge	89 145	92 517
Flugkilometer in Mill.	100,4	110,0
Blockstunden in Tausend	194	199
Angebotene Tonnenkilometer in Mill. (Linien- und Charterflüge)	1 444,3	1 609,4
Vercharterung an Fremde u. a.	18,9	13,8
Gesamtangebot	1 463,2	1 623,2
Zahlgast-Tonnenkilometer in Mill.	527,9	588,4
Übergepäck-Tonnenkilometer in Mill.	4,7	5,4
Zahlfracht-Tonnenkilometer in Mill.	234,9	315,3
Post-Tonnenkilometer in Mill.	27,8	30,6
Gesamtnachfrage	795,3	939,7
Angebotene Sitzkilometer in Mill.	10 911,6	11 933,4
Zahlgastkilometer in Mill.	5 652,5	6 288,8
davon 1. Klasse	384,8	438,0
Durchschnittlicher Reiseweg eines Fluggastes in km	1420	1 355
Streckennetzlänge in km	242 487	299 136
Durchschnittliche Flugkilometerleistung je Woche in Tausend	1 930	2 115
Anzahl der angeflogenen Flughäfen	79	84
Flugzeuge am 31. Dezember Streckenflugzeuge	63	71
Schulflugzeuge	26	24
Personalstand am 31. Dezember*)	17 970	18 261
Produktivität je Beschäftigten, gemessen an den angebotenen Tonnenkilometern (Linien- und Charterflüge), auf den Jahresmittelstand der Beschäftigten berechnet	83 800	88 800

*) Einschließlich Lufthansa Africa (PTY) Ltd. Johannesburg

— ob bei der Organisation der Hauptverwaltung in Köln und bei den dort anfallenden Tätigkeiten eine gleitende Arbeitszeit überhaupt sinnvoll realisierbar ist (vgl. Anlage 1, Falttafel nach S. 160),

— welche Vor- und welche Nachteile damit verbunden sind,

— wie der Standpunkt der Arbeitnehmervertreter zu dem Fragenkomplex ist und

— ob schließlich Aussagen über Kosten beziehungsweise Einsparungen möglich sind.

Im Januar 1969 wird die Kommission unter dem Vorsitz von Diplom-Kaufmann Krüger, Leiter der Personaldirektion, gebildet. Eine endgültige Entscheidung über Einführung oder Ablehnung der gleitenden Arbeitszeit will der Vorstand der Deutschen Lufthansa AG erst dann treffen, wenn die Voruntersuchungen der Kommission abgeschlossen sind.

II. Allgemeine Unternehmensbeschreibung

Die Tabelle 1 gibt Auskunft über die Verkehrsleistungen der Deutschen Lufthansa AG in den Jahren 1967 und 1968.

Im Vergleich dazu enthält Tabelle 2 die Entwicklung des Weltluftverkehrs.

Tab. 2: Entwicklung des Weltluftverkehrs[1]

	1947	1955	1956	1957	1965	1966	1967	1968
Flugkilometer	1 140	2 290	2 540	2 840	4 100	4 490	5 290	6 000
Flugstunden	4,2	7,3	8,0	8,7	8,8	9,3	10,2	11,1
Beförderte Passagiere	21	68	77	86	177	200	234	262
Passagierkilometer	19 000	61 000	71 000	82 000	198 000	229 000	273 000	310 000
Fracht- und Übergepäck-Tonnenkilometer	270	1 320	1 500	1 640	4 960	5 860	6 700	8 140
Post-Tonnenkilometer	130	370	400	430	1 100	1 530	1 890	2 350

Die Gesellschaft unterhält 90 Frachtbüros und 198 Außenstellen für Flugtouristik. Angeflogen werden 86 Flughäfen.

---

[1] Ohne UdSSR und Volksrepublik China. Alle Angaben in Mill.

III. Die Hauptverwaltung Köln

1. Die Aufgabenbeschreibungen

a) Aufgaben der Direktion Zentralbüros

Mit der Gründung der Direktion Zentralbüros wurde eine neutrale Organisation geschaffen, die für den gesamten Vorstand und jeden anderen Bereich des Unternehmens zur Verfügung steht — ohne Interessenverletzung und Beeinflussung durch Ressortdenken.

Diese Stabsfunktion erfüllen nicht nur die Hauptreferate, die der Direktion Zentralbüros unterstehen, sondern auch die Hauptabteilung Datenverarbeitung. Sie wird für sämtliche Bereiche tätig. Organisatorisch untersteht sie der Direktion Zentralbüros.

Die Direktion Zentralbüros faßt die vorstandsunmittelbaren zentralen Funktionen des Unternehmens in einer eigenen, dem Gesamtvorstand zur Verfügung stehenden Organisationseinheit zusammen.

Aufgabe der Direktion Zentralbüros ist es insbesondere, die Arbeit der Hauptreferate im Rahmen ihrer Zuständigkeit zu steuern und zu koordinieren. Sie ist zuständig für:

1. die Erledigung der im Zusammenhang mit den Organen der Gesellschaft sich ergebenden Aufgaben, zum Beispiel Vorbereitung von Vorlagen für die regelmäßigen Sitzungen des Aufsichtsrates; Vorbereitung auf die Hauptversammlung, Erarbeitung von Vorstandsvorlagen;

2. die innere und äußere Ordnung des Unternehmens, wahrgenommen von den Hauptreferaten Revision, Recht und Sicherheit und Zentrale Organisation;

3. Beteiligungen und Mitgliedschaften, wahrgenommen von dem Hauptreferat Beteiligungen und kommerzielle Projekte;

4. die Beziehungen zur Regierung und zu Behörden, zu anderen Unternehmen, Verbänden und Gruppen, wahrgenommen von dem Hauptreferat Verkehrspolitik;

5. die Datenverarbeitung.

Im Rahmen dieser Tätigkeit erarbeitet die Direktion mit den Hauptreferaten die vom Vorstand zu verabschiedenden Grundsätze der Unternehmensführung. Sie kann im Rahmen der Grundsatzentscheidungen des Gesamtvorstandes verbindlich Richtlinien aufstellen und zu ihrer Erfüllung Weisungen erteilen.

b) Aufgaben der Kaufmännischen Direktion

(1) Aufgaben des Referates Finanzen (KF)

Aufstellen von kurz- und langfristigen Finanzierungsplänen aufgrund der Budgets und der Langfristplanung.

Beschaffung und Bearbeitung von Kreditangeboten, Beantragung von Bundesbürgschaften.

Durchführung von Gelddispositionen, Überwachung der Liquidität.

(2) Aufgaben der Hauptabteilung Rechnungswesen (KR)

Erstellung der Bilanz — nebst Erläuterungen — sowie der Gewinn- und Verlustrechnung für das Gesamtunternehmen (Lufthansa und Tochtergesellschaften).

Überwachung der Arbeitsweise und Organisation der dezentralen Buchhaltungen (Fachaufsicht).

Bearbeitung und Prüfung der für Berichte und zur weiteren EDV-Verarbeitung von den Außenstellen eingehenden Buchhaltungsunterlagen.

Ausbildung, Bereitstellung und Schulung von Bezirks- und Stationskaufleuten (BK/SK) sowie fachlich entscheidende Mitwirkung bei der Besetzung von BS/SK-Stellen.

Entwicklung und Bearbeitung von Systemen für den Einsatz von EDV-Anlagen für das Rechnungswesen.

Durchführung und Verbuchung des zentralen Geldverkehrs der HV mit Geschäftspartnern, dem IATA Clearing House in Genf, der IATA Hauptverwaltung in Montreal, mit den Behörden der Finanzverwaltung und des Bundes sowie mit anderen LH-Dienststellen im In- und Ausland.

Buchung und Abwicklung aller Geschäftsvorfälle aus Beförderungsleistungen, insbesondere betreffend die Buchung der Verkehrserträge, der Interline-Abrechnung einschließlich IATA-Clearing-House-Abrechnung sowie der Pool- und Kreditkarten-Abrechnung.

Führung des Lieferanten-Kontokorrents für Lieferanten aus dem In- und Ausland für Einkäufe der HV Köln, Hamburg und Frankfurt, betreffend Flugzeuge, Ersatzteile, Betriebsstoffe, Geschäftsausstattung usw., buchhalterische Erfassung und Verfolgung aller sonstigen Geschäftsvorfälle und buchhalterischer Verrechnungsverkehr mit den Außenstellen-Buchhaltungen der LH.

Zuordnung der Erlöse und Kosten nach Kostenträgern (Strecken) und Ermittlung der Kosten der einzelnen Flugzeugmuster.

Herausgabe des Berichts über die Entwicklung der wirtschaftlichen Verhältnisse.

Erstellung von Kalkulationen für öffentliche und private Auftraggeber u.a.m.

(3) Aufgaben der Hauptabteilung Betriebswirtschaft (KB)

Die Abteilung Budgets hat die Aufgabe, die Aufwands-, Ertrags- und Investitionsbudgets zusammenzustellen, zu überprüfen, mit den Dienststellen abzustimmen, den Ist-Verlauf laufend zu kontrollieren und dem Vorstand monatlich und jährlich zu berichten.

Die Abteilung Wirtschaftlichkeitskontrolle hat die Aufgabe, grundsätzliche Untersuchungen betriebswirtschaftlicher Art durchzuführen, Richtlinien für alle wesentlichen betriebswirtschaftlichen Aufgaben aufzustellen und Vorstandsvorlagen der Fachdirektionen zu prüfen.

Die Abteilung Projektrechnung und Betriebsvergleiche hat die Aufgabe, auf Anfrage oder Auftrag Kostenberechnungen und Wirtschaftlichkeitsberechnungen durchzuführen, interne und externe Betriebsvergleiche vorzunehmen und die externen Betriebsvergleiche im Rahmen internationaler Organisationen durchzuführen.

Hierzu gehört auch die Mitarbeit im IATA-Cost-Committee, im EARB, in der ICAO und in der „Groupes Intercompagnies".

(4) Aufgaben der Steuerabteilung (KS)

Die Abteilung Steuern hat die Aufgabe, die Auswirkungen der Steuergesetze auf das Unternehmen zu ermitteln, die steuerlichen Möglichkeiten des LH-Konzerns aufzuzeigen sowie die einzelnen Steuern unter Ausnutzung aller gesetzlich möglichen Vorteile zu errechnen, gegenüber dem Finanzamt zu vertreten und die Wahrnehmung von Terminen zu veranlassen.

(5) Aufgaben der Hauptabteilung Kaufmännische Verwaltung Köln (KC)

Zu den Aufgaben der Abteilung Vertragsbearbeitung gehören: Prüfung und Mitgestaltung von Verträgen nach wirtschaftlichen Gesichtspunkten, die Abstimmung mit den betroffenen Unternehmensbereichen und die Durchführung der Vertragsverhandlungen. Hierbei handelt es sich um folgende Verträge:

— Sämtliche Verträge mit DLH-Tochtergesellschaften mit Ausnahme von Mietverträgen, zum Beispiel Verträge über technische Betreuung, Flugzeugkaufverträge, sonstige Kaufverträge, Dienstleistungsverträge aller Art.

— Abfertigungsverträge für Flugzeug- und Passagierabfertigung auf Flughäfen einschließlich Zubringer- und Townterminaldienste.

— Verträge über Er- und Vercharterung von Flugzeugen oder Teilkapazitäten, und zwar sowohl Passagier- als auch Frachtflugzeuge für Liniendienste, Verdichtungs- und Zusatzflüge, Ersatzflüge bei Geräteausfall usw. einschließlich Flugzeuge.

— Kauf- und Herstellungsverträge aller Art — insbesondere Kaufverträge für Flugzeuge und Fluggerät sowie Flugschulungsgerät.

— Flugsicherungsgebühren, Überfluggebühren und ähnliche Gebühren/Preise.

Die Einkaufsabteilung hat die Aufgabe, im Rahmen der sachlichen Zuständigkeit die Beschaffung der Güter und Dienstleistungen, die den Vorschriften der VOL/VOB unterliegen, für LH-Dienststellen und Tochtergesellschaften durchzuführen. Dazu gehört auch die Beratung der LH-Dienststellen und Tochtergesellschaften in Einkaufsfragen und die Koordination bei der Einkaufsabwicklung sowie die Erstellung interner Arbeitsanweisungen.

Die Abteilung Allgemeine Verwaltung hat die Aufgabe, die reibungslose Nutzung der Betriebsräume sicherzustellen. Dazu gehören auch Sicherstellung aller Kommunikations-, Informations- und Transportmittel, Wartungsarbeiten am Verwaltungsgebäude usw.

Die Abteilung Korrespondenzzentrale, in der die Schreibkräfte der Hauptverwaltung in drei Korrespondenzsekretariaten zusammengefaßt sind, hat die Aufgabe, für eine schnelle Ausführung des Schriftverkehrs zu sorgen; hier werden alle internen und externen Schriftstücke nach Plattendiktaten oder über das Sterndiktat, welches über das Telefon abgewickelt wird, erstellt.

Im übrigen ist die Organisation des DK-Bereiches wie die der übrigen Lufthansa aufgebaut, so daß die Kommunikation mit anderen Abteilungen in Frankfurt und Hamburg aufrechterhalten werden muß.

Einzelheiten ergeben sich aus dem Organogramm (vgl. Anlage 1, Falttafel nach S. 160).

c) Aufgaben der Hauptabteilung Mitarbeiterentwicklung

Die Hauptabteilung Mitarbeiterentwicklung hat — unter Beachtung größtmöglicher Wirtschaftlichkeit — alle verfahrensmäßigen Voraussetzungen dafür zu schaffen, daß der richtige Mitarbeiter rechtzeitig auf dem richtigen Arbeitsplatz eingesetzt wird und dessen Anforderungen optimal erfüllt. Die Entwicklungswünsche der Mitarbeiter sollen dabei im Rahmen der betrieblichen Möglichkeiten berücksichtigt werden. Sie hat außerdem Beratungs-, Trainings- und Informationsaufgaben. Schließlich untersteht ihr das Vorschlagswesen.

Die einzelnen Abteilungen nehmen folgende Aufgaben wahr:

Die *Abteilung Trainingskoordination und Mitarbeiterförderung* ist mit der Planung und Kontrolle der Mitarbeiterentwicklung betraut. An ihrer Durchführung wirkt sie beratend und durch die Bereitstellung von Informationen mit.

Dem Bereich Mitarbeiterförderung obliegt die personenunabhängige Laufbahnplanung, die Steuerung der Einweisung neuer Mitarbeiter, die Nachwuchsplanung, die Planung des Stellenbesetzungsverfahrens, die Überprüfung der Planungsverfahren und ihre Effizienz; die Beratung von Dienststellen und Mitarbeitern in Fragen der Förderung, die Vorbereitung von Stellenbesetzungen und von individuellen Förderungsmaßnahmen bis zur Entscheidungsreife, die Kontrolle der Realisierung dieser Entscheidungen; die Informationsvermittlung für wissenschaftliche Arbeiten und die Praktikantenbetreuung.

Der Bereich Trainingskoordination hat folgende Aufgaben: Entwicklung und Verbesserung der Verfahren der Trainingsplanung und Sicherstellung ihrer einheitlichen Anwendung, Durchführung der Planung des überfachlichen Trainings, Abstimmung der Detailpläne über die Deckung des Trainingsbedarfs, Erstellung von Wirtschaftlichkeitsrechnungen für alternative Trainingsprogrammvorschläge, Information der Dienststellen über die Trainingsmöglichkeiten, Erfolgskontrolle ausgewählter Trainingsmaßnahmen.

Aufgaben des *Zentralen Psychologischen Dienstes* sind u. a.: die fachliche Ausbildung von Mitarbeitern, die Personalauswahl und Beurteilung, die Personalforschung und Systementwicklung, sowie die Anfertigung von Arbeitsanforderungsanalysen und die Arbeitsgestaltung.

Die *Abteilung Ausbildung Luftverkehrskaufleute* hat die Aufgabe, Abiturienten und Absolventen höherer Handelsschulen zu Luftverkehrskaufleuten auszubilden, die innerhalb der Lufthansa Führungsaufgaben in den Bereichen Verwaltung, Verkauf und Verkehr übernehmen können. Neben der Ausbildung der Luftverkehrskaufleute bildet die Abteilung Bürogehilfinnen in einer zweijährigen Ausbildungszeit aus.

Die *Abteilung Zentrales Training* führt im Gegensatz zu den einzelnen bei der Lufthansa tätigen Fachschulen die „überfachliche" Schulung der förderungswürdigen Mitarbeiter durch.

Die *Abteilung Mitarbeiterinformation und Vorschlagswesen* gibt u. a. die Betriebszeitschrift „Der Lufthanseat" heraus.

d) Aufgaben der Personaldirektion

Die Personaldirektion ist unterteilt in die Hauptabteilungen Personalpolitik und -planung, Personal- und Sozialverwaltung, Personaldienst Hamburg, Personaldienst Frankfurt und die Abteilungen Zentrale Personalabteilung, Zentrale Sozial- und Arbeitsschutzabteilung, Personal- und Sozialabteilung Ausland sowie die Dienststelle Ärztlicher Dienst.

Die Hauptabteilung *Personalpolitik und -planung* befaßt sich auf dem personalpolitischen Sektor vornehmlich mit Vorbereitung, Teilnahme an und Abschluß von Tarifverhandlungen und Betriebsvereinbarungen für das Personal der DLH, CFG und LSG in Deutschland und im Ausland sowie deren formeller Abwicklung nach Vertragsabschluß.

Aufgabe der Personalplanung ist die an den Unternehmenszielen orientierte Feststellung des auf Zeitpunkte bezogenen Bedarfs an Arbeitskräften nach Kopfzahl und Qualifikation (Personalzahlplanung) und Kosten (Bewertung von Programmen und Erstellung des Personalbudgets).

Die Hauptabteilung *Personal- und Sozialverwaltung* setzt sich aus den Abteilungen Personalvergütung und Personalkonten und Reisevergütung zusammen.

Die Abteilung Personalvergütung ist der zentrale Bereich für eine ordnungsgemäße und termingerechte Erfüllung aller sich aus den verschiedensten Tarif- und Arbeitsverträgen ergebenden materiellen Verpflichtungen gegenüber den in der BRD eingestellten oder von dort ins Ausland abgeordneten und versetzten Mitarbeiter.

Die Abteilung Personalkonten und Reisevergütung führt den Zahlungs- und Verrechnungsverkehr für das gesamte Personal des LH-Konzerns durch.

Der Hauptabteilung *Personaldienst Hamburg* obliegt die Beratung aller örtlichen Dienststellen und Mitarbeiter in personellen und sozialen Angelegenheiten. Sie führt die Personalakten. Zu ihr gehört auch die Personalabteilung der Fliegerschule in Bremen.

Die Hauptabteilung *Personaldienst Frankfurt,* die die Personal- und Sozialbetreuung der in Frankfurt und auf den deutschen Außenstellen Beschäftigten wahrnimmt, und die Personal- und Sozialabteilung Ausland — verantwortlich für Europa, Nahost und Afrika — haben die gleiche Aufgabenstellung wie die Hauptabteilung Personaldienst in Hamburg.

Die *Zentrale Personalabteilung* in Köln führt die Personalbeschaffung zentral durch und betreut alle S- und AT-Angestellten.

e) Aufgaben der Direktion Verkauf und Verkehr

Aufgabe der Direktion ist es, die Arbeiten der drei Hauptabteilungen zu koordinieren und die Verkaufs- und Verkehrsabwicklung so zu unterstützen und zu steuern, daß mit Hilfe der eingesetzten Mittel der größtmögliche Ertrag erzielt wird. Um dieses Ziel zu erreichen, stehen der Direktion Verkauf und Verkehr folgende Organisationseinheiten mit ihrer entsprechenden Untergliederung zur Verfügung:

— Hauptabteilung Passage,
— Hauptabteilung Fracht,
— Hauptabteilung Bodendienste,
— Referat Pool-Verträge,
— Abteilung Verkaufs- und Verkehrsschulung.

2. Personalstruktur

In der Hauptverwaltung der Deutschen Lufthansa AG in Köln werden 49 Lohnempfänger (siehe Tabelle 3) und 1 033 Gehaltsempfänger (siehe Tabelle 4) beschäftigt.

Tab. 3: Anzahl der Mitarbeiter der Hauptverwaltung Köln nach Lohngruppen[2])

Kostenstelle	Vergütungsgruppe								Gesamt
	1	2	3	4	5	6	7	8	
Hauptabteilung kaufmännische Verwaltung	2	6	13	10	2	1			34
Hauptabteilung Personal- und Sozialverwaltung	11	2	1						14
Hauptabteilung Marketing				1					1
Gesamt	13	8	14	11	2	1			49

[2]) Gruppe 1: Arbeiter mit einfachen Tätigkeiten (Boten usw.).
Gruppe 2: Angelernte Arbeiter (Papierschneider usw.).
Gruppe 3: Angelernte Arbeiter (Kraftfahrer usw.).
Gruppe 4: Qualifizierte angelernte Arbeiter (Lagerfacharbeiter usw.).
Gruppe 5: Facharbeiter (Hubwagenfahrer usw.).
Gruppe 6: Qualifizierte Facharbeiter (Werkzeugmacher usw.).
Gruppe 7: Hochqualifizierte Facharbeiter (Flugzeugwart I usw.).
Gruppe 8: Hochqualifizierte Facharbeiter (Flugzeugwart II usw.).

Tab. 4: Anzahl der Mitarbeiter der Hauptverwaltung Köln nach Gehaltsgruppen[3]

Kostenstelle	Vergütungsgruppe																	Gesamt
	1	2	3	4	5	6	7	8	9	10	11	12	13	S	AT	21	22	
Vorstand einschl. Sekretariat							1	2						1	2			6
Direktion Zentralbüros			1												3			4
Stabsabteilungen			1	5	8	17	21	1		16	8	10	9	45	71			211
Kaufmännische Direktion und Unterabteilungen		6	23	18	46	58	36	6		39	48	15	24	26	27	7		379
Personaldirektion und Unterabteilungen	7			1	6	11	22	1		5	11	6	5	31	33		52	191
Betriebsrat						1				1					1			3
Fernmeldestelle			2	2	1		3			1	1							10
Direktion Verkauf und Verkehr und Unterabteilungen				1	3	7	9	1		15	10	11	5	17	20			99
Direktion Marketing und Kundendienst und Hauptabteilung Marketing			3		4	5	11	1		15	20	9	14	21	18			120
Direktion Außenorganisation					1						3	1	2	1	1			10
Gesamt	7	6	29	27	69	99	103	12		92	101	52	59	142	176	7	52	1033

[3] Fußnote siehe nächste Seite.

3. Informationsflüsse (Beispiele)

Die Kommission war sich über die Bedeutung der Informationsflüsse innerhalb der Hauptverwaltung in Köln, aber insbesondere auch zur „Außenwelt" (andere LH-Verwaltungsstellen, Flughäfen, Kunden usw.) für die Arbeitszeitregelung im klaren, da sie ein Indikator für den Grad der Zusammenarbeit sind. Es wurden daher exemplarisch einige Abteilungen daraufhin untersucht. Die Untersuchung wurde mit Hilfe von Interviews durchgeführt.

Im Mittelpunkt der Abbildungen 1 bis 4 steht jeweils die Abteilung, deren Informationsflüsse untersucht wurden. Die Zahlen neben den Verbindungslinien geben in Prozent jeweils den Anteil der Informationen an der Gesamtzahl der Informationen an. Dabei wird zwischen Informationen mit „internen" und solchen mit „externen" Stellen unterschieden.

---

3) Zu Tabelle 4:

Gruppe 1: Angestellte mit vorwiegend mechanischer Tätigkeit (Bürohilfskräfte usw.).

Gruppe 2: Angestellte mit einfachen Arbeiten (Telefonisten usw.).

Gruppe 3: Angestellte mit schwieriger Tätigkeit (Maschinenbuchhalter usw.).

Gruppe 4: Stenotypistinnen.

Gruppe 5: Angestellte mit einer Tätigkeit, die Fachkenntnisse in ihrem Aufgabengebiet erfordert (Datentypisten usw.).

Gruppe 6: Angestellte, deren Tätigkeitsbeschreibung in Gruppe 5 endet, die sich aber durch Leistung oder Berufserfahrung aus der Gruppe 5 herausheben (Sekretärinnen usw.).

Gruppe 7: Angestellte mit gründlichen Fachkenntnissen und selbständigen Leistungen (Buchhalter usw.).

Gruppe 8: Angestellte mit schwierigen Aufgaben in Finanzplanung, Betriebsnachrechnung, Devisen-, Steuer- und Versicherungswesen, Rechnungsprüfung, Gehalts- und Lohnabrechnung, Verkehrsabrechnung und Materialverwaltung, die sich durch Verantwortungsgebiet sowie mehrjährige Berufserfahrung aus der Gruppe 7 herausheben (Vorstands- und Direktionssekretärinnen usw.).

Gruppe 9: Ausbilder für gewerbliche Auszubildende.

Gruppe 10: Angestellte mit gründlichen Fachkenntnissen in einem umfangreichen Aufgabengebiet und selbständigen Leistungen (Flugdienstberater usw.).

Gruppe 11: Angestellte mit selbständiger Tätigkeit in verantwortlicher Stellung oder in Stellung von besonderer Bedeutung (Bilanzbuchhalter usw.).

Gruppe 12: Angestellte mit gehobener selbständiger Tätigkeit in verantwortlicher Stellung oder in Stellen von besonderer Bedeutung (Ingenieure usw.).

Gruppe 13: Angestellte in gehobener selbständiger Tätigkeit in besonders verantwortlicher Stellung (Stützpunktleiter usw.).

Gruppe S: Ingenieure, die sich durch Leistung und Größe des Aufgabengebietes aus der Gruppe 13 herausheben (Diplomingenieure usw.).

Gruppe AT: Außertarifliche Angestellte (zum Beispiel Führungspersonal vom Abteilungsleiter aufwärts).

Gruppe 21: Bürogehilfinnen in der Ausbildung.

Gruppe 22: Luftverkehrskaufleute in der Ausbildung.

a) Abteilung „Frachtverkauf und -technik"

Die Kommunikationsmittel nennt Tabelle 5.

Tab. 5: Kommunikationsmittel der Abteilung „Frachtverkauf und -technik

Kommunikationsmittel	Informationsfluß	
	»intern«	»extern«
Telex	–	50 %
Telefon	60 %	30 %
Brief	–	20 %
Umläufe	40 %	–
	100 %	100 %

50 % der „externen" Informationen werden zum Beispiel per Telex zur „Außenwelt" gegeben, 40 % der „internen" Informationen erfolgen per Umlauf.

Die einzelnen Informationsflüsse und ihren jeweiligen Anteil an der Gesamtzahl zeigt Abbildung 1. 30 % der „internen" Informationen betreffen demnach den kaufmännischen Bereich, 65 % der „externen" Informationen die Bezirksdirektionen.

Abb. 1: Informagramm Abteilung „Frachtverkauf und -technik"

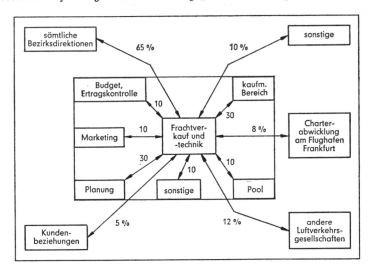

b) Abteilung „Trainingskoordination und Mitarbeiterförderung"

Die Kommunikationsmittel nennt Tabelle 6.

Tab. 6: Kommunikationsmittel der Abteilung „Trainingskoordination und Mitarbeiterförderung"

Kommunikationsmittel	Informationsfluß	
	»intern«	»extern«
Telex	–	35 %
Telefon	90 %	30 %
Brief	10 %	35 %
	100 %	100 %

Die Informationsflüsse zeigt Abbildung 2.

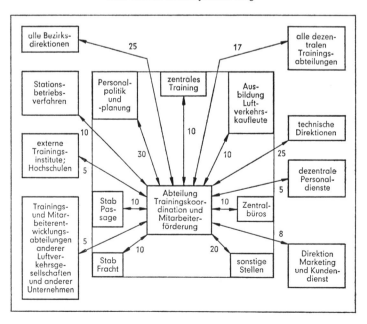

Abb. 2: Informagramm Abteilung „Trainingskoordination und Mitarbeiterförderung"

c) Abteilung „Allgemeine Verwaltung Köln"

Die Kommunikationsmittel nennt Tabelle 7.

Tab. 7: *Kommunikationsmittel der Abteilung „Allgemeine Verwaltung Köln"*

Kommunikationsmittel	Informationsfluß	
	»intern«	»extern«
Telex	–	30 %
Telefon	70 %	10 %
Brief	30 %	60 %
	100 %	100 %

Die Informationsflüsse zeigt Abbildung 3.

Abb. 3: *Informagramm Abteilung „Allgemeine Verwaltung Köln"*

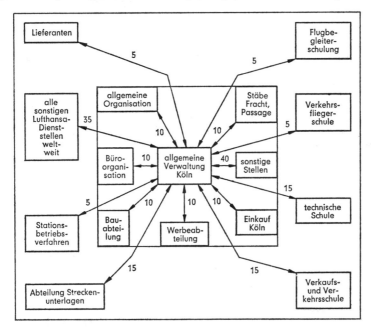

150 Die Organisation als Determinante der Mitarbeiterführung

d) Abteilung „Flottenbedarfs- und Flugplanung"

Die Kommunikationsmittel nennt Tabelle 8.

Tab. 8: *Kommunikationsmittel der Abteilung „Flottenbedarfs- und Flugplanung" im Arbeitsgebiet „Vorbereitung der Flugplanherausgabe"*

Kommunikationsmittel	Informationsfluß	
	»intern«	»extern«
Telex (Hauskopie)	50 %	80 %
Telefon	50 %	20 %
Brief	–	–
	100 %	100 %

Die Informationsflüsse zeigt Abbildung 4.

Abb. 4: *Informagramm Abteilung „Flottenbedarfs- und Flugplanung im Arbeitsgebiet „Vorbereitung der Flugplanherausgabe"*

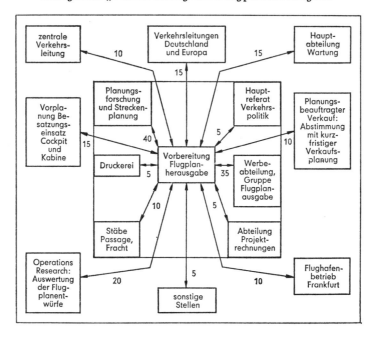

IV. Verschiedene Modelle der Arbeitszeitgestaltung

Im März 1969 fahren zwei Kommissionsmitglieder zu einem Kongreß der Arbeitsgemeinschaft „Variable Arbeitszeit" nach Essen. Vertreten sind hier mehr als 150 Teilnehmer aus Industrie, Gewerkschaften, Arbeitgeberverbänden, Ministerien, Hochschulen und Instituten, darunter 90, die bereits die gleitende Arbeitszeit in irgendeiner Form eingeführt haben. Diskutiert werden eine Reihe von Modellen zur Arbeitszeitregelung, die zum Teil schon praktiziert werden. Folgende Varianten werden vorgetragen:

Modell 1

Jedem Mitarbeiter wird das Recht eingeräumt, seine Arbeit innerhalb einer bestimmten Zeitspanne zu beginnen (Gleitzeit). Täglich ist die Soll-Arbeitszeit, d. h. die vertraglich vereinbarte Arbeitszeit, voll einzubringen.

Beispiel:

— Arbeitsbeginn zwischen 7 und 9 Uhr (Gleitzeit).

— Tägliche fixe Arbeitszeit einschließlich Pausen von 9 Stunden.

(Vgl. Abbildung 5.)

Abb. 5: Gleitende Arbeitszeit nach Modell 1

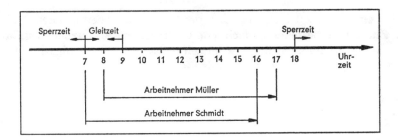

Damit wird zugleich das Arbeitsende festgelegt. Dieses Modell wird daher durch *gleitende Arbeitszeit mit fixer täglicher Arbeitsdauer* definiert. Der einzelne Mitarbeiter legt sich bezüglich des Arbeitsbeginns für eine bestimmte Zeit (zum Beispiel für einen Monat) fest (Modell 1A) oder wählt den Arbeitsbeginn täglich neu (Modell 1B).

Modell 2

Im Gegensatz zu Modell 1 wird nicht verlangt, daß täglich die Soll-Arbeitszeit zu erbringen ist. Allerdings ist der Mitarbeiter verpflichtet, die Soll-Arbeitszeit über einen von vornherein bestimmten längeren Zeitraum (zum Beispiel Woche, Monat) einzubringen. Hierbei liegt somit eine Wahlmöglichkeit hinsichtlich der täglichen Arbeitszeitdauer vor.

Beispiel:

— Arbeitsbeginn zwischen 7 und 9 Uhr (Gleitzeit).

— Wöchentliche Soll-Arbeitszeit einschließlich Pausen von 45 Stunden.

(Vgl. Abbildung 6.)

Abb. 6: Gleitende Arbeitszeit nach Modell 2

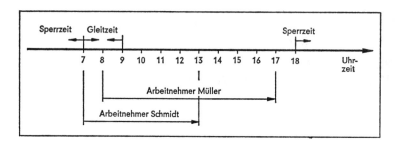

Das Modell kann als *gleitende Arbeitszeit mit fixer wöchentlicher (monatlicher) Arbeitsdauer* definiert werden.

Modell 3

Es wird eine Kernzeit festgelegt, zu der jeder Mitarbeiter anwesend sein muß. Zusätzlich bestehen jedoch Gleitzeitspannen für Arbeitsbeginn und Arbeitsende. Im Rahmen dieser Gleitzeiten ist der Mitarbeiter in der Wahl des Arbeitszeitbeginns beziehungsweise -endes frei.

Beispiel:

— Gleitzeiten: 7 bis 9 Uhr und 15 bis 18 Uhr.

— Kernzeit: 9 bis 15 Uhr.

(Vgl. Abbildung 7.)

Abb. 7: Gleitende Arbeitszeit nach Modell 3

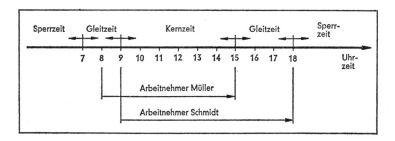

Entweder hat jeder das wöchentliche oder monatliche Arbeitszeit-Soll im jeweiligen Abrechnungszeitraum einzubringen (Modell 3A), oder es besteht die Möglichkeit, eine Gleitzeitschuld beziehungsweise ein Gleitzeitguthaben zu speichern und bis zu einer gewissen Größenordnung auf den nächsten Abrechnungszeitraum zu übertragen, in dem dann der Ausgleich vorgenommen wird (Modell 3B). Dieses Modell 3 läßt sich definieren als *gleitende Arbeitszeit ohne/mit Zeitübertragungsmöglichkeit*.

Das Gleitzeitguthaben kann nach Absprache mit dem Vorgesetzten eventuell auch durch Freizeit abgetragen werden (Modell 3C) und als *gleitende Arbeitszeit ohne/mit Zeitübertragungsmöglichkeit und erweiterte Freizeitdisposition* bezeichnet werden.

Modell 4

Es werden lediglich Maximalgrenzen der täglichen Arbeitszeit bestimmt, während dem Arbeitnehmer die Verteilung der vereinbarten Arbeitszeit auf die einzelnen Arbeitstage mit der Maßgabe freigestellt ist, daß er für die pünktliche Erledigung der anfallenden Arbeiten zu sorgen hat (Modell 4A).

Beispiel:

— Arbeitsbeginn nicht vor 7 Uhr.

— Arbeitsende nicht nach 19 Uhr.

(Vgl. Abbildung 8.)

Abb. 8: Gleitende Arbeitszeit nach Modell 4A

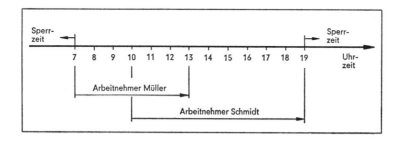

Es handelt sich hierbei um das Modell *dynamischer Arbeitszeitregelung mit fester Gesamtarbeitszeit*.

Aber auch die Gesamtarbeitszeit selber kann variabel gestaltet werden. Zwar bleiben die maximalen Arbeitszeitgrenzen und die Freiheit bei der Entscheidung über die Lage der Arbeitszeit. Hinzu kommt aber die individuelle Entscheidung über die gesamte Arbeitszeit in einem Zeitraum (Modell 4B). Es handelt sich hierbei um *dynamische Arbeitszeitregelung mit variabler Gesamtarbeitszeit*.

V. Stellung der Arbeitnehmervertretung zur gleitenden Arbeitszeit

Die Kommission hat während der gesamten Tätigkeitszeit eng mit dem Betriebsrat zusammengearbeitet. Die Vertreter der Arbeitnehmer gehen grundsätzlich in ihrer Auffassung über die gleitende Arbeitszeit konform mit Äußerungen des Bundesvorstands der Gewerkschaft „Öffentlicher Dienst, Transport und Verkehr" und der „Deutschen Angestellten-Gewerkschaft" in dieser Frage. In dem Vorwort einer Broschüre „Gleitende Arbeitszeit für Angestellte und Beamte", die von der DAG herausgegeben wurde, wird ausgeführt:

„Es klingt fast wie ein Märchen, zu schön jedenfalls, um wahr zu sein: Der Angestellte kann zum Dienst kommen, wann er will. Er kann gehen, wann es ihm richtig scheint, und er braucht vielleicht an manchen Tagen auch überhaupt nicht zu kommen, sofern er nur die tarifliche Arbeitszeit von 40 oder 42 Stunden pro Woche erbringt; aber auch das nur im Monatsdurchschnitt, und wenn es damit nicht hinkommt, ist's auch nicht schlimm! 10 oder 15 Stunden darf man diese Zeit unter- oder überschreiten — kurzum: Scheinbar paradiesische Zustände stehen uns bevor.

Das Wundermittel, mit dem all dies bewirkt wird, heißt ‚gleitende Arbeitszeit', ‚freie Arbeitszeit', ‚variable Arbeitszeit' oder ähnlich.

Zwar ist an diesem Märchen, wie meist, etwas Wahres dran: Denn die sogenannte GlAZ — die gleitende Arbeitszeit — bietet den Arbeitnehmern, wenn sie vernünftig ein- und durchgeführt wird, sicherlich manchen Vorteil. Gewarnt werden muß jedoch vor der professionellen Begeisterung mancher Propagandisten dieser neuen Arbeitszeitregelung, aber auch vor kritikloser Befürwortung durch die Arbeitnehmer. Es ist falsch, um einiger Vorteile willen die Nachteile in Kauf zu nehmen, die mit der GlAZ verbunden sein können, vor allem aber die viel größeren Vorteile zu übersehen, die der Betrieb aus dieser Regelung zieht; denn die GlAZ wird von Betrieben und Betriebsrationalisatoren nicht etwa eingeführt oder empfohlen, um den Arbeitnehmern eine Wohltat zu erweisen, sondern allein, um die menschliche Arbeitskraft rationeller, das heißt letztlich stärker ausnutzen zu können. Es geht also um ein betriebswirtschaftliches Ziel, das sich in Mark und Pfennig auf der Gewinnliste niederschlagen soll."

Im einzelnen werden in der Schrift folgende Vorteile und Nachteile für die Unternehmen und die Arbeitnehmer erörtert:

Die *Vorteile für das Unternehmen* sind:

— Zunahme der Arbeitsintensität und bessere Anpassung an schwankenden Arbeitsanfall.

— Mehrarbeit durch Verlagerung des Pünktlichkeitsrisikos. Es wird mehr effektive Arbeit geleistet.

— Mehrarbeit durch Rückgang von Fehlzeiten.

— Mehrarbeit durch Abnahme der „Tageskrankheiten", das heißt der Fehlzeiten infolge Kurzzeiterkrankungen.

— Kostenersparnis durch Vermeidung von Mehrarbeitszuschlägen. Durch die größere Arbeitsintensität und die Verlängerung der effektiven Arbeitszeit brauchen weniger Überstunden geleistet zu werden.

— Kostenlose Mehrarbeit. Wird das Gleitzeitguthaben überschritten, was sachlich bedingt sein kann (zum Beispiel bei Versuchsreihen in der Forschung), dann wird die über die Sollarbeitszeit hinausgehende Zeit ohne Entgelt geleistet.

— Im Durchschnitt über alle Arbeitnehmer ergibt sich für das Unternehmen ein Gleitzeitguthaben. Die Arbeitnehmer kreditieren dem Unternehmen die entsprechende Lohnsumme zinslos.

— Vorteile am Arbeitsmarkt: Teilzeitarbeitskräfte können besser angeworben werden.

— Die Ablösung der Disziplin als Selbstzweck durch Sachdisziplin hat ohne weiteres einen Produktivitätseffekt. Ein Schema zur Berechnung dieses Effekts enthält Anlage 2.

— Mit einer Abnahme der Fehlerquote ist zu rechnen.

— Die Fluktuation nimmt ab.

— Weil die Spanne der Gesamtarbeitszeit größer ist als die der Normalarbeitszeit, ist der Betrieb von außen (Kunden, Geschäftspartner) länger ansprechbar, wobei es für Außenstehende häufig entscheidend ist, den Betrieb als solchen, nicht dagegen einen bestimmten Angestellten erreichen zu können. Auch die Zeitspanne für den internen Kommunikationsfluß (von Abteilung zu Abteilung) ist größer, und zwar um so mehr, je stärker ein System wechselseitiger Stellvertretungen ausgeprägt ist. Das gilt selbst dann, wenn die volle Betriebsbereitschaft auf die Kernzeit beschränkt ist.

An *Nachteilen für das Unternehmen* können erwähnt werden:

— Die Einführung der GlAZ verursacht Kosten.

— Organisatorische Regelungen sind zu treffen, insbesondere ist das Stellvertretersystem auszubauen.

— Kontaktfreie und Kontakt erfordernde Arbeiten müssen zusammengefaßt werden, und die Kontakt erfordernden Arbeiten müssen in die Kernarbeitszeit gelegt werden. Das erfordert sorgfältige Arbeitsvorbereitung.

— Bei Teamarbeit muß die individuelle Bestimmung des Arbeitsbeginns und des Arbeitsendes dem Gruppenentscheid weichen.

Für die *Arbeitnehmer* ergeben sich folgende *Vorteile:*

— Gewinn an Freizügigkeit und Freizeit.

— Bessere Abstimmung der Arbeitszeit auf den individuellen Lebensrhythmus.

— Bessere Abstimmung von beruflichen Pflichten und privaten Interessen.

— Größere Konzentration durch ungestörtes Arbeiten in der „stillen Zeit".

— Besseres Betriebsklima und verbesserte Information.

— Der Fortfall der Pünktlichkeitskontrolle erhöht die Arbeitsfreude.

— Minderheitsmeinungen über die Gestaltung der Arbeitszeit werden besser berücksichtigt.

— Umgehung von Verkehrsstockungen, Freizeitgewinn, weniger Hast, weniger Ärger, vermindertes Unfallrisiko.

Nachteile der GlAZ für den *Arbeitnehmer* sind:

— Erhöhung der effektiven Arbeitszeit und entgangene Mehrarbeitsvergütung.

— Verfall von Zeitguthaben, soweit sie über das zugelassene Gleitzeitguthaben hinausgehen.

— Gefahr gesundheitlicher Schädigungen durch größere Arbeitsintensität.

— Hamstern von Zeitguthaben erhöht die Streßwirkung der Arbeit.

In zahlreichen Diskussionen mit dem Vorsitzenden des Gesamtbetriebsrates der Deutschen Lufthansa AG haben sich folgende konkrete Schwerpunkte herausgebildet:

1. Betriebsratsmitglieder haben Erfahrungen über die gleitende Arbeitszeit durch den Besuch von Unternehmungen und Verbänden gesammelt, in denen diese Arbeitszeitregelung bereits eingeführt worden ist. Die gleitende Arbeitszeit wird aufgrund dieser Erfahrungen grundsätzlich begrüßt. Ihre Einführung stellt einen Weg dar, von der Minutensklaverei abzukommen. Sie dient damit der Anerkennung der Würde des Menschen.

2. Die Kontrolle der Anwesenheitszeit durch Stempeluhren wird allerdings mit Nachdruck abgelehnt, da dies einen Rückschritt in frühkapitalistische Gepflogenheiten bedeute und außerdem eine Mißtrauensäußerung gegenüber den Mitarbeitern darstelle.

3. Die Vorteile bei Einführung der gleitenden Arbeitszeit sind für die Arbeitgeber größer als für die Arbeitnehmer. Die wöchentliche Arbeitszeit ist daher mindestens um eine halbe Stunde zu reduzieren.

4. Denjenigen Arbeitnehmern, die nicht mit gleitender Arbeitszeit arbeiten können (Telefondienst, Werkschutz usw.), sind außerdem pro Monat drei Stunden weniger Arbeitszeit als Ausgleich zuzuerkennen.

5. Wenn Arztbesuche und Wahrnehmung amtlicher Termine (Gericht, TÜV usw.) in der Gleitzeit notwendig sind, so soll diese Zeit — wie bisher — als Arbeitszeit angerechnet werden.

6. Die gleitende Arbeitszeit hat nur einen Sinn, wenn die Gleitzeitspanne lang genug ist, d. h. die Kernarbeitszeit nicht mehr als fünf Stunden beträgt.

VI. Arbeitsbericht der Kommission „Gleitende Arbeitszeit"

Von der Kommission wird ein Arbeitsbericht als Vorstandsvorlage zusammengestellt. Er lautet (auszugsweise):

1. Vorschlag

(1) Es wird davon ausgegangen, daß eine bestimmte Zeit des Tages für die Zusammenarbeit innerhalb und zwischen den Abteilungen notwendig ist. Als Zeitraum, in dem jeder sich im Betrieb aufhalten sollte, wird die Zeit zwischen 10 Uhr und 15 Uhr vorgeschlagen. Bei entsprechender Einteilung der Arbeit und geeigneter Organisation reicht diese Zeit aus, um die Zusammenarbeit in effektiver Weise zu erlauben.

(2) Der Zeitraum, der dem Mitarbeiter als Arbeitszeit zur Verfügung steht, sollte sich von 6.30 Uhr bis 20 Uhr erstrecken.

(3) Die Gesamtarbeitszeit bleibt festgelegt. Die Summe der Arbeitszeit über einen bestimmten Zeitraum muß konstant sein. Als Abrechnungszeitraum werden zwei Monate vorgeschlagen. Als wöchentliche Arbeitszeit werden 42,5 Stunden angenommen beziehungsweise die zu dem entsprechenden Zeitpunkt vereinbarte Zeit.

Die Arbeitszeit kann innerhalb einer Woche über- oder unterschritten werden, insgesamt darf das „Soll" oder „Haben" an Arbeitsstunden am jeweiligen Wochenende 10 Stunden nicht überschreiten.

(4) Die Länge der Arbeitszeit wird mit Stechuhren kontrolliert.

(5) Die gleitende Grundarbeitszeit muß als ein Recht betrachtet werden, das durch Sachzwänge und funktionale Notwendigkeiten eingeschränkt ist. Es kann nur dann und in dem Maße beansprucht werden, wie es die zu leistende Arbeit möglich macht.

2. Begründung

(1) Bei allen Betrieben, die in Ballungsgebieten angesiedelt sind, müssen die Mitarbeiter mit einer relativ langen An- und Abfahrtszeit rechnen.

Der Zwang, zu einem bestimmten Zeitpunkt im Büro zu sein, verlängert diesen Zeitbedarf noch weiter. Die gleitende Grundarbeitszeit kann diesen Zeitaufwand erheblich senken.

Bei allen Betrieben mit größeren Bürogebäuden fällt bei Arbeitsbeginn ein weiterer Zeitbedarf an, der wie folgt untergliedert werden kann:

— Für den Autofahrer der Zeitbedarf für das Ausgliedern aus dem normalen Verkehr in die Parkmöglichkeit des Betriebes.

— Zeitbedarf für das Einparken auf dem Parkgelände.

— Zeitbedarf für das Einschleusen der Mitarbeiter an die Arbeitsplätze (Fahrstühle).

Die gleitende Grundarbeitszeit würde den oben dargestellten Zeitbedarf erheblich senken, da nicht alle Mitarbeiter in einer relativ kurzen Zeit in das Gebäude eingeschleust werden müßten.

(2) Der Anteil der Fehltage an der Gesamtarbeitszeit ist erheblich. Diese Fehltage sind zum Teil auf Krankheit der Mitarbeiter zurückzuführen; sie ergeben sich aber zum Teil auch dadurch, daß Mitarbeiter einen ganzen Tag oder auch mehrere Tage frei machen, auch wenn sie nicht richtig krank sind, sondern sich nur nicht in der Verfassung fühlten, zur festgesetzten Zeit im Büro zu erscheinen.

Es liegen Erfahrungen vor, die zeigen, daß die Anzahl der Fehltage nach Einführung der gleitenden Grundarbeitszeit deutlich zurückgegangen ist. Dies ist dadurch erklärbar, daß die Mitarbeiter, die sich nicht in der Lage fühlen, zur festgesetzten Zeit im Büro zu erscheinen, immer noch die Möglichkeit haben, zum Beispiel zwei Stunden später die Arbeit zu beginnen.

(3) Die Festlegung der Arbeitszeit bringt es mit sich, daß dringende Angelegenheiten bei den Behörden usw. von den Mitarbeitern während der Arbeitszeit erledigt werden. Diese Fehlzeiten sind in sehr geringem Ausmaße einzudämmen, da häufig erkennbar ist, daß eine Erledigung zu einer anderen Zeit entweder nicht möglich oder nur mit sehr großem Aufwand des Mitarbeiters möglich ist.

Die gleitende Arbeitszeit würde es dem Mitarbeiter gestatten, diese Angelegenheiten entweder vor oder nach der Arbeitszeit zu erledigen, so daß kein Grund und kein Anlaß bestände, für Angelegenheiten dieser Art die Arbeitszeit in Anspruch zu nehmen.

(4) Die Leistungsfähigkeit des Menschen ist tageszeitlich unterschiedlich. Zu welchen Tageszeiten die höchste Leistungsfähigkeit besteht, ist individuell verschieden. Es kann grob davon ausgegangen werden, daß vor allem geistig arbeitende Mitarbeiter eine zum Abend hin verschobene Arbeitszeit vorziehen, während stärker körperlich arbeitende Mitarbeiter mehr zu einem frühen Arbeitsbeginn tendieren. Diese Vorlieben können natürlich durch äußere Umstände wie Jahreszeit oder Wetter in ihrer Richtung verschoben werden.

Die gleitende Grundarbeitszeit ermöglicht es jedem Mitarbeiter innerhalb gewisser Grenzen, seine Arbeitszeit so zu wählen, daß sie mit der Zeit seiner größten Leistungsfähigkeit und Leistungsbereitschaft zusammenfällt.

(5) Überstunden fallen häufig an, wenn kurzfristig eilige Arbeiten zu erledigen sind. Wenn diese Arbeit nicht innerhalb der festgesetzten Grundarbeitszeit zu Ende gebracht werden kann, müssen Überstunden eingelegt werden. Ist aus irgendeinem Grunde der Arbeitsanfall an einem anderen Tage geringer als im Durchschnitt, so wird ein Teil der Zeit mit unproduktiver Beschäftigung verbracht, da die Mitarbeiter keine Möglichkeit haben, nach Hause zu gehen.

Die gleitende Grundarbeitszeit würde es ermöglichen, die Schwankungen des Arbeitsanfalls dadurch auszugleichen, daß der Mitarbeiter bei starkem Arbeitsanfall länger, bei weniger Arbeit kürzer arbeitet.

(6) Es kann mit großer Wahrscheinlichkeit angenommen werden, daß die gleitende Grundarbeitszeit zur größeren Zufriedenheit und Einsatzbereitschaft der Mitarbeiter beiträgt. Die Lufthansa würde durch diese Maßnahme auch außerhalb des Unternehmens deutlich machen, daß sie ein fortschrittlich denkendes und aufgeschlossenes Unternehmen ist, das auch neue Wege geht, um bessere Lösungen alter Probleme zu finden. Ein Image dieser Art kann der Lufthansa nur von Nutzen sein.

3. Wirtschaftlichkeitsrechnung

1. *Verspätungen*

Es können im Jahresdurchschnitt pro Mitarbeiter und pro Tag 7 Minuten für Verspätungen angesetzt werden.	7 Min.
Summe für 230 Arbeitstage	1610 Min.
	= 3,157 Tage

2. *Abwesenheit vom Arbeitsplatz*

Es muß angenommen werden, daß im Jahresdurchschnitt jeder Mitarbeiter pro Tag 13 Minuten von seinem Arbeitsplatz abwesend ist, um persönliche Angelegenheiten außerhalb des Hauses zu erledigen.   13 Min.

Summe für 230 Arbeitstage	2990 Min. = 5,863 Tage

3. *Leistungsausfall*

Durch Minderleistung infolge Unausgeruhtseins ergeben sich pro Tag ca. 15 Minuten Leistungsausfall.   15 Min.

Summe für 230 Arbeitstage	3450 Min. = 6,76 Tage

4. *Fehltage*

8% aller Fehltage sind Fehltage wegen Krankheit.   18,5 Tage
Die Anzahl der Fehltage hat sich aufgrund dieser Regelung bei anderen Unternehmen um die Hälfte verringert. Es wird die gleiche Abnahme angenommen.   9,2 Tage

5. Summe 1—4 pro Mitarbeiter (Tage, die bei gleitender Arbeitszeit produktiv genutzt werden können)   25 Tage

6. *Überstunden*

Von den Angestellten der Lufthansa wurden pro Jahr 280 366 Überstunden geleistet. Die Angestellten in Köln machen 17,7% der im Inland beschäftigten Angestellten aus. Da in der Hauptverwaltung das Verhältnis von außertariflichen Angestellten zu tariflichen Angestellten gegenüber den anderen Orten etwas zu den außertariflichen Angestellten hin verschoben ist, werden von den Überstunden nur 15% für die Kölner Angestellten angerechnet.   42 054 Std.

Es kann eine Reduzierung der Überstunden um 5/6 erwartet werden.   35 045 Std.

Summe für alle Kölner Angestellten   4 122,35 Tage

7. Summe 1—6 für alle Kölner Angestellten

Summe 1—4 für alle Kölner Angestellten	22 500 Tage
Summe 6 für alle Kölner Angestellten	4 122,35 Tage
Summe insgesamt	26 622,35 Tage

das entspricht 115,747 Mann-Jahren.

8. *Einsparungen*

a) Unter den jetzigen Bedingungen mit einem Jahresdurchschnittseinkommen von ca. 10 000 DM

    Einsparungen: 1 157 470 DM.

b) Unter zu erwartenden Bedingungen von 1 100 Angestellten in Köln und einer Gehaltssteigerung um 20 %

    Einsparungen: 1 697 628 DM.

9. *Kosten*

Der Kommission liegt ein Angebot eines Herstellers von Zeiterfassungsgeräten vor. Danach liegen die Gesamtkosten bei 3,50 DM je Mann und Monat. Der Jahresaufwand liegt folglich bei 1 100 Angestellten bei 46 200 DM.

Aufgabe:

Es sind u. a. folgende Fragen zu diskutieren:

1. Welche Argumente sprechen grundsätzlich nach Ihrer Meinung
   — für,
   — gegen
   eine Einführung der gleitenden Arbeitszeit in einer Unternehmung?

2. Welche Voraussetzungen müssen in einer Unternehmung grundsätzlich erfüllt sein, damit gleitende Arbeitszeit sinnvoll eingeführt werden kann?

3. Stimmen Sie der Argumentation des Gesamtbetriebsrates der Deutschen Lufthansa AG zu?
   Inwiefern würden Sie den Katalog der Forderungen
   — erweitern,
   — einschränken?

4. Halten Sie die bisherige Arbeit der Kommission für eine Vorstandsvorlage
   — für ausreichend,
   — für zu umfangreich,
   — für unzureichend?

5. Was hätten Sie anders gemacht, bzw. welche Untersuchungen schlagen Sie zusätzlich vor?

Anlage 2

Schematische Übersicht über die gleitende Arbeitszeit

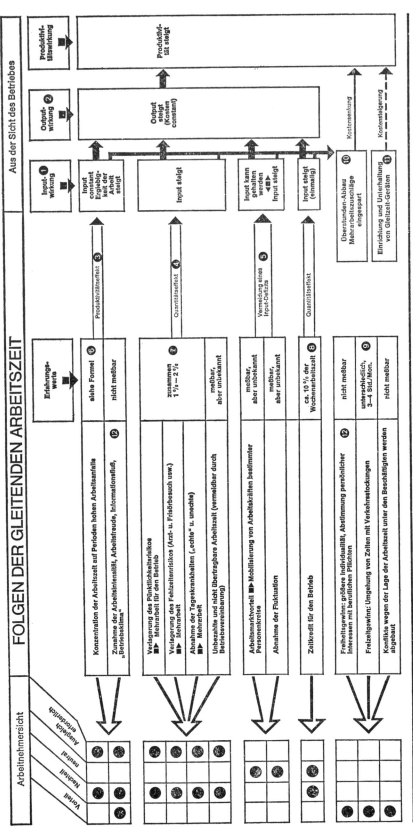

Sussex Oil Company

Die Sussex Oil Company war eine verhältnismäßig kleine, aber schnell wachsende regionale Vertriebsgesellschaft für Benzin, Schmieröle und andere Petroleumprodukte. In einigen benachbarten Küstenstaaten erfreuten sich die Produkte, die unter den eigenen Markennamen der Sussex Company vertrieben wurden, des wachsenden Vertrauens der Verbraucher. Die Gesellschaft hatte für den Vertrieb ihrer Produkte eine Reihe von Tankstellen gebaut bzw. aufgekauft. Darüber hinaus war das Wachstum durch — nach Ansicht der Gesellschaft — vorteilhafte Verträge mit Großhändlern und freien Tankstellenketten erreicht worden. Allgemein schrieb man den Erfolg der Gesellschaft zum Teil geschickten Einkaufspraktiken zu, ganz besonders aber ungewöhnlicher Geschicklichkeit bei Verhandlungen mit Raffinerien, Kunden und Banken sowie einem dauernden dynamischen „totalen" Werbeprogramm. Die Gesellschaft hatte innerhalb der örtlichen Geschäftskreise wegen ihrer Bereitwilligkeit, reichlich Mittel für Verkaufsförderungsmaßnahmen aufzuwenden, eine gewisse Berühmtheit erlangt. Im Laufe der Jahre waren auch die Gewinne der Gesellschaft gestiegen, jedoch stand dies in keinem Verhältnis zu dem zunehmenden Umfang der Geschäftstätigkeit.

Obwohl das Unternehmen Gehälter, Löhne und Provisionen in vergleichbarer Höhe wie die Konkurrenz zahlte, waren doch viele Angestellte der Konkurrenz übergewechselt, darunter sogar District Managers (Gebietsleiter). Angestellte der Gesellschaft betrachteten eine Stellung bei der Sussex als sehr erstrebenswert und mit beträchtlichem Prestige verbunden. Die Fluktuation war auf allen Ebenen gering, und nur wenige verließen das Unternehmen aus eigenem Antrieb. Obwohl die Gesellschaft mit untüchtigen Leuten keineswegs etwa erbarmungslos umging, „bemühten sich die Leute, dafür zu sorgen, daß ihre Arbeit zufriedenstellend ausfiel", wie ein leitender Angestellter es ausdrückte.

Die Männer, die das Unternehmen gegründet hatten, hatten auch im Winter 1940 noch Positionen in der Unternehmensleitung inne. Sowohl die sieben Gebietsleiter, die unmittelbar dieser Hauptbürogruppe unterstellt waren, als auch andere Personen aus allen Bereichen des Unternehmens sprachen häufig über den Enthusiasmus und die Energie der Unternehmensgründer. Manchmal hörte man Firmenangehörige auch sagen, daß dieser ansteckende Unternehmungsgeist sich sogar auf die Geschäftsführung mancher Kunden der Gesellschaft übertragen habe.

Die Leute in der Unternehmensleitung bestimmten die Hauptrichtlinien der Unternehmenspolitik, verwalteten die Finanzen der Gesellschaft und schlossen Verträge mit Lieferanten und mit einigen wenigen der wichtigeren Kunden ab. Die Befugnisse, die sie innerhalb der Wahrnehmung der laufenden Firmenangelegenheiten an die Gebietsleiter delegierten, waren beträchtlich, und auch der Meinung der Gebietsleiter zu allgemeinen Fragen der Unternehmenspolitik maß man einige Bedeutung bei.

Während der ersten Jahre seiner Firmenzugehörigkeit nahm Richard Hicks, Gebietsleiter von Botany Bay, an vielen Besprechungen und sogenannten „pep meetings" (zur Anfeuerung der Mitarbeiter) im Hauptbüro teil, und es verging kaum eine Woche, in der nicht irgendein leitender Angestellter des Hauptbüros ihn persönlich besuchte. Diese Kontakte liefen im allgemeinen darauf hinaus, daß auf Steigerung des Umsatzvolumens gedrungen und — immer nachdrücklicher — gemahnt wurde, die Kosten niedrig zu halten. Hicks reagierte negativ auf dieses Drängen auf Kürzung der Kosten und brachte dies auch sowohl gegenüber seinen Vorgesetzten als auch gegenüber seinen eigenen Büromitarbeitern offen zum Ausdruck. Sussex, so behauptete er, sei auf dem besten Wege, genauso schlimm zu sein wie die große bundesweite Raffinerie- und Vertriebsgesellschaft, bei der er vorher beschäftigt war.

Das Büro der Gebietsleitung von Botany Bay befand sich in einem der neuesten Bürogebäude in der Stadtmitte, in der Nachbarschaft der besseren Hotels, Geschäfte und der Theater. Die Miete für diese Büroflucht belief sich auf ungefähr 25 000 Dollar im Jahr, und eine Erneuerung des Mietvertrages, der gerade ablief, würde die Kosten auf mindestens 30 000 Dollar erhöhen. Zusätzlich zu diesen Kosten bezahlte das Büro monatlich nicht unbeträchtliche Summen für eine Reihe von direkten Telefonverbindungen zu dem Umschlaglager. Dieses Gelände, das aus großen Lagertanks und aus Pumpanlagen zur Löschung von Ozeantankern und Beladen von Bahntank- und Tanklastwagen bestand, lag in einem Areal von Docks und Schiffswerften, Lagerhäusern, Fabriken und anderen Ölumschlaganlagen, die alle eng zusammengedrängt im Hafenviertel lagen.

Von seiten der Unternehmensführung war bei mehreren Gelegenheiten die Ansicht geäußert worden, Richard Hicks solle — um Kosten zu sparen — sein Bezirksbüro aus dem zentralen Geschäftsviertel in ein Holzgebäude auf dem Gelände des Umschlaglagers verlegen. Hicks war entschieden gegen eine Verlegung der Büros eingetreten, und die Unternehmensleitung hatte — gemäß ihrer Gewohnheit, ihren Gebietsleitern Befugnisse zu übertragen und ihr Urteil zu respektieren — gezögert, in dieser Angelegenheit Druck auszuüben. Bei einem neuerlichen Besuch glaubte Hicks jedoch zu erkennen, daß der Vorstandsvorsitzende in dieser Sache sehr feste Vorstellungen hatte. Darum stimmte Hicks dann dem Umzug zu.

Das Holzgebäude auf dem Lagergelände hatte früher schon einmal das Bezirksbüro beherbergt; nachdem letzteres aber in die Innenstadt verlegt worden war, hatte es überwiegend leergestanden. Es war jedoch in gutem baulichem Zustand; dennoch wurde es vor dem Umzug frisch gestrichen, schallisoliert und anderweitig renoviert. Im März 1941 bezogen die ca. 30 Angestellten einschließlich Richard Hicks ihre neuen Quartiere.

Innerhalb einiger Wochen nach dem Umzug auf das Lagergelände entstand unter den Büroangestellten eine auffallende Unruhe, die Hicks ernsthafte Sorgen bereitete. Diese neue Atmosphäre, deren Hauptmerkmale gespannte Beziehungen, bedrückte Stimmung und Mangel an Arbeitsfreude waren, unterschied sich vollkommen von der Atmosphäre, die er während des vorangegangenen Jahres gekannt hatte. Selbst seine nächsten Mitarbeiter verhärteten sich in ihrer Beziehung zu ihm. Die Scherze und das Gealber, an dem sich gewöhnlich die gesamte Belegschaft beteiligt hatte, verschwanden; die ganze Gruppe bot zuweilen einen lethargischen und trübsinnigen Anblick. So beklagte sich zum Beispiel der Bestandsrechnungsführer häufig über Arbeitsüberlastung und schien mit seinen Bestandskonten ständig im Rückstand zu sein. Die Buchhalter und die Angestellten der Kreditabteilung fanden es schwierig, mit der Arbeit nachzukommen. Aus eigenem Antrieb begannen sie, ihre Mittagspausen zu kürzen, um bereits vor Beendigung der Pause ihre Tätigkeit wiederaufnehmen zu können. Alles in allem war die Arbeitsweise des Büros lange nicht so fix und pünktlich wie früher. Die Einstellung der Mitarbeiter schlug sich nicht nur in den Ergebnissen ihrer Arbeit nieder, sondern es kamen von Büroangestellten auch fortwährend Klagen über die Zeitverschwendung durch die Anfahrt zum Arbeitsplatz, über den Lärm und den Schmutz und über die Unannehmlichkeit, daß man während der Mittagspause in der Nähe des Betriebes bleiben mußte, um in nahegelegenen Schnellimbißlokalen zu essen. Sie waren es gewohnt gewesen, in den besseren Restaurants in der Innenstadt zu essen, wo sie sich nicht unter Fabrikarbeiter, Lastwagenfahrer und andere Industriearbeiter mischen mußten. Obwohl von der Belegschaft keiner tatsächlich seine Stellung aufgegeben hatte, so hatten doch viele höhere Löhne gefordert oder darüber gesprochen, sich eine bessere Stellung zu suchen.

Richard Hicks dachte über diese und andere Fakten der Situation sehr gründlich nach. Bei vielen der Klagen machte er von vornherein Abstriche. Er hatte keinerlei Veränderungen innerhalb der Struktur der Organisation oder beim Personal vorgenommen. Alle Arbeitsverfahren und Arbeitspläne waren gleichgeblieben. Es waren im wesentlichen die gleichen Arbeiten zu verrichten wie vorher. Tatsächlich waren sogar, infolge der unmittelbaren Nähe von Lager und Büro, mehrere vereinfacht worden. Angehörige der Bürobelegschaft konnten jetzt viele Probleme direkt und persönlich mit dem Lagerpersonal besprechen, während sie früher viel Zeit für langwierige und umständliche Telefongespräche und Besuche im Lager aufwenden mußten.

Hicks war sicher, daß die neuen Büroräume infolge der Schallisolierung nicht annähernd so laut waren wie die alten. Er selbst war froh, von dem Straßenlärm wegzukommen, der immer von der verkehrsreichen Kreuzung heraufdrang, über der sein Büro lag. Obwohl zwar einige Probleme hinsichtlich der Anfahrt zum Arbeitsplatz hinzugekommen waren, hatten doch alle Mitarbeiter jetzt unentgeltlichen Parkplatz auf dem Lagergelände; vorher mußten sie bis zu 10 Dollar monatlich für einen Parkplatz bezahlen, der mehrere Häuserblocks vom Büro entfernt war. Um die Verkehrsstauungen zur Hauptverkehrszeit zu umgehen, öffneten und schlossen die Büros der Sussex Oil eine halbe Stunde früher als die Hauptschicht der Schiffswerften. Hicks schätzte, daß seine Leute infolge des frühen Büroschlusses noch mindestens eine Stunde Zeit hatten, um in der Stadt einzukaufen und Besorgungen zu machen, bevor die Geschäfte schlossen. Zusammen mit der ganzen Belegschaft aß Hicks mittags im „Mammy's", wo das Essen ausgezeichnet war und ordentlich serviert wurde, wenn auch das Geschirrklappern, das Stimmengewirr und die Musik einer Musikbox einen Kontrast zu einigen der Innenstadtrestaurants darstellte.

Nichtsdestoweniger hielt das Drängen auf Lohn- und Gehaltserhöhung an. Hicks sträubte sich zwei oder drei Monate lang dagegen, denn die Gesellschaft gewährte eine Entlohnung, die nicht nur einen Vergleich mit anderen Unternehmen aushielt, sondern besser war als in vielen anderen Branchen. Außerdem befürchtete er sehr, daß die durch den Umzug erzielten Einsparungen durch Lohnerhöhungen wieder kompensiert würden. Andererseits sah er ein, daß er es unmöglich riskieren konnte, fähige Leute mit langjähriger Erfahrung innerhalb der Gesellschaft zu einem Zeitpunkt ersetzen zu müssen, wo der allgemeine Bedarf an tüchtigem Personal das Angebot bei weitem überstieg — ein Problem, das noch sehr viel brennender zu werden versprach. Da das Drängen stärker wurde und die Moral innerhalb des Büros sich fortlaufend verschlechterte, kam Hicks endlich zu dem Schluß, daß es keine andere Möglichkeit mehr gab, als die Löhne und Gehälter der Bürobelegschaft zu erhöhen. Da Hicks der Ansicht war, die Gesellschaft könne nicht die Gehälter der Bürobelegschaft erhöhen, ohne gleichzeitig auch den Lagerarbeitern höhere Löhne zu bewilligen, schlug er dem Hauptbüro vor, eine Erhöhung für die gesamte Distriktorganisation vorzunehmen. Nach einigem Hin und Her stimmte die Gesellschaft Hicks' Vorschlag schließlich zu.

Nach der Erhöhung wurde zwar sehr viel weniger über Löhne und Gehälter gesprochen, aber nunmehr schienen die Büroangestellten einen ständig zunehmenden Anteil ihrer Arbeitszeit damit zu verbringen, über die Arbeitsbedingungen und „die Gesellschaft" zu klagen. Einige Wochen später, nachdem die Moral innerhalb der Organisation weiter abgesunken war, hatte Hicks das Gefühl, daß unverzüglich etwas Positives getan werden müßte.

Die Verschlechterung der Arbeitsmoral begann auch auf die Lagerarbeiter überzugreifen, die bis dahin eine loyale und tüchtige Gruppe gewesen waren. Der Leiter des Umschlaglagers informierte Hicks über diese Entwicklung und berichtete, daß von seinen Leuten zwar keine spezifischen Klagen kämen, daß aber darüber gesprochen werde, daß die Gesellschaft im Begriff sei, „vor die Hunde zu gehen", und daß sie ihren Wettbewerbs- und Kampfgeist verliere.

Hicks war über diese Reaktion der Lagerarbeiter überrascht. Er war sogar geneigt, dieses Gefühl zu teilen, obwohl er genau wußte, daß Umsatz und Gewinn der Gesellschaft im vergangenen Jahr den höchsten Stand seit ihrem Bestehen erreicht hatten. Seine eigenen Einkünfte waren die höchsten, die er während seiner gesamten Laufbahn bezogen hatte. Aber die Pfennigfuchserei des Hauptbüros störte ihn mehr und mehr. Einer seiner besten Leute aus dem Verkauf machte die Bemerkung: „Mit der Gesellschaft geht es bergab; wir kommen nicht mehr voran; überall spürt man den ‚Abbau'!"

Hicks war vollkommen fassungslos. Es erschien ihm klar, daß er das Büro nicht in die Stadt zurückverlegen konnte. Seiner Meinung nach würde die Gesellschaft, da sie Löhne und Gehälter gerade erst erhöht hatte, mit ziemlicher Sicherheit nicht bereit sein, weitere Erhöhungen zu bewilligen; er hatte ohnehin irgendwie das Gefühl, daß höhere Löhne das Problem nicht lösen würden. Er war sich darüber im klaren, daß jetzt etwas geschehen mußte, wenn man noch verhindern wollte, daß die Situation einem vollkommen aus der Hand glitt.

Die Umorganisation

Ausgangssituation:

Bender und Meyer bearbeiten im Rahmen einer größeren Gruppe ein Randgebiet der Textiltechnik selbständig. Beide sind befreundet. Bender ist Ing. (grad.), Meyer Techniker. Nach einer Umorganisation der Abteilung und einer gleichzeitigen Aufwertung des Randgebietes wird dieses Gebiet verselbständigt und mit weiteren vier Kollegen (einem Ingenieur und zwei Technikern, einem Akademiker) einem älteren Textilchemiker, Dr. Becker, unterstellt.

Bender und Meyer, aber insbesondere Bender, akzeptieren das nicht: Die fachliche Qualifikation wird angezweifelt (teilweise zu Recht), es kommt persönliche Abneigung hinzu. Dr. Becker macht keinen Versuch zur Kooperation.

Folge:

Bender und mit ihm Meyer fühlen sich ungerecht behandelt, in ihrer Selbständigkeit beschnitten und unter ihrem Wert verkauft. Tatsächlich wird die Arbeit durch Becker gestrafft und dadurch der frühere Spielraum unkonventioneller Tätigkeit Benders eingeengt. Bender arbeitet nicht mehr, spielt „beleidigt".

Bender beschwert sich bei Dr. Schneider, dem Vorgesetzten von Becker, später auch Meyer.

Was soll Dr. Schneider machen?

Planung eines neuen Bürohauses

Die Firma Carl Meyer GmbH ist ein Unternehmen der Investitionsgüterindustrie, das sich seine Marktposition durch konsequente Lösung von technisch-wissenschaftlichen Problemen seiner Kunden erworben hat. Hierzu beschäftigt sie im Außendienst und in der Zentrale hochqualifizierte, in langjähriger Ausbildung herangereifte Physiker und Ingenieure. Selbst für die Aufgaben wie Auftragsabwicklung, Angebots- und Rechnungswesen usw. sind Spezialkenntnisse erforderlich, die einen vollwertigen Einsatz kaufmännischer Sachbearbeiter erst nach einer Einarbeitung von mehr als einem Jahr ermöglichen.

Das Betriebsklima ist gut, das Selbstbewußtsein der Mitarbeiter entsprechend der hochqualifizierten Arbeit ist groß und die Fluktuation relativ gering.

Die Branche gehört zu den mit ziemlicher Konstanz wachsenden Industrien, in der nur neuere Teilbereiche ein extremes Anfangswachstum aufweisen.

Der Vertrieb der Erzeugnisse wird durch eine Zentrale über zahlreiche Filialen und technische Büros gesteuert. In der Zentrale des Vertriebs arbeiten ca. 400 Mitarbeiter, die 1958 in einem neu erbauten Bürogebäude in der Innenstadt untergebracht werden konnten. Geschäftsführer, Hauptabteilungsleiter, Abteilungsleiter und wissenschaftlich-technische Mitarbeiter arbeiten in Einzelzimmern, Sachbearbeiter in Gruppenräumen mit 2, 4 oder 6 Personen. Nur in Ausnahmefällen wie Poststelle, Projektentwurfsabteilung (technische Zeichnerinnen) sind Räume entsprechender Größen höher belegt.

Im Laufe der Zeit bis 1976 ist die Mitarbeiterzahl des Unternehmens derart gewachsen, daß zusätzliche Räume in der Nachbarschaft angemietet werden mußten. Dies erfolgte in mehreren Stufen, so daß bei der Begrenzung der Möglichkeiten, Mietobjekte geeigneter Größe und Flexibilität zu finden, mehrere Adressen entstanden sind. Hierdurch hat die Kommunikation zwischen den ausgelagerten und im Hauptgebäude verbliebenen Abteilungen gelitten.

Daher wird im Sommer 1976 der Entschluß gefaßt, ein Grundstück am Rande der Stadt im Rahmen eines größeren städtebaulichen Projektes für Geschäftshäuser zu erwerben, um ein größeres, modernes Bürogebäude zu errichten.

Eine Planungsgruppe wird gebildet, welche Daten für die Ausschreibung eines Architektenwettbewerbs zusammentragen soll. Externe Berater für moderne Büroorganisation werden hinzugezogen, welche helfen sollen, den Katalog für den Architektenwettbewerb zusammenzustellen.

Die Planungsgruppe legt der Geschäftsleitung die ersten Ergebnisse ihrer Arbeit vor, die einen Personal- und Raumbedarfsplan bis zum Jahre 1991 enthält, welcher in Interviews mit Hauptabteilungs- und Abteilungsleitern erarbeitet worden ist. Es stellt sich heraus, daß für die weitere Arbeit der Planungsgruppe eine Entscheidung getroffen werden muß, welche für den Gebäudeentwurf unabdingbar ist: konventionelle Büroform, Großraumbüro oder Mischform.

Die Belegschaft ist zu diesem Zeitpunkt offiziell durch einen Bericht der Geschäftsleitung anläßlich einer Betriebsversammlung über das Vorhaben, den Standort und den Zeitplan für das Projekt, welches Anfang 1981 bezugsfertig sein soll, unterrichtet worden. Auch mit dem Betriebsrat ist eingehend gesprochen worden. Die Geschäftsleitung hat versichert, daß er laufend über den Gang der Planung informiert werden wird und Gelegenheit erhalten soll, Anregungen für die Arbeitsplatzgestaltung zu geben.

Trotzdem ist aufgrund der Vorarbeiten der Planungsgruppe ein zunehmendes Interesse und sogar eine beginnende Unruhe in der Belegschaft festzustellen. Es hat sich herumgesprochen, daß sehr bald eine Entscheidung über die Gebäudeform mit der Alternative konventionelle Büros oder Großraumbüros getroffen werden muß, wobei im Falle der Entscheidung für die Großraumlösung nur wenige Einzelzimmer als Mischform in Frage kommen können, da sonst eine vom architektonischen und bürotechnischen Standpunkt (Licht, Akustik, Klima) einwandfreie Lösung nicht erreichbar ist. Da auf dem Gelände für das Neubauobjekt bereits von anderen Unternehmen Bürohäuser vornehmlich in Großraumtechnik errichtet worden sind, wendet sich das Interesse der Mitarbeiter hauptsächlich diesem Thema zu.

Stimmen werden laut, die sich strikt gegen den Großraum aussprechen. Zum großen Teil handelt es sich hierbei um die Verteidigung von Statussymbolen solcher Mitarbeiter, die bisher in Einzelzimmern gesessen haben, zum Teil aber auch um Zweifel der technisch-wissenschaftlich Tätigen daran, daß man sich in einem Großraum genügend konzentrieren könne. Einige vermuten, daß das Unternehmen Geld sparen wolle und daher aus diesem Motiv in Richtung Großraum tendiere — eine Ansicht, die einer genauen Projektkostenkalkulation bei technisch einwandfreien Großraumlösungen nicht standhält. Einige Mitarbeiter fragen, nach welchen Gesichtspunkten die Geschäftsleitung bei einer Mischform die Belegschaft auf Einzel- und

Großräume zu verteilen gedenke. Besonders stark gegen den Großraum eingestellte Mitarbeiter kündigen an, daß sie es sich überlegen würden, die Firma zu wechseln, wenn ihnen ein Arbeitsplatz in einem Großraum zugewiesen würde.

Schließlich erfährt die Geschäftsleitung davon, daß eine Liste in Umlauf gesetzt worden ist, auf der Unterschriften gegen den Großraum gesammelt werden.

Frage:

Wie soll die Geschäftsleitung verfahren, um zu einer sachlich guten Entscheidung zu kommen, die von der Belegschaft weitestgehend akzeptiert wird?

Meßtechnisches Ingenieurwesen

In einem Werk sind die verwandten Bereiche Betriebsmeßtechnik und Starkstromtechnik wie folgt organisiert:

— Die Betriebsmeßabteilung, soweit sie sich mit der elektrischen Meßtechnik befaßt, untersteht zusammen mit der zugehörigen Werkstatt einem Ingenieur. Der mechanische Meßtechnikteil ist in die Zentralwerkstatt eingegliedert.

— Die Starkstromabteilung untersteht einem Betriebsmeister, der sowohl die Anlagen zur Erzeugung und Verteilung von Strom als auch die Handwerkergruppe für Starkstrom betreut. In seiner Eigenschaft als Handwerksmeister ist er der Zentralwerkstatt unterstellt, in seiner Eigenschaft als Betreuer der Starkstromverteilung der Energieabteilung.

Im Zuge einer umfassenden Reorganisation verlangt der anerkannt tüchtige Ingenieur der Betriebsmeßtechnik eine Zusammenfassung der elektrotechnischen und der Meß- und Regelabteilung sowohl für den Schwachstrom- als auch für den Starkstromteil. Auch die mechanische Meßtechnik solle ihm unterstellt werden. Werde dieser Forderung nicht entsprochen, fühle er sich nicht ausreichend an der Verantwortung beteiligt. Um eine Gehaltserhöhung gehe es ihm nicht.

Der zuständige Hauptabteilungsleiter möchte den sehr tüchtigen Ingenieur nicht verlieren. Er muß anerkennen, daß die Reorganisation Vorzüge hat. Folgt er jedoch dem Vorschlag des Ingenieurs, reduziert sich das Aufgabengebiet des Betriebsmeisters auf die Tätigkeit als Meister für Stromerzeugung und -verteilung. Der Hauptabteilungsleiter will dem Betriebsmeister nicht weh tun.

Frage:

Wie soll der Hauptabteilungsleiter entscheiden?

Die Nachlackierung

In der Automobilindustrie ist es üblich, daß Karosserien fertig lackiert sind, bevor sie in den Montagebereich gelangen und dort mit Innenausstattung, Motor und Fahrwerk versehen werden.

Beim Montagevorgang treten nun aufgrund menschlicher Unzulänglichkeiten an einem Teil der Fahrzeuge Beschädigungen auf, die nach der Fertigmontage lackiert werden müssen. Es können aber auch aufgrund unvollständiger oder mangelhafter Lackierung beschädigte Fahrzeuge aus der Lackiererei in die Montage gelangen, die dann ebenfalls erst nach der Montage repariert werden.

Um die Nachlackierung sauber durchführen zu können, ist ein erheblicher Aufwand notwendig, der bei nicht zuverlässiger Ausführung wiederum zu Reklamationen durch die Kundschaft führen kann. Jede Automobilfirma ist bestrebt, den Aufwand an Nacharbeit auf ein Mindestmaß zu beschränken. Die Wahrscheinlichkeit, daß ein beschädigtes Fahrzeug aus der Lackiererei in die Montage gelangt, ohne daß es von der Kontrolle bemerkt wird, liegt bei etwa 2 — 3 %. Die Wahrscheinlichkeit, daß ein unbeschädigtes Fahrzeug in der Montage Lackschäden davonträgt, wird auf 10 — 15 % geschätzt. Es ist jedoch nicht immer einfach, zu unterscheiden, ob der Lackfehler in der Lackiererei oder in der Montage verursacht worden ist.

Die Nachlackiererei befindet sich im allgemeinen an einem Ende der Montagehalle, die Lackiererei am anderen. Im Rahmen einer Führung der Abteilungen nach Zielen („Management by Objectives") treten nun organisatorische Probleme auf, die sich wie folgt charakterisieren lassen:

1. Die Abteilung Lackierung ist aufgrund ihrer Aufgabenbeschreibung dafür verantwortlich, fehlerlose Karosserien an den Montagebereich abzuliefern.

2. Die Abteilung Montage hat u. a. die Aufgabe, die Zahl der Beschädigungen durch entsprechende Führung der Mitarbeiter möglichst gering zu halten.

3. Der kleine Bereich Nachlackierung kann nun entweder wegen der fachlichen Verwandtschaft organisatorisch dem Lackierbetrieb zugeordnet werden oder als „Druckmittel" zur Verminderung der Beschädigungen dem Bereich Montage.

Welches ist die sinnvollste Lösung?

Die Versuchswagen

In einer Automobilfirma liegen auf dem gleichen Areal Fertigungsbetrieb sowie Entwicklungs- und Versuchsbereich.

Wegen der Aufgabenstellung hat jeder Vorgesetzte (Hauptabteilungsleiter, Abteilungsleiter und Hauptgruppenleiter) des Entwicklungs- und Versuchsbereichs regelmäßig einen Wagen aus dem Fuhrpark des Versuchs zur privaten Verfügung. Es handelt sich um rund 20 Personen und ebenso viele Fahrzeuge.

Diese Fahrzeuge werden sehr häufig umgebaut und beinhalten immer den letzten Stand der Technik; vom betreffenden Fahrer sind die neuen Aggregate innerhalb seines Aufgabengebiets zu testen und zu beurteilen. Rein äußerlich stellen diese Fahrzeuge einen durchaus respektablen Repräsentationswert dar.

Ein Hauptabteilungsleiter aus der Fertigung richtet nach einem Fachgespräch an seinen vorgesetzten Direktor folgende Frage: „In meinem Bereich taucht immer wieder das Problem auf, ob es nicht möglich ist, auch Abteilungsleitern aus der Fertigung Werksfahrzeuge zur Benutzung zur Verfügung zu stellen. Es werden Vergleiche zu den Mitarbeitern aus dem Versuch gezogen, da neben den Vorgesetzten gelegentlich auch Ingenieuren und Sachbearbeitern Versuchswagen zur privaten Benutzung zur Verfügung gestellt werden. Ich halte meine Mitarbeiter durchaus für fähig, ebenfalls Versuchsfahrzeuge zu beurteilen und ihre Erfahrungen dem Entwicklungsbereich mitzuteilen."

Frage:
Welche Antwort würden Sie als Direktor dem Hauptabteilungsleiter geben?

Dabei ist folgendes zu beachten:

— Wenn alle Hauptabteilungsleiter und Abteilungsleiter der Fertigungsbereiche an der Erprobung und Beurteilung teilnehmen sollten, würde sich die Zahl der Fahrberechtigten um ca. 30 Personen erhöhen.

— Die Zahl der Versuchswagen kann nicht vergrößert werden.

— Der werkseigene Fuhrpark umfaßt etwa 20 Pkw verschiedener Größe und Ausstattung. Darüber hinaus haben Direktoren einen Dienstwagen zur geschäftlichen und z. T. auch persönlichen Benutzung zur Verfügung.

Kapitel 3

Führungsstil und Führungsverhalten

Verhaltenserwartungen an Führungskräfte

I. Einführung

„Von Führungskräften erwartet man, daß sie mit spannungserzeugenden Situationen, in denen Nichtführungskräfte versagen würden, fertig werden", meint Breuer[1]. So richtig der Hinweis in der Sache sein mag, daß Führungskräfte Spannungen ertragen und spannungsgeladene Situationen entspannen können müssen, so wenig ist mit der Aussage konkret anzufangen, daß „man" dergleichen von ihnen erwartet.

Wer ist dieser „man"? Abbildung 1 zeigt, daß die Führungskräfte nach drei Seiten in ein Beziehungsgefüge eingespannt sind, das von dem Vorgesetzten, den Kollegen und den Mitarbeitern (Untergebenen) gebildet wird. Diese drei Gruppen haben Erwartungen an die Führungskraft. Diese Erwartungen sind keineswegs immer deckungsgleich.

Abb. 1: Das Erwartungsgeflecht der Führungskraft

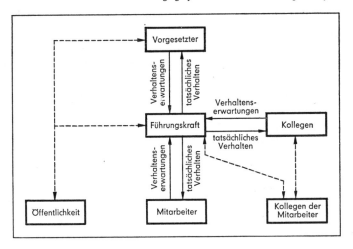

Wenn also von Verhaltungserwartungen an Führungskräfte gesprochen wird, dann sind dabei

— die Erwartungen der Vorgesetzten an das Verhalten der Führungskraft,

— die Erwartungen der Mitarbeiter an das Verhalten der Führungskraft und auch

— die Erwartungen der Kollegen an das Verhalten der Führungskraft

---

[1] Breuer, E., Wann leisten Führungskräfte Optimales?, in: Europäische Industrierevue 1971, Heft 2 (Juni).

gemeint. Auf die Tatsache, daß das Verhalten einer Führungskraft auch auf die Kollegen der Mitarbeiter und bei gesellschaftlicher Sichtbarkeit der Führungsposition auch auf die Öffentlichkeit wirkt, weist Abbildung 1 hin. Darauf soll hier jedoch nicht näher eingegangen werden.

II. Die Verhaltenserwartungen der Vorgesetzten

Die Erwartungen, die die Vorgesetzten an das Verhalten der Führungskraft knüpfen, ergeben sich im allgemeinen aus der formellen Organisation. Sie werden dort, wo Stellenbeschreibungen für Führungskräfte vorliegen[2], in diesen Stellenbeschreibungen schriftlich niedergelegt. Danach übt die Führungskraft über die Mitarbeiter die Dienstaufsicht aus und hat die Pflicht, Erfolgskontrollen durchzuführen. Von ihr wird erwartet, daß sie Normabweichungen disziplinarisch begegnet. In allgemeiner Form sind die Erwartungen an das Verhalten der Führungskräfte auch in den Führungsgrundsätzen niedergelegt, die von vielen Unternehmen schriftlich formuliert vorliegen. So heißt es zum Beispiel in den Führungsgrundsätzen eines Großunternehmens: „Von dem Vorgesetzten wird erwartet, daß er die Mitarbeiter an der Planung für seinen Aufgabenbereich beteiligt, damit sie sich für die spätere Verwirklichung der Pläne aus eigenem Antrieb einsetzen." Darin kommt zum Ausdruck, daß von der Führungskraft die Verwirklichung der Unternehmenspläne erwartet wird. Der konkrete Inhalt dieser Erwartung hängt allerdings auch von dem Führungsstil des Unternehmens und von der eigenen Situation ab.

Allgemein wird man sagen dürfen, daß der Vorgesetzte von der Führungskraft erwartet, daß sie Autorität gegenüber den Mitarbeitern wahrt. Dabei ist diese Autorität prozessual zu verstehen. Sie hat zu gewährleisten, daß die Ziele und Aufgaben des Unternehmens von den Mitarbeitern erfüllt werden. In dem Maße, in dem Mitarbeiter motiviert werden, dies aus eigener Initiative zu wollen und auch tatsächlich zu tun, bedarf es des Befehls der Führungskraft nicht.

Die Erwartung des Vorgesetzten, daß die Führungskraft ihre organisatorische Rolle mit Autorität spielt, wird durch organisatorische Regelungen gestützt. Im allgemeinen ist die Stelle der Führungskraft mit „Statusautorität" ausgestattet, d. h., der Inhaber dieser Stelle wird organisatorisch mit dem Recht ausgestattet, von seinen Mitarbeitern Gehorsam zu verlangen. Diese Gehorsamserwartung ist an die Stelle und nicht an die Person der Führungskraft gebunden.

---
[2] Vgl. hierzu Höhn, R., Stellenbeschreibung und Führungsanweisung, Bad Harzburg 1966; Wunderer, R., Arbeitsplatzbeschreibung, in: Management-Enzyklopädie, Band 1, München 1969, S. 357.

Da derartige Formen der Statusautorität jedoch zunehmend auf Kritik stoßen und damit die Durchsetzung des Führungsanspruches zunehmend schwieriger wird, erwartet der Vorgesetzte von der Führungskraft auch, daß sie die ihr verliehene Statusautorität durch persönliche Autorität ausfüllt.

Persönliche Autorität beruht sowohl auf fachlicher Autorität als auch auf Führungsautorität. Dabei wird der Vorgesetzte, der selbst schon relativ weit von fachlicher Kompetenz und Spezialistentum entfernt ist, auf die Führungsautorität größeres Gewicht legen als auf die fachliche Autorität. Fachliche Kompetenz bedeutet auf der Ebene des Generalisten als Vorgesetzter, daß er sich dort des fachlichen Rates der Spezialisten bedient (weiß, wo dieser zu finden ist, und ihn auch tatsächlich einholt), wo seine eigene fachliche Kompetenz nicht ausreicht.

Zusammenfassend kann man sagen: Der Vorgesetzte erwartet von der Führungskraft im Kern „Autorität nach unten", also gegenüber den Mitarbeitern, damit gewährleistet ist, daß die Aufgaben, die der Gruppe übertragen werden, gewissenhaft und entsprechend den Zielen des Unternehmens ausgeführt werden. Statusautorität und persönliche Autorität sollen von der Führungskraft zur Deckung gebracht werden.

III. Die Verhaltenserwartungen der Mitarbeiter

Die Mitarbeiter erwarten von der Führungskraft ein Verhalten, das zwei zentrale Ziele der Gruppe fördert:

— Die Mitarbeiter wollen etwas leisten.
— Die Mitarbeiter wollen zufrieden sein.

Die Mitarbeiter wissen, daß sie beide Ziele nur in einer Gruppe, die von der Führungskraft wirklich geführt wird, erreichen können. Wie betriebspsychologische Experimente gezeigt haben, sind Leistung und Zufriedenheit einer Gruppe zwei verschiedene Dinge. Die Führungskraft muß sich daher überlegen, wie man das eine und das andere befriedigt, und sich so verhalten, daß beide Ziele gleichzeitig erfüllt werden können.

Die Leistung der Gruppe wird durch ein auf die Aufgabe konzentriertes Verhalten der Führungskraft gefördert. Die Zufriedenheit der Gruppe wird im wesentlichen von einem Verhalten bestimmt, das den Mitarbeiter beachtet und seine Bedürfnisse berücksichtigt. Die Betriebspsychologie hat gezeigt, daß „Aufgabenbezogenheit" (Initiative) und „Mitarbeiterbezogenheit" (Consideration) zwei unabhängige Dimensionen des Führungsverhaltens sind, die gleichzeitig vorhanden sein müssen, wenn die Erwartungen der Mitarbeiter voll erfüllt werden sollen.

Leistung und Zufriedenheit einer Gruppe sind zwar zwei verschiedene Dimensionen, die auch verschiedene Verhaltenserwartungen auslösen, sie sind aber nicht ganz unabhängig voneinander. Dies zeigt sich, wenn man die dritte Variable „Gruppenkohäsion" mit einbezieht. Gemeinsame Leistungen stärken den Gruppenzusammenhalt. Dies gilt um so mehr, je sichtbarer die gemeinsame Leistung ist und je mehr sie Anerkennung außerhalb der Gruppe findet. Höhere Gruppenkohäsion aber erhöht die Zufriedenheit in der Gruppe. Damit ist ein Zusammenhang zwischen Leistung und Zufriedenheit in der Gruppe über die Stärke des Gruppenzusammenhangs hergestellt. Auf der anderen Seite gilt: Bei hoher Gruppenkohäsion wirken Leistungsanreize stärker als bei niedrigem Gruppenzusammenhalt. Das heißt: Hat eine Führungskraft Mitarbeiter, die sich sehr stark als ein Team, als eine Mannschaft fühlen, dann führt ein bestimmter Leistungsanreiz zu deutlich höherer Leistung als bei einer Gruppe, die nur geringen Zusammenhalt aufweist. Umgekehrt ist aber auch der Leistungsabfall in einer Gruppe mit hohem Zusammengehörigkeitsgefühl bei niedrigem Leistungsanreiz viel stärker als bei einer Gruppe mit niedriger Kohäsion.

Der komplexe Zusammenhang zwischen Leistung und Zufriedenheit der Mitarbeiter kann wie in Abbildung 2 gezeigt dargestellt werden. Man erkennt, daß das Leistungsergebnis im wesentlichen von drei Faktoren abhängt: Motivation, Fähigkeiten und Situation.

Abbildung 2

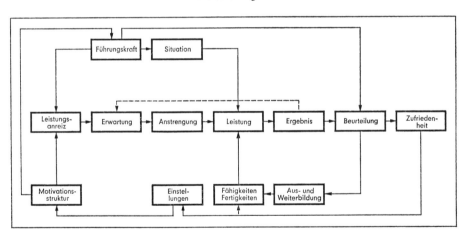

Auf diese drei Faktoren kann die Führungskraft direkt und indirekt Einfluß nehmen. Geht man also davon aus, daß Mitarbeiter ihren Wunsch nach Leistung und Zufriedenheit verwirklichen wollen, dann lassen sich aus der Abbildung die folgenden Erwartungen der Mitarbeiter an das Verhalten der Führungskraft ableiten:

1. Die Mitarbeiter wollen Leistungsanreize erhalten. Sie wollen geführt werden. Dies geschieht, indem die Führungskraft realistische Ziele setzt. Die Rückkopplungsschleife zwischen Ergebnis und Erwartung zeigt näm-

lich, daß zu hoch gesteckte Ziele zur Erwartung führen, daß das gewünschte Ergebnis doch nicht erreicht werden kann. Der Mitarbeiter wird sich nicht anstrengen, weil das gesteckte Ziel nicht als Leistungsanreiz empfunden wird. Andererseits wird ein Ziel, das in der Erwartung des Mitarbeiters zu leicht erreicht werden kann, ebenfalls nicht als ein Leistungsanreiz empfunden. Auch hier unterbleibt die Anstrengung.

2. Die Mitarbeiter wollen über die Situation informiert werden. Die Situation ist ein vielschichtiges Phänomen. Für die Mitarbeiter gehört dazu nicht nur ihre jeweilige Arbeitssituation, sondern auch der Zusammenhang, in dem ihre Arbeit im Unternehmensganzen steht.

3. Die Mitarbeiter wollen beurteilt werden. Diese Beurteilung muß als Lob oder Tadel verstanden werden können, d. h., sie muß in einer erlebbaren Beziehung zum Leistungsergebnis stehen. Das setzt voraus, daß die Führungskraft die Beurteilung anhand eines objektivierten, Willkür im Einzelfall ausschließenden Verfahrens vornimmt und dem Mitarbeiter Möglichkeit zur Stellungnahme und Diskussion gibt.

4. Die Mitarbeiter wollen gehört werden. Dies gilt nicht nur für die Stellungnahme zur Beurteilung, sondern vor allem auch für die Setzung der Leistungsanreize.

5. Die Mitarbeiter wollen ihre Fähigkeiten und Fertigkeiten weiterentwickeln und durch Aus- oder Fortbildung gefördert werden. Sie erwarten von ihrem Vorgesetzten, daß die Beurteilung ihres Leistungsergebnisses nicht eine rückwärtsgerichtete Kontrolle darstellt, sondern zielbezogen auf die Verbesserung der zukünftigen Leistung gerichtet ist. Sie erwarten, daß aus der Beurteilung Konsequenzen auch hinsichtlich Aus- und Weiterbildung gezogen werden.

Versucht man, die vielfältigen Erwartungen, die Mitarbeiter an das Verhalten der Führungskräfte stellen, zusammenzufassen, so kann man sagen: Die Mitarbeiter erwarten von der Führungskraft „Integrität nach oben", d. h. gegenüber dem Vorgesetzten. Auch hier soll von Statusintegrität und persönlicher Integrität gesprochen werden. Unter Statusintegrität soll die Aufgabe verstanden werden, den eigenen Kompetenzbereich der Führungskraft und ihrer Mitarbeiter nach außen und innen zu schützen. Von persönlicher Integrität soll gesprochen werden, wenn die Führungskraft bereit ist, die Sprecherrolle für ihre Mitarbeiter gegenüber dem Vorgesetzten zu übernehmen und wo nötig auch im Interesse der Mitarbeiter berechtigte Kritik am Vorgesetzten zu üben.

Hier wird allerdings schon das Dilemma der Führungskraft im Unternehmen sichtbar: Statusintegrität ist organisatorisch in den Gesamtzusammenhang des Unternehmens eingebunden. Sie gilt nur so lange, wie sie den Erwartungen des Vorgesetzten, daß die Führungskraft Statusautorität ausübt, entspricht und diese unterstützt. Persönliche Integrität ist nicht stets und in jedem Falle zu bewahren, ohne daß es zu Konfliktsituationen mit dem Vorgesetzten kommt. Die Erwartung des Vorgesetzten, daß sich Statusautorität und persönliche Autorität decken, steht daher nicht konfliktfrei der Erwartung der Mitarbeiter gegenüber, daß Statusintegrität und persönliche Integrität von der Führungskraft zur Deckung gebracht werden.

Bergler hat auf die Gefahren hingewiesen, die für das Unternehmen eintreten, wenn diese Erwartungen der Mitarbeiter an die Führungskräfte nicht erfüllt werden[3]. Nach ihm führt mangelnde Information der Mitarbeiter zu einem Identifikationsverlust mit marktwirtschaftlichen und unternehmensspezifischen Situationen und mithin zu einem „Verlust an normativer Rationalität". Wird die Erwartung an Führungs- und Beurteilungsverhalten nicht erfüllt, kommt es zu einem Kooperationsverlust, der sich in einem Mangel an Bereitschaft, Verantwortung zu übernehmen und Risiko zu tragen, äußert. Es resultiert daraus ein „Verlust an Verwirklichungsmotivation". Es kann schließlich zu einer zunehmenden Distanz zwischen Führungskraft und Mitarbeitern kommen, wenn die Führungskraft den Erwartungen der Mitarbeiter auf Anhörung nicht entspricht. Daraus resultiert die Tendenz zu Einzelentscheidungen, die die Wahrscheinlichkeit, daß das gesetzte Ziel als Leistungsanreiz empfunden wird, weiter mindert. Es kommt, wie Bergler meint, zu einer „sozialen Isolation von exponierten Positionsträgern" und, damit verbunden, zu Leistungsminderungen.

Die Gefahren einer Verhaltensweise der Führungskräfte, die den Erwartungen der Mitarbeiter nicht entspricht, sind damit klar aufgezeigt. Die Gründe dafür, daß Führungskräfte den Erwartungen ihrer Mitarbeiter nicht entsprechen, sind jedoch nicht dargelegt. Zwei Hauptfaktoren sind hier zu erwähnen.

Einmal kann der Grund darin liegen, daß die Führungskraft die Erwartungen der Mitarbeiter nicht oder nicht richtig kennt. Dieses ist um so wahrscheinlicher, je weniger die Führungskraft bereit ist, die Mitarbeiter anzuhören[4]. Darauf wird im Abschnitt VI eingegangen.

Zweitens: Die Führungskraft erkennt zwar die Erwartungen der Mitarbeiter, kann ihnen aber nicht entsprechen, weil sie sich in einem Erwartungskonflikt befindet. Die Erwartungen der Mitarbeiter richten sich auf ein Verhalten, das dem von Vorgesetzten und/oder Kollegen erwarteten Verhalten nicht entspricht. Auf dieses Dilemma der Führungskraft wird im Abschnitt V eingegangen.

---

[3] Bergler, R., Welche Bedeutung hat die wachsende Distanz zwischen Führenden und Geführten für die Willensbildung im Unternehmen?, in: Albach, H. und D. Sadowski (Hrsg.), Die Bedeutung gesellschaftlicher Veränderungen für die Willensbildung im Unternehmen, Schriften des Vereins für Socialpolitik, NF Band 88, Berlin 1976, S. 117.

[4] Mangelnde Bereitschaft, die Mitarbeiter anzuhören, läßt sich in vielen Fällen auf eine unbewußte Einstellung des Vorgesetzten zurückführen, der gleichzeitig bewußt die Ansicht äußert, er praktiziere einen Führungsstil des „offenen Ohrs". Darauf hat Schein hingewiesen. Vgl. Schein, E. H., Process Consultation: Its Role in Organization Development, Reading — Menlo Park — London — Amsterdam — Don Mills — Sydney 1969, S. 64 ff.

IV. Die Verhaltenserwartungen der Kollegen

Bei dem sehr stark linienbezogenen Denken, das die deutsche Organisationstheorie und die Praxis der Mitarbeiterführung bisher beherrscht, wird den Verhaltenserwartungen der Kollegen an das Führungsverhalten im allgemeinen wenig Beachtung geschenkt[5].

Ein deutsches Großunternehmen hat die Erwartungen, die Führungskräfte hinsichtlich ihres Verhaltens ihrer Kollegen mit Recht hegen dürfen, in seinen Grundsätzen für die Zusammenarbeit und Führung formuliert. Sie können in etwas anderer Form wie folgt wiedergegeben werden:

— Der Kollege erwartet, daß die Führungskraft die Aufgaben ihrer Kollegen kennt und Verständnis für die Anforderungen und besonderen Umstände ihrer Arbeit aufbringt.

— Der Kollege erwartet, daß die Führungskraft den Aufgabenbereich ihrer Kollegen respektiert.

— Der Kollege erwartet, daß die Führungskraft ihren Kollegen Vertrauen entgegenbringt.

— Der Kollege erwartet, daß die Führungskraft die Arbeit ihrer Kollegen durch Hinweise aus dem eigenen Arbeitsgebiet unterstützt.

— Der Kollege erwartet, daß die Führungskraft bereit ist, sachliche Kritik ihrer Kollegen entgegenzunehmen.

— Der Kollege erwartet, daß die Führungskraft die besseren Leistungen ihrer Kollegen anerkennt.

— Der Kollege erwartet, daß die Führungskraft bereit ist auszuhelfen, wenn Kollegen ihrer Fortbildung wegen abwesend sind.

— Der Kollege erwartet, daß die Führungskraft hilfsbereit ist, wenn Kollegen fachliche Probleme und persönliche Schwierigkeiten haben.

Versucht man, diese verschiedenen Erwartungen zu systematisieren und zusammenzufassen, dann wird man sagen können, daß der Kollege von der Führungskraft Kollegialität erwartet. Wie die Aufstellung der verschiedenen Erwartungen zeigt, handelt es sich dabei zum einen um eine formale Kollegialität, nämlich um die Kenntnis der Aufgaben, Einhaltung der Kompetenzen, Gewährleistung des Informationsflusses und Anerkennung von Beurtei-

---

[5] In japanischen Unternehmen scheint dies anders zu sein: "A Japanese finds his world clearly divided into three categories, Sempai (seniors), Kohai (juniors) and Doryo. Doryo, meaning 'one's colleagues', refers only to those with the same rank." Vgl. Nakane, C., Japanese Society, Berkeley and Los Angeles 1970, S. 26.

lungsergebnissen. Zum anderen aber handelt es sich um eine persönliche Kollegialität, wenn erwartet wird, daß ein Kollege dem anderen Vertrauen entgegenbringt, für ihn einspringt, ihm bei Schwierigkeiten hilft.

Formale Kollegialität kann durch die formale Organisation erzwungen werden, persönliche Kollegialität nicht. Je stärker kompetitiv das Klima in einem Unternehmen ist, um so weniger wird man erwarten dürfen, daß Führungskräfte den Erwartungen ihrer Kollegen auf Verhalten persönlicher Kollegialität entsprechen (es sei denn, es beruhe auf dem Grundsatz des „do, ut des", und es sei möglich, Leistung und Gegenleistung an persönlicher Kollegialität in überschaubaren Zeiträumen zum Ausgleich zu bringen). Je geringer dagegen der Wettbewerbsgeist ist, insbesondere wenn es für alle Kollegen keine Aufstiegsmöglichkeiten gibt, um die sie konkurrieren müßten, desto eher wird man eine Übereinstimmung von formaler und persönlicher Kollegialität erwarten dürfen. Vielleicht liegt es hierin auch begründet, daß man in den Führungsspitzen der Unternehmen im allgemeinen stärker ausgeprägte persönliche Kollegialität (bei und trotz des hohen strategischen Konfliktpotentials) findet als auf den unteren Rängen der Führungsmannschaft.

V. Konflikte zwischen den Verhaltenserwartungen an Führungskräfte

Zwischen den Erwartungen des Vorgesetzten, der Kollegen und der Mitarbeiter an das Verhalten der Führungskraft kann es erhebliche Unterschiede geben. Erkennt die Führungskraft diese Konflikte, dann wird sie entweder eine generelle Entscheidung treffen müssen, welche Prioritäten die verschiedenen Verhaltenserwartungen haben sollen, oder sie wird sich von Fall zu Fall zu entscheiden haben, welchen Erwartungen sie gerecht werden will.

Orientiert sich die Führungskraft im Konfliktfall am Vorgesetzten, wird sie die Folgen für die langfristige persönliche Integrität bei ihren Mitarbeitern zu berücksichtigen haben. Diese werden um so weniger negativ sein, je mehr es ihr gelingt, ihren Mitarbeitern die Grundsatzentscheidung, die sie getroffen hat, verständlich zu machen. Argumentations- und Begründungszwang werden in dieser Situation zu entscheidenden Führungsinstrumenten.

Orientiert sich die Führungskraft im Konfliktfall dagegen stärker an den Mitarbeitern, werden die langfristigen Folgen für die Statusautorität, ggf. auch für die persönliche Autorität, beachtet werden müssen. Reaktionen des Vorgesetzten, die zu einem Autoritätsverlust der Führungskraft führen, sind um so weniger zu erwarten, je stärker die Führungskraft auf die Entscheidungen ihres Vorgesetzten einwirken kann und damit die Entstehung des Konflikts vermeiden oder diesen zumindest entschärfen kann.

Daher wird gelegentlich darauf hingewiesen, daß von einer Führungskraft nicht nur erwartet werde, daß sie ihre Mitarbeiter motivieren könne, sondern daß sie auch in der Lage sei, den eigenen Vorgesetzten zu motivieren.

Man wird den Fall, daß sich die Führungskraft im Konfliktfall weder an Mitarbeitern noch am Vorgesetzten, sondern an den Kollegen orientiert, für einen Ausnahmefall halten. Dennoch ist er nicht ganz abwegig. Er dürfte in allen den Fällen, in denen eine starke Professionalisierung der Führungskräfte vorliegt, sogar nicht selten sein. Ein starkes Berufsethos, wie es z. B. bei Medizinern, Chemikern oder auch Journalisten ausgeprägt ist — um nur einige Gruppen zu nennen —, kann dazu führen, daß sich die Führungskraft im Konfliktfall stärker an der Meinung und den Verhaltenserwartungen der Kollegen orientiert als am Vorgesetzten oder den Mitarbeitern.

VI. Konflikte zwischen den Rollenerwartungen und dem Rollenverständnis der Führungskraft

Bisher wurde vorausgesetzt, daß die Führungskraft in der Lage ist, die Verhaltenserwartungen der Vorgesetzten, der Kollegen und der Mitarbeiter eindeutig zu erkennen. Diskrepanzen zwischen Rollenerwartungen und Rollenverständnis der Führungskraft wurden als nicht vorhanden angesehen. In der Realität werden Führungsfehler jedoch vielfach darauf zurückzuführen sein, daß die Rollenerwartungen und das Rollenverständnis der Führungskraft für diese unbewußt, aber auch bewußt auseinanderfallen. Einige einfache Beispiele mögen dies illustrieren.

Die Mitarbeiter erwarten von einer weiblichen Vorgesetzten neben der Aktivierung ihrer Leistungsbereitschaft vor allem persönliche Beachtung und Berücksichtigung der Bedürfnisse des Mitarbeiters. Sie gehen davon aus, daß diese Consideration den Qualitäten einer Frau besonders entspricht, und haben daher gerade in diesem Punkt besonders hohe Erwartungen. Die weibliche Vorgesetzte dagegen kennt die Managementliteratur und glaubt daher, daß Führen in Deutschland eine stark aufgabenorientierte Tätigkeit sei, die von vielen Befragten durch Wörter wie „befehlen", „Härte", „Männlichkeit" charakterisiert wird. Sie versucht, diesem Selbstbild des Vorgesetzten durch betont forsches Auftreten, durch einen autoritären, männlichen Führungsstil zu entsprechen. Bei einer solchen Diskrepanz von Rollenerwartung und Rollenverständnis muß es zu Führungsfehlern kommen.

Ein anderes Beispiel: Ein Gruppenleiter hat die Fähigkeit, seine Mitarbeiter zu integrieren, im Gespräch zusammenzuführen und in ihnen das Gefühl zu wecken, daß die Leistungen der Gruppe von allen Mitarbeitern gemeinsam erreicht worden sind. Von diesem starken Gefühl der Gruppenkohäsion geht ein starker Leistungsanreiz auch für die schwächeren Mitarbeiter der Gruppe aus. Die Führungskraft glaubt jedoch, daß ihr Vorgesetzter die Qualität der Führungskräfte nicht an der Führungskompetenz, sondern an deren Sachkompetenz mißt und daher hohe sachliche Kompetenz erwartet. Da die Führungskraft in richtiger Selbsterkenntnis ihre Sachkompetenz für niedriger als die des einen oder anderen Mitarbeiters hält, empfindet sie das Spannungsverhältnis zwischen vermeintlicher Rollenerwartung und erlebter Rollenerfüllung besonders stark und zerbricht daran.

In den Führungsgrundsätzen und den Mitarbeitergesprächen haben die Unternehmen heute Wege gefunden, um die Rollenerwartungen des Vorgesetzten gegenüber der Führungskraft schriftlich zu fixieren und im Einzelfall zu präzisieren. Eine vergleichbare Methode, mit der die Führungskraft die Verhaltenserwartungen ihrer Mitarbeiter ermitteln und mit ihrem Verständnis der Erwartungen der Mitarbeiter konfrontieren könnte, gibt es unseres Wissens bisher nicht. Die bisher vorliegenden Erfahrungen mit Mitarbeitergesprächen bzw. Mitarbeiterdiskussionen zeigen, daß die Zurückhaltung der Mitarbeiter, ihre Erwartungen an das Führungsverhalten des unmittelbaren Vorgesetzten auszusprechen, noch relativ groß ist. Hier haben daher der betriebliche Vertrauenskörper und/oder der Betriebsrat vielfach das Vakuum gefüllt. In allen den Fällen, in denen die vertrauensvolle Zusammenarbeit zwischen Führungskräften und Betriebsrat zu einem Eckpfeiler der Personalpolitik gemacht worden ist, besteht die Möglichkeit, Diskrepanzen zwischen dem Rollenverständnis der Führungskraft und den Rollenerwartungen ihrer Mitarbeiter zumindest sichtbar zu machen.

Personalführung mit Führungsgrundsätzen

I. Die veränderte gesellschaftliche Situation der Personalführung

Während im 19. Jahrhundert das Schicksal der Menschen, also von Aktionären und Mitarbeitern, eng an das Schicksal der Unternehmen gekoppelt war, hat der gesellschaftliche Wandel im 20. Jahrhundert bewirkt, daß Entkoppelungseffekte wirksam geworden sind. Die Menschen sehen ihr Schicksal nicht mehr als untrennbar mit dem Schicksal ihres Unternehmens verbunden an. Diese Entkoppelung hat beträchtliche Auswirkungen auf die Personalführung im Unternehmen. Mit der Verabschiedung von schriftlich formulierten Führungsgrundsätzen versuchen die Unternehmen, die Auswirkungen dieser veränderten gesellschaftspolitischen Situation auf die Personalführung sichtbar und ihren Mitarbeitern mit Führungsverantwortung verständlich zu machen und sie gleichzeitig in konkrete Maßnahmen der Personalführung umzusetzen.

Nicht jedem mag die These von der Entkoppelung des Schicksals der Mitarbeiter von dem Schicksal seines Unternehmens unmittelbar einleuchtend erscheinen. Wirtschaftliche Schwierigkeiten und eine Arbeitslosigkeit, deren Ausmaß weit über das hinausgeht, was den Erlebnishorizont der letzten 15 Jahre prägte, mögen Zweifel an dieser These aufkommen lassen. Sie soll daher durch zwei soziale Indikatoren belegt werden.

Die Indikatorenbündel, mit denen dieser Entkoppelungseffekt verständlich gemacht werden soll, sind einmal Meßzahlen, die die wirtschaftliche und soziale Sicherheit der Menschen beschreiben, zum anderen Kriterien, die Aussagen über die wirtschaftliche und soziale Beweglichkeit der Menschen machen. Die wirtschaftliche und soziale Sicherheit zeigt, wie unabhängig das Schicksal des einzelnen von dem Schicksal seines Unternehmens ist. Die wirtschaftliche und soziale Beweglichkeit der Menschen ist ein Maß dafür, wie schnell neue Lösungsmöglichkeiten bei auftretenden Krisen und Schwierigkeiten von den Menschen gefunden werden.

Als Indikatoren für die wirtschaftliche und soziale Sicherheit seien aus der vom Bundesminister für Arbeit und Sozialordnung herausgegebenen Zusammenstellung sozialer Indikatoren die folgenden herausgegriffen[1]:

---

[1] Der Bundesminister für Arbeit und Sozialordnung, Gesellschaftliche Daten 1973, 2. Aufl., Bonn 1974.

1. Von 1950 bis 1960 sank die Arbeitslosenquote von 11 % auf 1 % und blieb bis 1972 konstant. 1974 betrug sie 2,6 %, was im Vergleich zu den vorausgegangenen 16 Jahren als katastrophal hoch empfunden wurde. Eine über Jahrzehnte hinweg so niedrige Arbeitslosenquote, wie sie die Bundesrepublik aufwies, vermittelt ein starkes Gefühl der Sicherheit und Selbständigkeit.

2. Von 1952 bis 1974 hat sich die ärztliche Versorgung der Bevölkerung ständig verbessert. Der Krankenversicherungsschutz der Bevölkerung ist ständig ausgebaut worden. Die Gruppe der Nichtversicherten hat sich ständig verringert und beträgt weniger als 1 % der Bevölkerung. Die gesetzlichen Regelungen des Arbeitsschutzes sind erheblich verbessert, die Anforderungen an die Unfallsicherheit der Arbeitsplätze erhöht worden.

3. Von 1950 bis 1972 stieg das verfügbare Einkommen der privaten Haushalte je Einwohner auf mehr als das 6fache. Während sich das Wohnungseigentum der Selbständigen-Haushalte zwischen 1950 und 1970 nur verfünffachte, stieg das Wohnungseigentum der Unselbständigen auf das 11fache. Noch deutlicher ist die Steigerung des Wohlstandes beim Geldvermögen zu erkennen. Das Geldvermögen der Unselbständigen-Haushalte war 1970 28mal so hoch wie 1950, während es bei den Selbständigen-Haushalten 20mal so hoch war. Diese Unterschiede sind beachtlich selbst dann, wenn man berücksichtigt, daß sich die Basis dieser Berechnungen dadurch verändert hat, daß die Selbständigenquote im Laufe der letzten 20 Jahre ständig gesunken ist.

Die Verbesserung der Ausstattung von Haushalten mit langlebigen Gebrauchsgütern unterstreicht diese beachtliche Wohlstandssteigerung. Der Bestand an Pkw erhöhte sich von 28 je 1 000 Einwohner im Jahre 1954 auf 260 Pkw je 1 000 Einwohner im Jahre 1972. Die Tabelle 1 gibt einen Überblick über die Ausstattung privater Haushalte mit einigen langlebigen Konsumgütern.

Tab. 1: Ausstattung privater Haushalte mit langlebigen Gebrauchsgütern

Gebrauchsgut	1962	1969
Kühlschrank	52	84
Fernsehgerät	34	73
PKW	27	44
Waschautomat	9	39
Dia-Projektor	5	15

Quelle: Der Bundesminister für Arbeit und Sozialordnung, Gesellschaftliche Daten 1973, S. 147.

Wenn materieller Wohlstand ein Gefühl der Unabhängigkeit und der Freiheit vermittelt, dann müßte dieses Gefühl in der deutschen Bevölkerung in den vergangenen 25 Jahren beachtlich gestiegen sein.

Dieses Gefühl wird noch verstärkt durch das Bewußtsein der leichten Verfügbarkeit von Gütern des materiellen Wohlstandes selbst dann, wenn man sie gegenwärtig noch nicht besitzt. Ein Indikator dafür ist die Kaufkraft der Lohnminute, die in Tabelle 2 wiedergegeben ist.

Tab. 2: Kaufkraft der Lohnminute (in Stunden und Minuten)

Gut	1938	1958	1974
1 kg Markenbutter	4 : 02	3 : 00	0 : 51
1 kg Schweinefleisch	2 : 39	2 : 29	1 : 05
1 kg Brathähnchen	3 : 10	2 : 39	0 : 31
1 kg Bohnenkaffee	6 : 39	8 : 24	1 : 52
1 Straßenanzug	62 : 25	5 : 33	25 : 29
1 Paar Herrenstraßenschuhe	14 : 52	11 : 44	5 : 55
1 l Normalbenzin	0 : 30	0 : 16	0 : 05

Quelle: Institut der Deutschen Wirtschaft, Zahlen zur wirtschaftlichen Entwicklung der Bundesrepublik Deutschland, Köln 1975, S. 53

Allerdings ist diese Erhöhung der sozialen und wirtschaftlichen Sicherheit nicht ganz ohne Kosten erzielt worden. Die Sozialquote, also das Verhältnis von Sozialausgaben zu Bruttosozialprodukt, ist von 17,1 % im Jahre 1950 auf 28,5 % im Jahre 1974 gestiegen. Der gestiegene materielle Wohlstand hat seinen Niederschlag auch in den Tarifverhandlungen gefunden. Der Lohnrahmentarif II, der den Betrieben in Baden-Württemberg soviel Schwierigkeiten bereitet, ist ein sichtbares Zeichen für die größere materielle Unabhängigkeit der Arbeitnehmer. In diesem Lohnrahmentarif wurden zum ersten Male nicht nur materielle Vereinbarungen getroffen, sondern auch Regelungen durchgesetzt, die unter dem Stichwort „Humanisierung der Arbeitsbedingungen" und „Qualität der Arbeit und des Lebens" in den Tarifverhandlungen zusammengefaßt wurden.

Als Indikatoren für die wirtschaftliche und soziale Beweglichkeit der Menschen können die folgenden Größen angesehen werden:

1. Voraussetzung für eine größere Beweglichkeit der Menschen ist die Reduktion der Arbeitszeit. Die wöchentliche Arbeitszeit der Arbeiter in der Industrie ist von 1950 auf 1974 um 12,7 % gesunken. Gleichzeitig wurde der Urlaubsanspruch der männlichen abhängigen Erwerbstätigen von 14 Tagen im Oktober 1960 auf 21 Tage im Oktober 1969 erhöht.

2. Die Zahl der Reisenden (mit einer Reisedauer von 5 Tagen und mehr im Jahr) in Prozent der Bevölkerung stieg von 26,4 % im Jahre 1962 auf 42,2 % im Jahre 1971.

3. Während der Anteil der Studierenden an der gleichaltrigen Bevölkerung 1965 rund 6 % betrug, lag er 1972 bei 11 %. Es wird damit gerechnet, daß er in den achtziger Jahren bei 30 % liegen wird. Im Jahre 1974 lag der Anteil der Studienberechtigten an der Gesamtzahl der gleichaltrigen Bevölkerung schon bei über 20 %.

4. Soziale Beweglichkeit äußert sich auch in der Informationsaufnahme. Auf die starke Ausweitung des Bestandes an Fernsehgeräten wurde schon hingewiesen. Es erscheint aber auch nicht unerheblich, daß die Verkaufsauflage der Tageszeitungen in der Bundesrepublik von 13,6 Mill. im Jahre 1955 auf 21,0 Mill. im Jahre 1973 gestiegen ist. Die Fachzeitschriften konnten ihre Verkaufsauflage von 16,5 Mill. im Jahre 1953 um 18 % auf 19,4 Mill. Stück im Jahre 1973 erhöhen.

Sicherheit und Beweglichkeit haben den persönlichen Freiheitsraum des einzelnen Menschen in den letzten 25 Jahren erheblich vergrößert. Seine Rolle als Arbeitnehmer ist nicht mehr die einzige soziale Rolle, die zu spielen er in der Lage ist. Das kann aber nicht ohne Rückwirkung auf die gesellschaftliche Rolle bleiben, die die Unternehmen spielen bzw. die ihnen von der Gesellschaft zugewiesen wird.

Die Struktur der Belegschaft sowie das Bewußtsein der Mitarbeiter haben sich unter dem Einfluß der genannten gesellschaftlichen Entwicklungen zu höherem Wohlstand, höherer Bildung und größerer Mobilität nicht unerheblich verändert. Hinzu kommt, daß die Arbeitnehmer ihren Einfluß im Unternehmen ständig haben vergrößern können. Mitbestimmungsgesetz und Betriebsverfassungsgesetz sind neben vielen anderen deutliche Kennzeichen dieser Entwicklung. Daraus folgt, daß Auswirkungen gesellschaftlicher Veränderungen auf die Zielvorstellungen der Arbeitnehmer eines Unternehmens schnell und stark in Einflußnahme auf die Willensbildung in der Unternehmensführung umgesetzt werden. Das Konfliktpotential einer selbstbewußten Belegschaft ist größer als das der Kleinaktionäre einer Publikumsgesellschaft. Geht man davon aus, daß im Konflikthaushalt der Unternehmensleitung nur eine begrenzte Zahl von Konflikten gleichzeitig bewältigt werden kann, so folgt daraus die Hypothese, daß die Belegschaft ihre Vorstellungen leichter durchsetzen kann als die Aktionäre, und zwar selbst dann, wenn man unberücksichtigt läßt, daß die Interessen der Kleinaktionäre erheblich breiter streuen dürften als die der Belegschaft.

Für die Personalführung im Unternehmen ergeben sich daraus neue Probleme und Aufgaben. Die schriftlich formulierten Führungsgrundsätze der Unternehmen machen diese Aufgaben allen Mitarbeitern mit Personalverantwortung sichtbar und versuchen, ihnen Instrumente in die Hand zu geben, mit denen diese Aufgaben bewältigt werden können.

Im folgenden ist daher zunächst zu zeigen, daß die Führungsgrundsätze diese gesellschaftlichen Veränderungen widerspiegeln. Daran anschließend ist zu zeigen, in welcher Weise die Führungsgrundsätze dazu beizutragen versuchen, diese Aufgaben zu meistern.

II. Der Niederschlag gesellschaftlicher Entwicklungen in den Führungsgrundsätzen der Unternehmen

Der Niederschlag gesellschaftlicher Veränderungen in den Führungsgrundsätzen der Unternehmen soll in vier Punkten aufgezeigt werden:

1. am gewandelten Selbstverständnis der Unternehmen,

2. an den Bezugsgruppen der Willensbildung,

3. an Aufgaben und Zielen des Unternehmens,

4. am Führungsstil der Unternehmen, der als Richtschnur für Maßnahmen der Personalführung jedes einzelnen Vorgesetzten vorgeschlagen wird.

Es soll dabei sichtbar werden, daß sich ein — der Ökonom sagt — Wandel vom „Verkäufermarkt" zum „Käufermarkt" vollzogen hat. Die Entkoppelung der beschäftigten Menschen vom Unternehmen hat dazu geführt, daß die Unternehmen aus der *Rolle des Arbeitgebers,* der die Arbeit an das Heer der Arbeitsuchenden vergibt und verteilt, in die *Rolle des Mitarbeitersuchers* haben wechseln müssen, eines Mitarbeitersuchers, der für Arbeitsplätze in harter Konkurrenz mit anderen „Anbietern" „Käufer" sucht. Ein wichtiges „Marketing-Instrument" in diesem Prozeß sind die Führungsgrundsätze.

1. Das gewandelte Selbstverständnis der Unternehmen

Die Unternehmen des 19. Jahrhunderts empfanden sich als Produzenten von Waren und Dienstleistungen zu stets sinkenden Preisen. Dieses Selbstverständnis der Unternehmen läßt sich auch aus den Führungsgrundsätzen nachweisen. Gleichzeitig aber zeigt die Analyse deutlich, daß die Unternehmen ihre Rolle in der Gesellschaft breiter zu definieren suchen. Tabelle 3 enthält Zahlenangaben über die quantitative Bedeutung von Merkmalen des Selbstverständnisses der Unternehmen, die Führungsgrundsätze erlassen haben.

Tab. 3: Elemente des Selbstverständnisses von Unternehmen

Das Unternehmen versteht sich als	Anzahl der Erwähnungen in Führungsgrundsätzen
1. soziale Einrichtung, in der sich Mitarbeiter frei entfalten	13
2. Hersteller von Produkten, mit denen der Markt versorgt wird	12
3. Konkurrent anderer Hersteller, der seine Marktstellung erhalten und ausbauen will	9
4. Teil einer freiheitlichen Gesellschaftsordnung, zu der es sich bekennt	7
5. soziale Institution, die die Belange des Gemeinwohls beachtet	7
6. Hersteller von umweltfreundlichen Produkten und Verfahren	3

Während die Merkmale 2 und 3 als Merkmale des traditionellen Selbstverständnisses von Unternehmen bezeichnet werden können, deutet die Betonung der Merkmale 1, 4 und 5 auf eine Ausweitung des Selbstverständnisses als Ergebnis veränderter Rollenerwartungen in der Gesellschaft hin. Besonders bemerkenswert erscheint, daß die Unternehmen sich als eine soziale Einrichtung verstehen und daß dieses Merkmal genauso stark ausgeprägt ist wie das Merkmal „Produzent von Gütern und Dienstleistungen".

Zur näheren Erläuterung wird im folgenden eine Reihe von Zitaten angeführt, die diese Ausweitung des Selbstverständnisses präzisieren. Am weitesten geht wohl das Unternehmen, das „seine wichtigste Aufgabe darin sieht, einen möglichst großen und wirkungsvollen Beitrag für die Gesellschaft zu leisten" (19)[2]. Im allgemeinen lassen sich zwei Typen von Führungsgrundsätzen unterscheiden:

— Beim ersten Typ sind es wirtschaftliche Ziele, die unter Einhaltung von Nebenbedingungen, die das Gemeinwohl berücksichtigen, angestrebt werden.

— Beim zweiten Typ steht dagegen das Ziel im Vordergrund, soziale Ziele unter der Nebenbedingung eines angemessenen wirtschaftlichen Erfolges zu verwirklichen.

---

[2] Die Zahlen geben die fortlaufende Numerierung der Führungsgrundsätze gemäß den Arbeitspapieren an. Auf eine namentliche Zitierung der Führungsgrundsätze wird verzichtet.

Der erste Typ kommt in der Feststellung deutlich zum Ausdruck: „Ertragsdenken stößt dort an seine Grenzen, wo es die Gesetze kameradschaftlicher Zusammenarbeit verletzt oder wo es im menschlichen oder sozialen Bereich unangemessene oder gar unverantwortbare Wirkungen auslöst" (32). In einem anderen Führungsgrundsatz heißt es: „Das generelle Unternehmensziel besteht in dem Erreichen eines möglichst günstigen wirtschaftlichen Ergebnisses ... unter Beachtung der sozialen Verpflichtungen" (28).

Für den zweiten Typ ist die folgende Aussage kennzeichnend: „Alle Vorgesetzten sind aufgerufen, das Unternehmen als Beispiel für eine Gesellschaftsordnung zu verstehen, die unter Wahrung des Leistungsprinzips den sozialen Fortschritt und die Freiheit des einzelnen zum Ziel hat" (1).

Vereinzelt findet sich allerdings auch die Ansicht, daß die Verfolgung des einen Ziels nicht seine Grenze an den vom anderen Ziel ausgehenden Bedingungen findet, sondern daß beide Ziele in dieselben Richtungen weisen: „Mit einer Stärkung der Leistungskraft unseres Unternehmens dienen wir zugleich der Gesellschaft" (5). Diese Aussage erinnert an den bekannten Satz: „What's good for General Motors, is good for the United States."

„Dienst für die Gesellschaft, in der wir leben" (27), Übernahme der „staatsbürgerlichen Verantwortung" und „die Teilnahme am sozialen, kulturellen Leben unseres Gemeinwesens" (26), „Verantwortung gegenüber der Gesellschaft, in der wir leben" (25), bringen zum Ausdruck, daß die Unternehmen versuchen, sich als eine gesellschaftliche Institution zu begreifen, die von der „Zustimmung der Gesellschaft (lebt), welche die privatwirtschaftliche Betätigung zuläßt und fördert, aber auch ihre Grenzen bestimmt" (19).

Noch deutlicher als diese gesamtgesellschaftliche Komponente in den Führungsgrundsätzen kommt in ihnen der mitarbeiterzentrierte Charakter der modernen Großunternehmen zum Ausdruck. Dabei wird die Befriedigung der auf der Bedürfnispyramide von Maslow an oberster Stelle stehenden Bedürfnisse des Menschen nach Selbstverwirklichung als eine zentrale Aufgabe der Unternehmen angesehen: „(Das Unternehmen) begreift sich als dynamischen, sozialen Organismus, der allen Führungskräften und Mitarbeitern im Rahmen der durch die Geschäftspolitik festgelegten Ziele die Entfaltung ihrer Fähigkeiten ermöglichen und damit zur Selbstverwirklichung verhelfen will" (9).

Ein Unternehmen ist bestrebt, seinen Mitarbeitern „auch im Berufsleben eine Möglichkeit zur Entfaltung ihrer Persönlichkeit zu geben". Den für die Selbstverwirklichung des Menschen im Unternehmen erforderlichen Rahmen sprechen die Führungsgrundsätze des Unternehmens (25) an. „Nur gegenseitige Achtung, verständnisvolle Toleranz und Anerkennung von Privateigentum verbürgen die für die Entfaltung des Menschen wichtigste

Voraussetzung: seine Freiheit." Und in den Grundsätzen der Personal- und Sozialpolitik des Unternehmens (41) heißt es: „Dieses Ziel kann nur erreicht werden, wenn es gelingt, jedem Mitarbeiter einen so großen Freiheitsraum zu geben, wie dies die betrieblichen Möglichkeiten erlauben."

Als Ergebnis ist festzuhalten: Im Selbstverständnis vieler Unternehmen reicht es nicht aus, den Markt mit Produkten und Dienstleistungen zu versorgen und „so rentabel wie möglich zu arbeiten" (12). Die Unternehmen sehen vielmehr, daß sowohl aus ihrer gesellschaftlichen Umwelt als auch aus der Belegschaft weiter gehende Ansprüche an sie gestellt werden, und bringen zum Ausdruck, daß sie diese Ansprüche für legitim halten.

2. Die Wandlungen in der Bedeutung der Bezugsgruppen für die Willensbildung im Unternehmen

Die These des vorausgegangenen Abschnitts, daß sich das Selbstverständnis der Unternehmen als Reaktion auf Verschiebungen in den Ansprüchen von Gesellschaft und Mitarbeitern an das Unternehmen verändert hat, bedarf der Präzisierung. Das Selbstverständnis der Unternehmen in dem hier gebrauchten Sinne wird von den Vorständen der Unternehmen formuliert. Die Führungsgrundsätze, in denen die zitierten Aussagen stehen, sind von den Vorständen erlassen worden. Die Führungsgrundsätze sind damit indirekt ein Indiz dafür, an welchen Personengruppen die Vorstände ihre Unternehmenspolitik vor allem orientieren und in wessen Interesse sie sie formulieren.

Die Bedeutung der Anteilseigner als einer Personengruppe, die die Unternehmenspolitik maßgeblich beeinflußt, ist deutlich gesunken, wie die Führungsgrundsätze erkennen lassen. In 19 der analysierten Führungsgrundsätze werden die Personengruppen, deren Interessen für die Willensbildung im Unternehmen bedeutsam sind, ausdrücklich angesprochen, ohne daß eine Unterscheidung nach Eigen- und Fremdkapitalgebern gemacht würde. In einem Falle (19) wird die Gruppe der Kapitalgeber näher definiert: Es handelt sich um „Sparer bei den Kreditinstituten und Aktien*sparer*".

Eine Übersicht über die in den Führungsgrundsätzen erwähnten Gruppen, denen gegenüber eine Verantwortung des Unternehmens besteht und akzeptiert wird, gibt Tabelle 4. Sie zeigt den mittleren Rangplatz, den diese Bezugsgruppe für das Unternehmen einnimmt. Als mittlerer Rangplatz wird dabei die mittlere Stelle bezeichnet, an der die entsprechende Gruppe in den Führungsgrundsätzen Erwähnung findet.

In acht Führungsgrundsätzen sind sowohl die Kapitalgeber als auch die Mitarbeiter als Referenzgruppe erwähnt. In fünf dieser acht Führungsgrundsätze werden die Mitarbeiter vor den Kapitalgebern erwähnt, zwei

Tab. 4: *Bezugsgruppen für die Willensbildung im Unternehmen*

Bezugsgruppe	Erwähnung in Führungsgrundsätzen	Mittlerer Rangplatz
Mitarbeiter	18	1,56
Kunden	10	2,00
Kapitalgeber	8	2,38
Öffentlichkeit	10	2,90
Lieferanten	2	4,00

der verbleibenden drei Unternehmen, in denen die Reihenfolge der Erwähnung umgekehrt ist, sind Schweizer Unternehmen.

Die Durchsicht der Führungsgrundsätze läßt mithin die folgende Hypothese vertretbar erscheinen: Die Unternehmen sind keine sozialen Gebilde mit einer einzigen „Wählerschaft" mehr, sondern Organisationen mit mehreren „Wählergruppen". Der für die USA konstatierte Wandel von der „single-constituency corporation" zur „multi-constituency organization"[3] hat auch die deutschen Unternehmen erfaßt.

3. Die Wandlungen in den Aufgaben und Zielen unternehmerischer Tätigkeit

Mit dieser Wandlung des Selbstverständnisses und der Bezugsgruppen, an denen sich die Unternehmensleitungen orientieren, ist auch eine Wandlung der Aufgaben und Ziele unternehmerischer Tätigkeit einhergegangen. Dies betrifft insbesondere den Stellenwert des Rentabilitätsziels und die Interpretation dieses Unternehmensziels in den Führungsgrundsätzen der Unternehmen.

Die folgenden Aussagen lassen sich an Hand der Führungsgrundsätze belegen:

— Gewinnerzielung ist ein nach wie vor vorrangiges Ziel der Unternehmenspolitik. Gewinnerzielung wird aber nicht so sehr als Voraussetzung für die Erfüllung von Aktionärsinteressen denn vielmehr als eine gesellschaftspolitische Aufgabe gesehen.

---

[3] O. Verf., The Corporation and its Obligation, An Interview with C. Peter McColough of Xerox Corporation, in: Harvard Business Review, May/June 1975, S. 127.

— Der Sicherung von Wettbewerbsfähigkeit, Stabilität und Wachstum des Unternehmens dienen die Entscheidungen im Unternehmen in besonderem Maße.

— Im Entscheidungsprozeß der Unternehmen nimmt das Ziel der Sicherung von Arbeitsplätzen, der Existenzsicherung der Mitarbeiter und der Erfüllung sozialer und humaner Bedürfnisse einen besonderen Rang ein.

Tabelle 5 enthält einen Überblick über die Unternehmensziele, die in den Führungsgrundsätzen genannt werden.

Tab. 5: Unternehmensziele und ihre Bedeutung

Unternehmensziel	Zahl der Erwähnungen	Mittlerer Rangplatz	Verteilung der Rangplätze			
			1.	2.	3.	weitere
Wettbewerbsfähigkeit	4	1,75	2	1	1	–
Gewinn, Erfolg	15	1,87	9	3	1	2
Wachstum	8	2,50	2	3	1	2
Stabilität	6	2,50	1	2	2	1
Sicherung der sozialen Belange der Mitarbeiter	8	3,13	1	3	1	3
Sicherung der Arbeitsplätze	7	3,88	–	3	–	4

Die Führungsgrundsätze betonen die gesellschaftliche Funktion der Unternehmensrentabilität. Selbst in dem einzigen Führungsgrundsatz, in dem das Wort „Gewinnmaximierung" erscheint, ist es instrumental für die Erreichung des Ziels der Arbeitsplatzsicherheit: „Neben dem Ziel der Gewinnmaximierung, der Steigerung der Marktbedeutung und — damit verbunden — der langfristigen Sicherung der Arbeitsplätze unseres Unternehmens..." (15). In anderen Führungsgrundsätzen heißt es: „Die Erwirtschaftung eines angemessenen Ertrages dient der Sicherung der Arbeitsplätze" (5). „Von der Ertragskraft (des Unternehmens) hängt seine Fähigkeit ab, seinen Leistungsbeitrag zu verbessern, die Sicherheit der Arbeitsplätze zu gewährleisten und den Staat bei der Erfüllung seiner Aufgabe zu unterstützen" (6).

„Nur Gewinnerzielung setzt das Unternehmen in die Lage, die Einkommensverhältnisse der Mitarbeiter zu verbessern" (14).

Die gesellschaftliche Rechtfertigung der Gewinnerzielung und der Gewinnverwendung nimmt mithin in den Führungsgrundsätzen einen breiten Raum ein. Das läßt zumindest den Schluß zu, daß die gesellschaftliche Funktion nach privatwirtschaftlichen Grundsätzen geführter Unternehmen nicht mehr selbstverständlich ist. Sie bedarf der Rechtfertigung.

Es ist nicht richtig, in dieser Argumentation für den Gewinn als einen „social indicator" nur die Verteidigung gegen populäre und modische Angriffe auf unser Wirtschaftssystem sehen zu wollen. Vielmehr ist darin eher die Auffüllung einer Lücke im Argumentationshaushalt der Unternehmen der fünfziger und sechziger Jahre zu sehen: Gerade eine liberale, auf dezentrale Organisation und Willensbildung angelegte Wirtschaftsordnung bedarf der dauernden Legitimation im gesellschaftlichen Bewußtsein. Unterlassungssünden der fünfziger und sechziger Jahre werden in den Führungsgrundsätzen bewältigt. In diesem Sinne sind sie Zeugnisse für eine bewußtere politische Dimension in der Mitarbeiterführung. Auch darin kommt der Wandel in der Gesellschaft zu einem stärkeren gesellschaftspolitischen Bewußtsein in der Bevölkerung zum Ausdruck.

4. Die Wandlungen im Führungsstil

a) Der Wandel vom autoritären zum partizipativen Führungsstil

Im vorausgegangenen Abschnitt wurde gezeigt, daß die Verlagerung der Gewichte im Entscheidungsprozeß der Unternehmen letztlich auf ein wacheres, um nicht zu sagen stärker kritisches Bewußtsein in der Gesellschaft zurückzuführen ist. Im folgenden soll gezeigt werden, wie diese Entwicklung zum „mündigen Bürger", um ein Schlagwort zu gebrauchen, mit dem man den Wandel in der Bevölkerung zu einer selbstbewußteren, wirtschaftlich unabhängigeren und politisch besser gebildeten Bewußtseinshaltung zu umschreiben pflegt, auch ihren Niederschlag in der Mitarbeiterführung in den Unternehmen findet. Für diesen Nachweis werden die Führungsgrundsätze herangezogen.

In ihrer Untersuchung des Führungsstils von Managern verschiedener Nationen glaubten Haire, Ghiselli und Porter Anfang der sechziger Jahre noch Grund zu der Feststellung zu haben, daß der deutsche Manager seiner Aufgabe nur mit Härte, Tatkraft, Durchsetzungsvermögen, Unfehlbarkeit und Autorität gerecht zu werden glaubte. Sie stuften daher seinen Führungsstil als eher autoritär ein[4].

In den letzten Jahren hat sich im Führungsstil der deutschen Unternehmen ein beachtlicher Wandel vollzogen. Er kommt in den untersuchten Führungsgrundsätzen deutlich zum Ausdruck. Die Ablehnung eines autoritären und der Wille zur Entwicklung eines kooperativen Führungsstils lassen sich eindeutig nachweisen.

Im folgenden wird dieser Wandel von einer mehr instrumentellen zu einer personalen Auffassung vom Mitarbeiter im Unternehmen an Hand der Führungsgrundsätze dargestellt. Dabei stehen vier Thesen im Mittelpunkt:

---

4) Haire, M., E. H. Ghiselli und L. W. Porter, Managerial Thinking, An International Study, New York — London — Sydney 1966, S. 50 ff.

1. Die Unternehmen sehen in ihren Mitarbeitern mündige, selbstverantwortliche Menschen, deren Interessen respektiert werden müssen.
2. Die Unternehmen erkennen an, daß solche Mitarbeiter nicht durch Befehl, sondern nur durch Überzeugung zu führen sind.
3. Die Unternehmen haben gelernt, daß Leistungsbereitschaft nicht die zwangsläufige Folge des Arbeitsvertrages ist, sondern aus der Übernahme sinnvoller und verantwortungsvoller Arbeit erfolgt.
4. Die Unternehmen tragen der Tatsache, daß ihre Mitarbeiter eigenverantwortliche Tätigkeiten ausüben wollen, durch eine stärkere Dezentralisierung des Entscheidungsprozesses Rechnung. Information und Delegation von Verantwortung sind die wichtigsten Führungsmittel in einem solchen Entscheidungsprozeß.

b) Das Bild des Mitarbeiters in den Führungsgrundsätzen

Das Menschenbild, von dem die Theorie der Führung von Mitarbeitern ausgeht, hat sich im Laufe der Entfaltung dieser Theorie nicht unerheblich verändert. Es können vier Stadien unterschieden werden:

Stadium A: Der Mensch ist ein passives Wesen, das nur durch wirtschaftliche Anreize motiviert werden kann.

Stadium B: Der Mensch ist kreativ und will Initiative entfalten.

Stadium C: Der Mensch strebt nach Selbstverwirklichung.

Stadium D: Der Mensch will sein fachliches Können bei sinnvoller Arbeit unter Beweis stellen.

Diese Skizzierung der aus der Führungslehre bekannten Menschenbilder mag hier als Vorbereitung auf die Frage genügen, welches Menschenbild sich aus den Führungsgrundsätzen herausschälen läßt. Tabelle 6 gibt die Antwort auf diese Frage.

Aus Tabelle 6 ergeben sich zwei Aussagen: Erstens lassen sich nur aus 40 % der Führungsgrundsätze Aussagen über das Menschenbild direkt ableiten, und zweitens sind die Menschenbilder auf die von der Führungslehre herausgearbeiteten Typen ziemlich gleichmäßig verteilt.

Daß die Unternehmensleitungen sich mit dieser Betonung eines den „mündigen Mitarbeiter" beschreibenden Menschenbildes den gewandelten Anforderungen an Führung angepaßt haben, bringt der Führungsgrundsatz des Unternehmens (20) klar zum Ausdruck: „Mitarbeiter sind heute nicht mehr bereit, einer Führung zu folgen, die es ihnen nicht gestattet, Individualität zu entwickeln." So liegt es nahe, daß die Unternehmen versuchen, sich der veränderten Situation unter den Mitarbeitern durch einen veränderten Führungsstil anzupassen.

Tab. 6: Das Menschenbild der Führungsgrundsätze

Stadium	Zahl der Führungs-grundsätze	Beispiele
A	–	–
B	4	»Fähige und engagierte Mitarbeiter mit Initiative und Verantwortungsgefühl« (15).
C	3	»Die Mitarbeiter wollen Individualität entwickeln« (20). »Das Verhalten des Mitarbeiters wird von vier Grundmotiven Selbstentfaltung, Sicherheit, Selbstgestaltung und Gemeinschaftserlebnis bestimmt« (29).
D	4	»Den Mitarbeiter kennzeichnet Entfaltung des fachlichen Könnens, interessiertes Mitdenken und Mitentscheiden und Übernahme von Verantwortung für die Aufgabenerfüllung« (33).
A, C	1	»Wir glauben daran, daß viele Mitarbeiter außer dem Bedürfnis nach einem höheren Einkommen ein solches nach höherer Verantwortung für ihre Arbeit haben und nur dann die Entfaltung ihrer schöpferischen Kräfte möglich ist, wenn sie in einem hohen Maße an der Gestaltung und Organisation ihrer Tätigkeiten mitwirken können« (16).
C, D	1	»Jeder Mensch möchte eine Arbeit haben, bei der er sich, seine Begabung und sein Können einsetzen kann. Er will sinnvolle Arbeit leisten« (14).
B, D	1	»Mitarbeiter wollen sich mit ihrer Arbeit identifizieren, Spielraum zur Entfaltung haben u. in einer Mannschaft arbeiten« (19).
insgesamt	14	

c) Der kooperative Führungsstil

Das Bekenntnis der Führungsgrundsätze zu einem kooperativen oder partizipativen Führungsstil geht sehr weit. Dieses Bekenntnis erscheint notwendig angesichts der Tatsache, daß sich „in der Bundesrepublik Deutschland die Führungsformen in den letzten Jahrzehnten grundlegend gewandelt haben. Immer mehr tritt der autoritär-patriarchalische Führungsstil in den Hintergrund, weil er unserer Zeit nicht mehr entspricht. Er ist durch neue Führungsformen ersetzt worden, die z. B. ihren Ausdruck in der ‚Führung im Mitarbeiterverhältnis' finden" (4). Die Interpretation dessen, was als kooperativer Führungsstil verstanden wird, umfaßt eine breite Skala von Meinungen.

Tabelle 7 gibt die Verteilung der Führungsgrundsätze auf die verschiedenen Führungslehren wieder, deren Einfluß auf die Formulierung der Grundsätze unverkennbar ist.

Tab. 7: *Führungsstile und Führungslehren*

Führungsstil	Zahl der Nennungen	Bemerkungen
1. Führung im Mitarbeiterverhältnis	7	In zwei Fällen wird das »Harzburger Modell« ausdrücklich erwähnt.
2. Kooperativer Führungsstil	8	»Kooperative Führung ist gekennzeichnet durch vertrauensvolle Zusammenarbeit zwischen Führungskräften, Mitarbeitern und Betriebsräten« (28). »Ein auf Kooperation ausgerichtetes Führungsverhalten besteht u. a. darin, daß Aufgaben nicht durch bloße Anweisungen oder Befehl erteilt, sondern erläutert und begründet werden und daß die Mitarbeiter in einem sinnvollen Rahmen an Entscheidungen, die ihre Arbeit betreffen, beteiligt werden« (41).
3. Partizipativer Führungsstil	5	»Ein auf Zusammenarbeit gerichteter aufgeschlossener Führungsstil zum Wohle des Unternehmens und seiner Mitarbeiter« (1).
4. Management by Objectives	7	»In unserem Unternehmen wollen wir mit Hilfe von lang- und kurzfristigen Zielsetzungen führen. Dies ist, kurz gesagt, das Führen nach dem Zielprinzip« (15).
5. Management by System	3	
6. Management by Example	2	
7. Management by Exception in Verbindung mit Management by Objectives und partizipativem Management	1 1	
8. Sonstige	3	
Insgesamt	37	

In 20 von 37 Führungsgrundsätzen ist der kooperative Führungsstil als Grundsatz der Mitarbeiterführung verankert. Die Tatsache, daß sich unter diesen 20 Führungsgrundsätzen 7 direkt oder indirekt auf das Harzburger

Modell berufen, ist deshalb interessant, weil in der Diskussion dem Harzburger Modell „bürokratisch-autoritäre Elemente" nachgewiesen worden sind[5].

Die Durchsicht der Führungsgrundsätze läßt es mithin berechtigt erscheinen, die folgenden Schlüsse zu ziehen:

— Mitarbeiter können sich gegenüber einem autoritären Vorgesetzten auf praktisch alle Führungsgrundsätze berufen, da dieser Führungsstil als unzulässig bezeichnet wird.

— In der Beschreibung der Führungsstile kommt die Überzeugung zum Ausdruck, daß sich die Anforderungen der Mitarbeiter an den Vorgesetzten so verändert haben, daß nur ein kooperativer Führungsstil Mitarbeiter zum Einsatz ihrer Arbeitskraft veranlassen kann.

— Die Führungsgrundsätze spiegeln aber auch wider, daß sich, wenn nicht die Gesellschaft, so doch mindestens die Management-Literatur seit den Tagen von Taylor und Fayol weiterentwickelt hat. Die Führungsgrundsätze vermitteln einen repräsentativen Querschnitt durch die gegenwärtig diskutierten „Führungslehren".

III. Die Instrumente der Personalführung

Die Führungsgrundsätze bleiben bei der Feststellung einer gewandelten Bewußtseinshaltung und ihrer Bedeutung für die Wandlung des Selbstverständnisses und der Aufgabenformulierung von Unternehmen nicht stehen. Sie versuchen, den Vorgesetzten auch eine Richtschnur für Führungsentscheidungen im Personalbereich zu geben und den Einsatz verschiedener Instrumente der Personalführung bewußt zu machen.

Zu den Instrumenten der Personalführung, die in den Führungsgrundsätzen vorwiegend Erwähnung finden, gehören

1. die Delegation von Verantwortung,

2. die Information von Mitarbeitern,

3. die Motivation von Mitarbeitern.

1. Die Delegation von Verantwortung

Die Unterscheidung in die Produktionsfaktoren „Arbeit" und „dispositiver Faktor" beziehungsweise in „dispositive Arbeit" und „ausführende Arbeit", die die Lehrbücher der Volkswirtschaftslehre und der Betriebswirtschaftslehre kennzeichnet, wird den veränderten gesellschaftlichen Strukturen

---

[5] Jegge, D., Darstellung und Vergleich des Harzburger Modells, Mitgliederdienst GSB, 2/1970; vgl. Kindlimann, W., Führungsmodelle aus der Sicht des Betriebspsychologen, in: Neue Zürcher Zeitung vom 1. 3. 1972; vgl. auch oben S. 29 ff.

nicht mehr gerecht. In den Führungsgrundsätzen finden sich daher derartige Unterteilungen auch nicht mehr. Vielmehr wird ein abgestuftes System von Entscheidungskompetenzen entwickelt. Darauf weist der Führungsgrundsatz (12) besonders deutlich hin: „Das Unternehmen hat wie jede Organisation unterschiedliche Verantwortungsebenen. Daraus ergeben sich abgestufte Weisungsbefugnisse, die nur für den unmittelbar zugeordneten Verantwortungsbereich gelten ... Mit Zielen und Aufgaben sind auch Verantwortung und Befugnisse zu übertragen. Sie müssen den Zielen und Aufgaben entsprechen und sind für diese klar zu definieren und eindeutig zu delegieren. Damit erhält jeder Mitarbeiter, dem Befugnisse übertragen werden, einen Ermessensspielraum, in dessen Rahmen er selbständig und verantwortlich handeln kann und muß."

Die Führungsgrundsätze unterscheiden zwischen Handlungsverantwortung des Mitarbeiters und Führungsverantwortung des Vorgesetzten. Diese Abgrenzung entstammt den rezepthaften Vorstellungen des „Harzburger Modells" und entspricht eher der Einteilung in dispositive und ausführende Tätigkeit als dem Bild des mündigen Mitarbeiters auf unterschiedlichen Verantwortungsebenen mit abgestuften Führungsfunktionen und entsprechender Führungsverantwortung.

2. Die Information von Mitarbeitern

Mit Ausnahme der Führungsgrundsätze einiger ausländischer Unternehmen enthalten alle Führungsgrundsätze Ausführungen über die Information. Alle Führungsgrundsätze behandeln Information als einen Prozeß, der in beide Richtungen läuft: vom Vorgesetzten zum Mitarbeiter und vom Mitarbeiter zum Vorgesetzten. „Information ist keine Einbahnstraße", heißt es in einem Fall ausdrücklich (32).

Die Ziele, die mit der Information verfolgt werden, zeigen vor allem die Führungsgrundsätze (41) auf: „Eine rechtzeitige und umfassende Information über betriebliche Zusammenhänge und Maßnahmen trägt dazu bei, die Mitarbeiter am allgemeinen betrieblichen Geschehen zu beteiligen. Sie fördert ihr Selbstbewußtsein und gibt ihnen ein Gefühl der Sicherheit in unerwarteten und neuen Situationen."

Der Inhalt der Informationen, die weiterzugeben sind, wird in den Führungsgrundsätzen stets festgelegt: Der Vorgesetzte hat den Mitarbeiter über seinen Aufgabenbereich und über den Zusammenhang, in dem sein Aufgabenbereich im Gesamtunternehmen steht, zu informieren. Der Mitarbeiter dagegen muß seinen Vorgesetzten über den Stand der Arbeit innerhalb seines Delegationsbereiches auf dem laufenden halten und ihn über wichtige Ereignisse, die für den eigenen Arbeitsbereich des Vorgesetzten von Bedeutung sind, informieren. Vielfach wird zwischen Grundinformation, laufender Information und Information über den Arbeitserfolg unterschieden.

Eine Bindung des Informationssystems an den Dienstweg findet man in den Führungsgrundsätzen nicht mehr. Dieses Prinzip autoritärer Führung ist durch die Forderung nach einem „dichten Informationsnetz", das alle Mitarbeiter miteinander verbindet, ersetzt (10). Üblicherweise wird dies durch den Hinweis auf die Möglichkeit der „Querinformation" zum Ausdruck gebracht. So sagen die Führungsgrundsätze (41): „Die Notwendigkeit einer intensiven Zusammenarbeit erfordert einen direkten Kontakt zwischen den einzelnen Bereichen unter Ausschaltung bürokratischer Hemmnisse."

Es wird gelegentlich erwähnt, daß selbst bei völliger Freigabe des Informationssystems nicht alle Informationslücken im Unternehmen geschlossen werden. Die Notwendigkeit, daß das informelle Kommunikationssystem das formelle Informationssystem stützt, wird in einem Führungsgrundsatz klar angesprochen (22): „Information ist nicht voll organisierbar. Optimale Information im Unternehmen kann nur erreicht werden, wenn jeder einzelne immer wieder durch spontane Bereitschaft zur Zusammenarbeit an das notwendige Unterrichten des anderen denkt." Deshalb sehen die Führungsgrundsätze vielfach auch neben Recht auf Information eine Pflicht zur Information und zur Selbstinformation vor. In einem Falle wird auch die Vertretung der Arbeitnehmer als Teil dieses Informationssystems gesehen: „In der Betriebsverfassung sorgt ein zweiter Informations- und Gesprächsweg für die notwendige Verstärkung und Ergänzung, aber auch für Kontrolle und Läuterung. Einseitige und willkürliche Urteile und Verhaltensweisen werden eingedämmt."

3. Die Motivation von Mitarbeitern

Der veränderten Sicht des Menschen im Unternehmen entspricht es, daß eine Führung durch Befehl und Anweisung abgelehnt wird und statt dessen eine Führung durch Überzeugung und Motivation als angemessen und notwendig bezeichnet wird.

Tabelle 8 enthält eine Zusammenstellung der Faktoren, die in den Führungsgrundsätzen als Instrumente der Motivation von Mitarbeitern erwähnt werden.

An der Liste fällt auf, daß Lohn und Gehalt als Motivationsfaktor und nicht als Hygienefaktor erscheinen, wie es Herzberg nachgewiesen hat. Es wird davon ausgegangen, daß das Arbeitsentgelt „auch eine erhöhte Anziehungskraft des Unternehmens gegenüber fähigen, verantwortungsbewußten, ideenreichen, aufstiegswilligen Arbeitskräften" (7) entfaltet. In einem anderen Fall wird die These vertreten, „die leistungsbezogene Bezahlung ist ein weiterer Anreiz, aber auch eine weitere Anerkennung für selbständiges

Tab. 8: Motivationsfaktoren

Motivationsfaktor	Zahl der Nennungen
1. Anerkennung und Kritik	35
2. Weiterbildung	30
3. Kontrolle	25
4. Mitwirkung bei Zielsetzung, Planung und Entscheidungsvorbereitung	19
5. Teamförmige Zusammenarbeit	10
6. Sicherheit der Arbeit	6
7. Zusammenhänge aufzeigen	6
8. Lohn und Gehalt	4
9. Argumentationszwang	2
10. Karriereplanung	1
11. Job Rotation	1
12. Sinnvolle Arbeit	1

Handeln und für die Mitverantwortlichkeit" (23). Diese Aussage jedoch wird durch den Hinweis relativiert, daß die Bewältigung der anspruchsvollen Aufgaben, die das Unternehmen dem Mitarbeiter übertrage, mehr sei als nur „Geldverdienen".

Bemerkenswert ist, daß Anerkennung und Kritik an erster Stelle in der Zahl der Nennungen stehen. Besonders deutlich werden Lob und Tadel als Motivationsinstrumente in den Führungsgrundsätzen (29) bezeichnet: „Zur Methode des Motivierens gehört neben ausreichender Information, Mitwirkung an der Entscheidungsvorbereitung und materiellem Anreiz in verstärktem Maße Lob und Tadel."

Anerkennung und Kritik werden als ein „Mittel zur Verbesserung der Leistung" (2) bezeichnet. Noch klarer spricht der Führungsgrundsatz (5) davon, daß die Kritik „der Förderung des Mitarbeiters" dienen soll und so geäußert werden muß, „daß ein gutes gegenseitiges Verhältnis erhalten bleibt".

Die Zahl der Nennungen des Motivationsfaktors Weiterbildung korrespondiert nicht in jedem Unternehmen, dessen Führungsgrundsatz diesen Motivationsfaktor aufführt, mit der Bedeutung, die die Fortbildungsaktivitäten für seine Mitarbeiter tatsächlich haben.

Dennoch wird man im ganzen sagen dürfen, daß in diesen Unternehmen die Bedeutung von Weiterbildungsmaßnahmen für die Arbeitsleistung und die Arbeitszufriedenheit der Mitarbeiter erkannt worden ist und in konkrete Maßnahmen umgesetzt worden ist.

Unter den 25 Nennungen der Kontrolle als eines Motivationsfaktors befinden sich immerhin drei, in denen die Kontrolle in Form der Selbstkontrolle vorgeschlagen wird. Besonders klar wird die Bedeutung der Selbstkontrolle im Führungsgrundsatz (10) angesprochen: „Während und nach der Aufgabenerfüllung kontrolliert jeder sein Handeln selbst, um danach sein weiteres Handeln zu steuern ... Führungskräfte sollen die Selbstkontrolle ihrer Mitarbeiter anerkennen und fördern."

An vierter Stelle in der Häufigkeit der Nennungen steht die Mitwirkung an Entscheidungen und bei der Zielformulierung. Die Formen, in denen die Führungsgrundsätze eine Mitwirkung vorsehen, sind allerdings sehr unterschiedlich. Im einzelnen kann man folgende Gruppen unterscheiden:

Ziele setzen und nach Besprechung mit Vorgesetztem festlegen	1
Beteiligung bei der Vorbereitung in größtmöglichem Umfang	1
Beteiligung an der Planung und Beratung	3
Heranziehung bei der Zielformulierung	1
Verständigung über die Ziele	1
Stellungnahme und Beratung	1
Zielvereinbarung	2
Mitwirkung an der Zielsetzung	4
Vorgesetzter bestimmt die Teil- und Einzelziele	3

Das Spektrum der Formen der Beteiligung an der Festlegung von Zielen reicht also von der Selbstverantwortlichkeit bis zum Ausschluß der Beteiligung, da der Vorgesetzte die Einzelziele bestimmt. Die hohe Zahl der Nennungen darf also nicht über semantische und sachliche Unterschiede in der Ausprägung dieses Motivationsfaktors im einzelnen hinwegtäuschen.

Besonderer Erwähnung wert sind die Motivationsfaktoren Teamarbeit, Zusammenhänge aufzeigen und Argumentationszwang. In der Betonung der Teamarbeit kommen nicht nur organisatorische, aus den Sachzwängen der Produktion folgende neue Organisationsformen zum Ausdruck, sondern auch die Tendenz in der Bevölkerung, sich zu Gruppen zusammenzuschließen. Der Tendenz zur Arbeitsteilung wirkt die Tendenz zur Arbeitszusammenfassung entgegen. Die daraus resultierende komplexere Aufgabe kann nur im Team, in der Mannschaft gelöst werden. Sie wird als sinnvolle Arbeit empfunden, die es lohnt, Kenntnisse und Fähigkeiten einzusetzen, und erfordert ein Denken in Zusammenhängen, das in der Arbeitsteilung weitgehend verlorengeht. Vier Führungsgrundsätze wiederholen die Erkenntnis, daß Mitarbeiter größere Arbeitsfreude entfalten, wenn sie den Zusammenhang „zwischen Einzelaufgabe und übergeordneten Zielen" (32) verstehen.

Die Frage drängt sich auf, warum nur zwei Führungsgrundsätze den Begründungszwang als Instrument der Personalführung erwähnen. Die denkbare Behauptung, das sei selbstverständlicher Bestandteil der Personalführung und werde deshalb nicht erwähnt, vermag nicht zu überzeugen, weil die Information von Mitarbeitern und Vorgesetzten ebenso selbstverständlich ist und dennoch sehr ausführlich behandelt wird. Wenn das Menschenbild, von dem die Führungsgrundsätze selbst ausgehen, richtig ist, dann wird sich in Zukunft der Begründungs- und Argumentationszwang, dem der Vorgesetzte unterliegt, als Motivationsinstrument weiter durchsetzen.

IV. Betriebliche Personalpolitik im Spannungsverhältnis von Führungsgrundsätzen und Führungspraxis

In der Diskussion über die Bedeutung der Führungsgrundsätze für die Mitarbeiterführung im Unternehmen hört man gelegentlich die These, daß derartige Führungsgrundsätze entweder das Ergebnis der Arbeit ehrgeiziger junger Mitarbeiter in der Personalabteilung seien oder aber Exkulpationsversuche der Unternehmen in der Öffentlichkeit darstellten. In jedem dieser Fälle wird den Führungsgrundsätzen nur eine „Feigenblattfunktion" zugewiesen: Sie sollen die Führungspraxis, die viel härter, rauher und weniger mitarbeiterfreundlich aussieht, verbergen. Vielfach gründet sich diese „Feigenblatt-These" auf die persönliche Erfahrung im Unternehmen, auf die erlebte Differenz zwischen den Aussagen der Führungsgrundsätze und der Führungspraxis. Insbesondere dort, wo aus der Abweichung der Führungspraxis von den schriftlich formulierten Führungsgrundsätzen keine Konsequenzen gezogen werden und wo ein Vorgesetzter nicht mit Sanktionen zu rechnen hat, wenn sein Führungsverhalten von dem in den Führungsgrundsätzen niedergelegten abweicht, liegt es nahe, in den Führungsgrundsätzen nichts als Stilübungen der Personalabteilung oder des Vorstandes zu sehen.

Eine andere Gruppe nimmt dagegen die Führungsgrundsätze viel ernster. Sie sieht in ihnen Beschreibungen des Idealzustandes der Menschenführung im Unternehmen. Die Führungsgrundsätze enthalten Normen, die zu erfüllen jeder Vorgesetzte bestrebt sein muß, deren Erreichen in der rauhen Wirklichkeit aber praktisch unmöglich ist. Für diese Gruppe bilden die Führungsgrundsätze einen „kategorischen Imperativ".

Letzthin stimmen sowohl die Feigenblatt-These als auch die These vom kategorischen Imperativ der Führungsgrundsätze darin überein, daß die Führungspraxis im Unternehmen grundsätzlich von der Führung, wie sie in den Führungsgrundsätzen beschrieben wird, abweicht und daß Führungsgrundsätze und Führungspraxis nie zur Deckung gebracht werden können. Für das Verständnis der Bedeutung, die schriftlich formulierte Führungsgrundsätze für die Personalführung haben können, leisten diese Thesen daher nichts.

Hier soll von einem anderen Verständnis der Führungsgrundsätze ausgegangen werden. Man kann diese Auffassung mit dem Stichwort „Marketing-These" versehen. Nach der Marketing-These ist Führung eine individuelle Aufgabe, Aufgabe des einzelnen Vorgesetzten. Diese Aufgabe kann aber auf einem Käufermarkt nicht „handwerklich" betrieben werden. Großunternehmen müssen in einer Zeit, in der sie mit anderen Unternehmen in scharfem Wettbewerb um fähige und selbstverantwortliche Mitarbeiter stehen, die Führungsfunktion industriell normieren. Sie können es nicht jedem einzelnen Vorgesetzten überlassen, seine Mitarbeiter „handwerklich" zu behandeln, zu motivieren und zu führen.

Die Führungsgrundsätze sind daher

— eine „Produktionsanweisung" an die Vorgesetzten,

— ein „Qualitätsversprechen" an den „Käufer", d. h. den Mitarbeiter.

Den Führungsgrundsätzen kommt des weiteren die für eine rationale Personalführung außerordentlich wichtige Bedeutung zu, daß sie die Diskrepanz zwischen Führungsgrundsätzen und den in ihnen enthaltenen Versprechen auf der einen und der Führungspraxis auf der anderen Seite sichtbar machen.

Die Tatsache, daß Führungsgrundsätze diese Diskrepanz sichtbar machen, wird auch von den Vertretern der Feigenblatt-These und denen der Imperativ-These erkannt. Die Marketing-These geht in ihrem Verständnis der Personalführungsgrundsätze aber weiter: Sie geht davon aus, daß die Erkenntnis dieser Diskrepanz Prozesse im Unternehmen auslöst. Sie unterscheidet drei verschiedene Prozesse:

— den Prozeß der Mitarbeiterkontrolle: Die Mitarbeiter stellen Diskrepanzen fest und berufen sich auf die Führungsgrundsätze. Sie setzen also einen Prozeß der Abweichungskontrolle in Gang.

— den Prozeß der Qualitätskontrolle: Die Vorgesetzten erfahren — z. B. in der selbstkritischen Reflexion der Führungsgrundsätze und/oder in Schulungen — die Diskrepanz zwischen dem gewünschten Führungsverhalten und ihrem tatsächlichen Verhalten. Diese Erfahrung setzt einen Prozeß der Qualitätskontrolle in Gang.

— den Prozeß der Zielkontrolle: Alle Beteiligten werden veranlaßt, über die in den Führungsgrundsätzen niedergelegten Führungsziele aufgrund der täglichen Praxis der Führung nachzudenken. Diese laufende Überprüfung der Führungsgrundsätze setzt einen Prozeß der Zielkontrolle in Gang.

Bisher kommt dieser prozessuale Charakter der Führungsgrundsätze noch in keinem der untersuchten Führungsgrundsätze klar zum Ausdruck. In seinen Erläuterungen zu den Führungsgrundsätzen bekennt sich das Unternehmen (19) aber ausdrücklich zu dem prozessualen Charakter der Führungsgrundsätze: Führungsgrundsätze sollen bewirken, daß sich das Verhalten von Vorgesetzten, Mitarbeitern und Kollegen im Sinne der Unternehmensziele verändert, die Führungsgrundsätze selbst aber sind veränderbar und müssen den Wandlungen in den Unternehmenszielen und in den Führungsaufgaben angepaßt werden.

Hier wurde zu zeigen versucht, daß die in den vergangenen Jahren erlassenen Führungsgrundsätze die gesellschaftlichen Wandlungsprozesse widerspiegeln. Die gesellschaftlichen Wandlungen gehen aber weiter. Schon daraus folgt, daß auch die Führungsgrundsätze nur prozessualen Charakter haben können. Ohne ein klares Bekenntnis zu dem prozessualen Charakter der Führungsgrundsätze lassen sich die Spannungen, die zwischen Führungsgrundsätzen und Führungspraxis stets bestehen werden, nicht ohne schwerwiegende Nachteile für das Unternehmen bewältigen:

— Entweder leidet die Glaubwürdigkeit der Personalpolitik des Unternehmens, das Grundsätze erläßt, an die sich keiner hält,

— oder es leidet die Glaubwürdigkeit des Vorgesetzten, der als unfähig erscheint, die vom Unternehmen gesetzten Normen zu erfüllen.

Am schlimmsten aber ist es, wenn Unternehmen den genannten Spannungen dadurch auszuweichen suchen, daß sie die Führungsgrundsätze inhaltsleer formulieren. Derartige Führungsgrundsätze tragen weder dazu bei, gesellschaftliche Wandlungsprozesse und die daraus resultierenden Probleme und Spannungsfelder bewußt zu machen, noch dazu, die Spannung zwischen Führungspraxis und Führungszielen in einen für das Unternehmen fruchtbaren Lernprozeß umzusetzen.

Bob Knowlton

A

Bob Knowlton saß allein im Konferenzraum des Laboratoriums. Der Rest der Gruppe war schon gegangen. Eine der Sekretärinnen war noch stehengeblieben, hatte eine Weile über die bevorstehende Einberufung ihres Mannes zur Armee geplaudert und war schließlich auch gegangen. Allein im Labor, rutschte Bob in seinem Sessel ein bißchen tiefer und betrachtete voller Zufriedenheit die Resultate des ersten Testlaufs der neuen Photon-Anlage.

Er blieb immer gerne noch, wenn die anderen schon gegangen waren. Seine Ernennung zum Projektleiter war noch neu genug, um ihm ein tiefes Gefühl der Freude zu verursachen. Sein Blick war zwar auf die graphischen Darstellungen vor ihm gerichtet, in Gedanken aber hörte er Dr. Jerrold, den Gruppenleiter, wieder sagen: „Auf eines können Sie sich hier verlassen: Einem Mann, der produktiv ist, sind unterhalb des Himmels keine Grenzen gesetzt." Wieder empfand Knowlton dieses prickelnde Gefühl von Glück und Verlegenheit. Ja, zum Teufel, sagte er zu sich selbst, er war produktiv gewesen. Er hatte nicht geblufft. Vor zwei Jahren war er an die Simmons Laboratories gekommen. Während eines Routinetests an einigen abgespaltenen Clanson-Komponenten stieß er zufällig auf die Idee mit dem Photon-Korrelator, und dann nahm eben alles übrige seinen Lauf. Jerrold war begeistert gewesen. Für die weitere Erforschung und Entwicklung der Erfindung war ein eigenes Projekt eingerichtet worden, und er war mit der Durchführung beauftragt worden. Der ganze Ablauf der Ereignisse erschien Knowlton immer noch ein bißchen wundersam.

Er fuhr aus seinen Träumen auf und beugte sich entschlossen über seine Papiere, als er hörte, wie hinter ihm jemand den Raum betrat. Erwartungsvoll blickte er auf — auch Jerrold blieb oft noch länger und schaute gelegentlich auf ein paar Worte herein. Das machte den Tagesabschluß für Bob immer besonders angenehm. Aber es war nicht Jerrold. Der Mann, der hereingekommen war, war ein Fremder. Er war groß, hager und ziemlich dunkel. Er trug eine Brille mit stählernem Rahmen und einen sehr breiten Ledergürtel mit einer großen Messingschnalle. Lucy bemerkte später, daß dies die Art Gürtel war, wie sie die Pilgerväter getragen haben mußten.

Der Fremde lächelte und stellte sich vor: „Ich bin Simon Fester. Sind Sie Bob Knowlton?" Bob sagte „ja", und sie gaben sich die Hand. „Dr. Jerrold sagte, ich könnte Sie hier finden. Wir sprachen gerade über Ihre Arbeit, und ich interessiere mich sehr für das, was Sie da machen." Bob wies auf einen Stuhl.

Fester schien keiner der üblichen Kategorien von Besuchern — Kunden, Feuerwehrkontrolleure, Aktionäre — anzugehören. Bob zeigte auf die Papiere auf dem Tisch: „Da sind die vorläufigen Ergebnisse eines Tests, den wir gerade durchführen. Wir haben da ein neues Teilchen am Rockzipfel erwischt und versuchen gerade, es zu erklären. Wir sind noch nicht fertig damit, aber ich kann Ihnen den Abschnitt zeigen, den wir gerade testen."

Er erhob sich, Fester jedoch war in die graphischen Darstellungen vertieft. Einen Augenblick später schaute er mit einem eigenartigen Grinsen auf: „Die sehen aus wie Diagramme einer Jennings-Oberfläche. Ich hab' mal mit ein paar Autokorrelations-Funktionen von Oberflächen herumgespielt. Sie kennen ja den Kram." Bob, der keine Ahnung hatte, worauf er anspielte, grinste zurück und nickte und fühlte sich plötzlich ungemütlich. „Ich will Ihnen das Monstrum zeigen", sagte er und ging voraus zur Werkstatt.

Nachdem Fester gegangen war, legte Knowlton die Diagramme langsam beiseite — er fühlte sich unbestimmt verärgert. Dann sperrte er — als habe er eine Entscheidung getroffen — schnell ab und nahm den längeren Weg zum Ausgang, so daß er an Jerrolds Büro vorbeikommen mußte. Aber das Büro war verschlossen. Knowlton fragte sich, ob Jerrold und Fester wohl zusammen weggegangen waren.

Am nächsten Morgen tauchte Knowlton in Jerrolds Büro auf; er erwähnte, daß er mit Fester gesprochen habe, und fragte, wer das sei.

„Setzen Sie sich einen Augenblick", sagte Jerrold, „ich möchte mit Ihnen über Fester sprechen. Was halten Sie von ihm?" Wahrheitsgemäß antwortete Knowlton, daß er der Meinung sei, Fester sei sehr gescheit und wahrscheinlich sehr fähig. Jerrold schien darüber erfreut zu sein.

„Wir stellen ihn ein", sagte Jerrold. „Er hat sehr gute Erfahrungen in einer Reihe von Laboratorien sammeln können, und er scheint Ideen zu haben bezüglich der Probleme, die wir hier gerade in Angriff nehmen." Knowlton nickte zustimmend, während er im gleichen Augenblick wünschte, Fester möge nicht bei ihm eingesetzt werden.

„Ich weiß noch nicht, wo er letzten Endes landen wird", fuhr Jerrold fort, „aber er scheint sich für das zu interessieren, was Sie gerade machen. Ich dachte, er könnte zunächst einige Zeit bei Ihnen zubringen, um erst einmal einen Start zu bekommen." Knowlton nickte nachdenklich. „Wenn sein Interesse für Ihre Arbeit anhält, können Sie ihn ja in Ihre Gruppe übernehmen."

„Nun, er scheint einige gute Einfälle zu haben, sogar ohne genau zu wissen, was wir eigentlich machen", antwortete Knowlton. „Ich hoffe, er bleibt; wir wären froh, ihn zu haben." Knowlton ging mit gemischten Gefühlen zum Labor zurück. Er sagte sich, daß Fester für die Gruppe gut sein würde. Er war kein Dummkopf, er würde was zustande bringen. Wieder dachte Knowlton daran, was Jerrold ihm anläßlich seiner Beförderung versichert hatte: „Wer etwas leistet, der kommt auch vorwärts in dieser Gesellschaft." Jetzt schienen die Worte einen drohenden Unterton zu bekommen.

Am nächsten Tag erschien Fester erst im Laufe des Nachmittags. Er erklärte, daß er mit Jerrold lange beim Essen gesessen und mit ihm seine Stellung im Labor diskutiert habe. „Ja", sagte Knowlton, „ich habe heute früh mit Jerry darüber gesprochen, und wir waren beide der Meinung, Sie sollten eine Zeitlang mit uns zusammenarbeiten."

Fester lächelte ebenso wissend, wie er es getan hatte, als er die Jennings-Oberflächen erwähnte. „Gerne", sagte er.

Knowlton stellte Fester den anderen Mitarbeitern des Labors vor. Fester und Link, der Mathematiker der Gruppe, kamen gleich gut miteinander aus und verbrachten den Rest des Nachmittags damit, eine Methode zur Analyse von Modellen zu diskutieren, mit der sich Link während des letzten Monats abgeplagt hatte.

Es war 18.30 Uhr, als Knowlton an jenem Abend schließlich das Labor verließ. Er hatte beinahe ungeduldig auf das Ende des Tages gewartet — darauf, daß sie alle gegangen sein würden und er in den stillen Räumen sitzen, ausspannen und alles überdenken könnte. „Was eigentlich überdenken?" fragte er sich. Er wußte es nicht. Kurz nach 17 Uhr waren alle gegangen außer Fester, und was dann folgte, war fast ein Duell. Knowlton war ärgerlich, daß er um seine ruhige Stunde gebracht worden war, und entschied schließlich aufgebracht, daß Fester als erster gehen sollte.

Fester saß lesend am Konferenztisch, und Knowlton saß an seinem Schreibtisch in dem kleinen verglasten Raum, den er während des Tages benutzte, wenn er ungestört sein wollte. Fester hatte die Berichte über die Fortschritte der letzten Jahre herausgeholt und studierte sie sorgfältig. Die Zeit schleppte sich dahin. Knowlton kritzelte geistesabwesend auf einem Block herum, seine innere Spannung wuchs. Was, zum Teufel, glaubte Fester eigentlich, würde er in den Berichten finden?

Schließlich gab Knowlton auf, und sie verließen das Labor zusammen. Fester nahm einige der Berichte mit, um sie am Abend durchzuarbeiten. Knowlton fragte ihn, ob seiner Meinung nach die Berichte ein klares Bild über die Tätigkeiten des Labors vermittelten.

„Sie sind ausgezeichnet", antwortete Fester mit unverkennbarer Aufrichtigkeit. „Das sind nicht nur gute Berichte; was da berichtet wird, ist auch verdammt gut!" Knowlton war überrascht über die Erleichterung, die er empfand, und er wurde fast heiter, als er „gute Nacht" sagte.

Als Knowlton nach Hause fuhr, war er schon optimistischer bezüglich Festers Anwesenheit im Labor. Die Analyse, an der Link da arbeitete, hatte er nie ganz verstanden. Wenn mit Links Ansatz irgendwas nicht stimmte, dann würde Fester wahrscheinlich dahinterkommen. „Und wenn ich mich nicht sehr irre", murmelte er, „wird er dabei nicht besonders diplomatisch vorgehen."

Er beschrieb Fester seiner Frau, die sich über den breiten Ledergürtel und die Messingschnalle amüsierte. „Das ist die Art Gürtel, wie die Pilgerväter sie getragen haben müssen", lachte sie. „Ich mach' mir keine Sorgen darüber, wie er seine Hosen festhält", lachte er mit ihr. „Ich befürchte nur, daß er zu der Sorte gehört, die jeden Tag zweimal Genie spielen muß. Und das kann für die Gruppe ganz schön hart werden." Knowlton hatte schon mehrere Stunden geschlafen, als er durch das Telefon aus dem Schlaf gerissen wurde. Es wurde ihm bewußt, daß es schon mehrmals geläutet haben mußte. Er schwang sich aus dem Bett, während er etwas von verdammten Idioten und Telefonen murmelte. Es war Fester. Ohne jegliche Entschuldigung, allem Anschein nach ohne sich der späten Stunde bewußt zu sein, begann er unvermittelt erregt darzulegen, wie Links Analyse-Problem gelöst werden könnte. Knowlton hielt die Sprechmuschel zu, um seiner Frau antworten zu können, die im Flüsterton gefragt hatte: „Wer ist das?" „Es ist das Genie", sagte er.

Fester, der die Tatsache, daß es 2 Uhr früh war, völlig ignorierte, fuhr sehr erregt fort und war schon mitten in der Erklärung eines völlig neuen Zugangs zu bestimmten Problemen des Photon-Labors, über die er bei seiner Analyse früherer Experimente gestolpert war. Es gelang Knowlton, seiner eigenen Stimme einige Begeisterung zu verleihen, während er halb benommen und höchst unbequem dastand und Fester zuhörte, der endlos über das redete, was er entdeckt hatte. Wahrscheinlich war das nicht nur ein neuer Ansatz, sondern auch eine Analyse, die den schwachen Punkt des letzten Experiments aufdeckte und die gleichzeitig zeigte, daß das Experimentieren auf dieser Linie mit Sicherheit erfolglos bleiben würde. Am folgenden Tag verbrachte Knowlton den ganzen Vormittag mit Fester und Link, dem Mathematiker. Die Vormittagsbesprechung war abgeblasen worden, so daß Festers Arbeit während der vorangegangenen Nacht intensiv durchgesprochen werden konnte. Fester war sehr darauf aus, daß dies getan wurde, und Knowlton war — aus persönlichen Gründen — nicht allzu unglücklich darüber, die Vormittagssitzung absagen zu können.

Während der nächsten Tage saß Fester im rückwärtigen Büro, das ihm überlassen worden war, und tat nichts anderes, als die Entwicklungsprotokolle der Arbeit zu lesen, die während der letzten sechs Monate getan worden war. Knowlton ertappte sich bei einem bänglichen Gefühl, wenn er daran dachte, wie Fester auf seine Arbeit reagieren könnte. Er war etwas überrascht über seine eigenen Gefühle. Er war doch immer stolz gewesen — obgleich er einen überzeugend bescheidenen Gesichtsausdruck zur Schau getragen hatte —, er war stolz gewesen auf die Art und Weise, in der bei der Untersuchung von Photon-Meßvorrichtungen in seiner Gruppe Neuland gewonnen worden war. Jetzt war er nicht mehr sicher, und es schien ihm, daß Fester ganz leicht nachweisen könnte, daß die eingeschlagene Forschungsrichtung falsch oder sogar phantasielos war.

Am nächsten Morgen saßen die Mitarbeiter des Labors, so, wie es in Bobs Gruppe zur Gewohnheit geworden war, um den Konferenztisch herum. Bob war immer stolz gewesen auf die Tatsache, daß die Arbeit des Labors von der gesamten Gruppe beraten und bewertet wurde; gerne wies er immer wieder darauf hin, daß es keine Zeitvergeudung sei, auch die Sekretärinnen in solche Besprechungen mit einzubeziehen. Was einem unbefangenen Zuhörer zunächst als langweilige Wiedergabe von Grundannahmen erscheinen mochte, förderte oft ganz neue Betrachtungsweisen zutage, die dem Forscher, der diese Annahmen vor langer Zeit einmal als notwendige Grundlage seiner Arbeit akzeptiert hatte, nicht in den Sinn gekommen wären.

Für Bob waren diese Gruppenbesprechungen noch in anderer Hinsicht von Nutzen. Er gestand sich selbst ein, daß er sich weit weniger sicher gefühlt hätte, wenn er die Arbeit sozusagen nur mit seinem eigenen Verstand hätte leiten müssen. Mit den Gruppenbesprechungen als Führungsprinzip war es immer möglich, die Erforschung von Sackgassen mit ihrer generell für das Team lehrreichen Wirkung zu rechtfertigen. Fester war da; Lucy und Marty waren da; Link saß neben Fester, und die beiden setzten offensichtlich ihre Unterhaltung vom Vortag — Links mathematische Analyse betreffend — fort. Die anderen Mitglieder, Bob Davenport, George Thurlow und Arthur Oliver, warteten ruhig.

Mit der Begründung, daß er es nicht ganz verstünde, schlug Knowlton an diesem Morgen ein Problem zur Diskussion vor, auf das sie alle erst kürzlich eine Menge Zeit verwendet hatten mit dem Ergebnis, daß eine Lösung unmöglich sei, daß es keinen gangbaren Weg gab, dieses Problem in experimenteller Form anzugehen. Als Knowlton das Problem vorschlug, bemerkte Davenport, daß es wohl kaum Zweck hätte, es noch einmal durchzugehen; er sei überzeugt, daß es keinen Weg gäbe, dieses Problem mit der Ausrüstung und der Kapazität des Labors anzugehen.

Diese Bemerkung wirkte auf Fester wie eine Adrenalinspritze. Er sagte, er würde gerne genauer wissen, worum es bei diesem Problem ginge. Dann ging er zur Tafel, und als verschiedene Mitglieder der Gruppe das Problem zu diskutieren begannen, fing er an, die „Faktoren" aufzuschreiben, während er sich gleichzeitig die Begründungen anhörte, weshalb das Problem fallengelassen worden war.

Während der Beschreibung des Problems wurde schon sehr bald deutlich, daß Fester in bezug auf die Unmöglichkeit eines Lösungsansatzes anderer Meinung war. Die Gruppe sah das ein, und schließlich schrumpften sowohl der Gegenstand ihrer Beschreibung als auch die ganze Liste von Gründen, die zu dessen Preisgabe geführt hatten, in sich zusammen. Fester begann seine Darlegung, die — nach ihrem Fortgang zu urteilen — in der vorangegangenen Nacht hätte vorbereitet sein können, wenn Knowlton auch wußte, daß das unmöglich war. Er konnte nicht umhin — er war beeindruckt von der gut gegliederten und logischen Darstellung, in der Fester Ideen präsentierte, die ihm erst wenige Minuten zuvor gekommen sein mußten.

Fester hatte allerdings auch einiges zu sagen, was bei Knowlton eine Mischung aus Verstimmung, Verärgerung und gleichzeitig fast selbstgefälliger Überlegenheit über Fester, zumindest auf einem Gebiet, auslöste. Fester war der Meinung, daß die Art und Weise, in der das Problem analysiert worden war, wirklich typisch sei für Gruppen-Denken. Und mit weltklugem Gebaren, das es einem Zuhörer schwermacht, anderer Ansicht zu sein, fuhr er fort, die amerikanische Begeisterung für Teamideen zu kommentieren, indem er spöttisch schilderte, wie man auf diesem Wege zu einem „hohen Niveau der Mittelmäßigkeit" gelangte.

Währenddessen beobachtete Knowlton, daß Link geflissentlich auf den Boden starrte, und er war sich auch sehr wohl der Blicke bewußt, die George Thurlow und Bob Davenport ihm bei einigen Punkten von Festers kurzem Vortrag zuwarfen. Innerlich konnte Knowlton sich des Gefühls nicht erwehren, daß Fester zumindest in diesem einen Punkt falsch lag. Jerrys Beispiel folgend, bezeichnete bzw. praktizierte das ganze Labor die Theorie der kleinen Forschungsteams als die organisatorische Basis effektiver Forschung. Fester bestand darauf, daß dem Problem beizukommen sei und daß er sich gerne eine Zeitlang selbst damit befassen würde.

Knowlton beendete die Vormittagssitzung mit der Bemerkung, daß die Besprechungen fortgesetzt würden und daß gerade die Tatsache, daß ein vermeintlich unlösbares experimentelles Problem nun eine neue Chance erhalten sollte, erneut den Wert solcher Besprechungen zeige. Fester erklärte sofort, daß er keineswegs gegen Besprechungen sei, die dem Zweck dienten, die Gruppe über die Fortschritte ihrer Mitglieder zu informieren — worum es ihm ginge, sei, daß kreative Fortschritte in solchen Besprechungen selten erzielt würden; derartige Fortschritte kämen vielmehr durch enges und dauerndes persönliches „Leben mit dem Problem" zustande, durch eine Art persönlicher Beziehung dazu.

Knowlton sagte daraufhin, er freue sich sehr, daß Fester diese Punkte angesprochen habe, und er sei sicher, daß die Gruppe von der Überprüfung der Basis, auf der sie bisher gearbeitet habe, profitieren werde. Knowlton stimmte im übrigen zu, daß die Grundlage für das Erreichen der größeren Fortschritte wahrscheinlich die individuelle Leistung sei; er erachte aber die

Gruppenbesprechungen in erster Linie deshalb als nützlich, weil sie sich auf den Zusammenhalt der Gruppe auswirkten und weil sie den schwächeren Mitgliedern der Gruppe dazu verhalfen, mit denjenigen besser Schritt zu halten, die imstande waren, bei der Analyse von Problemen leichter voranzukommen.

Die Tage vergingen. Die Besprechungen wurden fortgesetzt wie zuvor, und es war offensichtlich, daß Fester sie zu genießen begann, und zwar wegen der Form, die diese Besprechungen annahmen. Es wurde typisch für Fester, daß er große Reden hielt, und es war eindeutig klar, daß er brillanter war, besser vorbereitet auf den verschiedenen in Zusammenhang mit den untersuchten Problemen stehenden Gebieten und daß er besser als jeder andere in diesem Kreis in der Lage war, Fortschritte zu erzielen. Knowlton fühlte sich zunehmend beunruhigt, als er erkannte, daß er seine Führungsrolle innerhalb der Gruppe tatsächlich verloren hatte.

Wann immer das Thema Fester in gelegentlichen Besprechungen mit Dr. Jerrold zur Sprache kam, äußerte sich Knowlton ausschließlich über die Qualifikation und die offenkundige Leistungsfähigkeit, über die Fester verfügte. Irgendwie hatte er nie das Gefühl, daß er seine eigenen unbehaglichen Gefühle erwähnen könnte, nicht allein weil sie seine eigene Schwäche enthüllen würden, sondern auch weil ganz offenkundig war, daß Jerrold selbst merklich beeindruckt war von Festers Arbeit und von den Kontakten, die er außerhalb des Photon-Labors mit ihm hatte.

Knowlton begann nun zu spüren, daß die rein intellektuellen Vorteile, die Fester der Gruppe gebracht hatte, möglicherweise das nicht recht aufwiegen konnten, was er für Anzeichen eines Zusammenbruchs jenes kooperativen Geistes hielt, den er vor Festers Erscheinen in der Gruppe beobachtet hatte. Immer mehr Morgenkonferenzen wurden ausgelassen. Festers Meinung von den Fähigkeiten der übrigen Gruppenmitglieder — mit Ausnahme von Link — war offensichtlich gering. Während der morgendlichen Konferenzen oder auch in kleineren Diskussionen war er manchmal nahezu unverschämt, indem er sich weigerte, ein Argument weiter zu verfolgen, und behauptete, es basiere auf der Ignoranz der anderen bezüglich der relevanten Fakten. Seine Unduldsamkeit anderen gegenüber veranlaßte ihn, auch Dr. Jerrold gegenüber ähnliche Bemerkungen zu machen. Knowlton entnahm das einer Unterredung mit Jerrold, in deren Verlauf Jerrold fragte, ob Davenport und Oliver weiter verlängert werden wollten; die Tatsache, daß er Link, den Mathematiker, nicht erwähnte, ließ Knowlton ahnen, daß dies das Resultat privater Unterhaltungen zwischen Fester und Jerrold war.

Es war nicht schwer für Knowlton, sich davon zu überzeugen, ob die geistige Wendigkeit Festers eine ausreichende Entschädigung für diese beginnende Auflösung der Gruppe war. Er nahm die nächste Gelegenheit wahr, mit Davenport und Oliver privat zu sprechen, und es war ganz offensichtlich, daß beide sich wegen Fester in ihrer Haut nicht wohlfühlten. Knowlton brauchte sich gar nicht die Mühe zu machen, die Unterhaltung auf diesen Punkt zu lenken, um von ihnen auf die eine oder andere Art zu erfahren, daß sie sich unbeholfen vorkamen. Sie hatten manchmal Schwierigkeiten, die Argumente, die Fester vorbrachte, zu verstehen; es war ihnen aber oft peinlich, ihn zu bitten, den Hintergrund, vor dem er seine Argumente aufbaute, etwas zu „füllen". Knowlton unterließ es, Link in dieser Hinsicht zu befragen.

Ungefähr sechs Monate nach Festers Eintritt in das Photon-Labor wurde eine Konferenz anberaumt, an der die Geldgeber des Forschungsprojektes teilnehmen sollten, um einen Eindruck von der Arbeit und deren Fortschritten zu bekommen. Bei Besprechungen dieser Art war es üblich, daß die jeweiligen Projektleiter über die in ihren Gruppen durchgeführten Untersuchungen berichteten. Die Mitarbeiter der einzelnen Gruppen wurden zu anderen Konferenzen gebeten, die zu einer späteren Tageszeit abgehalten wurden und allen offenstanden. An den speziellen Sitzungen nahmen allerdings üblicherweise nur die Projektleiter, der Leiter des Laboratoriums und die Geldgeber teil.

Als der Termin für die Sonderkonferenz herannahte, glaubte Knowlton seinen Bericht um jeden Preis vermeiden zu müssen. Der Grund dafür war, daß er sich nicht sicher sein konnte, ob er Festers Ideen und dessen Arbeit würde vortragen können. Er befürchtete, daß er nicht detailliert genug darüber würde berichten können und daß er in diesem Zusammenhang möglicherweise an ihn gerichtete Fragen nicht würde beantworten können. Auf der anderen Seite hatte er das Gefühl, er könne diese neueren Arbeitsansätze auch nicht einfach übergehen und nur das Material vorlegen, das er bereits vor Festers Ankunft abgeschlossen oder zu untersuchen begonnen hatte. Außerdem hatte er das Gefühl, es sei Fester — sofern dieser bei der Konferenz anwesend sein würde — in seiner unverblümten und undiplomatischen Art durchaus zuzutrauen, daß er kritische Bemerkungen zu seinem Bericht machen und damit die Unzulänglichkeit aufdecken würde, die Knowlton an sich festzustellen glaubte. Es schien ihm auch ganz klar, daß es nicht leicht sein würde, Fester von der Teilnahme an der Konferenz fernzuhalten, obwohl er nicht zu der Ebene der Hierarchie gehörte, die eingeladen war.

Knowlton fand eine Gelegenheit, mit Jerrold zu sprechen, und schnitt dabei diese Frage an. Er machte Jerrold darauf aufmerksam, daß Fester angesichts seines Interesses an der Arbeit und der Beiträge, die er dazu geleistet hatte, wahrscheinlich gerne an den bevorstehenden Konferenzen teilnehmen würde. Dabei sei allerdings zu überlegen, was die anderen Gruppenmitglieder davon hielten, wenn nur Fester allein eingeladen würde. Jerrold überging diesen Einwand leichthin und sagte, er glaube nicht, daß die Gruppe Festers besondere Position mißverstehen werde, und er sei der Meinung, Fester solle unter allen Umständen eingeladen werden. Knowlton sagte sofort, dies sei auch seine Ansicht gewesen und er sei der Meinung, daß Fester den Forschungsbericht übernehmen solle, da er schließlich einen großen Teil der Arbeiten selbst durchgeführt habe; außerdem wäre das — wie Knowlton sich ausdrückte — eine nette Gelegenheit, Festers Beiträge anzuerkennen und ihn zu belohnen, denn dieser sei sehr darauf aus, als produktiver Mitarbeiter des Labors anerkannt zu werden. Jerrold war einverstanden, und damit war die Sache entschieden.

Festers Bericht war ein großer Erfolg und beherrschte in gewisser Weise die ganze Konferenz. Er verstand es, das Interesse und die Aufmerksamkeit eines großen Teils der Anwesenden zu wecken, und im Anschluß an seinen Bericht fand eine lange Diskussion statt. Später, als vor dem Abendessen der Cocktail gereicht wurde — der gesamte Mitarbeiterstab des Laboratoriums war versammelt —, fand sich um Fester ein kleiner Kreis von Leuten zusammen. Einer davon war Jerrold selbst, und es entwickelte sich eine lebhafte Diskussion über die Anwendung von Festers Theorie. All dies beunruhigte Knowlton — seine Reaktion und sein Verhalten waren charakteristisch. Er schloß sich dem Kreis an, lobte Fester Jerrold und anderen gegenüber und betonte die Brillanz von Festers Arbeit.

Zu dieser Zeit begann Knowlton, ohne irgend jemanden zu Rate zu ziehen, sich anderweitig nach einer Stellung umzusehen. Nach wenigen Wochen erfuhr er, daß in einer nahegelegenen Stadt gerade ein neues Laboratorium von beachtlicher Größe eingerichtet wurde und daß sich ihm aufgrund seiner Vorbildung die Möglichkeit bot, dort Projektleiter zu werden, entsprechend seiner derzeitigen Position, aber mit etwas mehr Gehalt.

Bob Knowlton

B

Knowlton nahm die Stelle sofort an und benachrichtigte Jerrold in einem Brief, den er an einem Freitagabend an Jerrolds Privatadresse schickte. Der Brief war sehr kurz, und Jerrold war völlig verblüfft. Der Brief besagte lediglich, daß Knowlton eine bessere Position gefunden habe und daß es persönliche Gründe dafür gäbe, daß er nicht noch einmal im Labor erscheinen wolle; daß er gerne bereit sei, zu einem späteren Zeitpunkt von seinem etwa 40 Meilen entfernt gelegenen zukünftigen Arbeitsplatz (noch einmal) zurückzukommen, um bei Unklarheiten bezüglich der früheren Arbeit behilflich zu sein; daß er jedoch der Überzeugung sei, daß Fester jede für die Gruppe erforderliche Führungsaufgabe erfüllen könne, und daß seine Entscheidung, so plötzlich zu kündigen, auf einigen persönlichen Problemen beruhe. Dann machte er Andeutungen über gesundheitliche Probleme innerhalb seiner Familie, bei seiner Mutter und seinem Vater. Das alles war natürlich erfunden. Jerrold nahm es für bare Münze, empfand Knowltons Verhalten aber trotzdem als höchst merkwürdig und völlig unerklärlich, da er immer das Gefühl gehabt hatte, daß seine Beziehungen zu Knowlton herzlich gewesen waren und daß Knowlton selbst zufrieden und eigentlich sehr glücklich und produktiv gewesen war.

Jerrold war sehr verwirrt, weil er sich bereits entschlossen hatte, Fester die Leitung eines anderen Projekts zu übertragen, mit dem schon in Kürze begonnen werden sollte. Er hatte sich noch überlegt, wie er es Knowlton beibringen könnte angesichts der Hilfe, der Unterstützung und des Nutzens, die dieser offensichtlich von Fester hatte, sowie des Ansehens, das Fester bei ihm genoß. Tatsächlich hatte Jerrold die Möglichkeit erwogen, Knowlton könnte in seinen Stab einen anderen Mitarbeiter mit Erfahrung und Ausbildung aufnehmen, über die Fester in so ungewöhnlicher Weise verfügte und die sich als so nützlich erwiesen hatte.

Jerrold machte keinerlei Versuch, Knowlton zu sprechen. Irgendwie fühlte er sich durch die ganze Angelegenheit gekränkt. Auch Fester war überrascht über die Plötzlichkeit von Knowltons Weggang. Und als Jerrold ihn während eines Gesprächs fragte, ob er es aus irgendwelchen Gründen vorziehe, bei der Photon-Gruppe zu bleiben, anstatt in das Air-Force-Projekt einzusteigen, das gerade organisiert wurde, entschied er sich für das Air-Force-Projekt und nahm diese Arbeit schon in der folgenden Woche auf. Das Photon-Labor war schwer getroffen. Die Leitung des Labors wurde Link übertragen mit der Absprache, daß dies eine provisorische Lösung sei, bis jemand käme, der die Leitung übernehmen könnte.

Der Fahrstuhl

Herr v. Mettenheim, seit 15 Jahren Generalvertreter namhafter deutscher und skandinavischer Unternehmen in Japan, besucht seinen Schulfreund Schedelmann, Prokurist in der Hauptverwaltung der Welf AG, Braunschweig, einem Unternehmen mit 60 000 Mitarbeitern, in dem neuen Hochhaus an der Heinrichstraße.

„Ich möchte Herrn Schedelmann besuchen", sagt er zum Pförtner. „Dr. Schedelmann, 7. Stock, Zimmer 713. Ich werde meinem Kollegen im 7. Stock Bescheid sagen. Der Fahrstuhl befindet sich dort drüben."

Herr v. Mettenheim geht zu dem Fahrstuhl, wartet mit einigen anderen Personen, offenbar ausschließlich Mitarbeiter des Hauses, bis der Fahrstuhl kommt, und steigt ein. Zwei Herren führen halblaut ein Gespräch, in dem der jüngere den älteren gelegentlich mit „Herr Doktor" anredet.

Kurz vor Erreichen des 5. Stockwerkes ertönt ein Gong im Fahrstuhl. „Der Boß hat es wohl mal wieder eilig", sagt eine Frau, Alter 45, Krampfadern, lächelnd. „Ein bißchen körperliches Training tut mir ganz gut", sagt der mit „Herr Doktor" angeredete Angestellte, „ich hatte doch nur noch einen Stock zu fahren." „Mit ist unbegreiflich, wie man für so viele Mitarbeiter in der Hauptverwaltung nur einen Fahrstuhl einbauen konnte! Den Architekten möchte ich mal kennenlernen!" sagt der jüngere.

Im 5. Stockwerk hält der Fahrstuhl an. Alle steigen aus. Die Fahrstuhltür schließt sich. Herr v. Mettenheim beobachtet auf der Anzeige, daß der Fahrstuhl in den 8. Stock fährt.

Während des Gesprächs mit seinem Schulfreund Schedelmann fragt Herr v. Mettenheim beiläufig: „Sag mal, was ist eigentlich auf dem 8. Stock bei euch?" „Das ist die Vorstandsetage!"

Der Stockwerkspförtner auf dem 7. Stock drückt auf den Fahrstuhlknopf, als er Herrn v. Mettenheim in Begleitung von Dr. Schedelmann kommen sieht. „Lassen Sie nur, ich gehe lieber zu Fuß. Ein bißchen körperliches Training tut mir ganz gut", sagt Herr v. Mettenheim und verabschiedet sich herzlich von seinem Schulfreund.

Die Sachbearbeiterinnen

Frau Semmler, 38, unverheiratet, Sachbearbeiterin in der Firma C. Schulte, Erzhandel, außergewöhnlich tüchtig, hat den Bericht abgeschlossen. Sie schaut ihren Chef, Herrn Wankel, 62, Leiter der Finanzabteilung und Prokurist, an: „Was ich noch sagen wollte: Herr Becher will angeblich um eine Gehaltserhöhung für Fräulein Tenten einkommen. Wenn Sie das nicht verhindern, war das heute mein letzter Bericht. Ich weiß, daß wir uns in der Sache einig sind; Sie sollten aber nun auch in der Sache hart bleiben!" Herr Wankel blickt hilflos: „Wir sind uns ja einig, Frau Semmler, Berufserfahrung und Abitur müssen ja auch in der Einstufung zählen!" Ohne Frau Semmler bin ich aufgeschmissen, denkt Wankel.

An der nächsten Gesamtbesprechung nehmen neben dem Inhaber und den Prokuristen wie üblich auch die beiden Sachbearbeiterinnen teil. Fräulein Tenten, 30, unverheiratet, temperamentvoll, von ungewöhnlicher Einsatzfreude, zuständig für Spedition und Lagerung, war jahrelang Sekretärin bei Herrn Becher, 40, dem Prokuristen der Importabteilung, und hatte seinerzeit den Aufbau der D. Banphe Reederei mit den zwei großen Erzfrachtern miterlebt, an der Schulte maßgeblich beteiligt war. Sie war dann mit Becher zu Schulte gekommen und war hier zur Sachbearbeiterin avanciert, was sie vor allem ihrer großen Tüchtigkeit zu verdanken hatte.

Becher, der es liebt, die Dinge direkt anzupacken, erhebt seine Stimme: „Herr Schulte, ich halte es für richtig, daß wir ein Problem offen und in Anwesenheit aller Beteiligten ansprechen, das die Atmosphäre im Hause zu vergiften droht. Fräulein Tenten hat die gleiche Stellung im Hause, die gleiche Verantwortung, sie weist mindestens die gleichen Leistungen auf wie Frau Semmler. Ich halte es für nicht akzeptabel, daß sie im Jahr etwa 2 000 DM weniger erhält als Frau Semmler, selbst wenn sie schon 10 Jahre bei der Firma ist. Ich möchte deshalb nachdrücklich dafür plädieren, ihr Gehalt zum Ersten nächsten Monats auf den gleichen Betrag festzusetzen."

„Aber, Herr Becher, das geht ja nun wirklich nicht an. Frau Semmler ist länger als Fräulein Tenten bei unserer Firma. Sie ist älter und verfügt daher über mehr Erfahrung. Sie hat im Gegensatz zu Fräulein Tenten, die nur die Primareife hat, das Abitur. Sie hat 18 Jahre Berufserfahrung, davon 5 in unserer Firma. Sie hat die Bilanzbuchhalterprüfung. Und Sie wollen behaupten, daß Fräulein Tenten das gleiche Gehalt erhalten sollte!" schaltet sich Herr Wankel ein.

„Die beiden Damen haben, das ist in diesem Kreise unbestritten, die gleiche Verantwortung im Unternehmen zu tragen. Sie sind für uns unentbehrlich. Ich schätze Frau Semmler als Mitarbeiterin und Fachkraft ebenso hoch wie Fräulein Tenten. Aber wir sollten das auch in unserer Gehaltspolitik zum Ausdruck bringen. Es wäre nicht gut, wenn die Damen unsere Grundsätze der Gehaltspolitik nicht kennten und nicht wüßten, daß wir sie fair und gerecht beurteilen wollen. Daher bin ich auch dafür, daß wir diese Frage, die offenbar bei Ihnen, Herr Wankel, gefühlsmäßig aufgeladen ist, in aller Offenheit mit den Damen besprechen. Fräulein Tenten und Frau Semmler müssen gut miteinander arbeiten können, sonst läuft unser Laden nur halb so gut.

Aber nun zu Ihren Argumenten, Herr Wankel. Die halte ich für wenig überzeugend. Die Firma sollte glücklich sein, eine so vorzügliche Kraft wie Fräulein Tenten bekommen zu haben. Daß dies erst vor zwei Jahren geschehen ist, ist sicher bedauerlich, sonst wäre die Verbesserung des Ergebnisses des Bereichs Spedition und Lager bereits früher eingetreten; es kann doch aber wohl kaum gegen sie geltend gemacht werden. Vielleicht sollten Sie auch einmal präzisieren, was Sie unter ‚mehr Erfahrung verstehen'. Beide Damen verfügen über alle Erfahrungen, die sie brauchen, um ihre Aufgabe zu unserer vollsten Zufriedenheit zu meistern. Darüber hinausgehende Erfahrungen, mögen sie nun vorhanden sein oder nicht, sind für unser Haus wertlos. Sie können daher auch nicht zur Grundlage der Gehaltsfindung gemacht werden. Und skandalös finde ich es, daß Sie das eine Jahr Oberschule gegen Fräulein Tenten ins Feld führen! Hier hört bei mir der Spaß auf. Wovon hängt es denn ab, ob ein junges Mädchen Abitur macht oder nicht? Meistens doch wohl von den Lehrerinnen, die einem jungen Mädchen in diesem Alter das Leben auf der Schule zur Hölle machen könnten, oder von den Eltern, die meinen, ihre Tochter sollte nun langsam selbständig werden und selbst Geld verdienen! Ich frage ja auch Frau Semmler nicht, warum sie mit ihrem Bildungsprivileg ‚nur' Sachbearbeiterin geworden ist und nicht studiert hat! Ich bin glücklich, daß wir sie haben!"

„Aber Herr Becher", Herr Wankel setzt sich mit einem Ruck aufrecht und sieht Herrn Schulte Unterstützung heischend an, „aber Herr Becher, Sie werden doch wohl nicht im Ernst dafür plädieren, daß Fräulein Tenten das gleiche Gehalt erhält wie Frau Semmler! Schließlich können Sie doch den Unterschied im Lebensalter nicht übersehen, die größere Reife und Erfahrung, die damit verbunden sind, und schließlich ist Frau Semmler für mich völlig unentbehrlich!"

„Ich will meinen Standpunkt noch einmal ganz deutlich umreißen: Ich halte eine Gehaltsdifferenzierung zwischen den beiden Damen für völlig untragbar. Gleiche Leistung, gleiches Gehalt. Das ist meine Devise. Alles andere sind Zufälligkeiten: Höheres und geringeres Alter, braune oder blaue Augen, Buchhalterprüfung hier, perfekte Sprachenkenntnisse dort. Frau Semmler wäre in meiner Abteilung so aufgeschmissen wie Fräulein Tenten in Ihrer, Herr Wankel. Aber jede an ihrem Arbeitsplatz ist für die Firma unbezahlbar! Aber Frau Semmler, wie denken eigentlich Sie darüber?"

„Ja, was denke ich darüber, Herr Becher. Ich habe mich ja eigentlich zu solchen Fragen nicht zu äußern, denn ich bin die Betroffene. Aber wenn Sie mich so direkt fragen: Ich meine ja doch, ein gewisser Unterschied müsse sein. Die Berufserfahrung ist ja doch nicht ganz von der Hand zu weisen!" Herr Wankel nickt nachdrücklich mit dem Kopf.

„Und was meinen Sie zu der Angelegenheit?" Herr Schulte, 69, der Inhaber der Firma, ist aufmerksam, teils amüsiert, teils nachdenklich der Diskussion gefolgt und wendet sich nun an Fräulein Tenten. „Herr Schulte, ich meine, daß Herr Becher recht hat. Es gibt Menschen, für die folgt aus einer Gehaltsdifferenz eine Differenz im Status und in der Hierarchie in der Firma. Es gibt aber auch Menschen, für die ist das Gehalt Nebenprodukt einer anregenden Aufgabe, und die Aufgabe selbst ist es, die die Stellung im Unternehmen bestimmt. Insofern habe ich mich um die Gehaltsfrage nie gekümmert. Mir macht die Aufgabe hier Freude, sie ist selbständig, verlangt Verhandlungsgeschick, große Marktübersicht und Menschenkenntnis. Zudem ist das Klima in der Abteilung von Herrn Becher großartig. Wir sind ein richtiges Team, und es macht Spaß, mit den anderen Mitarbeitern zusammenzuarbeiten. All das macht mir Freude, und deshalb habe ich, wie Herr Becher sehr wohl weiß, manches lukrative Angebot ausgeschlagen, ohne sie in Gehaltsverhandlungen hier in der Firma umzusetzen. Aber ich muß gestehen, ich halte die Gehaltsdifferenz gegenüber Frau Semmler nicht für gerecht."

„Ich meine", sagt Herr Schulte, „wir sollten diese Frage jetzt nicht weiter erörtern. Die Argumente liegen auf dem Tisch. Wir sollten die Angelegenheit überschlafen. Ich wäre Ihnen dankbar", Herr Schulte wendet sich an Becher und Wankel, „wenn Sie morgen um 10.00 Uhr zu mir kämen, damit ich meine Entscheidung mit Ihnen besprechen kann."

Alle stehen auf und verlassen den Raum. Herr Schulte hört, wie Frau Semmler im Herausgehen zu Herrn Frank, dem Leiter der Buchhaltung, sagt: „Die Tenten hat eben in Becher einen besseren Fürsprecher als ich in Herrn Wankel. Aber das sage ich Ihnen: Wenn diese ehrgeizige Person sich durchsetzt ..." Mehr versteht Herr Schulte nicht.

Wie soll er entscheiden?

Der Fleißige

Herr K., 35 Jahre, verheiratet, drei Kinder zwischen drei und neun Jahren, arbeitet seit fünf Jahren als gelernter Arbeiter in einem Laboratorium der Anwendungstechnischen Abteilung.

Er besitzt eine abgeschlossene Lehre als Gärtner und hat mehrere Jahre in diesem Beruf gearbeitet, zuletzt als Außendienstmitarbeiter einer Spezialfirma für Düngemittel und Pflanzenschutzpräparate. Als die Firma von einem Wettbewerber übernommen wird, hat er die Wahl, entweder den Wohnsitz zu wechseln oder zu kündigen. Er kündigt und nimmt die oben angegebene Arbeit an.

Fleiß, Ausdauer und exakte Arbeit führen dazu, daß Herr K. bald in allen Bereichen und an allen Prüf- und Meßgeräten eingesetzt werden kann. Hinzu kommt, daß er auch gewisse Arbeiten nach Vorgabe selbständig durchführen und auswerten kann (Berichtsform). Es ergibt sich also, daß er die Arbeiten eines ausgebildeten Anwendungstechnikers bzw. desjenigen, der eine Chemielaborantenlehre absolviert hat, erledigt.

Zwangsläufig ergibt sich die folgende Schwierigkeit: Herr K. erbringt eine Leistung, die auch bei Ausschöpfung aller Prämienzuschläge schlechter entlohnt wird als eine entsprechende Laborantenleistung nach einer angemessenen Tarifklasse als Angestellter. Herr K. trägt seine Probleme vor und droht mit Kündigung. Er fragt: „Wo bleibt der Leistungslohn?"

Eine Rückfrage bei der zuständigen Personalabteilung ergibt: „Keine Möglichkeit der Übernahme von Herrn K. in das Angestelltenverhältnis ohne abgeschlossene Laborantenlehre."

Die Kantine

Herr Dr. Mehrmann ist Produktionschef des Chemiefaserwerkes Kernagel, eines von fünf Werken der Dranyl AG. Bei seinem täglichen Rundgang durch die Produktion spricht ihn ein Jungarbeiter an: „Sagen Sie, Herr Mehrmann, wir haben gerade über die neue Kantine gesprochen, die im nächsten Jahr gebaut werden soll. Ich habe mit meinen Kollegen gewettet, ob die neue Kantine wieder Speisezimmer für die Bosse mit gedeckten Tischen und so erhalten wird oder nicht. Die Kollegen haben gesagt, überall im Konzern wäre das so, und das müßte ja auch so sein, von wegen die Gäste und andere hohe Tiere, mit denen die Bosse Wein saufen und so. Aber ich habe gesagt, nein Männer, die Zeiten sind vorbei, endgültig. Und was unseren Herrn Mehrmann angeht, der macht so was nicht mit. Immer mittenmang und das Ohr am Nabel des Volkes und so. Und dem Chef, dem Dr. Seesen, der wird ja doch pensioniert, dem ist das egal. 'nen Kasten Bier haben wir gewettet, und nun möchte ich das mal wissen, wie Sie darüber denken. Sollen die feinen Herren wieder abseits allein sitzen, oder gibt es eine Gemeinschaftskantine für alle hier im Werk?"

Im Werk Kernagel sind 2 000 Personen beschäftigt. Zwischen 12.00 und 14.00 Uhr wird in vier Schichten gegessen. Häufig ist eine Schicht noch nicht fertig, wenn die nächste schon kommt. Für die leitenden Herren des Werkes, etwa 20 Personen, stehen in der alten Kantine zwei größere und zwei kleinere Zimmer zur Verfügung. Über den geplanten Bau einer neuen Kantine ist die Belegschaft auf der letzten Betriebsversammlung informiert worden, weil es wegen der Schwierigkeiten, in der alten Kantine einen reibungslosen Ablauf zu gewährleisten, immer wieder zu Beschwerden gekommen war. Pläne über die Gestaltung der Kantine liegen noch nicht vor. Die Meinungen in der Gruppe der Führungskräfte sind geteilt. Die Mehrheit ist für separate Speisezimmer mit Bedienung wie bisher, während die Minderheit, zu der Herr Dr. Mehrmann gehört, für den Bau einer Gemeinschaftskantine mit Selbstbedienung auch für die leitenden Herren eintritt. Die nahegelegene Kleinstadt verfügt über eine Reihe reizvoller Speiselokale, in denen Gäste des Werkes bewirtet und vertrauliche Gespräche geführt werden können.

Frage:

Was würden Sie dem Jungarbeiter anstelle von Herrn Dr. Mehrmann antworten?

Synthetics AG

Infolge Ausscheidens seines bisherigen Assistenten beauftragte der Vorstandsvorsitzende der „Synthetics AG", Dr. F, den Personalberater A, der für die Gesellschaft bereits seit längerer Zeit leitende Angestellte vermittelt hatte, bei der Einstellung eines neuen Vorstandsassistenten mitzuwirken. Der Personalberater A kannte Herrn Dr. F persönlich gut und wußte daher, auf welche Qualitäten Dr. F bei seinem künftigen Mitarbeiter besonderen Wert legen würde.

Aus einer großen Zahl von Bewerbern wählte A vier Kandidaten aus, die Dr. F persönlich vorgestellt wurden. Dr. F, selbst Chemiker, entschied sich, den 30jährigen, nach Zeugnissen und Referenzen bestens qualifizierten Chemiker Dr. Z als seinen neuen Assistenten einzustellen, obwohl der Schwerpunkt der Tätigkeit des Assistenten im betriebswirtschaftlichen Bereich liegen sollte.

In relativ kurzer Zeit ergaben sich im Verhältnis zwischen dem Vorstandsvorsitzenden und seinem Assistenten Schwierigkeiten. Zunächst waren sie fachlicher Art. Trotz Intelligenz und Ehrgeiz fehlte es Dr. Z an dem erforderlichen praktischen betriebswirtschaftlichen Wissen, um die ihm gestellten Aufgaben in allen Belangen vollständig zu erfüllen. Dr. F bediente sich daher bei der Bearbeitung spezieller betriebswirtschaftlicher Probleme verstärkt der Hilfe von Fachabteilungen. Bei dem Assistenten stellte sich demzufolge in wachsendem Umfang eine Frustration ein, die sich temperamentbedingt in einem Hang zur Diskussion mit Dr. F äußerte und eine deutliche direkte oder versteckte Kritik an dem allgemeinen Führungsstil des Dr. F enthielt. Dadurch war auch das persönliche Verhältnis zwischen Dr. F und seinem Assistenten belastet.

Unter diesen Umständen sah Dr. F ein, daß er sich von Dr. Z trennen mußte. Er hatte sich zu entscheiden:

1. Dr. Z die Kündigung nahezulegen. Für die Gesellschaft würde dies einen Verlust bedeuten, denn Dr. Z wies hervorragende fachliche Qualitäten als Chemiker auf und hatte in einer Reihe von speziellen Aufgaben, die ihm übertragen wurden, ein gutes Führungsverhalten gezeigt. Außerdem herrschte bei der Gesellschaft Mangel an qualifizierten Führungsnachwuchskräften.

2. Dr. Z als stellvertretenden Leiter in die Forschungs- und Entwicklungsabteilung zu versetzen. Aufgrund seiner Vorbildung und seiner fachlichen Qualifikation wäre Dr. Z für diese Aufgabe sehr gut geeignet, jedoch stellte sich das Risiko persönlicher Schwierigkeiten. Der Leiter der Forschungs- und Entwicklungsabteilung, Dr. R, der in einigen Jahren altershalber ausscheiden sollte, war der Auffassung, daß er sich seinen

Nachfolger selbst auswählen sollte. Aufgrund der forschen Art von Dr. Z hatte es schon während dessen Assistententätigkeit Spannungen zwischen Dr. R und Dr. Z gegeben.

3. Dr. Z als Betriebsleiter, d. h. Vertreter des Werksleiters im technischen Bereich, in eine der Fabriken der Gesellschaft zu entsenden. In diesem Fall bestand die Gefahr, daß Dr. Z die Versetzung als eine „Degradierung" ansehen und deshalb selbst kündigen würde. Andererseits würde die Tätigkeit in einer Fabrik zur Vertiefung seiner praktischen Kenntnisse und Erfahrungen beitragen und ihn für die spätere Übernahme anderer Funktionen in Stab oder Linie besser qualifizieren.

Die verdorbene Charge

Herr Dr. chem. Zenger ist Leiter der Farbenproduktion der Gruen & Roth Farbenwerke AG, Worms. Freitag nachmittag macht er seinen normalen Rundgang durch den Betrieb und stellt fest, daß die Charge mit Anthrasol gelb 3 RL verdorben ist. Er ruft den Meister Säuberle zu sich: „Das ist ja eine verdammte Schweinerei. Wie konnte das passieren? Sie wissen, der Kunde sitzt uns im Nacken. Sehen Sie zu, daß wir pünktlich liefern können, und wenn die Mannschaft das ganze Wochenende damit verbringt, die Anlage zu säubern! Und sehen Sie zu, daß das ordentlich gemacht wird! Sie kennen die Vorschriften!" „Herr Zenger, ich kriege das schon hin! Ich habe schon eine Vorstellung, wie wir die verdorbene Charge beseitigen können. Wenn Sie nicht ganz so genau hinguckten! Sie werden doch heute pünktlich nach Hause fahren?"

Dr. Zenger hat schon sein nächstes Problem im Kopf und nickt etwas geistesabwesend: „Natürlich, warum? Übrigens: Suchen Sie mir doch noch den Produktionsbericht über unser Indanthren Orange 10 BTI von vor einem Monat heraus. Sie wissen schon. Ich habe immer noch Ärger mit der Reklamation."

Am Samstagabend hört er Nachrichten. Plötzlich zuckt er zusammen: „... der Rhein war im Raume Oppenheim-Nierstein auf Kilometer hin gelb gefärbt. Die Wassserschutzpolizei ist in die Ermittlungen eingeschaltet. Bisher liegen Berichte über die Ursache nicht vor. Es wird vermutet, daß eine Firma im Raume Worms verschmutzte Abwässer in den Rhein geleitet hat. Die Anwohner des Rheins befürchten ein Fischsterben."

„Blöde Hysterie", denkt Dr. Zenger. „Vollkommen ungefährlich für die Fische. Dieser Esel! Der kann was erleben. Am Montag werden mir die Reporter die Bude einrennen. Am besten, ich rufe Hans Vetterli an. Der ist ja für Public Relations zuständig. Der soll die Sache mit der Presse hinkriegen."

Frage:

Was würden Sie tun?

Der Sicherheitsingenieur

Am Freitag, dem 13. Juli, wird Herr Sicher, Bauführer auf der Großbaustelle Dingeskirchen der Lang-Hoch AG für Tiefbau, Duisburg, zum Oberbauleiter gerufen. „Mein lieber Sicher, Sie sind zur Baustelle Santa Maria del Campo versetzt. Bitte melden Sie sich dort am Dienstag, dem 17. Juli. Viel Glück!"

Sicher, 24, verheiratet, ein Sohn von einem Jahr, atmet tief durch, als er aus dem Büro des Oberbauleiters ins Freie tritt. Die Baustelle am Rio Arlanzón zwischen Burgos und Valladolid war der Gesprächsstoff in der Firma. „Wer hat noch nicht, wer will noch mal, jeder kommt einmal nach Spanien!" ist in den letzten Monaten zum geflügelten Wort geworden.

Sicher erledigt am Montag alle Formalitäten in der Hauptverwaltung der Firma in Duisburg, nimmt die Mittagsmaschine von Düsseldorf nach Madrid und meldet sich am Dienstag um 8.00 Uhr im Baubüro in Santa Maria del Campo.

Herr Leithner, Mitglied der Geschäftsleitung der Firma, heißt ihn willkommen und weist ihn in sein neues Aufgabengebiet ein: „Sie sind erstaunt, mich hier zu sehen. Aber die technische Bauleitung sitzt in Untersuchungshaft. Sie, Herr Sicher, übernehmen die Aufgaben des für die gesamte Baustelle zuständigen Sicherheitsingenieurs. Ihnen ist bekannt, daß die spanischen Behörden verlangen, daß jede Baustelle einen verantwortlichen Sicherheitsingenieur hat. Dieser kann bei Unfällen zur Rechenschaft gezogen werden. Ihre Aufgabe wird nicht so leicht sein. Hier die traurige Bilanz der letzten Wochen:

14. 6.: Isabella Garcia, ein achtjähriges Mädchen, gerät auf der Baustelle unter einen rückwärtssetzenden Tieflader und ist sofort tot. Wie sie auf die Baustelle gelangt ist, ist bis heute nicht geklärt.

9. 7.: Manuel Iparrague und Sancho Velazquez, zwei spanische Mitarbeiter unserer Firma, werden verschüttet und können nur noch tot geborgen werden.

11. 7.: Heinrich Markmann, einer unserer deutschen Mitarbeiter, gerät in eine Hochspannungsleitung und wird schwer verletzt in das Hospital von Burgos eingeliefert. Es besteht nach wie vor Lebensgefahr für ihn.

Daraufhin werden am 12. 7. Herr Werthfey und Herr Ohnesorg, denen die technische Bauleitung übertragen ist, von den spanischen Behörden in Untersuchungshaft genommen.

Sehen Sie zu, Sicher, daß Sie den Laden hier in Gang halten. Die Arbeit muß weitergehen, wie, ist egal.

Eine Schließung der Baustelle wäre eine Katastrophe für die Firma. Falls Sie Rückfragen haben, ich stehe Ihnen bis morgen mittag zur Verfügung. Dann muß ich wieder zurück nach Duisburg."

Dann bittet Herr Zaller, das kaufmännische Mitglied der Bauleitung, Herrn Sicher um seinen Reisepaß: „Die Personalabteilung wird Ihnen die notwendigen Formalitäten abnehmen."

Für 16.00 Uhr setzt Herr Sicher eine Besprechung mit den vier Bauführern der Baustelle an, um sich über die Einzelheiten der Unglücksfälle zu informieren. Die Unterhaltung bringt keine greifbaren Ergebnisse. Die Unfälle werden auf „menschliches Versagen" zurückgeführt. Auf der Baustelle sind 300 spanische und 30 deutsche Mitarbeiter beschäftigt.

Am folgenden Morgen, dem 18. Juli, meldet sich Sicher bei Herrn Leithner: „Herr Leithner, ich habe mir meine neue Aufgabe durch den Kopf gehen lassen. Folgendes scheint mir notwendig zu sein:

1. Ich brauche einen Dienstwagen mit Funkausrüstung.

2. Ich möchte meinen Reisepaß sofort wiederhaben und behalten. Ferner brauche ich so viel Bargeld, daß ich jederzeit das Land verlassen kann.

3. Ich brauche die Vollmacht, Mitarbeiter, gleichgültig, ob deutsche oder spanische, mit sofortiger Wirkung von der Baustelle weisen zu können."

Herr Leithner stimmt diesen Vorschlägen zu und reist am Nachmittag nach Deutschland ab. Herr Zaller gibt der deutschen Belegschaft am 19. Juli bekannt, daß Herr Sicher der zuständige Sicherheitsingenieur ist und die unter 3. genannte Vollmacht erhalten hat.

Am 1. August stellt Herr Sicher eine Unregelmäßigkeit bei der Beachtung der Sicherheitsvorschriften durch einen deutschen Mitarbeiter fest und weist ihn auf die Gefahren hin, die dadurch für die Sicherheit der spanischen Bauarbeiter entstehen. Dem deutschen Mitarbeiter entfährt bei der Unterhaltung eine höchst unqualifizierte und unkollegiale Bemerkung über die spanischen Arbeiter. Sicher hat in den vergangenen zwei Wochen den Eindruck gewonnen, daß diese schnodderige Bemerkung nicht untypisch für die Einstellung der deutschen Mitarbeiter gegenüber den spanischen Bauarbeitern ist.

Frage:

Soll Herr Sicher auf die Bemerkung des deutschen Mitarbeiters reagieren?

Der Bullige

R, 55 Jahre alt, seit 30 Jahren bei der Firma, seit fast 15 Jahren auf demselben Gebiet tätig, zeichnet sich einerseits durch umfangreiche Betriebserfahrung auf diesem seinem Fachgebiet sowie andererseits durch ein ausgeprägtes Durchsetzungsvermögen bei Maßnahmen aus, die er veranlaßt hat und hinter denen er persönlich voll steht. Das geht so weit, daß er sich auch nicht scheut, sich unbeliebt zu machen bei den Partnern, mit denen er die Maßnahmen durchsetzen muß. Er boxt sie richtiggehend durch. Deshalb ist er beim Betrieb sehr angesehen. R tritt auch als Respektsperson bei jüngeren Mitarbeitern auf, die noch nicht über die Erfahrung verfügen, die er besitzt.

Auf der anderen Seite kann aber auch nicht übersehen werden, daß R gegenüber Meinungen von Kollegen sehr intolerant ist. Er zeichnet sich geradezu durch eine stark ausgeprägte Starrheit seiner Ansichten gegenüber Meinungen seiner Kollegen aus. Vorschläge, die sein Fachgebiet betreffen und nicht von ihm kommen, lehnt er grundsätzlich ab. Das gilt selbst dann, wenn ein Vorschlag eines Kollegen oder eines Mitarbeiters die (einzig richtige) Lösung des Problems darstellt. Er verhält sich ansonsten passiv gegenüber Vorschlägen, die nicht sein Gebiet betreffen, sondern sich auf Randgebiete der Arbeit beziehen.

R neigt dazu, spontan zu reagieren. In Diskussionen und Gesprächen mit seinen Kollegen sagt er entweder spontan nein oder behauptet, das sei alles schon längst bekannt, das sei schon vor Jahren ausprobiert. Nur wenn in einer Unterhaltung ein Kollege ein Problem aufwirft, das ihn beschäftigt, und wenn R einen Lösungsvorschlag macht, der von dem Kollegen akzeptiert wird, ist R Feuer und Flamme und setzt sich für die Durchsetzung dieser Problemlösung ein, und zwar in einem Maße, das weit über das Maß hinausgeht, das unter Kollegen üblich ist und erwartet werden kann.

Fragen:

— Wie soll sich der Vorgesetzte von R verhalten?

— Welche Empfehlungen kann man als Vorgesetzter den Kollegen des R machen?

— Wie kann man R beeinflussen und erziehen?

Folgendes ist zu beachten: Der Vorgesetzte hat schon mehrmals mit R gesprochen. Er ist überzeugt, daß eine Lösung gefunden werden muß, die nicht den Versuch beinhaltet, R zu ändern.

Der Choleriker

Dr. D, der einige Jahre in einem Forschungsinstitut eines internationalen Konzerns in der Bundesrepublik gearbeitet hatte, bekam eines Tages die Aufforderung, sich an den Hauptsitz der Muttergesellschaft zu begeben. Dort sollten ihm zwei Stellen vorgestellt werden mit dem Angebot, sich für die Übernahme einer Stelle zu entscheiden. Die Annahme dieser Stelle war in jedem Falle mit dem Umzug in das benachbarte Ausland verbunden. Sie würde auch das Ausscheiden aus der deutschen Tochtergesellschaft und den Eintritt in die Dienste der Muttergesellschaft bedeuten.

Dr. D unterhielt sich zwei Tage mit den Abteilungsleitern der beiden Abteilungen, in denen die beiden Stellen angesiedelt waren, sowie mit deren Stellvertretern. Die Herren machten ihn mit der von ihm erwarteten Arbeit vertraut. Die Gespräche verliefen für beide Seiten anregend und positiv.

Als sich die Gespräche am zweiten Tage ihrem Ende näherten, erkundigte sich D nach dem Gesprächstermin mit der Personalabteilung. Er gehe davon aus, daß dieses für ihn wichtige Gespräch am nächsten Morgen stattfinde, damit er gegen Mittag wieder die Heimreise antreten könne. Seine Gesprächspartner stellten fest, daß ein Gesprächstermin nicht vorgemerkt war. Der Leiter der Personalabteilung wäre durch eine wichtige interne Konferenz verhindert und schon außer Hause. Sein Stellvertreter wäre aber bereit, sich mit ihm zu unterhalten.

D lag an diesem Gespräch, weil er von Versetzungen in umgekehrter Richtung wußte, daß Steuerfragen und Sozialabgaben anders lagen, so daß von der Höhe des Bruttogehalts nicht auf das Nettogehalt geschlossen werden konnte. Außerdem war über das Gehalt noch überhaupt nicht gesprochen worden.

Am nächsten Morgen begab sich Dr. D zur Personalabteilung und wurde von M, dem stellvertretenden Personalchef, empfangen. M beantwortete allgemeine Fragen über Lebenshaltungskosten, über die Steuerverhältnisse und das System der Sozialversicherung in dem Land sowie das System der sozialen Sicherung, das von der Muttergesellschaft praktiziert wurde. Über die konkrete Gehaltsfrage aber wollte M sich nicht äußern.

Nachdem das Gespräch etwa eine Stunde gedauert hatte, kam N, der Personalchef, herein. Die Konferenz war vorzeitig abgebrochen worden. M stellte Dr. D Herrn N vor. N äußerte sich befremdet darüber, daß sein Stellvertreter das Gespräch überhaupt geführt hatte und daß Auskünfte erteilt worden waren. Er zeigte sich auch ungehalten über das Ansinnen von D, daß N ihm Informationen über das in den beiden Stellen zu erwartende Gehalt geben solle. D müsse sich entscheiden, ob er eine der beiden Stellen haben wolle. Über Gehaltsfragen könne erst gesprochen werden, wenn D seine Entscheidung getroffen habe. D hielt ihm vor, daß damit ein Konzernangehöriger schlechter gestellt würde als ein Konzernfremder, der sich um eine Stelle bewürbe, denn diesem müsse N ein Gehalt anbieten. Es kam zu einem scharfen Wortwechsel. D verließ mit hochrotem Kopf das Büro des M und trat unverzüglich die Heimreise an.

Am nächsten Tag wurde Dr. D von seinem Chef, Dr. C, angerufen und gebeten, zu ihm zu kommen. C zeigte ihm ein Fernschreiben von N an C, in dem N C bat, D zu informieren, daß das Gespräch eine Panne gewesen sei. Es habe in der internen Konferenz viel Ärger gegeben, und er sei daher richtig entgleist, als er D bei M vorgefunden habe. Er entschuldige sich in aller Form bei D für dieses Vorkommnis. Er sei bereit, D alle erwünschten Auskünfte zu geben.

Fragen:

— Wie soll D reagieren?

— Wie kann organisatorisch verhindert werden, daß sich derartige Pannen wiederholen?

Kapitel 4

Führung durch Information und Motivation

Grundbegriffe der Information

I. Grundlagen der Informationstheorie

1. Informationssysteme

a) Arten

Unter einem Informationssystem versteht man die Gesamtheit der Informationswege, Informationsarten und Informationsspeicherung in einem Unternehmen. Dabei wird davon ausgegangen, daß diese Gesamtheit in bestimmter Weise geordnet, d. h. auf Dauer angelegt ist.

Es werden formelle und informelle Informationssysteme unterschieden. Von einem formellen Informationssystem wird gesprochen, wenn die Unternehmensleitung organisatorische Anweisungen über die Gestaltung der Informationsbeziehungen im Unternehmen gegeben hat. Ein informelles Informationssystem verbindet die Mitglieder einer informellen Gruppe miteinander. Im englischen Sprachgebrauch wird in diesem Falle von Grapevine gesprochen. Damit wird zum Ausdruck gebracht, daß das informelle Informationssystem sich wie wilder Wein organisch entwickelt und das ganze Unternehmen überspannt.

Im folgenden wird nur das formelle Informationssystem behandelt.

b) Ausgestaltung

Innerhalb des formellen Informationssystems werden offene und gebundene Informationssysteme unterschieden. Von einem offenen Informationssystem wird gesprochen, wenn jedes Mitglied der formellen Organisation mit jedem anderen in jeder beliebigen Form in Verbindung treten und Informationen austauschen kann. Das „Prinzip der offenen Tür" stellt ein solches offenes Informationssystem dar. Bei einem gebundenen System sind bestimmte Informationswege ausgeschlossen. Dabei ist zu unterscheiden, ob eine Bindung des Informationssystems hinsichtlich der Partner, der Informationsrichtung, des Informationsinhalts oder der Informationstechnologie vorliegt.

Eine Bindung des Informationssystems an den Partner liegt z. B. dann vor, wenn das Informationssystem an den „Befehlsweg" gebunden wird. Ein solches Informationssystem entspricht dem Prinzip der Einheitlichkeit der Leitung, wie es Fayol gefordert hatte. Er erkannte aber auch, daß ein solches Informationssystem umständlich und langsam ist, und wollte daher direkte Informationen zwischen verschiedenen Abteilungen auf derselben Ebene bei nachträglicher Information des Vorgesetzten zulassen (Fayolsche Brücke).

In der Praxis findet man häufig eine faktische Bindung des Informationssystems an den Partner. So sprechen die AT-Angestellten vielfach über ihre persönlichen Angelegenheiten und Wünsche weder mit dem Personalvorstand noch mit dem Betriebsrat. Diese Informationen sind daher auf ein System beschränkt, das als Partner nur die Kollegen kennt.

Bestimmte hierarchische Vorstellungen verhindern es vielfach, daß der nächsthöhere Vorgesetzte von einem Mitarbeiter angesprochen oder informiert wird. Auch der bekannte Satz „The Lodges talk only to the Cabots, and the Cabots talk only to God" kennzeichnet ein Informationssystem mit Bindung an den Partner.

Eine Bindung an die Richtung der Information liegt bei Befehlen vor. Befehle können nur „von oben nach unten" gegeben werden. Beschwerden laufen dagegen im allgemeinen von unten nach oben.

In der Praxis kommt es häufig vor, daß Informationsprobleme daraus entstehen, daß ein gewollt zweibahniges Informationssystem praktisch nur einbahnig benutzt wird: Die Abwärtsinformation ist gut, die Aufwärtsinformation läßt zu wünschen übrig. In anderen Fällen stellt man fest, daß die vertikale Information gut verläuft, dagegen die horizontale Information erhebliche Probleme aufwirft. Die Tatsache, daß die sogenannte „Querinformation" ausdrücklich zugelassen und gewünscht wird, bedeutet noch nicht, daß sie auch gegeben und in Anspruch genommen wird.

Eine Bindung an den Inhalt wird vielfach bei Telefonsystemen vorgegeben. Privatgespräche werden nicht zugelassen. Informationen über Sitzungen von Gremien werden vielfach inhaltlich gebunden. „Mitteilungen über Ausführungen einzelner Mitglieder und über das Stimmenverhältnis sind unzulässig", heißt es in der Geschäftsordnung für den Wissenschaftsrat.

Schließlich kann auch eine Bindung an eine bestimmte Informationstechnologie vorgenommen werden. „Quod non est in actis, non est in mundo" kennzeichnet eine solche Bindung der Informationstechnologie an das Aktenprinzip. Der Streit um die Zulässigkeit von Tonbandaufzeichnungen bei Gerichtsprozessen beleuchtet Zweifelsfragen einer solchen Bindung des Informationssystems an bestimmte Informationstechnologien ebenso wie die Diskussion über die Offene-Posten-Buchführung oder die Loseblatt-Buchführung im Rahmen der gesetzlichen Vorschriften über die Rechnungslegung von Unternehmen.

c) Formale Darstellung

Informationssysteme können formal durch Informagramme dargestellt werden. Das Informagramm beschreibt die Informationsverbindungen und die Häufigkeit der Information zwischen verschiedenen Partnern im Unternehmen. Ein Beispiel für ein solches Informagramm ist in der folgenden Abbildung wiedergegeben.

Abbildung 1

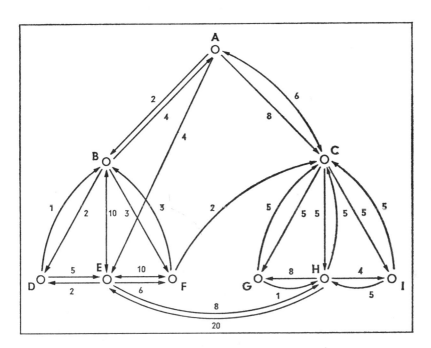

Dem Informagramm der Abbildung 1 liegt das Organogramm einer Organisation zugrunde, in der zwei Gruppen mit je drei Mitarbeitern und je einem Gruppenführer unter einem Abteilungsleiter zusammengefaßt sind. Das Informagramm zeigt die in einer bestimmten Periode benutzten Informationswege, die Richtung der Information und die Häufigkeit der Information. Das Informagramm läßt erkennen, daß die tatsächlichen Machtverhältnisse in der Organisation nicht den im Organogramm festgelegten entsprechen:

— Gruppenführer B wird sowohl von dem Abteilungsleiter A als auch von seinen Mitarbeitern D und F „kaltgestellt". Kontakte zwischen den beiden Gruppenführern haben nicht stattgefunden.

— Die eigentliche Führung in der Gruppe B hat offenbar E, der auch in vier Fällen von dem Abteilungsleiter A direkt angesprochen worden ist, sich selbst aber offenbar loyal gegenüber seinem Gruppenführer B verhält. E wird auch sehr intensiv durch H über die Arbeit in der Gruppe C unterrichtet. E selbst stimmt offenbar die Arbeit mit H ab und ersetzt damit die Koordination zwischen B und C.

— F hat zweimal C direkt informiert.

— B betreibt eine selektive Informationspolitik gegenüber seinen Mitarbeitern. Er informiert E erheblich häufiger als D und F, C dagegen informiert seine Mitarbeiter gleichmäßig.

Die Analyse solcher Informagramme kann formal in der Weise vorgenommen werden, daß man fragt, wieviele Informationskanäle es bei einer gegebenen Zahl von Personen oder Instanzen in der Organisation und bei bestimmten Formen der Bindung des Informationssystems geben kann. Aussagen über die mögliche Zahl der Informationskanäle sind für die Schätzung der Kosten bestimmter Informationssysteme wichtig.

Wir wollen das Informagramm der Abbildung 1 benutzen, um diese Aussagen zu konkretisieren. Das Informationsnetz der Abbildung 1 kann insgesamt neun Personen miteinander verbinden.

Die Zahl der möglichen Informationswege in einem vollständigen Informationsnetz, bei dem jeder mit jedem in Verbindung treten darf, beträgt allgemein

(1) $\quad Z = \frac{1}{2} P (P-1)$

Darin ist:

Z = Zahl der Informationswege,
P = Zahl der Personen.

In dem speziellen Fall der Abbildung 1 beträgt Z 36 Wege.

Wird dagegen eine Bindung an den Partner dergestalt vorgenommen, daß nur die „Befehlslinien" des Informagramms zulässige Informationswege darstellen, ergibt sich die Zahl der möglichen Informationswege allgemein aus

(2) $\quad Z = P - 1$

in unserem speziellen Fall in Höhe von 8. Die Verringerung der Zahl der Informationswege muß allerdings in diesem Falle mit einer Verlängerung der Informationswege erkauft werden. Während bei dem vollständigen Informationsnetz mit 36 Wegen die mittlere Distanz zwischen den neun Partnern (gemessen an der Zahl der Wegstücke zwischen Sender und Empfänger der Information) gleich 1 ist, ist bei dem Informationsbaum mit 8 Informationswegen die mittlere Distanz zwischen den neun Partnern 2,44[1]).

Von einem planaren Informationsnetz spricht man, wenn die Informationswege auf der Horizontale zwischen den Mitarbeitern eines und desselben Vorgesetzten direkt zugelassen sind, aber Vorgesetzte nicht übergangen werden dürfen. Abbildung 2 zeigt ein solches planares Informationsnetz.

---

[1]) Sie ist 1 zwischen A und B, aber z. B. 4 zwischen D und G.

Abbildung 2

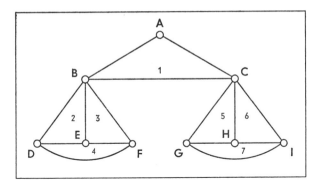

Dieses planare Informationsnetz spannt 7 Flächen auf.

Allgemein gilt für die Zahl der möglichen Informationswege in einem planaren Informationsnetz

(3) $W = P + F - 1,$

wobei F die Zahl der aufgespannten Flächen ist. In unserem Falle beträgt die Zahl der möglichen Informationswege 15. Die mittlere Länge der Informationswege in einem planaren Informationsnetz mit 9 Personen beträgt, wie man leicht nachprüfen kann, 1,83. Würde man nun noch die berühmte Fayolsche Brücke zum Beispiel zwischen F und G (aber nur zwischen diesen!) zulassen, dann würde die Zahl der Flächen um 1 erhöht. D. h., die Zahl der Informationswege erhöht sich um 1, die mittlere Länge der Informationswege zwischen den 9 Personen aber würde sich auf 1,67 verringern.

2. Der Informationsinhalt

Nach dem Informationsinhalt werden drei Formen von Informationen unterschieden:

— motivierende Information,
— instruierende Information,
— informierende Information.

Motivierende Information wirkt auf die Motivstruktur des Empfängers der Informationen ein und soll ihn zu einem bestimmten Verhalten veranlassen. Der Befehl ist eine motivierende Information. Als motivierend wird aber auch jede andere Information bezeichnet, die sicherstellt, daß die Zielvorstellungen und Prioritäten der Mitarbeiter sich mit denen des Unternehmens decken.

Von einer instruierenden Information wird dann gesprochen, wenn die Information bestimmte Fertigkeiten zur Ausübung einer Tätigkeit in dem Arbeiter herbeiführen soll. Wenn ein Lehrbuch der deutschen Einheitskurzschrift einen Text aus einer deutschen Tageszeitung vom 15. 4. 1963 in Eilschrift enthält, dann dient dies nicht dazu, den Leser dieses Lehrbuchs über den beschriebenen Sachverhalt zu informieren, sondern ihn im Lesen von Eilschrift zu unterrichten, und das heißt, ihn zu instruieren.

Als informierende Information wird jede Mitteilung bezeichnet, die den Mitarbeiter über Vorgänge und Sachverhalte unterrichtet.

3. Der Informationswert

Die neuere Informationstheorie hat gezeigt, daß nicht jede Information für verschiedene Empfänger den gleichen Wert hat. Auf diese Theorie soll hier nicht eingegangen werden. Aber das Grundkonzept des Informationswertes ist auch für die Personalführung so wichtig, daß es erklärt werden muß.

Als Informationswert bezeichnet man den Wert, den die Verbesserung einer Entscheidung durch die zusätzlichen Informationen hat. Man geht also von einer Entscheidung bei Unsicherheit aus, die bei dem gegebenen Stand der Information getroffen würde, und stellt fest, welcher Gewinn bei dieser Entscheidung erwartet werden kann. Dann geht man davon aus, daß man zusätzliche Informationen eingeholt hat, und fragt erneut, welcher Gewinn erwartet werden darf, wenn im Lichte der zusätzlichen Information eine möglicherweise andere Entscheidung getroffen wird. Die Differenz dieser beiden Erwartungswerte der Gewinne, vermindert um die Kosten der Beschaffung der zusätzlichen Information, ist der Informationswert. Nun erkennt man auch sofort, daß zusätzliche Informationen nicht immer einen Wert zu haben brauchen. Die Bedingungen, unter denen zusätzliche Informationen keinen Wert haben, lassen sich leicht aufführen:

— Die Beschaffung der zusätzlichen Information kostet mehr, als sie an erwartetem Mehrgewinn bringt.

— Die zusätzliche Information wird zwar bei der Entscheidung berücksichtigt, die ursprüngliche Entscheidung ändert sich aber dennoch nicht, weil die Zahl der alternativen Entscheidungsmöglichkeiten klein und wenig sensitiv auf Änderungen in der Information ist.

— Die zusätzliche Information wird bei der Entscheidung nicht berücksichtigt, weil der Entscheidende sehr risikoscheu (risikofreudig) ist und die zusätzliche Information nicht ausschließt, daß der bisher für möglich gehaltene schlechteste („hoffnungsloser Pessimist") bzw. beste („hoffnungsvoller Optimist") Zustand der Umwelt auch tatsächlich eintritt.

Allgemein gesagt hängt also der Informationswert von der Risikoscheu oder Risikopräferenz des Entscheidenden, von der Sensitivität der Entscheidungsalternativen auf zusätzliche Informationen und den Kosten der Informationsbeschaffung ab.

Wegen dieses persönlichkeitsbestimmten Wertes zusätzlicher Informationen treten bei der Führung von Mitarbeitern durch Information häufig Probleme auf: Informationen, die der eine für irrelevant hält, weil sie keinen Informationswert *für ihn* besitzen, haben für den anderen einen hohen Informationswert. Verarbeitet der eine nun die Information so, daß er nur die wichtigen Informationen weitergibt, die anderen aber unterdrückt (Formen der Informationsabsorption in der Organisation), dann muß der Empfänger dieser verdichteten Information befürchten, daß für ihn relevante Informationen unterdrückt worden sind und er selektiv informiert wurde. Hier hilft nur eine instruierende Information, die auch für den Empfänger erkennbar sicherstellt, daß die Information so verdichtet wird, daß die für den Empfänger relevante Information nicht unterdrückt werden kann.

II. Information als Führungsinstrument

Damit sind wir schon zu der Frage übergegangen, wie Information als Führungsinstrument im Unternehmen eingesetzt werden kann. Bei der Beantwortung dieser Frage sind zwei Gesichtspunkte zu beachten:

— Information als Führungsinstrument muß die gesetzlichen Anforderungen an das Informationssystem im Unternehmen erfüllen.

— Innerhalb der gesetzlichen Regelungen kann Information allgemein und speziell auf einzelne Personen bezogen als Führungsinstrument eingesetzt werden.

Mit diesen beiden Aspekten wollen wir uns im folgenden beschäftigen.

1. Rechtliche Regelungen des Informationssystems im Unternehmen

Rechtliche Regelungen des Informationssystems sind im Handelsgesetzbuch, im Aktiengesetz und im Betriebsverfassungsgesetz enthalten.

Das Handelsgesetzbuch regelt die Informationsrechte der Gesellschafter einer Personengesellschaft gegenüber ihrer Gesellschaft (z. B. § 118 HGB). Derartige Informationsrechte haben nur indirekte Bedeutung für die Führung von Mitarbeitern. Die Informationsrechte der Gesellschafter stellen eine Kontrolle der Geschäftsführung dar, die sich indirekt auch auf die Mitarbeiterführung auswirkt.

Auch das Aktiengesetz enthält eine Reihe von Vorschriften, die das Auskunftsrecht der Aktionäre regeln (§§ 125, 131 AktG). Die Publizitätspflicht der Aktiengesellschaft und der Unternehmen, die nach dem Publizitätsgesetz ihre Abschlüsse veröffentlichen müssen, gewährleistet eine auch für die Führung von Mitarbeitern nicht zu unterschätzende Information.

Größere Bedeutung für die Führung von Mitarbeitern hat bei den Aktiengesellschaften und den dem Mitbestimmungsgesetz vom 4. 5. 1976 unterliegenden Unternehmen die Informationspflicht des Vorstands gegenüber dem Aufsichtsrat, da im Aufsichtsrat auch Mitarbeiter vertreten sind. § 90 AktG regelt in Abs. 1 und 2 die laufende Berichterstattung und die Berichterstattung aus sonstigem wichtigem Anlaß. Die Absätze 3 bis 5, Satz 1 und 2, die nach § 25 MitbG auch auf Gesellschaften mit beschränkter Haftung und bergrechtliche Gewerkschaften mit eigener Rechtspersönlichkeit Anwendung finden, enthalten das Recht jedes einzelnen Aufsichtsratsmitgliedes, einen Bericht „über Angelegenheiten der Gesellschaft" und „über geschäftliche Vorgänge bei verbundenen Unternehmen" zu verlangen. Jedes Aufsichtsratsmitglied kann die Aushändigung schriftlich erstatteter Berichte verlangen. Auch die Übersendung der Stellungnahmen der Verwaltung zu Anträgen und Wahlvorschlägen von Aktionären (Gesellschaftern) kann jedes einzelne Aufsichtsratsmitglied verlangen (§ 125 Abs. 2 Ziff. 3 AktG, § 25 Abs. 1 Ziff. 2 MitbG).

Das Betriebsverfassungsgesetz enthält eine Fülle von Informationsrechten und Informationspflichten. Aus ihnen können „Grundsätze ordnungsmäßiger Information" abgeleitet werden, die jeder Vorgesetzte in der Führung seiner Mitarbeiter beachten muß.

1. Grundsatz der rechtzeitigen und umfassenden Unterrichtung über die Tätigkeit des Mitarbeiters (§ 81).

2. Grundsatz der rechtzeitigen und umfassenden Anhörung des Mitarbeiters in ihn betreffenden Angelegenheiten (§ 82, § 45).

3. Grundsatz der rechtzeitigen und umfassenden Unterrichtung über die Angelegenheiten des Unternehmens als Ganzes (§ 81 Abs. 1 Satz 1, § 110).

4. Grundsatz der Förderung der freien Entfaltung der Persönlichkeit der Mitarbeiter (§ 75 Abs. 2).

5. Grundsatz der Förderung der Mitarbeiter durch Berufsbildung (§ 96 Abs. 1).

6. Grundsatz der Entgegennahme von Beschwerden des Mitarbeiters (§ 84).

7. Verbot der agitatorischen, die vertrauensvolle Zusammenarbeit gefährdenden Information (§ 74 Abs. 1 und 2).

8. Verbot der parteipolitischen Information (§ 74 Abs. 2).

Das Betriebsverfassungsgesetz enthält darüber hinaus eine Fülle von Regelungen, die die Informationswege näher bestimmen. Ein aus dem Gesetz abgeleitetes Informagramm enthält Abbildung 3.

Abbildung 3

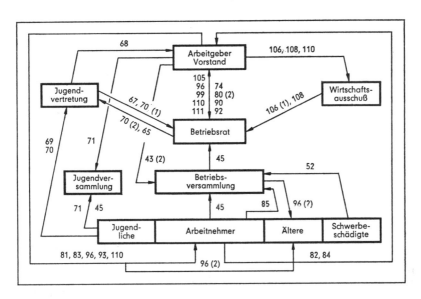

Wie das Informagramm deutlich zeigt, sind die Informationswege zwischen Vorstand und Betriebsrat am stärksten entwickelt. Daher sehen manche Unternehmen im Betriebsrat einen wichtigen Faktor, der die Mitarbeiterführung durch den Vorgesetzten unterstützt. So heißt es in den Führungsgrundsätzen eines großen Unternehmens: „Neben der Führungsverantwortung der Vorgesetzten ist der Betriebsrat legitimierter Interessenvertreter der Mitarbeiter. Es ist die Aufgabe sowohl der Vorgesetzten als auch des Betriebsrats, dafür zu sorgen, daß die Mitarbeiter nach den Grundsätzen von Recht und Billigkeit behandelt werden, um eine freie Entfaltung der Persönlichkeit zu ermöglichen." Daß in der Betriebsverfassung „ein zweiter Informations- und Gesprächsweg" gesehen wird, wurde schon an anderer Stelle betont[2].

2. Allgemeine Regelungen im Unternehmen

Der gesetzliche Rahmen, der durch das Betriebsverfassungsgesetz gezogen ist, wird ausgefüllt, ergänzt und erweitert durch die Regelungen und Maßnahmen, die die Unternehmen für die interne Information treffen. Wir betrachten zunächst die allgemeinen Regelungen. Dabei handelt es sich um Informationen, die die Unternehmensleitung für alle Mitarbeiter mehr oder weniger regelmäßig herausgibt und die den einzelnen Vorgesetzten in seiner Führungsaufgabe unterstützen sollen.

---

[2] Vgl. oben S. 203.

Schon die Information der Mitarbeiter darüber, daß sie Informationsrechte und Informationspflichten haben, stellt eine allgemeine Information dar, die für die Führung von Mitarbeitern von erheblicher Bedeutung ist. Diese Information ist im allgemeinen in den Führungsgrundsätzen der Unternehmen enthalten. Hierzu einige konkrete Beispiele:

1. Jeder Mitarbeiter soll alle Informationen erhalten, die er für seine Arbeit braucht. Er muß sich jedoch auch selbst um Informationen bemühen. Er sollte bereit sein, die Arbeit anderer durch Hinweise aus seinem Arbeitsgebiet zu unterstützen.

2. Es kommt darauf an, das Geschehen im Unternehmen transparent zu machen, eine zuverlässige Orientierung zu ermöglichen und Gerüchten vorzubeugen. Deshalb ist es Aufgabe des Vorgesetzten, seine Mitarbeiter rechtzeitig, ausreichend und zutreffend zu informieren. Wichtig ist der Informationsaustausch. Auch der Mitarbeiter soll seinen Vorgesetzten über Stand und Fortgang seiner Arbeit informieren. Regelmäßige Informationsbesprechungen sind hierzu ein wirksames Mittel... Bei allen Informationen hat die Unterrichtung durch den unmittelbaren Vorgesetzten Vorrang. Das gesprochene Wort ist wirksamer als das geschriebene Wort. Schriftliche Informationen sollen auf das unumgängliche Maß begrenzt und den betroffenen Stellen bzw. Mitarbeitern gezielt zugänglich gemacht werden... Entstehen dennoch Informationslücken, so muß die fehlende Information bei der zuständigen Stelle eingeholt werden.

3. Jeder Mitarbeiter ist von seinem Vorgesetzten in dem Umfang zu unterrichten, daß er in seinem Aufgabengebiet richtig handeln und entscheiden kann. Der Mitarbeiter hat seinerseits die Pflicht, sich um die von ihm benötigten Informationen zu bemühen. Er hat seinen Vorgesetzten über die laufende Berichterstattung hinaus unaufgefordert über wesentliche Angelegenheiten aus seinem Aufgabenbereich zu informieren... In Angelegenheiten, die für mehrere Stellen Bedeutung haben, ist die Information der anderen Stellen durch den für diese Aufgabe verantwortlichen Mitarbeiter zu gewährleisten.

4. ... Der Vorgesetzte muß daher seine Mitarbeiter über alle Vorkommnisse und Entwicklungen unterrichten, die von Bedeutung für ihren Aufgabenbereich sind oder in absehbarer Zeit werden können. Dazu gehört auch die Information über Ergebnisse und Auswirkungen abgeschlossener Aufgaben des Mitarbeiters.

Diese Beispiele sind im Kern eine Umschreibung der Unterrichtungspflicht, die den Arbeitgeber nach § 81 Betriebsverfassungsgesetz trifft. Sie gehen aber in wesentlichen Punkten darüber hinaus: sie stellen den Vorgesetzten in einen Argumentations- und Begründungszwang. Ferner stellen sie der Unterrichtungspflicht des Arbeitgebers die Informationspflicht des Mitarbeiters gegenüber. Sie geben ferner die Form an, in der die Information erfolgen soll: Regelmäßige Informationsgespräche, gesprochenes Wort, gezielte schriftliche Information, Informationen durch den Vorgesetzten statt anonymer Information oder Information von dritter Seite.

Mit einer Fülle verschiedener Informationsinstrumente versuchen die Unternehmensleitungen darüber hinaus, die Führungsaufgabe der Vorgesetzten zu unterstützen. Ein eindrucksvolles Beispiel dafür gibt der Geschäftsbericht 1975 der Deutschen Shell AG. Dort heißt es: „Unsere Informationspolitik ist nicht nur darauf abgestellt, dem Mitarbeiter das Geschehen innerhalb des Unternehmens transparent zu machen, sondern ihn auch über Geschehnisse außerhalb des Unternehmens zu informieren, insbesondere dann, wenn sich hieraus unmittelbare und persönliche Auswirkungen für ihn ergeben können. Der unterschiedliche Inhalt und die unterschiedliche Dringlichkeit der einzelnen Informationen machen es notwendig, ein breitgefächertes Instrumentarium zur Übermittlung einzusetzen."

Medium	Erscheinungsweise	Häufigkeit des Einsatzes 1975	Zielgruppe	Inhalt
»Shell-Spiegel« (Hauszeitschrift)	regelmäßig	6 mal	Alle Mitarbeiter und Pensionäre	Beiträge aus allen Unternehmensbereichen; Themen von allgemeinem Interesse; Personalnachrichten
»Mitarbeiter-Briefe«	unregelmäßig	11 mal	"	Wirtschaftliche Lage des Unternehmens, Situation auf dem Mineralölmarkt, Entwicklung der Rohölpreise, Absatz- und Erlösentwicklung, Ergebnissituation
»P-Aktuell«	unregelmäßig	11 mal	"	Aktuelle Informationen über Tarifabschlüsse und betriebliche Regelungen, Interpretationen neuer Gesetze etc.
»Pressekurzbericht«	regelmäßig werktäglich	249 mal	Arbeitsplätze mit aktuellem ext. Bezug	Auszüge aus Presseberichten, sofern erforderlich mit Kurz-Kommentar
»Fakten und Argumente«	unregelmäßig	13 Beiträge	Mitarbeiter mit Außenkontakten	Fakten und Argumente zu Themen aus den Bereichen der Energie-, Wirtschafts- und Gesellschaftspolitik, z. B. Investitionslenkung, Energieprogramm der Bundesregierung, Verhaltenskodex

In der Hauptverwaltung und in den Niederlassungen werden außerdem in unregelmäßigen Abständen Gespräche zwischen Vorstand und Gruppen von 30-40 Mitarbeitern über Fragen aus Mitarbeiterkreisen geführt.

Mitarbeiterbefragungen zeigen jedoch vielfach, daß trotz aller Anstrengungen, die Mitarbeiter umfassend zu informieren, die Zufriedenheit der Mitarbeiter über die Informationspolitik des eigenen Unternehmens nicht steigt. Vielfach führt nämlich vollständige Information dazu, daß von ihr kein Gebrauch gemacht wird. Der Auswahl des richtigen „Portefeuilles der Informationsinstrumente" kommt daher besondere Bedeutung zu. Nur wenn die allgemeine Information durch die Geschäftsleitung durch Schwerpunktinformationen unterstützt und gezielt vom Vorgesetzten aufbereitet und ergänzt wird, wird auch die Zufriedenheit der Mitarbeiter mit der Information steigen.

Diese Erkenntnis hat sich heute allgemein durchgesetzt. Die Entwicklung bis dahin beschreibt Sarfert[3]: „Traditionell war die Mitarbeiterinformation nicht Bestandteil der Personalfunktion; sie wurde meistens von Presseabteilungen, Vorstandssekretariaten oder ähnlichen Stabsstellen wahrgenommen. Heute aber ist die Mitarbeiterinformation ein so starkes Führungsmittel, daß es eine unerläßliche Aufgabe des Personalwesens geworden ist, dafür zu sorgen, daß alle Mitarbeiter, ganz gleichgültig, an welcher Stelle sie stehen, über das informiert werden, was sie für ihre Tagesarbeit brauchen. Darüber hinaus bewirkt Information das Gefühl, einer Interessengemeinschaft oder einem Unternehmen anzugehören, welches die Mitarbeiter nicht nur als Arbeitskraft ansieht, sondern als integrierten Bestandteil des Ganzen." Bei der Bestimmung dieses Portefeuilles der Informationsinstrumente ist die Erkenntnis zu berücksichtigen, daß die Zufriedenheit mit der Informationspolitik des Vorgesetzten von zwei Faktoren abhängt: von der Bedeutung, die der Mitarbeiter einer Information beimißt, und von dem subjektiven Erleben der Erfüllung des Wunsches nach Information beim Mitarbeiter. Das objektive Maß an Information geht also nur indirekt über das Erleben dieser Information als Erfüllung des Wunsches nach Information in die Zufriedenheit mit der Informationspolitik des Vorgesetzten ein. Auf diesen Tatbestand haben schon Haire, Ghiselli und Porter[4], wenn auch in anderem Zusammenhang, aufmerksam gemacht. Die Singer S.A. in Frankreich hat diese Ideen seit 1973 für die Informationspolitik der Mitarbeiter umgesetzt[5].

Abbildung 4 zeigt die Ergebnisse der Erhebungen, die das Unternehmen 1973 erstmals durchführte. Die Ergebnisse wurden zur Grundlage eines Aktionsplans für 1974 gemacht. Eine erneute Befragung der Mitarbeiter zeigte, wie weit der Aktionsplan zu Verschiebungen nicht nur in der Bedeutung geführt hatte, die den verschiedenen Punkten beigemessen wurde, sondern auch in dem subjektiven Eindruck von den Leistungen des Unternehmens in den einzelnen Punkten.

Bemerkenswert ist das Kriterium „Arbeitssicherheit". In der Bedeutung, die die Mitarbeiter diesem Merkmal 1973 beimaßen, stand es an dritter Stelle. Hinsichtlich des Eindrucks, den die Leistungen des Unternehmens für die Sicherheit der Arbeitsplätze auf die Mitarbeiter machten, stand es dagegen an letzter Stelle. Singer unternahm nicht nur eine Reihe von Schritten, um

---

[3] Sarfert, E. C., Führung in Zusammenarbeit mit der Personalabteilung, unveröffentlichtes Manuskript vom 23. Juni 1976.
[4] Haire, M., E. H. Ghiselli und L. W. Porter, Managerial of thinking, an International Study, New York — London — Sydney 1966.
[5] Chambers, P., Singer Audits its Social Performance, in: International Management 1974 (September), S. 22.

Abb. 4: Sozialbilanz der Singer S.A.

	1973		1974	
	Bedeutung des Merkmals %	Rangstelle der Zielerreichung durch das Unternehmen (Rangskala) (1-20)	Bedeutung des Merkmals %	Rangstelle der Zielerreichung durch das Unternehmen (Rangskala) (1-20)
WIRTSCHAFTLICHE BEDEUTUNG				
a) Gewinn	96	12,2	100	13,1
b) Nützlichkeit (1973) bzw. Qualität (1974) der Produkte	70	13,5	60	13,0
ZUFRIEDENHEIT DES MITARBEITERS				
a) Arbeitsbedingungen	72	11,5	64	14,4
b) Kommunikation und Information	60	12,8	64	13,2
c) Sicherheit des Arbeitsplatzes	74	10,1	64	12,2
d) Gehälter	84	11,2	80	12,5
e) Betriebsklima	62	13,0	64	13,3
f) Fortbildung	–	–	80	14,7
GESELLSCHAFTLICHE VERANTWORTUNG				
a) Dienstleistung für die Gemeinde	40	12,7	60	14,2
b) Umweltschutz	32	11,4	45	13,7
c) Zufriedenheit der Kunden	70	11,6	60	13,1
ZUKUNFTSORIENTIERUNG				
a) Neue Produkte	50	11,0	60	13,1
b) Offenheit gegenüber neuen Ideen/Innovation	34	11,4	60	12,8
DURCHSCHNITT		11,7		13,3

die Sicherheit der Arbeitsplätze zu erhöhen, sondern sorgte auch dafür, daß diese Schritte jedem Mitarbeiter bekannt wurden. Die Ergebnisse schlugen sich in den Zahlen für 1974 nieder. Die Bedeutung, die diesem Faktor von den Mitarbeitern beigemessen wurde, sank. Gleichzeitig aber stieg der Eindruck von den Leistungen des Unternehmens auf diesem Gebiet.

Kommunikation und Information standen 1973 in ihrer Bedeutung an fünftletzter Stelle, die Leistungen des Unternehmens wurden an die dritte Stelle gesetzt. Die Unternehmensleitung empfand die Beurteilung der Informationspolitik aber als unbefriedigend, weil nur 12,8 von 20 möglichen Punkten erreicht wurden. Die Unternehmensleitung führte daher ein umfangreiches Informationsprogramm durch:

1. Persönliche Besuche des Vorstands bei den Regionalbüros (3 Tage pro Monat und Vorstandsmitglied).
2. Abteilungskonferenzen in regelmäßigen Abständen.
3. Verteilung der Vorstandsprotokolle an die leitenden Angestellten.
4. Verteilung der Protokolle der gemeinsamen Sitzungen von Vorstand und Betriebsrat an alle Mitarbeiter.

Das Ergebnis ist bemerkenswert. Die Beurteilung der Leistungen des Unternehmens in der Informationspolitik ist gestiegen, gleichzeitig aber wird diesem Punkt auch mehr Bedeutung als 1973 beigemessen. Relativ ist die Beurteilung der Leistungen des Unternehmens auf den sechsten Platz abgesunken. Es ist mithin eine offene Frage, ob die Zufriedenheit der Mitarbeiter mit der Informationspolitik des Unternehmens tatsächlich besser oder nicht sogar schlechter geworden ist.

3. Persönliche Information

Ohne die persönliche Information des Vorgesetzten bleibt die beste Informationspolitik der Unternehmensleitung ohne Wirkung. Sie zu systematisieren gehört zu den schwierigsten Aufgaben der Führung von Mitarbeitern durch Information. Dem „gesprochenen Wort" kommt hier besondere Bedeutung zu. Ein Unternehmen stellt ausdrücklich fest: „Telefonate stören!"

Diese Erfahrung hat auch die Pillsbury Company gemacht, die zu dem Ergebnis kam, daß eine gute Informationspolitik dadurch gekennzeichnet ist, daß die Mitarbeiter

— die Informationen erhalten, die sie *haben wollen,*

— die Information *schnell* erhalten,

— die Information auf dem Wege erhalten, *auf dem sie sie erhalten möchten.*

Der von den Mitarbeitern bevorzugte Weg der Information war der über den eigenen Vorgesetzten[6]. Daraufhin wurden in allen Fabriken des Unternehmens Mitarbeitergespräche in jeder Arbeitsgruppe angesetzt, bei denen sich der Gruppenführer mit seinen Mitarbeitern etwa 15 Minuten lang pro Woche unterhält. Fünf Minuten berichtet er über Angelegenheiten, die für die Mitarbeiter von Interesse sind, die restlichen zehn Minuten sind für die Beantwortung von Fragen vorgesehen.

Die Erfahrung zeigt, daß solche regelmäßigen persönlichen Gespräche zwischen den Mitarbeitern und dem Vorgesetzten, die nach Bedarf durch Gespräche unter vier Augen zu ergänzen sind, eine wichtige Funktion haben: Sie stellen das Vertrauen her, das erforderlich ist, wenn Mitarbeiter auch bei Informationslücken im Unternehmen zufrieden arbeiten sollen. Es wird das Bewußtsein geschaffen, daß die Information verfügbar wäre, wenn man sie haben wollte. Die „Politik der offenen Tür" wird sinnvoll ergänzt durch die „Politik der offenen Akten". Diese Aufgabe kann aber nur der Vorgesetzte bewältigen. Er kann seine Mitarbeiter nicht nur durch Information führen, sondern auch, trotz Lücken in der Information, zu Leistung und Zufriedenheit bringen.

---

[6] Gelfand, L. J., Communicate Through your Supervisors, in: Harvard Business Review, November/Dezember 1970, S. 101.

Motivation von Mitarbeitern

I. Der Begriff der Motivation

Unter Motivation von Mitarbeitern wird in der Führungslehre im allgemeinen ein Verhalten des Vorgesetzten verstanden, das ein leistungsbezogenes Arbeitsverhalten des Mitarbeiters bewirkt. Dieses setzt allerdings voraus, daß der Mitarbeiter ein Motiv hat, Leistung zu erbringen, das durch den Anreiz der Aufgabenstellung des Vorgesetzten aktiviert und durch das Arbeitsverhalten des Mitarbeiters befriedigt werden kann.

Um Mitarbeiter motivieren zu können, muß der Vorgesetzte mithin

1. die Motivationsstruktur seiner Mitarbeiter kennen,
2. die Anreizwirkung seiner Zielsetzung bzw. Aufgabenstellung auf die Mitarbeiter abschätzen,
3. beurteilen, inwieweit sich die Mitarbeiter zutrauen, das gesteckte Ziel auch tatsächlich zu erreichen.

II. Motivationstheorien

Die Hypothese Taylors[1], daß Mitarbeiter durch ihr Erwerbsstreben charakterisiert werden und mithin das Gehalt der einzige Motivationsfaktor sei, wird heute nicht mehr akzeptiert.

Frederic Herzberg[2] entwickelte die Theorie der zwei Faktoren, die die Zufriedenheit des Mitarbeiters am Arbeitsplatz bestimmen. Er unterschied Hygienefaktoren und Motivationsfaktoren. Hygienefaktoren führen zur Unzufriedenheit am Arbeitsplatz, wenn sie nicht erfüllt sind, und Motivationsfaktoren bestimmen das Maß an Zufriedenheit des Mitarbeiters am Arbeitsplatz. Abbildung 1 enthält eine Darstellung der Ergebnisse seiner Untersuchung. Sie zeigt, daß eine klare Trennung von Hygienefaktoren und Motivationsfaktoren nicht möglich ist. Vielmehr handelt es sich bei den einzelnen Faktoren stets um überwiegende Wirkungen in einer bestimmten Richtung.

Die wichtigste theoretische Erkenntnis von Herzberg bestand darin, zu zeigen, daß Zufriedenheit und Unzufriedenheit am Arbeitsplatz nicht Gegensätze sind. Maßnahmen der Mitarbeiterführung können Unzufriedenheit beseitigen, aber noch nicht Zufriedenheit stiften. Ein sehr wichtiges

---
[1] Taylor, F. W., The Principles of Scientific Management, New York und London 1911; wieder abgedruckt in Taylor, F. W., Scientific Management, 1947.
[2] Herzberg, F., B. Mausner und B. Snyderman, The Motivation to Work, New York 1959.

Abb. 1: Motivationstheorie von F. Herzberg

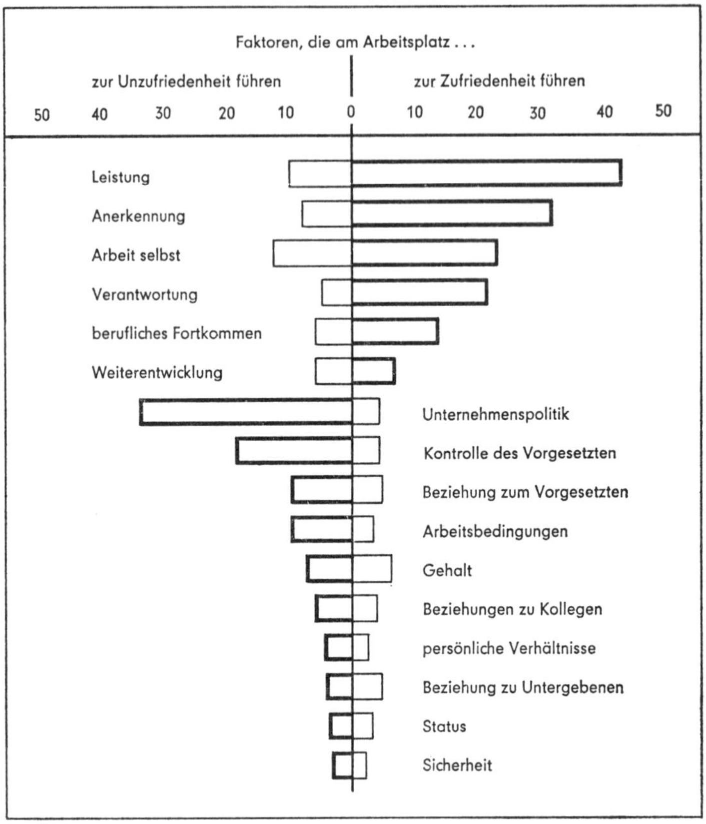

[Diagramm: Faktoren, die am Arbeitsplatz zur Unzufriedenheit führen / zur Zufriedenheit führen, Skala 50–0–50]

- Leistung
- Anerkennung
- Arbeit selbst
- Verantwortung
- berufliches Fortkommen
- Weiterentwicklung
- Unternehmenspolitik
- Kontrolle des Vorgesetzten
- Beziehung zum Vorgesetzten
- Arbeitsbedingungen
- Gehalt
- Beziehungen zu Kollegen
- persönliche Verhältnisse
- Beziehung zu Untergebenen
- Status
- Sicherheit

praktisches Ergebnis der Untersuchungen von Herzberg muß darin gesehen werden, daß die von ihm so genannten intrinsischen Faktoren, also diejenigen, die mit der Arbeit unmittelbar verbunden sind, als Motivationsfaktoren wirken. Der Vorgesetzte hat mithin darauf zu achten, daß die extrinsischen Faktoren erfüllt sind. Dies ist die Voraussetzung dafür, daß Maßnahmen, die der Leistungsmotivation dienen, überhaupt greifen können. Sind diese Voraussetzungen erfüllt, kann der Vorgesetzte Maßnahmen ergreifen, die unmittelbar die Arbeit seiner Mitarbeiter beeinflussen und ihre Leistungsmotivation erhöhen.

Friedlander[3] hat drei Faktoren der Berufszufriedenheit unterschieden. Der erste Faktor umfaßt die Selbstaktualisierung durch die Art der Arbeit, der zweite Beförderung und Aufstieg als Ausdruck der Anerkennung und der

---

[3] Friedlander, F., Job Characteristics as Satisfiers and Dissatisfiers, in: Journal of Applied Psychology 48, 1964.

dritte soziale und organisatorische Einflüsse. In diese Theorie sind die Motivationsfaktoren Arbeit, Verantwortung, berufliches Fortkommen und Weiterentwicklung ebenso wie die Hygienefaktoren, von denen soziale und organisatorische Einflüsse ausgehen, aufgenommen.

Die Erkenntnis, daß der Mitarbeiter im wesentlichen durch die Arbeit selbst, die ihm übertragen wird, motiviert werden kann, folgt auch aus der Theorie von Abraham Maslow[4]. Auch Maslow kam zu der Erkenntnis, daß es nicht ein einziger Faktor ist, der den Mitarbeiter zu leistungsbezogenem Arbeitsverhalten motiviert, sondern daß mehrere Faktoren gleichzeitig wirksam sind. Im Gegensatz zu der Zwei-Faktoren-Theorie von Herzberg ging aber Maslow von einer Bedürfnispyramide aus. An der Basis der Bedürfnispyramide finden sich die Grundbedürfnisse. Sind sie erfüllt, versucht der Mensch sein Sicherheitsbedürfnis zu befriedigen. Erst wenn dieses erfüllt ist, wird er den Kontakt in der Gemeinschaft als Ziel an sich erstreben. Die nächste Stufe bildet das Bedürfnis nach Selbstachtung und Anerkennung, und an die Spitze der Pyramide stellte Maslow das Bedürfnis nach Selbstverwirklichung, das im Beruf durch interessante Arbeit, Selbständigkeit in der Aufgabenerfüllung, Sichtbarkeit der eigenen Leistung und Entwicklung

Abb. 2: Motivationstheorie von Maslow: Bedürfnisse und Instrumente zu ihrer Befriedigung

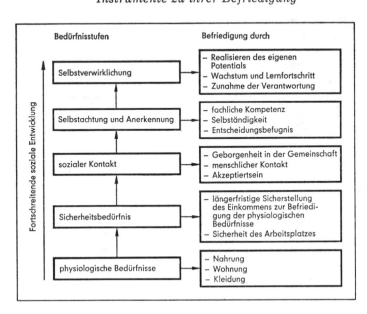

---

[4] Maslow, A. H., Motivation and Personality, New York 1954.

der eigenen Kompetenz und Verantwortung erfüllt wird. Abbildung 2 gibt die Bedürfnispyramide von Maslow zusammen mit den Instrumenten zur Befriedigung dieser Bedürfnisse wieder[5].

Morse und Lorsch haben auf die situationsbedingte Komponente der Motivation besonders hingewiesen, die in der Tatsache zum Ausdruck kommt, daß das Bedürfnis nach Selbstverwirklichung nur befriedigt werden kann, wenn es die Situation erlaubt, sich an einer bestimmten Aufgabe zu bewähren. Sie haben dieses situative Element der Motivation in ihrer Kontingenztheorie der Motivation besonders hervorgehoben[6]. Ihre Theorie läßt sich in den folgenden fünf Punkten zusammenfassen:

1. Das Verhalten des Mitarbeiters wird durch eine Vielzahl von Faktoren bestimmt.
2. Ein besonders wichtiges Bedürfnis des Mitarbeiters besteht darin, ein Gefühl der fachlichen Fähigkeit zu gewinnen.
3. Das Gefühl der fachlichen Kompetenz läßt sich bei verschiedenen Mitarbeitern auf verschiedene Weise vermitteln, und zwar je nach der Stärke der anderen Motive des Mitarbeiters.
4. Die Wahrscheinlichkeit, daß der Mitarbeiter ein Gefühl der fachlichen Kompetenz zu entwickeln vermag, hängt entscheidend davon ab, ob der Vorgesetzte Übereinstimmung zwischen der Organisationsstruktur und der Aufgabenstellung des Mitarbeiters herstellen kann.

Abb. 3: Motivationstheorie von Heckhausen — Motivationsvariablen

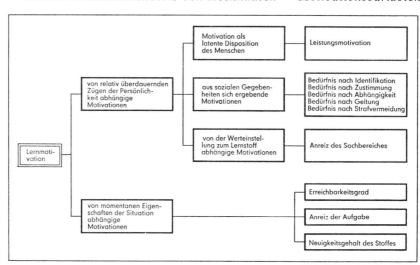

---

[5] Entnommen aus Lauterburg, Ch., Motivation durch Aufgabenstrukturierung, in: Industrielle Organisation 42 (1973), S. 554.

[6] Morse, J. J. und J. W. Lorsch, Beyond Theory Y, in: Harvard Business Review, May/June 1970, S. 61.

5. Das Streben nach fachlicher Kompetenz bleibt als Motivationsfaktor auch dann wirksam, wenn ein Ziel erreicht ist: Der Mitarbeiter setzt sich dann ein höheres Ziel. Dies zu unterstützen ist die wesentlichste Motivationsfunktion des Vorgesetzten.

Eine Systematisierung der Verbindung zwischen persönlichkeitsbestimmten Faktoren und situationsbezogenen Elementen der Motivation von Mitarbeitern findet sich in der Motivationstheorie von Heckhausen[7]. Nach ihm ist die Motivation ein Produkt aus relativ überdauernden Zügen der Persönlichkeit und aus momentanen Eigenschaften der Situation. Eine Übersicht über seine Motivationsvariablen enthält Abbildung 3[8].

III. Motivationsinstrumente

Für die Führung von Mitarbeitern ergeben sich aus der Motivationstheorie konkrete Hilfen für den Vorgesetzten. Sie liegen

— in der Schaffung von Motivationsanreizen durch die Zielsetzung und die Aufgabenstellung,

— in der Beseitigung von Motivationshemmnissen durch Information und Beurteilung.

Der Vorgesetzte kann durch eine „motivationsgerechte Arbeitsorganisation" und durch die Übertragung sinnvoller und als sinnvoll in ihrem betrieblichen Gesamtzusammenhang erkannter Aufgaben die Situationen für den Mitarbeiter schaffen, in denen er seine fachlichen Fähigkeiten und seine berufliche Kompetenz entfalten kann. Er kann durch Fortbildung und die damit verbundene Aussicht auf neue und verantwortungsvollere sowie interessantere Aufgaben den Leistungsanreiz erhöhen. Auf die neuen Formen der Arbeitsorganisation, die Situationen mit erhöhtem Leistungsanreiz schaffen sollen, wurde in einem anderen Kapitel im einzelnen eingegangen[9].

Diese Anreize sind aber nur voll wirksam, wenn der Vorgesetzte darauf achtet, daß die Motivationsbarrieren beseitigt werden. Bergler hat eine große Zahl solcher Motivationsbarrieren herausgearbeitet[10]. Hier sind vor allem zu nennen

---

[7] Heckhausen, H., Hoffnung und Furcht in der Leistungsmotivation, Meisenheim/Glan 1963.
[8] Entnommen aus Brun, E., Motivation in der Armee, in: Neue Zürcher Zeitung vom 10. März 1974, S. 37.
[9] Vgl. S. 101 ff.
[10] Bergler, R., Welche Bedeutung hat die wachsende Distanz zwischen Führenden und Geführten für die Willensbildung im Unternehmen?, in: Albach, H. und D. Sadowski (Hrsg.), Die Bedeutung gesellschaftlicher Veränderungen für die Willensbildung im Unternehmen, Schriften des Vereins für Socialpolitik, NF Band 88, Berlin 1976, S. 117.

— fehlende Zieltransparenz oder falsche Zielsetzung,
— fehlende Entscheidungstransparenz durch fehlenden Begründungszwang,
— fehlende systematische Information der Mitarbeiter,
— fehlende Beurteilung der Leistungen und mangelnde Anerkennung der fachlichen Kompetenz des Mitarbeiters,
— fehlende Führung und Beratung, insbesondere auch über die weitere Karriere.

Der Vorgesetzte hat Instrumente zu entwickeln, die das Entstehen solcher Barrieren systematisch verhindern.

Die Schichtarbeiter

Kurz vor Inbetriebnahme einer neuen Produktionsanlage in Frankreich hatte der deutsche Betriebsführer die Aufgabe übernommen, das für diese Anlage bestimmte Personal fachlich einzuweisen. Er hatte sich darüber informiert, daß zunächst neun Leute für die Anlage vorgesehen waren, dann aber nur fünf Leute abgestellt wurden. Die restlichen vier Arbeiter hätten von außen angeworben werden müssen, und man hoffte, das vermeiden zu können. Die Einweisung wurde so arrangiert, daß durch Rundgänge in der anfahrbereiten Anlage theoretische Instruktionen über Funktion und Arbeitsweise erteilt wurden. Bei einem dieser Rundgänge fragte der Betriebsführer zum Abschluß: „Sind noch Fragen?" Keine Fragen. Der Betriebsführer bemerkte noch abschließend, daß die Inbetriebnahme der Neuanlage sicherlich beträchtliche Arbeitsvorbereitungen und Verbesserungen bezüglich des gesamten Arbeitsprozesses für Arbeiter und Vorgesetzte bringen würde. Hierauf antwortete einer der Arbeiter: „Rechnen Sie aber, wenn Sie diese Anlage anfahren, lieber nicht mit unserer Unterstützung. Wir werden zwar unsere normale Schicht absolvieren, aber eine besondere Anstrengung? — Nicht mit uns!" Auf die erstaunte Frage: „Warum?" erläuterte er: „Kürzlich ist uns bei Gehaltsverhandlungen mit dem Personalchef eine Gehaltserhöhung abgelehnt worden mit der Begründung, keiner der Schichtarbeiter verfüge über die (für diese Gehaltsstufe) notwendige Qualifikation. Jetzt erwarten Sie von uns eine aktive Mitarbeit, für Sie die Kohlen aus dem Feuer zu holen; aber ohne uns, wir sind ja hierzu zu dumm. Im übrigen ist für die Neuanlage auch nicht das notwendige neue Personal eingestellt worden. Sie vervierfachen mit der Neuanlage die Kapazität, das Personal wurde noch nicht einmal verdoppelt." Eine Rückfrage bei dem Personalchef brachte die Bestätigung, daß die höhere Gehaltsstufe wirklich an die Bedingung zur Qualifikation als Schichtführer geknüpft war.

Was sollte der Betriebsführer antworten?

Der Betriebsführer

Der Betriebsführer B hat einen neuen Betrieb X der A-AG übernommen. Das Personal dieses neuen Betriebes wurde aus dem Betrieb Y des Unternehmens übernommen. Im Betrieb Y wurde jahrelang eine Produktion mit ähnlicher Technologie betrieben. Es handelt sich also um erfahrenes Personal. Daher gibt es auch wenig Umstellungsschwierigkeiten, um das neue Verfahren mit einer neuen Technologie zu fahren.

Nachdem die üblichen Anlaufunruhen vorüber sind, formuliert der Betriebsführer B seine Ziele. Er will den Ausschuß reduzieren und Fehler schneller erkennen und beseitigen. Man hatte inzwischen erkannt, daß dieses neue Produkt, das in Betrieb X mit der neuen, wenn auch ähnlichen Technologie wie der des Betriebes Y hergestellt wird, andere Fehlermöglichkeiten aufweist als das bekannte Verfahren.

Auch nach der Anlaufzeit treten Verfahrensschwierigkeiten auf, und, was gravierender ist, trotz verschärfter Endkontrolle treten einzelne fehlerhafte Spulen beim Kunden auf. Dort werden die Fehler aber erst entdeckt, wenn die Spule zusammen mit anderen guten schon in der Weberei eingesetzt worden ist, so daß der gesamte Stoff fehlerhaft ist. Der Fehler in der einen Spule potenziert sich also, wenn er beim Kunden auftritt, und hat Schadensersatzanforderungen in beträchtlicher Höhe zur Folge.

Der Betriebsführer entschließt sich in dieser Situation zur intensiven Arbeit mit Mannschaften und Kontrolleuren. Die Auswirkungen der Fehler, die möglichen Ursachen, die Verfahrensgrundlagen, die Ursachen für Ausschuß usw. werden teils in Einzelgesprächen, vor allem aber in Gruppengesprächen analysiert. Aus dem Kreis der in die Gespräche einbezogenen Mitarbeiter kommen nun Verbesserungsvorschläge. Das Ergebnis ist durchschlagend: Man hat die Produktionsprobleme bald gelöst.

Nun entschließt sich der Betriebsführer, die wöchentlichen Besprechungen auch nach der Beseitigung der Mängel beizubehalten. Drei Jahre später wird die Personalarbeit dieses Betriebes einer Analyse unterzogen. Es ergibt sich:

— Der Krankenstand beträgt nur 50 — 60 % des durchschnittlichen Krankenstandes aller Werke mit vergleichbaren Belegschaften und Produktionsbedingungen.

— Die Beteiligung am Vorschlagwesen ist zwanzigmal so hoch wie bei den anderen Betrieben. Das heißt, die Zahl der prämierten Vorschläge pro Arbeiter und Jahr ist zwanzigmal so hoch wie im Durchschnitt der Betriebe des Unternehmens.

— Die Fluktuation beträgt nur 70 % des Durchschnittswertes der Betriebe des Unternehmens. Dabei ist die Personalreduzierung aufgrund von Rationalisierungen auch im Vergleich mit anderen Betrieben relativ hoch.

Im Zuge einer Erweiterung des Betriebes wird die Produktion um rund 100 % gesteigert. Wieder werden die neuen Mitarbeiter aus dem Betrieb Y des Unternehmens in den Betrieb X umgesetzt.

Es treten die alten Fehler wieder auf. Allerdings übersteigt das Ausmaß der Schwierigkeiten und die Anzahl der Fehler die Erfahrungen aus der Anlaufperiode des Betriebes X bei weitem. Es treten vor allem beim Kunden Fehler in einem nie dagewesenen Umfang auf. Auch der Ausschuß im Betrieb steigt steil an. Das ganze Produkt erscheint gefährdet. Die Unfallhäufigkeit im Betrieb steigt sprunghaft auf das Zehnfache der Zeit vor der Erweiterung des Betriebes an.

Die persönlichen Gespräche und die Gruppengespräche wurden auch während der Zeit der Übernahme des neuen Personals nicht unterbrochen. Die neuen Mitarbeiter wurden sofort in diese Gespräche einbezogen.

Was soll B tun?

Josiah Doncaster & Co., Ltd.

Am 4. März trat die Geschäftsführung von Josiah Doncaster zum zweiten Mal innerhalb von drei Wochen zusammen. Erneut stand die Frage zur Debatte, was aufgrund einer vorliegenden Marktstudie eines Unternehmensberaters zu tun wäre. Der Bericht, der vom Marketing-Direktor veranlaßt worden war, untersuchte die Aussichten einer Sortimentserweiterung um Druckluftfilter, wobei man das Know-how der Unternehmung in der Keramikherstellung einsetzen konnte (vgl. Abbildung).

Schnitt durch einen Druckluft-Filter[1])

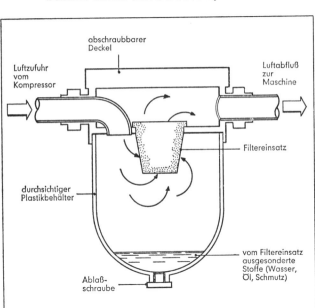

Die Unternehmung, die im Jahre 1740 gegründet worden war, hatte eine weltweite Reputation für feines Haushaltsporzellan. Die Unternehmensführung war sehr traditionsbewußt. Man pflegte einen patriarchalischen Führungsstil und eine konservative Finanzierungspolitik. Dennoch hatte man innerhalb der letzten 10 Jahre eine starke Position in der Herstellung von

---

1) Dieser Typ von Druckluft-Filtern wird gewöhnlich bei allen Präzisionsmaschinen benutzt, **die mit Druckluft** angetrieben werden, z.B. Druckmaschinen, Werkzeugmaschinen, Zahnbohrern.

Porzellan für industrielle Verwendung (Hochspannungsisolierung) errungen.

Bill Hawkins, der erst kürzlich eingestellte Marketing-Direktor, eröffnete die Diskussion mit einer sehr forschen Darlegung. Mit 35 Jahren war er gut 15 Jahre jünger als der jüngste der übrigen Geschäftsführer. Als Harvard-Absolvent war er auch der einzige in diesem Kreis, der eine Management-Ausbildung an einer Hochschule erhalten hatte.

„Ich hoffe, daß einige von Ihnen ihren Standpunkt seit unserer letzten Sitzung vor drei Wochen noch einmal überdacht haben. Was mich betrifft — meine Vorschläge sind nach wie vor dieselben. Wir wollen sie uns noch einmal in Erinnerung rufen. Was sind die einschlägigen Fakten aus dem Marktforschungsbericht?

a) Bei 4,50 £ pro Filter und 1 000 000 Stück jährlichem Bedarf ist das Marktvolumen 4,5 Millionen £.

b) Eine Unternehmung, Western, hält 85 % Marktanteil.

c) Die Nachfrager schätzen die Monopolsituation auf dem Markt nicht, zumal Western selten, wenn überhaupt, Mengenrabatte gibt.

d) Es gibt etwa 20 000 Nachfrager (buying points), die überhaupt in Frage kommen. Davon nehmen 150 in London, 222 in Birmingham und 70 in Manchester zusammen 55 % des Gesamtabsatzes ab.

e) Es gibt 35 relevante Hersteller von Maschinen, die durch Druckluft angetrieben werden. Diese Hersteller kaufen Filter für die Erstausrüstung ihrer Maschinensysteme.

f) Western stellt nichts selbst her — die Firma montiert nur fremdbezogene Teile. Das könnten wir auch machen.

g) Die geschätzten Einzelkosten ihres Filters sind pro Stück 2,50 £. Der Verkaufspreis ist 4,50 £. Da bleibt ein ganz schön fetter Deckungsbeitrag von mehr als 55 % des Erlöses.

h) Das von Western verwendete gesinterte Bronze-Kernstück des Filters kostet 60 pence, bei einem Verkaufspreis von 1,20 £. Unser Filter-Kern aus Keramik kostet nur 1/2 penny. Dadurch haben wir bei dem ganzen Filter einen Kostenvorteil von 59 1/2 pence, d. h., unsere Kosten sind nur 76 % derjenigen von Western.

i) Wir haben einen technologischen Trumpf, weil Westerns Filterkern nur bis zu 64 Mikronen (64/1000 mm) herab filtern kann. Wir dagegen können unseren Filterkern schnell und billig so gestalten, daß er beliebig fein filtern kann.

j) Schließlich ist unser Firmenname überall bekannt, und wir haben ein zweihundertjähriges Qualitäts-Image."

„Also los, sehen Sie her!" Er ging hinüber zur neuen Flip-Chart, die auf einer Staffelei vor dem Kamin stand. Er zeigte auf seine Aufzeichnungen und sagte:

„Seite 1 — Strategie —

Ausnutzung der Abneigung der Nachfrager gegen die Monopolsituation auf dem Markt, des Kostenvorteils und der Produktüberlegenheit, indem wir zu Western in Konkurrenz treten.

Seite 2 — Taktik —

Preis 10 % unter dem von Western, 25 % Rabatt auf Großaufträge, Personal selling bei den 440 bedeutenden Verwendern und den Herstellern von auf Druckluftbasis betriebenen Maschinen. Verkauf an den Rest der Nachfrager über Direktversand und Werbung in Fachzeitschriften.

Seite 3 — Ziele —

10 % Marktanteil im 1. Jahr
25 % Marktanteil im 2. Jahr
40 % Marktanteil im 3. Jahr

Seite 4 — Deckungsbeiträge — (Erlöse abzüglich Einzelkosten)

113 500 £ im 1. Jahr
283 750 £ im 2. Jahr
454 000 £ im 3. Jahr

Seite 5 — Zusätzliche Kosten pro Jahr —

3 Reisende für London, Birmingham, Manchester:
Gehälter usw.   £ 15 000
Hilfsorgane, Service   £ 10 000
Werbung und
Verkaufsförderung   £ 25 000

Seite 6 — Geschätzte Bruttogewinne —

63 500 £ im 1. Jahr
233 750 £ im 2. Jahr
404 000 £ im 3. Jahr

Seite 7 — Schlußfolgerungen —

Eintritt in den Markt!"

„Wenn wir unsere Verpflichtung gegenüber den Anteilseignern ernst nehmen, ist das notwendige Handeln klar aufgezeigt. Kein Zögern mehr, schlagen Sie los gegen Western!"

„Der Hinweis, daß dieses Gremium es nötig hätte, an seine Verpflichtung gegenüber den Anteilseignern erinnert zu werden, ist weder notwendig noch gerechtfertigt", sagte Paul Doncaster, der leitende Geschäftsführer.

„Entschuldigen Sie bitte, Paul. Ich glaube, meine Begeisterung ist mit mir durchgegangen."

„Es ist meine Aufgabe, zu verhindern, daß sie mit uns allen durchgeht. Der vorliegende Plan ist zu einseitig, zu voreilig. Die Risiken, die in der Sache stecken, sind nicht berücksichtigt worden. Wenn Sie mehr Erfahrung hätten, würden Sie erkennen, daß die Herausforderung eines so bedeutenden Marktführers wie Western keine leichte Sache ist. Filter sind ihr ureigenstes Geschäft, und sie machen es gut. In dem Bericht steht nirgendwo eine negative Äußerung über ihre Produktqualität, ihren Service oder ihren Preis. Was nützt uns die Meinung, daß es schön wäre, wenn Western nicht ganz so marktbeherrschend wäre? Es gibt 11 weitere Filterhersteller, die zusammen 15 % Marktanteil haben. Sie haben Westerns Position nicht beeinträchtigen können. Sie aber glauben, wir könnten das mit Leichtigkeit."

„Weiterhin ist keine Reaktion von Western auf unser Handeln berücksichtigt worden. Sie werden jedoch reagieren, und zwar schnell. Alles, was wir von dem Markt wissen, steht in dem Report. Sie dagegen kennen ihn in- und auswendig. Sie haben die Maschinenhersteller, die Filter als Erstausrüstung nachfragen, fest im Griff und bekommen darüber hinaus automatisch die Folgeaufträge für die Ersatzbeschaffung. Ich bezweifle ferner, daß irgendein Käufer diese Aufträge als bedeutenden Ausgabenfaktor ansieht. Betrachten Sie die 440 wichtigsten Nachfrager. Im ganzen geben sie im Jahr 2,475 Mill. £ aus, d. h. jeder etwa 5 600. Die Ersatzbeschaffungen werden über das Jahr verteilt getätigt, so, wie sie notwendig werden, d. h., die durchschnittlichen Ausgaben pro Monat betragen 470 £. Für den Einkäufer einer großen Unternehmung sind das kleine Fische. Und bedenken Sie bitte, daß die Filter der Schutz für extrem teure Aggregate sind. Der Anreiz, Pennies zu sparen und dabei tausende Pfund zu riskieren, ist sehr gering."

„Nun, dem Ingenieur, der mit diesen Filtern täglich zu tun hat, fallen sie schon ins Auge", fuhr Bob McGregor, der technische Direktor, ein starrköpfiger Schotte in den Mittsechzigern, fort. „Es gibt einen Punkt, der in dem Bericht kaum erwähnt ist. Die Lebensdauer der Filter ist etwa 6 Jahre. Das Kernstück aus gesinterter Bronze muß bei uns wie bei allen anderen im Durchschnitt alle drei Monate gesäubert werden. Wir benutzen dazu ätzende Sodalösung und neutralisieren anschließend mit schwacher Säure. Es ist eine kostspielige Operation, sowohl was die Reinigung als auch was die Stillstandskosten betrifft. Die Maschine muß nämlich während der Reinigung des Filters stillgelegt werden. Warum stellen wir nicht mehr heraus, daß bei unserem Filter das Kernstück weggeworfen und durch ein neues ersetzt werden kann?"

„Wenn wir das machten, müßten wir den Preis für den Filterkern erheblich senken. Und dann wäre der Reiz an der ganzen Sache weg: Der einzige Unterschied zwischen unserem Produkt und dem von Western ist doch der Filterkern, und Sie wollen, daß wir gerade ihn besonders billig anbieten!"

John Davis, dienstältestes Mitglied der Geschäftsführung und Finanzdirektor, fuhr fort: „Ich muß wiederholen, daß ich die Produktidee nicht schätze. Der Bericht sagt aus, daß der Filter wie der von Western einen durchsichtigen Plexiglas-Behälter haben muß, so daß man vom Filter ausgesondertes Wasser, Öl und Schmutz sehen kann. Ich erinnere mich jedoch (und meine Leute haben es überprüft), daß im Jahre 1962 ein Prozeß wegen der Explosion eines solchen unter Druck stehenden Plexiglas-Behälters stattfand. Es gab ziemlich viel Aufsehen, und es mußten hohe Abfindungen an verletzte Arbeiter gezahlt werden. Wir müssen uns stets vor Augen halten, daß unser Haushaltsporzellan im letzten Jahr 1,2 Mill. £ Gewinn brachte, das sind 80% des Gesamtgewinns. Keine Maßnahme darf diese Säule des Geschäfts gefährden. Wenn wir dieses Produkt aufnehmen, dürfen wir keinen Plexiglas-Behälter einsetzen, sondern wir müssen ein etwas festeres Material verwenden."

„Aber das wirft die ganze Marketing-Strategie und -Taktik über den Haufen. Der Markt soll bekommen, was er haben will."

„Nein, Bill, in diesem Fall nicht," sagte Paul Doncaster. „Ich denke, wir sind gut beraten, eine etwas allgemeinere Studie über mögliche neue Produkte in Auftrag zu geben, die für unser Kernsortiment kein Risiko bedeuten und bei denen wir nicht einen monopolistischen Anbieter herausfordern müssen. Ich schlage vor, im Hinblick auf den vorliegenden Bericht nichts zu unternehmen, sondern eine allgemeinere Studie über völlig neue Produkte in Auftrag zu geben und der Geschäftsführung vorzulegen. Können wir bitte abstimmen!"

Hawkins sprang auf. „Das ist Wahnsinn! Wir verpassen eine einmalige Gelegenheit. Nennen Sie mir irgendeine andere Strategie für ein neues Produkt, die auch nur die Hälfte der Chancen der vorliegenden Strategie hat. Was einige der Einwendungen betrifft, sie sind so verdammt schwach, daß ich darüber nur lachen kann. Wir können hier den Filtermarkt erobern, und ich habe gezeigt, wie es zu machen ist. Was brauchen Sie noch? Was kann ich noch tun, um Sie zu überzeugen?"

Sombart AG

Am späten Nachmittag des 26. Februar 1969 will sich Herr Müller, Leiter des Werks Hannover der Sombart AG, mit Herrn Dannerburg, dem Vorsitzenden des Gesamtbetriebsrats, treffen. Hauptthema wird wieder — wie seit Monaten — die geplante Stillegung dreier veralteter Werke der Sombart AG in zwei Jahren sein, von der auch das Werk Hannover betroffen ist. Mit dem Neubau eines modernen Werks in Lehrte ist zwar bereits begonnen worden, eine Fülle von Personalproblemen hat sich jedoch ergeben, weil das neue Werk nicht am selben Ort wie das alte entsteht.

Am Tage zuvor hatte er von einem Meister und zwei der besten Vorarbeiter des Werks gehört, sie würden das mögliche Angebot einer Versetzung in das neue Werk nicht annehmen, weil „eine gute Position in einer Reifenfabrik in Hannover mit einer möglichen Einstellung bereits zum 1.7.1969 geboten wurde" bzw. „die Mutter in Hannover wohnen bleiben möchte" bzw. „erst vor zwei Jahren das neue Haus bezogen worden ist" und das „Zwischenfahren" sehr umständlich ist. Herr Müller ist über diese Entwicklung sehr besorgt, da das Werk Hannover noch zwei Jahre produzieren soll und außerdem gute Arbeitskräfte für das neue Werk in Lehrte gewonnen werden sollen. Er nimmt sich vor, mit Herrn Dannerburg auch über diese Fälle zu sprechen. Beide sind Mitglieder in einem „Informationsausschuß", der sich mit den Personalproblemen im Zusammenhang mit der Neustrukturierung der Sombart AG zu befassen hat.

I. Allgemeine Unternehmensdaten

Die Sombart AG mit der Hauptverwaltung in Hannover betreibt die Zuckererzeugung aus Zuckerrüben, den Verkauf von Zucker und Nebenprodukten wie Rübenschnitzel und Melasse sowie Landwirtschaft vorwiegend im Interesse der Entwicklung des Rübenanbaus hauptsächlich in Niedersachsen.

In den vergangenen Jahren entwickelte sich die Geschäftstätigkeit wie in Tabelle 1 gezeigt.

Tabelle 1

Produkte in Tsd. Tonnen	1965/66	1966/67	1967/68	1968/69
Weißzucker (aus Rüben und Rohzucker)	410	512	520	514
Schnitzel	131	171	205	208
Melasse	81	98	130	142
Gesamtumsatz (in Mill. DM)	460	542	565	580

Die Sombart AG verfügt über acht Werke (Anlage 1).

In Tabelle 2 sind die Werke mit ihrer Kapazität aufgeführt.

Tabelle 2

Werke der Sombart AG	Rübenverarbeitung in Tonnen pro Tag
Emmerau	6 100
Horthen	3 000
Backerum	2 100
Schöffenstadt	2 400
Hannover	3 100
Kranau	5 900
Warthe	6 800
Peilersdorf	5 200

Insgesamt lag die Rübenverarbeitung im Geschäftsjahr 1967/68 bei 3,3 Mill. Tonnen und im Geschäftsjahr 1968/69 bei 4,1 Mill. Tonnen. Die Verarbeitungsmenge ist jeweils abhängig von dem Ausfall der Rübenernte bei den unter Zulieferverträgen stehenden Bauern. Die Verarbeitungszeit (Kampagne) beginnt im September und beträgt drei bis vier Monate. In der übrigen Zeit werden Verwaltungs- und Reparaturarbeiten durchgeführt. Die Höhe der Gesamtbelegschaft und der Prozentsatz an Arbeitskräften, der nur für die Kampagnezeit eingestellt werden muß, haben seit Jahren abgenommen (siehe Tabelle 3), obwohl die Ausbringungsmengen und der Gesamtumsatz (siehe Tabelle 1) zugenommen haben. Diese Ergebnisse wurden überwiegend durch ständige Rationalisierungsmaßnahmen erreicht.

Tabelle 3

Belegschaft	1965/66	1966/67	1967/68	1968/69
Stammbelegschaft	3 405	3 452	3 456	3 328
Zusätzliche Kampagne- bzw. Saisonbelegschaft	1 298	1 017	860	770
Zusammen	4 703	4 469	4 316	4 098

Die Stammbelegschaft des gesamten Unternehmens setzte sich im Geschäftsjahr 1968/69 aus folgenden Beschäftigungsgruppen zusammen:

Tabelle 4

Beschäftigtengruppen	Prozentsatz
Facharbeiter	41,7
Angelernte und Hilfsarbeiter	35,5
Angestellte	20,9
Lehrlinge	1,9

II. Stillegung dreier Werke

1. Gründe für die Stillegung

Seit der Fusion mehrerer Zuckerfabriken in Niedersachsen hat die Sombart AG verschiedene Werke aufgegeben und neue Fabriken gebaut. Einige Zuckerfabriken befinden sich in größeren Städten. Das Wachstum dieser Städte seit Beendigung des Zweiten Weltkrieges führte zu beachtlichen Problemen hinsichtlich des Rohstofftransports und der Beseitigung der Abfallstoffe. Rund 25 % des Hauptrohstoffs werden per Achse angeliefert. Rund 10 % anhaftende Erde und rund 12 % feuchter Kalkschlamm, bezogen auf das Gewicht des eingesetzten Rohstoffs, sind zu entfernen.

Die ersten Pläne zur Verlegung einer Fabrik entstanden beim Werk Hannover infolge katastrophaler Verkehrsschwierigkeiten und der Androhung restriktiver behördlicher Auflagen ungefähr im Jahre 1960. Ersatzgelände in der Nähe von Hannover konnte bei Lehrte beschafft werden. Nach einer Standortanalyse hätte der optimale Standort weiter südlich gelegen, die übrigen Umstände erlaubten jedoch nur die Grundstücksbeschaffung in Lehrte.

Außerdem zeigte sich im Laufe der letzten 20 Jahre, daß eine Zuckerfabrik um so rentabler arbeitet, je größer sie ist. Die Fabrikgröße wird begrenzt durch die Frachtkosten des Rohstoffs und des Fertigprodukts. Eine optimale Fabrik sollte mindestens 5 000 bis 6 000 t Rüben pro Tag verarbeiten. Aus dieser Erkenntnis folgte, daß bei dem Neubau nicht nur ein Ersatz für das Werk Hannover geschaffen werden durfte. Vielmehr plante man eine Neuordnung der Fabrikation in ganz Niedersachsen und vorrangig den Neubau einer Zuckerfabrik in Lehrte mit einer Kapazität von 6 000 Tagestonnen. Dafür sollen die drei niedersächsischen Zuckerfabriken Hannover, Bakkerum und Schöffenstadt stillgelegt werden.

Alle drei Fabriken sind besonders alt. Sie wurden zwischen 1845 und 1870 gegründet. Die meisten Bauten stammen bis auf einige moderne Erweiterungen aus den Jahren 1905 bis 1912. Nennenswerte renditeverbessernde Investitionen sind dort nicht mehr möglich.

2. Personaldaten der Werke

Aus den Erhebungsbögen zum Sozialbericht des Geschäftsjahres 1968/69 sind die Personaldaten für die drei stillzulegenden Werke zu entnehmen.

a) Gesamtbelegschaft

Es ist zwischen ständig Beschäftigten und zusätzlichen, nicht ständig beschäftigten Kampagne-, Saison- bzw. Aushilfskräften zu unterscheiden (vgl. Tabelle 5).

Tabelle 5

Betriebsstätten Belegschaft	Backerum	Schöffenstadt	Hannover
Durchschnittliche Stammbelegschaft	225	161	284
Durchschnittliche zusätzliche Belegschaft während der Kampagne und Aushilfskräfte	110	26	34

b) Fachliche Aufgliederung der ständigen Belegschaft

Die Aufgliederung der Belegschaft nach Entlohnungsgruppen zeigt Tabelle 6.

Tabelle 6

Betriebsstätten Entlohnungsgruppen	Backerum	Schöffenstadt	Hannover
Angestellte	53	36	61
Facharbeiter	63	75	70
Vorarbeiter	27	8	20
Angelernte Arbeiter	34	33	37
Hilfsarbeiter	45	9	95
Lehrlinge	3	–	1
Zusammen	225	161	284

c) Betriebszugehörigkeit und Lebensalter

In Tabelle 7 wird zwischen Arbeitern (AB) und Angestellten (AG) unterschieden.

Tabelle 7

	Backerum				Schöffenstadt				Hannover			
	Betriebs-zugehörigkeit		Lebens-alter		Betriebs-zugehörigkeit		Lebens-alter		Betriebs-zugehörigkeit		Lebens-alter	
	AB	AG	AB	AG	AB	AG	AB	AG	AB	AG	AB	AG
bis 5 Jahre	68	15			27	5			111	9		
6 – 10 Jahre	49	9			30	8			19	14		
11 – 15 Jahre	21	9	5	4	30	7		1	42	7	12	5
16 – 20 Jahre	13	6			9	3			23	12		
21 – 25 Jahre	8	6	10	3	15	3	4	3	9	4	17	4
26 – 30 Jahre	3	4	13	6	9	4	13	6	7	8	27	–
31 – 35 Jahre	4	4	15	6	1	3	19	3	4	–	26	5
36 – 40 Jahre	3	–	25	4	1	2	15	1	5	6	13	4
41 – 45 Jahre	–	1	14	6	–	1	19	7	2	2	18	12
46 – 50 Jahre	1	1	16	5	3	–	18	5	–	–	26	5
51 – 55 Jahre	–	–	21	5	–	–	7	4	–	–	14	9
56 – 60 Jahre	–	–	29	10	–	–	9	2	–	–	43	8
über 60 Jahre	–	–	22	6	–	–	21	4	–	–	26	10
Zusammen	170	55	170	55	125	36	125	36	222	62	222	62
	225		225		161		161		284		284	

d) Lohn- und Gehaltsstruktur

Zwischen der Sombart AG und der Gewerkschaft Nahrung-Genuß-Gaststätten, Hamburg, wurde ein Lohntarifvertrag (s. Anlage 2) für die Arbeitnehmer im Sinne der Arbeiterrentenversicherung und ein Gehaltstarifvertag (s. Anlage 3) für die kaufmännischen und technischen Angestellten abgeschlossen. Diese Verträge bilden die Grundlage für die Lohn- und Gehaltsstruktur der einzelnen Werke.

III. Das neue Werk

In Lehrte, Kreis Hannover, erbaut die Sombart AG — wie erwähnt — ein neues Werk mit einer Tagesleistung von etwa 6 000 t Rübenverarbeitung. Nach dem derzeitigen Stand der Technik ist das die wirtschaftlichste Auslegung im relevanten Anbaugebiet. Der Neubau soll erstmals in der Kampagne 1971/72 in Betrieb gehen. Für einen Ausbau zusätzlicher Kapazitäten wird auf dem europäischen Zuckermarkt wahrscheinlich in Zukunft kein Platz sein. In Lehrte wird die Produktion einer Tonne Zucker voraussichtlich weniger als die Hälfte des bisherigen Arbeitsaufwandes erfordern. Allerdings sind der Verbesserung der Rendite in der Zuckerindustrie — auch in einem modernen Werk — verhältnismäßig enge Grenzen gesetzt.

Insgesamt sollen in Lehrte 348 Arbeitnehmer beschäftigt werden. Den Stellenbesetzungsplan zeigt Tabelle 8 (s. auch Anlage 4).

Tabelle 8

Arbeitnehmer \ Schichten	Normalschicht	I. Schicht	II. Schicht	III. Schicht	Gesamt
Facharbeiter (F)	17	36	37	31	121
Angelernte Arbeiter (AA)	23	47	45	36	151
Hilfsarbeiter (H)	6	9	6	4	25
Insgesamt	46	92	88	71	297

Etwa 50 Arbeitskräfte (angelernte bzw. Hilfsarbeiter) werden davon nur in der Kampagne beschäftigt sein. In Tabelle 8 sind die Angestellten nicht einbezogen. Der Bedarf wird auf 52 geschätzt.

IV. Vorbereitung eines Sozialplans

1. Gründe für einen Sozialplan

Seit Juni 1967 finden im Aufsichtsrat der Sombart AG Beratungen über die Stillegung der drei Werke und über den Bau des Werkes in Lehrte statt. Man war sich von Anfang an darüber im klaren, daß im Rahmen dieser Aktionen für die Belegschaft der drei stillzulegenden Werke ein Sozialplan aufgestellt werden müsse. Im wesentlichen gibt es drei Gründe dafür:

1. Die Leitung der Sombart AG fühlt sich aus unternehmerischem Fürsorgegedanken heraus verpflichtet, den Arbeitnehmern als Anerkennung für ihre Betriebstätigkeit im Falle des Ausscheidens eine Abfindung zu zahlen.
2. Die Stillegungspläne waren wegen des gleichzeitigen Neubaus nicht zu verheimlichen. Man befürchtet, vor den Stillegungen bzw. der Inbetriebnahme Arbeitnehmer zu verlieren und damit für die Kampagnen 1968/69 bis 1970/71 zu wenig Arbeitskräfte zu haben. Man will monetäre Anreize im Rahmen eines Sozialplans schaffen, um so wenig wie möglich Arbeitnehmer vor den letzten Kampagnen in den stillzulegenden Werken zu verlieren.
3. Die Mehrzahl der Arbeitskräfte in einer Zuckerfabrik muß zunächst angelernt werden. Man will daher mit Hilfe eines Sozialplanes erreichen, die ausgebildeten Arbeitskräfte aus den stillzulegenden Werken im Unternehmensbereich weiterzubeschäftigen. Es sollen demnach grundsätzlich für alle Angestellten und Arbeiter Versetzungsmöglichkeiten nach sämtlichen Werken der Sombart AG angeboten werden. Für die kaufmännischen Angestellten soll außerdem eine Versetzung in die Hauptverwaltung nach Hannover möglich sein.

2. Zeitlicher Ablauf

12. Oktober 1967

Der Aufsichtsrat der Sombart AG beschließt (1) die Stillegung der Werke Hannover, Backerum und Schöffenstadt nach der Kampagne 1970/71 und (2) den Neubau eines Werkes in Lehrte und seine Fertigstellung zur Kampagne 1971/72.

13. Oktober 1967

Der Vorstand der Sombart AG unterrichtet die Betriebsräte der drei betroffenen Werke. Es wird ein großzügiger Sozialplan angekündigt. Die Betriebsräte werden gebeten, entsprechend auf die Belegschaft einzuwirken.

4. Dezember 1967

Es wird eine Kommission, „Informationsausschuß" genannt, gebildet. In diesem Ausschuß arbeiten der Leiter der Personalabteilung der Hauptverwaltung, ein kaufmännischer Werkleiter eines stillzulegenden Werkes, die Betriebsratsvorsitzenden dieser Werke und der Vorsitzende des Gesamtbetriebsrates zusammen. Aufgabe dieser Kommission soll es sein, sämtliche Sozialfragen in Zusammenhang mit der Stillegung zu bearbeiten. Spezieller wird als Ziel festgehalten, „die mit der Schließung der drei Werke verbundenen personellen Veränderungen zu erörtern und zu besprechen und so zu erledigen, daß persönliche Härten nach Möglichkeit vermieden werden. Besondere menschliche Schicksale sollen dabei berücksichtigt und in vernünftige Bahnen geleitet werden."

19. Dezember 1967

Der Stillegungsbeschluß wird in der Hauptversammlung bekanntgegeben.

Im März 1968

Bekanntgabe der Schließung der drei Werke und des Neubaus in Lehrte in Betriebsversammlungen durch das Technische Vorstandsmitglied der Sombart AG. Gleichzeitig werden hierbei folgende allgemeine Grundsätze, die vom Informationsausschuß erarbeitet worden waren, als erste Hinweise für einen Sozialplan genannt:

1. Abfindungen werden nur gezahlt an Arbeitnehmer, die bis zum Auslaufen der Werke (Mitte 1971) bei der Sombart AG verbleiben.

2. Kein Arbeitnehmer kann als Abfindung gemäß Richtlinien mehr erhalten, als wenn er bis zur Vollendung des 65. Lebensjahres bei der Gesellschaft tätig gewesen wäre (Maximierungsklausel).

3. Sonderfälle, die mit nachstehenden Richtlinien nicht erfaßt werden, werden von Fall zu Fall geregelt.

4. Scheiden Arbeitnehmer mit der Stillegung aus, so erhalten sie nach einem Punktsystem eine Vergütung unter Berücksichtigung von Lebensalter und Betriebszugehörigkeit. Die Versorgung aus dem Sombart-Unterstützungswerk (betr. Altersversorgung, Versorgung von Hinterbliebenen und Versorgungsregelung nach Arbeitsunfällen) bleibt dadurch unberührt.

5. Arbeitnehmer, die von dem neuen Werk in Lehrte oder einem anderen Werk übernommen werden, können mit der Erstattung der Umzugskosten und Pendler mit Fahrkostenrückerstattung rechnen.

Eine Punktwerttabelle wird nicht bekanntgegeben, da dem Informationsausschuß zunächst nur als Muster eine Tabelle vorliegt (s. Anlage 5), welche vom Statistischen Bundesamt bereits für die Stillegung anderer Betriebszweige (z. B. Mühlenbetriebe) vorgeschlagen worden war.

6. Juni 1968

Auf einer Sitzung des Informationsausschusses weist der Vorsitzende des Gesamtbetriebsrats mit Nachdruck auf folgende zwei Punkte hin:

1. Es ist notwendig, daß die Mitarbeiter baldmöglichst erfahren, wer in das neue Werk Lehrte übernommen wird oder die Chance hat, in ein anderes Werk übernommen zu werden, damit die allgemeine Unsicherheit schnellstens beseitigt wird.

2. Im engen Zusammenhang damit steht die Frage einer Entschädigung nach dem Auslaufen der betroffenen Werke.

Weiterhin einigt man sich auf die Formulierung des Personalbogens (s. Anlage 6), der als weitere Arbeitsunterlage für den Informationsausschuß dienen soll, um eine Übersicht über die in Frage kommenden Arbeitnehmer zu haben, welche für eine weitere Verwendung in Lehrte oder in einem anderen Werk zur Verfügung stehen oder aber nach Auslaufen der Werke sich einen anderen Arbeitsplatz suchen sollten.

V. Die kritische Phase

Bis zum Herbst 1968 waren keine weiteren Informationen an die Belegschaft weitergegeben worden. Folgender Schriftwechsel wurde jedoch geführt:

Brief der Werksleitung Hannover an den Vorstand der Sombart AG

An den Vorstand der Sombart AG 1. 10. 1968

Sehr geehrte Herren!

Die Beunruhigung unter unserer Belegschaft wegen der Sorge um die Existenz im Zusammenhang mit der Stillegung unseres Werkes wurde in den letzten Monaten überdeckt durch den moralischen Auftrieb, den die Vorbereitung auf die Kampagne jedes Jahr mit sich bringt. Außerdem wurden die Mitarbeiter durch die Aussicht auf das Weihnachtsgeld von einer möglichen vorzeitigen Kündigung in 1968 abgehalten.

Mit dem Nachlassen der angespannten Kräfte nach Beendigung der Kampagne dürfte die Sorge um die Zukunft bei den Mitarbeitern wieder stark in den Vordergrund treten. Allgemein hören wir den Wunsch, man möge die Höhe der Entschädigung bekanntgeben, mit welcher bei Verbleib im Werk bis zum Tage der Stillegung gerechnet werden kann. Wir möchten deshalb anregen, daß man den Geldbetrag im Frühjahr 1969 bekanntgibt. Für den technischen Sektor unseres Werkes besteht der Wunsch, daß den Spezialisten und den Meistern schon in Kürze mitgeteilt werden soll, wer nach der Stillegung in welches Sombart-Werk versetzt wird.

Hochachtungsvoll

Brief des Informationsausschusses an den Vorstand der Sombart AG

An den Vorstand der Sombart AG

2. 11. 1968

Sehr geehrte Herren!

Im Zusammenhang mit der geplanten Stillegung möchten wir noch einmal folgende Punkte erwähnen:

1. *Das Werk Hannover weist auf die Gefahr hin, daß im Frühjahr 1969 manche Mitarbeiter aus Sorge um ihre zukünftige Existenz kündigen werden, und zwar wertvolle und weniger wichtige Mitarbeiter ohne Unterschied: Die guten, weil man ihnen noch keine Zusicherung für spätere Tätigkeit in Lehrte o. ä. geben kann; die nicht für Weiterbeschäftigung vorgesehenen, weil sie keine Kenntnis über die mögliche Höhe einer Abfindung haben.*

2. *Es wird deshalb die Ansicht vertreten, daß man sobald wie möglich im Frühjahr 1969 die Höhe der Abfindung in den drei Werken bekanntgeben sollte. Die Pläne darüber, wer von der Sombart AG weiterbeschäftigt wird und wer nicht, sollte man nicht veröffentlichen, sondern nur als „Schubladenplan" besitzen; man muß verhindern, daß man gute Leute weglaufen läßt, nur weil man nicht weiß, ob man sie in Lehrte u. U. dringend benötigen wird. Eine B e u n r u h i g u n g in der Belegschaft wird durch die Bekanntgabe der möglichen Abfindungshöhe n i c h t hervorgerufen, im Gegenteil: Die Aussicht auf eine attraktive Abfindung wird viele daran hindern, die Sombart AG vorzeitig zu verlassen. Sollte dann trotzdem jemand kündigen, so muß man das in Kauf nehmen. Bei Nichtbekanntgabe der möglichen Abfindungshöhe muß man ja auch mit evtl. vorzeitigen Kündigungen rechnen. In dem Fall besteht aber, wie gesagt, die Gefahr, daß man für Lehrte schwer ersetzbare Mitarbeiter weggehen läßt.*

3. *Besonders für das Werk Hannover ist die Bekanntgabe der möglichen Abfindung als ein Mittel dafür, daß die Mitarbeiter bis zur Stillegung bei uns bleiben, dringend nötig, denn die Arbeitsmarktlage in der Großstadt bietet den Beschäftigten sehr leicht eine andere Existenz, und von dieser Möglichkeit wird mancher bei günstiger Konjunktur schnell Gebrauch machen in der Sorge, die Konjunktur könne sich verschlechtern und später nicht im richtigen Zeitpunkt die richtige Chance bieten.*

Hochachtungsvoll

Brief der kaufmännischen Angestellten des Werkes Hannover an den Informationsausschuß

Informationsausschuß der Sombart AG   15. 2. 1969

Sehr geehrte Herren!

Als Beauftragter meiner Kolleginnen und Kollegen erlaube ich mir, Ihnen einige Gedankengänge, die mit der bevorstehenden Schließung unseres Werkes zusammenhängen und die uns alle bewegen, vorzutragen.

Seit Oktober 1967 ist uns bekannt, daß die Sombart AG die Werke Hannover, Backerum und Schöffenstadt stillegen wird. Im März 1968 wurde dies durch den Vorstand unserer Gesellschaft anläßlich einer Betriebsversammlung bestätigt. Bei dieser Versammlung wurde vom Vorstandssprecher u. a. auch der ganze Problemkomplex, der sich aus der Auflösung der Werke für jedes einzelne Belegschaftsmitglied ergibt, angesprochen und eine Regelung bis zum Januar 1969 in Aussicht gestellt.

Dieser Termin ist nun verstrichen, und in unserem Kreise greift eine gewisse Unsicherheit um sich. Da wir diesen Zustand sowohl im Interesse der Kollegenschaft als auch im Interesse unserer Gesellschaft für bedenklich halten, haben wir Überlegungen angestellt, unter welchen Voraussetzungen der Unruhe entgegengetreten werden kann. Wir verkennen durchaus nicht die Schwierigkeiten, die ein Stellenbesetzungsplan für das neue Werk Lehrte u. a. im Hinblick auf die Einführung der EDV verursacht, sind aber der Ansicht, daß die Beantwortung nachstehend aufgeführter Fragen, die die Entscheidung des Vorstands betreffs Weiterbeschäftigung bei der Sombart AG ausklammert, jetzt schon erfolgen kann. Die Information soll jedem einzelnen Gelegenheit geben, die auf ihn zukommende berufliche und u. U. auch örtliche Veränderung ohne Zeitdruck und unter Abwägung der evtl. finanziellen Auswirkungen seinerseits zu entscheiden.

1. *Erläuterung des sogenanten Punktsystems.*
   Jeder Betriebsangehörige sollte sich seine Punktzahl selbst errechnen und den ungefähren Wert der auf ihn entfallenden Abfindung feststellen können.

2. *Welche Voraussetzungen müssen erfüllt werden, um die volle Abfindungssumme zu erreichen?*

3. *Inwieweit führt ein vorzeitiges Ausscheiden aus den Diensten der Sombart AG zum vollen oder teilweisen Ausschluß der Abfindung?*

4. *Wie wirkt es sich auf die Abfindung aus, wenn die Sombart AG die Möglichkeit der Weiterbeschäftigung anbietet, aber wegen zwingender Gründe (z. B. Hausbesitz, Versorgung betagter Eltern, Schul- oder Arbeitsverhältnisse von Familienmitgliedern) ein Wohnungswechsel unzumutbar ist?*

Wir haben versucht, Ihnen aus unserer Sicht Aufschluß und Anregung zu geben, und möchten Sie bitten, unseren Anliegen Ihr Interesse zuzuwenden.

                                              Hochachtungsvoll
                                                      i. A.

Brief des Betriebsrats des Werkes Backerum an den Vorstand der Sombart AG

An den Vorstand der Sombart AG 20. 2. 1969

Sehr geehrte Herren!

Im Jahre 1964 gab man in einer Betriebsversammlung bekannt, daß das Werk Backerum wegen größerer Schwierigkeiten auf die Dauer nicht mehr gehalten werden könnte und beabsichtigt sei, in Lehrte eine neue Fabrik zu errichten.

Im Herbst 1967 wurden die Betriebsräte der Werke Hannover, Backerum und Schöffenstadt von seiten des Vorstandes unterrichtet, daß die drei genannten Werke aus Rationalisierungsgründen zu einem Werk in Lehrte vereinigt würden. Diese Unterrichtung schlug bei den betroffenen Belegschaften wie eine Bombe ein. Besonders die älteren Jahrgänge sahen um ihre Zukunft schwarz.

In einer Sitzung mit den Betriebsratsvorsitzenden und den Arbeitnehmervertretern im Aufsichtsrat wurde ein Plan erwähnt, nach dem alle, die nicht mit nach Lehrte kommen können oder die aus persönlichen Gründen eine Umsiedlung ablehnen, eine noch festzusetzende Entschädigung erhalten würden. Es wurde von 15 % und 10 % des durchschnittlichen Jahreseinkommens gesprochen, verbunden mit einer Punktwerttabelle.

Nun wird im Werk Backerum am 24. 4. 1969 eine Betriebsversammlung durchgeführt. Es wäre für uns von großer Wichtigkeit, wenn in dieser Versammlung den Belegschaftsmitgliedern die noch nicht geklärten Fragen beantwortet werden können:

1. *Wie hoch ist die Abfindungssumme bzw. der Wert eines „Punktes" für die Betriebsangehörigen, die nicht mitgenommen werden können?*
2. *Wie hoch ist die Abfindungssumme für die Betriebsangehörigen, die aus persönlichen Gründen (Verminderung des Einkommens durch Mehrauslagen wie Fahrkosten und Verpflegung) ablehnen, mitzugehen?*
3. *Wie hoch ist die Abfindungssumme für die Betriebsangehörigen, denen aus familiären Gründen (Besuch einer höheren Schule von Kindern, Besitz eines Hauses, Mitarbeit der Frau) nicht zugemutet werden kann, nach Lehrte mitzugehen?*
4. *Kann den Belegschaftsmitgliedern, die jahrelang eine Werkswohnung hatten, die Zusicherung gegeben werden, auch in Lehrte eine solche zu erhalten? Wenn nicht, würde dies eine kaum tragbare Mehrbelastung bedeuten (pro Monat 150 DM mehr).*
5. *Denjenigen Betriebsangehörigen, die ein eigenes Kraftfahrzeug benutzen, entstehen evtl. auch nicht unerhebliche Mehrkosten, die von diesen nicht allein getragen werden können. Was kann da gemacht werden?*

Der Betriebsrat des Werkes Backerum legt Wert darauf, daß wegen der vorstehenden Fragen von seiten des Vorstands baldmöglichst Verhandlungen aufgenommen werden, um in der am 24. 4. 1969 stattfindenden Betriebsversammlung Auskunft geben zu können. Dies würde zu einer wesentlichen Beruhigung innerhalb des Betriebes führen.

Die Geschäftsleitung hat von vorstehenden Ausführungen Kenntnis.

Mit freundlichen Grüßen

Außerdem war dem Vorstand folgende Zeitungsmeldung bekanntgeworden:

Streik der Zuckerarbeiter in Italien
ROM 5. 12. 68 (VWD) — Die italienischen Gewerkschaften riefen am 4. Dezember zu einem 48stündigen Streik ab 6. Dezember auf, um gegen die Reorganisation der Zuckerfabriken der Eridania Zuccerifici Nazionali SpA zu protestieren, die die Entlassung einer Reihe von Arbeitern und die Versetzung anderer Arbeiter nach verschiedenen Fabriken der Gesellschaft vorsieht. In den letzten Wochen war es wegen dieser Streitfrage bereits zu mehreren Arbeitsniederlegungen gekommen.

VI. Problemstellung

Herr Müller weiß, daß im Vorstand noch folgende Fragen offen sind:

1. Der Vorstand weiß nicht genau, wieviele und welche Personen in den drei stillzulegenden Werken an einer Versetzung interessiert sind. Daher ist auch nicht bekannt, wen man versetzen kann.

2. Der Vorstand ist sich nicht im klaren, welche Gesamtsumme in DM und welche Einzelbeträge als Abfindung festgesetzt werden sollen.

3. Er will die Abfindung auch als Mittel benutzen, die Arbeiter in den alten Werken bis mindestens zum Ende der Kampagne 1970/71 und teilweise für die Demontage bis zum Sommer 1971 beim Unternehmen zu halten.

Dagegen ist dem Vorstand klar, daß nunmehr sofort mit einer genauen Planung, Bekanntgabe und Durchführung konkreter Maßnahmen begonnen werden muß.

Herr Müller fragt sich, ob er auch über diese Probleme mit Herrn Dannerburg sprechen soll.

Aufgabe

Es sollen besonders folgende Probleme untersucht werden:

1. *Informationspolitik*

   Aus dem Falltext wird die Unzufriedenheit der Belegschaft über die Informationspolitik sichtbar.

   Welchen Maßnahmenkatalog und welchen dazugehörigen Zeitplan hätten Sie für die Aktivitäten „Stillegungsbeschluß" bis „Realisierung des Sozialplanes" aufgestellt?

2. *Personal-Informationssystem*

   Das Zögern der Unternehmensleitung ist u. a. darin begründet, daß ihr Informationen über das Personal fehlen.

Wie ist ein Personal-Informationssystem aufzubauen und zu betreiben, damit es für das Fallproblem (Stillegung/Neubau und Personalplanung) und für sonstige Personalaufgaben eingesetzt werden kann?

3. *Sozialplan*

Die Planung des Personalbestandes und des Personalbedarfs hängt eng mit der Ausgestaltung des Sozialplans zusammen.
Welche Punkte würden Sie in den Sozialplan der Sombart AG aufnehmen?

Ergänzend sind folgende Fragen zu beantworten:

1. Wie würden Sie die Durchführung der Stellenbesetzung für das neue Werk planen?

2. Welche Alternativen würden Sie im Rahmen der Personalplanung für die Führungskräfte der alten Werke empfehlen?

3. Wie beurteilen Sie den Personalbogen (Anlage 6)?

4. Welche Probleme sind bei einer Versetzungsplanung neben dem monetären Angebot außerdem zu untersuchen?

Anlage 1
Verarbeitungswerke der Sombart AG

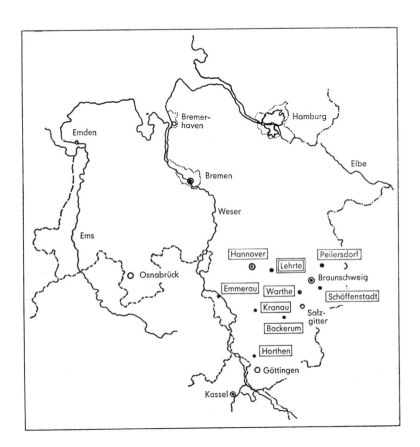

Anlage 2

Lohntarifvertrag

zwischen der

Sombart Aktiengesellschaft, Hannover

und der

Gewerkschaft Nahrung - Genuß - Gaststätten, Hauptverwaltung Hamburg

Gültig ab 1. Mai 1968

1. Dieser Vertrag gilt

   a) r ä u m l i c h :
   für die Hauptverwaltung, die Zuckerfabriken und die Rübenabrechnungsstellen der Sombart AG, Hannover

   b) p e r s ö n l i c h :
   für die Arbeitnehmer oben genannter Betriebe, die vom jeweils gültigen Manteltarifvertrag für die Arbeitnehmer im Sinne der Arbeiterrentenversicherung in der Zuckerindustrie erfaßt sind.

2. Die Ecklöhne betragen . . . . 4,25 DM je Stunde
   bei der Hauptverwaltung Hannover
   und beim Werk Hannover . . . . . . 4,46 DM je Stunde

3. Die bisher gezahlten Leistungszulagen bleiben in unveränderter Höhe bestehen.

   Die Staffelung für Jugendliche, Facharbeiter und Angelernte ist wie bisher nach dem Manteltarifvertrag für die Arbeitnehmer im Sinne der Arbeiterrentenversicherung zu ermitteln.

4. Die Ausbildungsbeihilfen für Lehrlinge betragen:
   im 1. Lehrjahr . . . . 240,- DM monatlich
   im 2. Lehrjahr . . . . 270,- DM monatlich
   im 3. Lehrjahr . . . . 305,- DM monatlich

5. Dieser Lohntarifvertrag tritt mit Wirkung ab 1. Mai 1968 in Kraft und kann mit einer Frist von zwei Monaten auf Ende eines Kalendermonats, erstmals zum 31. März 1969, gekündigt werden.

   Gleichzeitig stellen die Vertagsparteien fest, daß der Vertrag vom 21. Mai 1967 durch Kündigung am 30. April 1968 abgelaufen ist.

Lohntabelle

(Hauptverwaltung
und Werk Hannover)
105 %

1. Arbeiter

		DM
über 21 Jahre	100 %	4,46
ab 19 Jahren	90 %	4,01
bis 19 Jahre	80 %	3,57

2. Facharbeiter

über 21 Jahre	130 %	5,80
ab 19 Jahren	120 %	5,35
bis 19 Jahre	110 %	4,91

3. Angelernte

über 21 Jahre	115 %	5,13
bis 21 Jahre	105 %	4,68

4. Kocher . . . . 130 % 5,80

5. Vorarbeiter . . . . 120 % 5,35

Anlage 3
Gehaltstarifvertrag

I. Kaufmännische Angestellte

A. Ohne Berufsausbildung

Gruppe K 1

Angestellte mit vorwiegend schematischer Tätigkeit, z. B. Hilfskräfte für Registraturen, Hilfstelefonisten, sonstige Hilfskräfte, Hilfswiegemeister.

B. Mit Berufsausbildung

Gruppe K 2a

Angestellte mit einfacher kaufmännischer Tätigkeit, z. B. Bürogehilfen, Hilfsbuchhalter, Hilfsregistratoren, Telefonisten in kleineren Telefonzentralen, Stenotypisten mit durchschnittlicher Leistung, Locher und Prüfer sowie Bediener von Nebenmaschinen der Datenverarbeitung.

Gruppe K 2b

Angestellte der Gruppe K 2a, jedoch mit längerer Berufserfahrung und entsprechend höheren Leistungen, Bediener von Hauptmaschinen der Datenverarbeitung.

Gruppe K 3

Angestellte, die schwierige Arbeiten auf allgemeine Anweisung oder auf Grund gegebener Unterlagen selbständig erledigen oder gegenüber den Gruppen K 2a und K 2b eine umfassende Tätigkeit ausüben, z. B. Kontokorrentbuchhalter, Betriebsbuchhalter, Lohnbuchhalter, Kassierer, Korrespondenten, Lagerverwalter, Expedienten, Stenotypisten in Vertrauensstellung und mit überdurchschnittlichen Leistungen, Wiegemeister mit Schlußabrechnung, Rübeninspektoren, Bediener von Datenverarbeitungsmaschinen, die auch Programmierungsaufgaben erledigen, und Programmierer.

Gruppe K 4

Angestellte mit Verantwortung für ein Arbeitsgebiet, das umfangreiche kaufmännische Spezialkenntnisse erfordert, z. B. Abschlußbuchhalter, Betriebsbuchhalter und Lohnbuchhalter, Hauptkassierer, selbständige Korrespondenten, Rübeninspektoren mit langjährigen Erfahrungen, Programmierer.

Gruppe K 5

Angestellte mit selbständiger Tätigkeit und in verantwortlicher Stellung mit Dispositions- und Aufsichtsbefugnissen, z. B. Abteilungsleiter, denen eine größere Abteilung untersteht, Bürovorsteher.

II. Technische Angestellte

A. Ohne Berufsausbildung

Gruppe T 1

Angestellte mit vorwiegend schematischer Tätigkeit.

B. Mit Berufsausbildung

Gruppe T 2a

Angestellte, die einfache technische Arbeiten oder einfache Analysen ausführen.

Gruppe T 2b

Angestellte der Gruppe T 2a, jedoch mit längerer Berufserfahrung und entsprechend höheren Leistungen.

Gruppe T 3

Angestellte mit Berufserfahrung, die auf allgemeine Weisung hin schwierige Arbeiten selbständig erledigen, z. B. Laboranten mit vielseitiger und schwieriger Tätigkeit, Chemotechniker, Chemiker, Assistenten, Betriebsingenieure, Meß- und Regeltechniker.

Gruppe T 4

Angestellte, die schwierige technische Arbeiten, ohne dafür besondere Unterlagen oder Anweisungen zu erhalten, verantwortlich erledigen und technische Spezialkenntnisse und praktische Erfahrungen besitzen, z. B. Chemotechniker, Chemiker, Assistenten, Betriebsingenieure, Meß- und Regeltechniker.

Gruppe T 5

Angestellte mit selbständiger Tätigkeit und in verantwortlicher Stellung mit Dispositions- und Aufsichtsbefugnissen, z. B. Assistenten, Betriebsingenieure sowie Betriebsleiter ohne Sondervertrag.

III. Meister

Gruppe M 1

Aufsichtführende (Aufseher), die einen Meister oder Ingenieur unterstützen oder die eine kleinere Anzahl von Arbeitern zu beaufsichtigen haben.

Gruppe M 2

Aufsichtführende (Aufseher) mit abgeschlossener Lehre oder langjähriger Berufserfahrung mit voller fachlicher Verantwortung für die Tätigkeit der unterstellten Gruppe, z. B. Betriebsaufseher, zweiter Bodenmeister.

Gruppe M 3

Meister mit abgeschlossener Lehre oder mindestens zehnjähriger Berufserfahrung und entsprechenden fachlichen Kenntnissen, die einer Abteilung verantwortlich vorstehen oder denen Aufsichtspersonen unterstellt sind, z. B. Siedemeister, Maschinenmeister, Elektromeister, erste Bodenmeister, Meister für Meß- und Regeltechnik.

Gruppe M 4

Meister mit abgelegter Meisterprüfung und hohem beruflichem Können, die besondere Verantwortung tragen und mehreren Betriebsabteilungen vorstehen. Meister mit abgeschlossener Lehre und hohem beruflichem Können, die besondere Verantwortung tragen und mehreren Betriebsabteilungen vorstehen. Beispiele: erste Siedemeister, erste Maschinenmeister, erste Elektromeister und erste Meister für Meß- und Regeltechnik.

§ 3

Gehälter und Ausbildungsbeihilfen

DM

K 1 T 1

unter 18 Jahren	575,—
unter 21 Jahren	698,—
unter 23 Jahren	791,—
über 23 Jahre	885,—

K 2 a T 2 a

Anfangsgehalt	802,—
nach 2jähriger Berufstätigkeit	868,—
nach 4jähriger Berufstätigkeit	935,—
nach 6jähriger Berufstätigkeit	995,—
nach 8jähriger Berufstätigkeit	1061,—
nach 10jähriger Berufstätigkeit	1127,—

K 2 b T 2 b

Anfangsgehalt	835,—
nach 2jähriger Berufstätigkeit	902,—
nach 4jähriger Berufstätigkeit	981,—
nach 6jähriger Berufstätigkeit	1048,—
nach 8jähriger Berufstätigkeit	1112,—
nach 10jähriger Berufstätigkeit	1179,—

K 3 T 3

Anfangsgehalt	1179,—
nach 2jähriger, ununterbrochener Gruppenzugehörigkeit	1269,—
nach 4jähriger, ununterbrochener Gruppenzugehörigkeit	1364,—
nach 6jähriger, ununterbrochener Gruppenzugehörigkeit	1467,—
nach 8jähriger, ununterbrochener Gruppenzugehörigkeit	1504,—
nach 10jähriger, ununterbrochener Gruppenzugehörigkeit	1539,—

K 4 T 4

Anfangsgehalt	1539,—
nach 2jähriger, ununterbrochener Gruppenzugehörigkeit	1612,—
nach 4jähriger, ununterbrochener Gruppenzugehörigkeit	1667,—
nach 6jähriger, ununterbrochener Gruppenzugehörigkeit	1745,—
nach 8jähriger, ununterbrochener Gruppenzugehörigkeit	1782,—
nach 10jähriger, ununterbrochener Gruppenzugehörigkeit	1820,—

	DM
K 5	
Grundgehalt	1964,—
T 5	
Grundgehalt	2073,—
M 1	
Anfangsgehalt	1032,—
nach 2jähriger, ununterbrochener Gruppenzugehörigkeit	1059,—
nach 4jähriger, ununterbrochener Gruppenzugehörigkeit	1089,—
M 2	
Anfangsgehalt	1257,—
nach 2jähriger, ununterbrochener Gruppenzugehörigkeit	1282,—
nach 4jähriger, ununterbrochener Gruppenzugehörigkeit	1310,—
M 3	
Anfangsgehalt	1505,—
nach 2jähriger, ununterbrochener Gruppenzugehörigkeit	1523,—
nach 4jähriger, ununterbrochener Gruppenzugehörigkeit	1539,—
M 4	
Anfangsgehalt	1745,—
nach 2jähriger, ununterbrochener Gruppenzugehörigkeit	1782,—
nach 4jähriger, ununterbrochener Gruppenzugehörigkeit	1820,—

Die Ausbildungsbeihilfen für Lehrlinge und Anlernlinge betragen:

im 1. Lehrjahr oder Anlernjahr	240,—
im 2. Lehrjahr oder Anlernjahr	270,—
im 3. Lehrjahr	305,—

§ 4

Sonderzuschlag

Die Angestellten der Hauptverwaltung Hannover und des Werkes Hannover erhalten einen Zuschlag von 5%. Für Lehrlinge und Anlernlinge entfällt dieser Zuschlag.

§ 5

Übergangsbestimmungen

Die bisher gezahlten Zulagen bleiben in unveränderter Höhe bestehen.

Anlage 4
Vorläufiger Stellenbesetzungsplan Lehrte für Kampagne 1971/1972

Station	Normalschicht			I. Schicht			II. Schicht			III. Schicht		
	F	AA	H	F	AA	H	F	AA	H	F	AA	H
I. Hof												
Schätzer	1			1	1		1	1				
Rübenwieger	1			1			1			1		
Naßentladung					4	1		4	1		1	1
Schwemmer					2			2			2	
Stapelanlage							1				1	
R-Prozentwäsche	1	3										
Rangierleiter				1	4		1	4		1	4	
Schnitzelhalle				1			1			1		
Lagerung und Verpackung				1	3	1	1	3	1	1	3	1
Anmischen und Pelletstation				1			1				1	
Melasse-Abfüllung		1										
Gärtner	1											
Pförtner					1			1			2	
Schlammteiche					1						1	
Transportkolonne					3	1		3	1		3	1
Sonstige Arbeitskreise		5										
Dolmetscher	1											
Fuhrbetrieb												
Lokführer				1	1		1	2		1	1	
PKW	1				1							
Silozug	1	2										
LKW und Unimog		1			1			1				
Bagger					1			1			1	
Zwischensumme	7	12	–	7	23	3	9	21	3	5	20	3
II. Vorderbetrieb												
Rübenwäsche												
Schneidmaschinen					2			2			2	
Auslaugung				1	1		1	1		1	1	
Saftreinigung und Verdampfstation				1	1		1	1		1	1	
Kerzenfilter				1				1		1		
Kalkofen				1				1			1	
Probeholer					1				1			1
Vorarbeiter oder z. b. V.				1			1			1		
III. Zuckerhaus												
Kocher einschließlich Helfer				2	2		3	1		3	1	
Zentrifugen				1	1		1	1		1	1	
Auflöse für Filterstation				1			1			1		
Hilfsstoffaufbereitung					1			1			1	
Z. b. V.					1			1			1	
Vorarbeiter				1			1			1		

F = Facharbeiter, AA = ausgebildete Arbeiter, H = Hilfsarbeiter.

Station	Normalschicht			I. Schicht			II. Schicht			III. Schicht		
	F	AA	H	F	AA	H	F	AA	H	F	AA	H
IV. Kesselhaus												
Oberheizer				1			1			1		
Heizer				1			1			1		
Speisewasserkontrolle					1			1			1	
Zwischensumme	7	12	–	19	34	3	19	33	4	17	30	4
V. Trocknung												
Führer				1			1			1		
VI. Maschinen-Abteilung												
Betriebsschlosser				1			1			1		
Pumpenschlosser				1			1			1		
Zentrifugen-Schlosser				1			1			1		
Hof-Schlosser	1											
Schmierer				1	1		1	1		1	1	
Schlosser-Werkstatt	1			1	1		1	1		1	1	
Dreher	2											
Schmied	1											
Werkzeugmacher	1											
VII. Elektro-Abteilung												
Kraftzentrale				1			1			1		
Werkstatt-Elektriker				2	1		2	1		2	1	
Elektro-Installateur	1											
VIII. Regel-Abteilung												
Werkstatt-Regelmechaniker				2	1		3			2	1	
Regel-Installateur	1											
IX. Rohrlege-Abteilung												
Rohrleger				1	1		1	1		1	1	
Flaschner				1			1					
Zwischensumme	15	12	–	31	40	3	33	37	4	29	35	4
X. SUV												
Sichtstation	1			1	1		1	1		1		
Silo				1			1			1		
Absackung		4										
Abnehmer (Pall)					1			1				
Papierlager		1										
Verladung	1	4										
XI. Kleinpack-Station												
Schlosser				1			1					
Maschinenpersonal				1	5		1	5				
Reinigung		1	1									

Station	Normalschicht			I. Schicht			II. Schicht			III. Schicht		
	F	AA	H	F	AA	H	F	AA	H	F	AA	H
XII. Sonderbereiche												
Magazin				1			1			1		
Reinigung Außenanlagen			2									
Reinigung Büros									3			
Reinigung Vorderbetrieb									2		1	
Reinigung Zuckerhaus									1		1	
Reinigung Sozialgebäude			1									
Kantine		1										
Küche			1									
Küchenhilfe			1									
Endsumme	17	23	6	36	47	9	37	45	6	31	36	4

Anlage 5
Punktwerttabelle

Punktwerttabelle I		Punktwerttabelle II	
Berücksichtigung der Dauer der Betriebszugehörigkeit		Berücksichtigung des Lebensalters	
Jahre	Punkte	Jahre (Alter)	Punkte
1	0	25	20
2	2	26	22
3	4	27	24
4	7	28	27
5	10	29	30
6	14	30	32
7	18	31	34
8	22	32	36
9	26	33	39
10	31	34	40
11	36	35	42
12	41	36	44
13	46	37	46
14	50	38	47
15	54	39	48
16	57	40	49
17	60	41	51
18	63	42	52
19	66	43	53
20	69	44	54
21	72	45	55
22	75	46	55
23	78	47	55
24	81	48	56
25	84	49	82
		50	86
		51	87
		52	89
		53	90
		54	93
		55	93
		56	95
		57	89
		58	82
		59	75
		60	67
		61	58
		62	48
		63	38
		64	24
		65	0

Anlage 6
Personalblatt

SOMBART AG	Betrieb	

Personalblatt für Informationsausschuß

Name Vorname(n)		Nationalität	
Geburtstag Geburtsort		Lebensalter	Jahre
Postleitzahl Wohnort/Kreis Straße		Familienstand	

Ehegatte (E) Kinder (K)		Name	geb. am		Name	geb. am
	E			K		
	K			K		
	K			K		

anerkannte Körperbeschädigung	Art		Erwerbsminderung	%

Schulbildung	Grundschule, Realschule, höhere Schule, mittlere Reife, Abitur	
Lehre, Fachschule, Gesellen- / Gehilfen- / Meisterprüfung		
Studium		Akad. Grad
Lehrgänge		
Besondere Fähigkeiten		Führerschein
		Klasse

Ausgeübte Tätigkeit	während der Stillstandzeit	
	während der Kampagne	

Beschäftigung bei Sombart	Eintritt	Dienstalter	jetzige Abteilung / Station
		Jahre	

Entlohnung	Lohn		Gehalt	
	Lohngruppe		Gehaltsgruppe	
	Zulage	DM	Zulage	DM
	Fester Wochen-/Monatslohn	DM	Außertarifliches Gehalt	DM

Wohnverhältnis	Werkswohnung			Mietwohnung		
	Küche	Zimmer	Bad	Küche	Zimmer	Bad
	Eigentumswohnung			Eigenheim		
	Küche	Zimmer	Bad	Küche	Zimmer	Bad

Anzahl der im Haushalt lebenden Personen	selbst	Ehegatte	Kinder	Eltern	sonst. Personen	zus.
	1					

Jetzige Entfernung zwischen Wohnung und Arbeitsstätte		km	Eigenes Kraftfahrzeug	Art PKW / Krad

Ergebnis der Besprechung				
Zur Versetzung innerhalb der gesamten Sombart bereit			ja	nein
Zur Versetzung nach	bereit			ja
Persönlicher Wunsch bei Versetzung				

	Beurteilung (Zutreffendes bitte unterstreichen)	
Gesundheits-zustand	sehr gut – gut – mäßig – schlecht	
Geistige Eigenschaften	interessiert – aufgeschlossen – urteilsfähig	
	offen – verschlossen – verschlagen – verschleiernd – beschönigend	
Arbeits-charakter	Fehlt	häufig – selten – nie
	Kommt zu spät	häufig – selten – nie – termingenau – saumselig
	Einstellung zur Arbeit	eifrig – stetig – ausdauernd – willig – gleichgültig – unstet – rasch erlahmend – Drückeberger
	Arbeitsweise	selbständig – überlegt – initiativ – gewissenhaft – praktisch – schludrig – umständlich – gedankenlos – ungenau
Fachliche Leistung	Die Aufgaben werden erledigt	ordentlich – oberflächlich – unzuverlässig – ruhig – ständig gehetzt – flott
	Können	ausgereift – lückenhaft – Blenderarbeit – Pfuscherarbeit
Verhalten	gegenüber Kollegen	hilfsbereit – mitteilsam – Abstand wahrend – großsprecherisch – streitsüchtig – unzugänglich – gleichgültig
	gegenüber Vorgesetzten	freimütig – anpassungsfähig – unbefangen – eigensinnig – empfindlich – dickfellig – mißtrauisch
	Kontakt	überschwenglich – herzlich – verhalten – abweisend – teilnahmslos – kalt
Ergänzende Beurteilung		

Beschluß

_____ den _____   _____

Die Mitarbeiterinformation

„Mensch, Petra, der erste Tag war ganz dufte!" Hans, 18, ein junger Textilkaufmann, begrüßte seine Freundin Petra, 16, die ihn vor der Verseidag am Johannes-Blum-Platz erwartet hatte. Er erzählte von seinem neuen Chef und von den Mitarbeitern, die er heute in seiner Stellung bei der Verseidag kennengelernt hatte. Petra ging noch zur Schule. „Komm, wir trinken eine Tasse Kaffee", sagte Hans, und sie drängten sich in das Espresso, das um diese Zeit am Tage immer sehr voll war, und fanden auch noch ein kleines Tischchen.

„Guck mal, was die mir in die Hand gedrückt haben", sagte Hans (vgl. Anlagen 1 und 2). „Ist doch ganz pfundig, nicht? Ich habe gar nicht gewußt, daß die Verseidag so groß ist! Und was meinst du, in die Pensionskasse bin ich auch gleich eingetreten, kann nie schaden, habe ich mir gedacht!"

„Also, ich finde das ja auch prima, daß die dir gleich so was in die Hand drücken. Da weißt du doch gleich, was ihr so alles macht und wo das gemacht wird." Petra blätterte die Unterlagen, die ihr Hans gegeben hatte, durch. „Aber sag mal: Wem gehört die Verseidag eigentlich, und wie heißt denn euer oberster Boss?" „Mensch, Petra, das weiß ich doch nicht. Der Boss guckt sich nicht jeden Neuen an!" „Das kann ich mir auch denken! Aber gerade deshalb, meine ich, sollte das drin stehen. Wo die schon so persönlich fragen: Wer ist Verseidag? Und dann kein einziges Bild von einem Menschen drin und kein einziger Name!"

Anlage 1

WER IST VERSEIDAG

VEREINIGTE SEIDENWEBEREIEN AKTIENGESELLSCHAFT
415 KREFELD · JOHANNES-BLUM-PLATZ 15
TELEFON (02151) 8901

An unseren neuen Mitarbeiter

Die Verseidag begrüßt Sie als neuen Mitarbeiter. In den Einstellungsgesprächen haben Sie sich über Ihren neuen Arbeitsplatz und Ihre Aufgaben informiert. Was insgesamt hinter dem Namen Verseidag steht, wollen wir Ihnen in einem knappen Überblick schildern. Wir verbinden damit die Hoffnung, daß Ihnen das Unternehmen als Ganzes vertraut wird und Sie sich trotz der vielen Eindrücke in der neuen Umgebung schneller zurechtfinden.
Unsere Wünsche dazu begleiten Sie.

Größenordnung

Die Verseidag nimmt innerhalb der europäischen Textilindustrie einen der vordersten Plätze ein. Zu der Muttergesellschaft, die in der Rechtsform einer Aktiengesellschaft geführt wird, gehören etliche Tochter- und Beteiligungsgesellschaften. Insgesamt hat diese Verseidag-Gruppe im Jahre 1972 annähernd 300 Millionen Deutsche Mark Umsatz erzielt. Es werden rd. 3.800 Mitarbeiter beschäftigt.

Konzeption

Das Unternehmensprinzip besteht darin, die Vorteile der spezialisierten kleineren Einheit mit denen des großen Unternehmens zu kombinieren. Das sehen Sie an der großen Zahl der Produkte, die von selbständigen Abteilungen entwickelt, produziert und verkauft werden. Die zentrale Steuerung wird durch die Bereiche Betriebswirtschaft, Einkauf, Finanzen, Personal und Technik vorgenommen.

Produkte

Im wesentlichen werden Bekleidungstextilien, Heimtextilien, Krawattenstoffe und technische Gewebe hergestellt, und zwar: Kleider-, Kostüm- und Mantelstoffe, Rock- und Blusenstoffe, HAKA-Stoffe, Anorakstoffe, Futterstoffe, Schirmstoffe. Uni, webgemusterte und bedruckte Dekorationsstoffe, Möbelstoffe, textile und Kunststoff-Wandbekleidung. Krawattenstoffe in den unterschiedlichsten Dessinierungen. Technische Gewebe aller Art wie textile Drahtgewebe für das Sieben, Filtrieren, Pressen, Stützen; Filtergewebe für die Luft- und Flüssigkeitsfiltration; Film- und Siebdruckgewebe; Segeltuche. Beschichtete Gewebe für Traglufthallen, Bedachungen, Markisen, Schutz- und Arbeitskleidung, Kunstleder für Bekleidung, Sitzmöbel und Autopolsterung.

Betriebe

Die Webereibetriebe der Verseidag liegen in ihrer Mehrzahl außerhalb von Krefeld, in der Nähe der holländischen Grenze. Der Maschinenpark entspricht in den Webereien und in der Ausrüstung den modernsten technischen Anforderungen. Die Umstellung auf schützenlose Webmaschinen in den Webereien wird laufend fortgesetzt. In den Ausrüstungsbetrieben befinden sich u.a. Filmdruckmaschinen neuester Bauart, Hochtemperatur-Färbeanlagen und moderne, kontinuierlich arbeitende Maschinen zum Waschen, Abkochen und Appretieren. Der Trend zur Spezialisierung der Betriebe auf bestimmte Techniken und Produkte hält an.

Die Verseidag hat Produktionsstätten in:

Webereibetriebe
  Anrath
  Herongen
  Krefeld, Industriestraße
  Krefeld, Nauenweg
  Krefeld, St. Töniser Straße
  Schiefbahn
  Süchteln
  Walbeck

Veredlungsbetriebe
  Krefeld, Girmesgath
  Krefeld, Industriestraße
  St. Hubert

Rohstoffe

Die Verseidag ist in zwei Stufen der textilen Produktion tätig, der Weberei und der Ausrüstung. Die zum Weben erforderlichen Garne werden von der in der vorgelagerten Produktionsstufe – der Spinnerei – tätigen Industrie bezogen.

Der Schwerpunkt der zur Verarbeitung kommenden Rohstoffe hat sich von der reinen Seide, die vor rund 50 Jahren noch so gut wie vollständig den Garneinsatz der Verseidag ausmachte, weitgehend zur Kunstseide, Zellwolle und insbesondere den Synthetics verschoben. Heute entfällt auf diese Garne ein Anteil von etwa 95%, der Rest auf Wolle, Baumwolle und – ganz geringfügig – auf reine Seide. So sind die Chemiefaserproduzenten, u.a. Bayer, Hoechst und Enka-Glanzstoff bedeutende Lieferanten geworden.

Aus der Veränderung der Textilmärkte hat die Verseidag Konsequenzen gezogen, was aus anderen Teilen der Welt billiger bezogen als hier produziert werden kann, wird als Rohware importiert, teils noch veredelt (ausgerüstet) und mit der Marktkenntnis der Verkaufsabteilung mit früherer Eigenproduktion abgesetzt.

Vertrieb

Die Erzeugnisse werden durch folgende Abteilungen verkauft:

Oberstoffe
Meterware
Futterstoffe
Schirmstoffe
Ornata-Heimtextilien
Technische Gewebe
Beschichtete Gewebe
Brillant-Bandstoffe

sowie im Geschäftsbereich **Krawattenstoffe** durch:

Gebr. Esters – Reyscher
E. Engländer – C. Lange
Kniffler – Pastor
Glatte Krawattenstoffe
F. Keller
Deuß & Oetker – E. Vogelsang

Der Vertrieb nach Übersee wird zentral durch Übersee-Glattstoffe und Übersee-Krawattenstoffe abgewickelt.

Auswärtige Verkaufsbüros befinden sich in:

Berlin
Frankfurt/Main
Hamburg
Haibach bei Aschaffenburg
Herford
München

Vertreter und Repräsentanten nehmen die Interessen der Verseidag in über 100 Ländern wahr.

Tochter- und Beteiligungsgesellschaften

Die Aktivitäten der Muttergesellschaft Verseidag werden ergänzt bzw. unterstützt durch folgende Tochter- und Beteiligungsgesellschaften:

ABK Apparatebau Krefeld GmbH,
Krefeld
  Maschinenbau

Bartels Stoffe GmbH,
Krefeld
  DOB-/HAKA-Stoffe
  Futterstoffe

Best GmbH,
Wesel
  Gravuren

Cellofoam Deutschland GmbH,
Biberach
  Lohnkaschierung

Gerns & Gahler KG,
Freilassing und Uttendorf
  Dekorationsstoffe
  Möbelstoffe

Heinr. Heynen GmbH,
Krefeld
  Lohnveredlung

Kempen Textilwerk GmbH,
Kempen
  Nähwirkstoffe

MAS-Manufactures Alliées de Soieries,
Paris
  Bekleidungstextilien

Prinz Glasgewebe GmbH,
Krefeld
  Glasgewebe

Textil Data GmbH,
Krefeld
    EDV-Zentrum

N. V. Jerseyfabriek
J. van Tiel en Zonen,
Amsterdam
    Jerseystoffe

van Tiel GmbH,
Wien
    Jerseystoffe

Vereinigte Eigenheim GmbH,
Krefeld
    Wohnungsbau

Vereinigte Krawattenstoffwebereien
GmbH,
Krefeld
    Krawattenstoffe

Vesaknit Maschenwaren GmbH,
Krefeld
    Maschenware (Raschel)

Vescom BV,
Deurne
    Textile und
    Kunststoff-Wandbekleidung

Wellwood Deutschland GmbH,
Krefeld
    Kunststoffe

Märkte

Die Verseidag verkauft nicht an Endverbraucher, sondern nur an die weiterverarbeitende Industrie und an den Handel.

Große Bedeutung hat der Export, dessen Anteil von 25% bis 30% des jährlichen Umsatzes schwankt. Traditionelle Märkte liegen in Übersee; dorthin fließen etwa 2/5 des Exports, 3/5 bleiben im EWG- und EFTA-Raum.

Geschichte

Die Geschichte der Verseidag ist eng mit der Wirtschaftsgeschichte der Samt- und Seidenstadt Krefeld verflochten. Sie entstand – wie der Name verrät – aus dem Zusammenschluß mehrerer Seidenwebereien, die schon lange Jahrzehnte vor Gründung der Aktiengesellschaft in und um Krefeld ansässig waren.

Die textile Vergangenheit Krefelds reicht bis ins 16. Jahrhundert. Damals entstand die Tuch- und Leinenweberei, aus der im 17. Jahrhundert die Samt- und Seidenweberei hervorging.

1919 waren es zunächst vier Unternehmen, die sich auf Initiative von Hermann Lange, dem Inhaber der Seidenweberei C. Lange, zu einer Interessengemeinschaft zusammenfanden. Hermann Lange gewann Dr. Josef Esters von der Seidenweberei Gebr. Esters für diesen Gedanken. Bald danach fanden sich auch die Seidenwebereien Kniffler-Siegfried und F. Keller & Co. dazu bereit. Die Fabriken dieser Unternehmen befanden sich in Krefeld, Anrath und Süchteln.

1920 gelang es, ein weiteres angesehenes Unternehmen, die 1855 gegründete Seidenweberei Deuß & Oetker für den Anschluß zu interessieren, deren Inhaber damals die Brüder Rudolf und Paul Oetker waren. In Schiefbahn, Wachtendonk und Herongen lagen die Betriebe. So entstand durch Fusion dieser fünf Unternehmen im Jahre 1920 die Vereinigte Seidenwebereien AG.

Schon zwei Jahre später wurde die Kapazität des Unternehmens durch eine weitere bedeutende Seidenweberei vergrößert. Sie hatte ihren Hauptsitz in Thüringen mit Webereien in Berga a. d. Elster, Kreuzberg a. d. Werra und einer Weberei am heutigen Nauenweg in Krefeld. Ihre Inhaber waren die Brüder Ernst und Kurt Engländer.

In rascher Folge traten dann noch die Seidenwebereien Richard Pastor, Reyscher & Co. und Eugen Vogelsang hinzu, alles Namen, die sich bis heute in den Abteilungsbezeichnungen unseres Geschäftsbereichs Krawattenstoffe erhalten haben.

Die Geschichte der Verseidag reicht weit über das Gründungsjahr 1920 zurück, denn ihre Anfänge müssen in der Tätigkeit und Entwicklung der Unternehmen gesehen werden, aus deren Vereinigung sie später entstanden ist. Durch den Zusammenschluß wurde ein Großunternehmen der Textilindustrie, das damit an die Spitze der deutschen Seidenweberei aufrückte.

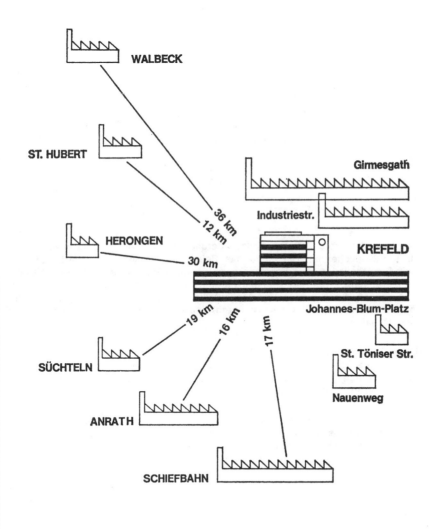

Anlage 2

Einige Einrichtungen und Leistungen aus dem Bereich unseres Sozialwesens

Altersversorgung

In der Betrieblichen Altersversorgung kommt die besondere Verbundenheit zwischen der Firma und den langfristig bei ihr beschäftigten Mitarbeitern zum Ausdruck.

Die wesentliche Aufgabe jeder Altersversorgung ist es, den Mitarbeitern zusätzlich eine verbesserte Versorgung in ihrem Alter und einen materiellen Schutz im Falle der Invalidität zu bieten.

Das System unserer Altersversorgung gründet sich auf zwei Pensionskassen, und zwar

1. die Werks-Pensionskasse (WPK) für Angestellte,

2. die Verseidag-Ruhegeldkasse (VRK) für gewerbliche Mitarbeiter.

Die Mitgliedschaft bei diesen Kassen beruht nicht auf einem Zwang wie die in der Sozialversicherung. Sie ist in das Belieben des einzelnen Mitarbeiters gestellt. Die Mitglieder einer Pensionskasse werden während ihres Arbeitsverhältnisses bei unserer Firma an der Finanzierung der Anwartschaften auf spätere Rentenleistungen durch eigene Beiträge beteiligt. Die Firma zahlt den gleichen Betrag ein und verdoppelt somit die durch eigene Beitragsleistungen entstehenden Anwartschaften.

Unsere Pensionskassen sind rechtlich selbständige Einrichtungen in Form von kleineren Versicherungsvereinen auf Gegenseitigkeit, auf deren Leistungen ein Rechtsanspruch besteht und die der Versicherungsaufsicht unterliegen, d. h., sie sind gewissermaßen betriebliche Versicherungsunternehmen.

Wer an der betrieblichen Altersversorgung teilnehmen will, muß die Mitgliedschaft bei der für ihn zuständigen Pensionskasse beantragen und monatlich 2 % seines Bruttoarbeitsverdienstes als Beitrag in die Kasse einzahlen. Wie bereits erwähnt, wird dieser Betrag durch die Firma verdoppelt.

Beitrittsbedingungen, Beiträge und Leistungen sind in den Satzungen und in den Geschäftsplänen genau festgelegt und werden von der Versicherungsaufsicht überwacht.

Weitere Informationen gibt Ihnen Herr Faber in unserer Abteilung Altersversorgung, Tel. 221.

Betriebskrankenkasse

Unsere Betriebskrankenkasse (BKK) ist Bestandteil der sozialen Krankenversicherung. Sie arbeitet jedoch nur auf betrieblicher Ebene und versichert die Mitarbeiter der Betriebe und Verwaltungen.

Grundsätzlich gehören alle Mitarbeiter, soweit sie der Krankenversicherungspflicht unterliegen, der BKK an. Die Rechtslage ermöglicht es Angestellten, ihre Pflichtmitgliedschaft bei der BKK durch eine Pflichtmitgliedschaft bei einer Ersatzkasse zu ersetzen.

Unsere BKK arbeitet im Gegensatz zu allen anderen Kassen in unmittelbarer Nähe Ihres Arbeitsplatzes. Dadurch ergibt sich für die Versicherten schon aus praktischen Erwägungen eine Reihe von Vorteilen. So fallen die lästigen Laufereien und Schreibereien weg. Alle Angelegenheiten, die mit der Krankenkasse zusammenhängen, können also bequem im Betriebsbereich erledigt werden. Der Service unserer BKK funktioniert ebenso in allen Außenstellen oder Betrieben des Unternehmens.

Die Nähe des Arbeitsplatzes des Versicherten und seine Tätigkeit inmitten des betrieblichen Geschehens ermöglichen es unserer BKK, die Betreuung aller Mitglieder in Sachen Krankenversicherung individuell zu gestalten. Allein dadurch lassen sich viele Probleme zwangloser und zufriedenstellender lösen.

Auch in der Verwaltung und in der Frage der Kosten hat unsere BKK einen eindeutigen Vorsprung vor anderen Kassen, denn der Arbeitgeber trägt nicht nur die gesetzlich vorgesehenen personellen, sondern darüber hinaus zum großen Teil auch die Verwaltungskosten.

Hieraus erklärt sich auch, daß die BKK einen geringeren Beitragssatz erheben kann als die meisten anderen Kassen.

Unsere Satzung und Leistungsrichtlinien bieten Ihnen ein Höchstmaß an Leistungen. Außerdem kann die BKK durch zusätzliche Richtlinien des Vorstandes im Einzelfall individuell helfen.

Die Satzung und die Leistungsrichtlinien, die Ihnen noch auszuhändigen sind, geben Ihnen im einzelnen Auskunft über Art und Höhe Ihrer Leistungsansprüche.

Werksküche

Seit langem ist die Firma darum bemüht, den Mitarbeitern gegen einen für jeden tragbaren Kostenanteil ein abwechslungsreiches Mittagessen aus der eigenen Werksküche anzubieten. Dabei legen wir besonderen Wert auf Frisch-Kost und auf eine Zubereitungsart, die den vollen Nährwert und Vitamingehalt der Lebensmittel erhält.

Ein modernes Verpackungssystem garantiert auch den in den auswärtigen Betrieben beschäftigten Mitarbeitern ein frisch zubereitetes Menü. Probieren Sie es einmal!

Privatverkauf

Um unseren Mitarbeitern die Möglichkeit des verbilligten Warenbezugs für unsere Produkte zu geben, unterhält die Firma eine Verkaufsabteilung speziell für ihre Mitarbeiter.

Hierfür erhalten Sie die Einkaufsberechtigungskarte.

Arbeitssicherheit / Unfallschutz, Unfallverhütung

Das Unternehmen, in dem Sie tätig sind, ist Mitglied der Textil- und Bekleidungsberufsgenossenschaft, d. h., alle Mitarbeiter, ganz gleich welche Tätigkeit sie ausüben, sind hier gegen Unfälle versichert.

Reichsversicherungsordnung, Gewerbeordnung und Betriebsverfassungsgesetz enthalten gesetzliche Regelungen für den Unternehmer und die Mitarbeiter zur Unfallverhütung, die zwingend Rechte und Pflichten auferlegen. Das Unternehmen ist in Zusammenarbeit mit der Berufsgenossenschaft und der Gewerbeaufsicht verpflichtet, Arbeitsplätze und Maschinen so sicher wie möglich auszurichten.

Die Mitarbeiter haben die Unfallverhütungsvorschriften - die von Ihnen jederzeit eingesehen werden können - zu beachten und sich „sicherheitsbewußt" zu verhalten.

Da der weitaus größte Teil der Arbeitsunfälle nicht auf technische Mängel an Maschinen und Anlagen zurückzuführen, sondern im Fehlverhalten jedes einzelnen zu suchen ist, kann ein optimaler Unfallschutz nur im Zusammenwirken aller gewährleistet sein.

Wenn Sie nur geringste Zweifel in bezug auf Mängel an Maschinen und Maschinenanlagen haben, fragen Sie erst Ihren Vorgesetzten oder einen Sicherheitsbeauftragten, deren Namen am Schwarzen Brett bekanntgemacht werden.

Festgestellte Fehler sind umgehend zu melden, damit sie behoben werden können.

Auch auf Ihren täglichen Wegen von und zu Ihrer Arbeitsstelle sind Sie gegen Unfälle versichert. Ob Sie als Fußgänger oder Kraftfahrzeugfahrer Verkehrsteilnehmer sind, Sie sollten stets darum bemüht sein, sich „verkehrssicher" zu verhalten. Dazu gehört im besonderen ein einwandfreier Zustand Ihres Fahrzeuges und die persönliche Einstellung: Hallo Partner - danke schön.

Wenn von Unfallverhütung gesprochen wird, sollten Sie immer daran denken, daß es um Ihre Gesundheit und Sicherheit geht.

Vereinigte Eigenheim GmbH (VEG)

Bei der VEG handelt es sich um eine der Firma angeschlossene gemeinnützige Wohnungsbaugesellschaft, die sich vorwiegend mit der Erstellung von Eigenheimen und Eigentumswohnungen, Finanzierungen und Geldbeschaffung beschäftigt. Auch bei dem Erwerb von bestehenden Eigenheimen und Eigentumswohnungen hilft die VEG und vermittelt zinsgünstige Baudarlehn. Aber auch die Beratung von Bauinteressierten und die Betreuung spielt eine wesentliche Rolle.

Die Diskussion

Dr. Kreikebaum, Vorstandsvorsitzender der Synthesefäden AG, beruft eine Besprechung mit dem Kreis der oberen Führungskräfte ein. An diesem Gespräch nehmen etwa 90 Personen bis zur zweiten Ebene unter dem Vorstand teil.

Herr Kreikebaum erläutert die jüngsten Entscheidungen des Vorstandes über die Stillegung von Faserbetrieben. Diese Stillegungen waren mit der Kündigung gegenüber 2 500 Mitarbeitern verbunden gewesen und hatten zu erheblicher Unruhe unter der Gesamtbelegschaft des Unternehmens von 30 000 Beschäftigten geführt.

Nach seinen Ausführungen eröffnet Herr Dr. Kreikebaum die Diskussion. Im Verlaufe der Diskussion meldet sich Herr Dr. Anders zu Wort: „Herr Dr. Kreikebaum, Ihre Ausführungen zur Rechtfertigung der Betriebsstillegungen und Entlassungen haben mich weder befriedigt noch überzeugt. Ich halte sie für völlig unzureichend. Meiner Ansicht nach sind sie auf klare Fehlentscheidungen des Vorstands in den letzten zwei Jahren zurückzuführen." Herr Dr. Anders fügt einige sachliche Informationen aus den betroffenen Bereichen an und zitiert Vorstandsverlautbarungen aus den letzten zwei Jahren. Er schließt seine sachlichen, aber scharf pointierten Ausführungen mit den Worten: „Ich möchte Sie bitten, zu meinen Argumenten Stellung zu nehmen!"

Frage:

Wie verhält sich Dr. Kreikebaum?

Der Schlüssel

Das Vorspiel

In einer kleineren Werbeagentur (ca. 20 Mitarbeiter) kam es zu einer gewissen Anhäufung von Unregelmäßigkeiten. Diese bestanden u. a. darin, daß von der Firma angeschaffte Getränke zum Teil von einzelnen Mitarbeitern nicht bezahlt wurden; daß auch private Lebensmittel, die andere Mitarbeiter in dem Firmen-Kühlschrank deponiert hatten, verschwanden; daß einzelne Arbeitsplätze unaufgeräumt verlassen wurden; daß eine halbe Flasche Cognac, die der Geschäftsleitung gehörte und nach einer Kundenbesprechung stehengeblieben war, von einem Gestaltungsteam nach Arbeitsschluß ausgetrunken wurde; daß Fenster beim Verlassen des Büros nicht geschlossen wurden, Licht nicht gelöscht wurde, was insofern schwer wog, als in der Werbeagentur schon des öfteren eingebrochen worden war, wobei die Täter einmal die Eingangstür aufbrachen und einmal durch ein unverschlossenes Fenster einstiegen. Soweit, so schlecht.

Die Firmenleitung sah sich darum veranlaßt, auf einer einberufenen Betriebsversammlung diese Unregelmäßigkeiten zur Sprache zu bringen und um Abstellung derselben zu bitten. Insbesondere wurde darauf hingewiesen, daß die von der Firma angeschafften Getränke zukünftig bezahlt werden müßten; daß private Lebensmittel auch dann private Lebensmittel bleiben, wenn einzelne Mitarbeiter dieselben in den Kühlschrank legen; daß beim Verlassen des Arbeitsplatzes Ordnung hinterlassen wird, da die Firma auch Kunden durch die Geschäftsräume führt; und daß der letzte, der die Firma verläßt, das Licht löscht sowie Fenster und Türen schließt — andernfalls würde man bei neuerlichen Einbrüchen eine Haftung dieses letzten Mitarbeiters nicht ausschließen.

Der Fall

Der Tag, an dem diese Aussprache mit sämtlichen Mitarbeitern der Werbeagentur stattfand, war ein Freitag. Am selben Tag gaben zwei Mitarbeiter der Agentur ihren „Ausstand", das heißt, nach Feierabend wurde in der Agentur eine kleine Feier veranstaltet. Während dieser Feier wurde die erwähnte Aussprache noch einmal diskutiert, wobei einzelne Punkte — insbesondere was die Getränke und deren Bezahlung betraf — auf die Kritik der Mitarbeiter trafen.

Um ca. 23 Uhr verließen die letzten Mitarbeiter die Geschäftsräume, nachdem die Utensilien der Feier aufgeräumt waren. Es kann als Tatsache angesehen werden, daß sämtliche Fenster der Agentur und die Türen ordnungsgemäß verschlossen wurden.

Dennoch wurde am darauffolgenden Sonnabend, an dem einige Mitarbeiter arbeiten mußten, ein Einbruch in der Firma entdeckt. Bei diesem Einbruch wurde weder eine Tür aufgebrochen noch ein Fenster eingeschlagen. Aus dem verschlossenen Stahlschrank wurde eine Kassette mit einem geringen Geldbetrag entwendet, obgleich sich in dem selben Schrank eine wesentlich größere Geldsumme befand.

Es wurde daher der Verdacht geäußert, daß der oder die Täter mit einem Schlüssel oder Nachschlüssel sowohl die Eingangstür als auch die Stahlschranktür geöffnet hatten. Zwar wurde am Sonnabend ein offenstehendes Fenster entdeckt, doch nahm man an, daß dies von dem oder den Tätern zum Zwecke der Irreführung inszeniert worden war.

Die Reaktion

Am Montag nach diesem Vorfall ging eine Angestellte auf Veranlassung der Firmenleitung zu allen Mitarbeitern, die einen Firmenschlüssel besaßen (was erforderlich war, weil diese Mitarbeiter oft später das Haus verließen bzw. früher kamen), und verlangte diesen zurück. Auf die Frage, warum das geschehe, konnte die Angestellte keine Antwort geben.

Die Mitarbeiter, denen der Schlüssel abgenommen wurde, kamen also zu der Ansicht, daß dies geschehen sei, weil man entweder ein neues Schloß einbauen wolle oder weil man der Annahme war, einer dieser Mitarbeiter habe den Einbruch verübt oder seinen Schlüssel derart sorglos aufbewahrt, daß irgendein Fremder sich einen Nachschlüssel habe anfertigen lassen können.

Diese Frage — nämlich: ob der Schlüsselentzug als Vertrauensentzug oder als praktische Maßnahme (neues Schloß) zu werten sei — wollten die betroffenen Mitarbeiter mit der Geschäftsführung klären, und zwar geschlossen.

Gedacht, getan. Die Geschäftsführung reagierte auf diese Frage hochgradig erregt. Sie könne dieses Thema nur als „Kindergartengeschwätz" werten. Sie habe im übrigen eindeutig zum Ausdruck gebracht, daß die Schlüssel eingesammelt worden seien, weil ein neues Schloß eingebaut werden müsse. Die Reaktion gipfelte dann in Angriffen, die sich gegen die Frage selbst richteten sowie dagegen, wie diese Frage vorgetragen werde, und daß man die Geschlossenheit der Betroffenen nicht angemessen fände. Damit endete die Unterredung.

Der Bummler

Gruppenleiter A wird zum technischen Direktor B bestellt. In seiner Gruppe arbeitet der junge technische Zeichner C, Lehrabschluß vor einem Jahr. An drei Arbeitsplätzen kam er nicht zurecht. B will ihn jedoch noch nicht entlassen und bittet A, C noch eine Chance zu geben. A stimmt zu, wird jedoch C die Situation klar darstellen und auch seinen Mitarbeitern, mit der Aufforderung zur ehrlichen Hilfe für C, reinen Wein einschenken.

C wird anfangs jede erdenkliche Hilfe zuteil. Aber weder Qualität bzw. Quantität der Arbeit noch guter Wille zeigen sich bei C. Fehlzeiten treten auf, und auch während der Arbeitszeit werden die Zeiten, während deren C abwesend (unauffindbar) ist, immer länger (mehrere Stunden am Tag).

Nach sechs bis acht Wochen beschwert sich die Gruppe bei ihrem Vorgesetzten über das Verhalten von C, der seine Arbeit nicht erledige. Sie müßten seine Arbeit mitmachen.

Nachdem bereits mehrere Gespräche mit C stattgefunden haben, die jedoch bei C ohne Auswirkung blieben, wird ihm nahegelegt, zum Quartalsende zu kündigen. Dies geschieht auch, ohne daß sich am Verhalten von C etwas ändert.

Eine Woche vor seinem Ausscheiden bittet C seinen Vorgesetzten A um ein persönliches Gespräch. In diesem Gespräch bittet er A um eine neue Chance, da er inzwischen erkannt habe, daß die Arbeit in der Gruppe sehr interessant und auch das Betriebsklima ausgezeichnet sei.

Würden Sie diesem jungen Menschen eine neue Chance geben?

Die Transportkarre

Herr Dinc, ein türkischer Schichtarbeiter, erwähnt gegenüber dem Betriebsleiter Bedorf, ein gebogener Steg der Transportkarre, mit der er Kartons zu einer Waage zu bringen habe, könne zur Arbeitserleichterung durch einen geraden Stab ersetzt werden. Der gebogene Steg störe beim Ankippen des Packstücks, da man sich nicht weit genug vorbeugen könne, um das Packstück zu erfassen.

Dem Wunsch konnte mit geringem Aufwand entsprochen werden.

Weniger um das Mitdenken zu belohnen, als um die überwiegend türkischen Mitarbeiter zu animieren, sich mit ihren Arbeitsverhältnissen und dem Produktionsverfahren kritisch auseinanderzusetzen, bat Bedorf den zuständigen Meister, einen Verbesserungsvorschlag für Herrn Dinc abzufassen.

Herr Dinc soll zwar stolz seinen Belegabzug des Verbesserungsvorschlages (vgl. nächste Seite) herumgezeigt haben, jedoch blieben leider weitere Anregungen für Verfahrens- oder Arbeitsmittel-Verbesserungen aus dem Bereich der angesprochenen Zielgruppe aus.

VERBESSERUNGSVORSCHLAG

1. Abteilung, Vorgang, Einrichtung
   Produktionsbereich F
   Ballen- und Kartontransport
   Transportkarre

2. Welchen Mangel wollen Sie durch Ihren Vorschlag beseitigen?
   Der gebogene Steg der Transportkarre stört beim Ankippen des Packstückes, da man sich nicht weit genug vorbeugen kann, um das Packstück zu erfassen.

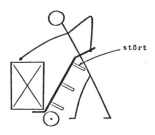

3. Welche Änderung schlagen Sie vor?
   Den gebogenen Steg der Karre durch einen geraden zu ersetzen, damit man sich weit genug vorbeugen kann, um das zu transportierende Packstück zu erfassen.

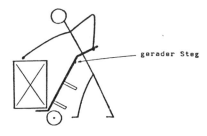

4. Welche Erfolge erwarten Sie aus der von Ihnen vorgeschlagenen Maßnahme?
   Arbeitserleichterung

5. Bitte geben Sie an, ob der Vorschlag von Ihnen allein stammt oder ob noch andere dabei mitgewirkt haben.
   Vorschlag stammt von mir allein.

Quellenhof

Herr Mehlke ist Betriebsingenieur im Werk Quellenhof der A-GmbH in Berlin. Er ist u. a. zuständig für das betriebliche Vorschlagswesen. Die Zahl der Vorschläge war im letzten Jahr zurückgegangen. Herr Mehlke führte das auf die schlechte Auftragslage im vergangenen Jahr und die damit verbundene Notwendigkeit von Kurzarbeit zurück.

Er hatte sich daher zu Beginn des Jahres überlegt, die Mitarbeiter durch eine Plakataktion über das betriebliche Vorschlagswesen zu informieren und zur Mitarbeit zu motivieren.

Eine Woche, nachdem die Plakataktion angelaufen war, gab ihm ein Kollege die Nr. 32 der „Kommunistischen Arbeiterpresse" (vgl. Anlage), der „Betriebszeitung der Werkszellen A-GmbH der KPD", mit der ironischen Bemerkung: „Na, du Handlanger der kapitalistischen Profitinteressen, was hälst du davon?" „Wo hast du die denn her?" fragte Herr Mehlke. „Die wurden heute morgen vor dem Werk verteilt. Stießen aber nicht auf große Gegenliebe. Ich versuche allerdings immer, das Blättchen zu bekommen, man muß ja informiert sein, welche Themen die für ihre Argumentation verwenden."

Frage:

Wie würden Sie anstelle von Herrn Mehlke darauf reagieren?

Anlage

BERICHTE UND KORRESPONDENZEN

QUELLENHOF:

Verbesserungsvorschläge verbessern die Profite

Werdet reich! So sprach Minister Guizot im letzten Jahrhundert die unzufriedenen französischen Arbeiter an. Sind euch die Löhne zu niedrig, die Wohnungen zu miserabel, die Arbeit zu lästig? Werdet reich! Bis heute verbreiten die Kapitalisten die gleichen Illusionen, wie man aus seinem Lohnarbeiterdasein ausbrechen kann. Ständig wird uns die „Chancengleichheit" gepriesen (wenn man weiß, daß ein Großteil der Arbeiter ihren Kindern nicht mal eine Lehre bezahlen können, ein glatter Hohn), ständig werden uns neue Mittel angeboten, um reich zu werden: die „6 Richtigen", die „Vermögensbildung" und jetzt die Verbesserungsvorschläge, von denen die abgedruckte Korrespondenz berichtet. Der Trick dabei ist, daß bei diesen Mitteln derjenige, der mit Sicherheit reich bzw. reicher wird, auf jeden Fall der Kapitalist ist: mal als der Staat, der den Reichtum an die Kapitalisten weitergibt, mal der einzelne Kapitalist, der von den Verbesserungsvorschlägen oder den ihm zur Verfügung gestellten Mitteln profitiert. Die Antwort der französischen Arbeiter war deutlich: 1871 riefen sie die Pariser Commune ins Leben. Zum ersten Mal in der Geschichte hatte die Arbeiterklasse die Macht.

Überall tauchen wunderbare Plakate auf, die uns auffordern mitzudenken. Das ist sogar eine Notwendigkeit, wie uns eines von diesen Plakaten lehrt: „Die Zeit bleibt nicht stehen — Der Fortschritt braucht Ideen — Darum machen auch Sie — Verbesserungsvorschläge". Wir dürfen nicht den Kopf in den Sand stecken, sondern die Augen offen und frisch nach Verbesserungsvorschlägen suchen — auch wenn es nicht direkt den Arbeitsplatz betrifft: „Jeder Verbesserungsvorschlag über fremde Arbeitsplätze bringt eine erhöhte Prämie." Vor keiner Anstrengung sollte man zurückschrecken, denn „nur wer die Mühe nicht scheut, erntet die Früchte". Es wird aber nicht von uns verlangt, daß wir gleich den Mond erobern; auch kleine Verbesserungen verschönern das tägliche Leben. Darum, seien wir bitte nicht zu schüchtern, wenn wir uns über den Wert unseres Vorschlages nicht im klaren sind. „Den Spott der Kollegen" haben wir sowieso nicht zu fürchten, auch die „Angst vorm Chef" muß verschwinden, denn „Verbesserungsvorschläge werden anonym behandelt". Für den, der es nicht will, braucht es aber nicht anonym zu bleiben: schließlich muß man wissen: „Prämie hebt das Ansehen". Dies alles läuft unter dem Motto: „Gemeinsame Anstrengungen sichern den Arbeitsplatz." Gerade jetzt klingt das zynisch, wo laut Jahresbericht im „report" die Zahl der Beschäftigten im letzten Jahr um 8 000 zurückgegangen ist. Die Sicherheit des Arbeitsplatzes hängt allein von dem Krisenzyklus im Kapitalismus ab, nicht aber von Verbesserungsvorschlägen. Nur eines erreichen die Verbesserungsvorschläge: daß durch Einsparungen an Material und Arbeitern der Profit steigt. Deswegen ist es kein Wunder, wenn wir jetzt, wo überall rationalisiert werden soll, mehr als sonst aufgefordert werden, Vorschläge zu machen. Die Kapitalisten verfolgen damit aber gleich zwei Ziele, zum einen ihre Profite zu steigern, auf der anderen Seite die Arbeiter gegeneinander auszuspielen, denn auch für den Arbeitsplatz nebenan sollen wir Verbesserungsvorschläge machen. Bei der Arbeitshetze sollen wir auch noch die letzten Lücken, die uns irgendwann als Pausen bleiben, preisgeben. Die Prämie? Sie steht natürlich in keinem Verhältnis zu den Einsparungen, die der Kapitalist dank unserer Vorschläge macht. Die Verbesserungsvorschläge verbessern nur die Profite der Kapitalisten.

Chemikalien AG

A

Am 15. August ging Herr Dr. Karte, 35, Betriebsleiter in der Produktion der Farbensparte der Chemikalien AG, wie jeden Morgen durch den Betrieb. Es war Frühstückspause. An einer Seite der Halle sah er eine Gruppe von Jungarbeitern, die aufgeregt diskutierten. Als er sich der Gruppe näherte, hörte er Worte wie „internationales Monopolkapital", „Herrschaft des Kapitals über die Arbeiterklasse" und dann auch ganze Sätze: „Der Prozeß der Internationalisierung der Produktion führt unter den Bedingungen der Herrschaft des Monopols zu der weiteren Zentralisierung von Macht in immer weniger Händen, zu einer Verstärkung der Monopolisierung und damit zu einer weiteren Zuspitzung des kapitalistischen Grundwiderspruchs."

„Was ist denn hier los?" fragte Herr Dr. Karte, der inzwischen an die Gruppe herangekommen war. „Haben Sie die Sendung im Fernsehen gestern abend nicht gesehen? Gestern abend soll ein türkischer Gewerkschaftler über die Ausbeutung der türkischen Arbeiter in den Tochtergesellschaften der deutschen Chemiekonzerne in der Türkei gesprochen haben. Der hat es ganz klar gesagt: Die deutschen Großkapitalisten schmeißen die Arbeiter in der Türkei raus, wenn sie knapp drei Jahre in dem Betrieb malocht haben. Später müßten sie hohe Abfindungssummen zahlen, und die industrielle Reservearmee ist in der Türkei ja so groß, alle die arbeitslosen und hungernden anatolischen Arbeiter und Bauern, daß die internationalen Monopolkapitalisten genügend Arbeiter finden, die ihren Kollegen den Arbeitsplatz gerne wegnehmen!"

„Und uns nehmen die Kapitalisten ja auch die Arbeitsplätze weg, indem sie immer neue Werke im Ausland errichten! Halten Sie das etwa für eine humane Politik, was die Chemikalien AG und die anderen Großkonzerne der Chemie betreiben?"

Dr. Karte schaute auf die Uhr. Es war noch eine Minute bis zum Ende der Frühstückspause. Inzwischen war auch Herr Klein, der Werkmeister in diesem Bereich und Mitglied des Betriebsrates, hinzugetreten. Er war dem letzten Teil des Gespräches gefolgt und schaute nun gespannt auf Dr. Karte.

Frage:

Wie sollte sich Dr. Karte verhalten?

Chemikalien AG

B

Herr Dr. Karte sah den Jungarbeiter herausfordernd an: „Ich habe zufällig gestern abend von sechs Uhr an bis zum Sendeschluß ferngesehen. Da ist kein einziges Wort über deutsche Chemiekonzerne gefallen — mit Ausnahme des Börsenzettels, der wieder einmal auf Minus stand. Ich will Ihnen mal was sagen: Diese verdammten Latrinenparolen, die hier immer wieder verbreitet werden, die stinken mir langsam! Was Sie da erzählen, ist alles erstunken und erlogen!" Und zu den anderen Arbeitern in der Gruppe gewandt: „Der will euch für dumm verkaufen! Warum habt ihr ihn nicht genau gefragt, wann die Sendung war und was genau gesagt worden ist? Ich meine, das wäre ein Thema für die nächste Abteilungsversammlung! Da soll er mal genau sagen, was er unserem Unternehmen vorwirft, und dann nehme ich auch gerne ausführlich Stellung dazu. Aber jetzt ist die Frühstückspause zu Ende!"

Drei der Jungarbeiter, besonders der Wortführer, murrten: „Ausbeuter! Repressiver Verein! Wenn wir die Macht in den Fabriken übernommen haben, dann bestimmen wir die Arbeitszeit selber! Alle Macht den Werktätigen!" Aber die anderen stießen sie an: „Nun gebt mal nicht so 'nen steilen Zahn an! Nun zeigt mal lieber, ob ihr bloß blöde herumgequatscht habt oder ob an der Geschichte etwas dran ist!"

Von Herrn Klein erfuhr Herr Dr. Karte, daß der Jungarbeiter Schmal hieß und bereits mehrmals durch agitatorische Reden aufgefallen war.

Die Abteilungsversammlung fand am 15. Oktober statt. Dr. Karte hatte die Angelegenheit inzwischen ganz aus den Augen verloren. Bei der ersten sich bietenden Gelegenheit bat Schmal um das Wort. „Vor zwei Monaten hat mich Dr. Karte als einen Lügner bezeichnet und die fortschrittlichen Werktätigen in unserer Abteilung, die sich mit ihren Kollegen in der Türkei solidarisch erklärten, einzuschüchtern versucht. Ich möchte jetzt Herrn Karte fragen, ob es sich hierbei wirklich um ‚Latrinenparolen' handelt!" Er schwenkte ein paar Blätter in der Luft und begann zu lesen:

„Ich hatte mich nur insofern geirrt, als es sich nicht um eine Fernsehsendung, sondern um eine Radiosendung am Abend des 14. August handelte. Allerdings war die Sendung im Radio sehr kurz, weil nach Auskunft eines fortschrittlichen Redakteurs, die ich hier habe, die Aussagen eines türkischen Gewerkschaftlers, die in der Türkei aufgenommen worden waren, noch kurz vor dem Sendetermin gestrichen worden sind. Dieser Kollege hat mir auch geschrieben, daß eine Fernsehsendung über die deutschen Unternehmen in der Türkei geplant gewesen sei. Vorgespräche mit den Chemiekonzernen sowie mit der IG Chemie, Papier, Keramik hätten stattgefunden oder seien anvisiert worden, doch seien diese Vorgespräche seitens des Fernsehens nicht zu Ende geführt worden. Dieser Genosse erklärt, daß die Sendung nicht habe durchgeführt werden können, weil sie entgegen den ersten Plänen der Redakteure ihr Schwergewicht im Ausland gehabt habe und damit nicht in das auf das Inland zugeschnittene Programm gepaßt habe. Auf eine andere Lösung habe sich der Sender nicht einigen können.

Der Genosse im Sender hat mir aber ferner gesagt, die Journalisten, die sich mit der Chemikalien AG in Verbindung gesetzt hätten, seien von hier fernmündlich bedrängt worden, die Sendung nicht durchzuführen. Wörtlich sei ihnen gesagt worden: ‚Das lohnt sich doch für Sie gar nicht, dafür interessiert sich doch niemand!'

Doch, Genossen und Kollegen, dafür interessiert sich nicht nur einer, dafür interessieren sich alle Werktätigen hier in der Abteilung! Und ich frage Sie im Namen aller fortschrittlichen Kollegen, ich frage Sie, Herr Karte, ich frage aber auch Sie, die Sie vorgeben, im Betriebsrat die Interessen der werktätigen Massen zu vertreten: Ich frage, wie konnten Sie es zulassen, daß die Aussagen unseres türkischen Kollegen über die Zustände bei der Chemietürk unterdrückt wurden? Hier haben Sie das beste Beispiel für die kapitalistische Unterdrückung der freien Meinungsäußerung fortschrittlicher Kräfte in dieser Gesellschaft!"

Schmal machte eine Pause, während deren er sich herausfordernd umsah. Er zog, während Bravo-Rufe und Buh-Rufe ertönten, ein weiteres Stück Papier aus seiner Jacke hervor:

„Der Präsident der Kimya-Iç, der türkischen Chemiearbeiter-Gewerkschaft, hat dem Rundfunk ein Interview gegeben, das nie gesendet worden ist. Ich habe hier die Niederschrift der Tonbandaufnahme, die ich selbst von einer Kopie der Originalaufnahme auf mein Tonband überspielt habe. Die Kopie befindet sich bei dem Genossen in der Sendeanstalt. Da die Tonbandaufnahme in Türkisch ist, hat mir eine türkische Studentin, eine Kollegin unseres Genossen Letzer, die Übersetzung gemacht!"

Letzer war ein Werkstudent, der vom 15. Juli bis zum 15. Oktober in der Abteilung beschäftigt war. Der 15. Oktober war sein letzter Anwesenheitstag im Unternehmen.

Schmal fuhr fort: „In diesem Interview heißt es:

Es gibt zwei Gruppen von deutschen Unternehmen der Chemie-Industrie in der Türkei: 1. das deutsch-türkische Unternehmen Chemietürk, eine Tochter der Chemikalien AG, 2. die Firmen Türk-Weiß und Türk-Rot. Die Chemietürk vertritt eine andere Auffassung von der Funktion einer Gewerkschaft als die türkische Gewerkschaft Kimya-Iç und die Firmen Weiß und Rot. Diese abweichende Auffassung bei der Leitung der Chemietürk war nicht von Anfang an zu bemerken. Erst zu einem bestimmten Zeitpunkt hat sie sich in die Angelegenheiten der Gewerkschaft eingemischt, sie aufzulösen versucht. Die Liquidation der Kimya-Iç bei der Chemietürk ist schließlich gelungen. Zehn türkische Arbeiter, die ihr angehörten und bei der Auflösung Schwierigkeiten machten, wurden entlassen. Die Chemietürk gründete bei Auflösung der alten Gewerkschaft eine eigene, ein Syndikat. Dieses arbeitet nach von der Chemietürk festgesetzten engen Regeln. Meinungsäußerungen über die Belange der Firma sind verboten. Die Rechte der Arbeiter werden unterdrückt. Eine antifaschistische Einstellung darf nicht geäußert werden. Die Gewerkschaft selbst ist reaktionär, wenn nicht faschistisch. Vor dem Streik gab es bei der Türk-Weiß und der Türk-Rot einen Arbeitervertreter, der nicht richtig für die Belange der Arbeiter eintrat. Diese waren demzufolge schlecht organisiert. Dieses hat sich während des Streiks vollständig geändert. Das Ergebnis des Streiks war außerdem ein der Inflation angepaßter Lohn. Die Arbeiter sind jetzt zufrieden. Bei der Chemietürk ist dagegen kein Streik, noch nicht einmal eine Kritik möglich. Davor wird gewarnt, indem mit sofortiger Entlassung gedroht wird. Bei der Chemietürk durfte der normale Lohn höchstens 10 DM pro Tag betragen. Bei Weiß und Rot wurde erreicht, daß der normale Stundenlohn von 6 TL (etwa 1,50 DM) auf 8 TL (etwa 2,00 DM) erhöht wurde. In allen genannten Firmen gibt es zwei Arten von Arbeitern: solche, die einen Arbeitsvertrag mit Kündigungsfristen und proportional zur Beschäftigungsdauer steigenden Abfindungen haben, und solche, die täglich entlohnt werden, und zwar mit einem höheren Stundenlohn als die anderen Arbeiter, und keinen Arbeitsvertrag und damit auch kein Recht auf Abfindung haben. Die Chemietürk mußte ihr Lohnniveau den während des Streiks bei Weiß ausgehandelten Tarifen anpassen. Um die Kosten dennoch niedriger zu halten, ging man bei der Chemietürk jedoch dazu über, Arbeiter nicht mehr über eine bestimmte Zeit hinaus zu beschäftigen. Durch diese permanenten schleichenden Entlassungen werden die Abfindungssummen niedrig gehalten. Bei Weiß wurden dagegen solche Entlassungen bisher noch nicht bemerkt. Einer der zehn Arbeiter, die wegen der Gewerkschaftsfrage bei der Chemietürk entlassen worden waren, ging vor das Gericht und erhielt schließlich nach 2½ Jahren recht. Die Firma Chemietürk, die vor ihrer Entlassung diese Arbeiter hatte Strafgelder zahlen lassen, wurde wegen der Entlassungen und dieser Praktik eines illegalen Aktes für schuldig befunden und gezwungen, allen zehn Arbeitern den Lohn für ein Jahr zu ersetzen und die Zusage zu geben, den vor Gericht gegangenen Arbeiter wieder einzustellen. Dies ist noch nicht geschehen; es ist aber wahrscheinlich, daß der Arbeiter es schafft, wieder eingestellt zu werden. Trotz dieses Prozesses ist erst vor drei Monaten wieder ein Arbeiter von der Chemietürk entlassen worden, weil er die Frage der gewerkschaftlichen Organisation öffentlich aufwarf. Das Kapital der deutschen Tochterfirmen in der Türkei stammt aus dem Mutterland. Obwohl die Einnahmen teilweise recht hoch sein müssen, werden der türkischen Regierung durch Tricks in der Aufstellung der Bilanzen nur ganz kleine Summen vorgewiesen. Beispiel einer Firma: Als Grundkapital sind 18 Millionen TL (etwa 4,5 Millionen DM) ausgewiesen, als Einnahme werden 168 000 TL (etwa 42 000 DM) angegeben. Eine so kleine Summe kann unmöglich verdient worden sein. Es gibt Firmen mit mehr Angestellten als Arbeitern. In einem Unternehmen sind vielleicht 140 Arbeiter, aber 200 Angestellte. Unter diesen sind oft sehr viele Deutsche, weil man Spezialisten gerne aus Deutschland holt. Diese erhalten für die Dauer ihrer Beschäftigung in der Türkei einen besonders hohen Lohn und viele Sonderzahlungen bis hin zur Übernahme der Mietkosten durch die Firma. Diese Ausgaben erscheinen in der Bilanz der türkischen Tochterfirma, so daß auf diese Weise die Summe ihrer Einnahmen weiter gedrückt wird. Manchmal wird überhaupt kein Verdienst ausgewiesen. Bis vor kurzem haben alle ausländischen Unternehmen in der Türkei ganz oder soweit wie möglich ihre Produkte im Gastland verkauft und ihre Kapazität nach diesem Markt berechnet. Dann wurde für diese Unternehmen das Gesetz erlassen, daß sie auch ins Ausland liefern müssen, um die Devisensituation für die Türkei zu verbessern. Die deutschen Firmen halten sich seitdem eben gerade an das Gesetz; der Export bleibt aber so minimal, daß es sich für die Türkei kaum auswirkt. Inzwischen hat es wieder einen Streik der in der Kimya-Iç organisierten Arbeiter gegeben. Die Arbeiter in dieser Industrie stehen jetzt fest hinter der Gewerkschaft. Es hat auch vor kurzem eine internationale Gewerkschaftskonferenz gegeben, auf der die Arbeitervertreter aus den unterentwickelten Ländern und auch aus der Türkei darauf hingewiesen haben, wie gefährlich die in ausländischer Hand befindlichen Unternehmen für diese Länder sein können."

Dr. Karte hatte sich umgesehen, während Schmal das Interview verlas. Einige Gesichter, auch der langjährigen treuen Mitarbeiter, denen der marxistische Jargon der Gruppe um Schmal ebenso auf die Nerven ging wie ihm, waren bedenklich geworden. Warum hatte er nur nicht mehr an die Angelegenheit gedacht! Die Probleme in der Produktion hatten ihn wieder voll ausgefüllt. Applaus unterbrach ihn in seinen Gedanken. Schmal hatte geendet. Nun, er hatte Schmal damals herausgefordert, dachte Karte, nun würde er den Zweikampf bestehen müssen. Er blickte zu Herrn Klein, der die Abteilungsversammlung leitete, und wartete darauf, daß ihm das Wort erteilt würde.

Chemikalien AG

C

Am Abend des 15. Oktober schrieb Dr. Karte einen Bericht an Dr. Berger vom Zentralbereich Personalwesen über den Ablauf der Abteilungsversammlung. In der Versammlung hatte er es zwar verstanden, die Mehrheit zu überzeugen, indem er von der Frage der Beschäftigungspolitik bei der Chemietürk schnell zur Frage der Auseinandersetzung zwischen den türkischen Gewerkschaften übergegangen war und mit einem nachdrücklichen Lob auf die fortschrittliche deutsche Gewerkschaftsorganisation geschlossen hatte.

Die entscheidende Schlappe hatte Schmal aber nicht durch seine Ausführungen erlitten. Die war ihm vielmehr von dem Türken Kemal beigebracht worden, der seit einem Jahr im deutschen Stammwerk arbeitete, aber erst seit zwei Monaten in der Abteilung tätig war und daher von der Diskussion am 15. August nichts wußte. Er hatte sich nach den Ausführungen von Dr. Karte aufgeregt zu Wort gemeldet und in gebrochenem Deutsch gesagt: „Der Interview in der deutscher Radio ist vielmehr eine Demagogie, die mit der Tatsache nichts zu tun hat. In der türkische Industrie besteht ein große Kampf zwischen die Gewerkschaften, der eine große Unruhe mitbringt. Ich wissen, die Chemietürk wurde von die Gewerkschaft gezwungen, eine Abfindung an einen Kassierer zahlen müssen. Der Kassierer war fortgeschickt worden, verlassen, so sagt man, weil er hatte Kasino an Schwarzes Meer und junge Mädchen von Chemietürk mit Geld gemacht, daß sie dort tanzen und solche Sachen! Hat noch Abfindung gekriegt und schöner Haus gekauft! Wer ist hier Ausbeuter?"

Kemal hatte sich gar nicht beruhigen können, und Klein hatte schnell den nächsten Punkt der Tagesordnung aufgerufen.

Aber Karte war doch unzufrieden. Ihn beschäftigte die Angelegenheit doch nach wie vor. Warum hatte der Türke in dem Interview behauptet, die Chemikalien AG betreibe eine andere Politik als die Weiß AG und die Rot GmbH? War das nur der Ärger darüber, daß die Kimya-Iç von der Ilac-Iç bei der Chemietürk verdrängt worden war? Oder bestanden tatsächlich Unterschiede in der Unternehmenspolitik?

Ob er einmal an seinen Studienkollegen Hedler schrieb, der heute eine leitende Stellung bei der Weiß AG innehatte?

Am 14. Februar des nächsten Jahres erhielt Karte ein Schreiben von Dr. Hedler, in dem dieser sich entschuldigte, daß die Beantwortung seines Briefes so lange gedauert habe. Ihm liege nun aber die Antwort von Herrn Bielen, dem türkischen Geschäftsführer der Türk-Weiß aus Istanbul, vor. Hedler fuhr fort:

„... Der Brief lautet: Nachstehend gebe ich Ihnen einen Bericht, der auch Erläuterungen über die Sozialpolitik der Türk-Weiß enthält. Bei der Türk-Weiß ist die Philosophie der Führung wie folgt zu erläutern. Die Basis der Führung ist der Mensch. In dieser Hinsicht sind immer die psychologischen Gruppen im Unternehmen vorgesehen. In allen Gruppen ist eine Atmosphäre verlangt, so daß sowohl die Angestellten als auch die Arbeiter sich während der Arbeitszeit wohlfühlen und sich besonders die Initiative der Leute entwickelt. Dies aber ohne Paternalismus. Als Beispiel möchte ich erwähnen, daß, um subjektive Beurteilungen über die Prämie zu vermeiden, wurde bei dem letzten Sozialvertrag die Prämie proportional zu der erhaltenen Produktion festgestellt. Von der monatlichen Produktion erhalten fünf Gruppen Prämie, und zwar die am meisten in der Produktion beschäftigt sind, die größten Anteile der Prämie.

Der letzte Sozialvertrag wurde im Februar des vergangenen Jahres für drei Jahre nochmals abgeschlossen. Die Besprechungen zwischen Kimya-Iç und der Türk-Weiß sind so gut, daß es immer an Türk-Weiß schon am ersten Sozialvertrag gelungen gewesen ist, den Vertrag für drei Jahre abzuschließen, was für die anderen Gesellschaften, die ausländische Kapitalbeteiligungen haben, nicht möglich war. Der letzte Vertrag wurde meinerseits mit Kimya-Iç diskutiert, da unser Fabrikdirektor um diese Zeit in Darmstadt war. Nach drei Sitzungen waren alle Parteien einverstanden, und die Vertreter von Kimya-Iç selbst haben bei der Unterschrift des Vertrages selbst an die Arbeiter vorgetragen, daß die Sozialpolitik der Firma Türk-Weiß immer sehr gesund gewesen ist.

Ein wichtiger Punkt ist auch, daß niemals ein Streik bei der Türk-Weiß vorgekommen ist. Beim vorletzten Vertrag, bevor wir die Diskussion schließen, hatte ich selbst mit der Gewerkschaft gesprochen und die Konditionen abgelehnt. Wir wissen, daß die Arbeiter die Gewerkschaft gezwungen haben, die Konditionen zu akzeptieren, indem sie bei der Türk-Weiß nicht streiken wollten.

Ich nehme an, für Dich sind auch einige Zahlenangaben noch von Interesse. Die Türk-Weiß wurde im Jahre 19.. gegründet. Alle 73 Arbeiter der Türk-Weiß gehören zur Kimya-Iç. Die Angestellten gehören keiner Gewerkschaft an. Von den 73 Arbeitern sind 25 weniger als drei Jahre bei uns, insgesamt 40 weniger als fünf Jahre, 67 weniger als zehn Jahre, und 3 sind schon mehr als fünfzehn Jahre bei uns. Wir haben sie von der Vorgängerin der Türk-Weiß übernommen.

In den letzten Jahren haben 13 Mitarbeiter gekündigt und sind durch andere ersetzt worden. Ein Arbeiter ist pensioniert worden. In den letzten zwei Jahren haben nur 1 % der Mitarbeiter die Firma verlassen.

Die Beziehungen zwischen der Kimya-Iç und Türk-Weiß sind immer gut gewesen. Der Vizepräsident der Kimya-Iç hat selbst bestätigt, daß es bei der Türk-Weiß keine Probleme in der Zusammenarbeit gibt.

In den Tarifverträgen sind die Löhne der bei der Türk-Weiß beschäftigten Mitglieder der Kimya-Iç in den letzten drei Jahren um 30,7 %, 23,4 % und 26,1 % erhöht worden. Hinzu kommt, daß die Mitarbeiter für jedes Jahr der Zugehörigkeit zur Firma 5 Kurus pro Stunde mehr erhalten und daß eine jährliche Treueprämie von 750 Tpf. für jede vollen 5 Jahre der Betriebszugehörigkeit zu zahlen ist. Diese Zahlungen sind ebenfalls im Tarifvertrag vereinbart.

Der Anteil der Beschäftigten mit einem Dienstalter von 3 Jahren beträgt bei den Arbeitern der Türk-Weiß übrigens nur 14 %. Bei unseren Töchtern in Europa liegt er dagegen bei 25 % bis 30 %. Das durchschnittliche Dienstalter der Mitarbeiter in der Türkei beträgt 9,2 Jahre, während es bei den Tochtergesellschaften in Europa nur bei 5,7 bis 7,1 Jahren liegt. Die Fluktuationsrate liegt mit etwas über 10 % bei den türkischen Arbeitern erheblich niedriger als bei den Arbeitern in den europäischen Tochtergesellschaften.

Schon aus diesen Zahlen geht hervor, daß die Behauptung, die deutschen Firmen entließen ihre Mitarbeiter vor Ablauf von drei Dienstjahren, um die Abfindung zu sparen, jedenfalls für uns nicht zutrifft. Zusätzliche Erkundigungen haben ergeben, daß eine solche Politik vor Jahren von der Firma Blau betrieben worden sein soll. Ich kann aber dafür nicht die Hand ins Feuer legen. Die Türk-Rot hat wohl zu Anfang Fehler in der Beschäftigungspolitik gemacht. Nach einem zwei Monate dauernden Streik hat die Türk-Rot ihre Politik geändert."

Dr. Karte dachte nach. Welche Unternehmenspolitik war gegenüber der Belegschaft in einem Land wie der Türkei die richtige? Herr Dr. Karte mußte sich eingestehen, daß er darüber noch zu wenig nachgedacht hatte. Warum war er diesem Schmal nicht in der Information um Längen voraus? Na, eigentlich war er es ja gewesen. Aber was würde sein, wenn der Schmal auch lernte und morgen eine südamerikanische Geschichte auftischte oder Südafrika hochspielte? Der Schmal oder irgendein anderer?

Er las den Brief seines Freundes Hedler noch einmal. Wenn er es sich genau überlegte, bestand nur ein Unterschied in der Behandlung der Kimya-Iç. Gegenüber den Mitarbeitern legten beide Unternehmen Wert auf gute Bezahlung und eine angemessene Sicherung der Weiterbildung der Mitarbeiter. Und eigentlich hatten beide auch die eigene Belegschaft gegen die unternehmensfremde Gewerkschaft aktiviert. Nur die Formen waren etwas anders gewesen.

Oder sah er das alles zu simpel?

Kapitel 5

Führungsprobleme
bei einzelnen Mitarbeitergruppen

Die altersbedingte Entlassung von Mitarbeitern aus ihrer Führungsaufgabe

Auf das Problem des Alterns im Unternehmen nicht nur moralische, sondern — ohne sofort das Rentabilitätsprinzip außer Kraft zu setzen — organisatorische Antworten zu finden ist eine wichtige Aufgabe.

I. Verlauf und Bedeutung des Berufsaustritts für das Individuum

1. Das Paradoxon der Pensionierung

Das Ausscheiden aus dem Berufsleben und der Eintritt in den Ruhestand ist gegenwärtig im allgemeinen an das Alter von 63—65 Jahren gebunden. Diese nahezu unverletzliche Grenze markiert einen scharfen Einschnitt in der Lebensgeschichte der Betroffenen, und dennoch verhindert die Ambiguität dieses abrupten Prozesses seine einfache Charakterisierung.

Einerseits leitet er den Lebensabend ein, der nach Jahrzehnten der Arbeit und Entbehrung die wohlverdiente Erholung und Muße bieten soll, und schützt, sofern mit dem Übergang eine materielle Altersversorgung einsetzt, die Geschwächten vor den Anstrengungen weiterer Erwerbstätigkeit. Gerade in der solidarischen Sicherung des Ruhestandes über die Regelungen eines karitativen Armenrechts hinaus bestand eine der epochemachenden Leistungen der Sozialgesetzgebung Bismarcks (1889), die in Deutschland 1916 durch die Einführung der gesetzlichen Altersgrenze von 65 Jahren gegen individuelle Willkür und Notlagen ergänzt und seitdem vielfach nachgeahmt und erweitert wurde.

Andererseits begibt sich der Rentner mit dem Rückzug auf das Altenteil eines ihm bis dahin wesentlichen Lebensinhaltes, der seine Chancen zur Selbstverwirklichung in mehrfacher Weise entscheidend bestimmt hat: unmittelbar, wenn er seiner beruflichen Arbeit nicht entfremdet war, sondern in ihr Befriedigung fand; mittelbar insofern, als seine Altersversorgung regelmäßig unter dem gewohnten Erwerbseinkommen liegt und somit sein Besitzstand geschmälert sowie seine konsumtive Dispositionsfreiheit eingeengt wird, aber auch insofern, als Status und Macht in einer „Leistungsgesellschaft" sogar in den privaten Sozialkontakten in starkem Maße von der beruflichen Stellung bestimmt werden.

Das Vorrecht auf einen müßigen Lebensabend stellt sich dann als Verpflichtung dar, Möglichkeiten der Selbstverwirklichung und Machtausübung den Jüngeren freizugeben. Wenn die private Lebenssituation ihrerseits keine hinreichenden Aufgaben und Rollen mehr bietet, weil etwa der Ehepartner verstorben ist oder die Kinder selbständig leben, bezeichnet der altersbedingte Berufsabbruch den erzwungenen Eintritt in die „rollenlose Rolle des Rentners" (Burgess) und steht also dessen vitalen Interessen entgegen.

So gesehen entlarvt sich das Rentnerideal als „harmonisch-ideale Legende"[2]) und wird die Errungenschaft der sozialen Alterssicherung durchaus fragwürdig. Soweit nun die Pensionierung zu einem starren Zeitpunkt, ohne Ansehen der Person und völlig abrupt vollzogen wird, besteht die Gefahr, daß sie ihrerseits den Alternsprozeß plötzlich beschleunigt und gerade diejenigen Alterssymptome hervorruft, die zu ihrer Begründung dienen. Dann wäre die Pensionierung also nicht konstatierende Konsequenz, sondern verursachendes Reglement, d. h. sinnvollerweise auch als für neue Gestaltungsformen offen zu betrachten. Das gälte um so mehr, je stärker Altern tatsächlich Erfahrung und Weisheit mit sich brächte, die bei der üblichen Pensionierung ungenutzt bleiben.

Im folgenden soll die Wahrscheinlichkeit des Auftretens dieses Paradoxons der Pensionierung erwogen werden, indem zunächst das Phänomen des Alterns genauer erfaßt wird und danach die Bedingungen der Krisenhaftigkeit des Eintritts in den Ruhestand und der erfolgreichen Anpassung untersucht werden. Mit dieser Präzisierung des Problems wird gleichzeitig ein Teil des Bezugsrahmens erstellt, in den sich alternative Pensionierungspolitiken einfügen müssen.

2. Einige verhaltenswissenschaftliche Forschungsergebnisse

Zur Vermeidung von Mißverständnissen wird von vornherein geklärt, daß die Kenntnisse und Theorien darüber, was im Altern geschieht, durchaus noch lückenhaft sind und nicht selten mit Forschungsmethoden erhoben wurden, die keine hinreichende Basis für weit verallgemeinerungsfähige Hypothesen bilden können. Längsschnittstudien werden wegen ihrer Aufwendigkeit nur selten durchgeführt, sie erfordern zudem von vornherein besonders bereitwillige und ausdauernde, eventuell also nicht repräsentative Probanden. Dagegen haben Querschnittsuntersuchungen den Nachteil, daß

---

2) Schelsky, H., Die Paradoxien des Alters in der modernen Gesellschaft, in: Schelsky, H., Auf der Suche nach der Wirklichkeit, Düsseldorf/Köln 1965, S. 213.

die unterschiedliche Vergangenheit der verglichenen Altersgruppen für altersspezifische Differenzen verantwortlich gemacht werden kann, wenn die Ergebnisse nicht gleichsam um die Generationstrends bereinigt werden.

a) Die Altersstereotypien und ihre Legitimität

Unter diesen methodisch begründeten, den Alternsforschern selbst bewußten Vorbehalten ist also die folgende knappe Darstellung des verhaltenswissenschaftlichen Ausgangswissens zum Verlauf und zu der Bedeutung der Pensionierung für das Individuum zu verstehen. Dabei wird die Diskrepanz von Selbstbild, Fremdbild und Realität besonders beachtet, weil sie auch in den Unternehmen vermutet werden kann, wo sich die Frage stellt: Werden Ältere pensioniert, weil sie nicht mehr arbeiten können, wollen oder dürfen?

Das Fremdbild älterer Personen, die innerhalb der Extreme von Senilität und Weisheit betrachtet werden, läßt sich recht einheitlich skizzieren: „mangelnde Beweglichkeit und Wendigkeit, Anfälligkeit für Krankheiten, Neigung zur Bequemlichkeit, mangelnde Umstellungsfähigkeit, Widerstand gegenüber neuen Arbeitsmethoden, Widerstand gegenüber jungen Vorgesetzten, allgemeine Verlangsamung des Verhaltens, leichte Ermüdbarkeit"[3] — kurzum ein konservativer Hang zu dogmatischer Immobilität bei allgemein nachlassender Vitalität.

Diese heute „Defizit-Modell des Alterns" genannte Charakterisierung, der die „Adoleszenz-Maximum-Hypothese" entspricht, war auch durch wissenschaftliche Ergebnisse amerikanischer Intelligenztests (Wechsler, 1944) und durch die Untersuchung Lehmanns (1953) über die typischen Lebensjahre, in denen Wissenschaftler und Künstler ihre besten bzw. die meisten Werke hervorgebracht haben, unterstützt worden.

Lehmann gelangte zu folgenden Ergebnissen: „Sportliche Leistungen zeigen den frühesten Höhepunkt und einen Abfall zu Beginn des 3. Lebensjahrzehntes, naturwissenschaftliche Leistungen (die Mut zum Risiko, Experimentierfreude und eine gewisse Wendigkeit im Aufgreifen neuer Forschungsergebnisse voraussetzen) lassen einen Höhepunkt zwischen 26 und 30 Jahren erkennen. Andere Berufsgruppen, wie Mediziner (bei denen ein Überblick über eine Sachlage wesentlich ist), zeigen einen Leistungsgipfel im 4. Lebensjahrzehnt, während führende Persönlichkeiten in leitenden Stellungen — Staatsmänner, Kirchenführer — ihre bekanntesten Leistungen sogar erst nach 60 vollbringen, in einem Alter, das durch Erfahrung, Lebensweisheit und Anerkanntwerden gekennzeichnet ist"[4].

Anstatt die Kritik an diesen Arbeiten wissenschaftshistorisch nachzuzeichnen und die neueren Ergebnisse faktorenanalytischer Varianzanalysen im

---

3) Tews, H. P., Soziologie des Alterns, Heidelberg 1971, S. 14.
4) Zitiert bei Lehr, U., Psychologie des Alterns, Heidelberg 1972, S. 56 f.

einzelnen zu belegen, wird im folgenden kurz der gegenwärtige Wissensstand referiert.

Das kalendarische oder chronologische Alter einer Person ist kein geeigneter Maßstab für ihre geistige Leistungsfähigkeit, sondern nur eine unter verschiedenen anderen erklärenden Variablen. Gegenüber dem Konzept einer allgemeinen Intelligenz ist zumindest die Unterscheidung von „fluid" und „cristallized intelligence" notwendig, d. h. zwischen Fähigkeiten der Umstellung, der Kombination und der Abstraktion sowie Fähigkeiten des Allgemein- und Erfahrungswissens, worunter auch das Sprachverständnis zu subsumieren ist. Während die „fluid intelligence" statistisch mit zunehmendem Alter abnimmt, steigen die Fähigkeiten der „cristallized intelligence" im Alter.

Folgende intervenierende Variable konnten — obgleich nicht immer völlig voneinander isoliert — erhoben werden:

Der Gesundheitszustand, der mit höherem Alter statistisch sinkt, aber nicht sinken muß, wird mitunter als der Hauptfaktor für interindividuelle Leistungsunterschiede im höheren Alter erachtet.

Große Unterschiede in den intellektuellen Leistungsniveaus gleich alter Personen bei der gleichzeitig in Längsschnittstudien festgestellten hohen Konstanz des Leistungsniveaus für einzelne Personen lassen interindividuelle Unterschiede in der Ausgangsbegabung als wichtige Variable erscheinen — wenn auch die Abhängigkeit der Intelligenzleistung von Erb- und Milieufaktoren noch ungeklärt ist.

Die Schulbildung der Probanden beeinflußt offensichtlich nachhaltig die Intelligenzleistung im höheren Erwachsenenalter. Ebenso wirkt das berufliche Training, das nicht zuletzt durch die Art des Berufs, seine Anforderungsvielfalt und -höhe und die damit verbundene dauernde Übung bestimmt ist. Dieses Training durch Arbeit stellt einen speziellen Fall einer stimulierenden Umgebung dar, die ebenfalls als Determinante der Veränderung der Leistungsfähigkeit im höheren Alter vermutet wird. Allerdings nimmt die Geschwindigkeit, mit der vorgegebene Aufgaben gelöst werden, mit höherem Alter ab; Zeitdruck verschlechtert also die erreichbare Lösungsqualität.

Darüber hinaus zeigen individuelle biographische Momente eine hohe positive Korrelation zur Erhaltung bzw. Steigerung intellektueller Fähigkeiten; der Berufserfolg, die Zufriedenheit auch mit dem privaten Lebensschicksal, Persönlichkeitsvariablen, wie Antriebskraft, Anregbarkeit und Bereitschaft zu Sozialkontakten, erklären beobachtbare Leistungsunterschiede auch bei älteren Personen.

Prinzipiell zeigen die — allerdings ausschließlich experimentellen — Forschungsergebnisse über die Veränderung der Lernfähigkeit im höheren Erwachsenenalter[5]) und der psychomotorischen Fähigkeiten, daß die Vorstellungen des einheitlich defizitären Altersverlaufs falsch sind und allenfalls für reine Gedächtnisleistungen oder für sehr komplexe Bewegungsaufgaben gelten, daß hingegen vielmehr die andragogische Angemessenheit bzw. der Aufbau der Testsituation neben somatischen, psychischen, sozialen und biographischen Faktoren wirksam wird[6]).

Arbeitswissenschaftliche Forschungen, für die Laborexperimente naturgemäß relativ gute Rückschlüsse auf die Wirklichkeit erlauben, haben zusätzlich ergeben, daß alle Alterswandlungen stetig verlaufen und keine Leistungsknicke aufweisen[7]). Die Streuung der gezeigten Leistungsniveaus um den Durchschnitt wächst vom 25. Lebensjahr an mit dem Alter, d. h., die Berechtigung des Bildes von einem typischen Jahrgangsvertreter verliert sich mit zunehmendem Alter. Die Leistungsunterschiede werden in einzelnen Jahrgängen sogar erheblich größer als zwischen Älteren und Jüngeren.

Bei der Würdigung dieser Ergebnisse zu der Individualität des Alternsprozesses und der Heterogenität je Individuum — und damit der Unbrauchbarkeit des kalendarischen Alters als Leistungsindex — ist zu beachten:

Die Variablen oder Variablenkomplexe sind in dieser groben Form gewiß nicht unabhängig voneinander, was auch darauf zurückzuführen ist, daß hier die verschiedensten Studien vereinfachend vergleichbar gemacht wurden. Wer die Determinanten des Leistungsniveaus Älterer nach exogenen und instrumentellen Variablen trennen will, muß bedenken, daß die Biographie eines Menschen durchaus beeinflußbar ist und daß auch Gesundheit kein natürliches Ereignis ist — schon gar keines, das der Defizit-Schablone entspricht —, sondern subjektiv erlebt und mitverursacht wird, also mittelbar auch sozialbedingt sein kann. Signifikante berufsgruppenabhängige Unterschiede in der Lebenserwartung sind eine beredte Konsequenz[8]). Trotzdem stehen in dieser Arbeit die leichter beeinflußbaren beruflichen Variablen im Vordergrund.

b) Die Veränderung der beruflichen Leistungsfähigkeit im höheren Erwachsenenalter

Grundsätzlich fügt sich die Kenntnis über die Veränderung der beruflichen Leistungsfähigkeit Älterer in den gegebenen Rahmen. Empirisch wurde sie

---

5) Vgl. Thomae, H. und U. Lehr, Berufliche Leistungsfähigkeit im mittleren und höheren Erwachsenenalter, Göttingen 1973.
6) Vgl. Lehr, U., a.a.O., S. 93 ff. bzw. 111.
7) Vgl. Brokmann, W., Der altersadäquate Arbeitseinsatz, Diss.TU Berlin 1969, S. 131.
8) Vgl. Bergedorfer Gesprächskreis zu Fragen der freien industriellen Gesellschaft: Wo bleiben die alten Menschen in der Leistungsgesellschaft? Interdisziplinäre Diskussion in der Gerontologie, Protokoll Nr. 43, Hamburg 1972, S. 21, 147 bzw. Rüth, W., Invalide durch Arbeitsstreß, in: Der saarländische Arbeitnehmer 23 (1975), S. 263.

vorwiegend für in der Fertigung tätige Personen untersucht. Steigende Unfallhäufigkeit gegenüber 40- bis 54jährigen, seltenere, aber durchschnittlich längere Krankheitszeiten und eine geringere Fluktuation deuten gewisse Altersveränderungen an, die dennoch nicht kurzschlüssig verallgemeinert werden dürfen, wie die Tatsache beweist, daß 60- bis 70jährige Schwerarbeiter untrainierten Vergleichspersonen im Alter von 45 bis 60 Jahren durchschnittlich überlegen sind[9]. Witte, Stehenskaja et al. fanden 1966 in der UdSSR, daß auch bei Projektingenieuren steigende betriebliche Belastungen im Laufe eines Arbeitstages auf die Sorgfalt und das Ausmaß der geleisteten Arbeit negativ wirkten, und zwar mit steigendem Alter verstärkt, während bei konstanter Belastung im Tagesablauf mit steigendem Alter bessere Leistungen erzielt wurden und Prüfungs- und Kontrollarbeiten vermehrt übertragen werden konnten[10]. Dasselbe wird durch neuere Untersuchungen Schmidts bestätigt (1973), der feststellte, daß zur Überwachung großer Steueranlagen und für hochqualifizierte Tätigkeiten an stark technisierten Arbeitsplätzen Ältere im allgemeinen vorgezogen werden; zwei Drittel der über 55jährigen erfüllten ohne Leistungsdefizit Aufgaben mit hohen Anforderungen[11].

Auf die Frage nach der Altersgrenze, bei welcher erfahrungsgemäß Leistungsprobleme mit älteren Arbeitnehmern einsetzen, konnte ein Viertel der von der DGFP befragten Personalleiter und Betriebsräte gar nicht antworten, die übrigen Befragten differenzierten ihre Antworten nach Tätigkeitsarten oder auch nach Geschlecht. Besonders häufig wurde als kritische Grenze das 55. Lebensjahr genannt, ein Resultat, das später teils etwas niedriger, teils etwas höher bestätigt wurde. Niedrigere Grenzen — 45 und weniger — wurden nicht nur für Akkord- und Schichtarbeiter, sondern auch für in der Verwaltung und im Absatzbereich Angestellte der Chemischen Industrie genannt. Insgesamt neigten die Betriebsräte dazu, die kritische Altersgrenze niedriger als die Personalleiter anzusetzen. Die Antworten auf die Frage nach Höchstgrenzen bei der Einstellung wurde ähnlich differenziert beantwortet, hier lag jedoch die kritische Grenze bei 45 Jahren[12].

Das Auseinanderfallen beider Grenzen muß keine Inkonsequenz darstellen, die aus „einer ganz stark bei Personal- und Betriebsleitern verbreiteten vorurteilsbehafteten negativen Einstellung gegenüber älteren Arbeitnehmern"[13] herrührt, sondern kann auch die Bedeutung des beruflichen Trainings am Arbeitsplatz oder einfach Vorsicht anzeigen. Ein gewisser Vorbe-

---

[9] Vgl. Lehr, U., Flexibilität der Altersgrenze — psychologische Aspekte, in: Bayerisches Ärzteblatt 28 (1973), S. 440.
[10] Ebenda, S. 440.
[11] Vgl. BDA, Bundesvereinigung der Deutschen Arbeitgeberverbände (Hrsg.), Mitgliederversammlung 1973: Vorträge und Protokolle über die vier Arbeitskreise, Ak. IV: Ältere im Betrieb, Köln 1973, S. 137.
[12] Vgl. DGFP, Deutsche Gesellschaft für Personalführung, Einsatz älterer Arbeitnehmer, Neuwied/Berlin 1972, S. 28.
[13] Lehr, U., Flexibilität..., a.a.O., S. 440.

halt ist gegenüber den Umfrageergebnissen über die Ursachen von Schwierigkeiten insofern geboten, als hier mitunter nur die impliziten Alterstheorien der Befragten aufgedeckt werden.

Unter den Problemursachen war in den Jahren 1968 und 1969, auf die sich die Untersuchung der DGFP bezog, der Zeitdruck für Arbeiter ebenso wie für AT-Angestellte mit zunehmendem Alter problematisch. Im Angestelltenbereich insgesamt wurden unter anderem mangelnde Risikobereitschaft sowie fehlende Bereitschaft und Fähigkeit zum Neulernen genannt. Das Nachlassen der körperlichen Belastbarkeit war in der Regel von Krankheitsbeschwerden begleitet. In der Sicht der Befragten waren in den Unternehmen und nicht bei den einzelnen Personen liegende problemauslösende Faktoren zweitrangig. Das könnte eine konjunkturbedingte Einschätzung sein, wie anderslautende Ergebnisse aus Frankreich für rezessive Zeiten nahelegen.

Die Unterscheidung der Alternden nach ihrem Arbeitsplatz oder ihrer beruflichen Stellung ist auch in anderer Hinsicht aufschlußreich. In einem Berufsinteressen-Test bewiesen 62- bis 69jährige „noch ein sehr intensives Interesse für leitende, selbstverantwortliche und unabhängige berufliche Tätigkeit"[14], bei den Angehörigen der höheren Einkommens- und Berufsgruppen galt das tendenziell noch für die 70- bis 80jährigen.

Allgemeiner vermutet Tews, daß Berufspositionen der höheren Mittelschicht mit Entscheidungsfreiheit und Verantwortung eine solche Motivationskonstanz bewirken oder begünstigen, daß dagegen für mehr als die Hälfte der heutigen Berufstätigkeiten die These von der Bindung an den Beruf skeptisch zu beurteilen sei. Die auch unter Industriearbeitern verbreitete Angst vor den schädlichen Folgen einer zwangsweisen Pensionierung kann hier danach nicht als Folge des Verlustes der Rolle an sich verstanden werden, sondern wird vorwiegend mit ihren ökonomischen Konsequenzen, aber auch mit der Reizlosigkeit der von der Gesellschaft mit der Berufsaufgabe vermittelten Altersrolle begründet[15].

Der Einfluß der Altersvariablen auf die Erwartungshaltung ist unübersehbar und für die vorbeugende, frühzeitige Vorbereitung auf die Pensionierung erheblich. Mehrfach wurde bereits gezeigt, daß 50- bis 55jährige eine deutlich positivere Erwartungshaltung zum Aufgeben der Berufstätigkeit haben als die 60- bis 65jährigen. 90 % der 50- bis 55jährigen hielten eine Pensionierung vor Vollendung des 65. Lebensjahres für am günstigsten, danach nur 1 %; bei 70- bis 75jährigen lauten die entsprechenden Anteile 16 % bzw. 24 %. Für eine flexible Altersgrenze traten in den sechziger Jahren 5 % der 50- bis 55jährigen ein, aber 10 % der 70- bis 75jährigen. Die

---
14) Lehr, U., Psychologie..., a.a.O., S. 137.
15) Vgl. Pohl, H. J., Ältere Arbeitnehmer — Ursachen und Folgen ihrer beruflichen Abwertung, Frankfurt/New York 1976, S. 105 ff.

wesentlich größere Zahl derjenigen, die heute von der Möglichkeit des vorgezogenen Altersruhegeldes Gebrauch machen, deutet die Zeitabhängigkeit solcher Einstellungen an. Für die mit dem Lebensalter schwankende Einstellung werden gerade diejenigen Berufsgruppen verantwortlich gemacht, die in ihrer Tätigkeit Entfaltung und Bestätigung suchen, im sechsten Lebensjahrzehnt aber, das ohnehin durch eine „Konfliktkumulation" gekennzeichnet ist, einen vorübergehenden Verdruß aus enttäuschten Erwartungen verspüren mögen[16].

c) Die Bedingungen subjektiv erfolgreicher Bewältigung und der Krisenhaftigkeit des Ruhestandes

Die tatsächliche Anpassung an den Ruhestand vollzieht sich bisweilen diametral zu den Erwartungen. Während Arbeiter den Ruhestand häufiger weniger attraktiv als vorgestellt empfinden, scheinen sich die Inhaber statushoher Berufe innerhalb von zwei Jahren an die ursprünglich unerwünschte, mitunter krisenhaft erlebte Situation gewöhnen zu können. Angehörige der Gruppe mit Arbeitsplätzen mittleren Ranges dagegen, deren berufliche Aufgabe und damit deren Erfolge im Umgang mit Menschen oder komplizierten Instrumenten bestand, können im Ruhestand in der Regel darüber nicht mehr verfügen und erleben dies als nachhaltige Beeinträchtigung ihrer Situation. Völlig geklärt sind diese Hypothesen allerdings noch nicht.

Immerhin ist eine erfolgreiche Bewältigung des Übergangs vom Berufsleben in den Ruhestand undenkbar ohne eine erfolgreiche Bewältigung der plötzlich vorhandenen freien Zeit. Zwar scheint „Freizeit" der Arbeit funktionell ausgleichend gegenüberzustehen, dennoch findet sich auch die Vermutung von der Kongruenz und Ähnlichkeit von Freizeit- und Arbeitsverhalten.

Sie ist implizit auch in den im letzten Absatz erwähnten Hypothesen Backs enthalten, wenn man die Bedingung zugesteht, daß die Zeit nach der Pensionierung noch als „Freizeit" bezeichnet werden kann, da sie dann nicht mehr Abwechslung und Emanzipation von den Einseitigkeiten und Zwängen des Arbeitsprozesses bietet, sondern als ausschließliche Daseinsform selbst Quelle von Eintönigkeit und Frustration sein kann. Schelsky bestreitet die Gleichartigkeit beider Typen freier Zeit und hält es für fraglich, ob die herkömmlichen Freizeitbeschäftigungen so tiefe Grundbedürfnisse wie das nach sozialer Anerkennung und Leistungs- und Wertbestätigung befriedigen können[17].

---

16) Vgl. Lehr, U., Psychologie..., a.a.O., S. 202 ff. und Lehr, U., Mitarbeiter, ältere, in: E. Gaugler (Hrsg.), Handwörterbuch des Personalwesens, Stuttgart 1975, Sp. 1290—1306.
17) Vgl. Schelsky, H., a.a.O., S. 217, ähnlich: Rosenstiel, L. v., Psychische Probleme des Berufsaustritts, in: H. und R. Reimann (Hrsg.), Das Alter, München 1974, S. 13.

In den Duke Longitudinal Studies ergab sich zudem abermals die Notwendigkeit zu derselben berufsspezifischen Differenzierung, die bereits im Hinblick auf die Arbeitszufriedenheit Älterer erfolgt. Angehörige professioneller Berufe und des hohen Managements suchen ihre gewohnten Aktivitäten fortzusetzen, also weiter soziale Kontakte zu pflegen und mit symbolischen Zeichen umzugehen, wenn es vorher ihrem Berufsinhalt entsprach, während für andere Berufsgruppen eine solche Kontinuität nicht nachweisbar ist[18].

Diese tatsächlichen Formen des „Freizeit"-Verhaltens Pensionierter müssen beachtet werden, wenn nicht nur kulturkritische Pläne zur Vorbereitung auf den Ruhestand entworfen werden sollen. Um nicht eine in ihrer Einfachheit verfälschende Kategorisierung anzubieten, soll schon hier die Beobachtung vermerkt werden, daß leitende Angehörige des Managements nicht selten zu denjenigen gehören, deren berufsferne Interessen im Laufe des Arbeitslebens verkümmert sind, „sofern sie jemals vorhanden waren"[19].

Wenngleich auch in neueren Studien noch von der „desasterhaften physischen und geistigen Regression" gesprochen wird, die durch Passivität und Resignation im Ruhestand „häufig" hervorgerufen werden könne, wenn auch sowohl die These, daß normales Altern tatsächlich pathologisches Altern ist[20], als auch Staudachers Worte vom „Pensionierungstod" und „Pensionierungsbankrott" sich in jüngsten Arbeiten noch finden[21], soll hier weder die Eigenart der mit der Pensionierung verbundenen Probleme noch ihr Ausmaß dramatisiert werden. Einige der Ergebnisse einer der bislang wichtigsten empirischen Längsschnittstudien zum Pensionierungsprozeß, der Cornell Study of Occupational Retirement, können einer solchen Fehleinschätzung vorbeugen[22].

Für viele findet die Pensionierung danach nicht als Krise statt, auch wenn sie nie ganz problemlos erscheint. Das widerspricht den landläufigen Vorstellungen, wie sie nicht nur in der Literatur, sondern auch bei den Betroffenen anzutreffen sind, weshalb die Erklärungen von Streib und Schneider, deren ursprüngliche Arbeitshypothese genauso lautete, angedeutet werden sollen.

Die Arbeitsrolle und mit ihr die Beziehungen zu Arbeitgeber, Vorgesetzten, Kollegen, Mitarbeitern und Kunden sind nur ein Teil der Rollen eines alternden Menschen, die sich auch auf Partner, Nachbarn, Enkel, Clubkameraden etwa erstrecken können.

---

18) Vgl. Back, K. W., The ambiguity of retirement, in: Busse, E. W. und E. Pfeiffer (Hrsg.), Behavior and Adaption in Later Life, Boston 1969, S. 110 f.
19) Pross, H. und W. Boetticher, Manager des Kapitalismus — Untersuchung über leitende Angestellte in Großunternehmen, Frankfurt/M. 1971, S. 23.
20) Vgl. Rhee, H. A., Human Ageing and Retirement, International Social Security Association, Genf 1974, S. 240, 212, vervielf. Manuskript.
21) Vgl. Landwehrmann, F., R. Albring et al., Der Ältere in der industriellen Arbeitswelt, Essen 1974, S. 4.
22) Vgl. Streib, G. F. und C. J. Schneider, Retirement in American Society — Impact and Process, Ithaca/London 1971.

Sogar die „rollenlose Rolle" mag für viele Alte hilfreich und funktional sein, also nicht als Abschieben gedeutet werden. „Most want dignity and respect, but they may at the same time wish to avoid activity and involvement because the demands are too great."

Die „aktivitätsorientierte", klare Rollenunterscheidungen und -anforderungen definierende Problemperspektive mag für frühe Phasen des Lebenszyklus sehr wichtig sein, für spätere dagegen an Bedeutung verlieren. Wenn Ältere aber Erfolgsstreben zeigen, dann muß es innerlich motiviert sein, da die Gesellschaft gerade im Beruf und im finanziellen Bereich an alternde Personen keine steigenden Anforderungen mehr stellt. Entgegen der Annahmen des „provincial, middle-class, middle-age paradigm" von der im Lebenslauf ständig wachsenden Aktivität und der Steigerung der sozialen Kontakte, wonach die Pensionierung ein traumatisches Erlebnis, Verfall anzeigend, sein muß, halten die Autoren eine modifizierte Form der Disengagement-These von Cumming und Henry für erhellender, derzufolge im Alter nur derjenige glücklich sei, der sich aus den Sozialkontakten und Aktivitäten der mittleren Jahre zurückziehe. Es sei nicht zu leugnen, daß mit dem Altern eine individuell durchaus verschiedene physische, psychische und soziale „deceleration" verbunden sei, die einen Rückzug aus gerade als sehr hoch empfundenen Ansprüchen der Arbeitswelt verständlich mache. Dennoch sei auch für Ältere ohne geistige und soziale Aktivität ein Wohlbefinden nicht denkbar.

II. Die Pensionierung als ökonomisches Entscheidungsproblem

Die Frage nach den Alternativen präventiver und kompensatorischer beziehungsweise stabilisierender Pensionierungspolitik wird im folgenden aus der Sicht von Unternehmen zu beantworten versucht.

Es scheint müßig, die Notwendigkeit der Pensionierung an sich zu bezweifeln. Fragwürdig ist jedoch die Art der Durchführung der Trennung, im Hinblick auf subjektive Reibungslosigkeit genauso wie auf die möglichen positiven Beiträge Älterer bzw. Alternder zur Verwirklichung der Unternehmensaufgabe.

Gemäß den verhaltenswissenschaftlichen Ausgangserkenntnissen werden die Untersuchungen für die Problemgruppe derjenigen angestellt, denen die übliche Pensionierungspolitik am wenigsten gerecht zu werden scheint, der Angehörigen des höheren Managements. Gerade für diese Gruppe können die Ziele der Schmerzlosigkeit und Gewinnträchtigkeit positiv voneinander abhängen. Falls sie aber in Widerspruch zueinander geraten, wird mit der methodischen Entscheidung für die Akzentuierung der organisatorischen Interessen keine tatsächliche Entscheidung präjudiziert, sondern es werden nur die Opportunitätskosten alternativer Maßnahmen meßbar gemacht.

Vor einer rigorosen Ableitung von Optimalitätsregeln für die Desinvestitionsentscheidung „Pensionierung"[23] dürfte es nützlich sein, in praxi vorgefundene und diskutierte Pensionierungsweisen zusammenzutragen und zu vergleichen, da ein solches Reservoir organisatorischer Möglichkeiten am ehesten die problemgerechte Abstraktion der wesentlichen Merkmale gewährleistet. Ohne Rücksicht auf die staatliche Sozialpolitik und rechtliche Akzidenzien konzentrieren sich die Ausführungen auf die strukturellen, für die Unternehmenspolitik maßgeblichen Variablen.

Nicht thematisiert wird hier die Bedeutung des Pensionierungsrituals, obwohl dies nicht nur auf den kurzfristigen Abschiedsschmerz wirken muß, sondern durch eine mehr oder weniger respektvolle und zukunftsweisende oder optimistische Gestaltung von anhaltender Bedeutung sein kann und obwohl für Fragen des Stils, der Titel und der Umgangsformen während des und nach dem Ausscheiden in der Praxis sogar besondere Aufmerksamkeit beansprucht wird.

1. Darstellung der geltenden oder praktisch vorgeschlagenen organisatorischen Entscheidungsregeln zur Pensionierung

a) Die Altersgrenze

In der industrialisierten Welt liegt die Altersgrenze gewöhnlich am Ende des 65. Lebensjahres (u. U. auch des 63.) bei Männern, bei Frauen zunehmend am Ende des 60. Lebensjahres, insofern mit diesem Zeitpunkt die volle Zahlung des staatlichen Ruhegeldes verbunden ist. Dennoch weisen die Regelungen international eine große Vielfalt auf. Sie einzeln zu belegen ist angesichts der Unterscheidung nach staatlicher und betrieblicher Altersversorgung, Geschlechtern und anderen Arbeitnehmergruppen, Grund- und Zusatzversicherungen sowie der Möglichkeiten und Bedingungen vorzeitiger und hinausgeschobener Pensionierung, zumal bei der Kurzlebigkeit der Regelungen, unzweckmäßig. Betrachtet man beispielsweise die 1970 geltenden Regelungen, so fallen folgende Eigenheiten auf[24]:

In Norwegen und Irland lag das so normierte Pensionsalter für Männer bei 70, in Schweden und Dänemark bei 67, in Griechenland bei 62 und in Japan und der Türkei bei 60. Für die betriebliche Altersversorgung galten dabei

---

[23] Vgl. Sadowski, D., Eine ökonomische Theorie optimaler Pensionierungspolitik, Diss. Bonn 1976.
[24] Vgl. Dorow, S., Alterssicherung international — Eine vergleichende Studie über die staatliche und betriebliche Altersversorgung in 20 Ländern, Wiesbaden 1970, Fortsetzung in: International Pension Consultants (Hrsg.), State Pension Systems and Private Pension Practice — An International Survey, Wiesbaden 1974.

durchaus nicht immer dieselben Referenzgrößen: In Dänemark etwa schwankten sie zwischen 65 und 67, in Irland lag sie bei 65, in Norwegen bei 67, in Japan bei 55. Auch die Intervalle, innerhalb deren eine nicht krankheitsbegründete vorzeitige Pensionierung oder Hinausschiebung versicherungs- oder steuerrechtlich gestattet war, waren ungleich: in Belgien und Frankreich von 60 bis 70, in Schweden von 63 bis 70, in Dänemark, Großbritannien und der Schweiz war nur eine Verzögerung bis zu 5 Jahren, in den Niederlanden gar keine Abweichung vorgesehen; in der Türkei dagegen konnte man sich schon mit dem 50. Lebensjahr vorzeitig pensionieren lassen. In der Sowjetunion werden Männer mit 60, Frauen mit 55 Jahren pensioniert[25]. Sonderregelungen gab es 1970 für einzelne Arbeitnehmergruppen beispielsweise in Italien für Produktionsmanager auch in der staatlichen Sozialversicherung, wo eine vorzeitige Pensionierung nicht vorgesehen war, oder in Frankreich bei der betrieblichen Altersversorgung leitender Angestellter, wo die vorzeitige Pensionierung mit 55, also um 5 Jahre früher als bei den restlichen Arbeitnehmern, einsetzen konnte. Zum Beweis dafür schließlich, daß Altersgrenzen historisch nicht nur nach unten in Bewegung sind, kann das Beispiel Schwedens dienen, wo das Pensionierungsalter für Frauen in dem Abkommen über die betriebliche Altersversorgung 1971 von 62 auf 65 gehoben wurde.

In dieser ohnehin reichhaltigen Sammlung nimmt Japan wegen des bei 55 Jahren relativ früh liegenden, weitgehend eingehaltenen Pensionierungszeitpunktes eine besondere Stellung ein. Die frühe Zwangspensionierung ist als ein Regulativ zu verstehen, das eine Konsequenz des eher zweck- als wertrationalen Grundsatzes der lebenslangen Anstellung darstellt, der für die Stammbelegschaft im allgemeinen gilt. Über 55- bis 57jährige werden auch beschäftigt, aber regelmäßig in anderen Stellungen, bei vermindertem Gehalt und mit jährlichen, die Konjunkturzyklen ausgleichenden Verträgen — zu Bedingungen, die für die ungefähr 30 % der nicht zum Stamm gehörenden Belegschaft immer herrschen[26].

Allein die im internationalen Vergleich zu beobachtende starke Streuung der „normalen" Altersgrenze im 6. und 7. Lebensjahrzehnt und die Tendenz zur Verbreiterung des Intervalls, in dem der Rückzug aus dem Erwerbsleben finanziell nicht negativ sanktioniert wird, lassen die Angemessenheit starr verbindlicher Altersgrenzen bezweifeln.

Die seit langem für einzelne Berufe oder noch mehr für große, heterogene Arbeitnehmergruppen geltenden besonderen Altersgrenzen deuten ebenfalls auf die Unnatürlichkeit einer fixen Altersgrenze hin. Beamte auf Lebenszeit genossen in der BRD schon vor 1972 das Sonderrecht, auf Antrag schon nach dem 62. Lebensjahr aus dem Dienst ausscheiden zu können. Anderer-

---

[25] Vgl. Kussmann, T., Der Ältere im Betrieb — Die Situation in der Sowjetunion, in: Zeitschrift für Gerontologie 8 (1975), S. 277.
[26] Vgl. Cole, R. E., Permanent Employment in Japan: Facts and Fantasies, in: Industrial and Labor Relations Review 26 (1972/73), S. 615—630.

seits war es ihnen auf behördlichen Antrag hin möglich, bei dringenden dienstlichen Rücksichten bis zur Beendigung ihres 70. Lebensjahres weiterbeschäftigt zu werden. Die Altersgrenze für Hochschullehrer und Verfassungsrichter liegt generell bei 68 Jahren, auf Antrag bei 63. Im Militärwesen dagegen gelten erheblich niedrigere Pensionierungsdaten: Ein Leutnant der Bundeswehr etwa wird mit 52, ein Oberst mit 58 Jahren entlassen, aus dienstlichen Gründen ist eine Verlängerung um 5 Jahre möglich. Bergleute, Piloten und Oboisten unterliegen ebenfalls früheren Pensionierungsgrenzen.

Dagegen steht die strenge Einhaltung der festen Altersgrenze gerade bei leitenden Angestellten. Diese starre Politik befindet sich insoweit nicht nur im Widerspruch zu gewichtigen Wünschen der Betroffenen — worin in unorthodoxer Interpretation ein Verstoß gegen die mit der Dauer der Betriebszugehörigkeit steigende Fürsorgepflicht des Arbeitgebers gesehen werden kann —, sondern sie verstößt auch gegen die grundlegenden Normen der Leistungsgesellschaft, wenn die Arbeitswilligen wettbewerbsfähig sind.

Angesichts all dieser Einwände ist es überraschend, daß die öffentliche Diskussion in der Bundesrepublik in ihrer ausschließlichen Fixierung auf die Möglichkeit der vorgezogenen Altersgrenze weltweit eine Ausnahme darstellt. Zur Ablehnung der starren Altersgrenze werden in Amerika und England ebenso wie in der DDR, Rumänien und besonders der Sowjetunion neben dem individuellen auch der Schaden für die Gemeinschaft angeführt, der aus dem Verzicht auf die bei einer Anpassung der Arbeitsbedingungen wahrscheinlich positive Leistung zwangsweise Pensionierter herrührt[27].

Es erhebt sich also die Frage, ob die Einwände gegen eine allgemeinverbindliche Altersgrenze aus Unwissenheit oder bewußt übergangen werden. Unter der Überschrift „Strukturelle Erfordernisse und individuelle Fähigkeiten im Hinblick auf die Berufstätigkeit älterer Personen" findet sich eine Sammlung bedenkenswerter Argumente für eine starre Altersgrenze bei dem Soziologen Tews[28].

Für eine allgemeinverbindliche Altersgrenze sprächen:

— die einfachere verwaltungsmäßige Abwicklung,
— die höhere Wirtschaftlichkeit gegenüber der Alternative „Umschulung",
— der Anreiz sicherer Aufstiegschancen für Jüngere,
— die Gleichmäßigkeit der Behandlung aller,
— die Erleichterung der Vorbereitung auf den Ruhestand,
— die bessere Entsprechung zu der Auffassung vom verdienten Ruhestand.

---

27) Vgl. die Dokumentation bei Lehr, U., Flexibilität..., a.a.O., S. 437 f.
28) Vgl. Tews, H. P., a.a.O., S. 163—179.

Tews hält zwar die Dominanz negativer Vorstellungen von der Leistungsfähigkeit älterer Personen, also subjektive Stereotype, für die generelle Ursache der geltenden Pensionierungsregeln, glaubt aber, daß sie erstens von dem Widerstand der Betroffenen gegen häufig mit etwaigen Umsetzungen verbundene Degradierungen gestützt würden, wobei er „Alterssitze" von Führungskräften als Ausnahmen vermutet, und zweitens, daß die Entlassung von Älteren anstelle von Arbeitsplatzänderungen der „leichtere Weg" sei und dem Organisationsinteresse diene — solange der Arbeitsmarkt den Ersatz erlaube. Tews selbst hält die Frage eines relativ festen Pensionstermins bei gegebener „Produktionsstruktur", d. h. wohl bei den gegebenen altersinvarianten Anforderungsstrukturen, für wenig ergiebig, zumal die größeren Möglichkeiten der Freizeitgestaltung der Flexibilität nach oben entgegenwirkten.

Die ersten beiden der von Tews zitierten Gegenargumente sind tendenziell richtig, jedoch muß das Ausmaß der erhöhten Kosten festgestellt und mit dem Gesamterfolg verglichen werden. Obwohl im Falle des Scheiterns ein unpersönliches Pensionierungskriterium durchaus helfen kann, das Gesicht zu wahren, sind auch die letzten beiden Argumente zu pauschal formuliert. Es gibt, wie gezeigt, zumindest eine Minderheit, die durch persönlichkeitsspezifische und sozio-ökonomische Kategorien charakterisiert wurde, die aus der beruflichen Arbeit Befriedigung gewinnt und von der aufgrund vielfältiger Belege angenommen werden kann, daß sie sicher nicht in allen, aber doch in beträchtlichen Aufgaben Jüngeren nicht unterlegen ist. Die Möglichkeit zunächst der Erweiterung des bereits entstandenen Intervalls, innerhalb dessen ein sozial gebilligter Rückzug aus dem Berufsleben möglich ist, sodann besonders die organisatorische Ermöglichung eines graduellen Rückzugs stellen auch subjektiv wirksamere Entwürfe zur Selbstbehauptung und Vorbereitung auf den endgültigen Ruhestand dar, als es die feste Altersgrenze ist. Der Mangel an verläßlichen Tests zur Messung der verschiedenen Leistungskomponenten[29] ist einer solchen Politik nur scheinbar abträglich, wenn die Entscheidenden den Alternden nach den tatsächlich gezeigten Arbeitsergebnissen beurteilen.

Es bleibt das dritte, weniger leicht zu entkräftende, viel bemühte Argument für eine feste Altersgrenze: der Ehrgeiz der Jüngeren. Auch er ist eine soziale Realität, die wegen ihrer positiven Folgen weithin gebilligt und gefördert wird. Dennoch muß nicht ein fester Abstand zwischen zwei „Industriegenerationen" der beste sein. Es lassen sich leicht Bedingungen angeben, unter denen ein gradueller Generationenwechsel für die Gesamtheit von Nutzen ist: allgemein dann, wenn Jüngere und Ältere nur begrenzt substituierbare Qualifikationen haben. Der optimale Grad der Komplementarität dürfte je nach Umweltanforderungen schwanken; außerdem ist er naturge-

---

[29] Vgl. Busse, E. W. und J. M. Kreps, Criteria for Retirement — A Reexamination, in: The Gerontologist 4 (1964), S. 115—121.

mäß wohl für die Auseinandersetzung der Generationen als teilweise offen zu betrachten. Die historischen Ausprägungen des Anerbenrechts als Jüngsten- oder Ältestenrecht deuten den Spielraum solcher flexiblen Altersgrenzen an. Die Festlegung von zu niedrigen Altersgrenzen stellt dann gleichsam eine wettbewerbsbeschränkende Regelung dar, deren Berechtigung erst nach einer genaueren Analyse entscheidbar wird — unabhängig davon, daß diese Entscheidung auch moralisch zu begründen ist.

Die Überlegungen zur begrenzten Ausdehnung der Flexibilität der Altersgrenze nach unten und oben beschränken sich im weiteren also auf eine Minderheit, die Arbeitswilligen, sie zielen auf die gleichzeitige Bestimmung von Altersgrenze und Arbeitsanforderungen und versuchen, konkrete Entscheidungskriterien an einem Beispiel zu entwickeln.

Wenngleich solche Versuche, das aufgaben- oder qualifikationsspezifische Alter, „the functional age"[30], an die Stelle des kalendarischen Alters zu rücken, das Problem der hohen Zahl von Einflußgrößen zu gewärtigen haben, so werden sie doch von der Vermutung gefördert, daß mit einiger Phantasie Lösungen gefunden werden können, die mehr als nur eine erträgliche Gestaltung des Arbeitslebens bis zur Altersgrenze anstreben und die nicht in Arbeitszeitreduktionen oder subalternen Nebenbeschäftigungen zu bestehen brauchen. Die Vorschläge etwa, analog zu dem „Soldaten auf Zeit" auch andere Berufswege in selbständige Etappen zu gliedern oder gewöhnlich auf eine Person vereinigte Anforderungsbündel zu zerlegen und variabel zuteilbar zu machen[31], sind erste Ansätze einer solchen auch bezüglich der Anforderungen anpassungsfähigen Politik. Die folgende Übersicht dient dazu, weitere Möglichkeiten aufzuzeigen.

b) Die Stellenanpassung an altersbedingte Entwicklungen

Unternehmen können durch eine variable Arbeitsplatzgestaltung Alternden eine für beide Seiten erfolgreiche Weiterarbeit zu gewähren suchen, indem entweder mit der mengenmäßigen Reduktion der geforderten Arbeitsleistung der die Arbeitsqualität beeinträchtigende Zeitdruck gemindert wird, die Erholungszeiten verlängert werden oder indem die Anforderungen dem veränderten Leistungspotential angepaßt, d. h. gewachsene Erfahrungen oder unveränderliche Eignungen stärker genutzt, verlorene Fähigkeiten nicht mehr gefordert werden, im Extremfall durch einen völligen Wechsel in einen „Altersberuf". Natürlich werden in allen Fällen von Aufgabenumverteilungen bei konstantem Arbeitsanfall Höherbelastungen bei den übrigen, Neueinstellungen oder Rationalisierungen im sachlichen Bereich nötig, deren Kosten abzuwägen sind.

---
30) Rhee, H. A., a.a.O., S. 236.
31) Vgl. den Beitrag von Degens in: BDA, a.a.O., S. 151.

Beispielhaft für einen solchen Berufslebenszyklus, sogar mit sanften Übergängen und Entsprechungen im Generationenwechsel, ist der idealtypische Werdegang eines Bauern: Nachdem in tätiger Mitarbeit mit dem Vater alle Einzelfunktionen allmählich und auch die Führung des Hofes erlernt, dann jahrzehntelang ausgeübt werden, beginnt individuell verschieden der Wechsel von der Feldarbeit zu Organisations- und Instandhaltungsarbeiten im Hofe, der von dem Rückzug auf das Altenteil begleitet oder gefolgt wird, wo sich die Teilhabe vielleicht nur noch auf die Sorge für den Garten oder die Enkel beschränkt. Konflikte stören diese Idylle im Anerbenrecht dann, wenn der Anerbe früher zur Hofübernahme fähig und willens ist, als der Vater bereit ist, zum Altenteiler zu werden.

Selbständige Unternehmer haben grundsätzlich eine ähnliche Möglichkeit zum allmählichen Aufgeben bestimmter Aufgaben wie Landwirte, obwohl hier schwerer typische Altersaufgaben zu identifizieren sind. In Aktiengesellschaften, wo satzungsgemäß die Kompetenzen getrennt sind, können auch Angestellte der Unternehmensspitze aus dem Vorstand in den Aufsichtsrat überwechseln, zur Kontroll- und Beratungstätigkeit im wesentlichen, aber auch zur Pflege von Geschäftsbeziehungen im eigenen und in fremden Aufsichtsräten. Das anglo-amerikanische Board-System erleichtert diese Schwerpunktverschiebung noch stärker.

Andere Alternativen des graduellen Funktionswandels bestehen darin, ranghöhere Führungskräfte aus der Muttergesellschaft mit Leitungsaufgaben in Tochterunternehmen zu betreuen oder Linienmanager in Stabsstellen zu versetzen.

Diese Lösungen haben nicht selten wohl die angeblich anrüchige Funktion des „eleganten Abschiebens" und sollen mitunter eine dauernde Beurlaubung oder Entlassung vermeiden, aber gerade darum können sie hier von Interesse sein, wenn die neu angebotenen Aufgaben noch Gewicht und Reiz für den anderswo Überforderten haben. Der ebenfalls begangene Weg dagegen, ehemals leitenden Kräften Aufgaben der Außenvertretung in Verbänden und in der Öffentlichkeit zu übertragen, führt zumindest dann nicht zu einer wirksamen Repräsentanz unternehmerischer Interessen, wenn er den Eindruck eines verselbständigten Funktionärstums erweckt.

Der erfolgreiche Einsatz älterer Personen in der Aus- und Fortbildung ist für Bereiche mit niedrigen Veraltensraten und dort denkbar, wo Erfahrung mittels der Autorität und Kenntnis des Lehrers die didaktische Wirkung begründet. Sofern sich Ältere auch in höherem Maße dem Unternehmen und seinen Zielen verpflichtet fühlen, analog zu dem sich mit dem Alter nachgewiesenermaßen intensivierenden „Beamtenethos"[32], werden diese affektiven Lernziele leichter von ihnen als von Jüngeren zu verwirklichen sein.

---

32) Vgl. Luhmann, N. und R. Mayntz, Personal im öffentlichen Dienst — Eintritt und Karrieren, Baden-Baden 1973, S. 339.

Mögliche, obschon außergewöhnliche Formen der personenorientierten Stellenbildung bilden die Einrichtung der „Person ohne Planstelle" und die Befristung von Planstellen, die allgemein zur ständigen Kontrolle des Personalwachstums dienen kann. Unerprobt, aber in der Diskussion sind in jüngster Zeit Verfahren der Kurzarbeit für leitende Angestellte, die sich an Gleitzeitmodellen ausrichten[33].

Nebenbeschäftigungen nach der formellen Pensionierung werden für Spezialisten einerseits durch Beraterverträge, andererseits durch Einzelvergabe wissenschaftlicher Expertisen begründet. Dies scheint sich gerade dann zu bewähren, wenn die Aufträge nicht terminiert und einzeln honoriert werden.

Die bewußte Einrichtung von zwei unterschiedlichen Hierarchien im Unternehmen ist für die traditionelle japanische Unternehmensführung üblich, wo das senioritätsorientierte Statussystem selbständig neben der Funktionshierarchie steht und der Aufstieg dort eine notwendige, aber nicht hinreichende Voraussetzung für Beförderungen hier darstellt. Eine umgekehrte Abhängigkeit der Ordnungen, aber dennoch ähnliche Möglichkeiten, die dysfunktionalen Spannungen aus unterschiedlicher hierarchischer Stellung und faktischer Bedeutung bei wissenschaftlichen Spezialisten auszugleichen, zeitigt der „dual-ladder approach". Es ist denkbar, daß die Institutionalisierung zwei- oder mehrfacher, partiell unabhängiger Erfolgshierarchien die für Umsetzungen und Stellenänderungen erforderliche Mobilitäts- bzw. Flexibilitätsbereitschaft erhöht. Zwar verweisen Fallstudien darauf, daß selbst die für das Individuum an sich positiven Änderungen als Änderungen des Gewohnten auf dessen Widerstand stoßen können, daß aber rangmäßige Verschlechterung nie widerstandslos hingenommen wird, sondern einen schmerzhaften Auskühlungsprozeß und Reorientierungen erfordert. Solche Änderungen sind um so eher zu erreichen, je gleichwertiger die Alternativen und je gradueller das Disengagement sind.

In beinahe allen empirischen Untersuchungen zur Arbeitsmarktsituation für ältere Arbeitnehmer, zumal einmal arbeitslos gewordene, werden gesamtwirtschaftlichen Größen so wichtige Einflüsse zugeschrieben, daß der Erfolg organisatorischer Anpassungsreaktionen auf differenzierte Alternsprozesse daneben nur schlecht ausgemacht werden kann. Über sie und die dazu notwendigen Informationen und die methodischen Probleme ihrer Gewinnung kann Näheres hier nicht ausgeführt werden.

Für die Frage der optimalen altersgerechten Stellenanpassung läßt diese Sammlung praktischer Beispiele zwar keine Lösungen, aber die Formulierung beachtenswerter Nebenbedingungen zu.

---

[33] Vgl. Haller, W., Zeit ist keine feste Größe — Kurzarbeit für Angestellte, in: manager magazin, Mai 1975, S. 73—77.

Unabhängig von Versöhnungsideologien, wie der Gewährung von Altersboni, die aus dem Widerwillen herrühren, Versagen zu identifizieren und Personen zu Versagern zu erklären — den Sofer in westlichen Kulturen für so stark hält, daß er nur einen graduellen Unterschied zu dem japanischen Prinzip der lebenslangen Anstellung sieht[34] —, gibt es verschiedene Handlungsmöglichkeiten zur Vermeidung dieser dysfunktionalen Wirkungen. Die rangebenenneutrale Umverteilung von Aufgaben, die durch die Etablierung unterschiedlich begründeter, selbständiger Ranghierarchien, durch Gehalt, Seniorität, Leistung, Macht etwa, erleichtert wird, gelingt gerade für altersbedingte, nicht einheitlich defizitäre Entwicklungen am ehesten, wenn sie nicht nach Negativkatalogen, sondern lerntheoretisch als positive Verstärkung der mit dem Lebensalter oder der Betriebszugehörigkeit steigenden Qualifikationen erfolgt. Deshalb ist entgegen den anderslautenden Vorschlägen von Landwehrmann und Albring eine qualitative Aufgabenumstrukturierung der bloß mengenmäßigen Reduktion vorzuziehen[35].

Wenn die Betroffenen selbst nicht an dieser Umorganisation beteiligt werden, ist um des Erfolges der Ausgleichsmaßnahmen willen die Umstellungsfähigkeit vorsichtig abzuschätzen. Sie wurde in den vergangenen Jahren oft überschätzt, was der Mißerfolg und die Einstellung der unter dem Motto „dynamisch im Beruf" in den sechziger Jahren in der Bundesrepublik forcierten Umschulungsprogramme belegen. Vollständige, wegen der Starrheit vorhandener Stellen unter Umständen mehrfach wiederholte Umsetzungen überfordern mit großer Wahrscheinlichkeit die Mobilität Älterer, zumal wenn sie beträchtliche soziale oder regionale Bewegungen einschließen und die Unsicherheit oder Angst vor einer ständig erneut möglichen Isolation hervorrufen. Obwohl die Beschäftigungssicherheit im allgemeinen noch den Vorrang vor der Berufs- und/oder Arbeitsplatzkontinuität genießt, ist die Annahme der problemlosen Anpassungsfähigkeit bei Umsetzungen gerade für Ältere unberechtigt.

Da zudem kurzfristige Reaktionen auf Leistungsveränderungen sehr vielen situativen und momentanen Zwängen unterliegen müssen und das Vermeiden von Versagenserlebnissen ihrer Korrektur subjektiv wie organisatorisch überlegen erscheint, gehört die Langfristigkeit und Rechtzeitigkeit der Planung von Anpassungsmaßnahmen zu den Bedingungen ihres organisatorischen Erfolges. Durch die Gewöhnung der Unternehmensangehörigen an ständige, aber jeweils kleinschrittige Veränderungen ihrer Arbeitsumgebung, ihrer Aufgabe und damit auch ihres Ortes in der Organisation könnte auch der sich selbst bestätigenden Diskriminierung älterer Arbeitnehmer durch Sondermaßnahmen als „derjenigen auf dem absterbenden Ast" vorgebeugt werden.

---

34) Vgl. Sofer, C., Men in Mid-Career, Cambridge 1970, S. 24.
35) Vgl. Landwehrmann, Albring et al., a.a.O., S. 4f.

c) Die Altersversorgung

Für das Gelingen der Anpassung sowohl an veränderte Stellen wie an den Ruhestand ist die parallele Veränderung der finanziellen Ausstattung der Betroffenen erheblich; bisweilen wird in der vorzeitigen Verrentung, die von Abfindungszahlungen begleitet ist, sogar von vorneherein der wirtschaftlichste Weg gesehen, Arbeitsleben zu beenden. Dem entspricht der anglo-amerikanische Sprachgebrauch, „the economics of retirement" ausschließlich für die Rentengestaltung und die mit ihr verbundenen Liquiditätsprobleme zu verwenden. Das verrät abermals die einseitige und teilweise falsche Sicht der Veränderungen der Leistungsbereitschaft und -fähigkeiten im höheren Alter.

Bei der direkten Befragung repräsentativer, altersgeschichteter Berufsgruppen zur Feststellung des Berufsinteresses, genauer nach der Präferenz bezüglich einer besitzstandswahrenden Annuität oder Fortsetzung der Erwerbstätigkeit, entschieden sich durchschnittlich 43 %, aber 51 % der über 65jährigen für die Weiterarbeit, vor allem weil sie nicht „something for nothing", weil sie gerne arbeiten und auch bewußtseinsmäßig ihr eigener Herr sein wollten[36].

In der Phase vor der Pensionierung konnte sogar eine einschneidende Einstellungsänderung gegenüber dem Entgelt ausgemacht werden. Während das Gehalt in der Theorie Herzbergs zu den umgebungsbezogenen Hygienefaktoren zählt, was zurückschauende 60- bis 65jährige auch für ihr eigenes Jugend- und mittleres Alter bestätigten, wurde ihm, wie tendenziell auch den übrigen Hygienefaktoren, in der Vorausschau die Bedeutung eines aufgabenzugehörigen Motivationsfaktors zuerkannt[37].

Diese Einstellungsänderung kann durch die für Ältere erschwerte oder unmöglich gemachte Befriedigung durch die Motivationsfaktoren als Notlösung interpretiert werden. Dann wäre der Einkommensverlust nicht vom Identitätsverlust zu trennen, wie Back dies tut[38], und so bekäme die Stellenanpassung als Substitut zusätzliches ökonomisches Gewicht.

Jedenfalls muß das Bild von der asketischen Selbstgenügsamkeit und den sinkenden Konsumansprüchen der Älteren als ideologisches Klischee gerade dann suspekt sein, wenn nicht Gesundheits- oder Leistungsgründe, sondern das bloße Erreichen eines bestimmten Alters die Pensionierung auslösen und wenn das Leben zuvor an nicht-intellektuellen Weisen des Konsums orientiert war[39].

---

36) Vgl. Powers, E. und W. J. Goudy, Examination of the Meaning of Work to Older Workers, in: Ageing and Human Development 2 (1971), S. 28—45.
37) Vgl. Saleh, S., A Study of Attitude Change in the Pre-Retirement Period, in: Journal of Applied Psychology 48 (1964), S. 310—312.
38) Vgl. Back, K. W., a.a.O., S. 96
39) Vgl. Schelsky, H., a.a.O., S. 214, 218.

Die häufige Bindung des Ruhegeldes an das letzte Gehalt erschwert altersbedingte Umorganisationen, die bei funktionenbezogener Entlohnung mit finanziellen Einbußen verbunden wären, beträchtlich. Die Wahl einer größeren Bezugsperiode, im Extrem des Erwerbslebens, stabilisierte das Renteneinkommen gegenüber solchen Änderungen am Ende.

Die Lösung des Versorgungsanspruches von der Tatsache der Arbeitsbeendigung und der Verzicht auf Gesamtversicherungsgrenzen sowie auf das Verbot von Zusatzeinkünften könnten in einem generell funktionenbezogenen Gehaltssystem desgleichen die Umorganisation erleichtern, des weiteren die Bedeutung des Pensionsbeginns als des „natürlichen" Pensionierungszeitpunktes vermindern, indem individuelle Pensionierungsentscheidungen zur Norm würden. Renten infolge teilweiser Invalidität bieten ein beschränktes Analogon für leistungs- statt altersabhängiger Zusatzzahlungen. Ihre Legitimität kann bei Berufskrankheiten oder arbeitsbedingten Unfällen kaum bestritten werden.

Die Angemessenheit der Höhe des Ruhegeldes ist weder für das Subjekt noch organisatorisch eindeutig zu bestimmen, sondern bedingt in gleicher Weise normative Überlegungen, die in der sozialpolitischen Motivation und der Bedeutung des Ruhegeldes gründen.

d) Weitere die Alterskündigung flankierende Maßnahmen

Falls die Hypothesen richtig sind, daß erstens die Einstellung und Erwartungshaltung der zukünftigen Pensionäre die Lösung aus der Arbeitsrolle erleichtert und die Anpassung an den Ruhestand fördert und daß zweitens die Aufrechterhaltung von Aktivität letztlich einen erfolgreichen Übergang ausmacht, dann ist es ökonomisch klug, wenn Unternehmen ihre organisatorische und finanzielle Pensionierungspolitik erweitern bzw. absichern, indem sie eine optimistische Antizipation der Zukunft anregen und ermöglichen, auf psychologische Lösungsversuche also nicht ganz verzichten. Sofern Unternehmen während des gesamten Arbeitslebens das uneingeschränkte Engagement für die Arbeitsrolle gefordert und belohnt haben, tragen sie zudem eine gewisse Verantwortung für eine „einseitige" Leistungs- und Arbeitsorientierung ihrer älteren Angehörigen.

Darüber, daß das Denken über die Endlichkeit der persönlichen Kräfte in der Zukunftsbeurteilung der eigenen Person „aufsehenerregend unterentwickelt"[40] ist, bestehen empirisch kaum Zweifel. Ebenso ist bekannt, daß 50- bis 55jährige eine deutlich positivere Haltung der Pensionierung gegenüber einnehmen als kurz vor ihrem Ausscheiden stehende Personen. Eine aussichtsreiche „Vorbereitung auf den Ruhestand" sollte andragogisch also gerade in diesen Jahren einsetzen und nicht erst, wie üblich, ein Jahr vor

---

40) Rosenmayr, L., Soziologie des Alterns, in: Bergedorfer Protokoll (1972), S. 86

dem Ausscheiden. Amerikanische Experimentalprogramme, die seit 1950 entwickelt werden, gelangten über die Erfolgsaussichten solcher Beratungsmaßnahmen zu uneinheitlichen, teilweise gegensätzlichen Ergebnissen. In Europa wurden vor allem in Großbritannien seit 1954, und zwar mit staatlicher Unterstützung, seit einigen Jahren auch in den übrigen Ländern aufgrund einzelner, vorwiegend privater und bemerkenswert selten gewerkschaftlicher[41] Initiativen Beratungsprogramme in Gang gesetzt. Für die Bundesrepublik werden seit 1969 unternehmensangeregte Programme berichtet[42].

Unter der Annahme, daß Altern lehr- und lernbar sei, werden im allgemeinen folgende Themenkreise vorgestellt: Psychologie des Alterns, Ernährung und gesunde Lebensweise (Diätetik), betriebliche und staatliche Altersversorgung, Sozialleistungen, rechtliche Probleme (Testament, Erbschaft), Kommunikationsmöglichkeiten und Gelegenheiten zum karitativen Engagement, Freizeitgestaltung.

Häufig werden die Themen in kleinen Vortragsreihen dargebracht, etwa im wöchentlichen Turnus über zwei Monate hin, außerhalb der Arbeitszeit und des Unternehmens bei der Bayer AG, aber auch in mehrtägigen und wiederholten Seminaren, z. B. bei der norwegischen Christiana Bank. Die Teilnahme ist in der Regel, aber nicht immer, wie bei Swissair, freiwillig. Die Seminare finden in englischen Unternehmen häufig während der Arbeitszeit, ohne finanzielle Einbußen, anderswo auch gegen Gebühren statt.

Bei Bayer werden die Abendkurse inzwischen öffentlich angekündigt, sind auch für Ehepartner offen und durch keine Altersgrenze beschränkt. In den ersten fünf Jahren ihrer Durchführung waren 64 % der rund 400 Teilnehmer zwischen 55 und 65 Jahre alt, 18 % zwischen 50 und 55 und 18 % unter 50 Jahre alt. Der Anteil der letzten Gruppe ist ständig gewachsen. Ihrer beruflichen Stellung nach entstammten 8 % dem Management, 86 % der übrigen Angestelltenschaft und 6 % der Arbeiterschaft.

Am wenigsten Interesse zeigte sich in diesen Jahren an den Veranstaltungen für die „Sozialleistungen für Ältere und finanzielle Probleme", auch die Sitzung über Freizeitaktivitäten war zeitweilig vom Programm abgesetzt, weil die Teilnehmer dies als Privatsache betrachteten. Am stärksten besucht waren die medizinischen und psychologischen Sitzungen. Immerhin haben 65 % der Teilnehmer jeweils an allen Veranstaltungen teilgenommen und 90 % sie als insgesamt nützlich betrachtet.

Neben dieser vorsichtigen, didaktisch nicht sonderlich genuinen Schulung gibt es andere Maßnahmen, das Leben im Ruhestand vorbeugend zu erleichtern.

---

[41] Vgl. Hubbard, L., Developments in the Field of Preparation for Retirement in the United Kingdom, Paper Presented at the CIGS Conference at Madrid, 17—21 June 1974, S. 3, 7 f., 11.
[42] Vgl. Hubbard, L., Preparation for Retirement in Europe, Tiverton, Devon 1974, S. 49 ff. (vervielfältigtes Manuskript).

Als wichtigste seien die Verpflichtung zu regelmäßigen ärztlichen Untersuchungen, wie bei Hoogoovens in Holland, und die Gewährung zusätzlichen bezahlten Urlaubs für Ältere, „retirement leave", erwähnt. Dieser Urlaub umfaßt bei Hoogoovens für 55jährige Arbeiter 5 Tage, für 60jährige 14 Tage, für 62jährige 22 Tage und für 64jährige 30 Tage, die insgesamt oder halbtags genommen werden können; im De Haaf Centrum voor Vorming beträgt er für 60jährige 15 Tage und steigt so, daß 63jährige 60 zusätzliche Urlaubstage gewährt bekommen, die teilweise für Bildungszwecke genützt werden sollen. In anderen Ländern kommen ähnliche Regelungen vor, so in England ständig sinkende Wochenarbeitsstunden im letzten Arbeitsjahr; von Gilette, Frankreich, wird das Extrem eines beinahe halbjährigen, zusammenhängenden und voll bezahlten Pensionierungsurlaubs für Produktionsarbeiter berichtet[43].

Alle diese Maßnahmen befinden sich noch im experimentellen Stadium. Die starke Diskrepanz zwischen Zielanspruch und methodischer Empfehlung ist einerseits ein Ausdruck der Hilflosigkeit oder jedenfalls der empirischen Unsicherheit sowohl bei der gezielten Vorbereitung auf den Ruhestand als auch bei der curricularen Gestaltung des Bildungsurlaubs überhaupt, andererseits legt sie aber nahe, statt punktueller nachträglicher Korrekturversuche, zumal in hektischer Betriebsamkeit, langfristig vorbeugende Maßnahmen zu unterstützen, will sagen die Unternehmensangehörigen generell vor Überforderung zu schützen und teils dadurch, teils zusätzlich die Neigung zu Einseitigkeit und Entfremdung von Anfang an auszugleichen. Unter Anerkennung dieser Vorbehalte sind partielle Lösungen sinnvoll.

Clague fordert zur Vermeidung der Schäden aus abruptem Wechsel von jahrzehntelanger konstanter Arbeitsintensität in das Nichtstun alle fünf Jahre eine Arbeitsunterbrechung von drei Monaten, um die Freizeitrolle einzuüben, und die Möglichkeit zur Weiterarbeit bis ins hohe Alter bei reduzierter Arbeitszeit. Hearnshaw verbindet die Idee des lebenslangen Lernens mit dieser für richtig gehaltenen Entwicklung von Mußeneigungen in einem geroprophylaktischen Konzept: Alle sieben Jahre müsse ein Jahr Bildungsurlaub gewährt werden, das zur Hälfte der Weiterbildung diene und damit dem Altersabbau entgegenwirke, zur Hälfte den Erwerb angemessenen Freizeitverhaltens zu fördern habe[44].

2. Zur Begründung der Angemessenheit einer neuen Pensionierungspolitik

Nach dem von Gutenberg formulierten Substitutionsprinzip der Organisation nehmen die Substitionsmöglichkeiten individueller, fallweiser Regelungen durch generelle Regelungen mit zunehmender Unübersichtlichkeit

---

[43] Vgl. Hubbard, L., Developments..., a.a.O., S. 7 sowie dies., Preparations..., a.a.O., S. 36.
[44] Vgl. Lehr, U., Flexibilität..., a.a.O., S. 443 für die Belege.

und Unbeständigkeit der zu organisierenden Tatbestände ab[45]). Die praktizierten, im wesentlichen starren Pensionierungsformen überschätzen nach den bisherigen Ausführungen die Gleichförmigkeit des Alternsprozesses weit. Dem vordergründigen Einwand der Unverträglichkeit formaler Organisationsprinzipien, die gerade dazu dienen, „gleichmäßige Zustände oder Wirkungen des Systems zu sichern, die nicht von jeder Schwankung in der Umwelt durcheinandergeworfen werden"[46]), und einer flexiblen Pensionierungspolitik kann mit dem Argument begegnet werden, daß die Programmierbarkeit von Individualität nicht fest begrenzt ist, da sie von dem grundsätzlich nicht festbegrenzten Wissen über die Individualität und Gesetzmäßigkeiten abhängt, also variabel ist. Wo aber demnach Fallunterscheidungen angeraten sind, kann auch eine formale Organisation nicht ohne Rationalitäts- und Effizienzverluste auf ihre Beachtung verzichten — jedenfalls dann nicht, wenn nicht „Überleben", sondern „Optimierung" ihr Ziel ist.

Neben der Erhöhung der Kapitalintensität in der Ausstattung einer Stelle kann grundsätzlich eine Umverteilung der geforderten Aufgaben zugunsten der qualitativ zunehmenden Qualifikationen des alternden Stelleninhabers oder einfach eine Entlastung erfolgen, wenn die Abteilung — allgemeiner: das nächste umgebende System, auf das annahmegemäß die Betrachtung beschränkt bleibt — zumindest begrenzt adaptionsfähig ist. Diese Voraussetzung ist bei einer angemessenen Altersstruktur auch über das durch die Verlagerung ohnehin gegebene Ausmaß sinnvoll, wenn im Zeitablauf die Kapazität der jüngeren, nachwachsenden Abteilungsmitglieder steigt. Dieses Wachstum erlaubt bis zu einem gewissen Grad sogar eine mengenmäßige Verringerung der Arbeitsforderungen — durch Verkürzung der täglichen Arbeitszeit, Ausdehnung des Urlaubs oder die Gewährung längerer Sollzeiten — ohne personelle Erweiterung der Abteilung. Wenn deren Adaptionsfähigkeit erschöpft ist, können zunächst Leiharbeits-, dann Teilzeitarbeitskräfte und schließlich Vollbeschäftigte eingestellt werden. In einer Übergangsphase kann die personelle Erweiterung, die nicht nur als unmittelbare Doppelbesetzung der Stelle des Alternden, am Ende der Kette gleichsam, sondern auch als Erweiterung am Anfang der Kette denkbar ist, als Einarbeitung des Nachfolgers, dem Ersatz vorangehen. Als möglich sollen dabei Übergangsphasen zugelassen werden, die erheblich länger als die, wenn überhaupt, gewährten reinen Einarbeitungszeiten üblicherweise sind. Sie liegen in der Praxis bei wenigen Monaten[47]). Diese eine große Komplexität zulassende Annahme beruht auf der Überlegung, daß sich aus der Verbindung der Laufbahnen und Karrieren jüngerer und älterer Organisationsmitglieder synergistische Wirkungen erzielen lassen, die nicht von voneher-

---

[45]) Vgl. Gutenberg, E., Unternehmensführung — Organisation und Entscheidungen, Wiesbaden 1962, S. 144—147.
[46]) Luhmann, N., Politische Planung — Aufsätze zur Soziologie von Politik und Verwaltung, Opladen 1971, S. 117.
[47]) Vgl. Wunderer, R. (Hrsg.), Nachfolgeregelungen für Führungskräfte, München 1973, S. 88 f.

ein unter den zusätzlichen Kosten der kopfmäßigen Abteilungsvergrößerung liegen müssen.

Die wegen der uneinheitlichen Entwicklung der Leistungen des Alternden verfügte Stellenanpassung erlaubt es, unterschiedliche Aufgabensynthesen zu erproben und letztlich auf die Eigenarten eines bekannten Nachfolgers abzustimmen. Gaugler empfiehlt sogar, die Anpassungsmöglichkeiten von Stellen generell in die Stellenbeschreibung aufzunehmen[48].

Modelluntersuchungen des Verfassers unterstreichen das Erfordernis erhöhter Flexibilität gerade für die Pensionierungspolitik[49]. Diese Untersuchungen lassen eine nach Individuen und ihren Qualifikationen unterscheidende, langfristige Stellenanpassungspolitik ökonomisch empfehlenswert und der üblichen starren Praxis überlegen erscheinen, denn danach erfordert eine optimale Pensionierung eine gezielte Abstimmung der Maßnahmen auf die Altersentwicklung eines Stelleninhabers und ist im allgemeinen schrittweise zu vollziehen.

Bei diesen Untersuchungen wurden allerdings zwei wesentliche Bezüge nur sehr grob beachtet:

1. der Zusammenhang zwischen der Endphase einer Karriere und ihrem Verlauf in früheren Phasen, der durch Bildungsanstrengungen gegeben ist, im Berufslebenszyklus einer einzelnen Person;

2. die gegenseitige Abhängigkeit der Karrieren verschiedener Personen innerhalb einer Organisation, die etwa durch Job-Rotation-Programme oder Beförderungs- und Entlassungsrichtquoten verursacht wird.

Die Bedeutung dieser offenen Bezüge und der Verdacht, daß die übliche Politik aus der Sicht des Subjekts ebenso wie aus derjenigen der Organisation unvorteilhaft ist, legen weitere theoretische und empirische Forschungen zu einer Theorie der Karriereplanung als sinnvoll und notwendig nahe.

---

48) Vgl. Gaugler, E., Instanzenbildung als Problem der betrieblichen Führungsorganisation, Berlin 1966, S. 166.
49) Vgl. Fußnote 23.

Der Abteilungsleiter

Herr Angerer ist 55 Jahre alt und feiert in Kürze sein 40jähriges Dienstjubiläum. Er ist „seit Beginn" dabei, kennt sich in allen Arbeitsabläufen der verschiedenen Abteilungen des Betriebes — eines Dienstleistungsunternehmens — aus und hat es immer verstanden, diese Kenntnisse nutzbringend für das Unternehmen anzuwenden. Man hat ihn deshalb vor vielen Jahren mit Fragen der Betriebsorganisation beauftragt und sah sich in der Lage, ihm später als Abteilungsleiter die Lochkarten-Abteilung anzuvertrauen. Er hat auch diese Aufgabe wegen seiner guten Betriebskenntnisse hervorragend gelöst. Als sich der größer werdende Betrieb vor 5 Jahren ernsthaft mit dem Ersatz der konventionellen Lochkarten-Maschinen durch eine moderne EDV-Anlage beschäftigen mußte, war — zunächst überraschend für die Geschäftsleitung — die Einsatzbereitschaft des Herrn Angerer deutlich vermindert. Er war zwar in die nahezu 2 Jahre laufenden Vorbereitungsarbeiten (Organisationsumstellung, Systemanalysen, Programmierung, Änderung des Vordruckwesens, Raumplanung) eingeschaltet und hat sich auch — ebenso wie alle übrigen Abteilungsleiter der Fachabteilungen — einer EDV-Grundausbildung unterzogen, auffällig war aber, daß sich das Interesse immer mehr auf die organisatorischen, bürotechnischen Fragen konzentrierte. Es wurde Herrn Angerer Gelegenheit geboten, einen Programmierkursus mitzumachen; er lehnte aber ab.

Schon bald nach Installation der Anlage zeigte sich der Mangel dieses einseitigen Interesses. Die Raumprobleme waren gelöst, und organisatorische Fragen standen auch nicht mehr im Vordergrund. Wichtig waren nun aber analytische Probleme, Fragen der Programmanwendung, der Programmverbesserung und der Kapazitätsauslastung. Sowohl der Programmierer als auch die Operatoren und insbesondere die zu den Gesprächen jeweils hinzugezogenen Fachleute aus den Abteilungen merkten sehr bald, daß der Abteilungsleiter zur Lösung der auftauchenden Probleme nichts beitragen konnte. Jüngere Leute, die Herrn Angerer in seinen früheren Funktionen in der Zuverlässigkeit seines Urteils und der Vielfältigkeit seiner Kenntnisse nicht mehr erlebt hatten, übergingen allmählich den Abteilungsleiter und setzten sich unmittelbar mit den „Fachleuten" der EDV in Verbindung. Dies wiederum bestärkte die jeweils Angesprochenen, so daß sich schließlich von allen Seiten gegen den Abteilungsleiter Angerer Fronten bildeten. Das Betriebsklima litt zusehends. Schließlich nahm keiner mehr Herrn Angerer für voll. Er kapselte sich gegenüber seiner Abteilung immer mehr ab und sprach schließlich Vereinbarungen mit anderen Stellen im Hause kaum noch mit seinen Mitarbeitern durch. Oft griff er jetzt auch in bewährte, einfache Arbeitsabläufe ein, so daß die Spannungen in der Abteilung immer größer wurden. In dieser Situation mußte die Geschäftsleitung eingreifen.

Man ist sich zwar darüber einig, daß mangelnde Flexibilität und auch fehlendes Grundlagenwissen diese Entwicklung des Herrn Angerer herbeigeführt haben. Ein Mitglied der Geschäftsführung formulierte die allgemeine Beurteilung so: „Die Zeit ist über Herrn Angerer hinweggegangen." Dennoch erscheint es der Geschäftsleitung problematisch, Herrn Angerer einfach abzulösen. Abgesehen davon, daß er seit 40 Jahren zunächst mit großem Erfolg für das Unternehmen tätig ist, ist man sich in der Geschäftsleitung auch darüber im klaren, daß die augenblickliche Situation nicht nur auf Herrn Angerer zurückzuführen ist. Die Geschäftsleitung hätte sich früher einschalten müssen. Es kommt in den Gesprächen der Geschäftsleitung deutlich zum Ausdruck, daß man sich jetzt Vorwürfe macht, die Position nicht bei Einrichtung der EDV mit einem externen Fachmann besetzt zu haben.

Frage:

Was soll die Geschäftsleitung in der augenblicklichen Situation tun?

Der Vorsichtige

Der 60 Jahre alte Leiter einer kleinen Bankfiliale in einer Stadt mit 50 000 Einwohnern, der diesen Posten schon mehrere Jahre inne hatte, war in der Entwicklung des Geschäftsvolumens seiner Niederlassung wenig erfolgreich. Seine Zahlen lagen unter denen, die von Filialen gleichen Alters in gleicher Größe und ähnlich strukturierten Städten erreicht wurden.

Die fachliche Beurteilung des Herrn X war deshalb einschränkend. Er hatte zwar den Titel eines Direktors, wurde aber nicht zu den Treffen der Direktoren eingeladen. Das lag zum Teil auch an der seltsamen Zwitterstellung, die diese Filiale einnahm. So war es Geschäftsgrundsatz, nur Direktoren als Leiter einer größeren Niederlassung in einer selbständigen Gemeinde einzusetzen. Kleine Filialen wurden von Zweigstellenleitern besetzt, die Titulardirektor werden konnten. Eine feste Abgrenzung hinsichtlich der Größe einer Filiale, von der ab ein ordentlicher Direktor statt eines Titulardirektors eingesetzt wurde, gab es nicht.

Die Filiale von Herrn X war der Größe nach durchaus einer größeren Stadtzweigstelle vergleichbar, unterstand aber dem Filialbüro in der Zentrale, das für die Betreuung der selbständigen Filialen verantwortlich war, und dem Filialbüro unterstehende Filialleiter wurden zu Direktorentreffen eingeladen. Er hatte auch eine niedrigere Kreditkompetenz, da sein Geschäft besonders in dieser Sparte viel kleiner war als das der anderen Filialen, und war auch in der Höhe seiner Bezüge niedriger eingestuft.

Herr X war bei seinen Kunden geschätzt, wobei ihm der Kontakt zu größeren Firmenkunden auf persönlicher Ebene möglich war, im geschäftlichen Bereich aber schwerfiel. Die Kunden hatten den Eindruck, er könne und wolle gar nichts allein entscheiden. Verluste im Kreditgeschäft hatte er keine gemacht; er war eher übervorsichtig.

Die Unternehmensleitung steht vor der Frage, ob sie angesichts des wachsenden Konkurrenzdrucks und der unbefriedigenden Geschäftsergebnisse Herrn X bis zu seiner Pensionierung in fünf Jahren auf seinem Posten belassen soll.

Der Leistungsabfall

Herr Krissel ist seit vielen Jahren an exponierter Stelle für die Süddeutsche Glas AG erfolgreich tätig gewesen. Er ist nun 55 Jahre alt, und der Geschäftsleitung der Süd-Glas ist aufgefallen, daß er in den letzten 8 — 10 Monaten stark abgebaut hat. Grobe Fehler in den Anordnungen von Herrn Krissel konnten nur durch das Eingreifen seines engsten Mitarbeiters, Herrn Neuwers, verhindert werden, der einen immer größeren Teil der Tätigkeiten von Herrn Krissel übernommen hat. Beide zusammen sind durchaus noch in der Lage, die Geschäfte weiterzuführen; aber nach Ansicht der Geschäftsleitung ist keiner alleine fähig, die Position von Herrn Krissel auszufüllen.

Welche Entscheidungen soll die Geschäftsleitung hinsichtlich der beiden Herren treffen? Wie sollen diese Entscheidungen den beiden mitgeteilt werden?

Laborant Meier

Eines Tages kommt Herr Meier, ein als Laborant in der Forschung beschäftigter Fachwerker, 50 Jahre alt und schon über 25 Jahre zur Firma gehörig, zu seinem übernächsten Vorgesetzten, dem Gruppenleiter A, und beschwert sich über seinen direkten Vorgesetzten, den Dr. P.

Dr. P kontrolliere seinen Arbeitsablauf praktisch mit der Stoppuhr und werfe ihm vor, daß er nicht zügig genug arbeite. Tatsächlich aber schaffe er mehr als „diese jungen Laboranten", und außerdem sei er über 25 Jahre in der Firma und brauche sich diese Behandlung in seinem Alter nicht gefallen zu lassen. Wenn Dr. P diese Einstellung zu ihm, Meier, nicht ändere, müsse er sich nach einem neuen Arbeitsplatz umsehen.

Dr. P ist 33 Jahre alt und in Ordnungsfragen tatsächlich außerordentlich gewissenhaft.

Meier hatte seinerseits wegen ziemlich ausgedehnter Ausfallzeiten bis vor ungefähr einem Jahr auf Veranlassung von Dr. P eine deutliche Verwarnung vom Abteilungsleiter B erhalten. Er war damals insgesamt sechs Monate eines Jahres abwesend. Zwar war er krankgeschrieben, wurde aber während dieser Zeit von Kollegen in Kneipen und auf dem Fußballplatz angetroffen. Nach der Verwarnung hatte sich Meier deutlich in seiner Einstellung zur Arbeit gebessert, hatte keine überdurchschnittlichen (bzw. kaum noch) Fehlzeiten mehr und arbeitete sehr gewissenhaft.

Weder war dem Gruppenleiter dieser Leistungsanstieg verborgen geblieben, noch hatte sich Dr. P seit der Verwarnung je negativ über Meier geäußert.

Frage:

Was soll der Gruppenleiter A tun?

Felix Unzufrieden

Dipl.-Kaufmann Felix Unzufrieden war jahrelang in der Revisionsabteilung eines großen deutschen Unternehmens tätig. Mit 40 Jahren übernahm er den neugeschaffenen Posten eines Verwaltungsleiters einer mittelgroßen Auslandsvertretung in Übersee. Nach fünf Jahren wechselte er in gleicher Funktion zu einer etwas größeren Vertretung in Asien.

Beide Aufgaben führte er nach besten Kräften durch. Die Aufgaben waren aber beschränkt, da er zwar fachlich versiert war, jedoch keine Führungsqualitäten entwickelte, wie sie vor allem für eine im Aufbau befindliche Auslandsorganisation gebraucht werden.

Die ehrgeizige, gesellschaftlich engagierte Ehefrau machte den von Natur aus ruhigen und schwerfälligen Mann immer wieder unzufrieden und veranlaßte ihn, bei Vorgesetzten und durchreisenden leitenden Herren des Stammhauses darauf zu drängen, daß ihm aufgrund seiner Tätigkeit ein höherer Status zustehe, z. B. der eines Direktors der Vertretung. Wäre Herr Unzufrieden selbstkritischer, so hätte er sicherlich solche Versuche unterlassen.

Zu echten Aussprachen mit seinen Vorgesetzten kam es nicht. Diese ließen ihn mehr oder weniger links liegen und lobten ihn schließlich in das Stammhaus zurück.

Dort ist er mit jetzt 51 Jahren (4 Kinder) in der zentralen Stabsabteilung tätig und wird seit etwa einem Jahr mit Verlegenheitsarbeiten beschäftigt. Er wartet auf eine neue, entsprechend höher eingestufte Auslandstätigkeit, die man ihm angeblich immer wieder zugesagt hat. Eine Stelle als Verwaltungsleiter ohne Direktorenstatus in einer kleineren Auslandsvertretung hat er als unter seinem Niveau stehend abgelehnt, desgleichen die Möglichkeit, als Sachbearbeiter mit selbständigem Aufgabengebiet bei der Auslandskontrolle des Rechnungswesens tätig zu werden. Hierdurch hat er schließlich auch seine früheren Vorgesetzten im Rechnungswesen verärgert.

Der Sinneswandel

Eine Versicherungsgesellschaft bedient sich zur Betreuung der nebenberuflichen Vertreter einer sogenannten Inspektoren-Organisation. Für jeden politischen Kreis ist ein Inspektor eingesetzt, dem jeweils 25 — 30 Agenturen zugewiesen sind. Mehrere Inspektoren (in der Regel 4) werden durch einen Oberinspektor geführt, der unmittelbar der Direktion verantwortlich ist. In den Anstellungsverträgen der Oberinspektoren heißt es u. a.:

.... Ihnen obliegt der Einsatz, die Ausbildung und die Schulung der unterstellten Inspektoren. Sie überwachen deren Werbetätigkeit und unterstützen sie nach ihrem Ermessen ...

Der seit mehr als 30 Jahren für die Gesellschaft tätige, jetzt als Oberinspektor beschäftigte Herr Müller zeigt seit einiger Zeit Führungsschwächen. Er kommt seiner Betreuungsfunktion nur ungenügend nach. Der Erfolg läßt zu wünschen übrig. Als schließlich auch Inspektoren und Vertreter kündigen, wird der Bezirk erheblich verkleinert. Zwei Inspektoren werden anderen Oberinspektoren zugewiesen. Müller behält zur eigenen Betreuung zwei Inspektoren, dazu aber — da er zeitlich nicht ausgelastet ist — einen Sonderauftrag. In einem bisher nicht von der Gesellschaft bearbeiteten Gebiet soll er — soweit es seine Zeit erlaubt — neue Agenten suchen, um hier die Basis für neue Inspektorate zu schaffen.

Müller gelingt es überraschend schnell, einen Stamm von neuen nebenberuflichen Vertretern zu finden, die sowohl ihrem Alter als auch ihrer hauptberuflichen Tätigkeit nach (Buchhalter, Tankstellenpächter, pensionierter Polizist, Angestellter in einem Autohaus) vielversprechende Geschäftsmöglichkeiten erwarten lassen.

Die Herrn Müller verbliebenen Inspektoren werden nach wie vor schlecht betreut. Als sich auch nach Mahnung keine Besserung zeigt, wird Müller zur Direktion gebeten. Ihm wird der Vorschlag gemacht, künftig als Oberinspektor z. b. V. außerhalb der Führungsfunktion tätig zu sein. Um seiner bei der Abwicklung des Sonderauftrages gezeigten Fähigkeit und Neigung zu entsprechen, soll seine Hauptaufgabe ausschließlich darin bestehen, im gesamten Geschäftsgebiet nach neuen Agenten zu suchen und diese anzustellen.

Müller ist einverstanden; die Einzelheiten des Einsatzes werden eingehend erörtert. Es wird ein genauer Einsatzplan gefertigt. Oberinspektor Müller begibt sich unmittelbar im Anschluß an dieses Gespräch auf Urlaub und dann anschließend zu einer geplanten Kur.

Nach Beendigung der Kur und des Urlaubs hält Müller den abgesprochenen Terminplan nicht ein. Ohne sich zurückzumelden, beginnt er seine Tätigkeit in seinem alten Bezirk. Er wird zur Rede gestellt und antwortet: „Ich habe mir die Sache überlegt; ich will die neue Tätigkeit nicht ausüben."

Auch in der Folgezeit ist Müller keinen Argumenten zugänglich. Er lehnt die Aufnahme seiner Tätigkeit ab.

Frage:

Was hat zu geschehen?

Weibliche Vorgesetzte

Herr Tabor leitete in der Firma „Globus, Köln", die Abteilung Betriebsabrechnung. Die Abteilung war in Gruppen gegliedert. Die Gruppe Kostenträgerrechnung wurde von einer Dame namens „Wolf" geführt. Sie war über 50 Jahre alt, guter Gesundheit, sportlich, mehr autoritär eingestellt. Sie besaß hervorragende Fachkenntnisse und charakterliche Züge. In ihrer Gruppe arbeitete auch Herr Schaf. Er war knapp 60 Jahre alt. Er verrichtete in der Regel seine Arbeit sorgfältig und zufriedenstellend. In der Gruppe herrschte im allgemeinen ein gutes Arbeitsklima. Frau Wolf war von ihren Mitarbeitern akzeptiert.

Nach einer gewissen Zeit sah Herr Tabor Herrn Schaf an seinem Arbeitsplatz öfter verärgert und unkonzentriert arbeiten. Er wollte den Grund seiner Verärgerung wissen. Er stellte fest, daß es bei ihm an Motivation durch Gehalt oder durch andere Umstände (Arbeitsplatz, Arbeit, Sozialprestige usw.) nicht fehlte. Der einzige Grund, warum er verärgert war, war folgender: Herr Schaf wurde von seinen Kollegen der Nachbargruppen und Nachbarabteilungen öfter „angepflaumt". Es fielen Bemerkungen wie: „Dir ist eine Frau vorgesetzt, in eurer Gruppe besteht Frauenherrschaft" usw.

Herr Schaf konnte auf diese Bemerkungen nicht oder nur falsch reagieren. Er fand keine Argumente gegen seine Kollegen. Er fühlte sich nach diesen Vorkommnissen irgendwie in seiner männlichen Ehre angeschlagen. Dies führte bei ihm zur Verärgerung, zur Konzentrationsschwäche und damit zur Minderung seiner Leistung.

Fragen:

1. Sollte Herr Tabor selbst versuchen, das Problem zu lösen?

2. Sollte Herr Tabor das Problem mit Frau Wolf durchsprechen und Frau Wolf bitten, das Problem selbst zu lösen?

3. Ist Frau Wolf eine gute Vorgesetzte?

Fluktuation

Dr. Müller, Leiter der Forschung der Chemieprodukte AG, erfährt von der dritten Kündigung einer Mitarbeiterin von Fräulein Dr. Enge, der Leiterin der Abteilung Dokumentation und Publikationen in der Forschung. Die Abteilung besteht aus einem Büro und einem graphischen Atelier mit je drei Mitarbeiterinnen.

Er bittet Fräulein Klein zu sich und fragt sie nach den Gründen ihrer Kündigung. Im Verlauf des Gesprächs stellt sich heraus, daß weder direkte Klagen über die Art der Arbeit noch über die Vorgesetzte Fräulein Dr. Enge bestehen. Dr. Müller bemerkt nur, daß Fräulein Klein es offenbar als schwierig empfindet, unter der weiblichen Vorgesetzten zu arbeiten.

Bei Rückfragen stellt Dr. Müller fest, daß der gleiche Kündigungsgrund auch bei den anderen ausgeschiedenen Damen bestanden hat, offiziell hatten sie ihre Kündigung mit günstigeren Gehaltsangeboten von anderen Firmen begründet.

Fräulein Dr. Enge ist promovierte Chemikerin. Sie hat einige Zeit als Redakteurin gearbeitet und ist in der Position als Leiterin der Abteilung nur sehr schwer zu ersetzen. Sie hat vor allem die Aufgabe, Publikationen der Forschung in der Tages- und Fachpresse sowie in Vorträgen redaktionell vorzubereiten und zu überwachen. Sie sieht sich einem fortlaufend anwachsenden Arbeitspensum gegenüber.

Ihre Beurteilung in der Erledigung ihrer Sachaufgabe wie auch als Führungspersönlichkeit ist sehr gut.

Der Gast

Herr Dipl.-Ing. Fredebeul gehörte vor seiner Pensionierung 15 Jahre lang dem Vorstand der Maschinenfabrik Tucher & Crome AG, Krefeld, an, einem international renommierten Unternehmen mit 20 000 Beschäftigten. Das Unternehmen stellt Maschinen für die Textilindustrie her. Herr Fredebeul leitete die Produktion und war wegen seines harten, patriarchalischen Führungsstil bei den Mitarbeitern beliebt und gefürchtet zugleich. Er liebte sein Unternehmen, dem er 40 Jahre lang angehört hatte, wie seine Familie und war stolz auf den Aufschwung, den die Firma vor allem in den Jahren seit 1959 genommen hatte. Dieser Aufschwung war weitgehend sein Verdienst. Er hatte durch die Produktion von Rundstrickmaschinen und Texturiermaschinen von hervorragender Qualität die Grundlage für den Wettbewerbsvorsprung des Unternehmens geschaffen, der die Firma zum führenden Produzenten von Textilmaschinen in Europa gemacht hatte.

Nach seinem Ausscheiden aus der Firma vor 2 Jahren hat sich Fredebeul intensiver seinen vielfältigen Ehrenämtern widmen können. Er gehörte unter anderem dem Beirat der Textilfachschule Moers an, dem Arbeitgeberverband Nordrhein, dem Präsidium des Verbandes der Textilingenieure und dem Vorstand des Vereins Deutscher Maschinenbauer.

Die Textilfachschule Moers bildet auch Fachschulingenieure für die Textilmaschinenindustrie aus. Während seiner aktiven Zeit hatte Fredebeul die Studenten von Professor Weidbrink, der das Fach „Textilmaschinen" in Moers lenrte und ein früherer Mitarbeiter Fredebeuls war, jedes Semester zu einer Exkursion nach Krefeld eingeladen, um ihnen die Fertigung der Textilmaschinen zu zeigen und mit ihnen aktuelle Probleme der Entwicklung und Produktion von Textilmaschinen zu diskutieren. Dieser Brauch war auch nach seiner Pensionierung beibehalten worden. Professor Weidbrink hatte sich telefonisch an Fredebeul gewandt, der den Besuch mit dem Unternehmen abgestimmt hatte und ihn dann telefonisch unterrichtete, wo und wann man sich treffe und wie der Ablauf der Exkursion gedacht sei. Auch seine Exkursion im Oktober hatte Professor Weidbrink wieder so vorbereitet. Er hatte als Bestätigung des Besuchstermins einen handgeschriebenen Brief von Herrn Fredebeul erhalten: „Lieber Weidbrink, habe Sie leider telefonisch nicht erreichen können. Daher auf diesem Wege kurze Bestätigung. Der Besuch Ihrer Gruppe kann wie vorgesehen am 18. Oktober stattfinden. Treffpunkt 15.00 Uhr vor dem Hauptgebäude, Führung durch die Fertigung bis 16.30 Uhr, anschließend Vortrag mit Diskussion bis 18.00 Uhr und dann kaltes Buffet und zwangloses Gespräch. Ende gegen 21.00 Uhr. Die Führung übernehmen die Herren Frese, Weinert und Kuhn vom Besucherdienst, alles erfahrene Ingenieure. Herr Dr.-Ing. Lohbach, mein Nachfolger im Vorstand, wird Sie um 16.30 Uhr im Namen des Vorstandes begrüßen... Ich werde ebenfalls anwesend sein. Gruß, Ihr Fredebeul."

Es klappte alles wie am Schnürchen. Als der Bus mit den Studenten um 14.50 Uhr im Werk eintraf, standen die drei Herren vom Besucherdienst bereit, die sie nach der Führung pünktlich um 16.30 Uhr am Kasino ablieferten, wo Herr Fredebeul und Herr Lohbach mit seinen Mitarbeitern die Gäste begrüßten. Als sich alles gesetzt hatte, ging Dr. Lohbach ans Rednerpult und begrüßte die Anwesenden: „Herr Professor Weidbrink, meine Damen und Herren! Im Namen des Vorstandes der Maschinenfabrik Tucher & Crome begrüße ich Sie auf das herzlichste. Wir freuen uns, daß Sie wieder einmal den Weg zu uns gefunden haben, um sich über die praktischen Probleme der Textilmaschinenindustrie aus erster Hand zu informieren. Diese Besuche haben eine lange Tradition. Herr Fredebeul, den Sie soeben kennengelernt haben, hat während seiner aktiven Zeit in unserem Hause stets einen intensiven Kontakt zur heutigen Fachhochschule Moers gepflegt und ist heute als Mitglied Ihres Beirates wieder unter uns. Wir freuen uns ganz besonders, ihn wieder einmal als Gast in seinem alten Unternehmen begrüßen zu können. Er hat für unser Haus Hervorragendes geleistet, und wir führen sein Werk, wie Sie bei Ihrem Besuch in unserer Fertigung gesehen haben, mit neuen Ideen und neuem Elan fort. Das kommt vor allem in den neuen Raschelmaschinen zum Ausdruck, für deren Aufnahme in das Produktionsprogramm ich mich als das zuständige Vorstandsmitglied nachhaltig eingesetzt habe und die heute schon einen beträchtlichen Anteil unseres Umsatzes ausmachen. Über die technischen Probleme, die mit der Herstellung unserer Hochleistungsrascheln verbunden sind, wird Ihnen nun mein Mitarbeiter Herr Dr.-Ing. Wüsthoff berichten."

Professor Weidbrink fragte sich, welche Begrüßungsansprache er gehalten hätte, wenn er anstelle von Dr. Lohbach auf dem Rednerpult gestanden hätte.

Kapitel 6

Zusammenarbeit mit der Personalabteilung

Instrumente der Mitarbeiterführung

I. Vorbemerkung

Im folgenden geht es nicht um die Instrumente, die die Personalabteilung als Instrumente der Personalführung einsetzt. Es geht vielmehr darum darzustellen, welche Instrumente der Vorgesetzte einsetzen kann, um seine Mitarbeiter zu führen. Doch auch der Vorgesetzte kann nicht übersehen, daß ihm im Großbetrieb eine Fülle von Instrumenten von der Personalabteilung angeboten wird, die er nur einzusetzen braucht. Im mittleren und Kleinunternehmen dagegen fehlt eine solche Stütze der Führungsaufgabe des Unternehmens durch die Personalabteilung in den meisten Fällen. Ferner muß beachtet werden, daß der Vorgesetzte, der eine kleine Gruppe führt, von dem Instrument des Einzelgesprächs oder des Mitarbeitergesprächs am runden Tisch viel intensiver Gebrauch machen kann als der Vorgesetzte, der eine große Zahl von Mitarbeitern zu führen hat und deshalb stark die Mitarbeiterkonferenz und die schriftliche Information einsetzen muß. Die Instrumente der Mitarbeiterführung werden im folgenden jedoch ohne Bezug auf die Unternehmensgröße behandelt.

II. Instrumente der Mitarbeiterführung

Instrumente der Mitarbeiterführung sind für die verschiedensten Bereiche der Führung entwickelt worden. Wir behandeln die folgenden:

1. organisatorische Hilfsmittel,
2. Prozeß-Hilfsmittel,
3. Kontroll-Hilfsmittel,
4. Entlohnung,
5. Mitarbeiterentwicklung.

1. Organisatorische Hilfsmittel

Die Organisation ist ein entscheidendes Hilfsmittel der Führung von Mitarbeitern. Sie schafft allgemeine Regelungen, die den in unterschiedlichen und damit scheinbar willkürlichen Regelungen liegenden Konfliktstoff vermeiden. Vier organisatorische Hilfsmittel sollen hier aufgeführt werden:

— der Organisationsplan,

— die Funktionsbeschreibung,

— die Stellenbeschreibung,

— die Richtlinien und Arbeitsanweisungen.

Der Organisationsplan beschreibt die fachlichen Zuständigkeiten und im allgemeinen auch die Regelung der disziplinarischen Ordnung im Unternehmen. Aus ihm geht hervor, wer das Weisungsrecht hat und wer verpflichtet ist, Weisungen zu befolgen. Damit wird der Führungsanspruch des Vorgesetzten gegenüber seinen Mitarbeitern entscheidend unterstützt.

Der Führungsanspruch richtet sich darauf, bestimmte Leistungen von einem Mitarbeiter zu verlangen. Bei der Durchsetzung dieses Anspruchs ist die Funktionsbeschreibung von zentraler Bedeutung. „Die Funktionsbeschreibung beinhaltet die Aufzählung von Hauptaufgaben bzw. wichtigen Einzelaufgaben des Tätigkeitsbereichs. Ein Tätigkeitsbereich stellt die Möglichkeit sachgerechter Zusammenfassung von Aufgaben dar. Die Funktionsbeschreibung hat die Aufgabe, die Organisationsstruktur durch Festlegung der Hauptaufgaben detailliert darzustellen, die klare Abgrenzung der Funktionsbereiche zu schaffen und Delegation von Aufgaben, Kompetenzen und Verantwortung zu ermöglichen. Die Lösung der Funktionsbeschreibungen hat zum Ziel, diese Aufgaben für das Unternehmen und die Mitarbeiter transparent zu machen"[1]. Die Funktionsbeschreibung legt also fest, welche Aufgaben in einem Bereich erfüllt werden müssen. Sie legt nicht im einzelnen fest, wer in einem Tätigkeitsbereich diese Aufgaben zu erledigen hat.

Während die Funktionsbeschreibung *aufgabenorientiert* ist, ist die Stellenbeschreibung *mitarbeiterorientiert*. Die Stellenbeschreibung „zeigt die Struktur des einzelnen Arbeitsplatzes und seine produktions- bzw. führungsmäßige Einordnung in den organisatorischen Zusammenhang. Sie deckt Überschneidungen bzw. Lücken auf... Besser als jeder Organisationsplan zeigt die Stellenbeschreibung die Verteilung der Kompetenzen (Aufgaben-, Weisungs-, Entscheidungs-, Verantwortungskompetenzen) zwischen den einzelnen Stellen und damit Kern- bzw. Randbereiche der betrieblichen Machtausübung"[2].

Die Stellenbeschreibung enthält das Instanzenbild, das Aufgabenbild und das Anforderungsprofil. Das Instanzenbild besteht aus der Stellenkennzeichnung, der Regelung der Einordnung der Stelle in das hierarchische System des Unternehmens und der Regelung der Zusammenarbeit mit anderen Stellen. Sie schafft damit Klarheit über die Rangposition der Stelle selbst und über das Rangverhältnis zu anderen Stellen. Insbesondere regelt sie auch, wer Fach- und Disziplinarvorgesetzter des Stelleninhabers ist und welchen Mitarbeitern gegenüber der Stelleninhaber Fach- bzw. Disziplinarvorgesetzter ist. Auch die Regelung der Stellvertretung gehört hierher. Im Aufgabenbild werden die Aufgaben des Stelleninhabers im einzelnen beschrieben. Gleichzeitig wird der Entscheidungsbereich der Stelle definiert. Dadurch sollen Kompetenzkonflikte mit anderen Stelleninhabern vermieden werden. Die Aufgaben, die im Aufgabenbild beschrieben werden, stellen an den

---

[1] Siehe Sarfert, E. C., Führung in Zusammenarbeit mit der Personalabteilung, unveröffentlichtes Manuskript, 23. Juni 1976, Anlage 8.

[2] Wunderer, R., Arbeitsplatzbeschreibung, in: Management Enzyklopädie, Band 1, München 1969, S. 357, hier S. 358.

Stelleninhaber bestimmte Anforderungen. Das gilt einmal für die intellektuellen Fähigkeiten, zum anderen für die Willens- und Durchsetzungskraft und schließlich für sein Verhalten. Diese Anforderungen werden im Anforderungsprofil zusammengestellt.

Damit hat der Vorgesetzte stets eine Unterlage, auf die er sich bei der Führung seiner Mitarbeiter zur Leistung berufen kann. Der Mitarbeiter selbst aber hat einen klaren Maßstab, anhand dessen er beurteilen kann, was der Vorgesetzte von ihm erwartet bzw. erwarten darf und welche Anforderungen an ihn gestellt werden. Das erleichtert die Führungsaufgabe des Vorgesetzten.

Allerdings darf nicht übersehen werden, daß Stellenbeschreibungen dort, wo sie leicht erstellt werden können, vielfach schnell veralten und deshalb einen nicht unerheblichen Aufwand erfordern, wenn sie auf dem aktuellen Stand gehalten werden sollen. Zum anderen können Zweifel auftreten, ob sie dort, wo die Aufgabenerfüllung ein hohes Maß an Zusammenarbeit erfordert, überhaupt sinnvoll sind, da die Aufgaben einer einzelnen Stelle nicht losgelöst von den Aufgaben der anderen Stellen formuliert werden können. Es ist deshalb in den letzten Jahren verschiedentlich der Versuch gemacht worden, statt der Stellenbeschreibungen für einzelne Mitarbeiter Teamstellenbeschreibungen zu entwickeln. Sie sind nicht gleichzusetzen mit den Funktionsbeschreibungen, werden aber aus diesen entwickelt. Erfahrungen mit solchen Teamstellenbeschreibungen liegen jedoch noch nicht vor.

Die Richtlinien und Arbeitsanweisungen regeln wiederholbare Tätigkeiten in genereller Form. Sie legen das „Wie" der Arbeitsabläufe fest, während in der Stellenbeschreibung das „Was" im Mittelpunkt steht. Richtlinien und Arbeitsanweisungen werden im allgemeinen von der Unternehmensleitung erlassen.

2. Prozeßhilfsmittel

Die Richtlinien und Arbeitsanweisungen gehen schon über die Regelung der Aufgabenstruktur hinaus und greifen in die Abläufe der Aufgabenerledigung ein. Sie entlasten den Vorgesetzten von der Aufgabe der fallweisen Steuerung der Arbeitsabläufe, weil sie diese generell regeln. Aber auch in den Fällen, in denen es der Steuerung der Arbeitsabläufe durch den Vorgesetzten in jedem Einzelfalle bedarf, gibt es Hilfsmittel, die der Vorgesetzte einsetzen muß, wenn diese Hilfsmittel von der Unternehmensleitung gebilligt oder vorgeschrieben worden sind.

Hierbei handelt es sich um

— Führungsanweisungen, insbesondere Richtlinien über den Führungsstil,
— Zielvereinbarungen,
— Delegation von Handlungsverantwortung,
— Mitarbeitergespräch.

Auf die Bedeutung von Führungsanweisungen ist im Zusammenhang mit den Führungsgrundsätzen bereits ausführlich hingewiesen worden. Das Mitarbeitergespräch wurde als ein sehr wichtiges Führungsinstrument dargestellt. Hier soll daher auf die Instrumente der Zielvereinbarung und der Delegation von Handlungsverantwortung eingegangen werden.

Wir wissen aus der Betrachtung der Motivationspsychologie, daß Leistung das Ergebnis von Anreiz und Anstrengung ist. Anreiz wird durch die Vorgabe oder die Vereinbarung von Zielen gegeben, die die Erfüllung von interessanten und nicht ganz leichten Aufgaben verlangen. Das Unternehmen hat sich zu entscheiden, ob es das Führungsinstrument der Zielvorgabe (Zielsetzung) oder der Zielvereinbarung einsetzen will. Vielfach wird das Instrument der Zielvorgabe als stärker einem autoritären und das der Zielvereinbarung stärker als das einem partizipativen Führungsstil entsprechende System bezeichnet. Es ist jedoch nicht von der Hand zu weisen, daß die Entscheidung zwischen Zielvorgabe und Zielvereinbarung auch situationsbedingt ist und personenbedingt getroffen werden kann: Bei einem stark durch den Produktionsablauf determinierten Arbeitsvolumen wird es eher zu einer Zielvorgabe kommen. Bei sehr selbständiger Arbeit, die auch nur lose in den Gesamtzusammenhang eingespannt ist (z. B. bei der Arbeit in Forschungslabors), wird man stärker mit dem Instrument der Zielvereinbarung arbeiten können. Im folgenden wird nur die Zielvereinbarung behandelt. Die Ausführungen gelten für die Zielvorgabe analog.

Bei der Zielvereinbarung sind Arbeitsziele, Verhaltensziele und Entwicklungsziele zu unterscheiden. Diese werden im periodisch durchzuführenden Beurteilungsgespräch nach der Analyse der Ergebnisse des abgelaufenen Zeitraumes jeweils neu vereinbart. Ein Beispiel für eine solche Zielvereinbarung enthält Abbildung 1.

Abb. 1: Zielvereinbarungen

Aufgaben-bereich	Anteil %	Ziel-verein-barungen	Rand-bedin-gungen	Bewer-tungs-kri-terien	Ergeb-nisse	Verbesse-rungsmög-lichkeiten

Die Zielvereinbarung als Führungsinstrument hat zwingend zur Folge, daß der Vorgesetzte dem Mitarbeiter die Verantwortung für die Erreichung der Ziele überträgt. Das ist das Instrument der Delegation von Handlungsverantwortung. „Damit erhält jeder Mitarbeiter, dem Befugnisse übertragen werden, einen Ermessensspielraum, in dessen Rahmen er selbständig und verantwortlich handeln kann und muß", heißt es in den Führungsgrundsätzen eines deutschen Unternehmens. Ein anderes Unternehmen formuliert das so: „Wer Mitarbeiter führt, soll ihnen Aufgaben zur selbständigen und verantwortlichen Ausführung übertragen. Er muß dafür die erforderlichen Kompetenzen sicherstellen und andere notwendige Voraussetzungen schaffen. Bei seinen Mitarbeitern setzt dies voraus, daß sie bereit und fähig sind, Verantwortung zu übernehmen. Bei den ihnen übertragenen Aufgaben müssen sie die verfügbaren Mittel wirtschaftlich einsetzen." Delegation von Handlungsverantwortung bedeutet gleichzeitig, daß der Mitarbeiter Schutz seiner Integrität verlangen kann. Ein Durchgriff des Vorgesetzten ist nur in besonderen Ausnahmefällen zulässig. Gleichzeitig kann aber auch der Vorgesetzte Schutz der Integrität seiner Führungsverantwortung vom Mitarbeiter verlangen. Reine Rückdelegation ist ebenfalls unzulässig.

In den letzten Jahren ist das Instrument der Delegation von Verantwortung zum Prinzip der Selbstbestimmung am Arbeitsplatz weiterentwickelt worden. Der Mitarbeiter soll selbst festlegen, wie er das mit ihm vereinbarte Ziel erreichen will. Er hat dabei jedoch den Grundsatz der Wirtschaftlichkeit des Einsatzes der Mittel zu beachten. Die Idee der Selbstbestimmung am Arbeitsplatz ist in einigen Fällen bis zum Prinzip der autonomen Arbeitsgruppen weiterentwickelt worden. Darauf wird an anderer Stelle eingegangen. Bisher hat das Führungsinstrument der autonomen Gruppe noch keine weite Verbreitung gefunden. Das ist nicht zuletzt auch darin begründet, daß es erhebliche organisatorische Veränderungen im Unternehmen verlangt. Gleichzeitig kann der Vorgesetzte nicht übersehen, daß es zur Internalisierung von Konflikten in der autonomen Gruppe kommen kann, die die Effizienz der Gruppe gefährden[3].

3. Kontrollhilfsmittel

Ein Führungssystem, in dem der Vorgesetzte den Mitarbeiter innerhalb des vereinbarten Rahmens und der vereinbarten Ziele selbständig arbeiten läßt, muß der Kontrolle der Zielerreichung besonderes Gewicht beimessen. Auch hierfür gibt es zwei verschiedene Instrumente.

— Die Kontrolle erfolgt durch den Vorgesetzten im Rahmen der Mitarbeiterbeurteilung.

---

[3] Vgl. Hautekiet, L., The Human Aspect in the Quality Problematics, in: Albach, H. und D. Sadowski (Hrsg.), Die Bedeutung gesellschaftlicher Veränderungen für die Willensbildung im Unternehmen, Schriften des Vereins für Socialpolitik, NF Band 88, Berlin 1976, S. 538 und die Wiedergabe der Diskussion auf S. 550.

— Die Kontrolle erfolgt durch den Mitarbeiter, der dem Vorgesetzten im Rahmen des Mitarbeitergesprächs über die Zielvereinbarung für die folgende Periode darüber berichtet.

Es ist bereits an anderer Stelle darauf hingewiesen worden, daß Mitarbeiter beurteilt werden wollen. Dabei muß es sich um eine Bewertung nach verständlichen Kriterien im Rahmen eines objektiven, verständlichen und willkürfreien Verfahrens handeln. Darauf ist noch ausführlich einzugehen. Hier ist festzustellen, daß die Gegensätze zwischen der Kontrolle durch den Vorgesetzten und der Selbstkontrolle mit anschließender Diskussion mit dem Vorgesetzten nicht so groß sind, wie es zunächst scheinen mag, wenn die Kriterien und Methoden der Messung der Zielerreichung durch den Mitarbeiter festlegen. Hierin liegt eine wichtige Aufgabe des Vorgesetzten, die Kriterien und Methoden der Beurteilung mit dem Vorgesetzten zu diskutieren und sie mit ihm zu vereinbaren. Die Kontrolle ist in diesem Falle Teil des gesamten Führungskreislaufes, der sich wie in Abbildung 2 gezeigt darstellen läßt.

Abb. 2: Zielfindungs- und Kontrollprozeß

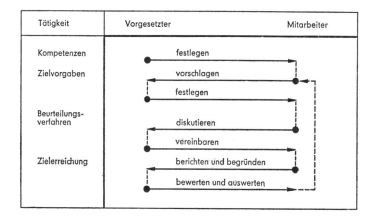

Als Kontrollinstrument spielen neben Kontrollen der Zielerreichung und Beurteilungsverfahren Lob und Tadel eine entscheidende Rolle. Auf die lernpsychologische Bedeutung von Lob und Tadel ist oben ausführlich eingegangen worden. Darauf aufbauend muß nun analysiert werden, welche Bedeutung Lob und Tadel als Führungsinstrumente besitzen.

— Nach allen Ergebnissen der Führungspsychologie hat öffentlich ausgesprochenes Lob eine die Leistung verbessernde Wirkung auf den Mitarbeiter.

— Im Gespräch unter vier Augen ausgesprochener Tadel hat in neun von zehn Fällen eine die Leistung verbessernde Wirkung, es kann auch eine die Leistung mindernde Wirkung nicht ausgeschlossen werden.

— Öffentlich ausgesprochener Tadel kann die Leistung des Mitarbeiters sowohl verbessern als auch verschlechtern. Die Chancen sind etwa gleich. Das Risiko ist daher zu groß, als daß öffentlich ausgesprochener Tadel als Führungsinstrument zu rechtfertigen wäre.

— Die Ergebnisse der Führungspsychologie sind in der Frage, ob die Leistungen eines Mitarbeiters, der von seinem Vorgesetzten unter vier Augen lächerlich gemacht wird, besser oder schlechter werden, nicht einheitlich. Als Führungsinstrument muß ein in dieser Form ausgesprochener Tadel ausscheiden.

— Das gilt erst recht für den Fall, daß ein Mitarbeiter vor seinen Kollegen lächerlich gemacht wird.

— Sarkasmus ist als Führungsinstrument unzulässig.

— Der Vorgesetzte muß stets den Grundsatz beachten, daß es auf Kritik der Leistung, nicht auf Kritik der Person des Mitarbeiters ankommt.

— Der Vorgesetzte muß beachten, daß Anerkennung und Kritik vom Mitarbeiter anders wahrgenommen werden als vom Vorgesetzten. Mitarbeiter nehmen Kritik eher und schneller wahr als der Vorgesetzte, Lob dagegen muß der Vorgesetzte „dicker auftragen", wenn es vom Mitarbeiter wahrgenommen werden soll.

— Lob und Tadel wirken asymmetrisch. Tadel und Kritik schaffen nur Sicherheit über falsche Verhaltensweisen und Maßnahmen, beseitigen aber die Unsicherheit über die richtige oder die vom Vorgesetzten gewünschte Verhaltensweise nicht. Lob hat in diesem Sinne einen höheren Informationswert und ist aus diesem Grunde als Führungsinstrument wichtiger als Kritik. Diese Aussage gilt jedoch nur in solchen Führungssituationen, in denen der Vorgesetzte eine jetzt richtige Verhaltensweise bzw. Maßnahme auch als in Zukunft richtig ansehen kann. In allen den Situationen, in denen es Aufgabe des Vorgesetzten ist, den Mitarbeiter zu motivieren, selbst eine richtige Lösung zu suchen, kann Lob auch eine negative Wirkung haben: Es führt zu größerer Konformität und zu geringerer Suchaktivität und Kreativität des Mitarbeiters. Daraus folgt, daß Lob und Tadel situationsbedingt gezielt als Führungsinstrumente eingesetzt werden müssen. In Führungssituationen, die auch in Zukunft vom Mitarbeiter Kreativität und selbständiges Handeln erfordern, ist, gleichgültig, ob das Verhalten des Mitarbeiters Lob oder Tadel verdient, eine analytische Aufbereitung der Entscheidungsgründe für den Mitarbeiter eine wichtige Hilfe.

— Vorgesetzte tendieren dazu, Mitarbeitern, die über längere Zeit sehr erfolgreich gearbeitet haben, anspruchsvollere und komplexere Aufgaben zu stellen. Dies ist entsprechend der Motivationstheorie richtig, weil das Ziel nur Anstrengungen hervorruft, wenn es nicht allzu leicht erreichbar erscheint. Damit steigt aber gleichzeitig die Wahrscheinlichkeit, daß das

Ziel nicht erreicht wird und der Mitarbeiter mithin einen Mißerfolg erlebt. Experimente haben gezeigt, daß Mißerfolge nach langen Erfolgsserien einen die Anstrengungen steigernden Einfluß haben. Die Erhöhung des Ziels durch den Vorgesetzten mit der daraus resultierenden höheren Mißerfolgswahrscheinlichkeit erscheint also als Führungsinstrument durchaus berechtigt. Auf der anderen Seite ist aber nachgewiesen worden, daß Mißerfolg bei komplexen Aufgaben einen negativen Einfluß auf die Leistungsbereitschaft des Mitarbeiters hat und daß nach Mißerfolgen häufiger emotionales Verhalten auftritt als nach Erfolgen. Der Vorgesetzte wird also den Komplexitätsgrad der Aufgaben sehr vorsichtig erhöhen müssen, wenn er das kalkulierte Risiko des Mißerfolges seines Mitarbeiters in Kauf zu nehmen bereit ist. Falls dann das Ergebnis der komplexeren Aufgabenstellung zu Kritik Anlaß gibt, wird der Vorgesetzte sehr sorgfältig und verständnisvoll darauf achten müssen, daß nicht Fehlverhalten als Folge der Emotionalisierung durch die Kritik zu weiteren Mißerfolgen führt.

— Der Vorgesetzte muß die Nebenwirkungen von Lob und Tadel beachten: Jede Beurteilung hat sich selbst bestätigende Wirkungen. Lob kann Sanktionen der informellen Gruppe zur Folge haben: Isolierung des „Strebers", Entzug der Unterstützung durch die anderen Mitglieder der informellen Gruppe. Anerkennung durch Aufstieg kann nicht nur die Leistung des beförderten Mitarbeiters verbessern, sondern auch die Leistungen der anderen Mitarbeiter nachteilig beeinflussen, die den Aufstieg des Konkurrenten als Mißerfolg erleben.

— Schließlich muß sich der Vorgesetzte stets bewußt sein, daß insbesondere Tadel von den Mitarbeitern auch als „Imponiergehabe" des Vorgesetzten gedeutet werden kann und damit seine Wirkung als Führungsinstrument nicht nur verfehlt, sondern dem Verlust an Integrität, der Voraussetzung für eine solche Mißdeutung ist, noch den Verlust an persönlicher Autorität hinzufügt.

4. Entlohnung als Führungsinstrument

Der Taylorismus ging davon aus, daß es „Lohnanreizsysteme" gibt, die als Führungsinstrument eingesetzt werden können. Die Theorie Herzbergs hat daran erhebliche Zweifel aufkommen lassen. Danach glaubte man, Lohn und Gehalt zu den „Hygienefaktoren" rechnen zu müssen, also den Faktoren, die Voraussetzung dafür sind, daß es nicht zu Unzufriedenheit im Unternehmen kommt. Tatsächlich sind Lohn und Gehalt häufiger Anlaß zur Unzufriedenheit als zur Zufriedenheit. Andererseits ist nicht zu übersehen, daß Lohn*erhöhungen* als ein Ausdruck der Anerkennung bezeichnet und verstanden werden können und sie mithin die gleichen Wirkungen entfalten, wie sie bei der Darstellung von Lob und Kritik als Führungsinstrumenten aufgezeigt wurden. Man darf also auch nicht übersehen, daß Lohnerhöhungen Unzufriedenheit bei den anderen Mitarbeitern bewirken können. Der

Vorgesetzte muß also darauf achten, daß ein mit Lohnerhöhungen bei Kollegen u. U. verbundenes Mißerfolgserlebnis bei den anderen Mitarbeitern, die keine oder keine entsprechende Lohnerhöhung erhalten, durch Vertraulichkeit der Gehälter vermieden oder durch Diskussion im Rahmen des Mitarbeitergesprächs in Leistungssteigerungen bei den anderen Mitarbeitern umgesetzt wird. Damit ist freilich nur dann zu rechnen, wenn die Unterschiede der Gehälter auf den verschiedenen Ebenen nicht zu groß sind und wenn eine Vertraulichkeit der Gehälter nicht verlangt wird. Diesen beiden Grundsätzen wird heute in der Gehaltspolitik im allgemeinen entsprochen.

Wenn Entlohnung als Führungsinstrument überhaupt wirksam sein soll, dann muß der Zusammenhang zwischen eigener Leistung und Gehalt erkennbar und verständlich sein. Das ist vor allem im Führungsbereich bei den Tantiemeregelungen einer großen Zahl von Unternehmen nicht der Fall. Hier macht die Tantieme der Führungskräfte einen sehr erheblichen Teil des Jahresgehalts aus. Die Beziehung zwischen persönlicher Leistung und Tantieme ist aber nicht einsichtig oder nicht vorhanden. Daher haben derartige Tantiemeregelungen vielfach auf die Führungskraft eher demotivierende Wirkungen.

5. Entwicklungsplanung als Hilfsmittel der Führung von Mitarbeitern

Die Untersuchungen von Herzberg haben ergeben, daß berufliches Fortkommen und Weiterentwicklung Faktoren sind, die in hohem Maße Befriedigung im Unternehmen vermitteln. In Kenntnis dieser Tatsache wird der Fortbildung von Mitarbeitern von den Unternehmen hohe motivierende Kraft beigemessen.

Inzwischen hat sich aber die Erkenntnis immer stärker durchgesetzt, daß die Entsendung zu Fortbildungsveranstaltungen auch als Anerkennung für erbrachte Leistungen mißverstanden werden kann. Die Anerkennung wird verstanden, es geht von ihr auch durchaus ein Leistungsanreiz für die Tätigkeit im Unternehmen aus, es wird jedoch keine Lernmotivation für die Fortbildungsveranstaltungen selbst vermittelt. Dadurch bleibt deren Erfolg gering, und das Unternehmen erkennt, daß es sich bei Fortbildungsveranstaltungen um eine teure Form des Lobes handelt.

Soll Fortbildung also nicht nur als Motivation für die weitere Tätigkeit im Unternehmen, sondern auch als Motivation für den Lernwillen während der Fortbildungsveranstaltung von dem Mitarbeiter verstanden werden, dann muß die Fortbildungsveranstaltung als notwendiges Element in der persönlichen Entwicklung des Mitarbeiters im Unternehmen erkennbar werden. Sie muß Teil der Karriereplanung des Unternehmens für seine Führungskräfte sein.

Die Karriereplanung hat zwei Seiten. Für die jeweilige Position muß bekannt sein, wer im Unternehmen die Qualifikation (aktuell oder latent) besitzt, die Nachfolge des Stelleninhabers (sofort oder nach Vorbereitung) anzutreten. Dies ist die Nachfolgeplanung. Für jeden (leitenden) Mitarbeiter muß bekannt sein, welche Position er als nächste einnehmen könnte und für welche weiteren Positionen er potentiell geeignet ist. Dies ist die Karriereplanung im engeren Sinne.

Nachfolgeplanung und Karriereplanung sind nicht unabhängig voneinander. Wenn eine bestimmte Position nicht in das Karrierebild paßt, das sich der Mitarbeiter von seiner Laufbahn macht, wird er nicht bereit sein, die Nachfolge des derzeitigen Stelleninhabers anzutreten, wenn sie ihm angeboten wird. Ist auf der anderen Seite die Position, die die Führungskraft anstrebt, mit einem Stelleninhaber besetzt, für den in absehbarer Zeit mit aller Wahrscheinlichkeit keine Nachfolge erforderlich wird, dann muß die Organisation Alternativen anbieten, wenn sie die Führungskraft halten will.

Sowohl für die Nachfolgeplanung als auch für die Karriereplanung im eigentlichen Sinne ist es nützlich, die Grundphasen einer Karriere zu beschreiben. Schein hat dafür eine Tabelle entwickelt, die in Abbildung 3 wiedergegeben wird[4].

Während der Karriere treten nach Schein Sozialisationsprozesse als Einfluß der Organisation auf das Individuum mit dem Ziel seiner Anpassung und Innovationsprozesse als Einfluß des Individuums auf die Organisation mit dem Ziel ihrer Veränderung auf. Nach Ansicht von Schein ist es für die Karriereplanung als Führungsinstrument wichtig, daß in den frühen Stadien der Karriere die Anpassungsvorgänge stärker sind als die Innovationsprozesse. Das Individuum versucht also zunächst, sich in der Organisation zurechtzufinden und sich den Normen der Organisation anzupassen, in den späteren Stufen seiner Laufbahn dagegen, die Organisation zu verändern. Wenn diese These Gültigkeit besitzt, dann sind die Laufbahnvorstellungen während der ersten Phase in einer Karriere weniger ausgeprägt als später. Für die Personalführung wird es folglich erst mit zunehmendem Dienstalter bzw. auf den höheren Sprossen der Karriereleiter für das Unternehmen wichtig, sich über die Laufbahnvorstellungen seiner Führungskräfte zu informieren. Einige Unternehmen sind dazu übergegangen, die „eigene Meinung zur Laufbahn" ihrer Mitarbeiter systematisch zu erheben und für die Laufbahn- und Förderplanung zu verwenden. Dabei werden im allgemeinen Angaben erbeten über

---

[4] Schein, E., Individuum, Organisation und Karriere, in: Gruppendynamik, Forschung und Praxis, Korrespondenzausgabe des Journal of Applied Behavioral Science 3 (1972), Heft 2, S. 139

Abb. 3: Grundphasen, Positionen und Prozesse in einer Karriere

Grundstadien	Status oder Position	Psychologische und Organisationsprozesse zwischen Individuum und Organisation
1. Vor dem Eintritt	Kandidat, Bewerber	Vorbereitung, Ausbildung, antizipatorische Sozialisation
Eintritt (Übergang)	Neueingetretener Neuling, Anwärter	Nachwuchsrekrutierung, eilige Einführung, Testen, Prüfen, Auswahl, Aufnahme (»Anheuerung«), Überschreiten der äußeren Grenze des Dazugehörens; Aufnahmeriten; Einführung und Orientierung
2. Grundausbildung, Lehrzeit	Ausbildungskandidat, Novize	Ausbildung, Indoktrination, Sozialisation, Testen des Mitarbeiters durch die Organisation, versuchsweise Aufnahme in eine Gruppe
Initiation, erstes »Gelübde« (Übergang)	Eingeweihter, Graduierter	Überschreiten der ersten Zugehörigkeitsgrenze, Aufnahme als Mitglied und Übertragung eines Status in der Organisation, Übergangsritus und Akzeptiertwerden
3. Erste reguläre Aufgabenstellung	Neues Mitglied	Erste Erprobung der eigenen Funktionstüchtigkeit; Übertragung wirklicher Verantwortlichkeit; Überschreiten der Funktionsgrenze und Zuweisung zu einer besonderen Aufgabe oder Abteilung
Subphasen 3a) Einübung in den Job 3b) Maximalleistung 3c) Verbrauchtsein 3d) Einübung neuer Fertigkeiten usw.		Indoktrination und Prüfung durch die unmittelbare Arbeitsgruppe, was zu Aufnahme oder Ablehnung führt; Ausbildung und Sozialisation; Vorbereitung für eine höhere Stellung durch Training, Bemühen, Beachtung und Gönner zu finden
Beförderung oder Statusverminderung (Übergang)		Vorbereitung, Prüfung, Überschreiten der Ranggrenze, Übergangsritus; kann auch das Überschreiten von Funktionsgrenzen bedeuten (Rotation)
4. Zweite Dienststellung	Legitimes Mitglied der Organisation (voll aufgenommen)	Die gleichen Prozesse wie unter Nr. 3
Subphasen 5. Dauerstellung	Ständiges Mitglied	Überschreiten einer weiteren inneren Zugehörigkeitsgrenze
Ende der Karriere und Austritt	Oldtimer, Dienstältester	Vorbereitung auf den Abgang, Abgangsriten (Ehrendiners usw.)
6. Nach dem Abgang	Ehemaliger, Emeritus, im Ruhestand	Peripherer Status

— Interessen,

— Bevorzugung bestimmter Funktionsrichtungen,

— Überlegungen zur weiteren Laufbahnentwicklung,

— bevorzugte Wohnorte in Deutschland,

— Interesse an Auslandsbeschäftigung,

— eigene Ansicht über den Fortbildungsbedarf in der jetzigen und der gewünschten Funktion,

— Ansichten über eigene Qualitäten.

Die Problematik einer solchen Befragung von Führungskräften insbesondere auf einer zu frühen Stufe der Karriere muß klar gesehen werden. Es werden Hoffnungen geweckt, die das Unternehmen bei der vorhandenen Stellenstruktur und dem zu erwartenden Wachstum nicht zu erfüllen vermag. Ein Unternehmen stellt daher in den einführenden Hinweisen zu der Erhebung über die Karrierewünsche ausdrücklich fest: „Neben dem Bedarf des Unternehmens und dem Urteil der Vorgesetzten über Ihre Möglichkeiten sind Ihre eigenen Ansichten über Ihre weitere berufliche Entwicklung ein wichtiger Beitrag im Rahmen der Stellenbesetzungs-, Beförderungs- und Fortbildungsmaßnahmen ... Aufgrund dieser Information darf nicht ohne weiteres erwartet werden, daß eine Versetzung in der gewünschten Richtung auch stattfinden wird. Diese ist abhängig von den freien Stellen im Unternehmen, von der Zahl der Interessenten sowie von der Eignung, die auch bei künftigen Ernennungen das wichtigste Kriterium bleiben wird. Sie dürfen jedoch durchaus erwarten, daß Ihre Chancen auf eine Verwendung in der gewünschten Richtung steigen."

Bei einer verantwortlichen Hilfe des Vorgesetzten bei der Karriereplanung seiner Mitarbeiter kann aber auch der Fall eintreten, daß er bei deutlichem Auseinanderfallen von Karriereerwartungen und Laufbahnmöglichkeiten im Unternehmen den Mitarbeitern raten sollte, ihre Karriere in einem anderen Unternehmen fortzusetzen. Amerikanische Unternehmen gehen gelegentlich noch weiter: Sie sind ihren Mitarbeitern beim Wechsel behilflich.

Fräulein Nellung

A

Herr Dr. Antes ist Mitglied der Geschäftsführung der Mocon Beratungs-GmbH, Frankfurt, und zuständig für den Bereich Operations Research. Er ist 39 Jahre alt, außerordentlich dynamisch und besitzt bei den Mandanten des Unternehmens einen hervorragenden Ruf wegen der fachlich erstklassigen Beratung, die er und seine Gruppe bieten. Er ist Präsident der Deutschen Sektion der International Operational Research Association und Managing Editor von JORS (Journal of Operational Research and Systems), einer international renommierten Fachzeitschrift für Anwendungen der Unternehmensforschung in Wirtschaft und Verwaltung. Seine Mitarbeiter bezeichnen ihn nicht nur im Scherz als einen Neun-Einser, womit sie andeuten wollen, daß für ihn die Sachaufgabe im Mittelpunkt der Überlegungen steht.

Herr Dr. Burkstedt leitet in der Geschäftsführung der Gesellschaft das Ressort Personal. Er ist ein Jahr vor Dr. Antes zur Firma gekommen. Vor der Übernahme seiner Aufgabe bei Mocon war er Personalchef der Deutschen Schwefelwerke AG, Wanne-Eickel. Als die Firma von einer amerikanischen Gesellschaft übernommen wurde, schied er aus. Er ist 61 Jahre alt, Mitglied des Vorstands der Deutschen Gesellschaft für soziale Unternehmensführung e. V. und Mitglied der Internationalen Gesellschaft für moralische Wiederaufrüstung, an deren Jahrestreffen in Caux er regelmäßig teilnimmt. Nach Meinung der Mitarbeiter bei Mocon schwankt sein Führungsstil zwischen 1.9 und 5.5.

Das Verhältnis zwischen Dr. Antes und Dr. Burkstedt ist gespannt. Dr. Steffel, der Vorsitzende der Geschäftsführung, hat wiederholt bei den Auseinandersetzungen zwischen Antes und Burkstedt vermittelt. Dr. Steffel hält Herrn Dr. Burkstedt wegen seiner zahlreichen und guten Kontakte in der deutschen Wirtschaft für ebenso unentbehrlich wie Herrn Dr. Antes, dessen Ressort in den letzten drei Jahren die höchsten Wachstumsraten an Beratungshonoraren zu verzeichnen hatte und inzwischen zum gewinnträchtigsten Ressort der Gesellschaft geworden ist.

Vor zwei Monaten suchte Herr Dr. Antes eine neue persönliche Sekretärin. Bei Mocon ist die Einstellung von Sekretärinnen in der folgenden Weise geregelt: Der Bedarf wird mit der Personalabteilung besprochen, Anzeigen werden von dieser Abteilung aufgegeben. Die Bewerbungen werden gesammelt. Soweit interessante Bewerbungen vorliegen, führt Dr. Burkstedt Vorgespräche. Etwa fünf schriftliche Unterlagen mit den Ergebnissen der Vorstellung werden den zuständigen Herren vorgelegt, die dann allein oder im Beisein von Dr. Burkstedt das Einstellungsgespräch führen, in dem die fachliche und die persönliche Eignung der Bewerberinnen geprüft wird. Es wird vorausgesetzt, daß die Gehaltsfragen mit den Bewerberinnen bereits zufriedenstellend geregelt sind. Die Richtlinien der Gehaltspolitik bei Mocon werden von der gesamten Geschäftsführung beschlossen und zusammen mit dem Stellenplan bei der jährlichen Finanzbesprechung für das kommende Jahr überprüft und verabschiedet.

Auch in diesem Falle war so verfahren worden. Herr Dr. Antes hatte aber darauf hingewiesen, daß er Wert darauf lege, daß seine Sekretärin das gleiche Gehalt erhielte wie die Sekretärinnen der übrigen Mitglieder der Geschäftsführung. Für diesen Wunsch war nicht nur maßgebend, daß er Gehaltsgespräche mit seiner Sekretärin vermeiden wollte, sondern auch seine Überlegung, daß seine Sekretärin nicht den Eindruck gewinnen sollte, daß sie weniger Gehalt erhielte als die anderen Damen, weil sie bei dem jüngsten Mitglied der Geschäftsführung tätig war.

Nachdem schließlich Fräulein Nellung, 20, eingestellt worden war, erfuhr Herr Antes in einem Gespräch mit Herrn Burkstedt, daß die junge Dame für ein Monatsgehalt von 1 600 DM eingestellt worden sei. Auf die erstaunte Frage, warum seinem ausdrücklichen Wunsche, seiner Sekretärin die üblichen 1 850 DM im Monat zu geben, nicht entsprochen worden sei, erwiderte Herr Burkstedt: „Fräulein Nellung hat auf meine Frage nach ihrem Gehaltswunsch diese Zahl genannt. Da sah ich keine Veranlassung, ihr mehr zu geben. Außerdem ist sie noch sehr jung und hat nicht so viel Berufserfahrung wie die anderen Sekretärinnen."

Dr. Antes beherrschte sich mit sichtbarer Mühe. Er wußte ebenso wie Herr Burkstedt, daß bei dem guten Betriebsklima im Hause Fräulein Nellung sehr bald erfahren würde, daß die anderen Sekretärinnen der Geschäftsleitung 1 850 DM im Monat erhielten. Diese Transparenz der Gehälter war besonders in den Ressorts Operations Research, Organisation und Informationssysteme sowie EDV-Anwendungen sehr ausgeprägt. Das Durchschnittsalter der Mitarbeiter in diesen Ressorts lag deutlich unter dem in den anderen Ressorts, und es herrschte dort eine sehr hemdsärmelige Atmosphäre. Dr. Burkstedt hatte Dr. Antes immer wieder zum Vorwurf gemacht, das „dauernde Gerede über Gehälter" bewußt nicht zu unterbinden. „Ihr Laden ist eine Gerüchteküche", hatte er einmal gesagt, worauf Antes bissig geantwortet hatte: „Und Ihr Laden produziert nichts, über das auch nur ein Wort zu verlieren sich lohnte!"

Zwei Monate nach der Einstellung von Fräulein Nellung, am 15. 12., wurde in der Geschäftsleitung abschließend über die Gehaltsanhebung aller Mitarbeiter für das nächste Jahr gesprochen. Es wurde Einigkeit erzielt, die Gehälter aller Mitarbeiter und Mitarbeiterinnen um 8 % anzuheben. „Am 15. 1. geht auch die Probezeit von Fräulein Nellung, meiner neuen Sekretärin, zu Ende. Sie hat sich gut eingearbeitet, ist schnell, umsichtig, selbständig und belastbar. Ich bin überzeugt, daß sie sich auch weiterhin bewähren wird. Ich werde ihr Gehalt auf 1 998 DM im Monat erhöhen", sagte Dr. Antes. „Wieso 1 998 DM?" fragte Dr. Burkstedt. „Herr Dr. Steffel, die Position einer Sekretärin in meinem Vorzimmer ist bisher mit 1 850 DM dotiert", Dr. Antes schnitt Dr. Burkstedt ganz offensichtlich. „Bei 8 % Gehaltssteigerung ergibt das 1 998 DM im Monat".

„Aber ich bitte Sie, Herr Steffel, das geht unmöglich. Wie sollen wir einen solchen Sprung bei einer so jungen Dame verantworten! Von 1 600 DM auf 2 000 DM! Und das nach 3 Monaten! Man könnte ja vielleicht daran denken, eine schrittweise Anhebung vorzusehen. Aber das halte ich für völlig unmöglich! Und denken Sie bitte an die Auswirkungen auf die anderen Damen! Keine erhält eine solche Gehaltserhöhung, ganz abgesehen davon, daß meine zweite Dame auch keine 1 850 DM erhalten hat."

„Herr Dr. Steffel, ich bin nicht dafür verantwortlich, daß Fräulein Nellung unter Wert eingestellt worden ist. Ich hatte von Anfang an darauf hingewiesen, daß meine Sekretärinnen 1 850 DM erhalten. Hier lag wieder einmal ein bewußter Alleingang der Personalabteilung vor. Im übrigen, meine Herren, ich halte es auch sachlich für unbegründet und im höchsten Maße gefährlich, wie der neuerliche Vorfall zeigt, daß die Personalabteilung unsere Arbeit zu behindern versucht, indem sie willkürliche Personalpolitik in unsere Ressorts hinein betreibt. Ich werde daher nicht nur das Gehalt meiner Sekretärin auf 1 998 DM festsetzen. Ich werde in Zukunft auch im Rahmen des von der Geschäftsleitung verabschiedeten Stellenplans und der damit verbundenen Gehaltsrichtlinien Einstellungen von Personal vornehmen und die Gehaltsgespräche selbst führen. Die Personalabteilung wird lediglich die Abwicklung vornehmen. Das heißt, sie gibt die Zeitungsanzeigen auf, soweit solche erforderlich sind, sie gibt jede eingehende Bewerbung an die Ressorts und erhält nach Abschluß der Einstellungsgespräche, die in den zuständigen Ressorts geführt werden, Personalbögen mit den Vereinbarungen über die inhaltlichen Regelungen des Beschäftigungsvertrages von dem zuständigen Ressortleiter zugestellt. Der schriftliche Abschluß des Arbeitsvertrages ist dann eine reine Verwaltungsangelegenheit. Nur so hören endlich die ständigen Auseinandersetzungen mit der Personalabteilung auf. Wir haben eine Aufgabe, unseren Mandanten besten Service zu bieten. Da muß der Kopf frei sein für neue Ideen und sich nicht immer wieder mit den zusätzlichen Problemen herumschlagen müssen, die die Personalabteilung unter den Mitarbeitern schafft."

„Aber, Herr Dr. Antes, das wäre eine völlige Änderung unseres bisherigen Verfahrens, ein schwerwiegender Verstoß gegen unsere ungeschriebene Geschäftsordnung."

„Mein lieber Burkstedt, soweit ich sehe, spricht nichts dagegen, so zu verfahren, wie ich vorschlage. Und was die Geschäftsordnung angeht, so möchte ich Sie an die Worte von Herrn Dr. Steffel erinnern: Eine gute Geschäftsführung hat keine Geschäftsordnung."

Herrn Dr. Steffel, 59, sah man an, daß ihm die Auseinandersetzung zwischen Antes und Burkstedt unangenehm war. Wieder einmal war ihm die Rolle zugefallen, zwischen Dr. Antes und Dr. Burkstedt zu vermitteln. Was sollte er tun?

Fräulein Nellung

B

Am 15. 1. bat Dr. Antes Fräulein Nellung zu sich. Er fragte sie, ob sie mit ihrer Arbeit zufrieden sei und sich entschließen könne zu bleiben. Er selbst sei mit ihrer Arbeit außerordentlich zufrieden und würde es begrüßen, wenn sie sich zum Bleiben entschließen würde. Fräulein Nellung bedankte sich für das Lob und erklärte, ihr mache die Arbeit Freude. Sie sei abwechslungsreich, interessant und vielseitig. Sie würde gerne bleiben. Daraufhin eröffnete ihr Dr. Antes, daß er mit der Geschäftsleitung vereinbart habe, ihr Gehalt ab 15. 1. auf 1 998 DM zu erhöhen. Er werde der Personalabteilung Mitteilung machen, daß die endgültige Einstellung vorgenommen worden und das Gehalt auf 1 998 DM festgesetzt worden sei.

Fräulein Nellung sah ihn erstaunt an. „Herr Dr. Antes, am 2. Januar hat mich Herr Dr. Burkstedt zu sich gerufen und mir gesagt, er habe mein Gehalt auf 1 990 DM angehoben." Er habe ja erst etwas Bedenken gehabt, ihr eine so deutliche Gehaltserhöhung zu gewähren, und er wäre ihr auch sehr verbunden, wenn sie darüber mit Kolleginnen nicht sprechen würde, aber nach der sehr eindrucksvollen Schilderung ihrer fachlichen Qualifikation durch Herrn Dr. Antes und nachdem sich Herr Dr. Antes so für sie eingesetzt habe, habe er sich schließlich doch entschlossen, ihr Gehalt auf 1 990 DM anzusetzen.

Als Fräulein Nellung gegangen war, stellte Antes sein Diktiergerät an und diktierte: An Personalabteilung: Wie auf der Sitzung der Geschäftsleitung am 15. 12. beschlossen, habe ich das Gehalt von Fräulein Nellung zum 15. 1. auf 1 998 DM festgesetzt. Wenn ich recht sehe, ist der Personalabteilung insoweit ein kleiner Fehler unterlaufen, als nach Aussage von Fräulein Nellung ihr Gehalt ab 1. 1. auf 1 990 DM festgesetzt wurde. Ich bitte um entsprechende Korrektur.

Am Nachmittag legte Fräulein Nellung Herrn Dr. Antes den Brief zur Unterschrift vor.

Einstellungsstopp

Die Firma Alltron GmbH Wolfenbüttel ist eines der zahlreichen 100%igen Tochterunternehmen eines Konzerns der Elektroindustrie. Während der größte Umsatzanteil des Konzerns auf den Konsumgütersektor (Radio, Fernsehen, Haushaltsgeräte usw.) entfällt, betreibt die Alltron GmbH ihr Geschäft in der Investitionsgüterbranche. Sie stellt elektronische Anlagen her. Das Unternehmen arbeitet auf seinem Markt in einem Oligopol von 3 Hauptkonkurrenten und hat seit Jahren einen Marktanteil von über 30 %. Diese Marktposition in der BRD zu halten ist eines der Unternehmensziele als Voraussetzung dafür, daß die laufend notwendigen Investitionen für aufwendige Forschungs- und Entwicklungsarbeit erwirtschaftet werden können, durch die ein auf dem gesamten Weltmarkt konkurrenzfähiges Lieferprogramm gesichert werden soll.

Der Vertrieb in der BRD erfolgt über eine eigene Verkaufsorganisation mit 12 Filialen, denen zahlreiche technische Büros mit einem engen Netz von 90 Verkaufsingenieuren und über 400 Kundendiensttechnikern angegliedert sind.

Die Verkaufsingenieure, die überwiegend Ingenieurschul-Absolventen sind, werden auf ihre Tätigkeit durch eine intensive Schulung im Unternehmen vorbereitet. Diese enthält Grundkurse (Physik und Elektronik), praktische Arbeit an elektronischen Anlagen, Praktikanten-Tätigkeit in den Prüffeldern der Fabrik des Unternehmens und eine Verkaufsassistentenzeit bei erfahrenen Verkaufsingenieuren. Diese Vorbereitungszeit vom Eintritt in die Firma bis zur Übernahme eines Verkaufsbezirkes dauert etwa 2 Jahre.

Die Kundendiensttechniker haben überwiegend eine Vorbildung als Elektrotechniker oder Elektroniker und werden ebenfalls in der Firma für das spezielle Fachgebiet geschult. Nach einer Grundausbildung in der Zentrale folgt eine praktische Tätigkeit bei Montagen als Hilfskräfte, an die sich eine intensive Schulung im Montage- und Reparaturservice in der Zentrale anschließt. Bis zur 100%igen Einsatzfähigkeit bei Montagen vergehen 1—2 Jahre. Für den Reparaturservice, der wegen des festen Einbaues der Anlagen überwiegend am Ort geleistet werden muß und Kenntnisse auch bei älteren, nicht mehr im Fabrikationsprogramm befindlichen Anlagen erfordert, ist ein Aufbau an Erfahrung von 3—5 Jahren notwendig.

Mitte 1974, als sich eine beginnende Rezession im Konsumgüter- und Bauelementebereich des Konzerns abzeichnete und die Ertragslage aufgrund steigender Läger und Personalkosten kritisch wurde, erließ die Konzernleitung einen Personal-Einstellungsstopp, um zu bewirken, daß durch normale Fluktuation die Gesamtbelegschaft des Konzerns auf das unbedingt notwendige Maß schrumpfen sollte. Es hatte sich bei ähnlichen Situationen in der Vergangenheit gezeigt, daß diese Maßnahme kurzfristig zum gewünschten

Ergebnis führte und außerdem den Effekt hatte, daß die einzelnen Unternehmen ihre Organisation und Personallage besonders kritisch überprüften und bei dieser Gelegenheit Mißstände bereinigten.

Für die Firma Alltron GmbH war dieser Einstellungsstopp äußerst problematisch. Die Auftragslage war in dieser Branche weiterhin gut und eine rezessive Tendenz in diesem Geschäft, bei dem zwischen Auftragseingang und Lieferung (Montage) der Anlagen im Durchschnitt ein Jahr und mehr verging, nicht erkennbar. Erste Vorstöße bei der Konzernleitung, um eine Ausnahmebehandlung für die Firma zu erwirken, wurden damit beantwortet, daß bei dem ungewöhnlichen Ernst der Situation jedes Unternehmen einen Beitrag zur Verminderung der Personalkosten leisten müsse.

Die Geschäftsleitung sah sich daher vor die Frage gestellt, ob sie das Einstellungs- und Ausbildungsprogramm für das Jahr 1975 für etwa 20 Verkaufsingenieure und 50 Kundendiensttechniker radikal kürzen sollte oder ob und wie sie einen erneuten Vorstoß bei der Konzernleitung unternehmen sollte.

Kaufhaus AG

I. Einführung und Problemstellung

Im Frühjahr 1970 beschloß der Vorstand der Kaufhaus AG, die Personaleinsatzplanung für ihre Warenhäuser zu überprüfen. Es ist vorgesehen, neue Konzeptionen zunächst für das Warenhaus Polis aus der Hausgruppe II zu entwerfen und dort zu erproben. Bei Bewährung sollen sie von den anderen Warenhäusern der Kaufhaus AG übernommen werden. Bis September 1970 war das nachstehende Material von der Abteilung „Planung und Organisation" der Hauptverwaltung der Kaufhaus AG zusammengestellt worden.

1. Kurze Charakteristik der Kaufhaus AG

Die Kaufhaus AG mit ihrer Hauptverwaltung in Frankfurt a. M. besitzt 55 Warenhäuser in den verschiedensten Städten der Bundesrepublik. Nach dem Stand Ende 1969 befanden sich von der Verkaufsfläche der Kaufhaus AG:

80,3 % (Vorjahr 77,5 %) in Städten mit mehr als 100 000 Einwohnern,

11,5 % (Vorjahr 15,1 %) in Städten mit mehr als 50 000 bis 100 000 Einwohnern,

8,2 % (Vorjahr 7,4 %) in kleineren Städten.

Die Warenhäuser werden von der Hauptverwaltung, der sie direkt unterstehen, nach Umsatzgröße und qm-Verkaufsfläche in fünf Hausgruppen aufgegliedert (Tabelle 1).

Tab. 1: Warenhäuser der Kaufhaus AG

Hausgruppe	Umsatz in Mill. DM	qm Verkaufsfläche	Anzahl der betr. Warenhäuser
I	90 und mehr	12 000 und mehr	5
II	50 – unter 90	9 000 – unter 12 000	13
III	40 – unter 50	unter 9 000	14
IV	20 – unter 40	unter 9 000	18
V	unter 20	unter 9 000	5
			55

Hausgruppe I umfaßt die größten Häuser des Unternehmens Entsprechend der Hausgröße sind auch die Abteilungsgruppen der Filialen aufgefächert. Jeder Abteilungsgruppe (Zusammenfassung mehrerer Warenabteilungen) steht ein Abteilungsleiter vor.

Die Hausgruppe I besitzt die größte und die Hausgruppe V die kleinste Zahl von Abteilungsgruppen. Das Warensortiment ist so gestaltet, daß es die Einkommensschichten bis zum gehobenen Mittelstand anspricht.

1969 betrug der Anteil des Unternehmens am Einzelhandelsumsatz der Bundesrepublik 2,2 % und 5,6 % vom Einzelhandelsumsatz der Städte, in denen der Konzern vertreten ist (siehe auch Tabelle 2).

Tabelle 2

		Kaufhaus AG	Gesamt-Einzelhandel
Textilien	1968	44,9 %	23,5 %
	1969	44,8 %	23,5 %
Möbel und Hausrat	1968	14,1 %	12,4 %
	1969	13,4 %	12,6 %
Verschiedener Bedarf	1968	16,1 %	28,3 %
	1969	17,2 %	29,1 %
Lebens- und Genußmittel	1968	21,1 %	35,8 %
	1969	20,9 %	34,8 %
Restaurant-Café	1968	3,8 %	-
	1969	3,7 %	-
	1968	100,0 %	100,0 %
	1969	100,0 %	100,0 %

2. Gründe für die Personalplanung

a) Personalmangel

Der schon seit Jahren bestehende Engpaß am Arbeitsmarkt wirkt besonders deutlich auf die Kostenstruktur derjenigen Bereiche der deutschen Wirtschaft, die lohnintensiv arbeiten. Auch der Zustrom von Gastarbeitern kann im Einzelhandel nicht abhelfen; denn Ausländer sind wegen der meistens bestehenden Sprachschwierigkeiten und mangelnden Fachkenntnisse selten im Verkaufsbereich der Warenhäuser einsetzbar.

Der Personalmangel wird durch die ungünstige Arbeitszeitregelung im Rahmen des Einzelhandels gefördert. Nur selten hat eine Verkaufskraft ein

Tab. 3: Abgangsquote
(Prozentsatz der Abgänge, gemessen am durchschnittlichen Personalbestand)

	1969	1968	1967
Kaufhaus AG	29,8 %	26,8 %	23,5 %
Polis	35,7 %	26,4 %	22,0 %

Tab. 4: Auswertung nach Beschäftigtengruppen, Kaufhaus AG
(Prozentsatz der Abgänge, gemessen am Bestand der Gruppe)

Gruppe	1969	1968	1967
Leitende Angestellte (Abteilungsleiter und höher)	8,2 %	9,5 %	7,3 %
Substituten	16,2 %	16,5 %	17,5 %
Büropersonal (einschl. Lehrlinge)	25,7 %	24,4 %	25,3 %
Verkäufer(innen) (einschl. Lehrlinge)	31,4 %	30,5 %	25,5 %
Gewerbliches Personal	39,2 %	34,8 %	25,3 %

Tab. 5: Auswertung nach Abgangsgründen, Kaufhaus AG

Abgangsgrund	1969	1968	1967
auf Veranlassung der Firma (Kündigung, Vertragsablauf)	32,5 %	33,5 %	33,4 %
unfreiwillig (Tod, Krankheit, Altersgrenze)	8,7 %	9,6 %	16,6 %
durch Eigenkündigung des Mitarbeiters[1]	58,8 %	56,9 %	50,0 %
	100,0 %	100,0 %	100,0 %

---

[1] Die Anzahl der mit der Begründung „Berufswechsel" ausgeschiedenen Mitarbeiter stieg von 738 im Jahre 1968 um mehr als ein Drittel auf 1000 im Jahre 1969.

langes Wochenende. Die Ladenschlußzeit von 18.30 Uhr für Montag bis Freitag, die Samstagsbeschäftigung bis zum Teil 18.00 Uhr und die Überbeanspruchung vor Feiertagen erlauben nur begrenzt eine mit der Industriearbeit vergleichbare Freizeitgestaltung. So sind — einer Repräsentativerhebung der Hauptgemeinschaft des deutschen Einzelhandels gemäß — auch 63 % aller Kündigungsgründe auf die relativ ungünstigen Arbeitsbedingungen zurückzuführen.

Speziell für die Kaufhaus AG sollen die Tabellen 3 bis 5 den Abgang von Arbeitskräften kennzeichnen.

Da jährlich rund ein Drittel aller Ausscheidenden auf Veranlassung der Kaufhaus AG das Arbeitsverhältnis beendet und da ungefähr 40 % aller Abgänge im Verlauf des ersten Jahres der Betriebszugehörigkeit erfolgen, bestätigt sich die Erfahrung, daß das sich zur Verfügung stellende Arbeitskräftereservoir den Ansprüchen des Handels weitgehend nicht genügen kann.

b) Steigende Personalkosten

Während der letzten zehn Jahre konnte die durchschnittliche Verkaufsleistung der Verkaufspersonen, gemessen in Unternehmensumsatz pro Verkaufskraft, erheblich gesteigert werden (vgl. Tabelle 6).

Tab. 6: Verkaufsleistung und Gehalt

Jahr	qm Verkaufsfläche je Verkaufsperson	Umsatz je Verkaufsperson	Index der tariflichen Monatsgehälter
(1)	(2)	(3)	(4)
1959	9,79	55 100	
1960	10,01	60 280	86,9
1961	10,25	60 000	93,6
1962	10,92	64 920	100,0
1963	11,32	68 000	106,0
1964	11,43	71 320	111,4
1965	11,99	78 520	117,8
1966	12,67	81 200	125,5
1967	13,39	82 870	130,3
1968	13,65	86 000	134,3
1969	14,39	92 000	137,1

Mit dieser Steigerung waren jedoch gleichzeitig zunehmende Lohn- und Gehaltsforderungen seitens der Gewerkschaften verbunden (Tabelle 6, Spalte 4). Die Personalkosten betragen im Augenblick durchschnittlich 50 % der Gesamtkosten. Dieser steigende Trend wird auch in Zukunft vorhanden sein, wenn sich der Einzelhandel erfolgreich gegen weitere Abwanderungen seiner Arbeitskräfte in andere Wirtschaftszweige schützen will.

Zum Vergleich gelte Tabelle 7, Übersicht über die Brutto-Monatsverdienste.

Tab. 7: Durchschnittliche Brutto-Monatsverdienste in Industrie (einschließlich Hoch- und Tiefbau, dieser mit Handwerk) und Einzelhandel (in DM)

Jahr	Industrie		Einzelhandel	
	männlich	weiblich	männlich	weiblich
1963	969	595	779	480
1964	1035	637	812	499
1965	1124	696	897	549
1966	1205	754	978	597
1967	1247	784	1014	622
1968	1310	819	1050	644

3. Ziele der Personalplanung

a) Ausgleich der Beschäftigungsschwankungen

In der Industrie ist es zum Teil möglich, durch Produktion auf Lager oder durch Steuerung von Lieferterminen einen gleichmäßigen Beschäftigungsgrad zu erreichen. Für den Warenhausbereich ist dies nicht gegeben. So kommt es immer wieder vor, daß Personalmangel oder -überschuß vorhanden ist, da zum Teil unvorhergesehene Schwankungen im Kundenstrom auftreten. Dabei handelt es sich sowohl um saisonale Schwankungen wie Schwankungen im Zeitraum eines Monats, einer Woche und eines Tages als auch um Schwankungen zwischen verschiedenen Abteilungen zur gleichen Zeit.

Die *Tages*schwankungen bei Polis werden durch bestimmte Umsatzspitzen gekennzeichnet (ein typisches Beispiel siehe Abbildung 1). Dies entspricht auch der Stärke des Kundenstromes.

Abb. 1: Tagesschwankungen bei Polis für Personal, Umsatz und Kunden (in %)

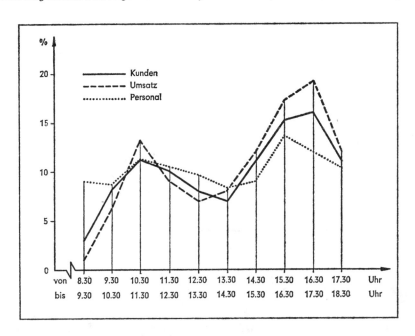

Im Beispiel der Abbildung 1 werden 13 % des Tagesumsatzes in der Stunde von 10.30 Uhr bis 11.30 Uhr durch 11 % der Kunden erzielt. Auf den gleichen Zeitraum entfielen 11 % der gesamten Anwesenheitszeit der Verkaufspersonen im Verkaufsbereich.

Normalerweise ist der lange Samstag der verkaufsstärkste Wochentag. Für die durchschnittliche Kundenfrequenz in % der Tageskunden gilt für den kurzen und langen Samstag (der Verlauf in Abbildung 2).

Innerhalb einer *Woche* ist der Umsatz montags im Verhältnis zu dienstags höher und steigt ab Mittwoch bis zum Wochenende.

Diese allgemeinen Darstellungen der Kundenfrequenz für die einzelnen Tage und für die Woche werden allerdings durch Ereignisse wie Witterungseinflüsse oder etwa lokale Geschehen, wie z. B. Streiks, Demonstrationen, beeinflußt.

Abb. 2: Durchschnittliche Kundenfrequenz an Samstagen bei Polis

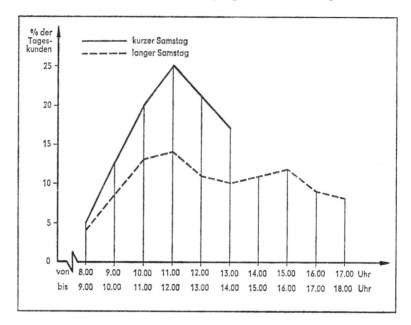

In bezug auf den *Monat* verzeichnet man bei Polis ein starkes Ultimogeschäft, das in der letzten Monatswoche beginnt.

Saisonale Höhepunkte treten während des *Winter- und Sommerschlußverkaufs* und des Weihnachtsgeschäftes auf. Allerdings erscheinen die Höhepunkte des Sommer- und Winterschlußverkaufs nur noch in abgeschwächter Form. Wenn diese geschäftlichen Höhepunkte nicht mehr so fühlbar sind wie noch vor einigen Jahren, so liegt das auch daran, daß man versucht, die ehemals ruhigen Geschäftszeiten zu beleben, indem man eine Modenschau, eine Ausstellung und andere Attraktionen bietet, um Kunden anzuziehen. Das Saisongeschäft fällt für verschiedene Warengruppen in verschiedene Jahreszeiten. So fallen die Umsatzspitzen zum Beispiel für Sportgeräte oder Elektroartikel nicht zusammen.

Der absolute Höhepunkt im Geschäftsjahr bleibt das Weihnachtsgeschäft. Es hat sich gezeigt, daß die absoluten Umsatzgipfel des Weihnachtsgeschäftes in den Monaten November und Dezember liegen und von Abteilungsgruppe zu Abteilungsgruppe variieren. So sind zum Beispiel die Abteilungsgruppen mit Waren, deren Preise über 500 DM liegen, diejenigen, in denen das Weihnachtsgeschäft beginnt und zuerst wieder abklingt. Insbesondere sind hierzu die Möbel-, Teppich-, Radio-, Fernseh-, Gardinen- und Pelzabteilung zu zählen. Für die Möbelabteilung zeigt dies Abbildung 3.

Abb. 3: Schwankungen im Monatsumsatz bei Polis

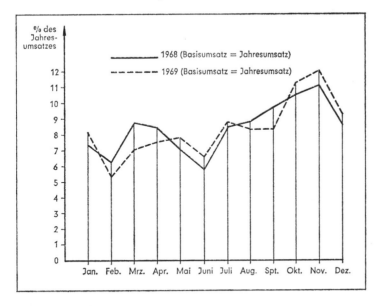

Innerhalb dieser Abteilungsgruppen konnte man bei Polis jedoch nicht feststellen, ob im Weihnachtsgeschäft zuerst Möbel, dann Gardinen, dann Pelzmäntel gekauft werden.

Es gibt auch Abteilungsgruppen, für die man den Schluß des Weihnachtsgeschäftes mit großer Gewißheit voraussagen kann. So ist zum Beispiel für die Spielwarenabteilung mit dem 15. Dezember das Weihnachtsgeschäft beendet. Andererseits steigt zum Beispiel der Umsatz in der Parfümerieabteilung noch ständig bis zum 24. Dezember.

Eine befriedigende Anpassung des Personalbestandes an die Schwankungen der Kundenfrequenz kann bisher nicht erreicht werden.

b) Erhöhung des Leistungspotentials

Die Organisationsabteilung der Kaufhaus AG hat festgestellt, daß die Anwesenheit des Verkaufspersonals am Arbeitsplatz durchschnittlich 52,9 % der jährlichen Ist-Arbeitszeit und 68,1 % der tariflichen Arbeitszeit beträgt. Diese Angaben sind Tabelle 8 zu entnehmen.

Tab. 8: Aufteilung der Arbeitszeit
(Ergebnisse einer Multimomentstudie der Organisations-Abteilung der Kaufhaus AG)

Öffnungszeit 2960 Stunden jährlich = 100 % davon:		Tarifliche Arbeitszeit 2210 Stunden jährlich = 100 % davon:	
Pause	10,4 %		
Freizeit (s. roulierendes System)	13,6 %		
krank	4,9 %	krank	6,5 %
Urlaub	7,1 %	Urlaub	9,5 %
Abwesenheit ohne Bezahlung	1,9 %	Abwesenheit ohne Bezahlung	2,5 %
Ausbildung und Lehrgänge	0,3 %	Ausbildung und Lehrgänge	0,5 %
innerbetriebliche Abwesenheit (betriebliche und private)	8,9 %	innerbetriebliche Abwesenheit (betriebliche und private)	12,9 %
Summe der Abwesenheit	47,1 %	Summe der Abwesenheit	31,9 %
Anwesenheit am Arbeitsplatz	52,9 %	Anwesenheit am Arbeitsplatz	68,1 %
	100,0 %		100,0 %

Die Quoten der Abwesenheit betragen laut Tabelle 8 47,1 % bzw. 31,9 %.

Man ist bei Polis der Meinung, daß eine Erhöhung des Leistungspotentials der Verkaufskräfte durch eine Verringerung der innerbetrieblichen Abwesenheit und durch eine Umverteilung der Tätigkeiten am Arbeitsplatz möglich ist.

II. Die Durchführung der Personalplanung

Bisher wurden zwei Planungskonzepte bei der Hauptverwaltung der Kaufhaus AG entwickelt und zum Teil im Warenhaus Polis erprobt.

1. Das Planungskonzept X

a) Die generelle Grobplanung

Seit Jahren erhalten die Filialen der Kaufhaus AG nach Abschluß eines jeden Monats von der Hauptverwaltung eine Personalkostenübersicht. Aus diesen Vergangenheitszahlen können die Personalchefs Richtlinien für ihre zukünftige Personalplanung entnehmen. Einen Auszug für das Haus Polis enthält Tabelle 9.

Tab. 9: Personalkostenübersicht

Einzeldispositionen		Hausgruppe: II Blatt 3			Monat September 1969			Gruppe II Total
		Polis						
Abteilungs- gruppe	Kosten in % vom Ab- teilungs- Umsatz	Personalanzahl					Umsatz pro Verk.- Kraft in DM	Umsatz pro Verk.- Kraft in DM
		Festangestellte		Lehr- linge	Aushil- fen umger	Gesamt- besch.		
		Voll- besch.	Teil- besch. umgor.					
(1)	(2)	(3)	(4)	(5)	(6)	(7)	(8)	(9)
Damenhüte Damenblusen Damenmäntel Damenkostüme	7,34 2,88	4,0 17,0	2,1 2,8	1,0 4,0	4,3	7,1 28,1	9 231 22 153	7 843 21 718
Schreibwaren Optik und Bücher	7,42	12,0	7,9	3,0	8,0	30,9	9 455	9 548

Im Prinzip enthält diese Übersicht als Ergebnis die Umsatzleistung pro Verkaufskraft des abgelaufenen Monats. Die ausgewiesene Personalbesetzung der einzelnen Abteilungsgruppen sind Bruttozahlen (abwesendes Personal ist nicht berücksichtigt, Teilzeitbeschäftigte und Aushilfen sind auf Vollbeschäftigte umgerechnet). Bei den Ermittlungen der Umsatzleistung pro Verkaufskraft werden die Lehrlinge als halbe Verkaufskräfte gezählt. Dividiert man den monatlichen Gesamtumsatz pro Abteilungsgruppe oder des gesamten Hauses durch die entsprechende Anzahl von Verkaufskräften, erhält man die Meßzahl (monatliche Umsatzleistung pro Verkaufskraft).

Bei Polis wurde die langfristige Personalplanung für 1970 aufgrund dieser Ex-post-Übersicht — erklärt am Beispiel der Damenhutabteilung (Abteilung 100) — wie folgt durchgeführt:

Man addierte jeweils für die Jahre 1966 bis 1969 die durchschnittlichen Leistungsmeßzahlen (Umsatz pro Verkaufskraft) für die Monate Januar bis einschließlich Oktober. Die Monate November und Dezember ließ man unberücksichtigt, weil sie Extremwerte liefern. So erhielt man für die letzten Jahre (1966 bis 1969) die Werte der Tabelle 10.

Tab. 10: *Durchschnittlicher Umsatz je Verkaufskraft Abteilung 100, Januar bis Oktober*

	1966	1967	1968	1969
Hausgruppe II	76 700	84 800	75 100	81 000
Polis	84 300	96 400	73 100	90 800

Im Jahre 1969 lag man 10 % über dem Hausdurchschnitt. Der Umsatzsprung von 1968 bis 1969 betrug 17 700 DM, während sich die durchschnittliche Leistung pro Verkaufskraft in der Hausgruppe nur um 6 000 DM verbesserte. Man glaubte jedoch bei Polis, diese Position nicht halten zu können. Man wollte aber eine durchschnittliche Umsatzleistung pro Verkaufskraft in den kommenden Monaten Januar bis Oktober erreichen, die mit 85 000 DM etwa der Leistung von 1966 entspricht. Nach dieser Entscheidung konnte man die durchschnittliche Personalbesetzung für den Monat Januar 1970 planen. Angenommen, der Abteilungsleiter der Damenhutabteilung schätzte den Umsatz für Januar 1970 auf 64 500 DM, so errechnet man die Brutto-Sollbesetzung dieser Abteilung wie folgt:

$$\frac{\text{geplanter Umsatz} \times 10^{2)}}{\text{geplante durchschn. Verkäuferleistung}} = \text{Verkaufskräfte}$$

$$\frac{64\,500\text{ DM} \times 10}{85\,000\text{ DM}} = 7{,}65$$

Hiervon wurden noch 10 %, die durch Aushilfen ersetzt werden können, abgezogen, und man erhielt die Stammbesetzung für den Monat Januar von 6,885 Verkaufskräften. Die Stammbesetzung für die Damenhutabteilung ergab sich nach analogen Berechnungen für die anderen Monate entsprechend Tabelle 11.

Tabelle 11

Monat	Verkaufskräfte	Monat	Verkaufskräfte
Januar	6,885	Juni	6,252
Februar	7,245	Juli	7,321
März	5,327	August	8,217
April	6,581	September	7,524
Mai	5,897	Oktober	8,378

---

2) Es heißt x 10, weil die geplante durchschnittliche Verkäuferleistung die Summe der geplanten monatlichen Verkäuferleistungen von Januar bis einschließlich Oktober ist.

Die monatlichen Besetzungen für die anderen Abteilungsgruppen wurden entsprechend ermittelt.

Die erwähnte Statistik war auch für die Personalplanung im Weihnachtsgeschäft in den Monaten November und Dezember die Grundlage. Die Berechnung des Personalbedarfs erfolgte analog.

b) Die fallweise Detailplanung und ihre Realisierung

Durch die dargestellte langfristige Personalplanung wird allerdings nur die durchschnittliche Stammbesetzung festgelegt. Unter der Stammbesetzung versteht man die über einen längeren Zeitraum hinweg (mindestens 1 Jahr) gleichbleibende Anzahl festangestellter Mitarbeiter. Darüber hinaus benutzte man für die wöchentliche und tägliche Personalplanung die jeweils einen Monat im voraus abgegebenen Umsatzschätzungen der Abteilungsleiter. Über die Umsatzleistung pro Verkaufskraft legte man den zukünftigen Personalbedarf fest. Durch diese Voraussetzungen konnten gewisse Schwankungen des Kundenstroms berücksichtigt werden. Diese Detailplanung konnte wesentlich von der beschriebenen monatlichen Planung abweichen. Für Ereignisse wie Schlußverkäufe, lange Samstage, Verkaufstage vor Feiertagen usw. wurde deshalb versucht, rechtzeitig Aushilfen einzustellen.

Trotz dieser Planung zeigt sich immer wieder, daß die Dispositionen für den Personalbereich nicht zutreffend waren, weil der Ist-Umsatz vom erwarteten Umsatz abwich oder die tatsächlichen Verkäuferleistungen nicht mit den der Rechnung zugrundeliegenden übereinstimmten. Außerdem bezogen sich die Umsatzschätzungen nur auf den gesamten Tagesumsatz. Jedoch treten — wie ausgeführt — auch innerhalb eines Tages erhebliche Schwankungen im Kundenstrom auf. Es hat sich allerdings oft gezeigt, daß für diese Berechnungen des Bedarfs die Personalabteilung überfordert ist, da konkrete Maßgrößen für die tägliche Personalplanung nicht vorliegen. Häufig erwies es sich daher als notwendig, kurzfristig Personalunter- bzw. -überdeckungen in den einzelnen Abteilungen optisch festzustellen und je nach der Dringlichkeit einen Ausgleich zwischen den Abteilungen herbeizuführen. Diese fallweise Lösung stößt allerdings dann auf Schwierigkeiten, wenn die Abteilungsleiter sich gegen einen Abzug von Personal wehren oder die Verkaufskräfte selbst in anderen Abteilungen nicht aushelfen wollen. Sie empfinden es häufig als „Strafversetzung". Zwischen einigen Abteilungsgruppen bestehen auch „gläserne Wände", weil zwischen ihnen ein „Prestigegefälle" mindestens latent vorhanden ist. Oft besitzen Verkaufskräfte auch nicht die entsprechenden Fachkenntnisse, Sprachkenntnisse (bei Ausländern) oder etwa physische Konstitution für eine Versetzung. Entsprechend dem Warensortiment in den verschiedenen Abteilungen ergeben sich körperliche Anforderungen an die Verkaufskräfte. Zum Beispiel sollte in der Teppich- und

Möbelabteilung und überall dort, wo schwere Güter zu transportieren sind, darauf geachtet werden, daß die Abteilungen mit männlichen Verkaufskräften besetzt werden.

Fachliche Fähigkeiten sind besonders in bestimmten beratungsintensiven Abteilungen erforderlich. Hierzu gehören die Teppich-, Möbel-, Radio-, Fernseh- und Gardinenabteilung. Aber auch für die Meterwarenabteilung sind Vorkenntnisse notwendig; denn eine Kundin spürt genau, ob die Verkäuferin sie fachgerecht beraten kann. Mindestens ebenso wichtig sind gute Umgangsformen, Einfühlungsvermögen sowie ein guter Geschmack.

Eine Umbesetzung ist am leichtesten von Verkaufsständen mit problemloser Ware zu solchen mit ebenfalls problemloser Ware möglich. Eine Versetzung von Ständen mit problemvoller zu solchen mit problemvoller anderer Ware ist nur dann möglich, wenn es sich um artverwandte Ware handelt. Nur in ganz bestimmten Einzelfällen ist eine Umbesetzung von problemloser zu problemvoller Ware möglich. Eine Versetzung von problemvoller zu problemloser Ware kann an dem genannten „Prestigegefälle" scheitern.

2. Das Planungskonzept Y

Um ihren Filialen eine weitere Entscheidungshilfe für die Personalplanung zur Verfügung zu stellen, führte die Kaufhaus AG in 15 ihrer 55 Warenhäuser jeweils eine Woche lang eine umfangreiche Untersuchung durch. (Die Saisongeschäfte wurden also in verschiedenen Häusern erfaßt.)

a) Die Grundlagen

(1) Die Datenerfassung

Die Erhebungsmethode wird im folgenden beispielhaft für einen Tag und eine Abteilungsgruppe beschrieben.

Im Laufe eines Tages registrierte man stündlich an den Kassen die Kundenzahl und den angefallenen Umsatz. Die sich ergebenden Schwankungen in Kundenzahl und Umsatz sollten den in der Zeit schwankenden Personalbedarf für Verkaufskräfte charakterisieren. Auf die gleichzeitige Feststellung wartender Kunden wurde verzichtet, weil es unmöglich schien, diese Kategorie zu ermitteln. Wartende Kunden befinden sich in der Gruppe von Menschen, die ihre Ware selbst wählen, und solchen, die sich nur etwas anschauen wollen. Befragungen hätten neben dem erhöhten Zeit- und Kostenaufwand auch das Geschehen zu stark beeinflussen können.

Die Verteilung der Tätigkeiten der Verkaufskräfte wurde durch Multimomentstudien ermittelt[3]. Sechsmal pro Stunde (etwa alle 10 Minuten) wurde das Erhebungspersonal in die einzelnen Abteilungsgruppen geschickt, um die Tätigkeiten der beschäftigten Personen aufzunehmen. Die Beobachtungen wurden auf Zeichenlochkarten festgehalten, die nach Tätigkeitsarten und Beobachtungszeit feingegliedert waren, und dann für Stunden, Tage und Wochen zusammengefaßt.

(2) Die Bemessungsgrundlage

Analog zu der physikalischen Definition der Leistung (= Arbeit/Zeiteinheit) versuchte die Kaufhaus AG auf der Basis von Stunden-, Tages- oder Wochendurchschnitten einen *Nettozeitfaktor* zu ermitteln, der angeben sollte: „Wie lange braucht eine Verkaufskraft, um 100 DM Umsatz zu machen?"

Diese Kennzahl wurde gebildet, indem die Zeitfaktoren für Arbeit mit Kundenkontakt, für Verkaufsbereitschaft und für Nebentätigkeiten addiert wurden. Der Nettozeitfaktor für Arbeit mit Kundenkontakt betrug in der Abteilung Toilettenartikel am Montag:

$$\text{Nettozeitfaktor} = \frac{\text{benötigte Zeit} \times 100}{\text{Umsatz am Montag}}$$

$$= \frac{51{,}3 \text{ Std.} \times 100 \text{ DM}}{9408 \text{ DM}}$$

$$= 0{,}55 \text{ Std.}$$

Unter Berücksichtigung aller drei Faktoren erhielt man für diesen Tag: Eine Verkaufskraft benötigte in der Abteilungsgruppe Toilettenartikel 1,05 Stunden, um Waren im Verkaufswert von 100 DM zu verkaufen.

Bei der Auswertung aller erhobenen Daten stellte sich heraus, daß der Nettozeitfaktor um so niedriger ist, je höher der Tagesumsatz ist.

---

[3] Das Wesen der Multimomentstudie besteht darin, durch viele Augenblicksbeobachtungen einen Vorgang oder eine Tätigkeit in ihrer Gesamtheit zu erfassen. Die Beobachtungen finden also nicht kontinuierlich, sondern in Intervallen von Zeit zu Zeit statt. Aufgrund der Häufigkeit der Beobachtung einer Einzeltätigkeit schließt man z. B. auf den Zeitanteil und den Zeitaufwand für diese Tätigkeit.
Siehe: Mahler, H. H. und R. Bisagno, Personaleinsatzplanung im Detailhandel, in: Industrielle Organisation 38 (1969), S. 489-493; Mies, W., Arbeitsrationalisierung im Verkauf. Dargestellt an Beispielen aus Verkaufs- und Warenhäusern, Köln 1964; Mevert, P., Untersuchungen über die Genauigkeit von Multimomentstudien, in: Forschungsberichte des Landes Nordrhein-Westfalen, Nr. 1301, Köln und Opladen 1964.

b) Die Erstellung von Planzahlen

Auf der Grundlage von alternativen Umsatzschätzungen lassen sich damit aus den berechneten Nettozeitfaktoren (die also von den Umsatzschätzungen abhängig sind), den Pausenzuschlägen und den Anwesenheitszeiten der Verkaufskräfte die Tagessollbesetzungen für die jeweiligen Umsatzhöhen bestimmen.

c) Die Verwertung der Untersuchungsergebnisse für die Personalplanung

In den Testhäusern, in denen das Personalplanungskonzept Y verwirklicht wurde, bestimmte man zunächst eine Mindestbesetzung, die zur Wahrung der Verkaufsbereitschaft und zur Warensicherung nicht unterschritten werden darf. Sie ist unabhängig von der Umsatzhöhe, wird dagegen beeinflußt von der Art des Verkaufs (Bedienung, Selbstbedienung), der Warenart (Schmuck, Möbel), dem Kassiersystem, der Abteilungsgröße, der Durchlässigkeit der Bedienung zwischen Abteilungen usw.

(1) Die langfristige Personalbedarfsplanung

Das langfristige Netto-Sollpersonal, das aus erwartetem Monatsumsatz und Zahl der Arbeitstage bestimmt wird, wird mit dem statistisch ermittelten Abwesenheitsfaktor für den jeweiligen Monat korrigiert, um die Brutto-Sollbesetzung zu berechnen. Die Gehaltsplanungskarte wird entsprechend berichtigt. Auf jährlicher Basis erhält man so die geplante „Stammbesetzung" pro Abteilungsgruppe; sie kann noch besonderen Schätzungen der Filiale angepaßt werden.

(2) Die kurzfristige Personalplanung

Täglich werden tatsächlich anwesendes Personal und gemäß Umsatzziel erforderliches Personal verglichen und durch den Personalchef über die Abteilungen ausgeglichen. Am Abend werden das Verhältnis von erreichtem Umsatz und Zahl der eingesetzten Verkaufskräfte und die Abweichung zum Planverhältnis festgestellt.

d) Zusammenfassung

Dieses Planungskonzept wurde von Polis nur kurzzeitig angewendet. Die erforderlichen Aufzeichnungen überforderten die Personalabteilung. Oft war es am Morgen, nachdem die Fehl- oder Mehrbestände ermittelt waren, zu spät, einen Ausgleich zu erreichen. Insbesondere zusätzlich von außen zu beschaffende Aushilfskräfte müssen in der Regel 1 bis 2 Wochen vor dem Einsatz angeschrieben werden. Außerdem überwindet auch das Planungskonzept Y nicht die bereits für das alte Planungskonzept erwähnten Schwierigkeiten und Mobilitätshemmnisse bei fallweisen Regelungen.

III. Die Deckung des Personalbedarfs

1. Arten der Verkaufskräfte

a) Vollbeschäftigte und Teilzeitbeschäftigte

Die Vollbeschäftigten arbeiten nach dem roulierenden System. Gemäß den Bestimmungen des § 3 des Ladenschlußgesetzes vom 28. 11. 1956 können die Verkaufspersonen laut Tarifvertrag 184 Stunden im Monat bzw. 2 210 Stunden im Jahr beschäftigt werden. Das roulierende System wurde in Absprache mit dem Betriebsrat geschaffen, weil es eine Fünftagewoche für die Arbeitnehmer garantiert. Es besagt: Die gesamte Belegschaft wird in sechs gleich große Gruppen eingeteilt und auf die sechs Wochentage verteilt. Die Gruppe, die in der ersten Woche montags arbeitsfrei ist, hat in der nächsten Woche Samstag frei, dann den Freitag usw. In analoger Weise roulieren die arbeitsfreien Tage der anderen fünf Gruppen. Hierdurch wird erreicht, daß jeder Arbeitnehmer nur fünf Sechstel der gesamten betrieblichen Jahresarbeitszeit im Betrieb anwesend ist. Teilzeitbeschäftigte sind zwar fest angestellt, aber jeweils nur einige Stunden am Tag oder nur an bestimmten Wochentagen anwesend. Der Ersatz eines Vollbeschäftigten durch mehrere Teilzeitbeschäftigte ist nur beschränkt möglich. So kann zum Beispiel die Verantwortung für bestimmte Warenlager oder Kassenbestände bei häufigerem Personalwechsel nicht ausreichend geregelt werden.

b) Aushilfskräfte

Aushilfskräfte werden für ganze Tage, für einen bestimmten Teil des Tages oder der Woche beschäftigt. Sie werden überwiegend für fehlendes Stammpersonal oder bei saisonbedingten Höhepunkten wie zum Beispiel im Weihnachtsgeschäft eingestellt. Ihr Einsatz ist allerdings beschränkt. In der Regel werden aus Gründen des Arbeitsablaufs pro Abteilungsgruppe nicht mehr als zwei bis drei Aushilfen verwendet.

In den vergangenen Jahren sah die Aufteilung des Verkaufspersonals im September wie folgt aus (Tabelle 12):

Tab. 12: Personaleinsatz September bei Polis

Jahr	Voll-beschäftigte	Teilzeit-beschäftigte	Aushilfen	Lehrlinge
1966	397	105,2	24,6	98
1967	393	101,5	25,2	125
1968	382	108,1	33,8	137
1969	361	104,4	73,0	121

Bei einer Untersuchung für das Jahr 1968 ergab sich für die Verteilung der einzelnen Beschäftigtenarten an der jeweiligen monatlichen Gesamtbeschäftigung Abbildung 4.

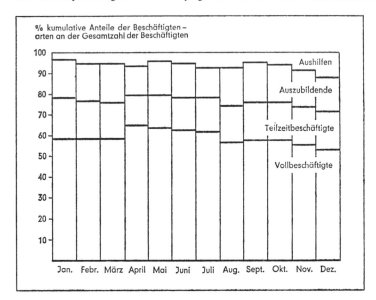

Abb. 4: *Aufteilung der Beschäftigten in den einzelnen Monaten*

2. Der Arbeitsmarkt

Der für das Warenhaus Polis relevante Arbeitsmarkt erstreckt sich auf ein Gebiet von 30 km Umkreis.

Für Ganztagskräfte hat sich in letzter Zeit der Arbeitsmarkt so verengt, daß man teilweise gezwungen ist, eine Vollbeschäftigte durch zwei Teilzeitbeschäftigte zu ersetzen. Teilzeitbeschäftigte sind leichter zu finden als Vollbeschäftigte. Man muß hierbei allerdings zwischen den Teilzeitbeschäftigten unterscheiden, die vormittags, und denjenigen, die nachmittags arbeiten wollen. Teilzeitbeschäftigte für den Vormittag sind leichter zu erhalten, weil sich die Frauen danach richten, ob sie zu Hause benötigt werden oder nicht.

Aushilfskräfte können über das Arbeitsamt oder die Zeitung nachgefragt werden. Bei angespannter Arbeitsmarktlage stößt dies auf erhebliche Schwierigkeiten. Aushilfen für Samstag sind allerdings relativ leicht einzustellen. Viele in Büros Beschäftigte haben samstags frei. Sie möchten sich gerne noch ein zusätzliches Taschengeld verdienen, indem sie als Aushilfen tätig sind. Oft sind es ehemalige Verkäuferinnen, die später einen Berufswechsel vornahmen. Es liegt außerdem eine Adressenkartei vor, in der bereits früher eingesetzte Verkaufskräfte und neue Bewerber erfaßt sind. So wendet man sich vor Saisonzeiten so früh wie möglich an diese Personen. Das geschieht zum Beispiel bei der Personalplanung für das Weihnachtsgeschäft schon im September. Es ist allerdings oft schwierig, Aushilfen nur für die Zeit zu bekommen, in der der Personalbedarf besteht. Diese Verkaufskräfte sind an einer „zu kurzen" Beschäftigungszeit nicht interessiert. Das führt häufig zu Unter- bzw. Überbesetzung in bestimmten Abteilungen, da auch die Aushilfskräfte nur selten bereit sind, innerhalb ihrer Beschäftigungszeit Abteilungen zu wechseln.

IV. Aufgabenstellung

In einer Besprechung über die Personalplanung im Rahmen der Kaufhaus AG weist der Leiter der Abteilung „Planung und Organisation" noch einmal auf die Schwierigkeiten hin, die bei der Anwendung der beiden dargestellten Planungskonzepte aufgetreten sind. Besonders stellt er heraus:

1. Die Planungskonzepte sind zum Teil wegen der umfangreichen Schreib- und Rechenarbeiten schwer zu handhaben. Die Berechnungsergebnisse liegen daher bisweilen zu spät vor.

2. Die Umbesetzung der Verkaufskräfte ist schwierig, weil sich das Personal einschließlich der Abteilungsleiter manchmal dagegen sträubt.

Bis heute erfolgt der Personalausgleich daher durch fallweise Regelungen. Es wird versucht, mit optischen Kontrollen rechtzeitig Personalunter- bzw. überbesetzungen festzustellen und ihrer Dringlichkeit entsprechend durch zeitweilige Versetzung der Verkaufskräfte zu verhindern. Er betont noch einmal, wie wichtig ein effizientes Instrument für die Personalplanung ist, da das Ansteigen der Personalkosten und die Knappheit am Arbeitsmarkt bestimmt anhalten werden.

Aufgabe sei es daher, die bestehenden Planungskonzepte zu verfeinern und operational zu gestalten oder ein neues Konzept für die Personaleinsatzplanung zu entwickeln.

Bei den Überlegungen sollte berücksichtigt werden,

1. ob und wie durch formale, eventuell computergestützte Personaleinsatzpläne die Nachteile fallweiser Planung überwunden werden können;

2. durch welches Führungsverhalten innerbetriebliche Mobilität der Verkaufskräfte erreicht werden kann, wie etwa Statusunterschiede von Arbeitsplätzen unwirksam zu machen sind;

3. ob die Bildung von „Springer"-Gruppen genügende Reaktionsfähigkeit auf die stark schwankende Geschäftstätigkeit bietet und wie den Spannungen zwischen den — vielleicht unterschiedliche Führung erfordernden — Mitarbeitergruppen (Voll-, Teilzeit-, Aushilfsbeschäftigten, Springern) zu begegnen ist.

Deutsche Fina GmbH

I. Ausgangslage und Problemstellung

1955 wurde die Deutsche Purfina GmbH, eine Tochtergesellschaft der belgischen Petrofina, gegründet. Sie wurde 1958 in Deutsche Fina GmbH (Fina) umbenannt. Das Verwaltungszentrum der Fina befindet sich in Frankfurt/M. Der Jahresumsatz beläuft sich auf über 600 Millionen DM. Damit gehört die Fina umsatzmäßig zu den hundert größten Unternehmen der Bundesrepublik.

Das Tankstellennetz der Gesellschaft umfaßte Ende 1972 ein Netz von rund 1 000 Stationen. Außerdem befinden sich Großtanklager, Raffinerien, ein Bitumenwerk, Parkhäuser, Fernheizwerke, Flugdienststationen und Schmierstoffwagen für Baustellen im Besitz der Gesellschaft.

Anfang 1969 wurde auf einer Sitzung der Geschäftsführung der Gesellschaft erneut das Problem diskutiert, wie die Zahl der Sekretärinnen und Stenotypistinnen in der Zentrale in Frankfurt/M. reduzierbar sei. Eine Kommunikations-Analyse hatte ergeben, daß wesentliche Personaleinsparungen und Kostenersparnisse durch die Einrichtung eines Zentralen Korrespondenzbüros erzielt werden konnten.

Die Geschäftsführung ließ sich einen Kostenvoranschlag für die Einrichtung eines Zentralen Korrespondenzbüros machen. Nach rein wirtschaftlichen Kriterien war die Einrichtung im Vergleich zur bestehenden Regelung außerordentlich vorteilhaft. Die Schwierigkeit lag jedoch in der praktischen Durchsetzbarkeit:

Eine Organisationsänderung aufgrund einer einfachen Ankündigung war praktisch nicht durchführbar, da es in der Belegschaft nach Bekanntwerden der Pläne zur Einrichtung eines Zentralen Korrespondenzbüros bereits zu hitzigen Diskussionen gekommen war.

Dabei war — wenn auch häufig nicht ausgesprochen — sowohl bei den Sekretärinnen und Stenotypistinnen als auch bei ihren Vorgesetzten der Verlust des Statussymbols, „eine Sekretärin oder Stenotypistin zu haben" bzw. „einen Chef zu haben", das Hauptmotiv in der Argumentation gegen das Zentrale Korrespondenzbüro.

II. Belegschaftsstruktur

Anfang 1969 waren in der Zentrale der Fina 285 Arbeitnehmer beschäftigt. In Tabelle 1 sind die Mitarbeiter nach Beschäftigungsstatus aufgeschlüsselt.

Tab. 1: Anzahl an Beschäftigten pro Beschäftigungsstatus

Beschäftigungsstatus	Anzahl
Geschäftsführer	3
Ressortleiter	2
Bereichsleiter	1
Abteilungsleiter	26
Referenten	56
Sachbearbeiter	85
Sekretärinnen	16
Stenotypistinnen	27
Außendienstangestellte	60
Registraturangestellte	6
Telefonistinnen/Fernschreiberinnen	2
Pförtner	1
Insgesamt	285

In Tabelle 2 ist die Anzahl der Mitarbeiter pro Unternehmensbereich ausgewiesen.

Tab. 2: Anzahl an Beschäftigten pro Unternehmensbereich

Unternehmensbereich	Anzahl	
	insgesamt	davon Führungskräfte
Vorsitzender der Geschäftsführung einschließlich Revision / Organisation / Planungsstab / Werbung	16	4
Verkauf	57	7
Tankstellen	27	4
Operating	18	3
Verwaltung	80	8
Bereich Südwest	87	10
Insgesamt	285	36

Im Organogramm der Fina (Abbildung 1) ist die Anzahl der Sekretärinnen und Stenotypistinnen für jeden Unternehmensbereich angeführt.

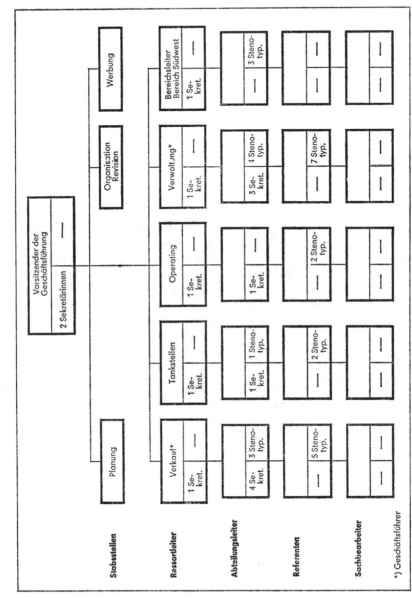

Abb. 1: Organogramm und Zuordnung der Sekretärinnen und Stenotypistinnen (Ist)

III. Arbeitsplatzanalyse und Wirtschaftlichkeitsrechnung

Bereits Ende 1967 wurde über die Einrichtung eines Zentralen Korrespondenzbüros diskutiert. Es wurden über einen Zeitraum von vier Wochen „Kommunikations-Analysen" für jeden Arbeitsplatz, der mit einer Sekretärin oder einer Stenotypistin besetzt war, durchgeführt (Abbildung 2). Insbesondere wurde durch eine Arbeitszeit-Analyse und eine Schreibzeit-Analyse festgestellt, wieviel Prozent der täglichen Arbeitszeit im Durchschnitt für die Arbeitsarten „effektive Schreibzeit", „Steno-Aufnahme", „Schreibvorbereitung", „andere Tätigkeiten" und „keine Arbeit" anfielen.

Die Auswertung dieser Kommunikations-Analysen ergab, daß die Einrichtung eines Zentralen Korrespondenzbüros organisatorisch zweckmäßig und wirtschaftlich vorteilhaft wäre (siehe auch IV.).

Abbildung 3 enthält einen Vorschlag für eine Neuverteilung der Schreibkräfte (Soll-Besetzung), der für die Geschäftsführung als vertrauliche Unterlage erarbeitet worden war. Dabei wurden außerdem einige weitere geplante organisatorische Änderungen berücksichtigt. Durch Leistungs- und Funktionszulagen sollten die betroffenen Damen für die Umbesetzung gewonnen werden. Ein Umlernen würde nicht notwendig sein, da die für das Zentrale Korrespondenzbüro vorgesehenen Damen bereits mit Diktiergeräten arbeiteten. Den „überzähligen" Damen sollte zugesichert werden, daß ihnen nicht gekündigt wird. Frei werdende Plätze sollten aber nicht neu besetzt werden.

Zu dieser vertraulichen Unterlage (Soll) wurde folgende vereinfachte Wirtschaftlichkeitsbetrachtung im Vergleich zur bestehenden Organisation (Ist) angestellt:

A. Anzahl Schreibkräfte (Ist)   43

    Anzahl Schreibkräfte (Soll)   29

    Personaleinsparungen (Anzahl)   14

    Personaleinsparungen ca.   33 %

B. Durchschnittliches Jahresgehalt pro Schreibkraft   15 000 DM

    Jährliche Kostenersparnis „Gehalt" insgesamt   210 000 DM

C. Einmalige Aufwendungen für die Einrichtung des Zentralen Korrespondenzbüros in einem Großraum einschließlich neuer Kugelkopfmaschinen   65 000 DM

Abb. 2a: Kommunikations-Analyse — Schreibplatz

IBM Schule für Textverarbeitung

Kommunikations-Analyse

Schreibplatz-Analyse Erfassungszeitraum: _____

a) Schreibplatz

1. Name _Lieb_ 2. Positionsbezeichnung _____
3. Abteilung _BER VERK_ 4. Zimmer-Nr. _____ 5. Hausapparat _____

b) Ausstattung

Schreibmaschine

6. Hersteller _____ 7. Typ _____
8. Maschinen-Nr. _____ 9. Antrieb elektrisch ☐ mechanisch ☐
10. Schriftart _____
11. Baujahr _____ 12. Zustand _____
13. Sondereinrichtungen _____
14. _____

Diktiergerät

15. Hersteller _____ 16. Typ _____
17. Geräte-Nr. _____ 18. ☐ Wiedergabegerät
19. ☐ Kombinationsgerät 20. ☐
21. Baujahr _____ 22. Zustand _____
23. Sondereinrichtungen _____
24. _____

c) Arbeitszeit-Analyse

Art	Gesamtzeit	Erfassungs-zeitraum	Tagesdurchschnitt	% der Ges.-Zeit	geschätzte ZR
effektive Schreibzeit	5480 Min.		343 Min. = 5 Std. 43 Min.	72 %	←
Steno-Aufnahme	410 Min.		26 Min. = — Std. 26 Min.	5 %	
Schreibvorbereitung	280 Min.	: 16 Tage	17 Min. = — Std. 17 Min.	4 %	
andere Tätigkeiten	1340 Min.		84 Min. = 1 Std. 24 Min.	18 %	
Pausen	60		4 Min. = — 4 Min.	1 %	
Gesamt-Arbeitszeit	7570 Min.		474 Min. = 7 Std. 54 Min.	100 %	

Reserve-Anschläge

d) Schreibzeit-Analyse

Art	Schl.	Erfassungszeitraum Anschläge	Minuten	durchschnittl. Anschl./Minute	Tagesdurchschnitt Anschläge	Minuten	geschätzte ZR
in die Maschine	0	00					
Stichworte	1	189 00	330	57	1183	21	
Langschrift	2	21 00	80	26	131	5	
Stenogramm	3	538 00	630	85	3358	39	
Diktiergerät	4	2334 00	4315	54	14591	270	
Zweitschriften	5	39 00	40	97	543	3	
	6	00					
	7	00					
Formulare		24 00	85	28	151	5	
Matrizen/Folien		55 00	200	28	345	13	
effektive Schreibzeit		3145 00	5480	57	19657	343	

e) Stenogramm-Aufnahme

Schreibergebnis _53800_ Anschläge Aufnahmezeit _410_ Min. Auswerter _____

effektive durchschnittliche Aufnahmeleistung _36_ Silben/Minute (s. Umrechnungstabelle) Datum _____

Abb. 2b: *Kommunikations-Analyse* — *Schreibzeiten-Zusammenstellung*

Schreibzeiten-Zusammenstellung (in Minuten)

lfd. Tag	Datum 19...	Effektive Schreibzeiten									Schreib-Nebenzeiten		Sonstige Anwesenheitszeiten	
		In die Masch.	Stichworte	Langschrift	Stenogramm	Dikt.-gerät	Zweitschrift		Formulare	Matriz./Folien	Steno.-Aufn.	Schreib-Vorber.	Pausen	andere Tätigk.
1	30.10.				30	145			60		20	20		205
2	31.10.		60	60		140	30		10			10		170
3	1.11.	250		40	10						80	20		50
4	2.11.													
5	3.11.				60	370				100	40	20		20
6	6.11.				50	360					30	20		
7	7.11.					320					10			30
8	8.11.				120	270					60	20		10
9	9.11.		20			440				10		20		30
10	10.11.					405						20		55
11	13.11.				60	215			15		20	20		150
12	14.11.				160						70	20		230
13	15.11.	Urlaub												
14	16.11.				30	70					20	10		350
15	17.11.			10	80	300	10				60	20		
16	20.11.			10		350						20	60	40
17	21.11.					460						20		
18	22.11.	Feiertag												
19	23.11.					460				90		20		
20	24.11.	krank												
21														
22														
23														
24														
25														
Gesamtzeiten		330	80	630	4315	40			85	200	410	280	60	1340
		In die Masch.	Stichworte	Langschrift	Stenogramm	Dikt.-gerät	Zweitschrift		Formulare	Matriz./Folien	Steno.-Aufn.	Schreib-Vorber.	Pausen	andere Tätigk.

Effektive Schreibzeit: **5480**   Ausgewertete Tage: **16**

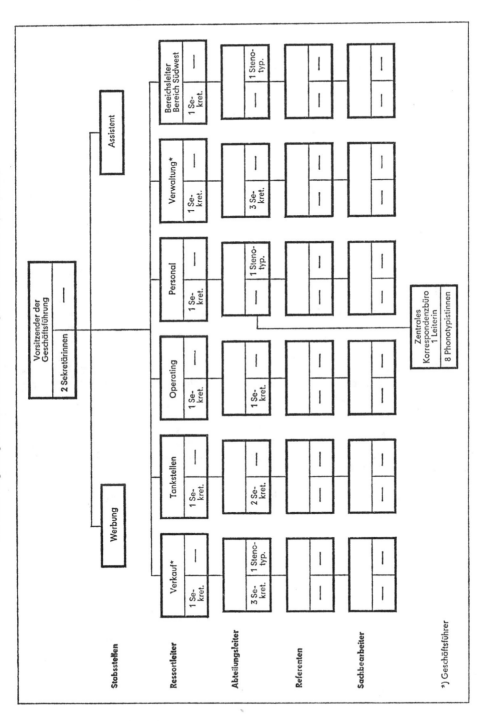

Abb. 3: Organogramm und Zuordnung der Schreibkräfte (Soll)

IV. Argumente für und gegen ein Zentrales Korrespondenzbüro

Es wurden eine Reihe von Argumenten *für die Einrichtung* eines Zentralen Korrespondenzbüros genannt:

— Einsparung von Arbeitsplätzen (etwa 33 %/o gem. Berechnung unter III.),

— bessere Auslastung der Schreibkapazität,

— größere Elastizität bei Krankheits- und Urlaubsausfällen,

— ausschließliche Verwendung der Phonotypistinnen für Maschinenschreibarbeiten, Freistellung der Damen von Nebenpflichten (Kaffeekochen usw.),

— Herausnahme der Damen aus den Abteilungen und somit Notwendigkeit für die Diktierenden, zeitsparende Diktiergeräte zu benutzen,

— Voraussetzungen zum wirtschaftlichen Einsatz von Schreibautomaten für Massenschriftgut schaffen,

— schnellere Erledigung der Schreibarbeiten,

— bessere Möglichkeiten zum Einsatz von Teilzeitbeschäftigten.

Sowohl von den Vorgesetzten der Sekretärinnen und Stenotypistinnen als auch von diesen selbst wurde *gegen die Einrichtung* eines Zentralen Korrespondenzbüros argumentiert.

Die Vorgesetzten vertraten folgende Ansicht:

— Damit entfalle ein wesentliches Statussymbol (unausgesprochenes Hauptargument).

— Die Ablagearbeiten würden künftig nicht mehr gemacht, keiner empfange die Besucher.

— Keiner vermittle Telefongespräche und überwache die Termine.

— Die Arbeit sei so spezifiziert, daß sie sich nicht zum Diktat auf Tonträger eignet.

— Es sei zu befürchten, daß Erledigung der Schreibarbeiten in einem „pool" länger dauern würde (bedingt durch Transport der Tonträger).

— Es sei zu befürchten, daß die Schreibarbeiten im „pool" durch fehlendes Fachwissen der Damen nicht den Anforderungen entsprechen würde.

— Es sei zu befürchten, daß sich die Damen mit ihrer Arbeit nicht in wünschenswertem Umfang identifizieren, da zum Diktierenden kein persönlicher Kontakt bestehe.

Gehaltsgruppen bei Einkäufern

In der Einkaufsabteilung werden die Einkäufer je nach Alter und Qualifikation in die Tarifgruppen K3 bis K5 eingestuft. Die Beurteilung für die Einstufung ergibt sich bei der fallweisen Überprüfung der Gehälter. Einkaufsgruppenleiter, denen jeweils etwa 4 bis 5 Einkäufer unterstellt sind, können lt. Tarif-Rahmenvertrag nur in die Tarifgruppe K6 eingestuft werden. Daher besteht die Schwierigkeit, einen qualifizierten Einkäufer, der bei K5/Ende gehaltlich endet, vom Marktniveau her zu halten.

Neu einzustellende Einkäufer liegen — unabhängig von ihrer zu erbringenden Leistung — in ihrer gehaltlichen Forderung zumeist höher. Die Einkaufsabteilung hat seit Jahren Anträge bei der Personalabteilung eingereicht, die immer mit dem Hinweis auf den Rahmen-Tarifvertrag und die festgelegten Gehalts-Bandstrecken abgelehnt wurden.

In jüngster Zeit ist der Einkaufsgruppenleiter für Großelektroanlagen zum Sachgebietsleiter befördert worden, d. h., daß er gehaltlich von K6 nach AT (Außer Tarif) umgestuft wurde. Der für die Abteilung zuständige Betriebsrat kam zu der Einkaufsleitung mit der Bitte, den in der gleichen Elektro-Einkaufsgruppe arbeitenden dienstältesten Sachbearbeiter nach K6 umzustufen, denn der Gruppenleiter sei ja nun AT.

Diese Begründung war nicht unbedingt zwingend; dem Betriebsrat erschien jedoch der Anlaß eine gute Vorbedingung dafür zu sein, daß der genannte Sachbearbeiter nun auch umgestuft werden könnte. Die Einkaufsabteilung war der Auffassung, daß dann eher noch einige Spitzen-Einkäufer aus den Einkaufsgruppen 10 bis 18 und 20 bis 25 in K6 einzustufen wären.

Der Betriebsrat begründete seine Antragstellung dahin gehend, daß er in seiner eigenen Abteilung schon mehrfach solche Anträge in ähnlichen Situationen erfolgreich durchgefochten habe, da der Abteilungsdirektor ihm die Antragstellung jeweils selbst überlassen habe.

Die Einkaufsleitung war in einen echten Konflikt geraten. Einerseits wünschte sie die materielle Besserstellung ihrer Verkäufer, weshalb sie seit Jahren schon die entsprechenden, abschlägig beschiedenen Anträge gestellt hatte; andererseits lag hier ein quasi-legales Mittel zur Durchsetzung ihrer Ziele gegenüber der Personalleitung vor.

Das Problem wurde in der Konzeption vollkommen neu durchdacht, wobei der gehaltlichen Einstufung und Motivierbarkeit der Einkäufer Ergebnisse aus Untersuchungen, die in den USA durchgeführt worden waren, zugrunde gelegt werden konnten.

In den USA gibt es nicht den Durchschnittsbegriff „Einkäufer", sondern ein differenziertes Berufsbild mit Stufungen wie

— junior-buyer,

— assistant-buyer,

— buyer,

— senior-buyer.

Diese Gruppierung nach Qualifikation, Erfahrung und Beweglichkeit im Fach ließ es angebracht erscheinen, folgende langfristige Lösung bei dem skizzierten Gehaltsproblem zu suchen:

— Jung-Einkäufer   K 3

— Einkaufsassistent   K 4

— Einkäufer   K 5

— Facheinkäufer   K 6

Frage:

Wie soll sich der Einkaufsleiter gegenüber dem Vorschlag des Betriebsrates verhalten?

Der Brasilianer

Salvador Gomes, 22 Jahre alt, war im Alter von 7 Jahren aus dem Landesinnern nach São Paulo gekommen. Mit 9 Jahren wurde er von der brasilianischen Tochtergesellschaft der X AG als Office Boy eingestellt. In Abendkursen lernte der Junge Lesen und Schreiben. Mit 14 Jahren erhielt Salvador Gomes eine Anstellung im Labor des Unternehmens, das chemische Produkte produziert und vertreibt. Bei dem Labor, in dem Gomes eingesetzt wurde, handelte es sich um das Farblabor. Gomes erwies sich als sehr aufgeweckt. Er besuchte Abendkurse über Farbstoffchemie. Mit 17 Jahren meldete er sich beim Verkauf des Unternehmens und bat, im Verkauf eingesetzt zu werden. Man wies ihn darauf hin, daß das ein Risiko sei, denn von dort gebe es keinen Weg zurück ins Labor, sondern nur noch aus dem Unternehmen hinaus. Gomes war bereit, das Risiko einzugehen. Obwohl Gomes noch nie verkauft hatte, verkaufte er innerhalb der ersten drei Monate schon doppelt soviel Farbstoffe wie sein Vorgänger. Zwei Jahre später rückte Gomes zum Verkaufsleiter der Region São Paulo auf. Ein weiteres Jahr später wurde er zum Verkaufsleiter Pigmente für ganz Brasilien befördert.

Nun, zwei Jahre später, ist deutlich, daß ihn diese Aufgabe nicht mehr ausfüllt. Gomes strebt offenbar nach größeren Aufgaben. Die nächste Position im Unternehmen wäre die Aufgabe des Farbenleiters, der für den Verkauf aller Farben in Brasilien zuständig ist. Diese Position ist jedoch traditionsgemäß mit einem Deutschen besetzt. Der Firmenleitung in São Paulo wird immer deutlicher, daß Gomes ungeduldig wird. Sie sieht die Gefahr, daß ein Unruheherd entsteht. Sie empfiehlt daher der Firmenleitung in Deutschland, Gomes für ein Jahr nach Deutschland einzuladen. Die Einladung der deutschen Muttergesellschaft wird ausgesprochen. Gomes reist mit Frau und einem Kind von 1 1/2 Jahren nach Deutschland. Er wird in die Hauptverwaltung eingeführt. Er stellt sich mit Unterstützung der Personalabteilung Ausland ein Besuchsprogramm für die ersten zwei Monate seines Aufenthalts zusammen, um das Werk und seine Betriebsstätten und Tochtergesellschaften in Deutschland kennenzulernen.

Als diese erste Phase des Deutschlandaufenthalts fast abgeschlossen ist, erkrankt das Kind von Gomes, da es das europäische Klima nicht verträgt. Herrn Gomes wird empfohlen, Frau und Kind wieder nach São Paulo zu bringen. Drei Wochen später ist Salvador Gomes wieder in der Bundesrepublik.

Nachdem er sich in dem ihm zugewiesenen Büro eingerichtet hat, meldet er sich bei der Spartenleitung Farben und bittet um Aufgaben: „Ich habe nun einen Überblick über die Organisation des Hauses gewonnen und brenne darauf, meine Arbeit hier in Deutschland aufzunehmen. Meinem Sohn geht es wieder gut, und ich bin voller Begeisterung und Dankbarkeit, daß ich nun im Stammhaus arbeiten kann. Ich möchte während der verbleibenden 9 Monate hier in Deutschland zeigen, was in mir steckt, und der Firmenleitung beweisen, daß ich nicht nur in Brasilien Farben verkaufen kann, sondern auch die Firmenpolitik des Stammhauses gelernt habe und Aufgaben hier in Deutschland bewältigen kann."

Herr Dr. X, der Geschäftsbereichsleiter, sieht Gomes etwas ratlos an und komplimentiert ihn dann aus dem Zimmer: „Ich rufe Sie morgen früh an!" Er greift zum Hörer und ruft die Personalabteilung Ausland an: „Ihr habt den Gomes nach Deutschland geholt, was soll mit dem denn geschehen? Ich habe keine Arbeit für ihn! Wenn wir nicht bis morgen früh etwas für ihn finden, dann wird der uns in den nächsten 9 Monaten, die er noch in Deutschland ist, ganz schön auf die Nerven gehen! Was soll mit dem eigentlich geschehen, wenn der wieder nach Brasilien kommt?"

Am anderen Ende der Leitung ist Sendepause. Dann kommt es zurück: „Kann ich heute nachmittag um drei Uhr einmal zu Ihnen kommen? Dann sollten wir den Fall durchsprechen!" „Einverstanden."

Um 15 Uhr treffen sich Dr. X und Dr. W, der für die Personalarbeit in Brasilien zuständig ist, im Büro von X.

Fragen:

— Welche Ergebnisse sollten in dem Gespräch erzielt werden?

— Welche Sofort-Maßnahmen sind zu ergreifen?

— Welche grundsätzlichen organisatorischen und personellen Regelungen würden Sie vorschlagen?

Psychologische Aspekte der Mitarbeiterbeurteilung

I. Einleitung

Die Beurteilung von Menschen durch Menschen ist ein alltäglicher Prozeß und nicht nur auf konkrete Beurteilungssituationen beschränkt. Lediglich im Ausmaß der bewußten Beurteilungsabsicht gibt es erhebliche Unterschiede. Je bewußter man sich des eigenen Beurteilungsprozesses ist — und je formalisierter dieser ist —, desto klarer wird man zwischen den zumeist miteinander vermengten Phasen der Beurteilung unterscheiden:

— Beobachtung: Hierbei geht es zunächst um die Erfassung des Verhaltens.

— Beschreibung: Kernpunkt ist die Transposition des Wahrgenommenen in eine begriffliche Form.

— Bewertung: Es erfolgt ein Vergleich des nun beschriebenen Verhaltens mit einem Gütemaßstab.

Im Verlauf des so aufgefaßten Beurteilungsprozesses findet eine Reduzierung der vorhandenen Informationen statt. Das beginnt schon bei der Beobachtung, denn nicht alles Verhalten eines Menschen kann erfaßt werden. In der Phase der Beschreibung wird es nicht immer möglich sein, das wahrgenommene Verhalten in Sprache umzusetzen. Schließlich liegt nur für einen Teil der Beschreibungen ein Gütemaßstab vor, so daß in einem Beurteilungssystem nur ein Teil des Gesamtverhaltens repräsentiert sein kann. Der hier beschriebene Prozeß der Informationsverdichtung hängt im wesentlichen von dem Zusammenspiel der folgenden vier Faktoren ab:

1. von der Persönlichkeit des zu Beurteilenden, die sich in seinen Handlungen ausdrückt,

2. von der Situation bzw. den Situationen, in denen sich der zu Beurteilende verhält und in denen er vom Beurteiler beobachtet werden kann,

3. von der Persönlichkeit des Beurteilers, denn sie beobachtet, beschreibt und bewertet das Verhalten, und

4. vom vorhandenen Beurteilungssystem, das die für bedeutsam gehaltenen Beurteilungsaspekte enthält.

Da der Einfluß der Persönlichkeit des zu Beurteilenden und der Situationen sich weitgehend der Kontrolle durch den Beurteiler entzieht, stehen die Persönlichkeit des Beurteilers und das Beurteilungsverfahren, das ja immer von der jeweiligen Persönlichkeit des Beurteilers gehandhabt wird, im Mittelpunkt der Überlegungen. Sie werden an den entsprechenden Stellen ergänzt durch Informationen über die Einwirkungen der beiden anderen Faktoren auf den Beurteilungsprozeß.

Begonnen werden soll mit einer Betrachtung des beim Beurteiler ablaufenden Wahrnehmungsprozesses.

II. Beeinflussung des Wahrnehmungsprozesses

Häufig wird in der Alltagssprache der Begriff Wahrnehmung in einem engeren Sinne gebraucht als in der Psychologie. Man verwendet ihn zur Kennzeichnung der Reizaufnahme durch Sinnesorgane. In der Fachsprache dagegen umschließt dieser Begriff gleichsam alle Vorgänge von der Reizaufnahme über die Weiterleitung und zentrale Repräsentanz bis zur Bedeutungsverleihung. Diese Weite des Begriffs gibt ihm gleichzeitig eine gewisse Unschärfe. In der Tat ist es schwierig, ihn letztlich von Begriffen wie Bewußtsein, Denken, Gedächtnis, Motivation usw. abzugrenzen. Das ist auch nicht die Aufgabe dieser Darstellungen. Es soll lediglich festgehalten werden, daß der Begriff Wahrnehmung in dem geschilderten Sinne weiter gefaßt wird als vielleicht sonst gebräuchlich.

Bei der Wahrnehmung handelt es sich demnach nicht um eine einfache Abbildung der Außenwelt. Vielmehr wird die gesamte Persönlichkeit des Menschen tätig und beeinflußt das, was ins Bewußtsein dringt. Das fängt schon dabei an, daß wir ja nicht irgendein Chaos an Farben, Formen, Geräuschen usw. wahrnehmen, sondern ein gestaltetes Ganzes. Man kann geradezu von einer *organisierenden und gestaltenden Funktion* der Wahrnehmung sprechen. Eine bestimmte Anordnung von Strichen auf dem Papier wird nicht als Striche wahrgenommen, sondern als Würfel. Daß diese Organisation und Gestaltung durch Lernprozesse beeinflußt wird, weiß jeder, der einmal bei einer Werksbesichtigung in eine fremde Werkhalle getreten ist. Was er zunächst akustisch wahrnahm, war schlicht Lärm. Der Eingeweihte dagegen, der ständig in dieser Halle zu tun hat, hört nicht Lärm, sondern ein Zusammenspiel verschiedener Einzelgeräusche. Bei entsprechender Erfahrung wird es ihm sogar möglich sein, allein aufgrund des akustischen Eindrucks die Maschinen herauszufinden, die reparaturbedürftig sind.

Man kann diese Ordnung schaffende Funktion der Wahrnehmung natürlich am besten unter Bedingungen erforschen, in denen „störende" Reize ausgeschaltet werden. Entsprechende Experimente haben gezeigt, daß die jeweilige individuelle Bedürfnislage in einem starken Ausmaß die Gestaltung der Wahrnehmung mit beeinflußt. Jeder, der mal mit fast leerem Tank auf der

Suche nach einer Tankstelle war, kennt dieses Erlebnis: Da werden auf einmal blau-weiße, rot-weiße oder entsprechend andersfarbige Schilder zu Hinweisen auf Tankstellen, bis man nahe genug heran ist, um seinen Irrtum zu bemerken. Durch den Mechanismus der Organisation und Gestaltung wird dem Wahrnehmungsgegenstand ein Sinn, eine Bedeutung verliehen. Auf der Erkenntnis dieses Prozesses baut ja auch der Rorschachtest auf, bei dem Personen aufgefordert werden, sinnlose Tintenkleckse zu deuten. Bei der Interpretation geht man von der These aus, daß die projizierten Inhalte solche sind, die für die Persönlichkeit irgendwie von Bedeutung sind. Der Beurteiler muß sich seinerseits davor hüten, daß er nicht diesem Projektionsmechanismus unterliegt. Er wird sich darum bemühen müssen, eigene Bedürfnisse und Vorstellungen von einer Einwirkung auf den Beobachtungsprozeß auszuschließen.

Nun wird längst nicht alles, was an Sinneseindrücken vorhanden ist, zu einer Wahrnehmung verarbeitet. Vielmehr ist ein höchst sinnvoller *Selektionsmechanismus* am Werke, der unwesentliche Informationen auf einer tieferen Stufe ausfiltert, damit nur das wirklich Bedeutsame ins Bewußtsein dringt und uns dort beschäftigt. Man kann von einer im wesentlichen zweckmäßigen Vereinfachung durch Auswahl relevanter Sachverhalte sprechen. Etwas weniger kompliziert: Es wird das wahrgenommen, was individuell bedeutsam ist. Rohracher[1] bringt das Beispiel eines Bauern, eines Malers und eines Geologen, die über dasselbe Feld gehen und anschließend über das berichten sollen, was sie wahrgenommen haben. Selbstverständlich wird man drei verschiedene Schilderungen bekommen, was den Inhalt der Wahrnehmung betrifft. Es ist müßig zu fragen, wer von den dreien denn „recht hat". Vielmehr ist hier der Selektionsmechanismus der Wahrnehmung im Sinne der Interessen, Einstellungen und Werthaltungen der drei wirksam geworden. Sie brauchten sich mit den für sie unwesentlichen Inhalten nicht mehr zu befassen. Nun funktioniert der Selektionsmechanismus nicht nur nach dem Kriterium der individuellen Bedeutsamkeit, sondern auch nach dem der Stimmigkeit. Darunter ist zu verstehen, daß Informationen nicht ins Bewußtsein gelassen werden, die mit dem „Weltbild" nicht in Einklang zu bringen sind. Es können natürlich die Dimensionen wichtig — unwichtig und stimmig — unstimmig miteinander in Konflikt liegen. Ob ein höchst wichtiger, aber äußerst unstimmiger Reiz ins Bewußtsein zugelassen wird, ist individuell sehr unterschiedlich. Beurteiler sollten sich selbst bewußt dazu anhalten, auch solche Informationen über die eigenen Mitarbeiter zur Kenntnis zu nehmen, die mit dem bisherigen Bild, das sie sich gemacht haben, nicht in Einklang stehen.

Die zu Wahrnehmungen verarbeiteten Sinneseindrücke haben allerdings nicht alle das gleiche Gewicht. Immer wieder kann man beobachten, daß einzelne Aspekte besonders herausragen. Diesen Mechanismus der besonde-

---

[1] Rohracher, H., Einführung in die Psychologie, Wien und Innsbruck 1963.

ren Betonung einzelner Aspekte bezeichnet man als *Akzentuierung*. Im Beispiel des Tankstellen suchenden Autofahrers ist dieser Mechanismus als Hilfsmittel der Organisation und Gestaltung schon aufgetaucht. Dort hatten wir gesehen, daß bestimmte farbliche Kombinationen besonders hervorgehoben wurden. Ähnliches kennt auch jeder, der einen Briefkasten sucht. Alle gelben Gegenstände scheinen für ihn besonders prägnant zu sein. Wer etwa gern Nachfolger seines Chefs werden will, wird alle die kleinen Verhaltensweisen bemerken, die ihm selbst die mangelnde Eignung des Chefs für seinen Posten zu bestätigen scheinen. Man wundert sich dann nur immer darüber, daß es den anderen nicht auffällt. Hier werden die für die eigenen Wünsche bedeutsamen Informationen auch wieder besonders akzentuiert.

Da andere aber andere Wunschstrukturen haben, treten diese Informationen nicht mit der gleichen Prägnanz ins Bewußtsein. Der Beurteiler muß sich deshalb stets fragen, wenn ihm besondere Verhaltensweisen — seien sie positiv oder negativ — seines Mitarbeiters auffallen, ob er hier nicht in besonderem Maße dem Akzentuierungsmechanismus unterliegt.

Als letzter hier zu besprechender Wahrnehmungsmechanismus sei die Tendenz zur *Fixierung*, d. h. zum Gleichbleiben der wahrgenommenen Welt, genannt. Derselbe Gegenstand, aus verschiedenen Blickpunkten betrachtet, bleibt dennoch für den Beobachter derselbe. Die Tendenz zur Fixierung gilt aber nicht nur für die unbelebten Objekte der Welt, sondern auch für die Beurteilung des Mitmenschen. Deutlich wird dies an der Wirkweise des „ersten Eindrucks". Es besteht eine Tendenz, einen Menschen bei späteren Begegnungen auch so zu sehen, wie er einem beim ersten Mal erschienen ist. Selektion und Akzentuierung wirken hier mit, um ein konsistentes Bild vom anderen Menschen aufrechtzuerhalten. Erst wenn zusätzliche Informationen so stark und eindeutig werden, daß sie nicht mehr ignoriert werden können, wird das Bild korrigiert. Auch dieser Mechanismus hat natürlich seinen guten Sinn, da er dazu beiträgt, daß man sich in einer vertrauten Umwelt zurechtfindet. Die Verhaltensunsicherheit wäre zu groß, wenn wir nicht von einer gewissen Konstanz der Umwelt ausgehen könnten. Sicherlich gilt auch für eine Vielzahl der in einem Beurteilungssystem erfaßten Aspekte menschlichen Verhaltens, daß sie relativ konstant sind. Die Gefahr ist aber groß, daß man — eben weil es einfacher ist — tatsächlich stattgefundene Veränderungen nicht registriert. So gehen denn viele Vorgesetzte auch hin und schreiben lediglich die letzte Beurteilung — mit kleinen Veränderungen — nochmals ab. Die Veränderungen werden aber nicht eingefügt, weil diesen tatsächlich Verhaltensänderungen entsprächen, sondern um den Anschein einer erneuten unabhängigen Beurteilung zu erwecken. Eine solche Vorgehensweise stellt zwar eine erhebliche Arbeitsvereinfachung dar, wird aber dem Beurteilten sicher nicht gerecht.

Die Beschreibung der vier Wahrnehmungsmechanismen sollte deutlich machen, daß unvermeidlich in jedem Beobachtungsakt sich schon Stellungnahmen und Bewertungen durch die Persönlichkeit mit einschleichen. Diesen

„Verfälschungen" kann sich niemand entziehen. Für den Beurteiler kommt es nun darauf an, sich seiner jeweiligen Schwächen bewußt zu werden und sie im formellen Beurteilungsprozeß zu kompensieren. Ein Beurteiler, für den Ordnung sehr wichtig ist und der sich selbst für sehr ordentlich hält, sollte sich bei einem von ihm als unordentlich eingeschätzten Mitarbeiter dazu zwingen, täglich zwei, drei Verhaltensweisen dieses Mitarbeiters zu notieren. Der Beurteiler wird dann leicht bemerken, wie viel ihm bei diesem Mitarbeiter bisher entgangen ist. Zur Schulung der eigenen Beobachtungsfähigkeit läßt sich diese Methode auch auf andere Lebensbereiche übertragen. So sollte man etwa bei einer Autofahrt die positiven Verhaltensweisen der Fahrer von Automobilmarken sammeln, gegen die man sonst negativ eingestellt ist. Was hier für das Herausfinden positiver Verhaltensweisen gesagt wurde, gilt entsprechend abgewandelt natürlich auch für die Aufdeckung negativer Verhaltensweisen.

III. Beeinflussung des Beschreibungsprozesses

Wie für die Wahrnehmung gilt auch für die Umwandlung der Sinneseindrücke in Begriffe, daß sie in sehr starkem Maße von den individuellen Erfahrungen des Beurteilers abhängig ist. Es ist ohne weiteres einleuchtend, daß eine um so differenziertere Beschreibung von Verhalten möglich ist, je umfangreicher der aktive Wortschatz des Beurteilers ist. Dieser große Wortschatz nutzt aber nur wenig, wenn man sich bei der Beschreibung des Verhaltens einer gleichzeitigen Interpretation nicht enthalten kann. Mag es noch angehen, den momentanen Gemütszustand des zu Beurteilenden als wütend, zornig, traurig usw. zu beschreiben, so muß man sich im Stadium der Beschreibung ganz sicher vor Begriffen wie geizig, aggressiv usw. hüten, denn sie legen doch eher überdauernde Persönlichkeitszüge nahe. Ob aber der Schluß von der beobachteten Situation auf die Gesamtpersönlichkeit überhaupt gerechtfertigt ist, steht auf einem anderen Blatt. Diese Frage wird uns später noch bei der Gültigkeit von Beurteilungen beschäftigen.

Neben der Größe des Wortschatzes und der Wahl des richtigen Beschreibungsniveaus spielt aber auch noch die Übereinstimmung in der Wortbedeutung, der Konnotation, eine Rolle. Häufig werden ja dem Beurteiler Begriffe zur Beschreibung vorgegeben. Hier muß nun in jedem Falle sichergestellt werden, daß der Konstrukteur des Beurteilungsbogens und der Beurteiler unter denselben Begriffen auch dasselbe verstehen. Das muß durchaus nicht so sein. So kann für den einen Beurteiler der Begriff Ordnung, der zur Beschreibung verwendet werden soll, einen negativen Beigeschmack haben, gewissermaßen schon eine Nähe zum Begriff Pedanterie beinhalten, während dieser Begriff für den anderen eine durchaus positive Bedeutung hat. Ebenso wichtig wird die Übereinstimmung der Wortbedeutung dort, wo der Beschreibungsvorgang in den Bewertungsprozeß einmündet. Wie wichtig dann übereinstimmende Konventionen über den Wortgebrauch sind, wird uns im nächsten Abschnitt beschäftigen.

IV. Beeinflussung des Bewertungsprozesses

Hier sollen die Fehlerquellen behandelt werden, die den Vergleich mit einem vorgegebenen Gütemaßstab (Skala) beeinträchtigen können. Es leuchtet ein, daß Fehler in den früheren Phasen des Beurteilungsprozesses, nämlich bei der Beobachtung und Beschreibung, sich in dieser Phase der Bewertung ebenfalls auswirken. Dennoch möchte ich nicht, wie allgemein üblich, diese Fehleinstufungen als Beurteilungsfehler bezeichnen, sondern möchte mich lieber dem Sprachgebrauch Brandstätters[2] anschließen, der von Urteilstendenzen spricht. Für diese Wortwahl sind vor allem zwei Gründe maßgebend:

1. Der Begriff „Beurteilungsfehler" schiebt die Verantwortung für eine Fehleinschätzung zu sehr dem Beurteiler zu. In Wirklichkeit entstehen diese Urteilstendenzen aber immer aus einem Zusammenspiel von Beurteiler und Beurteilungsmaßstab.

2. Der Begriff „Beurteilungsfehler" legt zu sehr die Fehleinschätzung eines einzelnen Individuums nahe. Gerade das ist hiermit aber nicht gemeint. Vielmehr werden diese Urteilstendenzen erst sichtbar, wenn man untersucht, wie ein Beurteiler eine Vielzahl von Personen einschätzt. Es zeigen sich dann ganz deutlich Tendenzen in der Urteilsgebung. Diese drücken sich zumeist durch die bevorzugte Wahl bestimmter Ausprägungsgrade auf der Skala aus.

In Fortführung des letzten Gedankenganges, daß Urteilstendenzen erst in der statistischen Analyse einer Vielzahl von Beurteilungen aufscheinen, soll eine Untergliederung in Mittelwerttendenzen, Streuungstendenzen und Korrelationstendenzen vorgenommen werden.

Eine *Mittelwerttendenz* liegt vor, wenn der Mittelwert einer Vielzahl von Beurteilungen eines Beurteilers erheblich von der Skalenmitte abweicht.

Eine der wichtigsten Ursachen dafür, daß verschiedene Beurteiler, selbst bei der Beurteilung gleichen Verhaltens, in unterschiedlicher Weise von der Skalenmitte abweichen, liegt in dem unterschiedlichen *Adaptationsniveau,* von dem die Beurteiler ausgehen. Dieser Begriff soll an folgendem Beispiel veranschaulicht werden: Man stelle drei Schüsseln voll Wasser in eine Reihe. Die linke sei kalt, die mittlere lauwarm, die rechte warm. In die beiden äußeren Schüsseln stecke man nun jeweils die linke bzw. die rechte Hand. Nach einiger Zeit nehme man die Hände heraus und stecke sie gleichzeitig in die mittlere Schüssel mit lauwarmen Wasser. Die linke Hand wird einem nun signalisieren, das Wasser sei warm, die rechte dagegen, das Wasser sei kalt. Faßt man die Hände als „Beurteiler" auf, so kommt man zu dem Ergebnis, daß ihr Urteil — warm bzw. kalt — in sehr starkem Maße von

---

[2] Brandstätter, H., Die Beurteilung von Mitarbeitern, in: Handbuch der Psychologie, Bd. 9, Betriebspsychologie, 2. Aufl., Göttingen 1970.

ihren vorherigen Erfahrungen abhängig ist. Auf Grund dieser Erfahrungen wird ein Indifferenzpunkt — weder warm noch kalt — auf der Temperaturskala gebildet. Dieser Indifferenzpunkt wird als Adaptationsniveau bezeichnet und fällt für die beiden Hände unterschiedlich aus. Ein vergleichbares Ergebnis bekommt man auch, wenn man etwa einen eigens zu diesem Zweck eingeflogenen Eskimo und einen gleichzeitig herbeigeschafften Bewohner der Sahel-Zone bittet, doch einmal die Temperatur eines schönen Herbsttages hier in Deutschland auf einer Skala von sehr kalt bis sehr warm einzustufen. Das Ergebnis liegt auf der Hand und braucht hier nicht weiter erörtert zu werden. Glücklicherweise besitzen wir für die Temperatur ein „absolutes" Meßinstrument. Dies gilt eben nicht für menschliche Verhaltensweisen. Um so mehr müssen wir bei der Beurteilung anderer Menschen mit der Auswirkung eines unterschiedlichen Adaptationsniveaus rechnen. Es ist irrig, von der Annahme auszugehen, daß jeder Beurteiler etwa die gleiche Vorstellung von „durchschnittlich ordentlichem Verhalten" in eine Beurteilung mit einbringt. Je nach seinen individuellen Erfahrungen wird der Indifferenzpunkt eines Beurteilers mehr oder weniger stark vom Mittelpunkt einer Skala entfernt sein, die durch die Extreme „chaotisch" bzw. „zwangsneurotisch pedantisch" gekennzeichnet ist.

Ein weiteres Erklärungsprinzip für das Auftreten von Mittelwerttendenzen bei verschiedenen Beurteilern ist die sogenannte *Anforderungsnorm,* die mit einem unterschiedlichen Adaptationsniveau in Verbindung stehen kann. Ob ein Mitarbeiter als mehr oder weniger sorgfältig eingestuft wird, hängt eben unter anderem auch davon ab, welche Anforderungen der Beurteiler an die Sorgfalt seiner Mitarbeiter stellt. Ob sich in der Beurteilung stärker das Adaptationsniveau oder die Anforderungsnorm durchsetzt, hängt sehr stark auch von der Beschreibung der Beurteilungsskala ab. Je stärker etwa die für die Verankerung gewählten Begriffe auf der Beurteilungsskala z. B. die „absolute" Beurteilung der Sorgfalt nahelegen, desto stärker wird das Adaptationsniveau eine Rolle spielen. Andererseits kann die Wortwahl auf der Beurteilungsskala darauf hindeuten, daß es wichtiger ist anzugeben, ob das Verhalten des Mitarbeiters für die zu leistende Arbeit sorgfältig genug ist.

Um den Urteilstendenzen zu begegnen, die sich aus den unterschiedlichen Adaptationsniveaus und heterogenen Anforderungsnormen ergeben, ist es erforderlich, den Beurteilern anschauliche Modelle des jeweiligen Verhaltens zur Verfügung zu stellen. Das kann rein sprachlich, sollte aber nach Möglichkeit durch eine Kombination sprachlichen und bildlichen Anschauungsmaterials geschehen. Auf diese Weise kann man durch das Herbeiführen gleicher Erfahrungen für alle Beurteiler die Adaptationsniveaus einander angleichen. Auf entsprechende Weise kann auch eine für alle verbindliche Anforderungsnorm dargestellt werden. Hier kann man allerdings in eine Zwickmühle geraten, die wieder am Beispiel der Sorgfalt dargestellt sei: Gibt man für alle Abteilungen eines Unternehmens eine gleiche

Anforderungsnorm vor, so verwischt man damit die sicherlich bestehenden Unterschiede in den einzelnen Abteilungen. Wurde bisher entsprechend der abteilungsspezifischen Anforderungsnorm gearbeitet und entsprach bisher die Anforderungsnorm dem Adaptationsniveau des Beurteilers, dann hatte es auch keine Mittelwerttendenzen gegeben. Durch die Einführung einer einheitlichen Anforderungsnorm werden sich automatisch in den Abteilungen, die ein besonders hohes Maß an Sorgfalt erfordern, die Beurteilungen zum positiven Punkt hin verschieben. Umgekehrt wird die Beurteilung der Sorgfalt in den Abteilungen unter den Durchschnitt absinken, in denen sie nicht in dem gleichen Ausmaß erforderlich ist, wie es die jetzt allgemein verbindliche Anforderungsnorm nahelegt. Da aber Beurteilungen auch einen Rückkopplungseffekt auf die Beurteilten haben, könnte sich langfristig der Effekt ergeben, daß die Sorgfalt in den Abteilungen auf das Maß der Anforderungsnorm herabsinkt, in denen eigentlich eine höhere Sorgfalt erforderlich wäre. Gleichzeitig sollte in den anderen Abteilungen die Sorgfalt ansteigen. Offensichtlich ist das nicht unbedingt eine wünschenswerte Konsequenz der Anforderungsnorm. Man müßte, um den früheren positiveren Zustand beizubehalten, differenzierte Anforderungsnormen für verschiedene Abteilungen einführen. Das führt aber zu dem Dilemma, daß gleiches Verhalten unterschiedlich bewertet wird. Umgekehrt gilt natürlich auch, daß eine mittlere Bewertung in der „sorgfältigen Abteilung" ein objektiv sorgfältigeres Verhalten beschreibt als die vergleichbare mittlere Bewertung in der „nicht sorgfältigen Abteilung". Um jetzt wieder Beurteilungen aus verschiedenen Abteilungen miteinander vergleichbar zu machen, müßte man ein Bonus-Malus-System einführen, das in seiner Wirkweise dem jetzt ja bei der Berechnung des Abiturnotendurchschnitts bestehenden System entgegengesetzt wäre: Ist bei den Abiturnoten die Ausgangshypothese, daß die Leistungen der Schüler in allen Bundesländern etwa gleich sind, daß also Unterschiede in der Benotung nicht tatsächliche Unterschiede in den Leistungen entsprechen, so wäre es ja bei einem auf unterschiedlichen Anforderungsnormen aufgebauten Beurteilungssystem im Unternehmen so, daß unterschiedliches Verhalten in der Beurteilung als gleich erscheint. Man muß hier damit rechnen, daß tatsächliche Unterschiede in den Verhaltensweisen der Mitarbeiter unterschiedlicher Abteilungen sich nicht in unterschiedlichen Beurteilungen ausdrücken. Ein solches Beurteilungssystem müßte zwangsläufig sehr komplex und schwer zu handhaben sein. Deshalb wird man wohl lieber von einer einheitlichen Anforderungsnorm ausgehen, einzelnen Abteilungen aber unterschiedliche Auflagen in Hinblick auf das Übertreffen bzw. Unterschreiten dieser Norm machen. Das würde dann zwar wieder zu Abweichungen in der durchschnittlichen Beurteilung verschiedener Abteilungen führen; diese Unterschiede wären dann aber nicht als Mittelwerttendenzen zu interpretieren, da ihnen tatsächliche Verhaltensunterschiede der Mitarbeiter zugrunde liegen.

Ehe man aber bei dem Auftreten von Mittelwerttendenzen daran denkt, Adaptationsniveau und Anforderungsnorm zu untersuchen, sollte man sich der Mühe unterziehen und die verwendete Beurteilungsskala selbst einmal gründlich überprüfen. Häufig wird man bemerken, daß die verbale Verankerung der Beurteilungsstufen nicht der tatsächlich möglichen Bandbreite des Verhaltens gerecht wird. So könnte es vorkommen, daß das eigentlich bipolare Merkmal „träge — hektisch" verkürzt wird auf eine Skala, die von „träge" bis „tatkräftig" reicht. Diese Verkürzung führt dazu, daß gehäuft Beurteilungen am oberen Skalenende auftreten, die bei vollständiger Verankerung im Mittelbereich liegen müßten. Umgekehrt findet man Beurteilungssysteme, in denen etwa für das Merkmal Pünktlichkeit noch die Steigerung „sehr pünktlich" angegeben ist. Dabei dürfte durch den Begriff „pünktlich" alleine schon das optimale Verhalten gekennzeichnet sein. Interessanter wäre es, wenn man die Häufigkeit der Pünktlichkeit einschätzen ließe. Hier läge eine echte bipolare Skala von „nie pünktlich" bis „immer pünktlich" vor. Wenn man aber schon so weit geht, könnte man sich auch noch der zusätzlichen Mühe unterziehen und die Pünktlichkeit objektiv anhand einer Strichliste feststellen. Man würde damit dem Grundsatz gerecht, daß alles Verhalten, das objektiv zu erfassen ist, nicht mit einer Beurteilungsskala erfaßt werden sollte.

Eine weitere Ursache für eine Verschiebung der Beurteilung zum positiven Pol kann in den besonderen *Konventionen über den Wortgebrauch* liegen. „Man" sagt eben nichts Nachteiliges über seine Mitmenschen. Diese kulturspezifische Konvention hat dazu geführt, daß bei Beurteilungen „gut" als „befriedigend" und „befriedigend" als „nicht befriedigend" aufgefaßt wird. Zeugnisse für ausscheidende Mitarbeiter sind das beste Beispiel für diese Tendenz, auch Negatives positiv auszudrücken. Dieser Konvention unterliegen allerdings nicht nur die Beurteiler, sondern auch die Beurteilten, die auf negative (gerechtfertigte) Urteile mit Ärger reagieren. Es ist offensichtlich schwierig, sich diesen Gepflogenheiten — milde Beurteilung — zu entziehen. Daher wird es sicher nicht überraschen, daß Beurteilungen milder ausfallen, wenn sie dem Beurteilten mitgeteilt werden müssen. Diese auch in der betrieblichen Praxis beobachtete Tendenz läßt sich nur verstehen, wenn man unterstellt, daß der Mitarbeiter in der gesamten Zeit zwischen zwei Beurteilungen kein „Feed-back" von seiten des Vorgesetzten (des Beurteilers) erhält. Ein Mitarbeiter wird dann verständlicherweise über eine negative Beurteilung verärgert sein, wenn sein Vorgesetzter nie hat erkennen lassen, daß er mit den Leistungen unzufrieden ist.

Diese Art der Urteilstendenz ließe sich beheben, wenn man den Vorgesetzten anhielte, öfter mit dem Mitarbeiter über dessen Verhalten zu sprechen. Auf diese Weise könnte auch beim Mitarbeiter ein Adaptationsniveau in bezug auf die eigene Beurteilung gebildet werden, das dann der tatsächlichen Beurteilung entsprechen würde.

Bei der zweiten großen Fehlergruppe, den *Streuungstendenzen,* geht es um die Beobachtung, daß sich die Urteile desselben Beurteilers über verschiedene Personen sehr stark um den Zentralwert seiner Urteilsverteilung zusammendrängen. Er verkleinert dadurch gleichsam die tatsächliche Variabilität des menschlichen Verhaltens. Wegen der Häufung der Urteile um den Mittelwert der eigenen Beurteilungen spricht man häufig auch von einer „Tendenz zur Mitte" (central tendency). Dies ist insofern mißverständlich, als eine Verwechslung mit der Skalenmitte nahegelegt wird.

Die bei den Mittelwerttendenzen geschilderte Verschiebung zum positiven Skalenende — der übrigens Männer stärker als Frauen unterliegen — hat zwangsläufig eine Streuungstendenz am positiven Ende der Skala zur Folge. Es wird häufig vorgeschlagen, dieser Tendenz dadurch zu begegnen, daß man die negativen Verankerungen durch positiver klingende ersetzt. Das mag zwar den gewünschten statistischen Effekt herbeiführen, irritiert aber diejenigen Beurteiler, die dieser Urteilstendenz nicht unterliegen.

Geringe Streuungen des Urteils finden sich in der Regel auch dann, wenn der zu beurteilende Aspekt nicht klar genug definiert ist oder wenn der Beurteiler kaum Gelegenheit zur Beobachtung des relevanten Verhaltens hatte. Um sicherzugehen, wird der Beurteiler dann möglichst auf mittlere Skalenwerte zurückgreifen, woraus sich eine Häufungstendenz in der Skalenmitte ergibt. Es empfielt sich, in diesen Fällen eine zusätzliche Beurteilungskategorie „weiß nicht" oder „Verhalten nicht beobachtet" einzuführen.

Von *Korrelationstendenzen* wird gesprochen, wenn Beurteilungsskalen, die verschiedene, unabhängig voneinander gedachte Verhaltensaspekte (Eigenschaften) erfassen sollen, sehr stark miteinander korrelieren. Man hat diese Beurteilungstendenz als „Hof-Effekt" bezeichnet und wollte damit ausdrücken, daß ein Beurteilungsaspekt gleichsam die anderen Aspekte „überstrahlt", was dazu führt, daß alle anderen Aspekte wie dieser beurteilt werden. Diese Erscheinung ist aber nur für einen kleinen Teil der Korrelationstendenzen verantwortlich.

Ein Teil der Korrelationstendenzen läßt sich durch die räumliche und/oder zeitliche Nähe der Beurteilungsskalen erklären. Untersuchungen, bei denen die Reihenfolge der Beurteilungsskala systematisch verändert wurde, haben gezeigt, daß benachbarte Skalen stärker miteinander korrelieren als weiter auseinander liegende. Man kann diesem Effekt dadurch entgegenwirken, daß man zunächst alle Mitarbeiter auf einer Skala einstuft. Erst wenn dies geschehen ist, geht man zur zweiten Beurteilungsskala über und bewertet die Mitarbeiter.

Skalen werden auch dann miteinander korrelieren, wenn Synonyme zu ihrer Bezeichnung verwendet werden oder wenn mit einer Beurteilungsskala ein Teilaspekt einer anderen erfaßt werden soll.

Schließlich werden Korrelationstendenzen auch auftreten, wenn Merkmale tatsächlich oder aber im Bewußtsein des Beurteilers — „wer lügt, der stiehlt auch" — miteinander kovariieren. Im letzteren Falle spricht man von einer implizierten Persönlichkeitstheorie. Sie kann sich um so stärker auswirken, je weniger Informationen über das tatsächliche Verhalten vorhanden sind und/oder je sympathischer (unsympathischer) einem die beurteilte Person ist. In diesem Falle greifen dann die bereits erwähnten Wahrnehmungsmechanismen in besonderem Maße ein.

Während die bisherigen Abschnitte dem Beurteiler helfen sollten, seinen eigenen Urteilsprozeß kritischer zu reflektieren, wird es in den nun folgenden Abschnitten darauf ankommen, den zweiten, leichter verdrängbaren Faktor im Beurteilungsgeschehen — die Beurteilungsskalen — kritischer auf seine Qualitäten zu untersuchen.

V. Bewertungskriterien für Beurteilungsskalen

Beurteilen heißt messen, wenn man den Begriff „messen" als Zuordnung von Zahlen zu Objekten oder Ereignissen nach bestimmten Regeln definiert. Durch eine solche Zuordnungsregel wird eine Skala, ein Maßstab geschaffen.

Man unterscheidet in der Meßtheorie unterschiedliche Skalenniveaus, die unterschiedlich differenzierte Aussagen gestatten und deren Daten sich mehr oder weniger differenziert weiterverarbeiten lassen. Dabei gilt, daß höhere Skalenniveaus grundsätzlich die Aussagemöglichkeiten der niederen Skalenniveaus einschließen.

Im allgemeinen werden die folgenden Skalentypen unterschieden [3]:

— *Nominalskalen:* Bei diesem Skalentyp werden Klassen eines Merkmals (z. B. Augenfarbe) Maßzahlen zugeordnet (z. B. blau = 1, braun = 2). Die Nominalskala ermöglicht Aussagen darüber, ob zwei Objekte (Menschen) hinsichtlich der Ausprägung desselben Merkmals (Augenfarbe) gleich oder ungleich sind. Für eine statistische Analyse können Modus, prozentualer Anteil der Fälle in den Kategorien und Kontingenzkorrelation herangezogen werden.

— *Ordinal- bzw. Rangskalen:* Diese Skalen gestatten es, verschiedene Objekte hinsichtlich der Ausprägung desselben Merkmals in eine Rangordnung zu bringen. Ein typisches Beispiel hierfür ist die physikalische Härteskala. Aber auch die Schulnoten und die meisten gebräuchlichen Beurteilungsskalen liegen auf diesem Skalenniveau. Zusätzlich zu der Aussage gleich bzw. ungleich kann man nun zwei Objekte als größer oder kleiner einstufen. Da aber die Abstände der Maßzahlklassen voneinander unterschiedlich und unbekannt sind, kann nicht gesagt werden, um wieviel größer bzw. kleiner die Ausprägung des Merkmals bei zwei Merkmalsträgern ist. Man sagt dann, die Maßzahlklassen sind nicht äqui-

---

[3] Stevens, S. S., Mathematics, Measurement and Psychophysics, in: Stevens, S. S. (Hrsg.), Handbook of Experimental Psychology, New York, London, Sydney 1964.

distant. Zulässige Statistiken für diesen Skalentyp sind Medien, Prozenträngen und — mit Einschränkungen — Rangkorrelationen.

— *Intervallskalen:* Wie die Bezeichnung schon andeutet, nehmen einzelne Maßzahlklassen ein gleichgroßes Intervall ein. Es kann genau angegeben werden, um welchen Betrag eine Meßzahl größer bzw. kleiner ist als die andere, bzw. um wieviel stärker/schwächer das Merkmal bei verschiedenen Merkmalsträgern ausgeprägt ist. Beispiele für Merkmale, die mit Intervallskalen gemessen werden, sind z. B. die Temperatur (in Grad Celsius bzw. Fahrenheit) und die Intelligenz (als Intelligenzquotient). Der Nullpunkt einer Intervallskala ist nicht bekannt oder willkürlich festgesetzt. Dadurch ist es nicht möglich z. B. zu sagen, daß 10 Grad Celsius doppelt so warm sei wie 5 Grad Celsius. Die Aussagemöglichkeiten auf diesem Skalenniveau werden vergrößert um das arithmetische Mittel, die Standardabweichung und verschiedene Korrelationskoeffizienten.

— *Verhältnisskalen:* Diese Skalen unterscheiden sich von den Intervallskalen dadurch, daß der Nullpunkt der Skala bekannt ist. Die meisten physikalischen Größen gehören diesem Skalenniveau an (z. B. Länge in Meter, Masse in Kilogramm, Zeit in Sekunden). Diese Skalen gestatten zusätzlich zu absoluten Unterschieden Aussagen über relative Unterschiede zwischen Merkmalsträgern: 80 cm sind doppelt so lang wie 40 cm. An statistischen Maßzahlen kommen z. B. geometrisches Mittel und Variationskoeffizient hinzu.

So sinnvoll es im allgemeinen ist, ein möglichst hohes Niveau bei Beurteilungsskalen anzustreben, so wenig sagt das Skalenniveau alleine etwas über die Güte einer Skala für den konkreten Verwendungszweck aus. Diese hängt immer auch von der Handhabung durch den jeweiligen Beurteiler ab. Zum Vergleich denke man etwa an die Kontrollstände großer Maschinenanlagen. Hier erfolgt häufig eine zuverlässigere Beurteilung der Situation dadurch, daß man nur die Einstellungen „Kontrollampe ein" bzw. „Kontrollampe aus" vorsieht (Nominalskala). Man könnte die so erfaßte Größe sicherlich auch auf einer Intervall- oder Verhältnisskala mit Gradeinteilung darstellen. Die Ablesefehler, die entstehen könnten, würden die Skala allerdings weniger zuverlässig machen. So muß denn auch jede Beurteilungsskala, gleichgültig, auf welchem Niveau sie mißt, ihre praktische Zuverlässigkeit und Gültigkeit beweisen.

Die Zuverlässigkeit eines Meßinstruments gibt an, wie exakt es das mißt, was es faktisch mißt, unabhängig davon, ob das Gemessene wirklich mit der Intention der Skala in Einklang steht. Hinweise auf die so erfaßte Zuverlässigkeit (Reliabilität) sind immer dann gegeben, wenn verschiedene Beurteiler bezüglich der gleichen Personen zum gleichen Ergebnis kommen. Es leuchtet ein, daß die Zuverlässigkeit der Skala beeinträchtigt sein muß, wenn die Adaptationsniveaus verschiedener Beurteiler sehr unterschiedlich sind und keine Möglichkeit der Angleichung vorgegeben ist. Daraus folgt aber auch, daß man bei fehlender Zuverlässigkeit einer Skala nicht unbedingt die Skala ändern muß, sondern häufig bei den Beurteilern ansetzen sollte.

Ein Meßinstrument wird dann als gültig (valide) bezeichnet, wenn es tatsächlich das Merkmal erfaßt, das es zu erfassen vorgibt. Ein Metermaß ist eben nur gültig in bezug auf Länge bzw. Größe, nicht aber in bezug auf Temperatur. Die Gültigkeit von Beurteilungsskalen muß für die Schlüsse nachgewiesen werden, die man aus ihnen zieht. Nimmt man z. B. Beurteilungsskalen als Grundlage für Beförderungen, so müssen diese Skalen prognostische Gültigkeit haben. Es muß nachgewiesen werden, daß der Schluß vom Verhalten in der Beurteilungssituation auf zukünftiges Verhalten in der neuen Position gerechtfertigt ist. Soll die Beurteilung dagegen zwischen mehr oder weniger erfolgreichen Mitarbeitern differenzieren, so kann die Beurteilungsskala nur durch einen Vergleich mit einem gleichzeitig auf anderem Wege erhobenen Kriterium auf ihre gleichzeitige Gültigkeit überprüft werden. Sollen andererseits die Beurteilungen Auskunft über die Persönlichkeitseigenschaften der Mitarbeiter geben, dann muß gezeigt werden, 1. daß es diese Persönlichkeitseigenschaft überhaupt als Eigenschaft gibt und 2. daß sich die Eigenschaft dann auch wie vermutet in anderen Situationen als der konkret beurteilten auswirkt. In diesem Falle spricht man von Konstruktgültigkeit, d. h., es wird nicht mehr die Gültigkeit der Beurteilungsskala, sondern die des Konstruktes (Persönlichkeitseigenschaft) überprüft.

Zu diesen mehr meßtheoretischen Bewertungskriterien kommen solche, die sich aus den Erfordernissen der Praxis zusätzlich ergeben. So wird man auf die Beurteilung solcher Aspekte des Verhaltens verzichten, die für die betriebliche Fragestellung nicht relevant sind. Ferner ist Wert auf die Transparenz der Beurteilungsmaßstäbe zu legen, damit jeder den Beurteilungsakt inhaltlich nachvollziehen kann. Unter Berücksichtigung der Kenntnis der Korrelationstendenzen wird man auf die Beurteilung solcher Merkmale verzichten, die eine zu feine Unterscheidungsfähigkeit verlangen. Hier liegt überhaupt eine der Schwierigkeiten bei der Erstellung des Beurteilungssystems, nämlich den richtigen Mittelweg zwischen einer zu globalen und einer zu differenzierten Beurteilung zu finden. Bei diesem Problem wird man auch die Ökonomie der Durchführung beachten müssen.

VI. Beurteilungsverfahren: Stärken und Schwächen

In diesem letzten Abschnitt sollen einige der gebräuchlichsten Verfahren zur Beurteilung von Mitarbeitern dargestellt werden. Es soll auf ihre Praktikabilität wie Anfälligkeit gegenüber Urteilstendenzen eingegangen werden. Fragen der Zuverlässigkeit und Gültigkeit der Verfahren können nur im Rahmen einer konkreten Beurteilungssituation beantwortet werden und spielen daher im folgenden keine Rolle.

Die Unzufriedenheit mit der *freien Beurteilung* hat zu den Bemühungen um immer differenziertere Beurteilungssysteme geführt. Freie Beurteilungen haben den Nachteil, daß sie sehr stark von der sprachlichen Ausdrucksfähigkeit des Beurteilers abhängen. Da sich außerdem die erwähnten Wahrnehmungsmechanismen in besonderem Maße auswirken können, liegt auf der Hand, daß die Vergleichbarkeit verschiedener freier Beurteilungen nur in äußerst geringem Maße gewährleistet ist. Man versucht dem — zumeist mit geringem Erfolg — gelegentlich dadurch zu begegnen, daß man einzelne Beurteilungsaspekte gleichsam als Überschriften für alle Beurteiler vorgibt (z. B. Arbeitsqualität, Arbeitstempo, Beziehung zu den Kollegen). Als Positivum der freien Beurteilung ist hervorzuheben, daß der Beurteiler nicht in ein enges Korsett von vorgegebenen Beurteilungsmerkmalen eingezwängt ist, sondern auf alle ihm relevant erscheinenden Aspekte des Verhaltens eingehen kann. Eine freie Beurteilung kann auf diese Weise sehr viel besser für ein eingehendes Beurteilungsgespräch geeignet sein. In jedem Beurteilungssystem sollte deshalb Raum für zusätzliche freie Bemerkungen des Beurteilers vorgesehen werden.

Bei der *Checkliste mit freier Wahl* handelt es sich um eine Eigenschafts- oder Verhaltensliste, bei der Zutreffendes angekreuzt wird. Dieses Verfahren ist sehr einfach in der Anwendung und stellt nur geringe Anforderungen an die Unterscheidungsfähigkeit des Beurteilers. Als ausgesprochen nachteilig hat sich in der Praxis erwiesen, daß nur die günstigen Aussagen angekreuzt werden. Bei diesen Listen wird zumeist auch eine mehr oder weniger starke Ausprägung eines Merkmals nicht berücksichtigt.

Die *Checkliste mit Wahlzwang* besteht aus einer Vielzahl von aufgrund empirischer Erkenntnisse zusammengestellten Aussagengruppen. Aus jeder Aussagengruppe soll die jeweils auf den zu Beurteilenden zutreffendste ausgewählt werden. Als positiv bei diesem Verfahren kann hervorgehoben werden, daß es in geringerem Maße unerwünschten Urteilstendenzen unterliegt. Auch kommen mit diesem Instrument Beurteiler aus verschiedenen Ebenen der Unternehmenshierarchie (Untergebene, Kollegen, Vorgesetzte) zu einer stärker übereinstimmenden Beurteilung. Diesen Vorzügen steht eine Reihe von Nachteilen gegenüber: Es ist ein erheblicher vorbereitender Konstruktionsaufwand erforderlich, bis die günstigste Gruppierung der Aussagen gefunden ist. Die Beurteiler sehen sich häufig gezwungen, aus mehreren nicht passenden Aussagen doch eine auszuwählen. Weiterer Widerstand ergibt sich daraus, daß diese Form der Beurteilung nur wenig transparent ist.

Bei der *Liste der kritischen Ereignisse* (critical incident technique) wird der Vorgesetzte aufgefordert, konkrete Ereignisse (positive und negative) in ein Schema einzuordnen. Die Häufigkeit der Eintragungen gibt ihm dann ein Urteil über den Mitarbeiter ab. Besonders positiv an diesem Verfahren ist hervorzuheben, daß die Urteile sich auf tatsächliche Ereignisse und nicht auf Meinungen und Gefühle beziehen. Ferner bieten die kritischen Ereignisse eine hervorragende Gedächtnisstütze für ein Mitarbeitergespräch. Es liegt allerdings auf der Hand, daß die Werte verschiedener Mitarbeiter kaum miteinander vergleichbar sind. Auch liegt die Gefahr nahe, daß Verhaltensweisen in bestimmten Situationen ein Gewicht bekommen, das ihrem Anteil am Gesamtverhalten des zu Beurteilenden nicht mehr entspricht.

Eine Vielzahl von Beurteilungsmethoden kann unter dem Oberbegriff *Rangordnungsverfahren* zusammengefaßt werden. Im einfachsten Falle weist der Vorgesetzte demjenigen Mitarbeiter, der die höchste Ausprägung eines Merkmals aufweist, den Rangplatz 1 zu, dem nächsten den Rangplatz 2 usw. Eine andere Möglichkeit, zu einer Rangordnung zu kommen, ist der Paarvergleich, bei dem jeweils zwei Mitarbeiter miteinander verglichen werden und derjenige, der als besser in einem Merkmal angesehen wird, einen Punkt erhält. Da jeder Mitarbeiter mit jedem verglichen werden muß, ist derjenige der Beste, der insgesamt die meisten Punkte erhält. Bei diesem Verfahren ist darauf zu achten, daß keine Rangfolge A größer B größer C größer A auftritt. Kann der Zwang zur Differenzierung bei den Rangordnungsverfahren als Vorteil angesehen werden, muß gleichzeitig auf die Schwierigkeit hingewiesen werden, im Mittelbereich noch sinnvoll zwischen zwei Mitarbeitern zu unterscheiden. Auch sind diese Verfahren gut geeignet, Entwicklungstendenzen eines Mitarbeiters innerhalb einer Abteilung darzustellen. Dagegen ist die Vergleichbarkeit mit den Ergebnissen aus anderen Abteilungen schon allein wegen der unterschiedlichen Mitarbeiterzahl nur sehr gering.

In der deutschen Industrie am gebräuchlichsten und am bekanntesten sind die *Einstufungsverfahren*, vor allem in ihrer numerischen Form. Bei diesen Beurteilungsverfahren repräsentieren numerisch und/oder verbal bezeichnete Kategorien in geordneter Folge verschiedene Ausprägungsgrade eines Merkmals. Von besonderem Einfluß auf die Qualität dieser Verfahren ist die verbale Verankerung einzelner Beurteilungsstufen. Bei ihrer Formulierung sollten die folgenden Kriterien Anwendung finden[4]: kurze, einfache und deutliche Ausdrucksweise; Verwendung relevanter und für das zu beurteilende Merkmal spezifischer Begriffe; Vermeidung moralisch wertender Begriffe; Sicherstellung einer eindeutigen Rangfolge durch die Begriffe (d. h. Vermeidung von Begriffen wie häufig, gelegentlich, oft, manchmal, wenig usw.). Ein weiteres Problem bei der Erstellung der Einstufungsverfahren besteht darin, die optimale Stufenzahl zu bestimmen. Das fängt schon an bei der Frage, ob man eine gerade oder ungerade Stufenzahl wählen soll. Beide Varianten haben Vorzüge und Nachteile. Es muß jeweils im Einzelfalle ausprobiert werden, welche Form für den jeweiligen Beurteilungszweck geeignet ist. Wie viele Stufen man wählt, wird vor allem von der Diskriminierungsfähigkeit und -bereitwilligkeit der Beurteiler abhängen. Der große

---

[4] In Anlehnung an Guilford, J. P., Psychometric Methods, 2. Aufl., New York, Toronto, London 1954.

Vorteil dieser Verfahren liegt in der einfachen Handhabung und in dem hohen Bekanntheitsgrad (Schulnoten). Als Nachteil hat sich die Anfälligkeit gerade dieser Skalen für die bereits geschilderten Beurteilungstendenzen erwiesen, was nur durch besondere Maßnahmen überwunden werden kann.

Eine Sonderform der Einstufungsverfahren stellen die graphischen Rating-Skalen dar, bei denen der Beurteiler auf einer geraden, meist vertikalen Linie, die das Kontinuum des Merkmals repräsentiert, die jeweilige Ausprägung des Merkmals ankreuzen soll. Bei der Verwendung von graphischen Rating-Skalen muß darauf geachtet werden, daß die Linien ununterbrochen sind und daß alle Skalen gleichsinnig mit dem positiven Ende nach oben angeordnet sind. Auch hier ist es unbedingt erforderlich, einzelne Punkte des Kontinuums verbal zu verankern. Auch die graphischen Skalen sind einfach anzuwenden und gestatten darüber hinaus eine beliebig feine Auswertung. Es ist aber zu fragen, ob die hier mögliche besonders feine Differenzierung nicht eigentlich die Beobachtungsmöglichkeiten eines Beurteilers übersteigt.

Als Sonderform der Einstufungsverfahren hat sich bei der amerikanischen Armee die sogenannte Man-to-Man-Skala einer gewissen Beliebtheit erfreut. Hier wurden die einzelnen Stufen der Skala nicht mit Zahlen oder Begriffen, sondern mit konkreten Personen bezeichnet. Der besondere Vorteil dieser Skalenform liegt in der großen Lebensnähe. Ferner ist ein Vergleich mit konkreten Verhaltensweisen möglich. Somit liegt eine für alle verbindliche Anforderungsnorm vor. Problematisch ist bei diesen Skalen, daß die Äquidistanz der Maßzahlklassen praktisch nicht zu gewährleisten ist und daß diese Skala einen sehr hohen Konstruktionsaufwand erfordert.

Nur der Vollständigkeit halber seien die Methoden der *Verhältnisschätzung* und der *mehrdimensionalen Skalierung* genannt, die vor allem bei wissenschaftlichen Fragestellungen Anwendung finden, wegen ihres hohen Konstruktionsaufwandes aber für die betriebliche Praxis nur wenig geeignet sind.

Die bisherigen Ausführungen machen deutlich, daß die Theorie bisher nicht in der Lage ist, ein für alle Zwecke zuverlässiges und gültiges Beurteilungssystem vorzugeben. In jedem einzelnen Falle muß ein Beurteilungssystem der praktischen Bewährung unterzogen werden. Nur so ist es möglich, neben den Einflußgrößen Beurteiler und Beurteilungsskalen auch die hier stark vernachlässigten Faktoren Situation und Beurtelter in ihren Auswirkungen mit zu erfassen.

Preuß AG

A

I.

In der Preuß AG, einem Großunternehmen der deutschen Industrie, soll das fast 20 Jahre alte Beurteilungssystem für Angestellte durch ein neues, zeitgemäßes ersetzt werden.

Man entschied sich in der Preuß AG nicht für die Übernahme eines von außen kommenden Systems, sondern beschloß, ein eigenes Verfahren zu entwickeln, da man sich davon eine größere Leistungsfähigkeit des Systems versprach.

Die Arbeiten am Beurteilungssystem sind so weit vorangeschritten, daß man eine baldige Einführung in Form des vorliegenden Entwurfs plant.

Herr Zacharias, der die Preuß AG verschiedentlich in Fragen der Personalorganisation beraten hat, wird von dem Zentralen Personalstab der Preuß AG um eine gutachtliche Stellungnahme zu dem Entwurf des Beurteilungssystems (Anlage 1) gebeten.

Herr Zacharias verschafft sich drei weitere, methodisch verwandte Beurteilungssysteme, und zwar:

— das bei der Hamburger Elektrizitätswerke AG (HEW) praktizierte Beurteilungssystem (Anlage 2),

— das vom Arbeitsring der Arbeitgeberverbände der Deutschen Chemischen Industrie e. V. entwickelte System (Anlage 3),

— das System nach dem von Robert Justen 1971 bei der Deutschen Verlagsanstalt veröffentlichten Werk „Mitarbeiterbeurteilung" — Untertitel: Objektive Beurteilung nach analytischer Methode (Anlage 4).

II.

Herr Zacharias stellt folgende gemeinsame Wesensmerkmale der vier Beurteilungssysteme fest:

1. Man versucht, menschliche Leistungen durch verschiedene Merkmale zu beschreiben und durch diese Konkretbeschreibung des abstrakten Begriffes „Leistung" Objektivität zu gewinnen.

2. Man geht davon aus, daß der aufgestellte Merkmalkatalog vollständig ist, d. h., daß jeder Mitarbeiter, gleich, welche Arbeiten er ausführen muß, nach diesem Katalog beurteilt werden kann. Man ist also der Meinung, daß zur Beurteilung der Leistung aufgabenspezifische Merkmale nicht notwendig sind. Wünschenswerte globale Alternativen, wie zum Beispiel die Unterscheidung zwischen Stellungen mit Führungsfunktionen und ohne Führungsfunktionen, werden auch fest vorgegeben.

3. In allen Systemen werden für jedes einzelne Merkmal „Noten" vom direkten Vorgesetzten gegeben.

4. Aufgrund der verschiedenen Aufgaben der einzelnen Mitarbeiter haben bestimmte Merkmale eine größere Bedeutung im Tätigkeitsfeld als andere. Man versucht daher, dem aufgabenspezifischen Aspekt durch eine Gewichtung der Merkmale Rechnung zu tragen.

5. Alle vier Beurteilungssysteme stimmen darin überein, daß sich aus der Leistungsbeurteilung direkt Vorschläge zur Förderung der Mitarbeiter ableiten lassen.

6. In allen Systemen ist das Mitarbeitergespräch ein unabdingbarer Bestandteil.

7. Der Zielkatalog aller Systeme deckt denselben Bereich ab.

III.

Herr Zacharias fertigt eine Gegenüberstellung der Merkmale und ihrer Erläuterungen sowie des Fragenkatalogs zur Förderung an, um den Deckungsbereich der Merkmale und Lücken zu entdecken (vgl. Abbildung 1).

Abb. 1: *Merkmale der Beurteilungssysteme*

Preuß AG	Justen	Arbeitsring	HEW
Leistungsbild	**Entwicklung in der gegenwärtigen Position**	**Leistungsverlauf seit der letzten Beurteilung**	
Leistungen und Verhalten des Mitarbeiters sind auf folgenden Gebieten besonders positiv hervorzuheben:	Entwicklungstrend? aufbauend gleichbleibend nachlassend	verbessert gleichbleibend verschlechtert noch nicht zu beurteilen	
Auf folgenden Gebieten muß sich der Mitarbeiter den Anforderungen anpassen:	Eignung für den gegenwärtigen Arbeitsplatz? ja nein	Stärken in der jetzigen Stellung Schwächen in der jetzigen Stellung Fähigkeiten und Kenntnisse, die in der jetzigen Stelle nicht genutzt werden	
Entwicklungsmöglichkeiten			**Urteil über künftige Entwicklungsmöglichkeiten**
Ist der Mitarbeiter in der Lage, andere und/oder höherwertige Aufgaben zu übernehmen?	Welches andere Arbeitsgebiet wird empfohlen?		
Welche Aufgaben kommen in Frage?			
Ist damit eine Versetzung des Mitarbeiters verbunden?	**Förderwürdigkeit und Aufstieg**		
Wann sollen die neuen Aufgaben wahrgenommen werden bzw. die Versetzung erfolgen?	Ist der Beurteilte für einen Aufstieg geeignet?	Eignung für zusätzliche oder andere Aufgaben?	Wie beurteilen Sie die künftige Entwicklung in Ihrem Bereich?
	Ist der Beurteilte fähig, Nachfolger seines Vorgesetzten zu werden?		
	Ist der Aufstieg im Unterstellungsbereich des genannten Vorgesetzten möglich?		

Preuß AG	Justen	Arbeitsring	HEW
Welche Kenntnisse und Fähigkeiten besitzt der Mitarbeiter zur Wahrnehmung dieser Aufgaben?	Der Beurteilte wird für einen Aufstieg in folgende Stellungen für befähigt gehalten: Zeitpunkt?	Eignung für Führungsaufgaben außerhalb der jetzigen Stelle?	Könnte der Beurteilte an einem anderen Platz mehr leisten? Welche Kenntnisse und Eigenschaften müßte er verbessern, um weiterzukommen?
Förderungswünsche Auf welchen Sachgebieten sollte der Mitarbeiter sich selbst weiterbilden bzw. durch die Preuß AG gefördert werden?	Welche Förderungsmaßnahmen werden vorgeschlagen?	**Empfehlung zur weiteren Förderung** Fördermaßnahmen?	Sehen Sie bestimmte in der Person begründete Grenzen für eine Weiterentwicklung?
Hindernisse Gibt es Umstände, die eine weitere Entwicklung und Förderung des Mitarbeiters erschweren oder verhindern?			
Arbeitsergebnis Arbeitsgüte Grad der Erfüllung gestellter Aufgaben	**Qualität der Leistung** Güte der Arbeit Grad der Zuverlässigkeit	**Leistungsgüte** Häufigkeit von Fehlern	**Arbeitsgüte*)** Zuverlässigkeit Arbeitseinhaltung
Arbeitsmenge	**Quantität der Leistung** In Zeiteinheit hervorgebrachte Arbeitsmenge	**Leistungsmenge** Grad der Ausnutzung der Arbeitszeit Grad der Stetigkeit der Leistung Benötigte Zeit für bestimmte Arbeitsergebnisse	**Arbeitsmenge** Menge/Arbeitszeit Stetigkeit der Leistung Ausdauer Zeitaufwand für erledigte Einzelaufträge Belastbarkeit bei besonderer Anforderung

*) Folgende Erläuterungen des Merkmals »Arbeitsgüte« haben bei den anderen Systemen keine direkten Entsprechungen: Beobachtungsgabe, Aufmerksamkeit, Konzentrationsfähigkeit, Kontaktfähigkeit, spezielle Begabungen, Zielstrebigkeit, Ordnung.

Preuß AG	Justen	Arbeitsring	HEW
Aufgabenbezogenes Verhalten			
Systematisches und rationelles Arbeiten		**Selbständigkeit**	
		Arbeitsplanung Zweckdienliches Lösen von Aufgaben	
			Kontrolle eigener Arbeit
Einsatzbereitschaft	**Arbeitsbereitschaft**		
	Arbeitseinsatz		**Einsatzbereitschaft**
Eigeninitiative	Initiative	Lösen selbstgestellter Aufgaben	Eigeninitiative
Fachkönnen	**Berufliches Können**		
Anwenden erlernten Wissens und erfahrungsabhängige Kenntnisse	Fachwissen		Fachkenntnisse
	Erfahrungen		
Geistige Beweglichkeit	Umstellungsfähigkeit		Wendigkeit Umstellungsfähigkeit
Konstruktive Ideen		Einteilen der eigenen Arbeit	
Unabhängigkeit von fachlichen Anleitungen			
Betriebsgerichtetes Verhalten	**Verantwortungsbereitschaft**		**Verantwortungsbereitschaft**
Verantwortungsbewußtsein	Bereitschaft zur Übernahme von Verantwortung		Bereitschaft zur Übernahme unpopulärer Aufgaben
			Lernbereitschaft
Kostenbewußtsein		Berücksichtigung der Kosten bei Planung u. Entscheidung	

Preuß AG	Justen	Arbeitsring	HEW
Zusammenarbeit	**Bereitschaft zur Zusammenarbeit**	**Zusammenarbeit**	**Bereitschaft zur Zusammenarbeit**
Einhalten von Kompetenzen	Informationsaufrichtigkeit	Geben von Informationen Entgegennehmen von Anregungen	
Arbeits- und Ordnungsvorschriften		Befolgen von Vorschriften	Beachten von Vorschriften
		Einhalten von Zuständigkeiten Einhalten von Terminen und Vereinbarungen	Termineinhalten
			Sicherheit
Führungsverhalten	**Führungsqualitäten**		Führungsverhalten der Vorgesetzten wird unter das Merkmal Arbeitsgüte subsumiert
	Durchsetzungsvermögen		
Information der Mitarbeiter	Überzeugungsfähigkeit		Informationspflicht
Delegation von Verantwortung		**Delegation** Übertragen von Aufgaben, Verantwortung und Kompetenzen	Delegationsfreudigkeit
Förderung der Mitarbeiter		**Förderung** Sorgfältiges Beurteilen der Mitarbeiter Vorschlagen geeigneter Fördermaßnahmen	Gute Mitarbeiter fördern
Motivierung der Mitarbeiter	Motivierung der Mitarbeiter	Anregung der Mitarbeiter zu selbständigem Denken und Handeln	Differenzierte Beurteilung
Verhandlungsgeschick			

Preuß AG	Justen	Arbeitsring	HEW
Durchführung von Planungen	**Dispositionsfähigkeit** Fähigkeit zum Planen	**Planung und Organisation** Ausarbeiten von Plänen	
Zielsetzung für Arbeitsbereich und Mitarbeiter	Fähigkeit, den Plan an konkrete Situation anzupassen	Festlegen von Zielen	Zielsetzung
		Ordnen des Zusammenwirkens von Mitteln und Personen	
	Mitwirkung bei Rationalisierung und Kosteneinsparung	**Kontrolle**	Dienstaufsicht und Erfolgskontrolle
	Verwirklichen von Vorschlägen zur Rationalisierung und Kosteneinsparung	Überwachen der Entwicklung der Kosten und Einsatz der Arbeitsmittel	Arbeitsläufe kostengünstig und unfallsicher gestalten
		Überwachen des Arbeitsfortschrittes und des Zusammenwirkens der Mitarbeiter	Aufgeschlossenheit für Anregungen, Kritik und Zusammenarbeit

IV.

Eine Gegenüberstellung der Gewichtungsvorschriften der Merkmale ergibt folgendes Bild (vgl. auch Abbildung 1):

Beim HEW-Modell gehen alle drei Leistungsmerkmale gleichgewichtig in die Beurteilung ein.

Im Arbeitsring-Modell wird die „freie" Gewichtung vorgeschlagen, d. h., die Gewichtung kann vom Vorgesetzten nach Gutdünken vorgenommen werden. Der Vorgesetzte braucht sein Vorgehen weder zu erläutern noch im Detail zu begründen, sondern nur anzukreuzen, ob das Merkmal aus seiner Sicht geringe, mittlere oder große Bedeutung hat. So ist es möglich, daß ein Beurteiler fast bei jedem Merkmal ankreuzt, daß es große Bedeutung hat.

Bei Justen gehen in jede Leistungsbeurteilung sechs Merkmale ein, und er schlägt vor, zwei dieser sechs Merkmale, nämlich Qualität der Leistung und Quantität der Leistung/Führungsqualitäten, mit dem Gewichtsfaktor 2 zu versehen. Das bedeutet, daß vier der sechs Leistungsmerkmale mit je 12,5 % in die Leistungsbeurteilung eingehen, während je zwei mit 25 % eingehen. Ein Drittel der Merkmale beschreibt also 50 % der Leistung.

Bei der Preuß AG werden neun verschiedene Wichtungsverhältnisse zwischen den Merkmalen vorgegeben. Der Beurteiler hat die Aufgabe, ein seiner Meinung nach auf das Aufgabengebiet des Mitarbeiters zutreffendes Wichtungsverhältnis auszuwählen. Ändert der Beurteiler die Gewichtung in zwei aufeinanderfolgenden Beurteilungen für den gleichen Arbeitsplatz, so ist das nachvollziehbar, und der Vorgesetzte kann aufgefordert werden, dafür eine Begründung abzugeben. Man möchte auf der einen Seite die Kontinuität in der Gewichtung erreichen und willkürliche Gewichtungen ausschließen und andererseits keine allzu starren Anweisungen geben.

V.

Eine besondere Rolle spielt in allen Verfahren die Verteilung der Beurteilung über die verschiedenen möglichen Skalenwerte. Alle Verfahren gehen grundsätzlich von der Erfahrung aus, daß in der Bevölkerung die Ausprägung bestimmter Merkmale normalverteilt ist.

Die Normalverteilung kennzeichnet das Phänomen, daß sich bei einer genügend großen, homogenen Grundgesamtheit ein bestimmtes Merkmal um einen Mittelwert gleichmäßig verteilt.

Falls man die Personen einer homogenen Grundgesamtheit entnimmt, erhält man für die Eigenschaften wie Körpergröße, Schuhgröße usw. ein Häufigkeitsschaubild, das im wesentlichen der Normalverteilung gleicht. Daraus folgert man auch die Normalverteilung der menschlichen Leistung bzw. der erbrachten Sachleistung.

Untersuchungen haben jedoch gezeigt, daß Ergebnisse von Leistungsbeurteilungen nicht normalverteilt sind. Justen führt dies zum großen Teil auf den Einfluß des Beurteilungsgesprächs und die Offenlegung der Beurteilung zurück. So ergibt sich eine zum positiven Pol geschobene, linksseitig abgeschnittene Verteilung (vgl. Abbildung 2).

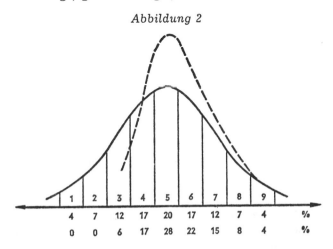

Abbildung 2

Justen gibt keinen Aufschluß darüber, ob der Förderteil bei seinen Untersuchungen mitbenutzt wurde. So erhält man auch keine Aussage darüber, inwieweit der Förderteil, in dem konkrete Fördervorschläge gemacht werden, einen korrigierenden Einfluß ausüben kann. Es bleibt auch offen, ob sich nicht erst aus einem Fördervorschlag die „wahre" Beurteilung ablesen läßt, wenn z. B. ein Mitarbeiter mit einer scheinbar mittelmäßigen Leistungsbeurteilung auf einem ganz elementaren Gebiet gefördert werden soll.

Die Idee der Annäherung an die Normalverteilung als Bezugsgröße liegt allen geschilderten Modellen zugrunde. Methodisch gibt es jedoch zwei Varianten, wie man die Normalverteilung als Bezugsgröße einsetzen kann.

Im HEW-Modell will man die Normalverteilung, aufbauend auf der Bildung einer Rangordnung und durch Vorgabe eines festen Mittelwertes (Punktvorgabe) und bei gegebener fester Ober- und Untergrenze, erzwingen.

Die Verfahren Justen und Preuß AG kennen auch feste Ober- und Untergrenzen (die Gesamtnote der Leistungsbeurteilung kann nie unter die schlechteste Note, die in der Notenskala zur Verfügung steht, sinken und nie über die beste hinausgehen). Jedoch ist der Beurteiler nicht zur Bildung einer Rangordnung gezwungen, da ihm kein fest vorgegebener Mittelwert vorgeschrieben wird. Justen läßt alle Ergebnisse zu, die zwischen einer Normalverteilung und der oben dargestellten Verteilung liegen, wodurch der Verschiebung zum Positiven eine feste Obergrenze gesetzt wird.

Das Verfahren der Preuß AG enthält zu diesem Punkt noch keine Vorschriften. Aufschlüsse darüber will man durch einen Test, der ca. 400 Personen umfassen soll, gewinnen. Zu großen positiven Abweichungen von der Normalverteilung will man gegebenenfalls durch detaillierte Anweisungen an die Beurteiler in Form von präzisierten Richtlinien begegnen.

Im Arbeitsring-Modell rückt eine Bezugsgröße durch die große Freiheit der Beurteiler in der Gewichtung in den Hintergrund.

VI.

Eine grundsätzliche Anweisung an die Beurteiler ist die Aufforderung, bei der Beurteilung den Untergebenen nicht mit sich selbst zu vergleichen, sondern die Leistung des Beurteilten an den Leistungen anderer Mitarbeiter zu messen. Die Bildung einer Rangordnung sämtlicher Mitarbeiter für jedes Beurteilungsmerkmal mag ein Hinweis für ein methodisches Vorgehen in dieser Situation sein.

Alle dargestellten Beurteilungsbögen enthalten eine Unterschriftszeile für den nächsthöheren Vorgesetzten. Diesem werden also Beurteilungen, die der beurteilende Vorgesetzte erstellt, vorgelegt.

Dieses Verfahren muß also auch als ein Mittel der Kontrolle angesehen werden. Der Beurteiler sollte sich bewußt sein, daß die Gesamtheit der Beurteilungen, die er abgibt, auch eine Beurteilung seiner eigenen Person zuläßt.

Fragen:

1. Welche Vor- und Nachteile des Entwurfs des Zentralen Personalstabs von Preuß soll Herr Zacharias herausstellen?
2. Soll er dem Entwurf grundsätzlich zustimmen?
3. Soll er einen eigenen Entwurf anfertigen?
4. Wie sähe ein eigener Vorschlag von Herrn Zacharias aus?

Anlage 1

Das Beurteilungssystem der Preuß AG

Das Beurteilungssystem der Preuß AG soll folgenden Zielen genügen:

1. Die Personalbeurteilung dient dem Ziel einer sachgerechten Mitarbeiterförderung.
2. Die Personalbeurteilung hilft bei der Mitarbeiterauswahl.
3. Die Personalbeurteilung ist Unterlage für eine leistungsgerechte Bezahlung.
4. Die Personalbeurteilung steht im Dienst der Fortbildung und ihrer Erfolgskontrolle.

In der Preuß AG wird die Personalbeurteilung als wichtiges Führungsmittel angesehen. Zum einen stellt die Personalbeurteilung in sich ein Führungsmittel dar, zum anderen ist sie auch ein Kontrollinstrument der Personalführung im Hinblick auf die getroffenen Ausbildungs- und Förderungsentscheidungen.

Auf eine Erläuterung des Merkmalskatalogs kann verzichtet werden, da dies im Bogen selbst geschieht.

Die Handhabung des Verfahrens ist ebenfalls aus dem Bogen ersichtlich, da die Erläuterungen für den Beurteiler mit abgedruckt wurden.

Beurteilungsbogen

TEIL A

Beurteilung/Angestellte

Vertraulich

Name	0101
Personalnummer	0003
	0004
Geburtsdatum	0005
Eintrittsdatum	0117
Erlernter Beruf	1500
Derzeitige Tätigkeit als	0115
seit	
Abteilung/Betrieb	0007

1. Aufgabengebiet

2. Gewichtung und Beurteilung

Bitte Prozentwerte aus Wichtungskategorie ☐ eintragen (s. Anweisungsschrift)

Bitte zutreffenden Beurteilungsfaktor eintragen (s. Anweisungsschrift)

☐ **Arbeitsergebnis (A)** ☐
(Arbeitsmenge, Arbeitsgüte. Grad der Erfüllung gestellter Aufgaben)

☐ **Aufgabenbezogenes Verhalten (AV)** ☐
(Einsatzbereitschaft, Eigeninitiative, systematisches und rationelles Arbeiten)

☐ **Fachkönnen (F)** ☐
(Anwenden erlernten Wissens und erfahrungsabhängiger Kenntnisse. Geistige Beweglichkeit, konstruktive Ideen, Unabhängigkeit von fachlichen Anleitungen)

☐ **Betriebsgerichtetes Verhalten (BV)** ☐
(Verantwortungsbewußtsein. Umgang mit Sachwerten, Kostenbewußtsein. Einhalten von Kompetenzen, Arbeits- und Ordnungsvorschriften bzw. -regelungen. Zusammenarbeit mit Kollegen, Vorgesetzten, und unterstellten Mitarbeitern)

☐ **Führungsverhalten (FV)** ☐
(Zielsetzung für Arbeitsbereich und Mitarbeiter. Durchführen von Planungen. Information der Mitarbeiter. Delegation von Verantwortung. Förderung der Mitarbeiter. Motivierung der Mitarbeiter. Verhandlungsgeschick)

3. Mitarbeitergespräch
(Ggf. Stellungnahme des Mitarbeiters zu seiner Beurteilung)

Beurteilung zur Kenntnis genommen

_____   _____
Dat.   Mitarbeiter

_____   _____
Dat.   Beurteiler   Dat.   Nächsthöherer Vorgesetzter

Auszug aus der Anweisungsschrift

Das Beurteilungsverfahren für Angestellte weist 5 Beurteilungsmerkmale auf:

1. Arbeitsergebnis (A)
2. Aufgabenbezogenes Verhalten (AV)
3. Fachkönnen (F)
4. Betriebsgerichtetes Verhalten (BV)
5. Führungsverhalten (FV)

Während die ersten 4 Merkmale für alle Angestellten gelten, gilt das Merkmal 5 nur für Angestellte mit Führungsaufgaben. Das Hauptgewicht der Beurteilung liegt auf dem einsehbaren Arbeitsergebnis, nachweisbaren Fachkönnen und beobachtbaren Arbeits- und Führungsverhalten.

Um die einzelnen Merkmale beurteilen zu können, muß der Aufgabenbereich und die Stellung des Mitarbeiters so konkret wie möglich dargestellt werden (Beurteilungsformular Punkt 1). Besonders wichtig ist hier die genaue Darstellung der Aufgaben in Stichworten, die der Mitarbeiter zu erfüllen hat.

Die Beurteilung vollzieht sich in 2 Schritten:

1. Der Beurteiler muß eine Gewichtung der Merkmale vornehmen, d. h. er muß die 4 bzw. 5 Merkmale (A, AV, F, BV bzw. A, AV, F, BV, FV) gemäß ihrer Bedeutung für den einzelnen Arbeitsplatz in eine Rangreihe bringen und er muß diese Rangreihe einer der 9 Kategorien der Wichtungstabelle A bzw. B zuordnen. Die so gefundenen Wichtungszahlen in Prozent werden in das Beurteilungsformular (Punkt 2, linke Kästchenreihe) eingetragen.

WICHTUNGSTABELLE A
(ohne FV Führungsverhalten)

Merkmal		Wichtung in % nach Kategorie								
		1	2	3	4	5	6	7	8	9
A	Arbeitsergebnis	50	40	40	30	30	20	20	10	10
AV	Aufgabenbezogenes Verhalten	15	20	15	20	15	20	15	20	15
F	Fachkönnen	15	20	25	30	35	40	45	50	55
BV	Betriebsgerichtetes Verhalten	20	20	20	20	20	20	20	20	20
	Summe in %	100	100	100	100	100	100	100	100	100

WICHTUNGSTABELLE B
(mit FV Führungsverhalten)

Merkmal		Wichtung in % nach Kategorie								
		1	2	3	4	5	6	7	8	9
A	Arbeitsergebnis	30	30	30	20	20	20	10	10	10
AV	Aufgabenbezogenes Verhalten	10	10	10	10	10	10	10	10	10
F	Fachkönnen	40	35	30	35	30	25	30	25	20
BV	Betriebsgerichtetes Verhalten	15	15	15	15	15	15	15	15	15
FV	Führungsverhalten	5	10	15	20	25	30	35	40	45
	Summe in %	100	100	100	100	100	100	100	100	100

2. Der 2. Schritt stellt die eigentliche Beurteilung dar, denn jetzt muß der Vorgesetzte bei jedem Merkmal den zutreffenden Beurteilungsfaktor eintragen, d. h. er muß die mit den Aufgaben verbundenen Erwartungen mit den tatsächlich erbrachten Leistungen des Mitarbeiters vergleichen (Soll/Ist-Vergleich) und für jedes Merkmal den Beurteilungsfaktor wählen, der dem Erfüllungsgrad der erbrachten Leistungen entspricht (0,9 bis 1,2). Die so ermittelten Faktoren werden in das Beurteilungsformular (Punkt 2, rechte Kästchenreihe) eingetragen.

Faktor	Beurteilung
0,9	"Leistungen und Verhalten des Mitarbeiters entsprechen nicht ganz den Erwartungen"
1,0	"Leistungen und Verhalten des Mitarbeiters entsprechen den Erwartungen"
1,1	"Leistungen und Verhalten des Mitarbeiters liegen über den Erwartungen"
1,2	"Leistungen und Verhalten des Mitarbeiters liegen wesentlich über den Erwartungen"

Es wird häufig geschehen, daß der Beurteiler mit den 4 Beurteilungsstufen nicht ganz zutreffend ausdrücken kann, was er mit seiner Beurteilung ausdrücken möchte. Deshalb ist noch genügend freier Raum bei jedem Merkmal vorhanden, in dem er die Mitarbeiterleistung und sein Arbeitsverhalten näher erläutern kann. Darüber hinaus ist auch die Wahl von Zwischenstufen möglich, z.B. Faktor 0,95 oder 1,15.

Nachdem der beurteilende Vorgesetzte und der nächsthöhere Vorgesetzte die Beurteilung unterschrieben haben, muß der Beurteiler mit dem Beurteilten ein Mitarbeitergespräch führen. Bei diesem Gespräch soll in offener, positiver und sachlicher Weise, jedoch ohne Beschönigungen und ohne Verfälschungen des Leistungsstandes, über die Leistungen des Mitarbeiters gesprochen werden und ihm Hilfe und Anregungen gegeben werden, wie er in Zukunft seine Leistungen verbessern kann.

TEIL B

Entwicklung und Förderung/Angestellte

Vertraulich
Keine Kopien anfertigen

Zur Weiterleitung an PS Zentr. Bildungswesen

Name
Personalnummer   Abteilung/Betrieb
Geburtsdatum   Eintrittsdatum
Erlernter Beruf
Derzeitige Tätigkeit als
        seit

5. Leistungsbild
5.1. Leistungen und Verhalten des Mitarbeiters sind auf folgenden Gebieten besonders positiv hervorzuheben

5.2 Auf folgenden Gebieten muß sich der Mitarbeiter noch den Arbeitsanforderungen anpassen

6. Entwicklungsmöglichkeiten
6.1. Ist der Mitarbeiter in der Lage, andere und/oder höherwertige Aufgaben zu übernehmen? (Bitte ankreuzen)
    Z. Z. nicht zu beantworten ☐   Ja ☐   Nein ☐
6.2. Welche Aufgaben kommen in Frage?

6.3. Ist damit eine Versetzung des Mitarbeiters verbunden?   Ja ☐   Nein ☐
6.4. Wann sollen die neuen Aufgaben wahrgenommen werden bzw. die Versetzung erfolgen?
    Frühestens ab   Spätestens bis
6.5. Welche besonderen Kenntnisse und Fähigkeiten besitzt der Mitabeiter zur Wahrnehmung dieser Aufgaben?

7. Förderungswünsche
Auf welchen Sachgebieten sollte der Mitarbeiter sich selbst weiterbilden bzw. gefördert werden?

8. Hindernisse
Gibt es Umstände, die eine weitere Entwicklung und Förderung des Mitarbeiters erschweren oder verhindern?
Ja ☐   Nein ☐   Falls Ja, welche?

Unterschriften

_____ _____ _____ _____
Dat. Beurteiler   Dat. Nächsthöh. Vorgesetzter   Dat. Genehmig. Vorgesetzter

Anlage 2

Das Verfahren der Hamburger Elektrizitätswerke AG (HEW)

Bei der Hamburger Elektrizitätswerke AG sieht man das Beurteilungssystem als ein wichtiges Hilfsmittel sowohl für die Auswahl des richtigen Einsatzes und das Erkennen möglicher Aufstiegschancen wie auch für die möglichst gerechte materielle Anerkennung erbrachter Leistungen der Mitarbeiter an.

Nicht alle im Bogen aufgeführten Merkmale gehen auch in die konkrete Leistungsbeurteilung ein, sondern der Bogen (vgl. S. 437/438) ist das Werkzeug für eine ausführliche Mitarbeiterbeurteilung, die als Grundlage für ein ausgedehntes und eingehendes Beurteilungsgespräch zwischen Vorgesetztem und Mitarbeiter dienen soll. Diese ausführliche Beurteilung soll mindestens alle 5 Jahre stattfinden. Dagegen findet in kürzeren Abständen eine periodische Beurteilung der Leistung, die als analytische Arbeitsbewertung der gerechten Entlohnung unterschiedlicher persönlicher Leistungen innerhalb einer bestimmten Zeit dient, statt.

Das Verfahren stützt sich auf folgende drei Leistungsmerkmale:

a) Arbeitsgüte,

b) Arbeitsmenge/Arbeitstempo,

c) Einsatzbereitschaft.

a) Beurteilungskriterium Arbeitsgüte

Je nach Arbeitsplatz können für die Arbeitsgüte einige der folgenden Eigenschaften bestimmend sein:

1. Grad der Kenntnisse, der Fähigkeiten und der Begabungen:
    Fachkenntnisse,

    Kenntnisse besonderer Vorschriften oder auf speziellen Fachgebieten,
    Beobachtungsgabe (Erkennen von Mängeln, Unregelmäßigkeiten und Fehlerquellen),
    Aufmerksamkeit,
    Konzentrationsfähigkeit,
    Kontaktfähigkeit (Auftreten z. B. gegenüber dem Kunden, der Öffentlichkeit und den Mitarbeitern anderer Bereiche),
    Auffassungsgabe,
    spezielles Geschick und spezielle Begabungen, z. B.
        handwerkliche Geschicklichkeit,
        technische Begabung,
        Sprachbegabung, Ausdrucksvermögen,
        Organisationstalent,
        Verhandlungsgeschick,
        Fähigkeit zum Improvisieren.
    Grad der Wendigkeit und der Umstellungsfähigkeit.

Beurteilungsbogen

	BEURTEILUNG	
PERSONALABTEILUNG		

> Beurteilen Sie Ihren Mitarbeiter erst dann, wenn Sie seine Leistungen gedanklich mit denen anderer Mitarbeiter auf Arbeitsplätzen mit entsprechendem Anforderungs-Niveau verglichen haben. Überprüfen Sie an Hand der Angaben in der Kontrollspalte, ob von Ihnen alle für den betreffenden Arbeitsplatz wichtigen Anforderungskriterien berücksichtigt wurden.

Personal-Nr.	Name und Vorname	geboren am	Abteilungskurzzeichen
Stellenbezeichnung		Tarifgruppe	Punktwert f. Leistungszulage
Grund der Beurteilung (nur bei außergewöhnlichen Beurteilungsanlässen auszufüllen, z. B. bei Versetzung)	Beurteiler (direkter Vorgesetzter)	Wie lange sind Sie Vorgesetzter des Beurteilten? Jahre	
Kurzbeschreibung der Tätigkeit			

	Kontrollspalte
1. Arbeitsgüte	a) Geschicklichkeit je nach Arbeitsplatz (z. B. Handfertigkeit, Verhandlungsgeschick, Organisationsgeschick, Geschick beim Umgang mit Kunden); Sicherheit im Urteil; geistige Wendigkeit; Einsetzbarkeit an verschiedenen Arbeitsplätzen. b) Zuverlässigkeit; Sorgfalt; Beachtung der Sicherheitsvorschriften, Anweisungen u. a.
2. Arbeitsmenge / Arbeitstempo	Zeitbedarf für eine einwandfreie Leistung; Termineinhaltung; Stetigkeit der Arbeitsleistung u. a.
3. Anstrengungs- und Verantwortungsbereitschaft	Arbeitseifer; Energie und Initiative; Verhalten bei außergewöhnlicher Belastung; Zielstrebigkeit; Ausdauer; Entschlußfreudigkeit; Ausschöpfen der Kompetenzen; Bereitwilligkeit, sich weiterzubilden; Bereitwilligkeit, auch unangenehme Aufgaben zu übernehmen u. a.

4. Zusammenarbeit	Zusammenarbeit mit Kollegen und Vorgesetzten; Bereitschaft, sich gemeinsamen Zielen unterzuordnen, sachliche Kritik zu üben oder entgegenzunehmen; Bereitschaft zur Teamarbeit; Kontaktfreudigkeit; Hilfsbereitschaft; Aufrichtigkeit u. a.
5. Bereitschaft, rationell zu arbeiten und die Arbeitsweise ständig zu überprüfen und zu verbessern	Sparsamkeit; Kostenbewußtsein; konstruktive Ideen; Verbesserungsvorschläge u. a. Bei Vorgesetzten auch: Fähigkeit, Arbeitsabläufe des Bereichs optimal zu gestalten, klare Organisation zu schaffen, wirtschaftlich zu disponieren u. a.
6. Führungsverhalten (nur bei Vorgesetzten zu beurteilen)	Verhalten nach den Führungsgrundsätzen (z. B. Delegationsbereitschaft, Erfüllen der Kontroll- u. Informationspflichten, Mitarbeiterförderung u. a.); Sicherheit des Auftretens; Durchsetzungsvermögen; Überzeugungskraft; Bereitschaft, Unternehmensentscheidungen zu vertreten; Sinn für Gerechtigkeit; Ausgeglichenheit u. a.
7. Theoretisches und praktisches Fachkönnen	Reichen Ausbildung, Weiterbildung und Betriebserfahrung für den jetzigen Arbeitsplatz aus oder gehen die Kenntnisse über die am Arbeitsplatz geforderten hinaus?
8. Urteil über künftige Entwicklungsmöglichkeiten des Mitarbeiters (Wie beurteilen Sie seine künftige Entwicklung in Ihrem Bereich? Sehen Sie bestimmte in der Person begründete Grenzen für eine Weiterentwicklung? Könnte der Beurteilte an einem anderen Arbeitsplatz mehr leisten? Welche Kenntnisse und Eigenschaften müßte er verbessern, um weiterzukommen?)	

Die Beurteilung habe ich gelesen. Ihr Inhalt wurde mit mir besprochen.		Begründung des Beurteilers, wenn Eröffnung der Beurteilung unterblieb, oder Notizen über bemerkenswerte Einzelheiten des Eröffnungsgespräches.
Datum Mitarbeiter	Datum Beurteiler	
Zur Kenntnis genommen		
Nächsthöherer Vorgesetzter	Personalabteilung	

2. Art der Arbeitsausführung hinsichtlich:

   Selbständigkeit,
   Kontrolle eigener Arbeit,
   Zielstrebigkeit,
   Zuverlässigkeit,
   Sorgfalt,
   Genauigkeit,
   Ordnung,
   Beachten von Vorschriften und Überwachen von Arbeitsabläufen,
   Termineinhaltung,
   Sicherheit.

3. Bei Vorgesetzten-Positionen muß das Einhalten der Führungsgrundsätze gebührend berücksichtigt werden:

   Zielsetzung,
   Informationspflicht,
   Dienstaufsicht und Erfolgskontrolle,
   differenzierte Beurteilung,
   Maßnahmen, den eigenen Bereich weiterzuentwickeln, Arbeitsabläufe kostengünstig und unfallsicher zu gestalten, gute Mitarbeiter zu fördern,
   Aufgeschlossenheit für Anregungen, Kritik und Zusammenarbeit.

Je höher der Vorgesetzte in der betrieblichen Hierarchie eingeordnet ist, um so größer sollte der Anteil der Führungseigenschaften sein, die in die Beurteilung der Arbeitsgüte eingehen.

Dem Beurteiler stehen bei diesem Kriterium folgende Bewertungsstufen zur Verfügung:

1. Arbeitsgüte reicht nicht aus.
2. Arbeitsgüte reicht aus; erreicht das Maß, das an dem Arbeitsplatz zumindest gefordert werden muß.
3. Arbeitsgüte ist gut; erreicht ein Arbeitsergebnis, das von den meisten Mitarbeitern erbracht wird.
4. Arbeitsgüte ist sehr gut; hebt sich von der Mehrzahl der Mitarbeiter ab.
5. Arbeitsgüte ist ausgezeichnet; ist den übrigen Mitarbeitern meistens voraus.

b) Beurteilungskriterium Arbeitsmenge/Arbeitstempo

Für die Beurteilung der Arbeitsmenge sind je nach Arbeitsplatz folgende Eigenschaften zu bewerten:

— Menge pro Arbeitszeit (bei sich wiederholenden Arbeiten),

— Zeitaufwand für erledigte Einzelaufträge,

— Stetigkeit der Leistung, Ausdauer,

— Belastbarkeit bei besonderen Anforderungen (Arbeitsmenge unter Zeitdruck).

Sofern bei bestimmten Arbeitsplätzen Arbeitsmenge/Arbeitstempo nicht beurteilt werden können, sollen statt dessen andere, für den betreffenden Arbeitsplatz typische Beurteilungsmerkmale festgelegt werden. So kann man ersatzweise die verschiedenen unter Arbeitsgüte aufgeführten Eigenschaften, soweit sie für den Arbeitsplatz von Bedeutung sind, in zwei Beurteilungskriterien aufteilen und jeweils gesondert beurteilen.

Dem Beurteiler stehen bei diesem Kriterium folgende Bewertungsstufen zur Verfügung:

1. Arbeitsmenge/Arbeitstempo reicht nicht aus.
2. Arbeitsmenge/Arbeitstempo reicht aus, erreicht das Maß, das an dem Arbeitsplatz mindestens gefordert werden muß.
3. Arbeitsmenge/Arbeitstempo ist gut; entspricht den Anforderungen, die von den meisten Mitarbeitern erfüllt werden.
4. Arbeitsmenge/Arbeitstempo ist sehr gut; schafft mehr und hebt sich dadurch von der Mehrzahl der Mitarbeiter ab.
5. Arbeitsmenge/Arbeitstempo ist ausgezeichnet; ist den übrigen Mitarbeitern meistens voraus.

c) Beurteilungskriterium Einsatzbereitschaft

Dieses Leistungsmerkmal wird, je nach Arbeitsplatz, bestimmt durch folgende Eigenschaften:

— Einsatzbereitschaft sowohl bei normalem Arbeitsablauf als auch bei Not- und Störungsfällen und im Bereitschaftsdienst im Rahmen der geltenden betrieblichen Vereinbarungen.
— Eigeninitiative.
— Lernbereitschaft zur Anpassung an den Fortschritt des Arbeitsplatzes.
— Bereitschaft, durch gute Zusammenarbeit die Leistung der Arbeitsgruppe positiv zu beeinflussen.
— Verantwortungsbereitschaft, Ausschöpfen von Kompetenzen.
— Bereitschaft, gegebenenfalls auch unangenehme und unpopuläre Aufgaben zu übernehmen und durchzuführen.

Auch bei diesem Kriterium können fünf Bewertungsstufen unterschieden werden:

1. Einsatzbereitschaft reicht nicht aus.
2. Einsatzbereitschaft reicht aus; erreicht das Maß, das an dem Arbeitsplatz mindestens gefordert werden muß.
3. Einsatzbereitschaft ist gut; hat Interesse an seinem Arbeitsplatz und setzt sich für den Betrieb in dem Maße ein, wie es die meisten Mitarbeiter tun.
4. Einsatzbereitschaft ist sehr gut; ist an seinem Arbeitsgebiet sehr interessiert und hebt sich dadurch von der Mehrzahl der Mitarbeiter ab.
5. Einsatzbereitschaft ist ausgezeichnet; ist an der Arbeit äußerst interessiert und zeigt ein außergewöhnliches Maß an Initiative bei dem betrieblichen Einsatz.

Aus den Bewertungsstufen ergibt sich, daß für die drei Beurteilungskriterien zusammen maximal bis zu 15 Punkte vergeben werden können.

Leistungsbeurteilung

AKZ	Personalnummer	Zuname	Vorname	Geburtsdatum	Einstellungsdatum
Tarifgruppe	Punkt-Zulage nach Gruppe	Tätigkeitsbezeichnung		Letzte Punktwertung	
Bemerkungen	Punkte für Arbeitsgüte	Punkte für Arbeitsm. od. anderes	Punkte für Einsatzbereitschaft	Punkte insgesamt	

Datum der Eröffnung	Beurteiler	Zur Kenntnis genommen	
		Nächsthöherer Vorgesetzter	Beurteiler
Unterschriften			

Aufgrund der Beurteilungen der letzten Jahre ist die Durchschnittspunktzahl der HEW-Mitarbeiter bekannt. Von daher wurde für jeden Beurteilungsbereich eine Gesamtpunktzahl als Vorgabe abgeleitet, die sich wie folgt ergibt: Zahl der Mitarbeiter x 10.

Der Beurteiler darf die Vorgabe weder unter- noch überschreiten. Man geht also davon aus, daß genausoviel Punkte über dem Durchschnitt vergeben werden wie unter dem Durchschnitt nicht vergeben werden. Dieser Verfahrensweise liegt die Idee der Normalverteilung der Leistungen der Mitarbeiter zugrunde. Der Beurteiler hat also eine Reihenfolge der Mitarbeiter seiner Abteilung aufzustellen und muß beachten, daß die Gesamtpunktzahl die Vorgabe genauso erreicht, wobei vorgeschlagen wird, die Reihenfolge aus den drei Rangfolgen der Leistungsmerkmale zu entwickeln.

Kann die Vorgabe aus begründetem Anlaß bei Beurteilungsbereichen mit einer sehr geringen Mitarbeiterzahl nicht eingehalten werden, so muß der Ausgleich auf der nächsthöheren organisatorischen Ebene vorgenommen werden.

Anlage 3

Das Arbeitsring-Modell

Das vom Arbeitsring der Arbeitgeberverbände der Deutschen Chemischen Industrie entwickelte Beurteilungssystem hat im wesentlichen drei Zielen zu genügen:

1. *Förderung der Mitarbeiter*

    Die Mitarbeiter sollen soweit wie möglich entsprechend ihrem Können und ihren Fähigkeiten eingesetzt werden. Ihre Schwächen sollen behoben und ihre Fähigkeiten weiterentwickelt werden, wobei der Vorbereitung auf andere Aufgaben besondere Beachtung geschenkt werden soll.

2. *Führung der Mitarbeiter*

    Das Ergebnis der Beurteilung soll jedem Mitarbeiter persönlich unter vier Augen eröffnet werden. Derartige Gespräche stellen bei regelmäßigen Beurteilungen ein wichtiges Führungsmittel dar, da es den Kontakt zwischen Vorgesetzten und Mitarbeitern vertieft. Es kann auch die kritische Selbsteinschätzung der Mitarbeiter fördern.

3. *Leistungsabhängige Gehaltsfindung*

    Erfahrungsgemäß kann das Urteil der Vorgesetzten über die Leistungen ihrer Mitarbeiter eine brauchbare und weitgehend objektive Grundlage einer leistungsabhängigen Gehaltsfestlegung sein, wenn es in Form einer methodischen Mitarbeiterbeurteilung abgegeben wird.

    Die Erläuterung der Merkmale und der Beurteilungsstufen erübrigt sich bei diesem Modell, da beides direkt aus dem Beurteilungsbogen entnommen werden kann.

    Die Gewichtung der Merkmale ist „frei" in drei Stufen: geringe, mittlere, große Bedeutung.

    Es wird keine verbindliche Gewichtung bei den einzelnen Beurteilungsmerkmalen vorgeschrieben. Der Vorgesetzte kann die Gewichtung wählen, die ihm der Aufgabenstellung des einzelnen Mitarbeiters angemessen erscheint.

Beurteilungsbogen

Mitarbeiterbeurteilung
Vertraulich

Name, Vorname: N., Lothar   Personal-Nr.: 1234/63

Jahrgang: 1938   Eintrittsdatum: 1.6.1963

Letzte Beurteilung am: 4.12.1968

Stellenbezeichnung: Abteilungsleiter

Bereich/Abteilung: Betriebswirtschaft

Für die Beurteilung verantwortlich

Direkter Vorgesetzter: Hauptabteilungsleiter K. Nächsthöherer Vorgesetzter: Werksleiter R.

I. Aufgaben
Wichtigste Aufgaben in Stichworten aufführen oder auf entsprechende Schriftstücke (Stellenbeschreibung, Arbeitsprogramme ...) hinweisen.

Planen und Kontrollieren der Kosten im gesamten Werk

Beurteilen der Rentabilität von Investitionsprojekten

Erstellen von Kostenanalysen und Wirtschaftlichkeitsrechnungen

jedweder Art

Vorgesetzter von:

1 Hauptgruppenleiter

3 Gruppenleitern

12 Sachbearbeitern

2	Beurteilungsstufen:	1 minimale Erwartungen nicht erfüllt
		2 erfüllt die minimalen Erwartungen
		3 erfüllt die Erwartungen nur teilweise
		4 erfüllt die Erwartungen
II. Leistungsbeurteilung		5 übertrifft die Erwartungen
		6 übertrifft bei weitem die Erwartungen

Beurteilungsmerkmale	1	2	3	4	5	6	Begründung: (Tatsachen/Ursachen, bezogen auf konkrete Aufgaben)
A Leistungsergebnis **1. Leistungsmenge** ist feststellbar als in bestimmter Zeit geleistete Arbeitsmenge; benötigte Zeit für ein bestimmtes Arbeitsergebnis; Grad der Ausnutzung der Arbeitszeit; Grad der Stetigkeit der Leistung.					x		Alle Arbeiten werden zügig in Angriff genommen und termingerecht abgeschlossen. Dieses Beurteilungsmerkmal hat .... Bedeutung geringe [1] mittlere [x] große [3]
2. Leistungsgüte ist feststellbar an Häufigkeit und Ausmaß von Fehlern, Mängeln, Ausschuß, Störungen, Beanstandungen.					x		Keinerlei Beanstandungen, vorgeschlagene Problemlösungen sind stets sorgfältig durchdacht und gut verwendbar. Dieses Beurteilungsmerkmal hat .... Bedeutung geringe [1] mittlere [2] große [x]
B Leistungsverhalten **1. Zusammenarbeit** (personen- und organisationsbezogenes Verhalten) zeigt sich im Unterstützen anderer durch Information, Beratung, Mithilfe; Entgegennehmen von Anregungen, Kritik; Übernehmen neuer Aufgaben; Einbringen brauchbarer Vorschläge; Voranstellen der sachlichen gegenüber den persönlichen Interessen; sinngemäßen Befolgen von Vorschriften (z. B. Betriebsvorschriften, Sicherheitsvorschriften); Einhalten von Vereinbarungen, Terminen, Zuständigkeiten.					x		Oft konstruktive Vorschläge auch zu Problemen außerhalb des Aufgabenbereichs. Sachdienliche Zusammenarbeit. Beratung der technischen Abteilungen ist noch verbesserungsfähig. Dieses Beurteilungsmerkmal hat .... Bedeutung geringe [1] mittlere [2] große [x]
2. Arbeitsplanung (sach- und aufgabenbezogenes Verhalten) zeigt sich im zweckdienlichen Lösen gestellter Aufgaben; Einteilen der eigenen Arbeit; Aufstellen eines Zeitplans; Einholen notwendiger Informationen; Bereitstellen der erforderlichen Arbeitsmittel; Vermeiden von Leerlauf und Doppelarbeit; Berücksichtigen der Kosten bei Planung und Entscheidung.					x		Sehr gute Übersicht über betriebswirtschaftliche Zusammenhänge auch im Detail. Arbeitet systematisch und organisiert zweckmäßig. Improvisiert befriedigend. Dieses Beurteilungsmerkmal hat .... Bedeutung geringe [1] mittlere [2] große [x]
3. Selbständigkeit (aufgabenbezogenes Verhalten) zeigt sich im Lösen der eigenen Aufgaben unabhängig von Überwachung und Anleitung durch andere; Suchen neuer Wege; Setzen eigener Ziele.				x			Entscheidungen werden selbständig, sachgerecht und schnell getroffen. Praktisches, sicheres Urteil. Dieses Beurteilungsmerkmal hat .... Bedeutung geringe [1] mittlere [2] große [x]
Gesamtbeurteilung der Leistung (A und B)				x			Erfahrener, zuverlässiger Praktiker.
	1	2	3	4	5	6	

Beurteilungsstufen:	1 minimale Erwartungen nicht erfüllt
II. Leistungsbeurteilung	2 erfüllt die minimalen Erwartungen
Einlageblatt für Führungskräfte	3 erfüllt die Erwartungen nur teilweise
	4 erfüllt die Erwartungen
	5 übertrifft die Erwartungen
	6 übertrifft bei weitem die Erwartungen

2a

Beurteilungsmerkmale	1	2	3	4	5	6	Begründung: (Tatsachen/Ursachen, bezogen auf konkrete Aufgaben)
C Personalführung							
1. Planung und Organisation zeigt sich im Festlegen von Zielen und Ausarbeiten von Plänen; Ordnen des Zusammenwirkens von Mitteln und Personen; sach- und termingerechten Einsetzen von Mitteln und Personen; Regeln der Stellvertretung.					x		Koordiniert sicher und zweckmäßig. Mitarbeiter werden planvoll eingesetzt. Stellvertretung ist geregelt.
							*Dieses Beurteilungsmerkmal hat .... Bedeutung geringe [1] mittlere [2] große [x̄]
2. Delegation zeigt sich im Übertragen von Aufgaben, entsprechender Verantwortung und Kompetenzen an Mitarbeiter unter Berücksichtigung ihrer Eignung und Leistungsfähigkeit; selbständigen Erledigenlassen übertragener Aufgaben.				x			Im Rahmen der Möglichkeiten wird zweckmäßig delegiert, gelegentlich werden Leistungsmöglichkeiten der Mitarbeiter überfordert.
							Dieses Beurteilungsmerkmal hat .... Bedeutung geringe [1] mittlere [2] große [3̄]
3. Information und Anleitung zeigt sich im zweckmäßigen und rechtzeitigen Informieren, Anleiten und Unterstützen der Mitarbeiter; Weitergeben von Wissen und Erfahrungen; Erläutern betrieblicher und überbetrieblicher Zusammenhänge; Wecken und Erhalten des Interesses der Mitarbeiter für ihre Aufgaben.					x		Klare und präzise Information der Mitarbeiter. Mitarbeiter werden im allgemeinen gut motiviert.
							Dieses Beurteilungsmerkmal hat .... Bedeutung geringe [1] mittlere [2] große [x̄]
4. Kontrolle zeigt sich im Überwachen des Arbeitsfortschritts; des Zusammenwirkens der Mitarbeiter; des Einsatzes von Arbeitsmitteln sowie der Entwicklung der Kosten.					x		Gewissenhafte Kontrolle, vorbildliche Kostenkontrolle.
							Dieses Beurteilungsmerkmal hat .... Bedeutung geringe [1] mittlere [2] große [x̄]
5. Förderung zeigt sich im sorgfältigen Beurteilen der Mitarbeiter und Vorschlagen geeigneter Förderungsmaßnahmen; Anregen der Mitarbeiter zu selbständigem Denken und Handeln; sich Einsetzen für ihre Anliegen.			x				Beurteilung der Mitarbeiter meist zutreffend, gelegentlich zu streng. Setzt sich aber für die Mitarbeiter ein.
							Dieses Beurteilungsmerkmal hat .... Bedeutung geringe [1] mittlere [2] große [3̄]
Gesamtbeurteilung der Personalführung (C)				x			Führung der Mitarbeiter insgesamt wirksam und sachdienlich, gelegentlich etwas zu straff.
Gesamtbeurteilung der Leistung (A und B)				x			Erfahrener, zuverlässiger Praktiker.
Gesamtbeurteilung der Leistung (A, B und C)				x			Gute, noch entwicklungsfähige Führungskraft.
	1	2	3	4	5	6	

III. Gesamtbeurteilung des Mitarbeiters

1. Stärken des Mitarbeiters in der jetzigen Stelle:

   Sehr gute Fachkenntnisse. Gute Flexibilität und Lernfähigkeit.
   Sehr guter Überblick. Außergewöhnliches Arbeitsinteresse.

2. Schwächen des Mitarbeiters in der jetzigen Stelle:

   In der Personalführung noch nicht erfahren und gelassen genug.

3. Fähigkeiten und Kenntnisse, die in der jetzigen Stelle nicht oder nur wenig genutzt werden:

   Gute EDV-Kenntnisse. Spricht gut Englisch und Französisch.

4. Leistungsverlauf seit der letzten Beurteilung:

   verbessert [X]   gleichbleibend [2]   verschlechtert [3]   noch nicht zu beurteilen [4]

   Begründung: Deutlicher Anstieg des Gesamterfolges der Abteilung.
   Personalführung wesentlich verbessert.

5. Eignung für zusätzliche oder andere Aufgaben?   ja [X]   nein [0]

   Wenn ja, für welche? Nach genügender Einarbeitung Leitung des Rechenzentrums.

6. Eignung für Führungsaufgaben außerhalb der jetzigen Stelle?   ja [X]   nein [0]

   Wenn ja, für welche? Leitung des Rechenzentrums.

4

IV. Empfehlungen zur weiteren Förderung des Mitarbeiters

(Erweiterung des Aufgabenbereichs, Job-Rotation, Zuteilung zu Projektgruppen, Übernahme von Stellvertretungen, Teilnahme an internen und externen Kursen u.a.)

Förderungsmaßnahmen? ja [x] nein [0]

Wenn ja, welche? Fortbildung in Fragen der Personalführung.

Beurteilt durch K., Hauptabteilungsleiter   4.12.1969
                 Vorgesetzter   Datum

Bemerkungen des nächsthöheren Vorgesetzten: Mit Beurteilung einverstanden, Förderungsmaßnahmen werden veranlaßt.

    R., Werkleiter   10.12.1969
    Unterschrift   Datum

V. Stellungnahme des Mitarbeiters

1. Stimmt der Mitarbeiter dem Ergebnis seiner Beurteilung im wesentlichen zu?   ja [x] nein [0]

Wenn nein, in welchen Punkten fühlt sich der Mitarbeiter nicht zutreffend beurteilt?

....

....

....

2. Wo sieht er seine Stärken und Schwächen, seine noch ungenutzten Fähigkeiten und Kenntnisse?

Sieht seine Leistungsmöglichkeiten realistisch. Strebt nach weiterer Verbesserung, besonders im Hinblick auf den Gesamterfolg der Abteilg. Stimmt der mit ihm besprochenen Beurteilung auch im Hinblick auf noch bestehende Schwächen in der Personalführung zu.

3. Welche Wünsche und Erwartungen hat er hinsichtlich seiner weiteren Förderung?

Strebt Hauptabteilungsleiterposition an und ist auch zu außergewöhnlichen Fortbildungsbemühungen bereit.

Beurteilungsgespräch hat stattgefunden am: 20.12.1969

Anlage 4

Mitarbeiterbeurteilung von R. Justen

Robert Justen verfolgt mit seinem Beurteilungssystem das Ziel, daß sich die Maßnahmen

— des Arbeitseinsatzes,

— der betrieblichen Förderung und

— der gerechten Vergütung

der Mitarbeiter auf zuverlässige Beurteilungen stützen können. Darüber hinaus weist auch er auf die Bedeutung von systematischen Beurteilungen der Mitarbeiter als Führungsmittel hin.

Erläuterungen zum Beurteilungskatalog

1. *Allgemeine Beurteilungsmerkmale*

    1.1 Qualität der Leistung

    Dieses Beurteilungsmerkmal umfaßt die Güte einer geleisteten Arbeit oder den Grad der Zuverlässigkeit, den der Mitarbeiter bei der Ausübung dieser Arbeit bewiesen hat.

    Unter 1.1.1 bis 1.1.3 sollen die drei wesentlichen Funktionen mit einem Stichwort und ihr prozentualer Anteil an der Gesamtarbeitszeit festgehalten werden.

    Wenn Arbeitsplatzbeschreibungen vorliegen, sollen daraus die drei Hauptfunktionen entnommen werden. Häufig liegen jedoch keine Arbeitsplatzbeschreibungen vor. In diesem Fall müssen vorher mit den Mitarbeitern die drei Hauptfunktionen ermittelt und ihr zeitlicher Anteil an der Gesamtarbeitszeit festgestellt werden.

    1.2 Berufliches Können

    Dieses Beurteilungsmerkmal schließt neben dem reinen Fachwissen auch die berufliche Erfahrung und die Umstellungsfähigkeit auf neue Situationen ein.

    1.3 Die Verantwortungsbereitschaft

    Dieses Kriterium umfaßt sowohl die Bereitschaft, Verantwortung zu übernehmen, als auch die Bereitschaft, für die Folgen des eigenverantwortlichen Handelns einzustehen.

2. *Ergänzende Beurteilungsmerkmale für Mitarbeiter*

    Mitarbeiter, die nicht überwiegend Führungsfunktionen wahrnehmen, werden nach den Merkmalen von Punkt 2 beurteilt, Vorgesetzte dagegen nach den Angaben unter Punkt 3.

2.1 Qualität der Leistung

Die Kriterien für dieses Beurteilungsmerkmal sind die für die Leistung benötigte Zeit oder die in einer bestimmten Zeiteinheit hervorgebrachte Arbeitsmenge.

Hier sind unter 2.1.1 bis 2.1.3 wieder die drei wesentlichen Funktionen des Arbeitsplatzes mit einem Stichwort und zusammen mit ihrem Anteil an der Gesamtarbeitszeit aufzuführen und nach der Beschreibung des Beurteilungsmerkmals „Qualität der Leistung" einzeln zu bewerten.

2.2 Arbeitsbereitschaft, Initiative

Dieses Merkmal enthält gleichzeitig den Arbeitseinsatz und die Initiative, die an jedem Arbeitsplatz entwickelt werden können.

2.3 Bereitschaft zur Zusammenarbeit, Informationsaufrichtigkeit

Dieses Beurteilungsmerkmal bezieht sich sowohl auf die Bereitschaft zur Einordnung in die Abteilung als auch auf das Verhältnis zu Vorgesetzten und Mitarbeitern. Dabei sollen vor allem das Maß an Informationsaufrichtigkeit und die Bereitschaft, bei gemeinsam zu lösenden Aufgaben mitzuwirken, berücksichtigt werden. Die Bereitschaft zur Zusammenarbeit zeigt sich nach Justen in erster Linie in dem Grad der Informationsaufrichtigkeit, was eine wichtige Voraussetzung für die Teamarbeit ist. Teamarbeit entsteht also nach Justen nicht bereits durch das Zusammensitzen mehrerer Mitarbeiter, sondern erst dann, wenn sie sich gegenseitig in aller Aufrichtigkeit Informationen austauschen.

3. Ergänzende Beurteilungsmerkmale für Vorgesetzte

3.1 Führungsqualitäten

Neben dem Durchsetzungsvermögen, das allein gesehen immer uninteressanter wird, umschreibt dieses Beurteilungsmerkmal vor allem die Überzeugungsfähigkeit und das Verhalten gegenüber den untergebenen Mitarbeitern.

Eine besondere Rolle spielt hierbei, ob und wie weit der Vorgesetzte seine Mitarbeiter zur Entfaltung kommen läßt. Muß er sehr häufig von seinem Direktionsrecht Gebrauch machen, oder kann er seine Mitarbeiter so stark motivieren, daß sie von sich aus das angestrebte Ziel zu erreichen suchen? Bloße Anweisungen spornen kaum noch zu überdurchschnittlichen oder gar zu Höchstleistungen an.

3.2 Dispositionsfähigkeit

Unter dieser Bezeichnung hat Justen die Fähigkeit zum Planen und die Fähigkeit, einen Plan an die gegebene Situation anzupassen, zusammengefaßt.

3.3 Mitwirkung bei der Rationalisierung und bei Kosteneinsparungen

Eigene Vorschläge zur Rationalisierung und Kosteneinsparung und die Mitarbeit an der Verwirklichung von Vorschlägen und Anweisungen anderer Mitarbeiter oder Abteilungen sind mit diesem Merkmal beschrieben.

Im vorliegenden Fall schlägt Justen vor, die Merkmale

— Qualität der Leistung,

— Quantität der Leistung und

— Führungsqualitäten

je doppelt so hoch wie die anderen zu gewichten, da seiner Meinung nach dies durch die betrieblichen Anforderungen gerechtfertigt ist.

Im Beurteilungskatalog sind alle Merkmale vom extrem Negativen bis zum extrem Positiven beschrieben. Nach Justen handelt es sich dabei nicht um Definitionen, sondern um Beschreibungen dessen, was unter der entsprechenden Stufe zu verstehen ist.

Zum besseren Verständnis ist der gesamte Beurteilungskatalog im folgenden wiedergegeben.

Beurteilungskatalog

(Mitarbeiter im Angestelltenverhältnis)

1. Allgemeine Beurteilungsmerkmale

1.1 Qualität der Leistung (Wichtungsfaktor 2)

Die Qualität der geleisteten Arbeit entspricht in keiner Weise den zu stellenden Anforderungen. Das Auftreten von Fehlern läßt sich auch durch Belehrung nicht reduzieren. Die Aufgabe wird gleichgültig und unzuverlässig wahrgenommen, ohne Sinn für Sorgfalt und Genauigkeit.

Die Qualität der geleisteten Arbeit in dieser Aufgabe entspricht häufig nicht den zu stellenden Anforderungen. Das Auftreten von Fehlern läßt jedoch nach, wenn darauf hingewiesen wird. Die Aufgabe wird etwas großzügig wahrgenommen, ohne besonderen Sinn für Genauigkeit.

Die Qualität der geleisteten Arbeit und die Zuverlässigkeit bei der Durchführung der Aufgabe entsprechen den in dieser Aufgabe zu stellenden Anforderungen. Auftretende Fehler werden im allgemeinen korrigiert.

An der geleisteten Arbeit in dieser Aufgabe ist qualitativ nur selten etwas auszusetzen. Auftretende Fehler werden nur selten nicht bemerkt und nicht korrigiert. Die Aufgabe wird in der Regel zuverlässig erfüllt mit Sinn für Sorgfalt und Genauigkeit.

Die Qualität der geleisteten Arbeit in dieser Aufgabe geht weit über die zu stellenden Erwartungen hinaus. Fehler treten nicht auf. Die Aufgabe wird immer sehr zuverlässig erfüllt mit Sinn für äußerste Sorgfalt und größte Genauigkeit, ohne daß deshalb die Vorsicht übertrieben wird.

1.2 Berufliches Können (Wichtungsfaktor 1)

Das Fachkönnen ist ganz unzureichend. Ist den vorkommenden Aufgaben fachlich nicht gewachsen. Lernt nicht aus einmal gemachten Erfahrungen. Kann sich auf neue Situationen nicht umstellen. Vermag das Wesentliche nicht zu erkennen. Brauchbare Lösungen sind von ihm (ihr) nicht zu erwarten.

Das Fachkönnen entspricht nicht ganz den Anforderungen. Es bestehen Lücken, die die Leistungsfähigkeit beeinträchtigen. Häufiges Eingreifen ist erforderlich. Der Erfahrungsbereich im Rahmen seines Arbeitsgebietes ist begrenzt. Oder:

Aus den gemachten Erfahrungen werden nicht mit hinreichender Konsequenz die erforderlichen Lehren gezogen. Tut sich in neuen Situationen schwer. Meistens verlängerte Anlaufzeit. Findet manchmal brauchbare Lösungen.

Besitzt durchschnittliches Fachkönnen. Beherrscht die Materie seines Arbeitsbereiches so, wie man es im Durchschnitt erwarten kann. Gelegentliches Eingreifen ist aber notwendig. Hat Erfahrungen auf seinem Arbeitsgebiet. Findet sich in neuen Situationen zurecht. Erfaßt die Einzelheiten mit hinreichender Gründlichkeit. Findet brauchbare Lösungen.

Besitzt solides Fachkönnen. Im Bereich der normalen fachlichen Anforderungen sicher und selbständig. Besitzt umfangreiche Erfahrungen auf seinem Arbeitsgebiet. Findet sich in neuen Situationen relativ schnell und sicher zurecht. Kann sich relativ gut auf neue Aufgaben und neue Situationen umstellen. Findet oft selbständig gute Lösungen.

Besitzt — bezogen auf seinen Arbeitsbereich — ein umfassendes und in die Tiefe gehendes Fachkönnen. Sichere und vollkommene Beherrschung des zuständigen Arbeitsbereiches. Besitzt außerordentlich umfangreiche Erfahrung auf seinem Arbeitsgebiet. Findet sich in neuen Situationen immer sehr schnell und sicher zurecht. Kann sich sehr schnell umstellen. Findet immer selbständig optimale Lösungen.

1.3 Verantwortungsbereitschaft (Wichtungsfaktor 1)

Übernimmt keine Verantwortung. Steht nicht zu einmal getroffenen Entscheidungen. Sucht die Verantwortung stets bei anderen.

Übernimmt nur mit Bedenken Verantwortung, überläßt diese oft lieber anderen. Steht ungern für einmal getroffene Entscheidungen ein, sucht nach Entschuldigungen. Versucht manchmal, anderen die Verantwortung zuzuschieben. Oder:

Nimmt es mit der Verantwortung etwas zu leicht, übersieht manchmal ihre Folgen nicht.

Ist bereit, Verantwortung zu übernehmen. Die Folgen des eigenen verantwortlichen Handelns werden im allgemeinen ausreichend erkannt. Steht im großen und ganzen zu seinen Entscheidungen.

Verantwortung wird meistens sehr gern übernommen. Ist sich meistens über die Folgen im klaren. Steht in der Regel zu seinen getroffenen Entscheidungen, auch wenn sie falsch waren, ohne unsachliche Entschuldigungen anzuführen oder die Verantwortung auf andere abzuwälzen.

Ist stets bereit, die volle Verantwortung zu übernehmen. Ist sich über die Folgen, die aus dem eigenverantwortlichen Handeln entstehen können, voll im klaren. Steht zu seinen einmal getroffenen Entscheidungen, auch wenn sie falsch waren, ohne unsachliche Entschuldigungen anzuführen oder die Verantwortung auf andere abzuwälzen.

2. Ergänzende Beurteilungsmerkmale für Mitarbeiter, die keine oder nicht überwiegend Vorgesetztenfunktionen wahrnehmen

2.1 Quantität der Leistung (Wichtungsfaktor 2)

In dieser Aufgabe wird müde und lahm gearbeitet. Die Aufgaben kommen nicht recht vorwärts. Die zu erwartende Mengenleistung wird bei weitem nicht erbracht.

In dieser Aufgabe wird langsam gearbeitet und zu allem etwas mehr Zeit gebraucht, wenn auch beständig bei der Sache geblieben wird. Die durchschnittlich zu erwartende Mengenleistung wird nicht ganz erbracht. Oder:

In dieser Aufgabe wird überhastet gearbeitet. Die Arbeitswirksamkeit entspricht dem überhasteten Arbeitstempo.

In dieser Aufgabe wird gleichmäßig und ausdauernd gearbeitet. Es wird mengenmäßig das geschafft, was man im Durchschnitt erwarten kann.

In dieser Aufgabe wird schnell gearbeitet. Die Arbeit geht in der Regel flott von der Hand. Die jeweils mögliche Menge wird meistens ohne Überhastung fix geschafft. Es wird ihm (ihr) kaum etwas zu viel.

In dieser Aufgabe wird sehr schnell gearbeitet. Es geht alles sehr flott von der Hand. Es wird stets die jeweils höchstmögliche Menge ohne Überhastung fix geschafft. Es wird ihm (ihr) nichts zu viel.

2.2 Arbeitsbereitschaft, Initiative (Wichtungsfaktor 1)

Arbeitet nur unter Beaufsichtigung. Unternimmt von sich aus am liebsten nichts, ist gleichgültig und uninteressiert.

Unternimmt von sich aus wenig. Muß angeregt und beaufsichtigt werden, ist dann aber zum Mitmachen bereit. Zeigt geringes Interesse.

Arbeitet von sich aus weiter, wenn die Aufgabe gestellt ist. Läßt sich durch die Arbeit anregen. Muß nur gelegentlich beaufsichtigt werden. Zeigt Interesse. In der Arbeitsbereitschaft gleichmäßig.

Zeigt häufig Initiative. Arbeitet gern, braucht nicht dazu angehalten zu werden. Aktiv und anstrengungsbereit.

Zeigt stets ausgesprochene Initiative. Stellt sich selbst Aufgaben. Großer Fleiß und Eifer. Geht in der Arbeit auf. Identifiziert sich mit der Aufgabe.

2.3 Bereitschaft zur Zusammenarbeit, Informationsaufrichtigkeit (Wichtungsfaktor 1)

Fügt sich nicht in die Gruppe ein, stört die Zusammenarbeit, ist unverträglich und nicht hilfsbereit. Ist schwer zu führen. Gibt Vorgesetzten und Kollegen nicht die notwendige Information, will von gemeinsam zu lösenden Aufgaben nichts wissen.

Auf seine (ihre) Mitarbeit bei gemeinsam zu lösenden Aufgaben ist nicht immer Verlaß, läßt sich ungern etwas sagen und ist etwas empfindlich gegenüber sachlicher Kritik. Gibt Vorgesetzten und Kollegen nicht immer die notwendigen und oft unvollständige Informationen. Zieht bei gemeinsam zu lösenden Aufgaben verhältnismäßig wenig mit.

Ordnet sich unauffällig in die Gruppe ein, nimmt sachliche Kritik zur Kenntnis. Gibt Vorgesetzten und Kollegen die notwendigen, aber nicht immer vollständigen Informationen. Zieht bei gemeinsam zu lösenden Aufgaben mit.

Arbeitet gut und kameradschaftlich mit den anderen zusammen. Stellt persönliche Interessen zurück, ist hilfsbereit. Ist für Anregungen und Kritik aufgeschlossen. Begegnet Vorgesetzten und Kollegen meistens mit einem hohen Grad von Informationsaufrichtigkeit und Vollständigkeit. Zieht meistens gut bei gemeinsam zu lösenden Aufgaben mit.

Hat ausgesprochen positiven Einfluß auf die Gruppe, ist ein wichtiger Faktor für gute Zusammenarbeit, stellt eigene Interessen völlig zurück, wenn sie betrieblichen Belangen zuwiderlaufen. Begegnet Vorgesetzten und Kollegen stets mit größter Informationsaufrichtigkeit. Zieht stets gut bei allen gemeinsam zu lösenden Aufgaben mit.

3. Ergänzende Beurteilungsmerkmale für Mitarbeiter mit überwiegender Vorgesetztenfunktion

3.1 Führungsqualitäten (Wichtungsfaktor 2)

Es gelingt ihm nicht, seine Mitarbeiter zu überzeugen. Kann sich nur mit Hilfe seines Direktionsrechtes durchsetzen. Gibt seinen Mitarbeitern nur unvollständige Informationen. Läßt die Mitarbeiter nicht zur Entfaltung kommen. Erzeugt Furcht und kein Vertrauen. Von seinen Mitarbeitern nicht anerkannt.

Oder:

Kann sich — auch wenn unbedingt erforderlich — nicht durchsetzen. Hat die Führung nicht in der Hand.

Es gelingt ihm manchmal, seine Mitarbeiter zu überzeugen. Muß in der Regel mit Hilfe seines Direktionsrechtes führen. Gibt seinen Mitarbeitern nicht immer ausreichende Informationen. Läßt die Mitarbeiter sich nicht genügend entfalten. Erzeugt eher Furcht als Vertrauen. Oder: Kann sich nur mit Schwierigkeiten durchsetzen. Läßt sich von seinen Mitarbeitern beeinflussen. Hat die Führung nicht voll in der Hand.

Es gelingt ihm, seine Mitarbeiter zu überzeugen, ohne auf seiner Anweisungsbefugnis zu bestehen. Gibt seinen Mitarbeitern Informationen; läßt die Mitarbeiter zur Entfaltung kommen. Die Führung gleitet ihm gelegentlich aus der Hand. Setzt sich nicht immer durch, wenn die Situation oder Person es erfordert.

Es gelingt ihm fast immer, seine Mitarbeiter zu überzeugen, ohne zu häufig von seinem Direktionsrecht Gebrauch zu machen. Gibt seinen Mitarbeitern bereitwillig die nötige Hilfestellung. Läßt seine Mitarbeiter meistens zur Entfaltung kommen, ohne die Führung aus der Hand zu geben. Setzt sich meistens durch, wenn die Situation es erfordert. Wird von seinen Mitarbeitern anerkannt.

Es gelingt ihm stets — außer in wenigen Situationen und/oder bei querulierenden Personen, die ein sicheres und bestimmtes Durchsetzen erfordern —, seine Mitarbeiter zu überzeugen, ohne auf seiner Anweisungsbefugnis zu bestehen. Gibt seinen Mitarbeitern immer die erforderliche Hilfestellung. Läßt seine Mitarbeiter voll zur Entfaltung kommen, ohne die Führung aus der Hand zu geben. Wird von seinen Mitarbeitern voll anerkannt.

3.2 Dispositionsfähigkeit (Wichtungsfaktor 1)

Arbeitet ohne Überlegung. Kann nicht planen und vorausdenken. Erfaßt nicht das Wesentliche. Kann sich neuen Situationen nicht anpassen.

Kann unter Anleitung die Arbeit planen und mit gelegentlicher Unterstützung den Auftrag durchführen. Braucht oft Hilfe, um das Wesentliche zu erfassen. Tut sich etwas schwer bei der Anpassung der Aufgaben an die jeweilige Situation. Geht oft über Einzelheiten hinweg. Oder:

Faßt schnell, aber etwas oberflächlich auf. Glaubt oft zu schnell, alles zu können; später stellen sich Lücken heraus.

Kann nach vorgegebenen Zielen die Arbeit planen. Führt die jeweilige Aufgabe (Plan) im allgemeinen situationsangepaßt durch.

Arbeitet in der Regel nach durchdachtem Plan und mit Überlegung. Merkt in der Regel schnell, wie die jeweilige Aufgabe der Situation anzupassen ist. Faßt schnell und richtig auf und beachtet meistens auch die Einzelheiten.

Arbeitet stets selbständig nach klarem, durchdachtem Plan. Hat Spürsinn für das Wesentliche. Merkt sofort, wie die jeweilige Aufgabe (Plan) der gegebenen Situation optimal anzupassen ist. Faßt sehr schnell auf und durchdenkt auch alle Einzelheiten.

3.3 Mitwirkung bei der Rationalisierung und bei Kosteneinsparungen (Wichtungsfaktor 1)

Es werden fast keine Rationalisierungsmöglichkeiten erkannt. Arbeitet an der Rationalisierung und Kosteneinsparung nicht mit. Hält den Ist-Zustand stets für den richtigen.

Rationalisierungsmöglichkeiten werden gelegentlich erkannt. Erkannte Möglichkeiten werden nicht immer weitergegeben. Zeigt wenig Interesse für Rationalisierungen und Kosteneinsparungen. Hält den derzeitigen Ist-Zustand meistens für den richtigen.

Rationalisierungsmöglichkeiten werden erkannt und entsprechende Maßnahmen zur Durchführung eingeleitet: ist aber nicht immer mit dem notwendigen Nachdruck auf die Durchführung bedacht. Arbeitet mit, daß die im Verantwortungsbereich anfallenden Arbeiten mit dem vertretbaren Aufwand durchgeführt werden.

Ist meistens bedacht, Rationalisierungsmöglichkeiten zu erkennen; leitet in der Regel die entsprechenden Maßnahmen zur Durchführung ein. Ist ernsthaft bestrebt, die Maßnahmen (die eigenen und die anderer) in relativ kurzer Zeit durchzuführen. Führt die im Verantwortungsbereich anfallenden Arbeiten mit relativ geringem Aufwand an Lohn- und Gemeinkosten durch.

Ist stets sehr bedacht, Rationalisierungsmöglichkeiten zu erkennen, und leitet immer die entsprechenden Maßnahmen zur Durchführung mit Nachdruck ein. Ist sehr bestrebt, daß die Maßnahmen (die eigenen und die anderer) auch in möglichst kurzer Zeit durchgeführt werden. Läßt stets erkennen, daß er die im Verantwortungsbereich anfallenden Arbeiten mit dem geringsten Aufwand an Lohn- und Gemeinkosten durchführt.

Beurteilungsbogen für Angestellte

Name _____ Vorname _____ geb. am _____

Personal-Nr. _____ Arbeitsplatz-Nr. _____ Arbeitsplatz-Wert _____

Abteilung _____ Kostenstelle _____ Betriebszugehörigkeit _____ Jahr(e)

ERSTER ABSCHNITT: Leistungen in der gegenwärtigen Position

1. **Allgemeine Beurteilungsmerkmale**

    1.1 Qualität der Leistung (Wichtungsfaktor 2). Einzelbeurteilung für die 3 Hauptfunktionen

    Zeit in %

    1.1.1 _____ 17 ☐ 18 19 [9][8][7][6][5][4][3][2][1]

    1.1.2 _____ 20 ☐ 21 22 [9][8][7][6][5][4][3][2][1]

    1.1.3 _____ 23 ☐ 24 25 [9][8][7][6][5][4][3][2][1]

    1.2 Berufliches Können (Wichtungsfaktor 1)   26 [9][8][7][6][5][4][3][2][1]

    1.3 Verantwortungsbereitschaft (Wichtungsfaktor 1)   27 [9][8][7][6][5][4][3][2][1]

2. **Ergänzende Beurteilungsmerkmale für Mitarbeiter, die keine bzw. nicht überwiegend Vorgesetztenfunktion wahrnehmen.**

    2.1 Quantität der Leistungen (Wichtungsfaktor 2). Einzelbeurteilung für die 3 Hauptfunktionen wie unter 1

    Zeit in %

    2.1.1 _____ 28 ☐ 29 30 [9][8][7][6][5][4][3][2][1]

    2.1.2 _____ 31 ☐ 32 33 [9][8][7][6][5][4][3][2][1]

    2.1.3 _____ 34 ☐ 35 36 [9][8][7][6][5][4][3][2][1]

    2.2 Arbeitsbereitschaft (Wichtungsfaktor 1)   37 [9][8][7][6][5][4][3][2][1]

    2.3 Bereitschaft zur Zusammenarbeit (Wichtungsfaktor 1)   38 [9][8][7][6][5][4][3][2][1]

3. **Ergänzende Beurteilungsmerkmale für Vorgesetzte**

    3.1 Führungsqualitäten (Wichtungsfaktor 2)   39 [9][8][7][6][5][4][3][2][1]

    3.2 Dispositionsfähigkeit (Wichtungsfaktor 1)   40 [9][8][7][6][5][4][3][2][1]

    3.3 Mitwirkung bei der Rationalisierung und bei Kosteneinsparungen (Wichtungsfaktor 1)   41 [9][8][7][6][5][4][3][2][1]

Dem Beurteilten vorgelegt _____

Unterschrift des Beurteilten   Datum

Kartenart	Personal-Nummer	Arbeitsplatz-Nummer	Arbeitsplatz-Wert	Betriebs-zugehörigkeit	Qualität der Leistung			Berufl. Können	Quantität der Leistung					
					Haupt-funktion 1	Haupt-funktion 2	Haupt-funktion 3	Verantw. bereitschaft	Haupt-funktion 1	Haupt-funktion 2	Haupt-funktion 3			

9	6																																							
1	2	3	4	5	6	7	8	9	10	11	12	13	14	15	16	17	18	19	20	21	22	23	24	25	26	27	28	29	30	31	32	33	34	35	36	37	38	39	40	41

Ablochbeleg BfA

ZWEITER ABSCHNITT: Entwicklung in der gegenwärtigen Position

4. Entwicklung in der gegenwärtigen Position seit der letzten Beurteilung   42

   Entwicklungstrend   aufbauend   [1]

                           gleichbleibend   [2]

                           nachlassend   [3]

5. Eignung für den gegenwärtigen Arbeitsplatz   43

                           ja   [1]

                           nein   [2]

	F.Gr.KZ	F.Gr.KZ	Ber.Gr.KZ
	44 45 46	47 48 49	50 51 52

Wenn „nein", welches andere Arbeitsgebiet wird empfohlen?
Wenn „ja", Spalten 44 bis 52 ausnullen.

DRITTER ABSCHNITT: Förderungswürdigkeit und Aufstieg

6. Werden Förderungsmaßnahmen vorgeschlagen?   53–55

   —————————————— keine   [1]

   —————————————— interne Fachseminare, Lehrgänge, Kurse   [2]

   —————————————— externe Fachseminare, Lehrgänge, Kurse   [3]

   —————————————— Führungsseminare   [4]

   —————————————— schulische Weiterbildung   [5]

   —————————————— Versetzung in andere Abteilung   [6]

   —————————————— Versetzung in mehrere andere Abteilungen   [7]

   —————————————— sonstige   [8]

Bitte die angekreuzten Vorschläge verbal kurz erläutern.

7.0 Ist der Beurteilte für einen Aufstieg geeignet?   56

                           ja   [1]

                           nein   [2]

		anderer Arbeitsplatz						Aufstiegs-Vorschlag			
Entwicklungstrend	Eignung für Arbeitsplatz	Funktionsgruppenkennziffer	Funktionsgruppenkennziffer	Berufsgruppenkennziffer	Förderungsmaßnahmen	Eignung für Aufstieg	Eignungsnachfolger / Aufstieg im Unterbereich	Funktionsgruppenkennziffer	Funktionsgruppenkennziffer	Berufsgruppenkennziffer	Zeitpunkt für Aufstieg / Ausmaß Leistungen
42	43	44 45 46	47 48 49	50 51 52	53 54 55	56	57 58	59 60 61	62 63 64	65 66 67	68 69

Die folgenden Fragen werden nur beantwortet, wenn die Eignung für einen Aufstieg (Frage 7.0) bejaht worden ist; bei Verneinung werden die Spalten 57-58 im Ablochbeleg ausgenullt.

7.1 Ist der Beurteilte fähig, Nachfolger seines Vorgesetzten zu werden? 57

ja ☐1

nein ☐2

7.2 Ist Aufstieg im Unterstellungsbereich des unter 9.2 genannten Vorgesetzten möglich? 58

ja ☐1

nein ☐2

7.3 Der Beurteilte wird für einen Aufstieg in folgende Stellungen für befähigt gehalten:

_____

_____

_____

F.Gr.KZ   F.Gr.KZ   Ber.Gr.KZ
59 60 61   62 63 64   65 66 67
☐☐☐   ☐☐☐   ☐☐☐

7.4 Zeitpunkt für einen Aufstieg 68

jetzt ☐1

1 Jahr ☐2

2 Jahre ☐3

3 Jahre ☐4

8. Nur für AT- und alle leitenden Angestellten:

Außergewöhnliche Leistungen, die bei der Festlegung von Sonderprämien berücksichtigt werden sollten. 69

ja ☐1

nein ☐2

Begründung _____

_____

_____

9. Unterschriften:

9.1 Beurteilt durch: _____
                        Vorgesetzter   Dienststellung   Datum

9.2 Überprüft durch: _____
                nächsthöherer Vorgesetzter   Dienststellung   Datum

Raum für zusätzliche Bemerkungen auf der Rückseite.

Preuß AG

B

I.

Die Preuß AG beschäftigt ca. 22 000 Angestellte und rund 6 000 leitende Angestellte.

In Betriebs- und Abteilungsversammlungen wird immer wieder die Forderung nach Einführung eines Personalbeurteilungssystems für Angestellte laut, die auch vom Sprecherausschuß der leitenden Angestellten unterstützt wird.

Die Bekanntgabe einer probeweisen Einführung eines Monatslohnmodells — ein Beurteilungsverfahren — zur leistungsgerechten Entlohnung für Zeitlöhner hat die Forderung nach einem Leistungsbeurteilungssystem im Angestelltenbereich verstärkt.

Ziel des Monatslohnmodells ist es, durch methodisch vorgenommene leistungsabhängige Entlohnung die Verdienstbestimmungen zu objektivieren. Mittel und Weg dazu soll die methodische Bestimmung der individuellen, übertariflichen Lohnbestandteile aufgrund persönlicher Beurteilung sein.

In den Anlagen 1 bis 3 ist das Verfahren zur Ermittlung dieser individuellen Lohnzulage wiedergegeben.

Zuständig für die Erarbeitung und Einführung eines Personalbeurteilungssystems für Angestellte ist innerhalb der Hauptverwaltung Personalwesen der Preuß AG der Zentrale Personalstab (ZPSt).

Der ZPSt ist die Stabsabteilung des Direktors der Hauptverwaltung Personalwesen (Personaldirektor).

Koordinierendes und beschlußfassendes Gremium ist innerhalb der Hauptverwaltung Personalwesen der Zentrale Ausschuß für Personalkoordinierung (ZAPK).

Der Zentrale Ausschuß für Personalkoordinierung setzt sich aus folgenden Mitgliedern zusammen:

— dem für das Personalwesen zuständigen Sprecher im Vorstand,

— dem Direktor der Hauptverwaltung Personalwesen als Vorsitzendem

— und allen dem Personaldirektor unterstellten Werkspersonalleitern und den übrigen Hauptabteilungsleitern.

Insgesamt umfaßt der Zentrale Ausschuß für Personalkoordinierung 12 Personen.

Die Gliederung der Hauptverwaltung Personalwesen der Preuß AG zeigt die folgende Abbildung.

*Organisatorische Zusammenhänge
in der Hauptverwaltung Personalwesen*

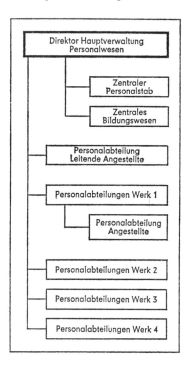

Da auch ein Ziel des Beurteilungssystems, wie später noch erläutert wird, die mittelfristige und auch langfristige Personalplanung ist, wird durch die Einführung eines solchen Beurteilungssystems auch die Arbeit der Abteilung Managers' Development im Vorstandsstab (VS-MD) tangiert.

Die Abteilung des Vorstandsstabes Managers' Development ist organisatorisch jedoch nicht in die Hauptverwaltung Personalwesen eingegliedert und somit auch nicht im ZAPK vertreten. Daher muß das Beurteilungssystem zusätzlich von einer Kommission, in der neben einigen Mitgliedern des ZAPK auch die Vertreter der betroffenen anderen Abteilungen, in diesem Falle Vertreter von VS-MD, zusammengefaßt sind, verabschiedet werden. Erst dann kann der Vorstand endgültig über die Einführung des Beurteilungssystems entscheiden.

Ständige Mitglieder der Kommission sind:

— der Sprecher für Personalfragen im Vorstand als Vorsitzender,

— der Personaldirektor in seiner Eigenschaft als Leiter des ZAPK sowie

— die Werkspersonalleiter und die Werksleiter.

Der Sprecher für Personalfragen im Vorstand und der Personaldirektor stellten übereinstimmend folgende Anforderung an das zu erarbeitende Beurteilungssystem für den Angestelltenbereich:

Das System soll so aufgebaut werden, daß die Verwandtschaft mit dem Monatslohnmodell möglichst groß ist, da die Übergänge zwischen Arbeitern, Angestellten und leitenden Angestellten zunehmend fließender werden. Es muß darauf geachtet werden, Beurteilungsgrundsatze in allen drei Mitarbeiterbereichen weitgehend einheitlich zu gestalten, damit Beurteilungen über alle drei Bereiche vergleichbar sind.

Aus diesem Grund sollten nicht drei verschiedene und zusammenhanglos nebeneinanderstehende Verfahren entwickelt werden, sondern ein System.

II.

Der Zentrale Personalstab erarbeitete daraufhin ein Beurteilungssystem für den Angestelltenbereich unter Zugrundelegung folgender weiterer Leitsätze und Ziele:

Das Beurteilungssystem soll sein:

1. Grundlage für die Entwicklungsplanung für jeden einzelnen Mitarbeiter,

2. Unterlage für gezielte Einsätze und Versetzungen innerhalb des Unternehmens oder beim Wechsel ins Ausland,

3. Voraussetzung für Gehaltsfestsetzungen und Beförderungen,

4. Kontrollinstrument für den Erfolg von Bildungsmaßnahmen,

5. Unterlage für alle kurz- und längerfristigen Planungen, die im Ergebnis die Qualifikation der Mitarbeiter berücksichtigen müssen (qualitative Personalplanung, Ausbildungsplanung, Nachfolgeplanung usw.).

Vom ZPSt wurde dann der auf den folgenden Seiten wiedergegebene Beurteilungsbogen vorgelegt (vgl. auch S. 432—434).

Beurteilungsbogen

TEIL A

Beurteilung/Angestellte

Vertraulich

Name [0101]
Personalnummer [0003]
[0004]
Geburtsdatum [0005]
Eintrittsdatum [0117]
Erlernter Beruf [1500]
Derzeitige Tätigkeit als [0115]
seit
Abteilung/Betrieb [0007]

1. Aufgabengebiet

2. Gewichtung und Beurteilung

Bitte Prozentwerte aus Wichtungskategorie ☐ eintragen (s. Anweisungsschrift)

Bitte zutreffenden Beurteilungsfaktor eintragen (s. Anweisungsschrift)

☐ **Arbeitsergebnis (A)** ☐
(Arbeitsmenge, Arbeitsgüte, Grad der Erfüllung gestellter Aufgaben)

☐ **Aufgabenbezogenes Verhalten (AV)** ☐
(Einsatzbereitschaft, Eigeninitiative, systematisches und rationelles Arbeiten)

☐ **Fachkönnen (F)** ☐
(Anwenden erlernten Wissens und erfahrungsabhängiger Kenntnisse, Geistige Beweglichkeit, konstruktive Ideen, Unabhängigkeit von fachlichen Anleitungen)

☐ **Betriebsgerichtetes Verhalten (BV)** ☐
(Verantwortungsbewußtsein, Umgang mit Sachwerten, Kostenbewußtsein, Einhalten von Kompetenzen, Arbeits- und Ordnungsvorschriften bzw. -regelungen. Zusammenarbeit mit Kollegen, Vorgesetzten, und unterstellten Mitarbeitern)

☐ **Führungsverhalten (FV)** ☐
(Zielsetzung für Arbeitsbereich und Mitarbeiter, Durchführen von Planungen, Information der Mitarbeiter, Delegation von Verantwortung, Förderung der Mitarbeiter, Motivierung der Mitarbeiter, Verhandlungsgeschick)

3. Mitarbeitergespräch
(Ggf. Stellungnahme des Mitarbeiters zu seiner Beurteilung)

Beurteilung zur Kenntnis genommen.

_____   _____
Dat.   Mitarbeiter

_____   _____   _____   _____
Dat.   Beurteiler   Dat.   Nächsthöherer Vorgesetzter

Auszug aus der Anweisungsschrift

Das Beurteilungsverfahren für Angestellte weist 5 Beurteilungsmerkmale auf:

1. Arbeitsergebnis (A)
2. Aufgabenbezogenes Verhalten (AV)
3. Fachkönnen (F)
4. Betriebsgerichtetes Verhalten (BV)
5. Führungsverhalten (FV)

Während die ersten 4 Merkmale für alle Angestellten gelten, gilt das Merkmal 5 nur für Angestellte mit Führungsaufgaben. Das Hauptgewicht der Beurteilung liegt auf dem einsehbaren Arbeitsergebnis, nachweisbaren Fachkönnen und beobachtbaren Arbeits- und Führungsverhalten.

Um die einzelnen Merkmale beurteilen zu können, muß der Aufgabenbereich und die Stellung des Mitarbeiters so konkret wie möglich dargestellt werden (Beurteilungsformular Punkt 1). Besonders wichtig ist hier die genaue Darstellung der Aufgaben in Stichworten, die der Mitarbeiter zu erfüllen hat.

Die Beurteilung vollzieht sich in 2 Schritten:

1. Der Beurteiler muß eine Gewichtung der Merkmale vornehmen, d. h. er muß die 4 bzw. 5 Merkmale (A, AV, F, BV bzw. A, AV, F, BV, FV) gemäß ihrer Bedeutung für den einzelnen Arbeitsplatz in eine Rangreihe bringen und er muß diese Rangreihe einer der 9 Kategorien der Wichtungstabelle A bzw. B zuordnen. Die so gefundenen Wichtungszahlen in Prozent werden in das Beurteilungsformular (Punkt 2, linke Kästchenreihe) eingetragen.

WICHTUNGSTABELLE A
(ohne FV Führungsverhalten)

Merkmal		Wichtung in % nach Kategorie								
		1	2	3	4	5	6	7	8	9
A	Arbeitsergebnis	50	40	40	30	30	20	20	10	10
AV	Aufgabenbezogenes Verhalten	15	20	15	20	15	20	15	20	15
F	Fachkönnen	15	20	25	30	35	40	45	50	55
BV	Betriebsgerichtetes Verhalten	20	20	20	20	20	20	20	20	20
	Summe in %	100	100	100	100	100	100	100	100	100

WICHTUNGSTABELLE B
(mit FV Führungsverhalten)

Merkmal		Wichtung in % nach Kategorie								
		1	2	3	4	5	6	7	8	9
A	Arbeitsergebnis	30	30	30	20	20	20	10	10	10
AV	Aufgabenbezogenes Verhalten	10	10	10	10	10	10	10	10	10
F	Fachkönnen	40	35	30	35	30	25	30	25	20
BV	Betriebsgerichtetes Verhalten	15	15	15	15	15	15	15	15	15
FV	Führungsverhalten	5	10	15	20	25	30	35	40	45
	Summe in %	100	100	100	100	100	100	100	100	100

2. Der 2. Schritt stellt die eigentliche Beurteilung dar, denn jetzt muß der Vorgesetzte bei jedem Merkmal den zutreffenden Beurteilungsfaktor eintragen, d. h. er muß die mit den Aufgaben verbundenen Erwartungen mit den tatsächlich erbrachten Leistungen des Mitarbeiters vergleichen (Soll/Ist-Vergleich) und für jedes Merkmal den Beurteilungsfaktor wählen, der dem Erfüllungsgrad der erbrachten Leistungen entspricht (0,9 bis 1,2). Die so ermittelten Faktoren werden in das Beurteilungsformular (Punkt 2, rechte Kästchenreihe) eingetragen.

Faktor	Beurteilung
0,9	"Leistungen und Verhalten des Mitarbeiters entsprechen nicht ganz den Erwartungen"
1,0	"Leistungen und Verhalten des Mitarbeiters entsprechen den Erwartungen"
1,1	"Leistungen und Verhalten des Mitarbeiters liegen über den Erwartungen"
1,2	"Leistungen und Verhalten des Mitarbeiters liegen wesentlich über den Erwartungen"

Es wird häufig geschehen, daß der Beurteiler mit den 4 Beurteilungsstufen nicht ganz zutreffend ausdrücken kann, was er mit seiner Beurteilung ausdrücken möchte. Deshalb ist noch genügend freier Raum bei jedem Merkmal vorhanden, in dem er die Mitarbeiterleistung und sein Arbeitsverhalten näher erläutern kann. Darüber hinaus ist auch die Wahl von Zwischenstufen möglich, z.B. Faktor 0,95 oder 1,15.

Nachdem der beurteilende Vorgesetzte und der nächsthöhere Vorgesetzte die Beurteilung unterschrieben haben, muß der Beurteiler mit dem Beurteilten ein Mitarbeitergespräch führen. Bei diesem Gespräch soll in offener, positiver und sachlicher Weise, jedoch ohne Beschönigungen und ohne Verfälschungen des Leistungsstandes, über die Leistungen des Mitarbeiters gesprochen werden und ihm Hilfe und Anregungen gegeben werden, wie er in Zukunft seine Leistungen verbessern kann.

Der ZPSt erläuterte den Bogen wie folgt:

1. Der Merkmalkatalog für Angestellte unterscheidet sich vom Merkmalkatalog des Monatslohnmodells nur durch die sog. „Brückenmerkmale". Diese Brückenmerkmale haben sich beim Vergleich der Zusatzmerkmale im Monatslohnmodell und der Merkmale aus einem früheren, von der Personalabteilung Angestellte erarbeiteten Beurteilungskonzept für Tarifangestellte ergeben. Sie enthalten einen Teil der Merkmale sowohl aus diesem wie aus jenem Verfahren. Inhaltlich decken sie beide Verfahren vollständig ab. Insofern sind sie das erläuternde Bindeglied zwischen Lohnempfänger- und Angestelltenbereich (deshalb der Name „Brückenmerkmal").

2. Die Beurteilungsskala, die im Monatslohnmodell inzwischen von -1 bis + 3 auf 0,9 bis 1,2 geändert worden ist — also vier Beurteilungsstufen sowie die Möglichkeit zur Wahl von Zwischenstufen —, kann ohne weiteres auch im Angestelltenbereich Anwendung finden.

3. Die Beurteilung von leitenden Angestellten ist noch nicht ausdiskutiert. Hierzu gibt es auch noch keine schriftlich fixierten Vorstellungen der Personalabteilung Leitende Angestellte und des Vorstandsstabes Managers' Development. Gespräche haben jedoch ergeben, daß eine grundsätzliche Unterscheidung zwischen einer Leistungsbeurteilung und einer Qualifikationsbeurteilung zu treffen ist. Die Leistungsbeurteilung, die sich auf ein Arbeitsergebnis, wie in den Beurteilungsverfahren für Angestellte und Lohnempfänger beabsichtigt, beziehen soll, kann unter dieser Einschränkung auch für leitende Angestellte Gültigkeit haben. Das bedeutet, daß auch das weitgehend einheitliche Verfahren für Lohnempfänger und Angestellte ebenfalls für leitende Angestellte Gültigkeit haben kann.

4. Über das eigentliche Beurteilungsschema hinaus sollten noch folgende Zielsetzungen und Verfahrensweisen gelten:

    a) Alle Personalbeurteilungen haben ein Mitarbeitergespräch zur Folge, worin der Mitarbeiter über das Ergebnis seiner Beurteilung informiert wird. Er unterschreibt auch den Beurteilungsbogen. Falls er Einwände gegen die Beurteilung hat, werden diese schriftlich niedergelegt.

    b) Beurteilungen werden grundsätzlich vom unmittelbaren Vorgesetzten durchgeführt und vom nächsthöheren Vorgesetzten abgezeichnet.

    c) Personalbeurteilungen werden künftig bei der Festlegung der „individuellen" Gehaltszulage herangezogen und gehen in ein noch zu erstellendes neues Gehaltssystem ein.

d) Festeinstellungen von neu eingetretenen Mitarbeitern, Versetzungen, Ernennungen zum „Außer-Tarif"-Angestellten bzw. zum leitenden Angestellten und sonstige individuelle Maßnahmen, auch gezielte Fortbildungsmaßnahmen, sind künftig von der Personalbeurteilung abhängig zu machen.

e) Personalbeurteilungen werden in der Regel einmal im Jahr für alle Mitarbeiter durchgeführt.

III.

Ziel des ZPSt ist es nun, bis zum übernächsten Jahr einen Beschluß des Vorstandes zu erwirken, das Beurteilungssystem in der gesamten Preuß AG einzuführen.

Vorstufe dazu ist ein für Februar des folgenden Jahres geplanter Test des Leistungsbeurteilungsbogens. Ein Ziel des Tests ist es, zu prüfen, ob die Abgrenzung der Merkmale und die Definition der Beurteilungsstufen nicht zu einer insgesamt allzu positiven Beurteilung führen. Das Kriterium ist, daß sich beim Vergleich aller Beurteilungen die Ergebnisse einer Normalverteilung grob annähern sollten. Letztlich soll so die Funktionsfähigkeit und praktische Anwendbarkeit des Systems geprüft werden.

Dieser Test ist vom ZAPK genehmigt worden, und auch der Betriebsrat wurde darüber informiert. Die Kommission hat ihre vorläufige Zustimmung zum Test erteilt, allerdings hat sich der VS-MD dagegen ausgesprochen.

IV.

Im Oktober diskutieren die verantwortlichen Herren des ZPSt die Interessenlage aller mit der Entscheidung über die Einführung des Personalbeurteilungssystems befaßten Gruppen und Abteilungen:

Das Zentrale Bildungswesen

Das Zentrale Bildungswesen ist u. a. für die Aus- und Weiterbildung der Mitarbeiter zuständig. Dazu benötigt es dringend die Informationen aus dem Teil B des Bogens (vgl. nächste Seite).

In diesem Teil B, dem sogenannten Förderteil, kann der direkte Vorgesetzte Fördermaßnahmen vorschlagen (vgl. Nr. 4 und 5 des Zielkataloges, S. 461 oben). Diese Vorschläge sollen dem Zentralen Bildungswesen (ZBW) auch zur fundierten Planung des Angebotes an Förderkursen und sonstigen Ausbildungsmaßnahmen dienen. Allerdings sind die Arbeiten am Förderteil nicht weitergeführt worden, und der vorliegende Entwurf berücksichtigt

Beurteilungsbogen

TEIL B

Entwicklung und Förderung/Angestellte

Vertraulich
Keine Kopien anfertigen

Zur Weiterleitung an PS Zentr. Bildungswesen

Name
Personalnummer   Abteilung/Betrieb
Geburtsdatum   Eintrittsdatum
Erlernter Beruf
Derzeitige Tätigkeit als
    seit

5. Leistungsbild
5.1. Leistungen und Verhalten des Mitarbeiters sind auf folgenden Gebieten besonders positiv hervorzuheben

5.2 Auf folgenden Gebieten muß sich der Mitarbeiter noch den Arbeitsanforderungen anpassen

6. Entwicklungsmöglichkeiten
6.1. Ist der Mitarbeiter in der Lage, andere und/oder höherwertige Aufgaben zu übernehmen? (Bitte ankreuzen)
    Z. Z. nicht zu beantworten ☐   Ja ☐   Nein ☐
6.2. Welche Aufgaben kommen in Frage?

6.3. Ist damit eine Versetzung des Mitarbeiters verbunden?   Ja ☐   Nein ☐
6.4. Wann sollen die neuen Aufgaben wahrgenommen werden bzw. die Versetzung erfolgen?
    Frühestens ab   Spätestens bis
6.5. Welche besonderen Kenntnisse und Fähigkeiten besitzt der Mitabeiter zur Wahrnehmung dieser Aufgaben?

7. Förderungswünsche
Auf welchen Sachgebieten sollte der Mitarbeiter sich selbst weiterbilden bzw. gefördert werden?

8. Hindernisse
Gibt es Umstände, die eine weitere Entwicklung und Förderung des Mitarbeiters erschweren oder verhindern?
Ja ☐   Nein ☐   Falls Ja, welche?

Unterschriften

Dat.   Beurteiler   Dat.   Nächsthöh. Vorgesetzter   Dat.   Genehmig. Vorgesetzter

noch nicht alle Wünsche des Zentralen Bildungswesens. Man wünscht vor allem noch genauere Terminangaben für geplante bzw. vorgeschlagene Versetzungen (Punkt 6) und andere Fördermaßnahmen (Punkt 7), um auch den Zwang zum Handeln durch diese detaillierten Kontrollmöglichkeiten soweit wie möglich im Förderbogen zu institutionalisieren. So kann man den dafür Verantwortlichen auf Anfrage dazu veranlassen, eine Begründung für das Unterbleiben einer Fördermaßnahme zu geben.

Aus Gründen der personellen Besetzung und im Hinblick auf den Test wurde die Leistungsbeurteilung vorrangig behandelt. Im ZPSt besteht die Überzeugung, daß sich der Förderteil praktisch nicht testen läßt.

Die Personalabteilung Angestellte (PAA)

Die PAA steht grundsätzlich einer Einführung des Beurteilungssystems positiv gegenüber. Ein Indiz dafür ist, daß man vor Gründung des ZPSt schon ein Beurteilungssystem mit etwa den gleichen Zielsetzungen und starkem Gewicht auf dem Föderaspekt entworfen hat, dessen Einführung aber abgelehnt wurde.

Man wird gerade in der PAA sehr kritisch sein und Testbedingungen und Testergebnisse sorgfältig prüfen.

Die Abteilung Managers' Development im Vorstandsstab

Der Vorstandsstab MD hat an den Arbeiten für die Leistungsbeurteilung bisher kein großes Interesse gezeigt, sondern immer wieder die Forderung nach einer Qualifikationsbeurteilung erhoben, ohne in diesem Punkte konstruktive Vorschläge zu unterbreiten. Da schon früher betont worden ist, daß die Beurteilungskriterien und Verfahrensmodalitäten einer Qualifikationsbeurteilung nicht im Rahmen des zur Debatte stehenden Leistungsbeurteilungssystems festgelegt werden können, ist das konstante Festhalten an dieser Forderung hier, obwohl ihre Berechtigung sonst von allen Seiten anerkannt wird, als ein Versuch des VS-MD anzusehen, die wirklichen Gründe zu verschleiern.

Man sympathisiert beim VS-MD, so vermutet der ZPSt, mit einem von einer Unternehmensberatungsfirma angebotenen Verfahren. Dieses Verfahren bietet ein Paket, in dem, aufbauend auf einer Stellenanalyse, eine Stellenbewertung erfolgt, die hier als Grundlage eines speziellen Beurteilungsverfahrens dient. Auch in das Beurteilungssystem des ZPSt kann später eine Stellenbewertung und -analyse integriert werden, aber beim VS-MD sieht man das andere Verfahren wohl als ein geeigneteres Mittel zur Durchsetzung eines „management by objectives" an.

Die Personalabteilung Leitende Angestellte (PA-LA)

Der Personalabteilung Leitende Angestellte steht dem vom ZPSt entwickelten Leistungsbeurteilungssystem wohlwollend gegenüber. Diese Einstellung kam in einigen Besprechungen zum Ausdruck. Allerdings fordert auch die PA-LA für den Bereich der leitenden Angestellten immer wieder eine Qualifikationsbeurteilung und liegt da mit dem VS-MD auf einer Linie. Die PA-LA bietet sich von daher für den VS-MD als Koalitionspartner an, den es aus der Sicht des VS-MD zu gewinnen gilt.

Die Forderung nach einer Qualifikationsbeurteilung für den Bereich der leitenden Angestellten könnte ein Mittel der Abgrenzung zwischen leitenden Angestellten und Angestellten auch im Beurteilungswesen sein.

Der Betriebsrat (BR)

Für den Test bei den Angestellten im Tarifbereich ist die Zustimmung des Betriebsrates erforderlich. Das ergibt sich aus § 94 BetrVerfG, wonach Personalfragebogen und die Aufstellung allgemeiner Beurteilungsgrundsätze zustimmungspflichtig sind.

Bei der Vorstellung des Modells begrüßte der Betriebsrat dessen Erarbeitung, wobei vor allem die nahe Verwandtschaft mit dem Monatslohnmodell positiv bewertet wurde. Neben einer leichten Kritik über die Gewichtung der einzelnen Merkmale, die mit dem Betriebsrat noch diskutiert werden müßte, biß er sich an dem Punkte fest, was geschehe, wenn Dissens zwischen Beurteiler und Beurteiltem über das Ergebnis vorliegt. Hier verlangt der Betriebsrat eine klare Aussage darüber, was in einem solchen Fall geschehen soll, und fordert die Einführung einer Beschwerdeinstanz.

Der Vorstand

Im Vorstand wird man wohl den Empfehlungen des ZAPK und der Kommission folgen.

V.

Der Zentrale Personalstab möchte das von ihm entwickelte Beurteilungssystem bis spätestens zum übernächsten Jahr durchsetzen. Welche Strategie sollte er dabei verfolgen?

Anlage 1
Kriterien, Beurteilungsstufen und Stufenzahlen der Leistung

Kriterium

1 Qualität der Arbeitsausführung

Beurteilungsstufe	Stufenzahl
Nicht ausreichend	− 1
Ausreichend	+ 1
Überwiegend gut	+ 2
Gut, keine Beanstandungen	+ 3

2 Quantität des Arbeitsergebnisses

z. B. als Menge pro Zeiteinheit, als Grad der Betriebsmittelnutzung, als Grad der Stoffausbeute, als Grad der Sparsamkeit im Verbrauch von Hilfs- und Betriebsstoffen, Energie u. a.

Beurteilungsstufe	Stufenzahl
Nicht ausreichend	− 1
Ausreichend	+ 1
Gut	+ 2
Sehr gut	+ 3

3 Vielseitige Verwendbarkeit

Beurteilungsstufe	Stufenzahl
Nicht vorhanden	0
Für gleichartige Aufgaben ausreichend	+ 1
Auch für andere – mindestens gleichwertige – Aufgaben verwendbar	+ 2
In weitem Umfange auch für andere – insbesondere höherwertige – Aufgaben verwendbar	+ 3

4 Betriebsgerichtetes Verhalten

z. B. durch Entfaltung von Initiative im Interesse der Wirtschaftlichkeit des Betriebes, in der Zusammenarbeit, bei Befolgung der Betriebsvorschriften und Anweisungen, durch Einsatzbereitschaft bei besonderen Vorkommnissen

Beurteilungsstufe	Stufenzahl
Mangelhaft	− 1
Ausreichend	+ 1
Überwiegend gut	+ 2
Gut, ohne Einschränkung	+ 3

Anlage 2

Methodische Bestimmung von Leistungszulagen
Festlegung der Wertzahlen und der Zulagefaktoren

Arbeit		Gewichts-faktoren	Wertzahlen W für Stufenzahl: 1–4					$\dfrac{Z_{max}}{W_{max}} = F$	
Nr.	Benennung	G	−1	0	+1	+2	+3*)		
11	Instandsetzung von Werkzeugen im Schlossereibetrieb	K 1	0,35	−0,35		+0,35	+0,70	+1,05	$\dfrac{105}{3} =$	35
		K 2	0,25	−0,25		+0,25	+0,50	+0,75		
		K 3	0,20	−0,20		+0,20	+0,40	+0,60		
		K 4	0,20	−0,20		+0,20	+0,40	+0,60		
14	Zusammenstellung des Rohstoffansatzes einer Reaktionsanlage im Chargenbetrieb und deren Bedienung in Schicht	K 1	0,35	−0,35		+0,35	+0,70	+1,05	$\dfrac{105}{3} =$	35
		K 2	0,25	−0,25		+0,25	+0,50	+0,75		
		K 3	0,20	−0,20		+0,20	+0,40	+0,60		
		K 4	0,20	−0,20		+0,20	+0,40	+0,60		
16	Maschineneinrichten für Verpackungsstraßen und automatische Fertigungsanlagen	K 1	0,35	−0,35		+0,35	+0,70	+1,05	$\dfrac{105}{3} =$	35
		K 2	0,25	−0,25		+0,35	+0,50	+0,75		
		K 3	0,20	−0,20		+0,20	+0,40	+0,60		
		K 4	0,20	−0,20		+0,20	+0,40	+0,60		
19	Chefkoch in einer Werksküche	K 1	0,35	−0,35		+0,35	+0,70	+1,05	$\dfrac{105}{3} =$	35
		K 2	0,25	−0,25		+0,25	+0,50	+0,75		
		K 3	0,20	−0,20		+0,20	+0,40	+0,60		
		K 4	0,20	−0,20		+0,20	+0,40	+0,60		
21	Zusammenstellen von Rohstoff-Komponenten für Chargenaufträge im Rohstofflager	K 1	0,25	−0,25		+0,25	+0,50	+0,75	$\dfrac{90}{3} =$	30
		K 2	0,35	−0,35		+0,35	+0,70	+1,05		
		K 3	0,15	−0,15		+0,15	+0,30	+0,45		
		K 4	0,25	−0,25		+0,25	+0,50	+0,75		
22	Pförtner Eingangstor	K 1	0,25	−0,25		+0,25	+0,50	+0,75	$\dfrac{90}{3} =$	30
		K 2	0,35	−0,35		+0,35	+0,70	+1,05		
		K 3	0,15	−0,15		+0,15	+0,30	+0,45		
		K 4	0,25	−0,25		+0,25	+0,50	+0,75		
27	Bedienen einer Verpackungsmaschine	K 1	0,25	−0,25		+0,25	+0,50	+0,75	$\dfrac{90}{3} =$	30
		K 2	0,35	−0,35		+0,35	+0,70	+1,05		
		K 3	0,15	−0,15		+0,15	+0,30	+0,45		
		K 4	0,25	−0,25		+0,25	+0,50	+0,75		
29	Elektrokarrenfahren im Werksbereich	K 1	0,25	−0,25		+0,25	+0,50	+0,75	$\dfrac{90}{3} =$	30
		K 2	0,35	−0,35		+0,35	+0,70	+1,05		
		K 3	0,15	−0,15		+0,15	+0,30	+0,45		
		K 4	0,25	−0,25		+0,25	+0,50	+0,75		
30	Hofarbeiter (hauptsächlich Lade- und Entladearbeiten)	K 1	0,15	−0,15		+0,15	+0,30	+0,45	$\dfrac{75}{3} =$	25
		K 2	0,50	−0,50		+0,50	+1,00	+1,50		
		K 3	0,15	−0,15		+0,15	+0,30	+0,45		
		K 4	0,20	−0,20		+0,20	+0,40	+0,60		
32	Reinigen von Fabrikations- und Büroräumen	K 1	0,15	−0,15		+0,15	+0,30	+0,45	$\dfrac{75}{3} =$	25
		K 2	0,50	−0,50		+0,50	+1,00	+1,50		
		K 3	0,15	−0,15		+0,15	+0,30	+0,45		
		K 4	0,20	−0,20		+0,20	+0,40	+0,60		
33	Werksbote im internen Verkehr	K 1	0,15	−0,15		+0,15	+0,30	+0,45	$\dfrac{75}{3} =$	25
		K 2	0,50	−0,50		+0,50	+1,00	+1,50		
		K 3	0,15	−0,15		+0,15	+0,30	+0,45		
		K 4	0,20	−0,20		+0,20	+0,40	+0,60		
35	Transporte zwischen den Fertigungsabteilungen	K 1	0,15	−0,15		+0,15	+0,30	+0,45	$\dfrac{75}{3} =$	25
		K 2	0,50	−0,50		+0,50	+1,00	+1,50		
		K 3	0,15	−0,15		+0,15	+0,30	+0,45		
		K 4	0,20	−0,20		+0,20	+0,40	+0,60		

*) Die Summe der Wertzahlen in dieser Spalte ergibt bei jeder Arbeit W_{max}.

Anlage 3

Methodische Bestimmung von Leistungszulagen Beurteilungs- und Zulageberechnungsliste

Mitarbeiter		Arbeit		Beurteilung durch Vorgesetzte Stufenzahl für				Berechnung durch Personalabteilung Wertzahlen						Zulage
Nr.	Name	Nr.	Benennung	K1	K2	K3	K4	W1	W2	W3	W4	ΣW	F	Pf/h
2814	Braun, Karl	11	Werkzeuginstandsetzung	+2	+3	+1	+2	+0,70	+0,75	+0,20	+0,40	2,05	35	0,72
1092	Ernst, Friedr.	11	Werkzeuginstandsetzung	+1	+2	+1	+1	+0,35	+0,50	+0,20	+0,20	1,25	35	0,44
1446	Amberger, Horst	14	Reaktionsanlagebedienen	+3	+2	+1	+2	+1,05	+0,50	+0,20	+0,40	2,15	35	0,75
2312	Schneider, Walter	14	Reaktionsanlagebedienen	+2	+1	0	+1	+0,70	+0,25	–	+0,20	1,15	35	0,40
1681	Schmidt, Erich	14	Reaktionsanlagebedienen	+2	+2	+1	+2	+0,70	+0,50	+0,20	+0,40	1,80	35	0,63
1412	Urban, Erwin	16	Maschineneinrichter	+3	+3	+2	+2	+1,05	+0,75	+0,40	+0,40	2,60	35	0,91
1916	Burghardt, Willi	16	Maschineneinrichter	+2	+1	0	+1	+0,70	+0,25	–	+0,20	1,15	35	0,40
1822	Grabner, Ludwig	19	Chefkoch Werksküche	+2	+3	0	+3	+0,70	+0,75	–	+0,60	2,05	35	0,72
1874	Imhoff, Paul	21	Auftrags.zus.stellg. Rohst.	+3	+2	+2	+2	+0,75	+0,70	+0,30	+0,50	2,25	30	0,68
1307	Engelmann, Rud.	21	Auftrags.zus.stellg. Rohst.	+1	+2	+1	+1	+0,25	+0,70	+0,15	+0,25	1,35	30	0,40
1215	Huber, Fritz	22	Pförtner, Eingangstor	+3	+2	+1	+3	+0,75	+0,70	+0,15	+0,75	2,35	30	0,70
2502	Bernhard, Anton	22	Pförtner, Eingangstor	+2	+2	+1	+2	+0,50	+0,70	+0,15	+0,50	1,85	30	0,55
2514	Diener, Erika	27	Verpackungsmasch. bed.	+2	+3	+2	+1	+0,50	+1,05	+0,30	+0,25	2,10	30	0,63
2778	Grundlach, Inge	27	Verpackungsmasch. bed.	+2	+2	+1	+1	+0,50	+0,70	+0,15	+0,25	1,60	30	0,48
1163	Winkler, Gerda	27	Verpackungsmasch. bed.	+1	+1	–	+1	+0,25	+0,35	–	+0,25	0,85	30	0,25
1592	Werner, Otto	29	Elektrokarrenfahrer	+2	+3	+2	+2	+0,50	+1,05	+0,30	+0,50	2,35	30	0,70
2918	Schuster, Hans	29	Elektrokarrenfahrer	+1	+2	+1	+1	+0,25	+0,70	+0,15	+0,25	1,35	30	0,40
2928	Amelung, Christoph	29	Elektrokarrenfahrer	+2	+2	+1	+2	+0,50	+0,70	+0,15	+0,50	1,85	30	0,55
2005	Diener, Werner	30	Hofarbeiter	+1	+3	+2	+3	+0,15	+1,50	+0,30	+0,60	2,55	25	0,64
1916	Ortlieb, Rud.	30	Hofarbeiter	–1	+1	0	+1	–0,15	+0,50	–	+0,20	0,55	25	0,14
2411	Höhne, Waltraut	32	Raumreinigung	+2	+3	0	+3	+0,30	+1,50	–	+0,60	2,40	25	0,60
1329	Illig, Dora	32	Raumreinigung	+2	+2	0	+1	+0,30	+1,00	–	+0,20	1,50	25	0,38
1172	Unglaub, Luise	32	Raumreinigung	–1	+2	0	+1	–0,15	+1,00	–	+0,20	1,05	25	0,26
1124	Heinrich, Herbert	33	Werksbote intern	+3	+3	0	+3	+0,45	+1,50	–	+0,60	2,55	25	0,64
1678	Kunst, Bernhard	33	Werksbote intern	+1	+2	0	+2	+0,15	+1,00	–	+0,40	1,55	25	0,39
2013	Schulze, Paul	35	Transporte i. d. Fertigung	+2	+3	+2	+2	+0,30	+1,50	+0,30	+0,40	2,50	25	0,63
2438	Hermann, Wolfg.	35	Transporte i. d. Fertigung	+1	+2	+1	+2	+0,15	+1,00	+0,15	+0,40	1,70	25	0,43

Kapitel 7

Einstellung und Entlassung von Mitarbeitern

Interne Stellenausschreibung

Die Deutsche Textil Aktiengesellschaft, in der Wirtschaft und unter den Kasseler Bürgern unter dem Namen Detex bekannt, wurde im Jahre 1920 durch Fusion mehrerer kleinerer Unternehmen der Textilindustrie gegründet, die schon seit einigen Jahren in Form einer Interessengemeinschaft zusammengearbeitet hatten. Im Lauf der Zeit schlossen sich weitere Unternehmen in der näheren und weiteren Umgebung von Kassel der Detex an. Heute besteht der Detex-Konzern aus der AG selbst und 18 Töchtern und Beteiligungsgesellschaften.

Vor diesem Entstehungshintergrund ist verständlich, daß zwar die Hauptverwaltung und einige Produktionsstätten ihren Sitz in Kassel haben, daß aber eine Reihe von Betrieben um dieses Zentrum verstreut in kleineren Ortschaften der näheren Umgebung liegen. Die Entfernungen zu den 6 Werken außerhalb Kassels betragen zwischen 12 und 36 km.

Die Konzeption der Detex für die 70er und 80er Jahre will die Vorteile der spezialisierten kleinen Einheiten mit denen des großen Unternehmens kombinieren, das im letzten Jahr mit einem Umsatz von 220 Millionen DM zu den größten Europas in der Branche gehörte. Die Spezialeinheiten, das sind die 15 Verkaufsabteilungen der AG und die 18 Töchter und Beteiligungsgesellschaften, sind im Kreativen, in Produktion und im Vertrieb dezentralisiert. Diese Selbständigkeit der 33 Profit-Centers, für die eigene Monats- und Jahresbilanzen erstellt werden, wird als die Grundlage für die geschäftlichen Erfolge und die Flexibilität des Gesamtunternehmens angesehen. Zentral gesteuert werden Finanzen, Technik, Einkauf, Personalführung und betriebswirtschaftliche Kontrolle.

Zu dieser Konzeption paßt, daß die Belegschaft als Folge fortschreitender Automatisierung in den vergangenen 12 Jahren von 5 800 auf 3 000 Beschäftigte vermindert werden konnte. Ein großer Teil der durch die Rationalisierungsmaßnahmen freigesetzten Arbeitskräfte konnte dabei noch in neue Bereiche des diversifizierten Unternehmens umgesetzt werden. Im Grunde ist auch der Gastarbeiteranteil mit 8 % ausgesprochen niedrig im Vergleich zu anderen Textilbetrieben.

Am 3. Oktober 1971 trifft sich Dr. Hoppe, Personalchef der Detex, mit seinen engsten Mitarbeitern zu einer wichtigen Besprechung. Einziger Punkt der Tagesordnung ist die Regelung der innerbetrieblichen Stellenausschreibung, wie sie das neue Betriebsverfassungsgesetz in § 93 verlangen wird: „Der

Betriebsrat kann verlangen, daß Arbeitsplätze, die besetzt werden sollen, allgemein oder für bestimmte Arten von Tätigkeiten vor ihrer Besetzung innerhalb des Betriebes ausgeschrieben werden."

Dr. Hoppe eröffnet die Sitzung. „Meine Damen, meine Herren, wie Sie wissen, wird der Bundestag in Kürze den Regierungsentwurf zum Betriebsverfassungsgesetz in dritter Lesung behandeln. Wir sind uns wohl alle klar darüber, daß der Entwurf mit nur geringfügigen Änderungen verabschiedet werden wird. Das heißt für uns, daß das Gesetz wahrscheinlich irgendwann im Januar 1972 in Kraft treten wird. Aus diesem Grunde haben wir ja auch in diesem Jahr uns schon mit verschiedenen Teilbereichen des Betriebsverfassungsgesetzes und den Konsequenzen, die sich für unsere Betriebe daraus ergeben, auseinandergesetzt. Als letztes Problem steht für uns nun die innerbetriebliche Stellenausschreibung an. Wir sollten auf unserer heutigen Sitzung folgende Punkte zu klären versuchen: Wollen wir schon vor Inkrafttreten des Betriebsverfassungsgesetzes uns mit dem Betriebsrat über die Art der Durchführung der innerbetrieblichen Stellenausschreibung einigen? Wenn wir das wollen, müssen wir überlegen, ob die Regelung individuell für jeden Betrieb erfolgt oder ob wir eine einheitliche Regelung für alle Betriebe wählen. Wenn wir nicht abwarten wollen, wie der Betriebsrat den § 93 ausnutzen wird, dann sollten wir uns genau überlegen, in welchen Fällen wir von unserer Seite gerne auf eine Ausschreibung verzichten würden. Ich könnte mir z. B. vorstellen, daß wir Stellen der untersten Tarifgruppen nicht ausschreiben. Das würde nämlich nur dazu führen, daß die mit ihren Vorgesetzten Unzufriedenen dauernd hin- und herpendeln. Ich erwarte Ihre Vorschläge zu den von mir angeschnittenen Problemen."

Integrated Circuits GmbH

I. Unternehmen

Die Integrated Circuits GmbH (IC) ist eine Tochtergesellschaft der European Computers, Ltd. (ECL), London. Die IC fertigt im Werk Rosenheim Einzelteile für die Büromaschinen und Rechenanlagen der ECL Deutschland, die in deren Werk Freilassing montiert werden. Neben dem Werk in Freilassing besitzt die ECL Deutschland, eine 100%ige Tochter der ECL, weitere Produktionsstätten in der Bundesrepublik. Die Hauptverwaltung der ECL Deutschland befindet sich in München.

II. Vorgeschichte

Auf der letzten alljährlichen großen Konzern-Managementkonferenz, die im März des Jahres in London stattfand, wurde beschlossen, spezielle Daten aus dem Prozeßablauf der Fertigung zu erfassen und mittels EDV auszuwerten. Das Verfahren dazu war in einem belgischen Werk des Konzerns entwickelt worden und hatte sich als sehr wertvoll bei der Bekämpfung von Ausfallursachen erwiesen. Aus diesem Grunde sollte eine „Newdata" genannte Abteilung in allen gleichartigen Werken zur Ermittlung und Auswertung dieser Daten eingerichtet werden.

Bei der IC in Rosenheim wurde deshalb ein Komitee für die Schaffung der Abteilung „Newdata" eingerichtet. Die Geschäftsleitung einigte sich darauf, daß die Leitung der Abteilung einem aktiven jüngeren Mann übertragen werden sollte. Als geeigneten Kandidaten hatte man für diese Position Herrn Paschkewitz vorgesehen. Die Stelle des Leiters der Abteilung „Newdata" wurde gemäß § 93 des Betriebsverfassungsgesetzes und in Übereinstimmung mit einer entsprechenden Betriebsvereinbarung (vgl. Anlage 1) im Juni ausgeschrieben. Außer Herrn Paschkewitz, der zu diesem Zeitpunkt stellvertretender Leiter einer Fertigungsabteilung war, meldete sich kein Bewerber.

III. Die Situation

Für Herrn Paschkewitz mußte nun ein Nachfolger gefunden werden. Die Schwierigkeit in der Besetzung seiner bisherigen Stelle lag darin, einen Mitarbeiter mit langjähriger einschlägiger Erfahrung in diesem Fertigungszweig zu finden, weil die Fertigung in diesem Bereich besonders kritisch ist. Keiner der Betriebsassistenten und Jungingenieure des Werkes konnte eine diesbezügliche langjährige praktische Erfahrung nachweisen. So erhob sich die Frage, ob nicht ein Bewerber aus dem Konzern dafür eingesetzt werden sollte. Nach vielen Überlegungen wurde in Erwägung gezogen, Herrn Schnurre mit der Übernahme dieser Position zu beauftragen.

Herr Schnurre war lange Jahre im Werk Rosenheim tätig gewesen. Nach einer Zeit als Assistent war er dann mit der Führung einer Abteilung beauftragt worden. Seine vitale Aktivität hatte dazu beigetragen, daß die Ausbeute in dem ihm unterstellten Bereich deutlich verbessert werden konnte. Als dann eine neue Fertigung aufgenommen werden sollte, hatte man Herrn Schnurre beauftragt, für einen längeren Zeitraum Erfahrungen in einem Betrieb der Konzernzentrale, in dem dieses Produkt schon produziert wurde, zu sammeln. Mit den Kenntnissen über die neue Fertigungstechnik war Herr Schnurre nach ca. 1 1/2 Jahren wieder zurück in das heimische Werk gekommen. Aufgrund seiner spezifischen Kenntnisse hatte Herr Schnurre versucht, auch seine eigene Position zu verbessern. Verschiedentlich provozierte Streitereien hatten letztlich zu einer erpresserischen Kündigung geführt. Als diese Kündigung von der Geschäftsleitung angenommen wurde, verließ Herr Schnurre das Werk und ging zu einem artfremden Unternehmen. Nachdem dieser Betrieb in Konkurs gegangen war, nahm er eine Stelle in der Fertigung eines Konkurrenzbetriebes an. Nach weiteren etwa 2 1/2 Jahren war Herr Schnurre aus familiären Gründen gezwungen, diese Stelle in dem Konkurrenzunternehmen wieder aufzugeben und nach München zurückzukehren. Als er bei der ECL Deutschland anfragte, ob er wieder in einem Konzernunternehmen tätig werden könne, wurde ihm eine Stelle im Werk Freilassing vermittelt. In dieser Stelle war Herr Schnurre seit zwei Jahren tätig.

Wegen der besonderen Umstände, die mit Herrn Schnurre zusammenhingen, waren Anpassungsschwierigkeiten zu erwarten. Deshalb hatte man daran gedacht, daß Herr Schnurre die Stelle zunächst kommissarisch übernehmen sollte. Nach einer Anpassungszeit von etwa 3 Monaten sollte dann die Stelle ausgeschrieben werden, wobei sich auch Herr Schnurre auf diese Stellenausschreibung hätte bewerben können. Der Betriebsrat war mit dieser Regelung zunächst einverstanden. Entsprechende Schritte zur Versetzung von Herrn Schnurre wurden eingeleitet. Nach einigen Tagen bat jedoch der Betriebsrat, die Stelle entsprechend § 93 des Betriebsverfassungsgesetzes sofort auszuschreiben. Diesem Wunsch kam die Geschäftsleitung nach. In der Stellenausschreibung (siehe Anlage 2) wurde darauf hingewiesen, daß sich nur graduierte Ingenieure bewerben sollen, die über eine einschlägige langjährige praktische Erfahrung verfügen. Trotz dieser Einschränkung des Bewerberkreises meldeten sich fristgerecht fast alle Jungingenieure und Betriebsassistenten des Werkes Rosenheim.

Unter einigen ehemaligen Kollegen von Herrn Schnurre entstand Unzufriedenheit, da sie sich noch recht gut an die Umstände seiner Kündigung erinnerten und ihn teils aus grundsätzlichen und teils aus persönlichen, jedoch nicht aus sachlichen Gründen ablehnten.

IV. Das Problem

In einer Besprechung der Geschäftsleitung wurde die Situation gemeinsam mit Befürwortern und Gegnern der beabsichtigten Stellenbesetzung eingehend diskutiert.

Die Befürworter wiesen darauf hin, daß Herr Schnurre

— die Kenntnisse und Fähigkeiten dazu mitbringt,

— besonders bei seinen direkten Vorgesetzten, unmittelbaren Kollegen, Meistern und Vorarbeitern anerkannt und geschätzt wird und

— die Fähigkeit besitzt, die Ergebnisse dieser Abteilung nachhaltig zu verbessern.

Bei den Gegnern waren zwei Gruppen zu unterscheiden:

1. Die Jungingenieure und Betriebsassistenten wollten ihre Aufstiegsmöglichkeiten nicht durch außerbetriebliche Bewerber gemindert sehen. Sie waren der Meinung, daß im Hause genügend gute Mitarbeiter vorhanden seien, die eine höhere Verantwortung übernehmen könnten.

2. Die zweite Gruppe, angeführt von Herrn Sauerbier, bestand aus Kollegen, die das Verhalten von Herrn Schnurre in der zurückliegenden Zeit verurteilten und die eine negative Beeinflussung des Betriebsklimas befürchteten, wenn Herr Schnurre die Stelle übernehmen sollte.

Herr Malskat, der kaufmännische Geschäftsführer der IC, ergreift das Wort, nachdem er der Diskussion eine Zeitlang zugehört hat. „Wenn ich den Argumenten bisher richtig gefolgt bin, sehe ich eigentlich nur drei Lösungsmöglichkeiten. Einmal könnten wir, trotz der Bedenken von Herrn Sauerbier und seiner Kollegen, Herrn Schnurre mit der Übernahme der Stelle betrauen. Immerhin ist er dafür der geeignetste Mann. Dann ist da natürlich noch die Möglichkeit, daß die Maßnahmen, die wir hinsichtlich der Versetzung von Herrn Schnurre bereits eingeleitet haben, rückgängig gemacht werden und daß wir einem der Bewerber auf die innerbetriebliche Stellenausschreibung eine Aufstiegschance geben. Schließlich könnten wir noch den bisherigen Zustand zunächst unverändert lassen und nach anderen Alternativen suchen, indem wir uns etwa auf dem Arbeitsmarkt umsehen. Aber auch das würde natürlich bedeuten, daß wir die bereits eingeleiteten Maßnahmen der Versetzung von Herrn Schnurre rückgängig machen. Wie sollen wir uns nun entscheiden?"

Anlage 1

Betriebsvereinbarung

Zwischen der Geschäftsleitung der Integrated Circuits GmbH und dem Betriebsrat dieser Firma wird folgende Betriebsvereinbarung über die Ausschreibung von Arbeitsplätzen getroffen:

1.
   1.1 Die Personal- und Sozialabteilung wird freie Arbeitsplätze innerbetrieblich ausschreiben. Das gilt sowohl für neue Stellen als auch für Ersatzanforderungen, nicht jedoch für zeitlich befristete Arbeitsverhältnisse.

   Nach einer angemessenen Vorlauffrist für diese innerbetriebliche Ausschreibung können externe Maßnahmen zur Besetzung dieser Stelle beginnen.

   1.2 Wenn sich ein Betriebsfremder von sich aus bewirbt, wenn die Besetzung der Stelle besonders eilbedürftig ist oder eine Verzögerung der Stellenbesetzung zu erheblichen Nachteilen für den Betrieb führt, kann die innerbetriebliche Ausschreibung mit der externen Maßnahme nach Zustimmung des Betriebsrates gleichzeitig erfolgen oder unterbleiben.

2. Die Ausschreibung erfolgt durch gekennzeichnete Aushänge (Verteiler wie Bekanntmachungen).

3. Die Ausschreibung muß enthalten:

   3.1 die Stellenbeschreibung,

   3.2 die fachlichen Voraussetzungen,

   3.3 die persönlichen Voraussetzungen,

   3.4 die Angabe einer Bewerbungsfrist,

   3.5 die Angabe des zuständigen Bearbeiters in der Personalabteilung.

4. Die Voraussetzungen für eine innerbetriebliche Bewerbung sind:

   4.1 eine Mindestbetriebszugehörigkeit und eine Mindesttätigkeit in der abgebenden Abteilung von 12 Monaten. Diese Frist kann in Übereinstimmung zwischen Personal- und Sozialabteilung, abgebender Abteilung und Betriebsrat in außergewöhnlichen Fällen verkürzt werden.

   4.2 daß eine Förderung des Mitarbeiters durch eine Versetzung erreicht wird oder zu erwarten ist. D. h., ein einfacher Arbeitsplatzwechsel ohne diese Voraussetzung ist in der Regel ausgeschlossen.

   4.3 daß so schwerwiegende individuelle Interessen eines Bewerbers vorliegen, daß von 4.2 abgewichen werden kann (z. B.: Aufstiegschancen, gesundheitliche Gründe, zwischenmenschliche Beziehungen).

5. Sofern Auswahlrichtlinien vorhanden sind, gelten diese auch für innerbetriebliche Bewerbungen. Sonst geschieht die Auswahl nach folgenden Gesichtspunkten:

5.1 Die Personalabteilung trifft aufgrund der vorhandenen Informationsmöglichkeiten (Personalakte, Beurteilungsbogen, Tätigkeitshinweise, evtl. Eignungsuntersuchung und Bewerbungsgespräch) eine Auswahl, um offensichtlich Ungeeignete auszusondern.

5.2 Die Auswahl richtet sich nach den fachlichen und persönlichen Eigenschaften der Bewerber.

5.3 Melden sich gleich qualifizierte Bewerber aus dem Betrieb und von außen, so ist dem internen Bewerber der Vorzug zu geben. Ist die Qualifikation des internen Bewerbers für die Stellenbeschreibung erfüllt, so ist ihm der Vorzug zu geben, selbst dann, wenn der externe Bewerber über die Maßgabe der Stellenbeschreibung hinausgehende Fähigkeiten besitzt.

Das Vorzugsrecht des internen Bewerbers soll berechtigten betrieblichen Belangen nicht entgegenstehen.

6. Die abgebende Abteilung hat folgende Pflichten:

6.1 Der ausgewählte Bewerber muß mit Ablauf seiner Kündigungsfrist, spätestens aber nach 3 Monaten abgegeben werden. Die Frist zur Abgabe beginnt mit der Bekanntgabe der Bewerbung an die abgebende Abteilung.

6.2 Im Einvernehmen zwischen abgebender und aufnehmender Abteilung kann diese Frist verändert werden.

6.3 Die abgebende Abteilung erstellt mit der Abgabe eine Zeugnisunterlage für die Personalakte des Bewerbers.

7. Als allgemeine Bestimmung wird festgelegt, daß

7.1 keinem Bewerber ein Nachteil aus einer innerbetrieblichen Bewerbung erwachsen darf,

7.2 die Vertraulichkeit der Bewerbung gegen die abgebende Abteilung gesichert sein soll, wenn der Bewerber das ausdrücklich wünscht und solange über die Bewerbung nicht entschieden ist. Bei Ablehnung der Bewerbung bleibt die Vertraulichkeit erhalten, wenn der Bewerber dies wünscht.

7.3 die Ablehnung einer Bewerbung aus betrieblichen Gründen Überlegungen der Personal- und Sozialabteilung auslösen muß, ob der Bewerber anderweitig gefördert werden kann. Dafür muß der Bewerber auf weitere vertrauliche Behandlung der Bewerbung verzichten, weil sonst Gespräche mit seinen Vorgesetzten nicht möglich sind.

Die Betriebsvereinbarung tritt am 15. Mai 1972 in Kraft und gilt zunächst bis zum 31. Dezember 1972. Danach wird sie als endgültige Betriebsvereinbarung übernommen, sofern sie nicht durch eine andere ersetzt wird. Hierüber ist spätestens bis zum 30. November 1972 eine Vereinbarung zu treffen.

Rosenheim, den 15. Mai 1972

Betriebsrat   Integrated Circuits GmbH

Anlage 2

Innerbetriebliche Stellenausschreibung Nr. 47/72

Wir suchen:

den stellvertretenden Leiter der Abteilung Transistoren.

Anforderungen:

Ingenieur (grad.), besondere Fachkenntnisse in der Herstellung von Transistoren und gedruckten Schaltkreisen sowie langjährige Erfahrung in der Führung von Mitarbeitern als Fertigungs-Assistent bzw. Abteilungsleiter.

Bewerbungen erbitten wir bis zum 20 November 1972 an die Personal- und Sozialabteilung.

Nähere Auskünfte dazu erteilt Herr Hansen.

Rosenheim, den 14. November 1972

Der Lagermeister

Die besondere Fertigungsart macht verschiedene Lager (Rohstoffe und Teile, Halbfabrikate, Fertigerzeugnisse) innerhalb des Werkgeländes erforderlich. Nach mehrfachen problematischen Stellenbesetzungsversuchen wird endlich ein einsatzbereiter und fähiger Lagermeister gefunden, der ein halbes Jahr lang die neue Tätigkeit ausübt. Dann erleidet der Mann beim Eigenheimbau einen komplizierten Beinbruch: Die Folge ist ein voraussichtlich halbjähriger Krankenhausaufenthalt.

Soll diese Stelle sofort mit einer vollwertigen neuen Kraft besetzt oder freigehalten werden? Eine Rückversetzung des verunglückten Lagermeisters erscheint in seiner angespannten finanziellen Situation untragbar. Der Mann ist sehr beliebt in der Belegschaft und beim Betriebsrat.

Der Markttester

Dr. Kurz, Diplom-Chemiker in der Entwicklungsabteilung der Waschpulver AG, eröffnet seinem Abteilungsleiter, Herrn Dr. Spur, daß er beabsichtigt, das Unternehmen zu wechseln. Nach dem Grund gefragt, antwortet Dr. Kurz: „Ich habe mal auf verschiedene Annoncen geschrieben, nur so aus Spaß, um meinen ‚Marktwert' zu testen. Dabei habe ich festgestellt, daß ich anderswo doch einiges mehr verdienen könnte. Außerdem weiß ich gar nicht, wie meine Entwicklungsmöglichkeiten hier aussehen, ob ich überhaupt eine Chance habe, weiterzukommen. Ehe ich mich aber bei einer anderen Firma fest verpflichte, wollte ich Ihnen aus Gründen der Fairneß rechtzeitig meine Absicht mitteilen."

Dr. Spur würde es sehr bedauern, wenn er Dr. Kurz verlieren würde, da dieser mit seinem oft sehr unkonventionellen Vorgehen schon manche verfahrene Situation gerettet hat. Leider ist im Moment in der Entwicklungsabteilung keine Stelle frei, die den Gehaltsvorstellungen von Dr. Kurz entsprechen würde.

Frage:

Was soll Dr. Spur tun?

Das Plagiat

Am 9. August erhält der Vorstand der Transit Air, Vaduz, Liechtenstein, ein Schreiben von Professor Dr. Klaus Müller, Flensburg. Das Schreiben lautet:

> Sehr geehrte Herren!
>
> Ich nehme an, daß Aufsätze, die von Mitarbeitern Ihres Hauses geschrieben und mit dem Namen „Transit Air" gezeichnet werden, der Zustimmung des jeweiligen Vorgesetzten bedürfen.
>
> Ich übersende Ihnen daher heute ein Schreiben, das ich an die Zeitschrift „Industrial Organisation" gerichtet habe, mit der Bitte um Kenntnisnahme. Herr Huber hat den Aufsatz, den er von meinem Handwörterbuchartikel abgeschrieben hat, als Betriebsanalytiker der „Transit Air" unterschrieben.

Das Vorstandssekretariat der „Transit Air" leitet diesen Brief dem Leiter der Hauptabteilung Personaldienst und Organisation, Herrn Emil Kitchin, mit der Bitte um Erledigung zu.

Kitchin trifft folgende Faktenfeststellungen:

1. Herr Huber ist seit 1. Oktober des vergangenen Jahres bei der „Transit Air" beschäftigt.

2. Herr Huber hat ohne Kenntnis der „Transit Air" den Aufsatz in der Zeitschrift „Industrial Organisation", die in Brüssel erscheint, veröffentlicht.

3. Jeder Mitarbeiter der „Transit Air" muß geplante Veröffentlichungen seinem unmittelbaren Vorgesetzten vorlegen, der sie zur Genehmigung der Hauptabteilung Public Relations vorlegt.

4. Herr Huber war wegen des mit „Transit Air", Vaduz, unterschriebenen Aufsatzes von seinem Vorgesetzten Anfang Juli zur Rede gestellt worden. Herr Huber gab an, er habe den fraglichen Artikel schon geschrieben und eingesandt, als er noch bei der „Salt Air" beschäftigt war, und die Redaktion habe später ohne sein Wissen die Bezeichnung „Transit Air" aufgenommen, da er bei Erscheinen des Aufsatzes bei der Firma angestellt war. Das Anschreiben, mit dem er die korrigierten Fahnenabzüge an die Zeitschrift geschickt hatte, war von seiner Sekretärin auf Briefbogen der „Transit Air" geschrieben worden.

5. Der Vorgesetzte von Herrn Huber hatte die Hauptabteilung Personaldienste und Organisation von diesem Gespräch durch eine Aktennotiz vom 1. August unterrichtet. Die Hauptabteilung Personaldienste und Organisation hatte diesen Vorgang wegen der einleuchtenden Begründung nicht weiter verfolgt.

6. Ein Anruf bei der Redaktion der Zeitschrift „Industrial Organisation" ergibt, daß der Aufsatz von Herrn Huber der Zeitschrift durch den Pressedienst der „Salt Air" mit der Bitte um Veröffentlichung zugestellt worden war. „Salt Air" ist ein internationaler Konzern, mit dem die „Industrial Organisation" seit langem intensive und ausgezeichnete Beziehungen unterhält.

7. Die „Industrial Organisation" sagt in dem Telefongespräch zu, Ablichtung der Korrespondenz, die bereits aufgrund eines Hinweises aus Frankfurt mit Herrn Huber per Einschreiben geführt worden sei, zu übermitteln. Zwei Tage später geht dieser Brief ein:

Sehr geehrter Herr Huber,

wir haben Ihnen in dieser Angelegenheit bereits am 23. 7. geschrieben. Nun beschwert sich auch Herr Professor Müller persönlich bei uns.

Ohne für heute mehr Worte zu verlieren, erwarten wir nun umgehend Ihre schriftliche Stellungnahme. Wir behalten uns vor, die „Transit Air" über den Vorfall zu benachrichtigen, denn wir erachten Ihr Vorgehen nicht als fahrlässige, sondern als vorsätzliche Täuschung.

Mit freundlichen Grüßen

Frage:

Welche Entscheidung soll Herr Kitchin treffen?

Der Schichtführer

Am Morgen des 10. Oktober teilt der Meister A dem Betriebsleiter B mit, daß in der vergangenen Nachtschicht mehrere Bedienungsfehler vorgekommen sind. Insbesondere war es nur einem glücklichen Umstand zu verdanken, daß an der Anlage kein größerer Schaden entstanden war. Bei der Kontrolle des Schichtbuches wird festgestellt, daß dieses sehr flüchtig und mit unsicherer Handschrift geführt worden ist.

A äußert die Vermutung, daß der für die entsprechende Schicht zuständige Schichtführer C nicht nüchtern gewesen war. C war vor etwa einem Jahr schon einmal von B bei einem abendlichen Rundgang in leicht angetrunkenem Zustand angetroffen worden. C war damals mündlich verwarnt worden. Ein Vermerk in der Personalakte war nicht erfolgt.

B vereinbart mit A, C bei nächster Gelegenheit anzusprechen.

In dieser Aussprache behauptet C, am fraglichen Abend stark erkältet gewesen zu sein. Sein Zustand sei infolge der Erkältung und der starken Medikamente, die er genommen habe, um sie zu bekämpfen, schlecht gewesen. Da sein Stellvertreter in Urlaub gewesen sei, habe er sich nicht getraut, sich krankschreiben zu lassen, zumal ihm bekannt sei, daß der Betriebsleiter des Nachbarbetriebes damit begonnen habe, alle Mitarbeiter anzusprechen, die über einen Zeitraum von zwei Jahren hinweg mehr als dreimal im Jahr krank waren. Er habe in diesem Jahr schon zweimal wegen Krankheit gefehlt.

C ist 35 Jahre alt, verheiratet und hat vier Kinder. A war bisher mit seinen Leistungen recht zufrieden.

Frage: Wie soll sich B verhalten?

Der Verlobte

Der Unternehmer L ist Alleininhaber eines Konzerns. Der Konzern wird durch eine Holding-Personengesellschaft verwaltet. Die Holding hat 40 Mitarbeiter und keinen Betriebsrat[1].

Der Unternehmer L ist in politischen Fragen sehr engagiert. Für „linke Systemveränderer" hat er kein Verständnis. Er und sein Konzern werden wegen angeblicher Monopolstellung immer wieder von den „Linken" angegriffen.

In der Holding arbeitet Fräulein Band. Sie ist Sekretärin von Herrn Müller und hat Zugang zu allen Unterlagen. Das sind nicht nur Zahlen vergangener Abschlüsse für die einzelnen Unternehmen des Konzerns, sondern auch solche, die den Unternehmer L betreffen. Diese reichen von Vermögensaufstellungen bis zu den privaten Steuererklärungen des Unternehmers. Die mittel- und langfristigen Finanzpläne aller Konzerngesellschaften, die Protokolle der Geschäftsführersitzungen, alle Gesellschafterbeschlüsse und die Weisungen der Holding an die Tochtergesellschaften hat Fräulein Band in der Ablage.

Eines Tages wird Herr Müller zu einer Party eingeladen. Mit der Tatsache, daß auf diesem Fest alle Gäste nur mit dem Vornamen vorgestellt werden, findet sich Herr Müller ab. Er kommt mit Peter ins Gespräch. Dieser ist Student, gut 20 Jahre alt, ein Hitzkopf, der die Welt verbessern will. Er ist Mitglied einer Organisation, die verfassungsfeindlich, aber nicht verboten ist.

Den ersten Schritt zur Weltverbesserung stellt für Peter die Verstaatlichung der Banken und die Enteignung einer Reihe von Unternehmen dar. Begründung: überhöhte Profite durch Monopole. Als Beispiel zitiert er den Unternehmer L.

Eine Woche später sieht Herr Müller Fräulein Band mit Peter Arm in Arm in der Stadt.

Fragen:

— Bedarf es einer Entscheidung?

— Wenn ja, wie ist diese vorzubereiten und abzuwickeln?

---

[1] Vgl. § 1 BetrVerfG, aber auch § 118 Abs. 1 BetrVerfG.

Das Einstellungsgespräch

Dr. Z war jahrelang in der Forschung der Chemiepharm AG tätig. Die Chemiepharm war die deutsche Tochtergesellschaft eines amerikanischen Unternehmens. Als sich die Firmenleitung in Columbus, Ohio, entschloß, die Forschung aus Deutschland nach Großbritannien zu verlegen, kündigte Z und bewarb sich bei der Chemiefaser AG um eine Anstellung.

Das abschließende Gespräch fand in der Personalabteilung statt. A, der Personalchef der Chemiefaser AG, kam nach einigen unverbindlichen, freundlichen Eingangsworten auf den bisherigen beruflichen Werdegang von Dr. Z zu sprechen: „Sie sind ein sehr begabter Forscher und guter Chemiker, wir würden uns freuen, wenn Sie die Ihnen angebotene Aufgabe in unserem Hause übernehmen würden. Auf einen Punkt möchte ich Sie aber in aller Freundschaft aufmerksam machen: Sie haben nun schon einmal in der Branche gewechselt. Ein zweites Mal ist nicht drin, es sei denn, Sie gehen zu einer Fabrik für Schuhwichse!"

Dieses Wort von der „Schuhwichsfabrik" war Z aus dem ganzen einstündigen Gespräch besonders haften geblieben. Er hatte sich bisher nicht so klar gemacht, daß die Entscheidung, die Stellung in der Chemiefaser AG anzunehmen, bedeuten könnte, daß er in Zukunft keinen Wechsel mehr zu einer der vier anderen bedeutenden Chemieunternehmungen in der Bundesrepublik vornehmen könnte, wenn es die Umstände oder seine persönliche Karriere erwünscht erscheinen ließen. Weder im Gespräch mit dem Fachvorgesetzten noch im Gespräch mit dem Personalchef war über Karrieremöglichkeiten gesprochen worden.

Z war nun 35 Jahre alt. Er hatte nicht sehr deutliche Karrierevorstellungen, da er bisher in der Grundlagenforschung gearbeitet hatte und von den ihm übertragenen Aufgaben so erfüllt war, daß er an Karriere nicht gedacht hatte. Er war sich aber klar darüber, daß er sein Leben nicht in der Forschung verbringen wollte. Die ihm angebotene Stellung war die eines Chemikers in der Forschung eines Geschäftsbereichs.

Fragen:

— Wie soll sich Z entscheiden?

— Würden Sie es für wünschenswert halten, daß die Chemiefaser AG ihr Verfahren der Einstellungsgespräche ändert?

— Sollte die Chemiefaser AG typische Karriereverläufe im Unternehmen erarbeiten und für die Personalförderung einsetzen?

Kapitel 8

Bildungspolitik und Mitarbeiterförderung

Die Vertragsklausel

Dr. Tell, Leiter der Personalabteilung der Chemag, steht vor dem Abschluß des Arbeitsvertrages mit Herrn Dr. Klug, 35, als Leiter der Abteilung Spartenplanung in der Sparte Farben der Chemag.

Dr. Klug hat in Bonn Chemie studiert und wurde mit der Note summa cum laude zum Dr. rer. nat. promoviert. Er hat seine während des Chemiestudiums begonnenen Studien der Wirtschaftswissenschaften anschließend mit einem Zweitstudienstipendium der Studienstiftung des Deutschen Volkes in Köln fortgesetzt. Anschließend war er zwei Jahre im wissenschaftlichen Hauptlabor der Großchemie AG tätig, bevor er Betriebsleiter verschiedener Produktionsbetriebe im Polymerisationsbereich wurde. Danach wurde er als Referent in den Vorstandsstab der Großchemie AG berufen. Er arbeitete in dieser Funktion unter anderem an der Weiterentwicklung des Konzernplanungssystems mit.

Sorge machte dem Personalchef, Herrn Tell, der Wunsch des Herrn Dr. Klug, in den Anstellungsvertrag die folgende Klausel aufzunehmen:

Herr Dr. Klug erhält die Möglichkeit, nach eigener Wahl jedes Jahr entweder einen Bildungsurlaub von 2 Wochen oder alle 2 Jahre einen Bildungsurlaub von 4 Wochen zum Besuch von Fortbildungsseminaren zu nehmen. Der Urlaub ist jeweils in einem Stück zu nehmen. Während des Urlaubs wird das Gehalt fortgezahlt. Die Kosten für den Besuch des Fortbildungsseminars (Seminargebühren, Spesen und Reisekosten) übernimmt das Unternehmen. Über Zeitpunkt des Bildungsurlaubs und Art der Fortbildungsveranstaltung wird in jedem Einzelfalle Einvernehmen zwischen dem Unternehmen und Dr. Klug herbeigeführt.

Herr Tell überschlägt, daß auf der Basis des mit Herrn Dr. Klug vereinbarten Jahresgehalts ein Bildungsurlaub von vier Wochen unter Berücksichtigung der normalen Seminargebühren und Spesensätze das Unternehmen 10 000 bis 12 000 DM kosten dürfte.

Die Chemag hat 2 000 promovierte Chemiker. Die Zahl der Mitarbeiter, mit denen das Unternehmen im übrigen vergleichbare AT-Verträge abgeschlossen hat, liegt bei 3 500.

Krupp-Stufenplan

I. Die Situation

Der Oktober 1971 verspricht in Essen ein heißer Monat zu werden, soweit es die Diskussion über die Lehrlingsausbildung bei Krupp betrifft. Die Kritik am Stufenplan der Ausbildung kommt von drei Gruppierungen:

— Für die Sozialistische Deutsche Arbeiterjugend (SDAJ), der Jugendorganisation der DKP, ist die Kritik am Stufenplan lediglich Mittel zum Zweck: „Das Übel an der Wurzel packen, alle Großkonzerne knacken."

— Die Arbeitsgemeinschaften gewerblicher bzw. kaufmännischer Lehrlinge (AGL/AKL) haben seit 1968/1969 das Ziel, Mängel in der Ausbildung aufzudecken und Schuldige anzuprangern. Während die SDAJ mehr theoretisch orientiert ist, geht es den AGs vor allem um eine Verbesserung der Ausbildungsbedingungen. Ihre Kritik richtet sich daher häufig gegen kleinere und mittlere Betriebe. Wegen dieser Kritik hat es schon Auseinandersetzungen mit der SDAJ gegeben, die diese Betriebe als Opfer des Großkapitals und damit als revolutionäres Potential ansieht, das nicht verschreckt werden darf.

— Die Interessen der gewerkschaftlich organisierten Jugendlichen versucht das Zentrum Kritischer Auszubildender der IG-Metall wahrzunehmen. Sie wollen sich von der Linksextremen absetzen und distanzieren sich daher von eindeutig provozierenden Flugblättern.

Die Industriegewerkschaft Metall, die sich im Jahre 1966 um die staatliche Anerkennung des von ihr entwickelten Stufenplans für die gewerbliche Ausbildung Metall bemüht hat, ist daran interessiert, sich öffentlich kritisch mit der Krupp-Stufenausbildung auseinanderzusetzen. Daher schlägt sie vor, am 14. Oktober eine Diskussion mit den Ausbildungsleitern von Krupp über den Stufenplan zu führen.

II. Der Krupp-Stufenplan

Zwei Hauptmotive haben dazu geführt, daß bei der Fried. Krupp GmbH ein neues Ausbildungssystem konzipiert und seit 1965 versuchsweise durchgeführt wurde.

1. Die veränderten Anforderungen der Arbeitswelt, der Strukturwandel, verlangen vom einzelnen Menschen erhöhte soziale Mobilität. Er muß bereit und fähig sein, seine Tätigkeit, seinen Arbeitsplatz, seinen Wohn-

ort zu wechseln. Dazu ist es unerläßlich, daß er über einen breiten Unterbau an Fähigkeiten und Fertigkeiten verfügt, die ihm eine Anpassung an neuartige Berufe erleichtern.

Eine Ausbildung, die diesen Tatsachen Rechnung trägt, wird dazu beitragen, den einzelnen krisenfester zu machen.

2. Etwa seit dem Jahre 1960 hat sich das Angebot der Lehrstellenbewerber strukturell verändert. Da immer mehr Jugendliche weiterführende Schulen besuchen, gibt es immer weniger Bewerber für gewerbliche Lehrberufe aus der Hauptschule, die die erforderlichen Eignungsvoraussetzungen mitbringen (vgl. die folgende Tabelle). So wurden im Jahre 1960 im Essener Ausbildungszentrum der Fried. Krupp GmbH 60 % der Bewerber als gut bzw. ausreichend geeignet für einen qualifizierten Ausbildungsberuf angesehen, 40 % dagegen als bedingt bzw. nicht geeignet. Für das Jahr 1970 lauten die Vergleichszahlen 21 % und 79 %. Dieser Strukturänderung bei den Lehrstellenbewerbern muß aber auch die Ausbildung Rechnung tragen.

Schulbildung — Vergleich 1950 bis 1970

Jahr	Schulbildung	Anteil	
1950	Volksschüler	90,0 %	
	Realschüler (MR)	5,5 %	10 %
	Abiturienten	4,5 %	
1965	Volksschüler	79,0 %	
	Realschüler (MR)	14,0 %	21 %
	Abiturienten	7,0 %	
1970	Hauptschüler[1])	68,0 %	
	Realschüler (MR)	20,0 %	32 %
	Abiturienten	12,0 %	

---

1) Nach Zahlenangaben im Statistischen Jahrbuch für die Bundesrepublik Deuschland 1972 und Dokumentationen des Deutschen Industrieinstituts für 1971 und 1972 haben neben 33 526 Abgängern aus Sonderschulen 135 000 Abgänger aus Haupt-, Realschulen und Gymnasien kein reguläres Abschlußzeugnis, sondern „nur" ein Abgangszeugnis erhalten. Mehr als die Hälfte davon sind männliche Jugendliche.

Aus Eignungsuntersuchungen, die Arbeitsamtspsychologen und Betriebspsychologen an Sonderschülern und Hauptschülern ohne Abschluß vorgenommen haben, ist bekannt, daß ein nicht unerheblicher Teil dieses Personenkreises zwar sprachlich behindert, aber manuell-motorisch, visuell-anschaulich und sachlogisch-technisch befähigt ist. Auch die Erfahrungen mit dem Modell der Krupp-Stufenausbildung in Essen in den Jahren 1965 bis 1971 bestätigen, daß Jugendliche dieses Personenkreises qualifizierte Berufsziele erreichen können. Damit ist bewiesen, daß beispielsweise schulisches Zurückgebliebensein nicht von vornherein auch berufliches Versagen zur Folge haben muß.

Ausgehend von Entwicklungsarbeiten, die bis ins Jahr 1962 zurückreichen, begann am 1. 4. 1965 in der Lehrwerkstatt der Krupp-Gemeinschaftsbetriebe in Essen ein Modellversuch mit der Stufenausbildung[2], an dem auch Lehrwerkstätten des Konzerns in Rheinhausen und Bremen beteiligt sind. Im Jahre 1971 wurden im Modellversuch 457 Auszubildende erfaßt.

Alle Lehrstellenbewerber müssen sich einer Eignungsuntersuchung unterziehen, die Begabungsrichtung und -höhe recht zuverlässig feststellt. Das Untersuchungsprogramm wurde aus den Ergebnissen eines Forschungsauftrags erarbeitet und standardisiert[3].

Entsprechend dem gesetzlichen Auftrag (vgl. Abbildung 1 und die Anlagen 1 und 2) ist die erste Stufe der Ausbildung bei Krupp als breit angelegte berufliche Grundausbildung konzipiert, die sich in drei Abschnitte gliedert und in unterschiedlichen Niveaugruppen vermittelt wird (vgl. Abbildung 2). Die Niveaugruppen werden zunächst aufgrund der Ergebnisse der Eignungsuntersuchung zusammengestellt, um die pädagogischen Schwierigkeiten einer uneinheitlich zusammengesetzten Ausbildungsgruppe zu verringern: Die Begabten werden nicht in ihrem Tempo gebremst, und die Schwächeren werden weder geistig noch menschlich überfordert. Die Eingruppierung ist jedoch nicht endgültig; jeder Auszubildende kann später einer anderen Niveaugruppe zugeordnet werden.

Nach einer ersten Phase der allgemeinen Grundausbildung von vier Monaten erhält jeder Auszubildende eine Fachorientierung über die verschiedenen Ausbildungsrichtungen. Hier hat er die Möglichkeit, durch Selbsterfahrung zu erkennen, welcher Beruf seinen eigenen Antrieben, d. h. seinen Neigungen und Interessen, am besten entspricht. Berufswünsche bilden sich beim Jugendlichen nicht nach begründeter Auswahl oder abwägendem Vergleich. Infolgedessen ballen sich die Wünsche auf wenige Modeberufe zusammen. So stehen seit Jahren bei den Jungen die Berufe im Elektro- und Motorenbereich an der Spitze. Da diese Berufsgruppen aber nicht annähernd so viele Ausbildungsplätze zur Verfügung stellen können, wie gewünscht werden, kommt es zu Enttäuschungen und Verhinderungsgefühlen, die erwiesenermaßen zu häufigem Arbeitsplatz- und Berufswechsel führen. Erst durch das eigene Erleben mit einer Arbeit kann im Auszubildenden ein Interesse an einer Tätigkeit geweckt werden, die er vorher nicht kannte. Um diese Ausbildungsphase der Fachorientierung voll wirksam werden zu lassen, führen die Ausbilder ein Beurteilungsgespräch mit dem Auszubildenden und dessen Eltern, in dem die Schwerpunkte der Eignung und Neigung des

---

[2] Wegen der Vielzahl der Ausbildungsgänge bei Krupp soll hier beispielhaft die Ausbildung für Metall- und Elektroberufe dargestellt werden, weil sie mit knapp 50% des Volumens zahlenmäßig am bedeutendsten ist.

[3] Greve, H.-G. und O. Meseck, Klärung des diagnostischen Wertes von Verfahren der psychologischen Eignungsuntersuchung, Forschungsberichte des Landes Nordrhein-Westfalen, **Nr. 1516,** Köln—Opladen 1966.

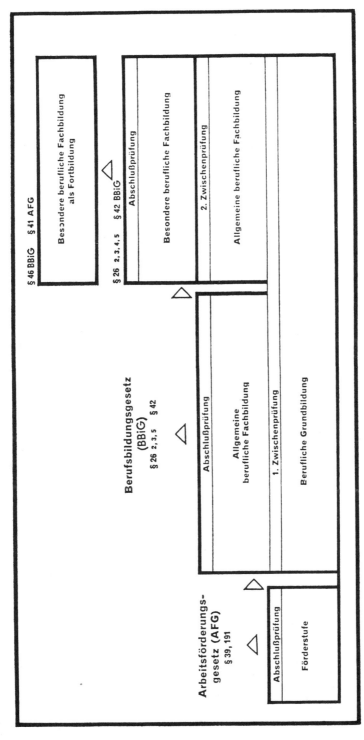

Abb. 1: Gesetzliche Bestimmungen zur Stufenausbildung

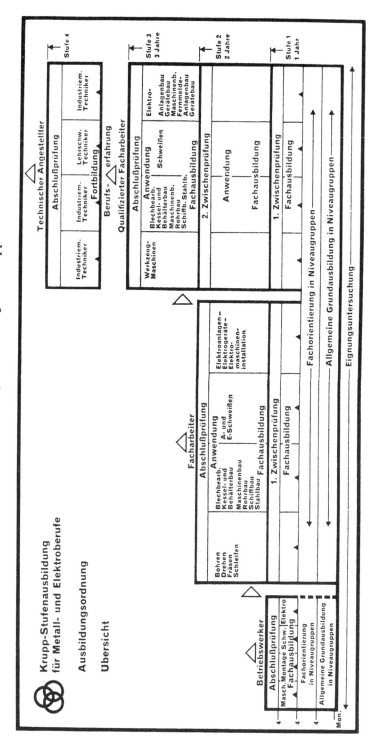

Abb. 2: Die Stufenausbildung bei Krupp

Auszubildenden bewußt gemacht werden. Auf diese Weise trägt die Fachorientierung in entscheidender Weise zu einer besseren Berufsfindung als früher bei. Im Anschluß an die Fachorientierung beginnt die eigentliche Fachausbildung in den Grundlagen der gefundenen Berufsrichtung. Sie erstreckt sich über die letzten vier Monate der vom Gesetzgeber vorgeschriebenen ersten Stufe „Berufliche Grundbildung".

Wie in § 26 Abs. 1 Berufsbildungsgesetz (BBiG) festgelegt, ist nach der ersten Stufe ein Ausbildungsabschluß als „Betriebswerker" möglich. Dieser Abschluß ist jedoch nur für solche Auszubildenden vorgesehen, die bei der Eignungsuntersuchung zu hoch eingeschätzt wurden. Die eigentliche Stufenausbildung ist bei Krupp mindestens zweistufig. Wer die Eignungsvoraussetzungen für eine solche Ausbildung nicht mitbringt, hat jedoch die Möglichkeit, in die einjährige Förderstufe einzutreten, die nach den Normen des Arbeitsförderungsgesetzes eingerichtet wurde. Die Ausbildung in der Förderstufe ist mit Abstrichen bei den Ausbildungsinhalten der Stufe 1 „Berufliche Grundbildung" angeglichen. Sie erschließt lern- und leistungsbehinderten Jugendlichen den Weg in die höheren Stufen oder den Abschluß als Betriebswerker. Wie sehr sich diese seit 1965 erprobte Förderstufe bewährt hat, mögen folgende Zahlen unterstreichen. Die 429 Jugendlichen, die sie seit 1965 durchlaufen haben, sind ausschließlich Sonderschüler oder Hauptschüler ohne Abschluß, die als geringer Befähigte auch Probleme der Anpassung, der Konzentration und des Selbstvertrauens haben. Mit ihrer Ausbildung sind pädagogisch besonders geschulte und erfahrene Fachleute beauftragt. Veranschaulichung, weniger Theorie, ständige Wiederholung gehören zu den Grundsätzen der Ausbildung.

Von den 429 Jugendlichen haben	Anzahl	%
— die Ausbildung ergebnislos beendet	89	21
— die interne Betriebswerkerprüfung bestanden	109	25
— den Abschluß der Stufe 2 mit Prüfung vor der IHK erreicht oder in Aussicht	110	26
— den Abschluß der Stufe 3 mit Prüfung vor der IHK erreicht oder in Aussicht	121	28
	429	100 %

Von der zweiten Stufe der allgemeinen beruflichen Fachbildung fordert der Gesetzgeber, daß die Berufsausbildung für möglichst mehrere Fachrichtungen gemeinsam fortgeführt werden soll. Weiter heißt es im § 26 Abs. 3 BBiG: „Dabei ist besonders das fachliche Verständnis zu vertiefen und die Fähigkeit des Auszubildenden zu fördern, sich schnell in neue Aufgaben und Tätigkeiten einzuarbeiten." Normalerweise kann sich ein Jugendlicher natürlich nur in einer Richtung spezialisieren. Deshalb ist der zweiten Stufe verwehrt, was der dritten vorbehalten bleibt, nämlich die Mehrfach-Spezialisierung. Die zweite Stufe vermag den jeweiligen Dreher, Bohrer, Fräser, Schleifer aber zu einem Maschinenfacharbeiter heranzubilden, der später leicht den Übergang zu anderen Hauptaufgaben in der Fertigung findet und der auch Mehr-Stellen-Arbeit bewältigt. Entsprechendes gilt in den Bereichen Montage, Schweißen und Elektro. Die Qualifikation eines zweijährig Ausgebildeten liegt nach den Krupp-Vorstellungen im Niveau zwischen den bisherigen zweijährigen Anlernberufen und den bisherigen Lehrberufen. Deshalb hat der Krupp-Stufenplan für den zweiten Stufenabschluß den Begriff des „Facharbeiters" vorgesehen.

Mit dem Fortschreiten der Automation fallen Aufgaben an, die vom Facharbeiter eine noch höhere Qualifikation erfordern. Solche Tätigkeiten sind die Einrichtung, Wartung und Kontrolle komplizierter Automaten sowie ihre Montage und Reparatur.

Die weitergehende Rationalisierung in der Industrie bringt es außerdem mit sich, daß sich viele Tätigkeiten vom eigentlichen Produktionsprozeß weg in andere Arbeitsräume verlagern. Fertigungsplanung und -überwachung, Arbeitsvorbereitung, Kalkulation und Terminkontrolle haben sich von der ganzheitlichen Produktionsweise abgespalten.

Diesen erhöhten Anforderungen werden die weiteren Stufen der besonderen beruflichen Fachbildung gerecht, wie sie das Berufsbildungsgesetz in § 26 Abs. 4 behandelt. Bei der Fried. Krupp GmbH sind es die Stufe 3 — qualifizierter Facharbeiter mit dreijähriger Ausbildung — und die Stufe 4 — technischer Angestellter —, die den Auszubildenden eine überdurchschnittliche Qualifikation geben.

Zusammenfassend ist zu sagen, daß sich die Inhalte der Stufenausbildung nach den Anforderungen der Tätigkeiten im Betrieb richten. Dem einzelnen Menschen bietet die Stufenausbildung die Möglichkeit, sich bis an die vorläufigen Grenzen seiner Fähigkeiten zu entwickeln und zu qualifizieren. Dazu bedarf es einer besonderen pädagogischen Erscheinung, der Durchlässigkeit. Die Durchlässigkeit ist in zweifacher Hinsicht zu interpretieren: einmal als Möglichkeit des Aufstiegs von Stufe zu Stufe, gewissermaßen als Liftsystem, zum anderen als Möglichkeit, von Berufsfeld zu Berufsfeld zu gehen, als Weichenstellung für den eignungsgemäßen Beruf, in dem der Auszubildende sich am besten bewähren kann. Somit vollzieht sich ein differenziertes Paßspiel, bei dem die Eignungsvoraussetzungen in der Person mit den beruflichen Anforderungen immer wieder in Einklang gebracht werden.

Der Beitrag der Berufsschule für die erfolgreiche Anwendung der Stufenausbildung darf nicht unterschätzt werden. Es geht dabei insbesondere um eine Abstimmung im Sinne einer inhaltlichen Parallelität. Sie setzt voraus, daß die erforderliche personelle Besetzung sowie die notwendige sachliche Ausstattung in der Schule vorhanden sind. Dieser Forderung entspricht der Berufsschulunterricht in der Bundesrepublik bisher noch nicht. So fehlen etwa allein in Nordrhein-Westfalen 3 500 Lehrkräfte. Zur Zeit werden nur sechs Berufsschulstunden in der Woche erteilt, zwölf Stunden sind angestrebt.

III. Das Problem

Als Vorbereitung für die Diskussion mit den Ausbildungsleitern von Krupp am 14. 10. 1971 hat die SDAJ folgende Thesen zur Krupp-Stufenausbildung veröffentlicht:

1. Die Stufe 1 (Förderstufe) bildet eine Art besseren Hilfsarbeiter heran.

2. Nur 30 % der Auszubildenden steigen in die 3. Stufe auf, 70 % werden auf niedrigerem Ausbildungsniveau festgehalten und nicht für die Zukunft ausgebildet, sondern für die Profitinteressen der Firma Krupp.

3. Die theoretische Ausbildung innerhalb der Stufenausbildung ist ungenügend und unmodern. Der Werkunterricht für alle Auszubildenden muß wieder eingeführt werden.

4. Es fehlt die öffentliche Kontrolle der Krupp-Stufenausbildung, statt dessen überwachen die Computer die Ausbildungsentscheidungen.

5. Die Ausbilder in der Kruppschen Berufsschule müssen die gleiche Qualifikation haben wie Lehrer an öffentlichen Berufsschulen.

6. Die betriebseigene Berufsschule muß in das öffentliche Schulwesen überführt werden.

7. Auszubildende dürfen nicht für Hilfsarbeiten (Wagen be- und entladen, Werkhallen putzen, Lagerhallen ordnen, Gärtnerarbeiten) und für Routinearbeiten eingesetzt werden.

Da damit zu rechnen ist, daß Teilnehmer der Diskussionsrunde gleichzeitig SDAJ-Mitglieder sind, die diese Thesen vortragen werden, wird Herr Harzmüller, Ausbildungsleiter bei der Fried. Krupp GmbH, gebeten, stellvertretend für seine Kollegen die Beantwortung der Thesen vorzubereiten.

Anlage 1

Berufsbildungsgesetz

Vom 14. 8. 1969 (BGBl. I S. 1112)

in der Fassung vom 12. 3. 1971 — BGBl. I S. 185

(Auszug)

§ 1 Berufsbildung. (1) Berufsbildung im Sinne dieses Gesetzes sind die Berufsausbildung, die berufliche Fortbildung und die berufliche Umschulung.

(2) Die Berufsausbildung hat eine breit angelegte berufliche Grundbildung und die für die Ausübung einer qualifizierten beruflichen Tätigkeit notwendigen fachlichen Fertigkeiten und Kenntnisse in einem geordneten Ausbildungsgang zu vermitteln. Sie hat ferner den Erwerb der erforderlichen Berufserfahrungen zu ermöglichen.

(5) Berufsbildung wird durchgeführt in Betrieben der Wirtschaft, in vergleichbaren Einrichtungen außerhalb der Wirtschaft, insbesondere des öffentlichen Dienstes, der Angehörigen freier Berufe und in Haushalten (betriebliche Berufsbildung) sowie in berufsbildenden Schulen und sonstigen Berufsbildungseinrichtungen außerhalb der schulischen und betrieblichen Berufsbildung.

§ 26 Stufenausbildung. (1) Die Ausbildungsordnung kann sachlich und zeitlich besonders geordnete, aufeinander aufbauende Stufen der Berufsausbildung festlegen. Nach den einzelnen Stufen soll sowohl ein Ausbildungsabschluß, der zu einer Berufstätigkeit befähigt, die dem erreichten Ausbildungsstand entspricht, als auch die Fortsetzung der Berufsausbildung in weiteren Stufen möglich sein.

(2) In einer ersten Stufe beruflicher Grundbildung sollen als breite Grundlage für die weiterführende berufliche Fachbildung und als Vorbereitung auf eine vielseitige berufliche Tätigkeit Grundfertigkeiten und Grundkenntnisse vermittelt sowie Verhaltensweisen geweckt werden, die einem möglichst großen Bereich von Tätigkeiten gemeinsam sind.

(3) In einer darauf aufbauenden Stufe allgemeiner beruflicher Fachbildung soll die Berufsausbildung für möglichst mehrere Fachrichtungen gemeinsam fortgeführt werden. Dabei ist besonders das fachliche Verständnis zu vertiefen und die Fähigkeit des Auszubildenden zu fördern, sich schnell in neue Aufgaben und Tätigkeiten einzuarbeiten.

(4) In weiteren Stufen der besonderen beruflichen Fachbildung sollen die zur Ausübung einer qualifizierten Berufstätigkeit erforderlichen praktischen und theoretischen Kenntnisse und Fertigkeiten vermittelt werden.

(5) Die Ausbildungsordnung kann bestimmen, daß bei Prüfungen, die vor Abschluß einzelner Stufen abgenommen werden, die Vorschriften über die Abschlußprüfung entsprechend gelten.

§ 28 Ausschließlichkeitsgrundsatz.

(3) Zur Entwicklung und Erprobung neuer Ausbildungsformen und Ausbildungsberufe kann der Bundesminister für Wirtschaft oder der sonst zuständige Fachminister im Einvernehmen mit dem Bundesminister für Arbeit und Sozialordnung nach Anhören des Bundesausschusses für Berufsbildung durch Rechtsverordnung, die nicht der Zustimmung des Bundesrates bedarf, Ausnahmen zulassen, die auch auf eine bestimmte Art und Zahl von Ausbildungsstätten beschränkt werden können.

§ 34 Abschlußprüfung. (1) In den anerkannten Ausbildungsberufen sind Abschlußprüfungen durchzuführen. Die Abschlußprüfung kann zweimal wiederholt werden.

(2) Dem Prüfling ist ein Zeugnis auszustellen

(3) Die Abschlußprüfung ist für den Auszubildenden gebührenfrei.

§ 35 Prüfungsgegenstand. Durch die Abschlußprüfung ist festzustellen, ob der Prüfling die erforderlichen Fertigkeiten beherrscht, die notwendigen praktischen und theoretischen Kenntnisse besitzt und mit dem ihm im Berufsschulunterricht vermittelten, für die Berufsausbildung wesentlichen Lehrstoff vertraut ist. Die Ausbildungsordnung ist zugrunde zu legen.

§ 42 Zwischenprüfungen. Während der Berufsausbildung ist zur Ermittlung des Ausbildungsstandes mindestens eine Zwischenprüfung entsprechend der Ausbildungsordnung durchzuführen, bei der Stufenausbildung für jede Stufe.

§ 45 Überwachung, Ausbildungsberater. (1) Die zuständige Stelle überwacht die Durchführung der Berufsausbildung und fördert sie durch Beratung der Ausbildenden und der Auszubildenden. Sie hat zu diesem Zweck Ausbildungsberater zu bestellen. Die Ausbildenden sind verpflichtet, die für die Überwachung notwendigen Auskünfte zu erteilen und Unterlagen vorzulegen sowie die Besichtigung der Ausbildungsstätten zu gestatten.

§ 46 Berufliche Fortbildung. (1) Zum Nachweis von Kenntnissen, Fertigkeiten und Erfahrungen, die durch berufliche Fortbildung erworben worden sind, kann die zuständige Stelle Prüfungen durchführen; sie müssen den besonderen Erfordernissen beruflicher Erwachsenenbildung entsprechen. Die zuständige Stelle regelt den Inhalt, das Ziel, die Anforderungen, das Verfahren dieser Prüfungen, die Zulassungsvoraussetzungen und errichtet Prüfungsausschüsse.

(2) Als Grundlage für eine geordnete und einheitliche berufliche Fortbildung sowie zu ihrer Anpassung an die technischen, wirtschaftlichen und gesellschaftlichen Erfordernisse und deren Entwicklung kann der Bundesminister für Arbeit und Sozialordnung im Einvernehmen mit dem Bundesminister für Wirtschaft oder dem sonst zuständigen Fachminister nach Anhören des Bundesausschusses für Berufsbildung durch Rechtsverordnung, die nicht der Zustimmung des Bundesrates bedarf, den Inhalt, das Ziel, die Prüfungsanforderungen, das Prüfungsverfahren sowie die Zulassungsvoraussetzungen und die Bezeichnung des Abschlusses bestimmen.

Anlage 2

Arbeitsförderungsgesetz

in der Fassung vom 25. Juni 1969

(Auszug)

§ 39. Die Bundesanstalt bestimmt durch Anordnung das Nähere über Versetzungen, Art und Umfang der Förderung der beruflichen Bildung nach diesem Unterabschnitt. Dabei sind zu berücksichtigen

1. bei der individuellen Förderung die persönlichen Verhältnisse der Antragsteller und das von ihnen mit der beruflichen Bildung angestrebte Ziel sowie der Zweck der Förderung und die Lage und Entwicklung des Arbeitsmarktes.

2. bei der institutionellen Förderung die Art der Maßnahmen, die in den Einrichtungen durchgeführt werden sollen, und das von den Teilnehmern an diesen Maßnahmen im allgemeinen angestrebte Ziel der beruflichen Bildung.

§ 41. (1) Die Bundesanstalt fördert die Teilnahme an Maßnahmen, die das Ziel haben, berufliche Kenntnisse und Fertigkeiten festzustellen, zu erhalten, zu erweitern oder der technischen Entwicklung anzupassen oder einen beruflichen Aufstieg zu ermöglichen, und eine abgeschlossenen Berufsausbildung oder eine angemessene Berufserfahrung voraussetzen (berufliche Fortbildung).

(2) Die Teilnahme an einer beruflichen Fortbildungsmaßnahme soll in der Regel nur gefördert werden, wenn diese nicht länger als zwei Jahre dauert; die zeitliche Begrenzung gilt nicht für Maßnahmen mit berufsbegleitendem Unterricht.

§ 191. (1) Die Organe nehmen für ihre Bereiche die Aufgaben der Selbstverwaltung wahr. Der Umfang ihrer Aufgaben und Befugnisse ergibt sich aus Gesetz und Satzung (§ 214).

(2) Die Organe können die Erledigung einzelner Aufgaben Ausschüssen übertragen. Das gilt nicht für die Aufgaben nach § 189 Abs. 3 und 4, § 191 Abs. 3, §§ 197, 202 Abs. 3, §§ 203, 211, 213, 214, 216 Abs. 1, § 218 Abs. 1 und § 233 Abs. 2 und 3.

(3) Die Anordnungen und die Verwaltungsvorschriften der Bundesanstalt nach diesem Gesetz erläßt der Verwaltungsrat. Sie sind geänderten Verhältnissen alsbald anzupassen.

(4) Die Anordnungen nach diesem Gesetz bedürfen der Genehmigung des Bundesministers für Arbeit und Sozialordnung; die Anordnungen nach § 152 Abs. 4 bedürfen außerdem der Genehmigung des Bundesministers der Finanzen. Die Anordnungen sind in dem durch die Satzung bestimmten Veröffentlichungsorgan bekanntzumachen.

(5) Der Bundesminister für Arbeit und Sozialordnung kann an Stelle der in den §§ 39 und 95 Abs. 3 vorgesehenen Anordnungen der Bundesanstalt Rechtsverordnungen erlassen, wenn die Bundesanstalt nicht innerhalb eines Jahres, nachdem der Bundesminister für Arbeit und Sozialordnung sie dazu aufgefordert hat, eine Anordnung erläßt oder den geänderten Verhältnissen anpaßt.

Arbeitsförderungsgesetz

in der Fassung vom 18. Dezember 1975

(Auszug)

§ 39. (unverändert)

§ 41.[1] (1) Die Bundesanstalt fördert die Teilnahme an Maßnahmen, die das Ziel haben, berufliche Kenntnisse und Fertigkeiten festzustellen, zu erhalten, zu erweitern oder der technischen Entwicklung anzupassen oder einen beruflichen Aufstieg zu ermöglichen und eine abgeschlossene Berufsausbildung oder eine angemessene Berufserfahrung voraussetzen (berufliche Fortbildung).

(2) Gibt es keine geeigneten Fortbildungsmaßnahmen oder ist deren Besuch nicht zumutbar, so wird auch die Teilnahme an einer Maßnahme, die nicht eine Fortbildungsmaßnahme im Sinne des Absatzes 1 ist, gefördert, wenn sie für den Antragsteller eine berufliche Fortbildung gewährleistet.

(3) Die Teilnahme an einer Fortbildungsmaßnahme wird nur gefördert, wenn die Maßnahme länger als zwei Wochen und, sofern der Antragsteller Anspruch auf Fortzahlung des Arbeitsentgelts hat, länger als vier Wochen dauert. Die Teilnahme an einer Fortbildungsmaßnahme mit Vollzeitunterricht wird nur gefördert, wenn sie nicht länger als zwei Jahre dauert.

(4) Die notwendige Wiederholung eines Teils einer Maßnahme wird nur gefördert, wenn der Teilnehmer den Grund für die Wiederholung nicht zu vertreten hat und der zu wiederholende Teil insgesamt nicht länger als sechs Monate dauert; dies gilt auch dann, wenn dadurch die in Absatz 3 genannte Höchstförderungsdauer überschritten wird.

§ 191[2]. (1) Die Organe nehmen für ihre Bereiche die Aufgaben der Selbstverwaltung wahr. Der Umfang ihrer Aufgaben und Befugnisse ergibt sich aus Gesetz und Satzung (§ 214).

(2) Die Organe können die Erledigung einzelner Aufgaben Ausschüssen übertragen. Das gilt nicht für die Aufgaben nach § 189 Abs. 3 und 4, § 191 Abs. 3, §§ 197, 202 Abs. 3, §§ 203, 211, 213, 214, 216 Abs. 1, § 218 Abs. 1 und § 223 Abs. 2 und 3. Der Vorstand und die Verwaltungsausschüsse sollen Ausschüsse zur Förderung der ganzjährigen Beschäftigung in der Bauwirtschaft bilden. Diese haben im Zusammenwirken mit den zuständigen Stellen des Bundes, der Länder und der Gemeinden darauf hinzuwirken, daß Bauaufträge der öffentlichen Hand sowie des öffentlich geförderten und des steuerbegünstigten Wohnungsbaues in angemessenem Umfang während der Schlechtwetterzeit durchgeführt werden. Bauherren, die Bauaufträge im Sinne des Satzes 4 vergeben, sollen dem zuständigen Ausschuß auf Verlangen die erforderlichen Auskünfte über die Planung, Vergabe und Durchführung der Bauaufträge erteilen.

(3) Die Anordnungen und die Verwaltungsvorschriften der Bundesanstalt nach diesem Gesetz erläßt der Verwaltungsrat. Sie sind geänderten Verhältnissen alsbald anzupassen.

---

1) § 41 Abs. 2 neu gefaßt und Abs. 3 und 4 angefügt durch Gesetz vom 18. 12. 1975 (BGBl. I S. 3113) mit Wirkung vom 1. 1. 1976.
2) § 191 Abs. 2 Sätze 3, 4 und 5 angefügt durch Gesetz vom 19. 5. 1972.

(4) Die Anordnungen nach diesem Gesetz bedürfen der Genehmigung des Bundesministers für Arbeit und Sozialordnung; die Anordnungen nach § 152 Abs. 4 bedürfen der Genehmigung des Bundesministers der Finanzen. Die Anordnungen sind in dem durch die Satzung bestimmten Veröffentlichungsorgan bekanntzumachen.

(5) Der Bundesminister für Arbeit und Sozialordnung kann an Stelle der in den §§ 39 und 95 Abs. 3 vorgesehenen Anordnungen der Bundesanstalt Rechtsverordnungen erlassen, wenn die Bundesanstalt nicht innerhalb eines Jahres, nachdem der Bundesminister für Arbeit und Sozialordnung sie dazu aufgefordert hat, eine Anordnung erläßt oder den geänderten Verhältnissen anpaßt.

Ausbildung statt Ausbeutung

Kurz vor Feierabend am Freitag, dem 13. 10. 1972, stürzt Heino Freese, Assistent des Personalleiters bei der Bernd Timm GmbH, mit hochrotem Kopf in das Zimmer seines Chefs. „Also, Herr Büttel, ich bin ja einiges gewohnt, aber daß ich nun als ‚Hierarchiefigur' tituliert werde, die froh ist, überhaupt etwas Sinnvolles zu tun, das schlägt dem Faß die Krone ins Gesicht!"

„Nun mal langsam, lieber Freese, was liegt denn an?" fragt Herr Büttel.

Herr Freese berichtet: „Ich war gerade in der Montagehalle I, um mit dem Meister über einen neuen Mann für den zweiten Bohrer zu sprechen. Als ich nach draußen gehen will, komme ich auch durch den Abschnitt, wo wir die Lehrlinge untergebracht haben. Sagt da doch der Lüttjens aus dem zweiten Lehrjahr: Der gehört auch zu diesen Hierarchiefiguren. Als ich ihn frage, was er damit meint, gibt er mir das hier." Mit diesen Worten knallt Herr Freese das neueste Exemplar der LZ, Zeitung für Lehrlinge und Jungarbeiter, auf den Tisch (vgl. Anlage).

Nachsichtig lächelnd greift Herr Büttel nach der Zeitung: „Na, wir sind doch in der Beziehung einiges gewohnt, nicht wahr, mein lieber Freese?" Aber während er liest, vergeht Herrn Büttel das Lächeln. „Mensch, Freese, hier geht es doch um wesentlich mehr als um ein paar Schimpfworte. Hören Sie sich das an! ‚Wenn wir nun ausrechnen wollen, was der Chef an uns verdient, müssen wir das möglichst genau tun, sonst ist das keine Agitation, sondern ein Schuß in den Ofen.' Die wollen doch zeigen, daß wir mit ihrer Ausbildung noch ein Geschäft machen."

Herr Freese faßt sich an den Kopf: „Und nächsten Dienstag ist schon wieder Jugendvertretung, da wollten Sie doch über die Situation der Lehrlinge in unserem Betrieb sprechen." Laut denkt Herr Büttel nach. „An diesem Wochenende bin ich auf einer Tagung der DGFP, da komme ich nicht dazu, das hier gründlich zu lesen. Also Montag..." Er wendet sich an Herrn Freese: „Wissen Sie was, machen Sie doch bitte für mich über das Wochenende eine Zusammenfassung der wichtigsten Thesen und der Rechenbeispiele. Und dann stellen Sie mir doch bitte einen Katalog mit Gegenargumenten zusammen. Am Montag können wir uns dann überlegen, was wir tun sollen."

Anlage

„WIEVIEL VERDIENT MEIN CHEF AN MIR?"

Ein kleiner Leitfaden zum Selberrechnen. Als Arbeits- und Agitationshilfe speziell für Lehrlingszentren und Lehrlingsbetriebsgruppen

aus: Lehrlingszeitung „LZ", Ausgabe 10/11 1972

Ein häufiger Kampfbegriff der Lehrlingsbewegung war und ist die Parole „Ausbildung statt Ausbeutung". Diese Forderung besagt ganz einfach, daß der Lehrling zu Recht beansprucht, in drei Jahren umfassend, systematisch und nach pädagogischen Prinzipien, die nicht auf Anpassen und Pauken angelegt sind, in seinen Beruf bzw. Berufsfeld eingeführt zu werden, also seine Arbeitskraft zu qualifizieren. Nach der Lehre wird er 40—50 Jahre lang gezwungen sein, durch Anbieten dieser Arbeitskraft auf dem Arbeitsmarkt einen Käufer und auch einen Preis zu erzielen, der ihm eine auskömmliche materielle Existenz sichert, und womöglich — so etwas wagen gottseidank heutzutage immer mehr zu fordern — auch Arbeitsplätze zu finden, an denen die Arbeit etwas Spaß macht und einen nicht nach 20 Jahren zum Wrack macht. Der Kampf um eine bessere Berufsausbildung ist also der Kampf um unsere Möglichkeiten, unser Leben materiell besser und selbstbestimmter gestalten zu können — im Kampf gegen den menschenfeindlichen Anspruch der Kapitalisten.

Was heißt nun Ausbeutung? Nichts anderes erst einmal, als daß der Lehrling durch Beschäftigung mit produktiven Arbeiten (das sind alle Arbeiten, die irgendwie zum Arbeitsprozeß des Betriebes dazugehören, also auch das Hoffegen!) oder durch Privatarbeiten für den Chef einen Profit für diesen einbringt, der einen Teil der Kosten, die die Ausbildung verursacht, oder alle Kosten deckt oder gar mehr einbringt. Ausbeutung ist also nicht erst, wenn der Chef am Lehrling insgesamt verdient, sondern wenn der Lehrling als Arbeitskraft eingesetzt wird — unabhängig davon, ob das der Ausbildung nutzt oder nicht.

Zwischenbemerkung 1:

Hier soll nicht behauptet werden, jeder Einsatz des Lehrlings bei produktiven Arbeiten sei abzulehnen: Innerhalb eines wie oben geforderten Ausbildungsplanes kann es durchaus sinnvoll, ja notwendig sein, an „richtigen" Arbeiten mitzuwirken. Das kann sogar Spaß machen, was schließlich auch nicht ganz unwichtig ist und in unserer Kritik, unseren Gegenvorschlägen oder Forderungen oft gar nicht auftaucht. In einem privatkapitalistischem Betrieb hat das nicht nur immer die Folge, daß solche Arbeit gleichzeitig Profit einbringt und deshalb in der Regel nicht nach pädagogischen, sondern nach Profitinteressen dem Lehrling abverlangt wird. Einerseits kann man, wenn das Schwergewicht auf die Frage der Kosten gelegt wird, erst richtig mit dem Begriff der Ausbeutung operieren, wenn der Lehr„herr" insgesamt am Lehrling verdient; geht man mehr von der Ausbildungsqualität aus, dann fängt natürlich die Ausnutzung des Lehrlings als Arbeitskraft bereits da an zu stinken, wo er für reguläre Arbeiten verwandt wird, die nach Art und Weise, Zeitpunkt, Zeitdauer und Ort nicht einem systematischen Lehrplan entsprechen, der *größtmögliche* Qualifikation zum Ziel hat. Wir müssen das in der Agitation auseinanderhalten, damit klar ist, was wir jeweils wollen.

1. Der erste wichtige Punkt der Kalkulation

Wenn wir nun ausrechnen wollen, was der Chef an uns verdient, müssen wir das möglichst genau tun, sonst ist das keine Agitation, sondern ein Schuß in den Ofen. Deshalb ist das Rechenschema auch sehr gründlich. Anderseits macht so etwas, etwa in einer Betriebsgruppe, auch mächtig Spaß. Unsere „Lehrherren" sind meistens auch deshalb so fett, weil sie rechnen können, deshalb also Genauigkeit und da, wo exakte Zahlen nicht zu ermitteln sind, vorsichtige Schätzwerte, die auch als Schätzwerte bezeichnet werden! *Kalkulationsgrundlage,* um gleich zum wichtigsten Punkt und oft gemachten dicksten Fehler zu kommen, ist nicht die Differenz zwischen unserem Stundensatz und der Summe, die der Meister oder die Firma einem Kunden für eine Arbeitsstunde abknöpfen. Dieser Stundensatz liegt heute in den meisten Fällen zwischen 25 und 30 DM. Wenn ihr 1 DM pro Stunde erhaltet, hat die Firma also nicht 24 bis 29 DM an eurer Arbeit verdient. In diesem Stundensatz stecken die Bezahlung für den Gehilfen einschließlich aller Sozialleistungen und Abgaben, alle Kosten (außer dem Material), die bei der Arbeit anfallen (z. B. Benutzung eines Autos, Benutzung von Gebäuden, Maschinen und Werkzeug-Wartung, Strom, Verschleiß usw.), die Steuern der Firma, die Bezahlung von Arbeitskräften außerhalb der Produktion, z. B. Heizer, Pförtner, Putzfrauen, Buchhalter — und natürlich der Profit. Dieser Stundensatz ist also nur eine kalkulatorische Verrechnung *aller* Kosten des Betriebs und des gewünschten Profits auf die direkt in der Produktion geleisteten Arbeitsstunden.

Wenn ein Lehrling eine Arbeit macht, die sonst ein Gehilfe oder eine andere vollbezahlte Arbeitskraft machen müßte, berührt das nicht den Profit, den der Unternehmer aus jeder Arbeitskraft herausholt, denn er stellt eine „Arbeitskraft" nur ein, wenn diese durch ihre Arbeit mehr einbringt, als sie kostet. Die Beschäftigung des Lehrlings in dieser Weise bedeutet nur einen zusätzlichen Profit (Gratisprofit) dadurch, daß der Lehrling weniger kostet als der Geselle oder eine andere vollbezahlte Arbeitskraft.

Zwischenbemerkung 2:

Die Forderung, durch entsprechende Bezahlung des Lehrlings die Ausbeutung zu verhindern, ist also ökonomisch schon einmal unlogisch, verhindert wird nur die Erzielung von Gratisprofit, die zusätzliche Ausbeutung. Die Forderung nach dem Prozenttarif (pro Lehrjahr steigende Prozentanteile vom Gesellenlohn gemäß der steigenden Verwertung des Lehrlings als produktive Arbeitskraft), wie sie vor allem die SDAJ vertritt, kann zumindest nicht so begründet werden. Den gewerkschaftspolitischen Unsinn einer solchen Forderung für eine Ausbildung innerhalb kapitalistischer Handlungsgesetze können wir hier nur in Stichworten andeuten: Einmal muß man sich in der Agitation entscheiden, was man will: entweder gute Ausbildung, also weniger Ausnutzung als Arbeitskraft, oder aber Bezahlung dieser Arbeitsleistung. Zweitens wird eine unterschiedlich qualifizierte und produktive Arbeit im Kapitalismus i. d. R. auch unterschiedlich bezahlt. Die Lehrlinge stünden also in einem Konflikt, zwischen Geldverdienen oder Ausbildung zu wählen, und es gäbe eine Konkurrenz unter ihnen mit all ihren schädlichen Folgen für unseren Kampf. Zu glauben, man könne das unterlaufen, indem man das mit Pauschalsätzen macht (Prozenttarif), heißt, die Kapitalisten für dumm zu halten: Erstens werden so die Lehrlinge auch weiterhin, sogar verstärkt, je nach Betrieb oder Branche unterschiedlich verdienen trotz gleicher Arbeit, zum anderen werden die Kapitalisten natürlich auch, und nun mit Begründung, entsprechende produktive Arbeit verlangen.

Zuerst muß unser Kampf dahin gehen, alle Beschäftigung in der Produktion zu bekämpfen zugunsten einer systematischen, umfassenden Ausbildung, die für *alle* Lehrlinge drei Jahre dauert (also gegen Stufenausbildung mit Zwischenabschlüssen!).

Wenn in diesem Plan sinnvoll noch produktive Arbeit vorkommt, wird sie kaum reichen, dem Betrieb ein Geschäft zu bringen. Anderseits wollen wir aber auch mehr Geld kriegen: Unser Kampf muß also gehen um eine für alle Lehrlinge gleich hohe Vergütung für die erbrachten Lernanstrengungen bzw. als soziale Sicherung unabhängig vom Elternhaus (Ausbildungshonorar — besser: Ausbildungsunterstützung oder Ausbildungsvergütung). Erste Schritte in dieser Richtung sind ja die gerade von der Gewerkschaftsjugend immer stärker geforderten einheitlichen Forderungen bei Tarifkämpfen, z. B. für alle Lehrlinge 100 DM mehr pro Monat!).

Soweit zur ökonomischen und politischen Problematik in groben Zügen. Nach der Kalkulation gehen wir noch zwei Probleme durch, die differenzierter sind, aber beachtet werden müssen. Wir müssen zunehmend lernen, unsere Forderungen auch richtig begründen zu können, gerade für die Agitation unter unseresgleichen, aber auch für die Solidarität mit den älteren Kollegen!

2. Die Berechnung der produktiven Arbeitszeit

Fangen wir auf der vorgezeichneten Grundlage nun an zu rechnen:

Da der Verdienst, den ihr bringt, in der Differenz zwischen eurer Bezahlung und einer vollwertigen Bezahlung einer Arbeitskraft liegt, geht die ganze Rechnung darauf hinaus, diese Differenz auszurechnen. Dafür müssen wir zuerst einmal wissen, wie lange wir überhaupt im Vergleich zu einem Gesellen z. B. produktiv arbeiten.

Die Gesamtarbeitszeit beträgt heute i.d.R. bei 5 Tagen pro Woche à 8 Stunden (Achtung: wenn bei euch anders, ausrechnen!) im Jahr 220 — 230 Arbeitstage.

Ihr seid aber weniger im Betrieb bzw. in der Produktion. Ihr müßt also von diesen durchschnittlichen Arbeitstagen — von Fall zu Fall — noch abziehen:

— weniger Tagesstunden durch längere Pausen,

— mehr Urlaubstage durch JArbSchG (ca. 2—6 pro Jahr),

— alle Berufsschultage (Ferienwochen!),

— Tage für Prüfungen, berufskundliche Fahrten usw.,

— alle Tage, die ihr sonst noch zwecks Ausbildung nicht in der Produktion seid, z. B. Betriebsunterricht, überbetriebliche Lehrwerkstatt, Lehrwerkstattzeit, soweit dort ausschließlich Lehrarbeiten gemacht werden (sonst anteilig rechnen), usw.

Diese Summe zieht ihr von den oben errechneten Gesamtarbeitstagen eines Jahres ab. Nun habt ihr die Summe der Tage bzw. Stunden, in denen ihr in der Produktion seid bzw. Arbeiten macht, die sonst eine vollbezahlte Arbeitskraft machen müßte. Diese Zeit ist nun die Basis unserer Berechnung:

In dieser Zeit seid ihr ja nicht so produktiv wie ein Geselle. Ihr seid noch nicht so fix, müßt mal fragen, manches zweimal machen usw. Andererseits macht ihr oft Arbeiten genauso fix, vor allem Arbeiten, zu denen eine hohe Qualifikation nicht erforderlich ist, die aber auch von den Gesellen bzw. den Gehilfen normalerweise gemacht wird oder von Hilfsarbeitern; im 3. Lehrjahr seid ihr auch sonst oft schon genauso fix, und hier und da arbeitet ihr vielleicht sogar schneller, weil ihr lernen wollt, weil euch das noch Spaß macht oder weil ihr Angst habt. So genau ist das also nicht zu kalkulieren, wir müssen uns hier mit Faustregeln helfen. Die Kammern kalkulieren meistens eine Arbeitsproduktivität im Vergleich zur ausgelernten Arbeitskraft von 50 % im ersten, 60 % im zweiten, 70 % im dritten Lehrjahr. Uns erscheinen diese Zahlen zu niedrig. Wir können aber mit diesen Zahlen kalkulieren, weil das so wirklich sehr vorsichtig gerechnet ist, unsere Rechnung also unangreifbarer wird, und weil wir zum anderen immer den Gehilfen zum Vergleich heranziehen, bei den Kosten manche der Arbeiten, die wir machen, aber nur einen Hilfsarbeiter erforderten, der weniger kostet. Aber auch dann ist diese Rechnung großzügig — für die „Lehrherren". Im Einzelfall solltet ihr aber doch vergleichen, ob eure Produktivität nicht wesentlich höher liegt in eurem Betrieb. Achtung noch einmal: Diese Produktivität bezieht sich auf die Zeit, die der Lehrling richtig arbeitet! Fehlzeiten dürft ihr also dabei nicht einkalkulieren, die haben wir ja schon raus bei der Gesamtarbeitszeitberechnung.

Die erhaltenen Jahresarbeitsstunden des Lehrlings multiplizieren wir nun mit dem Produktivitätssatz, also mit 0,5/0,6/0,7. So erhalten wir die Stundenzahl, die ein Lehrling real einen Gehilfen ersetzt.

Kalkulationsbeispiel

Lage:

Lehrwerkstatt mit 20 Ausbildungsplätzen, 1 Ausbilder voll eingesetzt, 120 Lehrlinge, pro Jahr 2 Monate Lehrwerkstatt, also immer im Betrieb.

I.

1. Schritt

Gesamtarbeitstage im Jahr (8 Std. pro Tag)

365 Tage minus	Samstage, Sonntage	104	
	Urlaubstage	20	
	Feiertage	11	
	Rest	230	Tage

II.

2. Schritt

Reale Arbeitszeit des Lehrlings
(Beispiel: 2. Lehrjahr)

230 Tage minus	Mehrurlaub	6	
	Berufsschule (1 Tag)	46	
	Zwischenprüfung	3	
	2 Monate Lehrwerkstatt, davon die Hälfte Lehrarbeit	20	
	Längere Pausen (¼ Std. pro Tag bei 165 Tagen)	5	
	Rest	150	Tage
	Arbeitsproduktivität 60 %, reine Arbeitszeit	90	Tage

Um nun zu erfahren, wie hoch die Differenz in den Kosten ist, wie hoch also der Gratisprofit oder die Kosten der Ausbildung sind, müssen wir einmal wissen, was ein Geselle oder Gehilfe in dieser Zeit die Firma kosten würde und was der Lehrling insgesamt pro Jahr kostet.

3. Die Kosten entsprechender Gesellen- bzw. Gehilfenarbeitszeit

Zu den Gesellen- bzw. Gehilfenkosten:

Wenn wir das, um es besser vergleichen zu können, auf Stundenbasis rechnen, dann brauchen wir den Bruttostundenlohn eines Gehilfen. Dazu kommt, was der Chef zusätzlich an Sozialabgaben zahlt oder Steuern, was an zusätzlichen Zahlungen dazukommt, wie gesondertes Urlaubsgeld, Weihnachtsgeld, andere Sozialleistungen, Prämien usw. Das habt ihr oft nur in der Jahressumme, dann müßt ihr es auf Stunden umrechnen (also z. B. geteilt durch 230 x 8 Std.). Meistens kann man aber von Kollegen in der Lohnbuchhaltung bzw. Kalkulation erfahren, welchen Bruttokostensatz pro Gesellenstunde die Firma hat. Er wird als Faustformel im Durchschnitt bei 130-140 % des Brutto-Stundenlohnes liegen. Diesen Stundensatz multipliziert ihr nun mit den realen produktiven Arbeitsstunden des Lehrlings im ersten, im zweiten und im dritten Lehrjahr, dann habt ihr den Bruttogratisprofit, den eure Arbeit dem Chef einbringt. Nach Lehrjahren müßt ihr getrennt rechnen, weil sich die Ausfallzeiten (Urlaub, Berufsschule, Lehrwerkstatt usw. ändern), aber auch eure Bezahlung.

III.

3. Schritt

Kosten entsprechender Gesellenstunden

Faustformel: 140 % des Bruttostundenlohnes. Bruttostundenlohn 7,50 DM x 1,4 = 10,50 DM. 10,50 x 8 x 90 = 7560,— DM. (Einzelausrechnung auf Firma bezogen, wenn Faustformel nicht stimmt, z. B. besonderes Weihnachts- und Urlaubsgeld, dann auf Stunden verrechnen, z. B. 460,— DM Weihnachtsgeld: 230 x 8 Std. = 1840 Std., 460,— DM: 0,25 DM pro Stunde.)

4. Berechnung der Ausbildungskosten

Dieser Summe stellt ihr nun gegenüber, was ihr den Lehrbetrieb kostet, auch wieder Lehrjahr für Lehrjahr:

— eure Monatsvergütung plus evtl. Sozialabgaben der Firma x 12,

— zusätzliche Zahlungen bzw. Zuwendungen, etwa Arbeitskleidung, Weihnachtsgeld, Büchergeld usw.,

— Materialkosten für *reine* Ausbildungsarbeiten (Einkaufspreis der Firma ansetzen!),

— Lohn (brutto entsprechend der Gesellenkosten-Berechnung) für Ausbilder, Lehrmeister usw. Dabei müßt ihr aber sehen, ob diese Personen sich wirklich mit euch beschäftigen (sonst anteilig rechnen) oder ob sie durch die Beschäftigung mit euch überhaupt von produktiven Arbeiten abgehalten werden.

Oft sind sie Hierarchiefiguren, die gar nicht wegen euch da sind und geradezu froh sind, durch Beschäftigung mit euch wenigstens etwas Sinnvolles zu verrichten. Also: Nur den wirklichen Ausbildungsanteil ihrer Arbeitszeit rechnen. Und noch eins: Diese Personen könnt ihr auch nur als Ausbildungskosten kalkulieren, wenn ihr reine Ausbildungsarbeiten unter ihrer Anleitung macht. Wenn ihr also meistens nur in der Produktion arbeitet, dann wäre dort nach den Gesetzen der

Betriebshierarchie sowieso eine „Respektsperson" eingesetzt. Das gilt z. B. besonders in einer Lehrwerkstatt, die ja oft überwiegend für die Produktion arbeitet (Kleinserien, Reparaturen usw.). Dann ist der Lehrwerkstattleiter und/oder der Ausbilder kein Ausbilder, sondern ein Abteilungsleiter, der dort auch wäre, wenn Gesellen diese Arbeit machten.

Rechnet also ganz scharf nur die Personalkosten, die wirklich durch *Ausbildung* bedingt sind, denn die Lehrherren rechnen das meistens alles als Kosten, wenn sie überhaupt einmal versuchen, ihre Behauptung von den ungeheuren Kosten, die ihr angeblich verursacht, zu belegen.

Dasselbe gilt für Räume und Maschinen. Eine Lehrwerkstatt kann nur soweit zu den Ausbildungskosten gerechnet werden, wie dort reine Lehrarbeiten, keine produktiven Arbeiten gemacht werden, denn sonst sind diese Einrichtungen und ihr Betrieb Produktionskosten, keine Ausbildungskosten! Wenn ihr also den Zeitanteil reiner Ausbildung in einer solchen Einrichtung ungefähr habt, dann verrechnet entsprechend die Kosten. Dabei rechnet ihr Heizung und Licht sowie die Abnutzung von Maschinen und Gebäuden bzw. die Kosten des jeweiligen „Auf-dem-Stand-Haltens", geteilt durch die Lehrlingszahl, vorausgesetzt, die machen dort nur reine Lehrarbeiten, sonst rechnet ihr das anteilig.

IV.

4. Schritt

Kosten der Ausbildung (2. Lehrjahr)

200,— DM pro Monat Ausbildungsbeihilfe + 15,— DM Abgaben der Firma = 12 x 215,— DM =	2580,—
Weihnachts- und Urlaubsgeld	250,—
Materialkosten für reine Ausbildungsarbeit einschließlich Fehlproduktion	1200,—
Bücher- und Fahrgeld pro Jahr	190,—
1 Ausbilder (Lehrwerkstatt), umgelegt auf 120 Lehrlinge bei 50 % reine Ausbildungszeit in Lehrwerkstatt und Brutto-Lohnkosten der Firma von 2200,— DM: 2200,— x 12 = 26400,— DM, davon 50 % = 13200,— DM : 120	110,—
Lehrwerkstatt (Heizung, Licht, Gebäude und Maschinen usw.) pro Jahr 12000,— DM, davon 50 % = 6000,— DM : 120 =	50,—
Gesamtkosten	4380,—
+ 10 % allgemeine Kosten (z. B. Gesellen, die mal anleiten, Verwaltungskosten)	438,—
Gesamtkosten	4818,—

5. Verrechnung beider Posten ergibt Netto-Gewinn oder Netto-Kosten

Wenn ihr jetzt Lehrjahr für Lehrjahr beide Summen verrechnet (eure Kosten und die Bruttoerträge der Firma), dann erhaltet ihr entweder einen Ausgleich, meistens aber eine Differenz am Ende der drei Lehrjahre, die entweder die Kosten sind oder der Gratisprofit pro Lehrling, versteht sich. Ihr müßt also die jeweilige Lehrjahr-Verrechnungssumme noch mit der Zahl der in dem jeweiligen Lehrjahr sich befindenden Lehrlinge multiplizieren, dann habt ihr die Gesamtsumme an Kosten oder Verdiensten. Meistens wird diese Zahl sich zur Agitation eignen, denn entweder fallen die Kosten kaum ins Gewicht, so daß der „Lehrherr" nicht mehr stöhnen kann, denn er verdient ja schließlich auch noch an euch, wenn ihr ausgelernt habt, und zwar um so mehr, je besser ihr qualifiziert seid, oder ihr könnt nachweisen, daß der „Lehrherr" an euch verdient.

V.

5. Schritt

Verrechnung mit den Einnahmen und Gesamt-Kostenrechnung für alle Lehrlinge

Brutto-Jahreseinnahme pro Lehrling	7 560,—
Brutto-Jahreskosten pro Lehrling	4 818,—
Netto-Jahresverdienst pro Lehrling	2 742,—
Gesamtverdienst am 2. Lehrjahr 2 742,— DM x 40 (120 Lehrlinge geteilt durch 3 Lehrjahre)	109 680,—

Im ersten Lehrjahr weniger Verdienst, im dritten Lehrjahr mehr Verdienst, plausible Annahme, daß sich das ausgleicht. Das bedeutet pro Lehrling insgesamt in der Lehrzeit 8 226,— DM Verdienst, bei 120 Lehrlingen

Gesamtverdienst	330 000,— DM
Das sind jedes Jahr ca.	110 000,— DM

Dies ist ein Beispiel für eine technisch und sozial relativ gute Ausbildung. Jede Verschlechterung gegenüber der hier geschilderten Situation bringt doppelt Geld, da sinkende Kosten i. d. R. gleichzeitig auch höhere Erträge bedeuten. Wird dazu noch Lehrlingszüchterei betrieben, kommt dazu noch der Verdienst durch die Lohndrückerei bei den Gehilfen (Gesellen). Dafür in Schritt 6 ein Beispiel:

6. Zwei Probleme zum Abschluß

Zwei Dinge sind nun noch zu berücksichtigen:

Einmal ist das der Betrag, den die Ausbildung für das Unternehmen kostet, indem Einrichtungen der Unternehmen, wie die Kammern oder Innungen, Ausgaben z. B. für Personal haben. Aber dieser Betrag fällt, verrechnet auf alle Betriebe bzw. alle Lehrlinge, kaum ins Gewicht, außerdem war ja unsere Produktivitätskalkulation sehr günstig, da ist für so etwas also auch noch Luft.

Ein anderes Problem ist wichtiger, aber auch schwieriger in den rechnerischen „Griff zu kriegen": Wir sind von der logischen Grundlage ausgegangen, nur die Differenz von Lehrlingskosten und Lehrlingserträgen im Vergleich zu den Brutto-Lohnkosten eines Gesellen zu rechnen. Dabei gehen wir von der Annahme aus, daß die Arbeit, die der Lehrling macht, ansonsten von einem Gesellen oder Hilfsarbeiter gemacht werden müßte und würde. Nun machen aber Lehrlinge oft gerade Arbeiten, für die Fachkräfte kaum zu finden sind, oder was wichtiger ist: In schlechten Branchen oder in Zeiten guter Konjunktur kriegte die Firma die dann nötigen Arbeitskräfte gar nicht. Sie kann also ihr Produktionsvolumen (bzw. Dienstleistungsvolumen) und damit auch die entsprechenden Profite nur durch Lehrlingszüchterei aufrechterhalten. In diesem Fall bringt der Lehrling nicht nur Gratisprofit ein, sondern auch noch die normale Ausbeutungsrate eines Gesellen.

Wie können wir das nun errechnen? Zuerst einmal als bescheidene Faustformel, daß alle Lehrlinge, die über einen Satz von 10 % der beschäftigten Fachkräfte hinaus in der Firma beschäftigt werden, Gesellenarbeit nicht nur ersetzen, sondern dieses Arbeitsvolumen überhaupt erst ermöglichen. Als unterste Grenze müßten wir hier ihre Brutto-Profitrate noch dazuzählen, die Brutto-Rate deshalb, weil sie ja nicht mehr kosten trotz ihrer anderen Funktion, die sie für den Unternehmer nun haben.

Es gibt auch eine andere Faustregel, diesen unsichtbaren Profit zu errechnen: Das starke Abwandern der Ausgelernten in manchen Regionen oder Branchen ist nur so lange von der Firma zu verkraften, wie Lehrlinge in ausreichender Zahl „nachwachsen". Der Betrieb kann also nur mit Lehrlingen bzw. Lehrlingszüchterei arbeiten, da ihm die Fachkräfte weglaufen — *es sei denn, sie würden bessere Löhne und Sozialleistungen erhalten.* Würde die Firma nicht übermäßig Lehrlinge beschäftigen, müßte sie, um das gleiche Arbeits- und Profitvolumen zu erreichen, Löhne und andere Leistungen erbringen, die denen der Zuwanderungsbetriebe entsprechen. Beschäftigt euer Betrieb mehr als die 10 %-Rate an Lehrlingen, dann könnt ihr mal ausrechnen, was alle Fachkräfte (Achtung: wenn auch kaufmännische Lehrlinge ausgebildet werden, auch die kaufmännischen Angestellten dazurechnen!) mehr kosten würden, wenn euer Betrieb Löhne und Sozialleistungen der Betriebe zahlen würde, in die die Arbeitskräfte nach der Lehre meistens abwandern. Diese Summe kann man schon als einen Gratisprofit durch Lehrlingshaltung — diesmal bei den Fachkräften — ansehen, obwohl natürlich die Abwanderung der jungen Fachkräfte nicht immer nur wegen der unterschiedlichen Bezahlung geschieht.

VI.

6. Schritt

Lohndrückerei durch Lehrlingszüchterei

Lage: Hotel-Großküche mit 10 Gesellen und 10 Lehrlingen. Die Lehrlinge arbeiten fast voll in der Produktion

Mehrverdienst am Lehrling: Gegenüber dem vorigen Beispiel ist hier die Ausbildung und die soziale Versorgung schlechter, der Reinverdienst von ca. 2 700,— DM pro Lehrling und Lohnjahr erhöht sich also mindestens auf 4 000,— DM, das bedeutet einen Gesamtverdienst an allen Lehrlingen von 4 000,— x 3 x 10 = 120 000,— DM

Gesamtverdienst pro Jahr: 40 000,— DM

Die 10 Gesellen kosten die Firma monatlich je 1 400,— DM Brutto-Lohnkosten. Gesellen wandern dauernd ab, sind schwer zu kriegen, nur die 10 Lehrlinge stopfen die Lücke. Um die Lehrlingsarbeit durch Gesellenarbeit zu ersetzen, müßte die Firma mindestens 1 800,— Brutto-Lohnkosten pro Monat aufbringen. Sie spart durch Lehrlingszüchterei also pro Monat pro Geselle 400,— DM,

Lohnkostenersparnis also insgesamt 400 x 10 x 12 =   48 000,— DM

Gesamt-Gratis-Profit pro Jahr: 88 000,— DM

Zwischenbemerkung 3:

Es ist übrigens wichtig, daß ihr dieses Argument betriebs- bzw. branchenintern bei den älteren Kollegen anbringt, die eurem Verlangen nach besserer Ausbildung nicht immer positiv gegenüberstehen, weil sie Annehmlichkeiten schwinden sehen, vor allem aber spätere Konkurrenz fürchten. Wenn ihr ihnen klarmacht, daß eure schlechte Ausbildung gleichzeitig noch für sie eine Lohndrückerfunktion hat, ist vielleicht eher Solidarität zu erreichen!

7. Zum Stellenwert einer solchen Agitation

Zum Abschluß: Der Nachweis von Zusatzausbeutung ist eine wichtige Agitationshilfe, die Berechnung eine interessante Beschäftigung mit allerhand Ansätzen zur Diskussion für Lehrlingszentren und Betriebsgruppen. Der Kampf darf aber nicht nur für bessere Bezahlung geführt werden, und wenn schon, dann nicht, weil ihr arbeiten müßt, sondern weil ihr einen Anspruch habt, eure Ausbildung unabhängig vom sozialen Status des Elternhauses unterstützt zu bekommen: also Kampf für eine Ausbildungsunterstützung, die für alle Lehrlinge gleich hoch ist.

Die wesentliche Forderung ist die nach umfassender, systematischer Qualifizierung unter für alle Lehrlinge möglichst gleichen Bedingungen. Und bei der Kritik daran vergeßt nicht die Erziehung zum Betriebsuntertan und zum betriebsspezifischen Fachidioten. Außerdem ist diese Rechnung nur auf die Lehre bezogen. Schließlich wollen und werden die Kapitalisten aber so richtig erst später an eurer Arbeit verdienen. Selbst wenn sie also in euch erst etwas Geld reinstecken — am Ende machen sie immer ein Geschäft. Das können wir ihnen nicht nur durch den Kampf für bessere Ausbildung und gleiche Ausbildungsförderung versalzen, sondern durch den gewerkschaftlichen Kampf gegen ihre Profitinteressen, d. h. gegen ihre Existenz. Aber auch dazu ist eine gute berufliche Qualifizierung wichtig, da der Anspruch auf Selbstbestimmung auch von den Qualifikationen der Lohnabhängigen her eingelöst werden muß — sonst tauscht man nur die Verwalter aus.

Kapitel 9

Führung in Zusammenarbeit mit Interessenvertretungen der Mitarbeiter

Die Gehaltsliste

Der Aufsichtsrat des Unternehmens, einer Aktiengesellschaft, besteht aus neun Mitgliedern — sechs Vertretern der Anteilseigner und drei von den Mitarbeitern gewählten Arbeitnehmervertretern. Letztere gehören gleichzeitig dem Betriebsrat an und werden im übrigen nach den Tarifmerkmalen des Tarifvertrages entlohnt.

Zwei dieser Arbeitnehmervertreter fordern „in ihrer Eigenschaft als Mitglieder des Aufsichtsrates" die Vorlage einer Liste, aus der die Gehälter aller außertariflichen Mitarbeiter hervorgehen. Sie begründen ihren Antrag damit, daß der Aufsichtsrat ein überwachendes Organ sei und jedem Mitglied das Recht und die Pflicht obliege, nicht nur die Rechtmäßigkeit, sondern auch die Zweckmäßigkeit und Wirtschaftlichkeit aller Maßnahmen sowie die Berücksichtigung der sozialen Belange festzustellen.

Der Vorstand hat diesen Antrag unter Hinweis auf § 111 Abs. 2 AktG ablehnend beschieden. Ein Recht auf Einsichtnahme in die Bücher und Schriften stehe nur dem Aufsichtsrat in seiner Gesamtheit oder einem durch den Aufsichtsrat beauftragten Mitglied zu. Der Aufsichtsrat habe weder als Ganzes einen solchen Antrag gestellt noch Mitglieder insoweit beauftragt.

In ihrer Erwiderung weisen die Arbeitnehmervertreter auf die Bestimmung des § 90 Abs. 3 AktG hin, nach der auch ein einzelnes Mitglied Bericht vom Vorstand verlangen könne, wenn ein anderes Mitglied das Verlangen unterstütze.

Frage:

Wie soll sich der Vorstand verhalten?

Der Kandidat

Bei der Benjamin Teuer GmbH ist der Betriebsratsvorsitzende zu wählen. Als einziger Kandidat steht Herr Lenne zur Diskussion, mit dem sowohl der Betriebsrat als auch die Geschäftsleitung einverstanden sind. Kurz vor der Wahl tritt Herr Lenne an die Geschäftsleitung heran und verlangt eine relativ starke Gehaltserhöhung mit der Begründung, daß das seiner neuen Position als Betriebsratsvorsitzender angemessen sei.

Frage:

Wie soll sich die Geschäftsleitung verhalten?

Die Frühstückspause

Bei der Aachener Biskuit Companie (ABC) gilt bisher die tarifvertraglich festgelegte tägliche Frühstückspause von 15 Minuten Dauer.

Der Betriebsrat der ABC schlägt vor, in Zukunft auf die Frühstückspause zu verzichten und dafür freitags 1 1/4 Stunden früher Schluß zu machen. Das sei vor allem für die Mütter eine Erleichterung, deren Kinder in einem Kindergarten untergebracht sind, da die Kindergärten freitags früher schließen und es für die Mütter problematisch sei, die Kinder so lange unterzubringen, bis sie von der Arbeit kommen.

Die Geschäftsführung stellt fest, daß 2 von 273 Mitarbeiterinnen zu der Gruppe der vom Betriebsrat angeführten Mütter gehören.

Frage:
Wie soll sich die Geschäftsführung verhalten?

Sempertreu AG

Die Herren Dr. Berne, Dr. Pörtgensiepen und Dipl.-Kfm. Wingert sind Wirtschaftsprüfer und Steuerberater. Sie sind bei der Wirtschaftsprüfungs- und Steuerberatungsgesellschaft Sempertreu AG in deren Hauptniederlassung Essen angestellt.

Sie sind nicht Mitglieder der Geschäftsführung der Gesellschaft. Sie sind hauptsächlich als Prüfungsleiter oder Berichtskritiker tätig. Ihnen ist ausnahmslos Prokura erteilt.

Ihre Tätigkeit als Prüfungsleiter besteht in der Regel darin, daß sie mit einem Team von bis zu 4 Mitarbeitern Betriebsprüfungen durchführen. Auf die Auswahl ihrer Mitarbeiter haben sie insoweit Einfluß, als sie gegenüber dem für die Einteilung der Prüfungsteams zuständigen Vorstandsmitglied Wünsche äußern können. Sie stellen den Prüfungsplan für die jeweilige Betriebsprüfung auf und setzen ihre Mitarbeiter entsprechend deren Fähigkeiten ein. Sie koordinieren und korrigieren aufgrund ihres Gesamtüberblickes die Einzelbereiche ihrer Mitarbeiter und stellen den Hauptbericht fertig. Dieser wird von einem Berichtskritiker, der ebenfalls Wirtschaftsprüfer ist, nochmals auf sachliche Richtigkeit und Logik durchgearbeitet und überprüft. Der fertige Prüfungsbericht wird dann vom Prüfungsleiter und von einem Vorstandsmitglied unterschrieben (zuweilen auch vom zuständigen Berichtskritiker, der nicht in jedem Falle Wirtschaftsprüfer sein muß). Bei gesetzlichen Prüfungen kommen nur Unterschriften durch Wirtschaftsprüfer in Betracht.

Nach Abschluß eines Prüfungsverfahrens geben die Prüfungsleiter gegenüber dem Vorstand Beurteilungen über ihre Mitarbeiter ab. Die Größe der Mitarbeiterteams der Prüfungsleiter ist von dem Umfang der jeweiligen Prüfungsaufgabe abhängig; zum Teil nehmen die Wirtschaftsprüfer Betriebsprüfungen allein vor. Entsprechend ihrer durch die Wirtschaftsprüferordnung festgelegten beruflichen Stellung sind sie in ihrer sachlichen Arbeit keinen Weisungen unterworfen.

Nicht alle Leiter von Prüfungsteams sind Wirtschaftsprüfer und Prokuristen.

Die Gesellschaft erteilt allen ihren Mitarbeitern, die die Wirtschaftsprüferprüfung mit Erfolg abgelegt haben und zum Wirtschaftsprüfer bestellt sind, Prokura. Die drei Wirtschaftsprüfer erhielten bei ihrer Einstellung ebenso wie alle anderen Angestellten einen standardisierten Einstellungsvertrag mit allgemeinen Anstellungsbedingungen, der unter anderem auch die Klausel enthält: „Wir behalten uns vor, Sie innerhalb unserer Gesellschaft anderweitig einzusetzen."

Am 10. Januar 1972 befaßte sich der Vorstand der Gesellschaft mit dem neuen Betriebsverfassungsgesetz. Er kam zu der Meinung, daß alle Prokuristen als leitende Angestellte anzusehen seien und der Arbeitgeber die Stellung als leitender Angestellter durch Dienstvertrag einseitig festlegen könne. Am 25. Januar 1972 unterrichtete der Vorstand den Vorsitzenden des Gesamtbetriebsrates über seine Auffassung. Mit Rundschreiben vom 2. Januar 1972 teilte die Hauptverwaltung den Prokuristen u. a. mit:

„Aus diesem Anlaß möchten wir Ihnen mitteilen, daß der Vorstand der Sempertreu wegen der in § 5 Abs. 3 des neuen Gesetzes enthaltenen Definition des leitenden Angestellten, die sich gegenüber dem bisherigen Recht nur wenig geändert hat, sämtliche Prokuristen der Gesellschaft und damit auch Sie wie bisher als leitende Angestellte im Sinne des Gesetzes betrachten wird, da Sie im Rahmen Ihres Aufgabenbereichs in besonders herausgehobener persönlicher Verantwortung die geschäftlichen Belange oder Prüfungshandlungen der Sempertreu zu vertreten haben...

...Demgemäß halten wir Sie für die bevorstehenden Neuwahlen zum Betriebsrat weder für aktiv noch für passiv wahlberechtigt."

Mit Schreiben vom 16. Februar 1972 informierte der Vorsitzende des Gesamtbetriebsrats den Vorstand darüber, daß der Gesamtbetriebsrat für die Abgrenzung der leitenden Angestellten im Sinne des § 5 Abs. 3 BetrVerfG 1972 entscheidend auf die Arbeitgeberfunktionen der betroffenen Personen abstellt, er somit nicht mit der Meinung des Vorstandes übereinstimmt.

Auf Anfrage der Gesellschaft erklärte die Wirtschaftsprüferkammer Düsseldorf mit Schreiben vom 22. März 1972, sie sei der Auffassung, die Wirtschaftsprüfer-Prokuristen seien aufgrund ihrer berufsrechtlichen Stellung leitende Angestellte im Sinne des § 5 Abs. 3 BetrVerfG (vgl. Anlage). Zu dem gleichen Ergebnis kam der von der Sempertreu mit der Einstellung eines Gutachtens beauftragte Professor Reinaud.

Der Wahlvorstand der Hauptniederlassung Essen setzte die Herren Berne, Pörtingsiepen und Wingert auf die Wählerliste für die Betriebsratswahlen am 29. Mai 1972. Diese Herren legten dagegen mit Schreiben vom 24. April 1972 Einspruch ein, der von dem Wahlvorstand mit Schreiben vom 16. Mai 1972 zurückgewiesen wurde.

In den übrigen Niederlassungen der Gesellschaft waren die Wirtschaftsprüfer nicht in die Wählerlisten für die Betriebsratswahlen aufgenommen worden.

Mit Schreiben vom 24. Mai 1972 beantragten die drei Herren, die Einspruchsentscheidung des Wahlvorstandes vom 16. Mai 1972 aufzuheben und ihre Streichung auf der Wählerliste zur Betriebsratswahl bei der Sempertreu Essen am 29. Mai 1972 anzuordnen.

Der Betriebswahlvorstand des Betriebes der Sempertreu in Essen setzte die drei Herren entgegen einer Weisung des Wahlvorstandes der Gesellschaft vom 16. August 1972 auf die Wählerliste zur Wahl der Arbeitnehmervertreter im Aufsichtsrat der Gesellschaft am 13. Oktober 1972. Mit Schreiben vom 30. August 1972 legten die Herren sowie getrennt davon der Wahlvorstand der Gesellschaft Einspruch gegen die Aufnahme in die Wählerliste ein.

Der Wahlvorstand der Gesellschaft begründete seinen Einspruch in erster Linie damit, daß der Betriebswahlvorstand an seine Weisung vom 16. August 1972 gebunden sei. Der Betriebswahlvorstand wies die Einsprüche mit Schreiben vom 8. September 1972 zurück.

Die drei Herren stützten ihre Ansicht, sie seien leitende Angestellte im Sinne des § 5 Abs. 3 BetrVerfG 1972, in erster Linie auf die Ausführungen in dem Gutachten von Prof. Reinaud, wonach jeder, der eine der in den Ziffern 1 bis 3 des § 5 Abs. 3 BetrVerfG aufgeführten Voraussetzungen erfüllt, leitender Angestellter im Sinne dieses Paragraphen ist. Sie sind nicht nur der Auffassung, sie erfüllten die Voraussetzungen zu Ziffer 2 und 3, sondern sie gehen mit Prof. Reinaud auch davon aus, daß diese Antragsteller wegen ihrer durch die Wirtschaftsprüfer-Ordnung geprägten Rechtsstellung in eigenverantwortlicher Erfüllung ihrer Aufgaben auch dann leitende Angestellte seien, wenn man die Meinung vertrete, § 5 Abs. 3 BetrVerfG definiere den Begriff des leitenden Angestellten nicht.

Demgegenüber steht der Betriebsrat auf dem Standpunkt, die Herren erfüllten nicht die Voraussetzungen des § 5 Abs. 3 BetrVerfG. Weiterhin vertritt er die Ansicht, § 5 Abs. 3 BetrVerfG enthalte keine Definition des leitenden Angestellten, sondern dieser Begriff sei dem Gesetz vorgegeben, und die Herren seien jedenfalls keine leitenden Angestellten. Ihre hohe fachliche Qualifikation und ihre sich aus dem Gesetz ergebende rechtliche Stellung seien nicht ausschlaggebend.

Anlage

Stellungnahme

Das Berufsrecht der Wirtschaftsprüfer ist 1961 durch die Wirtschaftsprüferordnung (BGBl. I S. 1049) bundeszentral neu geregelt und hierbei auch die Verantwortung der in Wirtschaftsprüfungsgesellschaften tätigen Wirtschaftsprüfer besonders angesprochen worden.

Festzustellen ist zunächst, daß auch die Tätigkeit, die eine Wirtschaftsprüfungsgesellschaft entfaltet, eine freiberufliche ist. Wirtschaftsprüfer und Wirtschaftsprüfungsgesellschaften sind von den Bestimmungen der Gewerbeordnung (§ 6 GewO) ausgenommen.

Wirtschaftsprüfungsgesellschaften bedürfen der staatlichen Anerkennung, und die Anerkennung setzt wiederum voraus, daß die Gesellschaft von Wirtschaftsprüfern verantwortlich geführt wird (§ 1 Abs. 3 WPO). Träger der Berufsausübung in einer Wirtschaftsprüfungsgesellschaft ist somit stets der Wirtschaftsprüfer, gleichgültig, ob er seine Tätigkeit z. B. als Vorstandsmitglied oder als Prokurist entfaltet. Entsprechend verlangt auch § 32 WPO allgemein, daß gesetzlich vorgeschriebene Bestätigungsvermerke, die Wirtschaftsprüfungsgesellschaften erteilen, nur von Wirtschaftsprüfern unterzeichnet werden dürfen, ohne auf die gesellschaftsinterne Funktion des unterzeichnenden Wirtschaftsprüfers abzustellen. Die Wirtschaftsprüferordnung verlangt ferner, daß Wirtschaftsprüfer auch im Anstellungsverhältnis eigenverantwortlich ihre Tätigkeit ausüben, und verbietet, für den fachlichen Bereich Weisungen entgegenzunehmen, die sich mit der Überzeugung des Wirtschaftsprüfers nicht decken. Weisungen, die solche Verpflichtungen enthalten, sind unzulässig (§ 44 WPO).

Um dieser eigenverantwortlichen Stellung des Wirtschaftsprüfers im Rahmen eines Anstellungsverhältnisses gerecht zu werden, bestimmt die Wirtschaftsprüferordnung in § 45 zusätzlich, daß Wirtschaftsprüfer die Rechtsstellung von Prokuristen haben sollen. Die Richtlinien für die Berufsausübung der Wirtschaftsprüfer und vereidigten Buchprüfer sehen eine Ausnahme nur für kurze Übergangszeiten, z. B. bei Neueinstellung oder Neubestellung eines Wirtschaftsprüfers, vor (Abschnitt III. Nr. 6 der Richtlinien).

Wir haben keinen Zweifel, daß Wirtschaftsprüfer in Wirtschaftsprüfungsgesellschaften im Hinblick auf ihre Stellung in der Gesellschaft und ihre Aufgabenwahrnehmung, die diese als Berufsträger eigenverantwortlich zu erfüllen haben, leitende Angestellte im Sinne von § 5 Abs. 3 Betriebsverfassungsgesetz sind. Auf Wirtschaftsprüfer in Prokuristenstellung findet damit unseres Erachtens das Betriebsverfassungsgesetz nach § 5 Abs. 3 keine Anwendung.

Sprecherausschuß

A

Herr Woll ist Mitglied des Vorstandes eines mittleren Familienunternehmens. Das Unternehmen hat 1 300 Angestellte, darunter 110, die es mit Schreiben vom 15. 2. 1972 als leitende Angestellte bezeichnet hat.

Unter dem Vorstand stehen sieben Direktoren, darunter dreißig Abteilungsdirektoren und darunter dreiundsiebzig Oberabteilungsleiter. Dies ist der Kreis der leitenden Angestellten.

Herr Woll, der bis zu seiner Berufung in den Vorstand der Gesellschaft Wirtschaftsprüfer bei der Treurevision AG war und das Unternehmen prüfte, verfügt über vielfältige informelle Informationswege aus seiner Zeit als Prüfer der Gesellschaft. Eines Tages erfährt er auf diesem Wege, daß eine Gruppe von vier Personen aus dem Kreis der leitenden Angestellten die Wahl zu Sprecherausschüssen der leitenden Angestellten vorbereiten will. Am selben Tage ruft ihn nachmittags der Personalchef an und teilt ihm mit, Herr Strack, der Cheftechnologe des Unternehmens, habe ihn um eine Liste der leitenden Angestellten der Firma gebeten und auf seine Frage hin, wozu er diese Liste benötige, geantwortet, daß eine Versammlung der leitenden Angestellten zur Beratung von gemeinsam interessierenden Fragen einberufen werden solle. Er habe Herrn Strack gebeten, morgen noch einmal vorbeizuschauen. Er halte sich ohne Rücksprache mit dem Vorstand für nicht befugt, die Liste herauszugeben.

Herr Strack gehört zu den vier leitenden Angestellten, die die Wahl zu Sprecherausschüssen vorbereiten wollen. Herr Woll würde keinen dieser vier sehr gerne als seinen Gesprächspartner in einem Sprecherausschuß der leitenden Angestellten sehen.

Frage:

Was kann Herr Woll tun?

Sprecherausschuß

B

Herr Woll bittet zwei Mitglieder seines Direktoriums, sich mit einer Gruppe Gleichgesinnter zusammenzutun und die Wahl eines Sprecherausschusses vorzubereiten. Die Liste der leitenden Angestellten wird diesem Kreis, der insgesamt 5 Personen umfaßt, übergeben. Einen Tag später erhält die andere Gruppe von vier Herren dieselbe Liste. Die Fünfergruppe setzt sich umgehend mit der Viererguppe in Verbindung und schlägt gemeinsames Vorgehen vor. Durch ihr größeres Ansehen im Unternehmen und durch geschickte Geschäftsordnung gelingt es der Fünfergruppe, die Viererguppe schließlich gänzlich zu isolieren.

Die Fünfergruppe nimmt nunmehr Verhandlungen mit der Geschäftsleitung über Fragen der Bildung von Sprecherausschüssen auf.

Gleichzeitig unterrichtet die Fünfergruppe Herrn Woll, daß keiner der fünf bereit sei, sich in den Sprecherausschuß wählen zu lassen. Sie empfänden sich nicht als Gegenspieler der Geschäftsleitung, und sie glaubten auch, ihre Zeit für das Unternehmen besser anders einsetzen zu können, als Aufgaben im Rahmen eines Sprecherausschusses zu übernehmen.

Alle Mitglieder der ausgebooteten Viererguppe können, obwohl sehr ehrgeizig, nicht erwarten, im Unternehmen weiter aufzusteigen. Die drei Mitglieder der Fünfergruppe, die noch nicht Direktoren sind, haben dagegen berechtigte Aussichten, im Unternehmen weiter aufzusteigen.

Frage:

Wie soll Herr Woll sich verhalten?

Der Vertriebsleiter

Herr Meier ist Vertriebsleiter einer Büromaschinengesellschaft und stellvertretender Geschäftsstellenleiter in der Sparte Büromaschinen. Die Niederlassung Duisburg der Gesellschaft besteht aus drei Sparten, die von Geschäftsstellenleitern geleitet werden, Herr Meier wird außer Tarif bezahlt.

Am 15. 5. wird er von Herrn Krause, dem Vorsitzenden des Betriebsrats der Niederlassung, gebeten, bei der im Juli stattfindenden Betriebsratswahl für den Betriebsrat zu kandidieren. Herr Meier sagt unter der Voraussetzung zu, daß ihn seine unmittelbaren Untergebenen, insgesamt 18 Verkäufer, nominieren. Das geschieht einstimmig. Die Geschäftsleitung des Unternehmens, die Herr Meier ebenfalls vor seiner endgültigen Annahme der Kandidatur um ihre Stellungnahme bittet, stimmt zu, obwohl zunächst unklar ist, ob Herr Meier nicht leitender Angestellter im Sinne des § 5 Abs. 3 Betriebsverfassungsgesetz ist. Der Betriebsrat stellt sich aber auf den Standpunkt, nur Niederlassungsleiter und Geschäftsstellenleiter seien leitende Angestellte. Die Geschäftsleitung legt sich in dieser Frage nicht grundsätzlich fest.

Im Juli wird Herr Meier in den Betriebsrat der Niederlassung Duisburg gewählt. Er wird kurze Zeit später auch in den Gesamtbetriebsrat des Unternehmens gewählt. Im Gesamtbetriebsrat ist er der einzige AT-Angestellte. Er ist außerdem der einzige Vertriebsmann im Gesamtbetriebsrat. Es stellt sich im Laufe der Zeit heraus, daß die Arbeitsbelastung im Betriebsrat der Niederlassung sich in Grenzen hält, während die zeitliche Beanspruchung durch die Tätigkeit im Gesamtbetriebsrat von Herrn Meier auf rund sechs Wochen pro Jahr veranschlagt wird. Es kommt hinzu, daß der Gesamtbetriebsrat am Sitz des Unternehmens in Braunschweig tagt und auch durch die Reisen von Duisburg nach Braunschweig viel Zeit vergeht. Da Herr Meier der einzige Mann aus dem Vertrieb des Unternehmens ist, wird er vom Vorsitzenden des Gesamtbetriebsrats sehr häufig konsultiert, wenn es um Vertriebsfragen geht. Es hat sich bereits in den ersten Monaten der gemeinsamen Tätigkeit eine sehr enge und vertrauensvolle Zusammenarbeit zwischen Herren Meier und dem Betriebsratsvorsitzenden entwickelt.

Herr Meier hat zur Information seiner unmittelbaren Untergebenen schon vor geraumer Zeit einen „Informationskasten" in der Niederlassung eingerichtet, in dem die Verkäufer Kurzinformationen vorfinden, wenn sie ins Büro kommen. Die Kurzinformationen müssen von jedem Verkäufer der Geschäftsstelle spätestens zwei Wochen nach Auslage abgezeichnet sein. Herr Meier hat die Einhaltung dieser Informationspflicht immer sehr genau geprüft. Seit seiner Wahl in den Betriebsrat und in den Gesamtbetriebsrat enthalten diese Mitarbeiterinformationen auch einen nicht unbeträchtlichen Anteil von Informationen, die Herr Meier als Mitglied des Gesamtbetriebsrats über das Unternehmen und seine Situation im Markt erhält.

Im März des folgenden Jahres fragt ihn sein Kollege Müller bei einer Vertriebsleiterbesprechung in Braunschweig: „Na, würden Sie wieder für den Betriebsrat kandidieren, wenn Sie es noch einmal zu tun hätten?" Herr Meier antwortet darauf aus ehrlicher Überzeugung: „Mir gefällt die Arbeit im Betriebsrat sehr gut. Ich habe noch nie so viele Informationen über das gesamte Unternehmen gehabt wie jetzt und bin noch nie mit so vielfältigen Problemen konfrontiert worden wie im Gesamtbetriebsrat. Es macht mir wirklich enormen Spaß, und ich würde jederzeit wieder kandidieren!"

Aufgabe:

Unterstellen Sie, daß die Geschäftsleitung des Unternehmens von dem Gespräch zwischen Herrn Müller und Herrn Meier Kenntnis erhält. Gibt der Inhalt des Gesprächs zu Überlegungen in der Geschäftsleitung Anlaß? Wenn ja, sollte die Geschäftsleitung Maßnahmen ergreifen?

Kapitel 10

Führung in Arbeitskonflikten

Hessische Chemiewerke AG

I.

Am 24. 3. 1970 hatten die Tarifverhandlungen zwischen der IG Chemie und dem Arbeitsring Chemie, die sogenannte „Tarifrunde 1970", begonnen. Es wurde ausschließlich über die Einschränkung des Geltungsbereichs des Tarifvertrages durch den geforderten Abschluß von Firmentarifen für neun Unternehmen verhandelt. Die Verhandlungen wurden vertagt.

Am 10. 4. 1970 rief die IG Chemie die Landesschlichtungsstelle Hessen an, nachdem die Unternehmen bis zu dem von der IG Chemie gesetzten Termin am 6. 4. 1970 keine Verhandlungen aufgenommen hatten. Die Schlichtungsverhandlungen vor der Landesschlichtungsstelle Hessen scheiterten am 28. 4. 1970. Auch das Bundesschlichtungsverfahren führte am 14. und 15. 5. 1970 zu keiner Einigung.

Die Firmenleitung der Hessischen Chemiewerke AG, die zu den neun Firmen gehörte, für die die IG Chemie Firmentarife forderte, rechnete nun mit folgenden Möglichkeiten:

— Die IG Chemie beschließt, sofort eine Urabstimmung im Unternehmen durchzuführen;

— die IG Chemie beschließt, die „Taktik des aktiven tariflosen Zustandes" anzuwenden;

— die IG Chemie beschließt, die Taktik des aktiven tariflosen Zustandes anzuwenden und später eine Urabstimmung durchzuführen.

II.

Am 16. 5. erhielt die Firmenleitung Kenntnis davon, daß vor dem Werk eine Sondernummer der DKP-Betriebszeitung „Der Chemiewerker" verteilt worden war, in der die Arbeitskampfrichtlinien abgedruckt waren, die der Arbeitsring Chemie u. a. an die Firmen versandt hatte, für die die IG Chemie den Abschluß von Firmentarifverträgen gefordert hatte (vgl. Anlage 1).

III.

Die Taktik des „aktiven tariflosen Zustandes" war bei den Gewerkschaften bereits seit einiger Zeit in der Diskussion. Hinter dieser Formel standen jedoch zwei unterschiedliche taktische und strategische Konzeptionen. Darauf hatte auch der Informationsbericht Nr. 7 des Instituts für marxistische Studien und Forschungen (IMSF) hingewiesen: „Die eine Konzeption kann auf die Formel gebracht werden: Nadelstiche statt Hammerschläge, also sporadische und befristete, eventuell rollierende Aktionen, die die Verhandlungsbasis eventuell verbessern, jedoch einen wirklich tiefgehenden Konflikt vermeiden. Diese Konzeption hat sich vor allem die Mehrheit des Hauptvorstandes der IG Chemie zu eigen gemacht. Dem gegenüber steht die Konzeption, aus den Kurzstreiks, Teilstreiks, Demonstrationen, Protestmärschen und betrieblichen — befristeten und unbefristeten — Vollstreiks, die der aktive tariflose Zustand ermöglicht, selbst etwas zu machen, was Hammerschlägen näher kommt als Nadelstichen; dann aber diese Aktionen und Kampfformen zu nutzen und darin das Potential für einen Flächenstreik unter Einbeziehung der Großkonzerne zu schaffen. Die zweite Konzeption hat sich, teilweise gemildert und modifiziert durch die Haltung des Hauptvorstandes, stärker in den Bezirksvorständen, besonders dem hessischen Bezirk, durchgesetzt. Diese Konzeption muß den Weg zu Urabstimmungen aber jederzeit offenhalten, wenn sich in einzelnen Betrieben Urabstimmungen als notwendig erweisen sollten, um die Belegschaft in den Kampf einzubeziehen. Die konsequenten Anhänger der zweiten Konzeption betrachten daher die Frage der Urabstimmung auch nicht von irgendwelchen Prinzipien aus, sondern allein vom Gesichtspunkt der Effektivität des Kampfes."

Der Unternehmensleitung der Hessischen Chemiewerke AG war bekannt, daß für die Vertrauensleute Schulungen über die Taktik des aktiven tariflosen Zustandes bereits begonnen hatten. Es mußte damit gerechnet werden, daß im ganzen Betrieb oder punktuell Kampfmaßnahmen organisiert werden, die von der Weigerung, Überstunden zu machen, über die Verlängerung der Pausen und über Sitzstreiks bis zu befristeten Warnstreiks von ein bis zwei Stunden Dauer reichen.

In einem Papier der IG Chemie, von dem die Unternehmensleitung Kenntnis erhalten hatte, wurde auch die Frage nach der arbeitsrechtlichen Beurteilung des aktiven tariflosen Zustandes angesprochen: „Wie bereits an anderer Stelle geschildert, müssen wir zur Realisierung unserer Forderungen im Rahmen eines aktiven tariflosen Zustandes davon ausgehen, daß in einem unbegrenzten Zeitraum eine Vielzahl von befristeten Aktionen (Warnstreiks) durchgeführt werden. Diese Aktionen werden nur dann Erfolg haben, wenn sie spontan erfolgen und somit dem Arbeitgeber selbst vorher nicht bekannt sind. Das bedeutet, daß zum Beispiel befristete Warnstreiks, auch wenn diese sich später in einen unbefristeten Streik ausweiten, *ohne Urabstimmung* (Unterstreichung im Original) durchgeführt werden müssen.

Aus der Satzung § 15 Ziffer 1 geht nicht klar hervor, daß Streiks ohne Urabstimmung durchgeführt werden können. Auch das Studium des Protokolls unseres Gewerkschaftstages 1963 in Wiesbaden ergibt darüber keinen näheren Hinweis. Der Ursprungsantrag 26, welcher zum Inhalt hatte, daß durch Beschluß des Hauptvorstandes Streiks ohne Urabstimmung durchgeführt werden können, wurde unseres Erachtens durch den Initiativantrag 26a des Hauptvorstandes abgelöst. Die sich daraus ergebende Satzungsbestimmung § 15 Ziffer 1 birgt die Gefahr in sich, daß wir bei Streiks ohne Urabstimmung mit einstweiligen Verfügungen rechnen müssen."

§ 15 Absatz 1 der Satzung der IG Chemie, Papier, Keramik lautet: Der Hauptvorstand beschließt über die Vorbereitung und Durchführung von Urabstimmungen und Arbeitskämpfen. Der Hauptvorstand hat zu prüfen, ob ein Streik unter den gegebenen Umständen Aussicht auf Erfolg hat. Er kann die Durchführung von Streiks davon abhängig machen, daß sich mindestens 75 % der an der Abstimmung beteiligten Mitglieder für den Streik aussprechen. Dabei müssen sich mehr als 50 % der Abstimmungsberechtigten an der Abstimmung beteiligen.

Aufgaben

1. Arbeiten Sie einen taktischen Plan für den Fall aus, daß es zum Arbeitskampf kommt.

2. Berücksichtigen Sie dabei

    a) das Merkblatt für die aktive betriebliche Streikabwehr 1963 (Anlage 2),

    b) das Merkblatt „Betriebliche Streikabwehrmaßnahmen 1970" (Anlage 3),

    c) das Rundschreiben der Bundesvereinigung der Deutschen Arbeitgeberverbände — Nr. 70/64 — (Anlage 4).

Anlage 1

Die Kapitalisten haben das Wort

BETRIEBLICHE STREIKABWEHRMASSNAHMEN

Während die Gewerkschaftsbürokraten und auf Arbeitsfrieden um jeden Preis erpichten Sozialdemokraten in der Großen Tarifkommission der IG Chemie, Papier, Keramik, Bezirk Hessen, insgeheim längst wußten, daß sie in den Tarifauseinandersetzungen letztlich klein beigeben würden, kursierten unter den Leitungen der betroffenen Betriebe bereits Anleitungen über „Betriebliche Streikabwehrmaßnahmen". Anscheinend nahmen die Kapitalisten die gewerkschaftlichen Drohungen ernster, als diese in Wirklichkeit gemeint waren. Jedenfalls hatte man bei den Arbeitgebern einkalkuliert, daß die Kollegen in den Betrieben streikwillig waren. Wir geben hiermit die offizielle konzertierte „Unternehmer"-Planung für „Betriebliche Streikabwehrmaßnahmen" allen Kollegen und Genossen weiter, weil sie uns für die kommenden Auseinandersetzungen, seien es nun gewerkschaftliche oder spontane Kampfmaßnahmen, viele nützliche Hinweise über Strategie und Taktik des Streiks geben.

Rahmenplan

1. Ein Arbeitskampf ist für den Betrieb nicht nur mit arbeitsrechtlichen Folgen verbunden. Das Schadensrisiko für die Arbeitgeberseite durch Betriebsstillegung ist aus technischen und wirtschaftlichen Gründen erheblich gewachsen. Arbeitskämpfe sind daher nur erfolgreich *mit aktiver Streikabwehr* zu führen, die das Ziel hat, die *Produktion soweit wie möglich aufrechtzuerhalten*.

2. Daneben sind ergänzende *Lieferhilfeabkommen* mit branchengleichen Unternehmen des In- und Auslandes vorzubereiten, um einen Marktverlust in möglichst weitem Umfange auszugleichen.

3. Bei drohendem Streik ist so *frühzeitig* wie möglich *erkennen zu lassen, daß auf jeden Fall weitergearbeitet* wird und der Betrieb Arbeitswilligen bis zum Ende des Streiks den Arbeitsplatz zusichert. Anderslautenden Zweckgerüchten muß sofort begegnet werden.

4. Die *betriebliche Einsatzplanung* muß sich daher mit verschiedenen Möglichkeiten der Fortführung des Betriebes vertraut machen:

   a) *Aufrechterhaltung* der gesamten Produktion mit verminderter Belegschaft,

   b) *Einschränkung* des Betriebes auf Hauptprodukte, Änderungen und Vereinfachungen des Produktionsganges,

   c) Feststellung der Notstandsarbeiten, die auf jeden Fall durchgeführt werden müssen, auch wenn der übrige Betrieb ruht.

5. Es ist zweckmäßig, die betrieblichen Zuständigkeits- und Verantwortungsbereiche im Streikfalle klar abzugrenzen; ein *Muster für einen Einsatzplan* liegt bei.

6. Diese *Planung* sollte für jeweils unterschiedliche Streikbeteiligungsquoten durchgeführt werden. Die Betriebe dürfen sich hier nicht von Illusionen infolge hoher betrieblicher Sozialleistun-

gen leiten lassen. Die *innerbetriebliche Umbesetzungsmöglichkeit* der Belegschaft ist vorzubereiten, insbesondere der Einsatz von *Angestellten*.

7. Die Einweisung von *Aushilfspersonal* ist durch Erstellung von Einweisungsunterlagen und Bedienungsanleitungen vorzubereiten. Hierbei ist auch an ausländische Arbeitskräfte zu denken. Auf zusätzliche technische Sicherungsmaßnahmen (Unfallverhütung) ist besonders zu achten.

Am wichtigsten:
Immer *initiativ bleiben,* nicht einschüchtern lassen;
Arbeitswillige in jeder Weise *unterstützen* und schützen;
Findigkeit und *Improvisation* sind Trumpf.

Einsatzplan

Muster für einen Einsatzplan im Streikfalle

Gesamtleitung und Stellvertreter

Aufgaben: Verbindung zu Polizei und sonstigen Behörden; Vertretung der Firma im Arbeitgeberverband; tägliche Lagebesprechung mit Abteilungsleitern und Meistern.

Kaufmännische Einsatzleitung

Aufgaben Einkauf: Beschaffung von Fremdenergie und Wasser; Bewachung des Betriebes; Küche und Kantine; Entladung bereits rollenden oder schwimmenden Materials; Beschaffung von Feldbetten für Übernachtung von Arbeitswilligen im Betrieb.

Aufgaben Verkauf: Auslagerung von Fertigwaren in Speditionslager; Ausrüstung von Halbfertigerzeugnissen bei befreundeten Firmen; Vereinbarung längerer Lieferfristen; Stornierung von Aufträgen; Benachrichtigung von Kunden; Vereinbarung von Kollegenlieferungen.

Aufgaben Finanzen: Aufstellung einer Liquiditätsanalyse; Vereinbarung längerer Zahlungsfristen mit Lieferanten; Sonderkreditgewährung durch Hausbank; Stundung von Steuern und Abgaben; Anforderung von Streikunterstützung beim Arbeitgeberverband; Auszahlung des Restlohnes an Streikende und der Löhne und Sonderzuwendungen an Arbeitswillige.

Technische Einsatzleitung

Aufgaben: Einsatzplan für nicht unbedingt notwendiges technisches Personal in Betriebsabteilungen; Notstandsarbeiten; Überwachung von Fremdarbeitern.

Betriebsleiter. Aufgaben: Maschinenbelegungsplan mit ausreichenden Reserveplätzen; Feuerschutz; Maschinenpflege; Einschulung von Angestellten und Hilfskräften; Beschaffung von fahrbaren Kesselanlagen.

Fahrdienstleiter. Aufgaben: Transportplan für Arbeitswillige. Einsatz der werkseigenen Fahrzeuge und Privatwagen von Werksangehörigen. Anweisungen für Kilometergelder für Privatfahrzeuge an Finanzabteilungen. Forderung von zusätzlichem Polizeischutz für Begleitung des Arbeitswilligen-Konvois. Anmietung von Omnibussen für den Transport von Arbeitswilligen.

Maßnahmen

8. *Unbedingt in Betrieb zu halten sind:*
a) Wasser- und Energieversorgung
b) Reparatur-Notdienst
c) Telefonzentrale (zuverlässige Besetzung)
d) Personalabteilung, Lohnbüro
e) Pförtner und Werkschutz
f) Wach- und Feuerwehrmannschaft
g) Fuhrpark

9. Die *gewerkschaftlichen Vertrauensleute* werden die betriebliche Streikführung übernehmen. Ihre vorherige namentliche Erfassung ist besonders wichtig. Besondere Gewerkschaftsveranstaltungen für Vertrauensleute beachten. Gewerkschaftliche Organisationsschwerpunkte in besonderen Betriebsteilen sind zu beachten.

10. Auch die Arbeitgeberseite hat eine *Streikeinsatzleitung* zu bilden. Hierfür muß ein Streikeinsatzbüro, evtl. mit Schlafgelegenheiten und abhörsicheren Telefonverbindungen vorbereitet werden.

11. Der sehr aktiven gewerkschaftlichen Streikpropaganda ist durch Einrichtung einer Informationsstelle zu begegnen. Hierfür sind *Adressenkartei* der Belegschaft, ein *Plakatdienst* und ein *Schreib- und Abzügebüro* vorzubereiten. Dieser Informationsstelle obliegt auch der frühzeitig einzuleitende und ständig zu pflegende Kontakt mit der Lokalpresse und anderen Meinungsträgern (Lehrer, Pfarrer, Vereine usw.). *Wer schnell reagiert, erzielt doppelte Wirkung!*

12. Von kaufmännischer Seite sind die *eigenen Lieferbedingungen* auf Ausschaltung des Arbeitskampfrisikos zu überprüfen (Freizeichnungsklausel), die Sicherstellung der *Energielieferungen* aus dem öffentlichen Netz vorzubereiten und mit den Hausbanken gegebenenfalls *Kreditabsprachen* zur vorsorglichen Liquiditätsplanung zu treffen. Auch der *Versicherungsschutz* ist zu prüfen (z. B. Maschinenbruch).

13. Da Streikhandlungen auf werkseigenem Gelände untersagt sind, empfiehlt sich die Beschaffung von Katasterunterlagen und Grundbuchauszügen über die *Grenzen des Werksgeländes* außerhalb der Werksräume und -tore.

STREIKS

Für höhere Löhne, bessere Arbeitsbedingungen und auch gegen Lohnabbau streikten in jüngster Zeit Lohnabhängige u. a. bei Daimler Benz Werk Mannheim-Waldhof, Krupp-Widia in Essen, Trafo-Union in Stuttgart, Motoren-Turbinen-Union in Friedrichshafen, Ridinger in Mannheim, Gebr. Claas-Maschinenfabrik GmbH bei Bielefeld, Linde in Aschaffenburg, Südrad in Ebersbach und Stahlwerk Rheinau in Mannheim.

14. Der Betriebsrat als Ganzer ist in diese Maßnahmen nicht einzuschalten. Vereinbarungen mit ihm haben im Streikfalle kaum Aussicht auf Verwirklichung. Seine *Neutralitätspflicht* (§ 49 Abs. 2 BetrVerfG) verbietet ihm jede Einflußnahme. In Betriebsversammlungen i. S. des BetrVG darf das Thema „Tarifverhandlung" nicht behandelt werden.

15. Etwaiges *Inkasso der Gewerkschaftsbeiträge* ist zu überprüfen. Spätestens bei Vorbereitung von Kampfmaßnahmen ist es sofort einzustellen bzw. zu untersagen. Ebenso Verteilung von Gewerkschaftszeitungen oder sonstigen Informationsmitteln.

Maßnahmen
vor und bei Urabstimmungen

1. Alle *Maßnahmen* zur Vorbereitung der *Fortführung des Betriebes* sind möglichst öffentlich zu treffen. Dies beeinflußt möglicherweise schon das Ergebnis der Urabstimmung.

2. Information der Belegschaft ist besonders wichtig. Sie sollte

insbesondere folgende *Themen* berühren:

a) Stand der Tarifverhandlungen und Argumente der Arbeitgeberseite.

b) Urabstimmung ist nicht nur — wie die Gewerkschaft immer behauptet — ein zusätzliches Druckmittel, sondern sie bildet die Rechtsvoraussetzung für den Streikaufruf der Gewerkschaft.

c) Obwohl die Arbeitgeberseite keinen Arbeitskampf wünscht, richtet sie sich darauf ein. Auch bei Streik wird weitergearbeitet.

d) Hinweis auf wirtschaftliche Folgen des Arbeitskampfes, Gefährdung der Arbeitsplätze usw.

3. *Gewerkschaftsfunktionären*, die offensichtlich im Zusammenhang mit den Streikvorbereitungsmaßnahmen den *Betrieb betreten wollen*, kann dies *untersagt* werden.

4. *Betriebliche Führungskräfte*, insbesondere Abteilungsleiter, Betriebsleiter, Meister sowie Angestellte sind am besten gesondert anzusprechen. Dieser Kader will Führung spüren!

5. Als *Informationsformen* kommen in Betracht:

a) vom Arbeitgeber einzuberufende *Belegschaftsversammlungen*, evtl. auch reine Angestelltenversammlungen (das sind keine „Betriebsversammlungen" i. S. von §§ 42 ff. BetrVerfG);

b) *Briefe* an die Belegschaftsmitglieder ins Haus;

c) *Flugblätter* zur Verteilung am Werkstor in der Öffentlichkeit;

d) *Annoncen* in der Lokalpresse.

6. Bildung einer *Dokumentationsstelle* mit Foto- und Filmgeräten. Klischeereife Fotos erleichtern den Verkehr mit der Presse.

7. Führung des Streiktagebuches einer bestimmten Stelle (leitenden Angestellten) übertragen.

8. Die *Abhaltung der Urabstimmung* während der Arbeitszeit ist nicht gestattet. Die *Durchführung der Urabstimmung* im Betrieb sollte nicht zugelassen werden, weil alles zu vermeiden ist, was gegenüber den Arbeitnehmern den Eindruck einer betrieblichen Sanktionierung von Streikvorbereitungen erwecken könnte. *Von diesem Stadium an ist die Unterscheidung zwischen denjenigen Arbeitnehmern zu treffen, die zum Betrieb stehen, und solchen, die „draußen" stehen wollen!*

9. Öffentliche Auszählung der *Urabstimmungsergebnisse* fordern (evtl. durch Zeitungsannoncen, Leserbriefe, Artikel in der Lokalpresse usw.).

Maßnahmen

nach Urabstimmung und Streikaufruf

1. *Verlautbarung:* „Es wird weitergearbeitet!" Nach Abstimmung mit dem Arbeitgeberverband evtl. Gewährung von *Erschwerniszulagen für Arbeitswillige* ankündigen.

2. Das Ergebnis der Urabstimmung ist möglichst von der Arbeitgeberseite öffentlich zu *kommentieren;* insbesondere das Verhältnis der abstimmungsberechtigten Gewerkschaftsmitglieder zu allen Arbeitnehmern sowie die Ermittlung der Streikmehrheit, gemessen an der Gesamtbelegschaft. Unregelmäßigkeiten besonders hervorheben. Arbeitgeberverband verständigen.

3. *Streikausmaß* bei Beginn des Arbeitskampfes kann verschieden sein:

a) *Vollbestreikung* des ganzen Betriebes;

b) *Teilbestreikung* von wichtigen Betriebsteilen, Schlüsselbetrieben (z. B. Kraftzentralen, Werkstätten usw.);

c) *Warn-, Demonstrations- oder Sympathiestreiks,* meist nur stundenweise, oft als *Sitzstreik.*

Die Durchführung einer Urabstimmung ist bei Streikmaßnahmen nach a) und b) zwingend. Bei Streikformen nach c) kann die hier maßgebliche Gewerkschaftsatzung von der Durchführung formaler Urabstimmungen absehen.

4. Bei allen Streikformen muß die *Friedenspflicht* abgelaufen sein, sonst sind sie rechtswidrig. Auch betriebliche Einzelaktionen ohne Sanktionierung durch die Gewerkschaft sind „wilde Streiks". Die arbeitsrechtlichen Konsequenzen von Arbeitgeberseite gegenüber den verschiedenen Streikformen sind möglichst einheitlich innerhalb des Arbeitgeberverbandes zu entscheiden und mit diesem abzustimmen.

5. Die mutmaßliche *Zahl der Arbeitswilligen* ist möglichst genau festzustellen; evtl. sind schriftliche Versicherungen oder Zusagen unter Zeugen festzuhalten.

6. *Einsatzübungen mit Aushilfepersonal* wirken sich auch psychologisch günstig aus. Vorsorgliche Einweisung von Angestellten an gewerblichen Arbeitsplätzen ist zweckmäßig.

7. Dem *Schutz der Arbeitswilligen,* insbesondere vor den Streikposten, muß die höchste *Aufmerksamkeit* gewidmet sein:

a) Sicherstellung des *Offenhaltens der Werktore,* evtl. Anforderung polizeilichen Schutzes (Verbindung mit höheren Polizeidienststellen, Regierungspräsidenten, Innenministerium).

b) *Unternehmer, Werkmeister und leitende Angestellte müssen täglich ans Werkstor.* Bereitstellung von Fotografen zur Dokumentation der Vorgänge am Werkstor. *Die Entscheidung über die Anzahl der Arbeitswilligen fällt meist am Werkstor, und zwar schon beim ersten Schichtwechsel!*

c) *Transport* und Einschleusung ins Werksgelände vorbereiten; möglichst Berührung mit Streikposten vermeiden (Benutzung von Omnibussen, Kleinbussen, Taxen, Abholung in Wohngebieten).

d) *Beweglicher Transportplan;* jeden Tag andere Treffpunkte verabreden zur Vermeidung des Zusammenstoßes mit Streikenden oder sonstigen Agitatoren (die manchmal von außerhalb herangeholt werden!).

e) Benutzung von Nebenstraßen und *Nebeneingängen* zum Werksgelände vorbereiten; auch hier beweglich bleiben!

f) Abschleppungseinrichtungen bereitstellen, wenn Werkszugänge durch Lastwagen oder sonstige Hindernisse versperrt werden.

g) Vorsorge für *kostenlose Verpflegung* der Arbeitswilligen im Betrieb treffen (evtl. vorübergehende Unterbringung im Betrieb vorsehen).

h) Möglichst Etablierung von *Streiklokalen* in unmittelbarer Nähe des Werkes vermeiden (vorsorgliche Anmietung durch Arbeitgeber)!

i) Verstärkter Einsatz des *Werkschutzes*, evtl. Hinzuziehung eines Bewachungsinstitutes.

k) *Anzeigen bei strafbaren Handlungen* vorsehen. *Einstweilige Verfügungen* beim Arbeitsgericht in Betracht ziehen.

l) *Fristlose Einzelkündigungen* bei beweisbaren strafbaren Handlungen aussprechen.

8. *Information der Belegschaft*

a) „Es wird *weitergearbeitet!*"

b) *Arbeitswillige werden geschützt:* Hinweis auf Transportmöglichkeiten; Rechtsschutzgewährung ankündigen; Arbeitgeber übernimmt Anwaltskosten; Arbeitswillige werden bis zum Streikende beschäftigt.

c) *Plakate* zur Warnung der Streikposten vor strafbaren Handlungen.

d) *Besondere Informationsmittel* für ausländische Arbeitnehmer einsetzen; Dolmetscherdienst sicherstellen.

9. *Information der Öffentlichkeit*

Durch Lokalpresse, Geistlichkeit und sonstige Meinungsträger kann die gewerkschaftliche Aktion entscheidend beeinflußt werden.

LINKS *Sozialistische Zeitung*

bringt u. a. Informationen, Analysen und Strategiebeiträge zur sozialistischen Betriebsarbeit

605 Offenbach 4, Postfach 591

Maßnahmen
bei Ausbruch und während des Streiks

1. Massives gewerkschaftliches *Aufgebot an den Werkstoren* bei Streikbeginn zu erwarten. Zeit und Ort der Handlung bestimmt zunächst die Gewerkschaft. Sofort entsprechende Gegenmaßnahmen ergreifen.

2. Keine *Passierscheinsysteme* für Arbeitswillige zulassen.

3. Unterbindung von *Streikpropaganda* auf betriebseigenem Gelände und am Werkstor.

4. Entlohnung der Arbeitswilligen mit Arbeitgeberverband abstimmen (z. B. Bezahlung von Erschwerniszuschlägen, Verteilung des Lohns nicht besetzter Arbeitsplätze u. ä.). Einheitliches Vorgehen aller bestreikten Betriebe wichtig.

5. Regelmäßige *Belegschaftsversammlungen* der Arbeitswilligen im Betrieb durchführen. Besprechung der Streiklage mit ihnen.

6. Maßnahmen zur *Gewinnung weiterer Arbeitswilliger* ergreifen: Informationsbesuche in den Wohnungen, Hausbriefe, Flugblätter, Lautsprecherwerbung; Ehefrauen besonders ansprechen.

7. Gegenüber *Presse* und sonstigen Meinungsträgern sich sehr *aufgeschlossen* verhalten. Geheimniskrämerei wirkt verdächtig. Durch Betriebsbesuche Zahl der Arbeitswilligen und Umfang der Produktion neutral beobachten lassen.

8. Beeinflussung des Streiks durch politische *Untergrundkräfte* beobachten. Polizei und Verfassungsschutz einschalten.

Anlage 2

Merkblatt für die aktive betriebliche Streikabwehr
herausgegeben vom Arbeitsring der Arbeitgeberverbände der
Deutschen Chemischen Industrie 1963

Aktive betriebliche Streikabwehr ist nötig.

Die Waffen der Arbeitgeber gegenüber dem rechtmäßigen Streik sind die *aktive Streikabwehr* mit dem Ziel, in dem bestreikten Betrieb die Produktion soweit wie möglich aufrechtzuerhalten und die Aussperrung.

Welche Waffe am erfolgversprechendsten ist, läßt sich in der Regel endgültig erst im konkreten Streikfall beurteilen. Die aktive Streikabwehr ist eine Gemeinschaftsaufgabe des Verbandes und seiner Mitglieder. Der Verband wird seine Mitglieder mit allen zu Gebote stehenden Mitteln — insbesondere der Öffentlichkeitsarbeit gegenüber der Streikpropaganda der Gewerkschaft — unterstützen. Der Schwerpunkt der aktiven Streikabwehr liegt jedoch im Betriebe selbst.

Die betrieblichen Maßnahmen, die zur Streikabwehr durch Fortführung der Produktion getroffen werden, sollten durch den Abschluß von Lieferhilfevereinbarungen ergänzt werden, um unvermeidliche Produktionsausfälle bei Arbeitskämpfen in möglichst weitem Umfange durch Lieferhilfe anderer Unternehmen auszugleichen (siehe Sonderrundschreiben).

Betriebliche Planung zur Streikabwehr

Die aktive betriebliche Streikabwehr erfordert rechtzeitige Planung. Sie darf nicht erst dann einsetzen, wenn der Arbeitskampf droht oder ausgebrochen ist, denn

dann überstürzen sich die Ereignisse ohnehin,

die betriebliche Streikabwehr erfordert zum Teil langfristige Vorbereitungen,

die Gewerkschaft betreibt eine „stille Arbeitskampfvorbereitung" auf lange Sicht.

Jeder Betrieb muß bereits vor der Zuspitzung der Verhandlungssituation wissen, mit welchen personellen und technischen Schwierigkeiten er zu rechnen hat und wie er sie überwinden kann.

Stufenplanung der betrieblichen Streikabwehr

Die betriebliche Streikabwehr muß in Anpassung an das gewerkschaftliche Vorgehen in Stufen geplant und durchgeführt werden:

I. Vorsorgliche Rahmenplanung für den Arbeitskampffall.

II. Abwehrmaßnahmen bei drohenden Arbeitskämpfen, insbesondere vor Urabstimmungen.

III. Abwehrmaßnahmen nach der Urabstimmung und nach dem Streikaufruf.

IV. Abwehrmaßnahmen beim Ausbruch und während des Streiks.

Im folgenden sind unter Verwertung der Erfahrungen der letzten Arbeitskämpfe in der Bundesrepublik kurz die in den einzelnen Phasen der Arbeitskampfvorbereitung notwendigen Maßnahmen zusammengefaßt. Das Merkblatt erhebt damit keinen Anspruch auf Vollständigkeit. Jeder Betrieb sollte prüfen, ob seine besonderen Verhältnisse zusätzliche Maßnahmen erfordern.

Das Merkblatt umfaßt die praktischen Maßnahmen, die zur betrieblichen Streikabwehr erforderlich sind. Zur Information der Betriebe sind Hinweise auf die gewerkschaftlichen Maßnahmen eingefügt, mit denen die Betriebe in den einzelnen Stufen der Arbeitskampfvorbereitung rechnen müssen. Eine zusammenfassende Darstellung der Arbeitskampfvorschriften der IG Chemie kann bei dem zuständigen Arbeitgeberverband angefordert werden. Die Verbände werden die Firmen auch rechtzeitig über die Rechtsfragen unterrichten, die im Zusammenhang mit Arbeitskämpfen Bedeutung gewinnen können. (Eine Zusammenfassung der sich bei Arbeitskämpfen ergebenden Rechtsfragen enthalten die Streikrichtlinien für den Arbeitgeber, 3. Aufl., herausgegeben von der Landesvereinigung der industriellen Arbeitgeberverbände Nordrhein-Westfalen e. V., Düsseldorf.)

Stufe I.

a) Organisatorische Planung der Firmenleitung

Die Aufstellung eines Einsatzplanes für den Streikfall; ein Beispiel für einen derartigen Einsatzplan ist in der Anlage beigefügt.

Wichtig ist, daß in dem Einsatzplan bereits die Bildung einer Streikeinsatzleitung festgelegt wird. Für die Streikeinsatzleitung müssen vorbereitet werden: die ständige Besetzung des Streikeinsatzbüros (ggf. deshalb Schlafgelegenheiten vorbereiten), abhörsichere Telefonanlagen.

Wichtig ist ferner: Die Einrichtung einer Informationsstelle im Betrieb, die personell und technisch so ausgestattet ist, daß sie der gewerkschaftlichen Streikpropaganda wirkungsvoll entgegenwirken kann (Schreib- und Abzugsbüro, rechtzeitige Vorbereitung von Adressenmaterial für Briefe an die Arbeitnehmer, Vorbereitung von Plakatdiensten).

Aufgabe der Informationsstelle ist ferner, vor und während des Arbeitskampfes ständige Verbindung mit der Presse — vor allem der Lokalpresse — und allen anderen Meinungsträgern zu halten. Enge Zusammenarbeit mit der Pressestelle des Verbandes ist notwendig. Die Einrichtung der Informationsstelle sollte ergänzt werden durch die Bildung einer Dokumentationsstelle, die mit Foto- oder Filmgeräten ausgerüstet ist und alle wesentlichen gewerkschaftlichen Maßnahmen und Ereignisse bei Vorbereitung und Durchführung des Streiks festhalten kann. Die Dokumentationsstelle liefert der Informationsstelle Unterlagen, vor allem Bildmaterial. Ihre Unterlagen können für spätere gerichtliche Auseinandersetzungen über die Rechtmäßigkeit von Arbeitskampfmaßnahmen von entscheidender Bedeutung sein. Zur Dokumentationsarbeit gehört auch die Führung eines Streiktagebuches, in dem die gewerkschaftliche Vorbereitung und der Ablauf des Streiks chronologisch festgehalten werden. Für die Führung des Streiktagebuches sollte ein zuverlässiger Angestellter vorgesehen werden.

Die leitenden Angestellten, insbesondere die Abteilungs- und Betriebsleiter, sollten rechtzeitig über die sich in ihrem Bereich ergebenden Probleme unterrichtet werden. Dafür empfiehlt sich u. U. ein kurzes Merkblatt, das auf die besonderen betrieblichen Verhältnisse abgestellt ist.

b) Kaufmännische und finanzielle Vorsorgemaßnahmen

1. Überprüfung der Lieferbedingungen zur möglichst weitgehenden Ausschaltung des Arbeitskampflieferrisikos. (Freizeichnungsklausel für Lieferbedingungen nach Froelich-Eberstein, Vertragsklauseln 1962, Seite 22.)

2. Vorbereitungsmaßnahmen für die Lieferhilfe.

3. Sicherstellung von Energielieferungen aus dem öffentlichen Netz (die Gewerkschaft hat es besonders auf die Energieversorgungsanlagen bestreikter Betriebe abgesehen).

4. Ggf. Vorbereitung von Vereinbarungen mit Spediteuren, um den Versand während des Streiks sicherzustellen (dabei evtl. auch Einsatz zusätzlichen Verladepersonals durch Spediteure).

5. Liquiditätsplanung: Kreditabsprachen mit den Hausbanken für den Arbeitskampffall.

6. Überprüfung der Versicherungsverträge im Hinblick auf den Versicherungsschutz bei streikbedingten Schäden, z. B. durch Bedienungsfehler von Aushilfepersonal oder durch Sabotage.

Als weitere Vorsorgemaßnahmen:

Sicherstellung amtlicher (Kataster-) Unterlagen über die Grenzen des Werksgeländes außerhalb der Werkzäune und -tore: Auf dem werkseigenen Gelände kann der Arbeitgeber notfalls mit behördlicher Hilfe sein Hausrecht durchsetzen, um Streikhandlungen, insbesondere das Aufstellen von Streikposten und gewerkschaftliche Propagandaaktionen, vor allem unmittelbar vor den Werkstoren oder sonst außerhalb der Werksumzäunung zu verhindern.

c) Betriebstechnische Planung

1. Welche Betriebsteile müssen vordringlich, welche müssen unbedingt in Betrieb gehalten werden, um die Produktion in möglichst weitem Umfang in Gang zu halten?

    Als Beispiele der unbedingt in Betrieb zu haltenden Betriebsteile ist z. B. zu denken an: Wasser- und Energieversorgung, Reparaturnotdienst, Telefonzentrale, Vervielfältigungsbüro, Pförtner, Werksschutz, Wach- und Feuerwehrmannschaften, Fuhrpark.

2. Welche betriebstechnischen Maßnahmen kommen in Betracht, um die Produktion im Streikfalle in den wichtigsten Betriebsteilen in möglichst großem Umfange aufrechtzuerhalten (Beschränkung auf die Hauptprodukte, Änderungen des Produktionsverfahrens, Übergang auf einfachere Sorten mit geringeren Qualitätsansprüchen)? Diese Planung sollte jeweils für unterschiedliche Streikbeteiligungsquoten durchgeführt werden.

3. Welche Arbeiten müssen auf jeden Fall als Notstandsarbeiten durchgeführt werden, um Schäden an den Betriebsanlagen und Gefahren für die Sicherheit des Betriebes, der Arbeitnehmer und der Allgemeinheit auszuschließen?

4. Für den Fall, daß der Betrieb mit Aushilfepersonal fortgeführt werden muß, kann es erforderlich sein, zusätzlich technische Sicherungsmaßnahmen zu planen.

d) Personalplanung

1. Der Arbeitgeber muß sich zumindest eine grobe Übersicht über den Arbeitnehmeranteil verschaffen, mit dessen Weiterarbeit im Streikfalle mit einer gewissen Wahrscheinlichkeit gerechnet werden kann. In diesem Zusammenhang ist es zweckmäßig, den Anteil der gewerkschaftlich organisierten Arbeitnehmer (gesondert nach Arbeitern und Angestellten) jedenfalls annäherungsweise festzustellen. Diese Übersicht sollte nach Betrieben und Betriebsabteilungen aufgegliedert werden. Bei der Schätzung des Anteils der arbeitswilligen Arbeitnehmer sollten nicht zu optimistische Annahmen zugrunde gelegt werden, um unangenehme Überraschungen zu vermeiden.

2. Der Ausfall der Belegschaft einzelner Betriebe oder Betriebsteile im Streikfalle kann es notwendig machen, personelle Umsetzungen unter den Arbeitswilligen vorzunehmen. Deshalb sollten diese personellen Umsetzungsmöglichkeiten rechtzeitig geprüft werden.

3. Der Einsatz von Aushilfepersonal, z. B. von Angestellten oder von Personal der Lieferfirmen von Anlagen, u. U. auch von Werksstudenten, muß rechtzeitig geprüft und — soweit möglich — geplant werden.

4. Die Fortführung des Betriebes mit teilweise fachfremdem Aushilfspersonal kann besondere Vorbereitungsmaßnahmen erfordern. Die technischen Führungskräfte müssen angewiesen werden, dafür rechtzeitig Vorbereitungen zu treffen, z. B. durch die Erstellung von Einweisungsunterlagen und Bedienungsanleitungen als Hilfsmittel für Aushilfspersonal.

Stufe II.

Abwehrmaßnahmen bei drohenden Arbeitskämpfen, insbesondere vor Urabstimmungen.

1. Ausführung der im Einzelplan aufgeführten Maßnahmen, soweit dies in diesem Stadium notwendig ist. Ggf. sollte auch daran gedacht werden, Absprachen mit Nachbarn zu treffen, die die Einschleusung von Arbeitswilligen über Nachbargrundstücke sicherstellen, und in der Nähe des Betriebes gelegene Lokale, die als Streiklokale für die Gewerkschaft geeignet wären, vorsorglich anzumieten, um zu verhindern, daß die Streikorganisation in unmittelbarer Nähe des Betriebes aufgebaut wird.

2. Die betrieblichen Maßnahmen vor der Urabstimmung dienen nicht nur der betrieblichen Streikabwehr; sie beeinflussen möglicherweise wesentlich auch das Urabstimmungsergebnis. Diese Maßnahmen sollten deshalb so geführt werden, daß die Arbeitnehmer den Eindruck gewinnen, der Betrieb werde dem Streik mit einer energischen aktiven Streikabwehr entgegentreten. Heimlichkeit ist hier deshalb fehl am Platze.

3. Die wirksame Information der Belegschaft vor der Urabstimmung ist ausschlaggebend:

   Leitthemen:

   — Stand der Tarifverhandlungen — Argumente der Arbeitgeber.

   — Was bedeutet die Urabstimmung? (Argumentation gegen die Parole der Gewerkschaft, die Streikurabstimmung führe nicht zum Streik, sondern sei lediglich ein zusätzliches Druckmittel der Gewerkschaft.)

- Die Arbeitgeber wünschen keinen Arbeitskampf, richten sich aber darauf ein.
- Auch bei Streik wird weitergearbeitet.
- Wirtschaftliche Folgen eines Arbeitskampfes, Gefährdung der Arbeitsplätze usw.

Die betrieblichen Führungskräfte (Abteilungs- und Betriebsleiter, Meister) und die Angestellten sollten bei drohenden Arbeitskämpfen nicht nur besonders intensiv informiert, sondern darüber hinaus auch auf ihre Aufgabe vorbereitet werden, wirkungsvoll die Meinungsbildung der Arbeitnehmer gegenüber der Arbeitskampfdrohung zu beeinflussen.

Formen der Information:

Nach den gewerkschaftlichen Richtlinien wird die Urabstimmung durch intensive Propaganda, in der Regel auch durch eine Mitgliederversammlung vorbereitet. Zweckmäßige Formen der Information durch den Arbeitgeber sind demgegenüber:

- Belegschaftsversammlungen, die kurz vor der Urabstimmung vom Arbeitgeber abgehalten werden (im Gegensatz zu Betriebsversammlungen werden Belegschaftsversammlungen vom Arbeitgeber einberufen; die Vorschriften des BetrVG über Betriebsversammlungen gelten nicht).
- Besondere Informationsaussprachen mit den Führungskräften.
- Schriftliche Information der Belegschaft, z. B. durch Briefe an die Belegschaftsangehörigen, die sich auch an die Familien wenden und ins Haus geschickt werden (persönlich adressieren, von leitenden Führungskräften unterzeichnen lassen).
- Für derartige Briefaktionen ist die rechtzeitige Vorbereitung des Adressenmaterials notwendig. Ferner kommen in Betracht: Flugblätter und Plakate (nicht nur im Betrieb, sondern auch nach außen sichtbar).

4. Mit der Urabstimmung beginnt die Tätigkeit der Dokumentationsstelle. Sie sollte die Vorbereitung und die Durchführung der Urabstimmung möglichst lückenlos festhalten, sie sollte insbesondere Belege über Verstöße gegen den Grundsatz der freien und geheimen Wahl bei der Urabstimmung festhalten.

Auch die Führung des Streiktagebuches beginnt bereits mit der Vorbereitung der Urabstimmung.

Die Arbeitgeber sollten die Urabstimmung im Betrieb nicht zulassen, es sei denn, daß gegenüber den Arbeitnehmern jeder Anschein einer betrieblichen Sanktionierung der Urabstimmung vermieden und sichergestellt wird, daß die Durchführung der Urabstimmung in freier und geheimer Wahl erfolgt und der Betrieb sich von der richtigen Ermittlung des Urabstimmungsergebnisses, zumindest durch betriebliche Beobachter, überzeugen kann. In jedem Falle sollte nach Möglichkeit die Zahl der Abstimmungsbeteiligten ermittelt werden, um später die gewerkschaftlichen Angaben über das Urabstimmungsergebnis überprüfen zu können. Die Urabstimmung ist eine rein gewerkschaftliche Maßnahme, mit der Vorbereitung der Urabstimmung beginnt bereits der Arbeitskampf. Gewerkschaftlichen Funktionären sollte von diesem Zeitpunkt an der Zutritt zum Betrieb nicht mehr gestattet werden, sofern es sich nicht um streikneutrale Anlässe handelt.

Stufe III

Abwehrmaßnahmen nach der Urabstimmung und nach dem Streikaufruf

Maßnahmen der Gewerkschaft

Der Streikbeschluß wird vom Hauptvorstand der Gewerkschaft gefaßt; die Gewerkschaft braucht nicht alle an der Urabstimmung beteiligten Arbeitnehmer zum Streik aufzurufen, sondern kann den Streikaufruf auf Teile der an der Urabstimmung beteiligten Mitglieder beschränken.

Die Betriebe müssen damit rechnen, daß die Gewerkschaft die Streikankündigung für den einzelnen Betrieb u. U. erst kurz vor Streikbeginn gibt, um das Überraschungsmoment voll ausspielen zu können.

Sofern von der Gewerkschaft eine betriebliche Vertrauensleuteorganisation gebildet worden ist, gehört der Vorsitzende der gewerkschaftlichen Betriebsvertrauensleute stets dem betrieblichen Streikausschuß an; er wird in der Praxis die Funktion eines betrieblichen Streikleiters haben.

Streikformen:

Nach den bisherigen Erfahrungen muß damit gerechnet werden, daß die Gewerkschaft Schwerpunktstreiks in einzelnen Betrieben durchführt und im übrigen die Streikbewegung stufenweise anlaufen läßt, damit sie ihre Streikfunktionäre beim Streikbeginn bei den betroffenen Betrieben massieren kann. Die bestreikten Betriebe müssen damit rechnen, daß die Gewerkschaft u. U. nur einzelne Betriebsteile bestreikt, die Schlüsselpositionen darstellen, um mit einer geringen Anzahl Streikender große Teile des Betriebes oder den ganzen Betrieb lahmzulegen.

Warnstreiks:

Unter Umständen wird die Gewerkschaft vor dem eigentlichen Streikaufruf Warnstreiks durchführen. Auch Warnstreiks sind erst nach Auslaufen der Friedenspflicht zulässig. Bei Warnstreiks kommt es besonders darauf an, innerhalb des betroffenen Verbandes eine einheitliche Haltung einzunehmen; deshalb ist eine Abstimmung über das Verhalten des Betriebes mit dem Arbeitgeberverband unbedingt notwendig.

Nach der Urabstimmung und nach dem Streikaufruf ist mit einem massiven Einsatz der gewerkschaftlichen Streikagitation zu rechnen. Die Streikeinsatzleitung und die Informationsstelle des Betriebes müssen sich rechtzeitig darauf einstellen (Vorbereitung von Flugblättern, von Plakaten — Plakattafeln und Schilder nicht vergessen — von Schwarzen Brettern an den Werkstoren, von Arbeitnehmerbriefen und dergl.).

Betriebliche Maßnahmen

a) Betriebstechnische Vorbereitungsmaßnahmen

Umstellung der Produktion auf ein Streikproduktionsprogramm, Sicherungsmaßnahmen für den Ausfall einzelner Betriebsteile und für den Einsatz fachfremden Bedienungspersonals.

b) Kaufmännische Vorbereitungsmaßnahmen

Insbesondere Information von Kunden und Lieferanten über einen bevorstehenden Streik; evtl. Stornierung von Aufträgen und Verhandlungen über Streckung von Zahlungs- und Lieferantenterminen; evtl. Finanzabsprachen mit den Hausbanken treffen; mit der Bundesbahn über Wagenstandgelder verhandeln.

c) Vorbereitung des Personaleinsatzes in den Schwerpunkten des Betriebes

In dieser Phase der Arbeitskampfvorbereitung muß der Betrieb versuchen, sich einen möglichst genauen Überblick darüber zu verschaffen, welche Arbeitnehmer trotz des Streikaufrufs weiterarbeiten werden. Die Bereitschaft zur Weiterarbeit sollte vom Arbeitgeber in erster Linie durch mündliche Befragung unter Zeugen, u. U. auch durch eine schriftliche Versicherung festgestellt werden.

Zur Vorbereitung des personellen Einsatzes gehören in dieser Phase auch Einsatzübungen mit dem Aushilfspersonal.

d) Die Planung der Notstandsarbeiten

Notstandsarbeiten sind nur die Arbeiten, die erforderlich sind, um Schäden an den Betriebsanlagen und Gefahren für die Sicherheit des Betriebes und der Arbeitnehmer auszuschließen. Unter Umständen sind Notstandsarbeiten auch mit Rücksicht auf die Allgemeinheit notwendig, z. B. Strom- und Wasserversorgung ins öffentliche Netz oder Luft- oder Abwasserschutz; in solchen Fällen kann es zweckmäßig sein, die zuständigen Behörden einzuschalten, falls die Gewerkschaft diese Notstandsarbeiten zu verhindern sucht.

Die Gewerkschaften sind verpflichtet, Notstandsarbeiten zuzulassen; sie müssen dafür Notstandsarbeiter von der Streikbeteiligung freistellen. Die Gewerkschaften dürfen die Freistellung von Notstandsarbeitern deshalb nicht an die Bedingung knüpfen, daß arbeitswillige Arbeitnehmer nicht beschäftigt werden.

Nach den gewerkschaftlichen Richtlinien liegt das Vorschlagsrecht hinsichtlich der Notstandsarbeiten bei den betrieblichen Streikausschüssen.

Notstandsarbeiter werden unabhängig von den gewerkschaftlichen Anweisungen in dem objektiv erforderlichen Umfang vom Arbeitgeber zur Notstandsarbeit verpflichtet. Eine Betriebsvereinbarung mit dem Betriebsrat ist darüber nicht erforderlich. Es wird jedoch in der Regel zweckmäßig sein, dem Betriebsrat oder dem betrieblichen Streikausschuß die Liste der vom Betrieb zu Notstandsarbeiten verpflichteten Arbeitnehmer zu übergeben.

e) Vorbereitende Maßnahmen zum Schutze der Arbeitswilligen und des Betriebes

1. Transport und Einschleusung der Arbeitswilligen: Ziel dieser Maßnahme ist es, die Arbeitswilligen ohne Beeinflussungsmöglichkeit der Streikposten in den Betrieb zu bringen. Dabei sollte rechtzeitig daran gedacht werden, Omnibusse zu mieten oder sonstige Transportmittel — z. B. Pkw von Angestellten — bereitzustellen, die die Belegschaft aus den Wohngebieten oder von den Bahnhöfen, Straßenbahnhaltestellen usw. abholen. Es ist zweckmäßig, rechtzeitig für den Transport besonders zuverlässige Kraftfahrer zu verpflichten. Ferner kann es sich empfehlen, Stadtpläne vorzubereiten, in denen die Wohnungen der abzuholenden Arbeitnehmer vermerkt sind. Der Transport der Arbeitswilligen sollte möglichst beweglich organisiert werden, um zu verhindern, daß gewerkschaftliche Streikagitatoren sich an den Abfahrtstellen sammeln können. Es kann ferner zweckmäßig sein, nicht die Hauptstraßen, sondern die Nebenstraßen zu benutzen.

Um Auseinandersetzungen an den Werkstoren zu verhindern, sollte vorgesehen werden, daß die Arbeitswilligen auch an anderen Stellen in den Betrieb gelangen können; auch diese Einschleusung sollte so beweglich wie möglich gehandhabt werden, um der Gewerkschaft Gegenmaßnahmen zu erschweren.

2. Vorsorge für Verpflegung und Unterbringung der Arbeitswilligen im Betrieb, soweit dies als Übergangsmaßnahme für eine beschränkte Zeit notwendig ist.

3. Beschaffung einer Lautsprecheranlage für die Werkstore und evtl. eines Lautsprecherwagens für Werkssiedlungen und Wohngebiete (rechtzeitig an die erforderlichen Genehmigungen für den Lautsprecherwagen denken). Ferner kann es sich empfehlen, Tonbänder bereitzustellen, die in Werkssiedlungen und Wohngebieten von Lautsprecherwagen abgespielt werden können.

4. Spezielle Maßnahmen zum Offenhalten der Werkstore: polizeilicher Schutz (rechtzeitige Verbindung mit höheren Polizeidienststellen aufnehmen, ggf. Regierungspräsident oder Innenminister einschalten); Unternehmer und leitende Angestellte an das Werkstor (das gilt vor allem für die ersten Streiktage, das Werkstor muß bei jedem Schichtwechsel vom Unternehmer oder von leitenden Angestellten besetzt sein). Bereitstellung von Abschleppeinrichtungen für den Fall, daß die Werkszugänge durch Lastwagen und dergl. gesperrt werden.

5. Plakate, Transparente und Schilder bereitstellen, mit denen am Werkstor der gewerkschaftlichen Streikagitation entgegengewirkt werden kann.

6. Einsatz der Dokumentationsstelle an den Werkstoren vorbereiten, damit alle Vorgänge am Werkstor, vor allem in den kritischen Stunden des Streikbeginns und der ersten Schichtwechsel, festgehalten werden können.

7. Sicherstellung des Schutzes des Betriebes während des Streiks. Evtl. Beauftragung eines Bewachungsinstituts.

8. Information der Belegschaft und nach Möglichkeit auch der Familien (Briefe, Flugblätter, Plakate, Transparente, evt. auch Lautsprecherwagen).

Leitthemen:

Es wird weitergearbeitet.

Arbeitswillige werden geschützt.

Hinweis auf Transport der Arbeitswilligen und auf die Gewährung von Rechtsschutz zugunsten Arbeitswilliger. Der Arbeitgeber übernimmt die Kosten der Rechtsverteidigung Arbeitswilliger gegenüber Angriffen von Streikagitatoren.

Gegenüber den Hinweisen in den gewerkschaftlichen Merkblättern für Streikende:

Arbeitswillige werden bis zum Streikende beschäftigt; die Arbeitgeber wollen kein Diktat erzwingen, sondern nur eine vernünftige Tarifregelung. Information der Arbeitswilligen und der Streikposten am Werkstor über die strafrechtlichen Grenzen der Tätigkeit der Streikposten (evtl. Anbringung eines großen Plakates mit in Frage kommenden Straftatbeständen und Strafdrohung).

Spezielle Information der ausländischen Arbeitnehmer.

9. Die Information der Öffentlichkeit (Presse und alle sonstigen Meinungsträger, z. B. Pfarrer, Lehrer, kommunale Einrichtungen; Schwergewicht in der Pressearbeit bei der lokalen Presse) muß genau, schnell und so wirksam wie möglich erfolgen. Eine intensive Informationsarbeit ist eine wesentliche Voraussetzung für die erfolgreiche Streikabwehr.

Stufe IV

Maßnahmen beim Ausbruch und während des Streiks

Gewerkschaftliche Maßnahmen

Bei Streikbeginn ist mit einem massiven Aufgebot der Gewerkschaft an den Werkstoren zu rechnen. Die gewerkschaftlichen Streikposten haben insbesondere die Aufgabe, die Werkstore zu kontrollieren, die gewerkschaftlichen Ausweise für Notstandsarbeiter zu überprüfen, Streikbrecher aufzufordern, dem Streikaufruf zu folgen, und Streikbrecher bei der Streikleitung zu melden. Beleidigungen, Nötigungen, Gewalttätigkeiten und Freiheitsberaubungen durch die Streikposten sind unzulässig. Der gewöhnliche Zugang zum Werk darf durch die Streikposten nicht über Gebühr verengt werden.

Betriebliche Maßnahmen

1. Absoluten Vorrang hat das Offenhalten des Werkstores,

2. Unterbindung der Streikpropaganda, soweit der Arbeitgeber dazu rechtlich in der Lage ist (das gilt für das Werksgelände, für die Streikpropaganda am Werkstor und am Werkszaun).

3. Intensive Information der Arbeitswilligen und der Streikenden am Werkstor und im Betrieb (Flugblätter, Plakate, Transparente, Anschläge am Schwarzen Brett, Lautsprecheransprachen des Unternehmers, Diskussionen zwischen Unternehmer und leitenden Angestellten und Streikenden und Streikposten am Werkstor).

4. Dokumentation aller Übergriffe der gewerkschaftlichen Streikposten und streikende Arbeitnehmer.

5. Polizeischutz sicherstellen.

6. Besondere Maßnahmen zugunsten der Arbeitswilligen:

    a) Der Betrieb wird überlegen müssen, in welcher Form der besonderen Treue der Arbeitswilligen Rechnung zu tragen ist (Abstimmung im Arbeitgeberverband darüber ist wichtig).

    b) Erschwerniszulagen bei der Bedienung von Anlagen mit geringerer Personalbesetzung werden meist als gerechter Ausgleich notwendig sein.

7. Maßnahmen zur Gewinnung weiterer Arbeitswilliger (insbesondere Informationsbesuche in den Wohnungen, Hausbriefe, Flugblätter, Lautsprecherwagen, evtl. Anzeigen in der lokalen Presse).

8. Besondere Betreuung der ausländischen Arbeitnehmer (evtl. Heimversammlung im Wohnheim; Schutz vor Einschüchterung durch die Gewerkschaft).

9. Intensivierung der Informationsarbeit gegenüber der Öffentlichkeit (vor allem lokale Presse und sonstige lokale Meinungsträger).

10. Rechtzeitig Anträge auf Arbeitszeitverlängerungen beim Gewerbeaufsichtsamt wegen etwaiger Arbeitszeitüberschreitungen stellen.

Einsatzplan im Streikfalle

Gesamtleitung: (A) — Stellvertreter (B)

Aufgaben: Verbindung zu Polizei und sonstigen Behörden;
Vertretung der Firma im Arbeitgeberverband;
tägliche Lagebesprechung mit Abteilungsleitern und Meistern.

Kaufmännische Einsatzleitung (B)

Aufgaben: Einsatzplan für nicht unbedingt notwendiges kaufmännisches Personal in Betriebsabteilungen.

Einkauf (C)

Aufgaben: Beschaffung von Fremdenergie und Wasser (zusammen mit A); Bewachung des Betriebes. Küche und Kantine; Entladung bereits rollenden oder schwimmenden Materials; Beschaffung von Feldbetten für Übernachtung von Arbeitswilligen im Betrieb.

Verkauf (D)

Aufgaben: Auslagerung von Fertigwaren in Speditionslager; Ausrüstung von Halbfertigerzeugnissen bei befreundeten Firmen; Vereinbarung längerer Lieferfristen; Stornierung von Aufträgen; Benachrichtigung von Kunden; Vereinbarung von Kollegenlieferungen (zusammen mit A und B).

Finanzen (E)

Aufgaben: Aufstellung einer Liquiditätsanalyse; Vereinbarung längerer Zahlungsfristen mit Lieferanten; Sonderkreditgewährung durch Hausbank; Stundung von Steuern und Abgaben; Anforderung von Streikunterstützung beim Arbeitgeberverband; Auszahlung des Restlohnes an Streikende und der Löhne und Sonderzuwendungen an Arbeitswillige.

Technische Einsatzleitung (A)

Aufgaben: Einsatzplan für nicht unbedingt notwendiges technisches Personal in Betriebsabteilungen; Notstandsarbeiten, Überwachung von Fremdarbeiten im Betrieb.

Betriebsleiter (F)

Aufgaben: Maschinenbelegungsplan mit ausreichenden Reserveplätzen; Feuerschutz; Maschinenpflege; Einschulung von Angestellten und Hilfskräften; Beschaffung von fahrbaren Kesselanlagen.

Fahrdienstleiter (C)

Aufgaben: Transportplan für Arbeitswillige; Einteilung der werkseigenen Fahrzeuge und Privatwagen von Werksangehörigen; Anweisung der Kilometergelder an Finanzbuchhaltung; Anforderung von zusätzlichem Polizeischutz für Begleitung der Arbeitswilligen-Konvois; Anmietung von Omnibussen für den Transport von Arbeitswilligen.

Anlage 3

Betriebliche Streikabwehrmaßnahmen 1970

(Auszug)

2. *Information der Belegschaft* ist besonders wichtig. Sie sollte insbesondere folgende *Themen* berühren:

   a) Stand der Tarifverhandlungen und Argumente der Arbeitgeberseite.

   b) Urabstimmung ist nicht nur — wie die Gewerkschaft immer behauptet — ein zusätzliches Druckmittel, sondern sie bildet die Rechtsvoraussetzung für den Streikaufruf der Gewerkschaft.

   c) Obwohl die Arbeitgeberseite keinen Arbeitskampf wünscht, richtet sie sich darauf ein. Auch bei Streik wird weitergearbeitet.

   d) Hinweis auf wirtschaftliche Folgen des Arbeitskampfes, Gefährdung der Arbeitsplätze usw.

3. *Gewerkschaftsfunktionären*, die offensichtlich im Zusammenhang mit den Streikvorbereitungsmaßnahmen den Betrieb betreten wollen, kann dies untersagt werden.

4. *Betriebliche Führungskräfte*, insbesondere Abteilungsleiter, Betriebsleiter, Meister sowie Angestellte, sind am besten gesondert anzusprechen. Dieser Kader will Führung spüren!

5. *Als Informationsformen kommen in Betracht:*

   a) vom Arbeitgeber einzuberufende *Belegschaftsversammlungen,* evtl. auch reine Angestelltenversammlungen (das sind keine „Betriebsversammlungen" i. S. von §§ 42 ff. BetrVerfG);

   b) *Briefe* an die Belegschaftsmitglieder ins Haus;

   c) *Flugblätter* zur Verteilung am Werkstor und in der Öffentlichkeit;

   d) *Annoncen* in der Lokalpresse.

6. Bildung einer *Dokumentationsstelle* mit Photo- und Filmgeräten. Klischeereife Photos erleichtern den Verkehr mit der Presse.

7. Führung des *Streiktagebuches* einer bestimmten Stelle (leitendem Angestellten) übertragen.

8. Die *Abhaltung der Urabstimmung* während der Arbeitszeit ist nicht gestattet.

   Die *Durchführung der Urabstimmung* im Betrieb sollte nicht zugelassen werden, weil alles zu vermeiden ist, was gegenüber den Arbeitnehmern den Eindruck einer betrieblichen Sanktionierung von Streikvorbereitungen erwecken könnte.

Von diesem Stadium an ist die Unterscheidung zwischen denjenigen Arbeitnehmern zu treffen, die zum Betrieb stehen, und solchen, die „draußen" stehen wollen:

9. Öffentliche Auszählung der *Urabstimmungsergebnisse* fordern (evtl. durch Zeitungsannoncen, Leserbriefe, Artikel in der Lokalpresse usw.).

III. Maßnahmen nach Urabstimmung und Streikaufruf

1. Verlautbarung: „Es wird weitergearbeitet."

    Nach Abstimmung mit dem Arbeitgeberverband evtl. Gewährung von Erschwerniszulagen für Arbeitswillige ankündigen.

2. Das Ergebnis der Urabstimmung ist möglichst von Arbeitgeberseite öffentlich zu kommentieren; insbesondere das Verhältnis der abstimmungsberechtigten Gewerkschaftsmitglieder zu allen Arbeitnehmern sowie die Ermittlung der Streikmehrheit, gemessen an der Gesamtbelegschaft. Unregelmäßigkeiten besonders hervorheben. Arbeitgeberverband verständigen.

3. Streikausmaß bei Beginn des Arbeitskampfes kann verschieden sein:

    a) Vollbestreikung des ganzen Betriebes;

    b) Teilbestreikung von wichtigen Betriebsteilen, Schlüsselbetrieben (z. B. Kraftzentralen, Werkstätten);

    c) Warn-, Demonstrations- oder Sympathie-Streiks. Meist nur stundenweise, oft als Sitzstreik.

    Die Durchführung einer Urabstimmung ist bei Streikmaßnahmen nach a) und b) zwingend. Bei Streikformen nach c) kann die hier maßgebliche Gewerkschaftssatzung von der Durchführung formaler Urabstimmungen absehen.

4. Bei allen Streikformen muß die Friedenspflicht abgelaufen sein, sonst sind sie rechtswidrig. Auch betriebliche Einzelaktionen ohne Sanktionen durch die Gewerkschaft sind „wilde Streiks".

    Die arbeitsrechtlichen Konsequenzen von Arbeitgeberseite gegenüber den verschiedenen Streikformen sind möglichst einheitlich innerhalb des Arbeitgeberverbandes zu entscheiden und mit diesem abzustimmen.

5. Die mutmaßliche Zahl der Arbeitswilligen ist möglichst genau festzustellen; evtl. sind schriftliche Versicherungen oder Zusagen unter Zeugen festzuhalten.

6. Einsatzübungen mit Aushilfspersonal wirken sich auch psychologisch günstig aus. Vorsorgliche Einweisung von Angestellten an gewerblichen Arbeitsplätzen ist zweckmäßig.

7. Dem Schutz der Arbeitswilligen, insbesondere vor den Streikposten, muß die höchste Aufmerksamkeit gewidmet sein:

    a) Sicherstellung des Offenhaltens der Werkstore, evtl. Anforderung polizeilichen Schutzes (Verbindung mit höheren Polizeidienststellen, Regierungspräsident, Innenministerium).

b) Unternehmer, Werksleiter und leitende Angestellte müssen täglich ans Werkstor. Bereitstellung von Photographen zur Dokumentation der Vorgänge am Werkstor.

Die Entscheidung über die Zahl der Arbeitswilligen fällt meist am Werkstor, und zwar schon beim ersten Schichtwechsel!

c) Transport und Einschleusung ins Werksgelände vorbereiten; möglichst Berührung mit Streikposten vermeiden (Benutzung von Omnibussen, Kleinbussen, Taxen, Abholung in den Wohngebieten).

d) Beweglicher Transportplan; jeden Tag andere Treffpunkte verabreden zur Vermeidung des Zusammenstoßes mit Streikenden oder sonstigen Agitatoren (die manchmal auch von außerhalb herangeholt werden!).

e) Benutzung von Nebenstraßen und Nebeneingängen zum Werksgelände vorbereiten; auch hier beweglich bleiben!

f) Abschleppeinrichtungen bereitstellen, wenn Werkszugänge durch Lastwagen oder sonstige Hindernisse versperrt werden.

g) Vorsorge für kostenlose Verpflegung der Arbeitswilligen im Betrieb treffen (evtl. vorübergehende Unterbringung im Betrieb vorsehen).

h) Möglichst Etablierung von Streiklokalen in unmittelbarer Nähe des Werkes vermeiden (vorsorgliche Anmietung durch den Arbeitgeber!).

i) Verstärkter Einsatz des Werkschutzes, evtl. Hinzuziehung eines Bewachungsinstitutes.

k) Anzeigen bei strafbaren Handlungen vorsehen. Einstweilige Verfügung beim Arbeitsgericht in Betracht ziehen.

l) Fristlose Einzelkündigungen bei beweisbaren strafbaren Handlungen aussprechen.

8. Information der Belegschaft

a) „Es wird weitergearbeitet!"

b) Arbeitswillige werden geschützt: Hinweis auf Transportmöglichkeiten; Rechtsschutzgewährung ankündigen; Arbeitgeber übernimmt Anwaltskosten; Arbeitswillige werden bis zum Streikende beschäftigt.

c) Plakate zur Warnung der Streikposten vor strafbaren Handlungen.

d) Besondere Informationsmittel für ausländische Arbeitnehmer einsetzen; Dolmetscherdienst sicherstellen.

9. Information der Öffentlichkeit

Durch Lokalpresse, Lehrerschaft, Geistlichkeit und sonstige Meinungsträger kann die gewerkschaftliche Aktion entscheidend beeinflußt werden.

IV. Maßnahmen bei Ausbruch und während des Streiks

1. Massives gewerkschaftliches Aufgebot an den Werkstoren bei Streikbeginn zu erwarten. Zeit und Ort der Handlung bestimmt zunächst die Gewerkschaft. Sofort entsprechende Gegenmaßnahmen ergreifen (vergl. insbesondere III/7).

2. Keine Passierscheinsysteme für Arbeitswillige zulassen.

3. Unterbinden von Streikpropaganda auf betriebseigenem Gelände und am Werkstor.

4. Entlohnung der Arbeitswilligen mit Arbeitgeberverband abstimmen (z. B. Bezahlung von Erschwerniszulagen, Verteilung des Lohns nicht besetzter Arbeitsplätze u. ä.). Einheitliches Vorgehen aller bestreikten Betriebe wichtig.
5. Regelmäßige Belegschaftsversammlungen der Arbeitswilligen im Betrieb durchführen. Besprechung der Streiklage mit ihnen.
6. Maßnahmen zur Gewinnung weiterer Arbeitswilliger ergreifen; Informationsbesuche in den Wohnungen, Hausbriefe, Flugblätter, Lautsprecherwerbung; Ehefrauen besonders ansprechen.
7. Gegenüber Presse und sonstigen Meinungsträgern sich sehr aufgeschlossen verhalten. Geheimniskrämerei wirkt verdächtig. Durch Betriebsbesuche Zahl der Arbeitswilligen und Umfang der Produktion neutral beobachten lassen.
8. Beeinflussung des Streiks durch politische Untergrundkräfte beobachten. Polizei und Verfassungsschutz einschalten.

Am wichtigsten:
Immer initiativ bleiben, nicht einschüchtern lassen;
Arbeitswillige in jeder Weise unterstützen und schützen;
Findigkeit und Improvisation sind Trumpf!

Anlage 4

Bundesvereinigung der Deutschen Arbeitgeberverbände
Rundschreiben Nr. 70/64

Verbandssolidarität und wilde Streiks
— Aufgaben der Arbeitgeberverbände —

Die wilden Streiks im Herbst 1969 sind in ihren schwerwiegenden Auswirkungen auf die *Lohnentwicklung des Jahres 1970* immer noch nicht völlig überwunden. Nur mit großer Mühe war es den Tarifpartnern gelungen, die Entwicklung wieder in die Hand zu bekommen. Das Ausmaß der hierbei zugestandenen Tariferhöhungen brachte jedoch eine ganz außerordentliche Lohnkostenbelastung mit sich, die in keinem Verhältnis zu den durch das Wachstum der Wirtschaft gesetzten Grenzen stand.

Es geht bei den Ursachen und Auswirkungen der wilden Streiks um die entscheidende Frage nach der *Bewahrung der Tarifautonomie* als eines der tragenden Pfeiler unserer freiheitlichen Wirtschafts- und Sozialordnung. Die Tarifpartner beider Seiten sind in dieser Frage in gleicher Weise angesprochen und gemeinsam aufgerufen, zur Erhaltung der Tarifautonomie alle Kräfte einzusetzen, um einer Wiederholung der im Herbst 1969 eingetretenen gefahrvollen Entwicklung vorzubeugen. Es wäre verhängnisvoll, wenn die Tarifpartner etwa aus der Sorge um neue „spontane Arbeitsniederlegungen" nicht mit allen Kräften dieser Entwicklung gemeinsam entgegentreten würden, sondern die „Flucht nach vorn" antreten wollten.

Diese Überlegungen sind um so bedeutsamer, als die außergewöhnliche Lohnbewegung des Jahres 1970 zu einer „*Inflationsmentalität*" zu führen droht, die eine ernste Gefahr für die Stabilität und das Wachstum unserer Wirtschaft sowie für die Sicherung der Vollbeschäftigung darstellt. Es gehört zu den vordringlichen Aufgaben aller *Arbeitgeberverbände*, etwa neu aufflammende wilde Streiks bereits im Keim zu ersticken und durch geeignete Maßnahmen eine Normalisierung der tarifpolitischen Entwicklung zu erreichen.

I. Die Einwirkung der Arbeitgeberverbände auf der betrieblichen Ebene

Die ständige enge Kontaktnahme mit den Betrieben steht im Vordergrund der Aufgaben der Arbeitgeberverbände und ist Voraussetzung für alle Solidarmaßnahmen auf der Arbeitgeberseite.

1. Erforschung und Beilegung betrieblicher Konflikte

Die Erfahrungen aus dem Herbst des vergangenen Jahres und auch aus der jüngsten Vergangenheit haben gezeigt, daß die Ursache wilder Streikbewegungen *in erster Linie betriebsinterne Lohnkonflikte sind*. Diese müssen von den Betrieben in ihrer Bedeutung rechtzeitig erkannt und mit allen betrieblich zur Verfügung stehenden Mitteln, ggf. mit Unterstützung der Arbeitgeberverbände, ausgeräumt werden.

Hierzu gehört insbesondere die *Verbesserung der Information innerhalb des Betriebes* über alle für die Lohn- und Arbeitsbedingungen wichtigen Umstände und

Entwicklungen. Vor allem sollten hierbei die Meister und die übrige mittlere Führungsschicht der Betriebe in stärkerem Maße eingesetzt werden. Nicht zuletzt sind auch die Betriebsräte im Rahmen der ihnen nach dem Betriebsverfassungsgesetz gegebenen Aufgaben und Pflichten gehalten, vertrauensvoll mit der Betriebsleitung zusammenzuarbeiten. Sie rechtzeitig in diese Zusammenarbeit einzuschalten dürfte ein wesentliches Mittel sein, um Konfliktsituationen möglichst früh zu erkennen und zu beseitigen.

Betriebliche Konflikte in Lohnfragen sind meist weniger auf die absolute Verdiensthöhe zurückzuführen als auf das Gefühl fehlender Lohngerechtigkeit. Eingetretene *Verzerrungen der Lohnstrukturen* bzw. ungerechtfertigte *Differenzierungen im Leistungslohngefüge* der Betriebe haben vielfach in der Vergangenheit zu betrieblichen Unruhen geführt, die letzten Endes in wilde Streikbewegungen einmünden können. Dies gilt insbesondere bei unterschiedlichen Lohnstrukturen in Betrieben oder Betriebsteilen desselben Unternehmens. Deshalb müssen die Betriebe diesen Fragen mehr denn je vordringlich ihre Aufmerksamkeit widmen.

Bei allen Bemühungen um die Vermeidung oder Beilegung betrieblicher Konflikte sollten jedoch vorschnelle betriebliche Zugeständnisse vermieden werden, wenn sie nicht der Sicherheit der Lohngerechtigkeit im Betrieb dienen, sondern nur aus der Berücksichtigung vorübergehender konjunktureller oder arbeitsmarktbedingter Verhältnisse zu erklären sind. Betriebliche Lohnzugeständnisse, die nur darauf gerichtet sind, Arbeitskräfte anzulocken oder gar abzuwerben, müssen auf die Dauer zum Nachteil aller ausschlagen. Die betriebliche Lohngestaltung muß stets auch unter dem Gesichtspunkt möglicher präjudizierender Auswirkungen auf der tariflichen Ebene gesehen werden. Die allzu starke Öffnung der Schere zwischen *Tarif- und Effektivlohn* schafft die denkbar schlechtesten Voraussetzungen für die Tarifauseinandersetzungen mit den Gewerkschaften.

Die Hilfestellung der Arbeitgeberverbände gegenüber den Betrieben muß deshalb in der laufenden *Beratung* und in einem ständigen *Erfahrungsaustausch* bestehen. Der rechtzeitige Einsatz erfahrener Verbandsingenieure bzw. REFA-Berater ist vielfach auch ein geeignetes und erprobtes Mittel zur Verbesserung der betrieblichen Lohnordnung und damit zur Ausräumung betrieblicher Konflikte.

2. Stärkung der Widerstandskraft der Arbeitgeber

Ein besonderes Anliegen der Arbeitgeberverbände muß es sein, geeignete Voraussetzungen zur Abwehr wilder Streiks zu schaffen und Maßnahmen zur Stärkung der Widerstandskraft der Betriebe rechtzeitig einzuleiten. Wilden Streikaktionen kann schon entscheidend vorgebeugt werden, wenn nach innen und außen allgemein Klarheit darüber geschaffen wird, daß die Betriebe entschlossen sind, allen illegalen Streikaktionen durch eine konsequente *Ausschöpfung aller Abwehrmöglichkeiten* und durch eine geschlossene Haltung der Unternehmerseite zu begegnen.

Hierzu gehört zunächst eine intensive und umfassende *Aufklärungsarbeit* durch die Geschäftsstellen der Verbände über die Gesamtproblematik der wilden Streiks und die erforderlichen Gegenmaßnahmen. Die Betriebe müssen aber auch die Gewißheit haben, daß die Tätigkeit der Arbeitgeberverbände sich nicht nur in der Beratung und der Rechtshilfe erschöpft, sondern darüber hinaus die *Wahrung allgemeiner Arbeitgebersolidarität* zum Ziele hat.

Der bestmögliche Schutz gegen wilde Streikaktionen ist eine frühzeitige und intensive *Vorbereitung der Betriebe*. Den einzelnen Firmen, die den Kampf auf sich nehmen und durchstehen müssen, kann der Verband durch die Bereitstellung von Hinweisen und Hilfsmitteln wesentliche Unterstützung und Erleichterung für die notwendige betriebliche Vorbereitungsarbeit geben.

a) Ausnutzung aller rechtlichen Möglichkeiten

Wilde Streiks sind gesetzwidrig. Diese seit langem gefestigte Rechtsansicht hat das *Bundesarbeitsgericht* nach der Streikwelle des vergangenen Jahres erneut und ohne Einschränkung mit Urteil vom 21. 10. 1969 bestätigt. Vor allem kann sich nach dieser Rechtsprechung auch kein Arbeitnehmer für seine Streikteilnahme darauf berufen, daß er sich aus Gründen der Solidarität gegenüber seinen streikenden Arbeitskollegen einem rechtswidrigen Streik angeschlossen habe.

Aus dieser rechtlichen Situation ergeben sich folgende Möglichkeiten:

Der *Unternehmer* kann die Zahlung von Arbeitsentgelt, Krankenlohn und die Urlaubsgewährung verweigern; er ist berechtigt, den Streikenden, soweit dieser die Arbeit beharrlich verweigert, fristlos zu entlassen; schließlich hat er sogar einen Rechtsanspruch auf Ersatz des Produktionsausfalls gegenüber allen Arbeitnehmern, die an den wilden Streiks teilgenommen haben. Dem *Betriebsrat* ist es wegen seiner absoluten Friedenspflicht verboten, zu Kampfmaßnahmen aufzurufen, sie einzuleiten, durchzuführen oder zu fördern; er hat ebenso wie die an ihre Friedenspflicht gebundene *Gewerkschaft* alles in seiner Macht Stehende zu tun, um wilde Streiks beizulegen; die Nichterfüllung dieser Pflichten kann den Arbeitgeber zur fristlosen Kündigung, zum Antrag auf Ausschluß aus dem Betriebsrat und zu Schadensersatzansprüchen berechtigen.

Ein konsequentes Wahrnehmen dieser Rechtspositionen wird oft entscheidend für die erfolgreiche Abwehr wilder Streiks sein. Dies gilt vor allem für eine entschlossene und einheitliche Haltung der Unternehmer gegenüber allen Forderungen auf Bezahlung der durch wilde Streiks ausgefallenen Arbeitsstunden. Die Erkenntnis über eine solche solidarische Haltung der Arbeitgeber kann auch wesentlich dazu beitragen, dem Aufflammen neuer wilder Streiks vorzubeugen.

b) Solidarmaßnahmen der Arbeitgeberverbände

Entscheidend für die Widerstandskraft der Unternehmer gegenüber wilden Streikaktionen ist das einheitliche Zusammenstehen der gesamten Unternehmerschaft. Jeder einzelne Betrieb, der in Gefahr gerät, illegalen Aktionen ausgesetzt zu werden, muß die sichere Gewähr haben, daß er in diesem Kampf nicht allein steht.

Reale Grundlagen für die entsprechende finanzielle Solidarität der Arbeitgeber sind in den bereits vorhandenen Institutionen der *Unterstützungsfonds* der Tarifträgerverbände, der *Gefahrengemeinschaften* der Fachspitzenverbände und schließlich der überfachlichen *Schutzgemeinschaft* gegeben. Soweit sie noch nicht vorhanden sind, sollten sie durch die Verbände baldmöglichst geschaffen werden, um auch einen weiteren Ausbau der Schutzgemeinschaft zu erreichen. Voraussetzung für jede finanzielle Hilfe muß selbstverständlich sein, daß es sich hierbei um einen gerechtfertigten Abwehrkampf handelt und daß der Bündnisfall wegen der grundsätzlichen Bedeutung dieser Abwehr bejaht wird. Mehr als bisher muß den Betrieben durch die Arbeitgeberverbände in einer durch wilde Streiks drohenden Gefahrensituation die Gewißheit vermittelt werden, daß notfalls über die Unterstützungsfonds bzw. Gefahrengemeinschaften und schließlich auch durch die Schutzgemeinschaft die *finanzielle Abwehrkraft der Unternehmer auf breitester Ebene* mobilisiert wird, um den einzelnen Betrieben beizustehen, ggf. auch durch ad hoc zu beschließende Sonderhilfe im Rahmen der satzungsbedingten Möglichkeiten.

Darüber hinaus geht mit der finanziellen auch die unternehmerische *Solidarität im kaufmännisch-wirtschaftlichen Verhalten* im Falle von wilden Streiks Hand in Hand. In dem Memorandum der Bundesvereinigung über „Die Solidarität der Arbeitgeber auf dem Gebiet der Lohn- und Tarifpolitik in ihrer wirtschaftlichen und politischen Bedeutung" ist hierzu bereits im Jahre 1961 Stellung bezogen worden. Sowohl die *Arbeitgeberverbände* als auch die *wirtschaftspolitischen Fachverbände* müssen ihre Mitglieder auch bei wilden Streiks zu gemeinschaftlichen Solidarmaßnahmen aufrufen, die insbesondere darin bestehen, daß sie

— keine streikenden Arbeiter in die eigenen Betriebe einstellen bzw. unmittelbar oder mittelbar abwerben,

— keine Kundenabwerbung aus Anlaß des Streiks zum Nachteil bestreikter Betriebe vornehmen,

— Aufträge, die einer bestreikten Firma erteilt sind, nur auf deren Veranlassung bzw. mit deren Einwilligung übernehmen und ausführen,

— in der Vergebung neuer Aufträge die bestreikten Unternehmen nicht des Streiks wegen benachteiligen und bereits erteilte Aufträge nicht an andere vom Streik nicht betroffene Firmen übertragen,

— keine nachteiligen Konsequenzen aus infolge Streiks etwa notwendigen Fristüberschreitungen ziehen,

— vereinbarte Abschlagszahlungen auch dann zu den vereinbarten Fristen leisten, wenn der Unternehmer infolge des Streiks mit seinen Leistungen in Verzug gerät.

Diese Aufzählung ist nicht erschöpfend. Das solidare Zusammenwirken umfaßt alle Maßnahmen, die der Unterstützung der bestreikten Firmen dienen, nicht zuletzt auch den Appell an die unternehmerische Solidarität der Banken und Sparkassen, durch Stundung fällig werdender Kredite, durch Vermittlung neuer zusätzlicher Kredite u. dgl. den im Arbeitskampf stehenden Firmen zur Seite zu stehen.

Um diesen Forderungen an die unternehmerische Solidarität in kaufmännisch-wirtschaftlichem Verhalten bei Arbeitskämpfen verstärkte Wirksamkeit zu verschaffen, sollten die Arbeitgeber- und wirtschaftspolitischen Verbände entsprechende konkrete Maßnahmen durchführen: Als geeignetes Instrument hierfür hat sich in der Praxis bisher u. a. eine gegenseitige Verpflichtungserklärung der Betriebe in der Form einer *„Streikhilfe-Vereinbarung"* erwiesen. Die „Streikhilfe-Vereinbarung" kann z. B. Bestimmungen enthalten über die Art, den Umfang und die Dauer der Streikhilfe durch Lieferungen der helfenden Werke zugunsten der bestreikten Werke an die Kunden, ferner über die Auftragsabwicklung, die Abrechnung mit den Werken, die Verpflichtung, keine Abwerbung von Kunden, Arbeitskräften und Vertretern vorzunehmen, sowie über andere Verpflichtungen im Sinne der oben genannten Grundsätze.

II. Gemeinsame Aufgaben der Tarifvertragsparteien

Im Rahmen betrieblicher Konfliktfälle kann auch die rechtzeitige Einschaltung der Tarifpartner Lösungsmöglichkeiten bieten, indem diese alle Möglichkeiten zur *Beilegung betrieblicher Konflikte* ausschöpfen. Hieraus ergibt sich eine weitere Aufgabe für die Arbeitgeberverbände im Zusammenwirken mit den Tarifpartnern auf der Gewerkschaftsseite.

Kraft der tarifvertraglichen Durchführungs- und Einwirkungspflicht haben sich auch die Gewerkschaften während der Laufzeit eines Tarifvertrages dafür einzusetzen, daß ihre Mitglieder jeden Versuch unterlassen, durch kollektive Aktionen einen illegalen Druck auf die Veränderungen der Lohn- und Arbeitsbedingungen während der Laufdauer der Tarifverträge auszuüben. Die aus der Vertragstreue der Tarifpartner erwachsende *Friedenspflicht* verbietet es den Gewerkschaften, wilde Streiks durch Wort oder Tat zu unterstützen. Unerläßlich für die Arbeitgeberverbände ist es, ggf. den gewerkschaftlichen Partner auf diese Verpflichtung immer wieder, notfalls unter Androhung rechtlicher Sanktionen, nachdrücklich hinzuweisen. Es sollte im übrigen im wohlverstandenen eigenen Interesse der Gewerkschaften liegen, sich auch in der Öffentlichkeit von allen illegalen Streikaktionen zu distanzieren.

Eine andere Frist, ob und wieweit die Tarifpolitik selbst dazu beitragen kann, wilden Streiks vorzubeugen oder entgegenzuwirken. In diesem Zusammenhang hat im Herbst des vergangenen Jahres die Frage einer Anpassung laufender Tarifverträge an veränderte wirtschaftliche Gegebenheiten bzw. betriebliche Verhältnisse eine besondere Rolle gespielt:

1. Keinesfalls kann den Forderungen einzelner Gewerkschaften zugestimmt werden, in Zukunft gänzlich auf *feste Laufzeiten der Tarifverträge* zu verzichten. Denn ohne die durch solche Laufzeiten klar umgrenzte Friedenspflicht würden die Tarifverträge ihren Wert als Kalkulationsgrundlage für die Betriebe und als Vertrauensbasis für die Zusammenarbeit der Tarifpartner verlieren.

2. Auch die Diskussion um tarifliche *Index- und ähnliche Klauseln* ist wieder aufgelebt. Solche Klauseln sind jedoch grundsätzlich nicht vertretbar, weil sie die Gefahr übersteigerter Lohnerhöhungen und damit eine Verstärkung von Preissteigerungstendenzen mit sich bringen.

3. Im übrigen könnte jedoch der Gedanke einer zwanglosen *Konsultation zwischen den Tarifpartnern* — auch während der Laufdauer der Tarifverträge — vertieft werden. Hierzu bedarf es aber keiner tariflichen Institutionalisierung. Die Tarifpartner haben stets die Möglichkeit, sich während der Laufdauer von Tarifverträgen zu Gesprächen zusammenzufinden. Durch eine solche gegenseitige Konsultation ist den Gewerkschaften und den Arbeitgeberverbänden ein Mittel in die Hand gegeben, mit denen sie auch in extremen Sondersituationen gefahrvollen präjudizierenden Alleingängen der Arbeitnehmer und auch der Unternehmen entgegenwirken können.

4. Das Problem einer Anpassung der Tarifpolitik an besondere betriebliche oder branchenspezifische Verhältnisse kann keinesfalls durch Aufsplitterung bestehender Tarifverträge in Branchen- und Spartentarife bzw. Werks- oder Firmentarife gelöst werden. Denn dies würde auf eine Atomisierung der Tarifpolitik hinauslaufen und mit den Grundsätzen und Notwendigkeiten einer Orientierung der Lohn- und Tarifpolitik an übergeordneten gesamtwirtschaftlichen Gesichtspunkten unvereinbar sein. Auch hätte eine solche „betriebsnahe Tarifpolitik" eine Aufsplitterung zur Folge, die von nicht zu unterschätzender organisatorischer Bedeutung für die Stellung der Arbeitgeberverbände — und letztlich auch der Gewerkschaften — in unserer wirtschaftlichen Ordnung sein würde. Nicht zuletzt ergibt sich in diesem Zusammenhang auch noch eine Reihe von verfassungs- und tarifrechtlichen Bedenken, die mit dem besonderen Schutz der Koalitionen und der tarifimmanenten Friedenspflicht im Zusammenhang stehen.

5. In gewissen konjunkturellen Situationen kann sich die Überlegung als notwendig erweisen, ob und inwieweit eine — begrenzte — *Tarifierung übertariflicher Lohnbestandteile* vorgenommen werden sollte, um eine Verminderung der Spanne zwischen Tarif- und Effektivlohn herbeizuführen. Voraussetzung einer solchen tarifvertraglichen Regelung sollte jedoch sein, daß eine Anrechnung der übertariflichen Lohnbestandteile auf Tariflohnerhöhungen im Sinne einer echten Kostenneutralität gewährleistet ist und daß sich die Tarifentwicklung insgesamt gesehen in volkswirtschaftlich vertretbaren Grenzen hält. Auch muß bei einer solchen Tarifierung ein genügender Spielraum für eine angemessene betriebliche Lohngestaltung sowie eine optimale Leistungslohnregelung erhalten bleiben.

Die Beachtung der vorstehenden Gedanken und die Durchführung der vorgeschlagenen Maßnahmen werden, wenn sie rechtzeitig und umfassend gewährleistet sind, den wilden Streiks weitgehend die Grundlagen entziehen und einer *Normalisierung der tarifpolitischen Entwicklung* dienen, die im Interesse der Erhaltung der Tarifautonomie und der Sicherung unserer wirtschaftlichen Entwicklung von entscheidender Bedeutung für die Zukunft ist.

Entscheidend muß bleiben, daß die *Vertragstreue der Tarifpartner* nicht erschüttert oder in Frage gestellt werden darf. Die auf ihr beruhende und durch die Tarifverträge für einen vereinbarten Zeitraum gesicherte Friedenspflicht stellt einen unverzichtbaren Bestandteil der autonomen Tarifpolitik dar. Sie ist nicht zuletzt auch ein Garant für die Stetigkeit des Wirtschaftsprozesses und somit eine wichtige Komponente für unsere wirtschaftliche Entwicklung.

Precisia GmbH

Das Werk Lörrach der Precisia GmbH dient der feinmechanischen Präzisionsfertigung. Von der Großserie bis zur Einzelanfertigung nimmt der Werkzeugbau eine besondere Stellung ein. Er ist deshalb mit rund 80 hochqualifizierten Facharbeitern besetzt. In der Fertigung findet die Entlohnung über Zeitvorgaben, die mittels MTM errechnet werden, statt. Vorgaben für Werkzeugbau-Facharbeiter sind wesentlich problematischer. Seit längerem wird insbesondere vom Betriebsrat der Standpunkt vertreten, daß hier ein garantierter Stundenlohn, wenn nicht gar Gehaltszahlung am Platze wäre. Tatsächlich wurden aber bisher auch hier Leistungsvorhaben durch besondere Kalkulatoren gegeben. Bei Mehrverbrauch wurden aber mehr oder weniger streng Nachgenehmigungen erteilt. Auch die Werksleitung war sich über das Problem dieser Vorgabezeiten im klaren, und die tatsächliche Entlohnung zeigte über Jahre hinaus kaum Leistungsschwankungen, ein Zeichen dafür, daß der Lohn „manipulierbar" ist.

Zur Vorbereitung auf die Einführung der analytischen Arbeitsplatzbewertung mit 12 Arbeitswertgruppen wurden die bisherigen Tarifgruppen in sich noch einmal aufgeteilt, z. B. Facharbeiterlohngruppe 6 jetzt in 6.1 und 6.2. Die Zuordnung erfolgte nach Arbeitswertkriterien. Die Mitteilung der neuen Einstufung erfolgte nach Abstimmung mit dem Betriebsrat durch die zuständige Fachabteilung.

Nach verschiedenen Vordiskussionen einzelner Facharbeiter mit dem Betriebsrat und der Fachabteilung entstand mehr und mehr Unruhe innerhalb des Werkzeugbaus. Eines Morgens erfolgte ein Anruf des Betriebsrats bei dem kaufmännischen Leiter nach der Kaffeepause: „Der Werkzeugbau nimmt die Arbeit nicht mehr auf, wilder Streik." Kurz darauf kam ein gleicher Anruf des zuständigen Meisters.

Pakaleman Ltd., Lahore

I.

Am 19. August 1972 fand in der Wickelei der Transformatorenfabrik der Pakaleman Ltd., Lahore, zwischen 11.00 und 11.30 Uhr ein Handgemenge statt. An dem Handgemenge waren M. L. Riaz, der Vizepräsident der Arbeitergewerkschaft, und zwei Arbeiter, nämlich Latif Hassan und Mohammed Khan, beteiligt.

Der Kampf fand in Anwesenheit eines Foreman statt, der dem Management davon berichtete. Die Foremen der Pakaleman sind Gehaltsempfänger. Nach seiner Darstellung entzündete sich die Auseinandersetzung an der Frage, ob ein elektrischer Standfächer, der den Arbeitern Kühlung zubläst, mehr in diese oder mehr in jene Richtung gedreht werden sollte. Es entspann sich ein Wortgefecht zwischen M. L. Riaz und Latif Hassan, in dessen Verlauf sich M. L. Riaz auf Latif Hassan stürzen wollte, von anderen Arbeitern aber mit Gewalt zurückgehalten wurde. Mohammed Khan versuchte, zwischen den Streitenden zu schlichten, und wurde von M. L. Riaz nicht nur beschimpft, sondern auch, wobei er über einen Tisch sprang, mit einem schweren Werkzeug lebensgefährlich bedroht. Ein tätlicher Angriff auf Mohammed Khan konnte wieder nur durch das Eingreifen anderer Arbeiter verhindert werden. Dabei entstand ein konfuses Handgemenge.

Der tiefere Grund für das Handgemenge wurde in schwelenden Meinungsverschiedenheiten zwischen einzelnen Arbeitern und dem in der Wickelei beschäftigten Vizepräsidenten der Gewerkschaft M. L. Riaz über den Leistungszuschlag (Efficiency Bonus) gesehen, den die Pakaleman an Arbeiter als Anreizprämie bezahlt.

Dieser Efficiency Bonus beträgt 10 % des Stundenlohnes, wenn die Soll-Leistung erreicht wird, und weitere 10 % bei Überschreitung des Produktions-Solls von 10 %. M. L. Riaz wie auch die anderen Funktionäre der Arbeitergewerkschaft versuchten immer wieder, den Arbeitern Schwierigkeiten in den Weg zu legen, sich dieser Einkommenssteigerung zu bedienen.

Sie versuchen, die Höhe des Ausstoßes durch Beeinflussung der Arbeiter zu steuern, und ordnen immer wieder langsames Arbeiten (Slow down) an, wenn sie auf das Management Druck ausüben wollen. Die meisten Arbeiter dagegen würden lieber den Leistungszuschlag verdienen.

II.

Entsprechend den gesetzlichen Richtlinien wurden von der Unternehmensleitung sogenannte „Charge sheets" an alle Beteiligten ausgehändigt. In einer vom Management angeordneten Untersuchung blieb der Foreman bei seiner ursprünglichen Schilderung, während die drei Arbeiter, die alle der Gewerkschaft angehörten, zunächst behaupteten, es habe gar keine Schlägerei stattgefunden. Im Laufe der Untersuchung widerrief Mohammed Khan seine Aussage; er gab an, die erste Aussage sei unter dem Druck der Gewerkschaft erfolgt und unter deren Versicherung, daß sich der Vizepräsident entschuldigen werde. Der Vizepräsident habe sich jedoch geweigert, sich als Vizepräsident und angelernter Arbeiter bei einem einfachen Hilfsarbeiter zu entschuldigen; daraufhin wolle er nun die Wahrheit sagen. Seine Aussage bestätigte die Darstellung des Foreman über den geschilderten Ablauf des Streits. Nachdem ein weiterer Arbeiter, am Beispiel von Mohammed Khan mutiger geworden, den Streit ebenfalls bestätigt hatte, wurden M. L. Riaz und Latif Hassan erneut verhört.

Nach Abschluß der Untersuchung wurde Latif Hassan, der zwar Mitglied der Gewerkschaft, aber kein Gewerkschaftsführer war, entlassen, Mohammed Khan erhielt eine Verwarnung, und M. L. Riaz wurde von der Arbeit suspendiert, da nach dem pakistanischen Arbeitsrecht nur das Gericht entscheiden kann, ob ein Gewerkschaftsführer entlassen werden darf. Das Management stellte beim zuständigen Gericht einen Antrag, festzustellen, daß M. L. Riaz entlassen werden dürfe.

Die Briefe entsprechenden Inhalts wurden am 23. Oktober um 17.20 Uhr an die drei Arbeiter ausgehändigt.

III.

Um 17.25 Uhr traten alle Arbeiter der Transformatorenfabrik der Pakaleman spontan in den Streik. Eine weitere Fabrik folgte am 14. 10., die Montageabteilung trat am 25. 10. in den Streik. Damit befanden sich alle Arbeiter der Pakaleman in Lahore im Ausstand.

Am 24. 10. 1972 kamen die Arbeiter zum üblichen Schichtwechsel in die Fabriken. Sie nahmen keine Arbeit auf, verhielten sich jedoch in der ersten Zeit ruhig. Meldungen über angeblich geplante Sabotageakte, die das Management erhielt, wurden dazu benutzt, die für die Sicherheit zuständigen Angestellten über die Möglichkeiten der Sperre von Gas, Elektrizität und Wasser und über die Brandbekämpfung zu informieren. Die Supervisors wurden angewiesen, möglichst jede Provokation zu vermeiden, um die Lage nicht unnötig zu verschärfen.

Informationen, die das Management aus Arbeiterkreisen erreichten, besagten, daß die Gewerkschaftsführer den Arbeitern die Wahrheit über Streikgrund und Streiksituation vorenthielten. Es wurde deshalb beschlossen, die Arbeiter mit Hilfe von Rundbriefen in Urdu mit den Tatsachen vertraut zu machen. Insgesamt wurden vier Rundbriefe in Urdu an die Privatadressen der Arbeiter verschickt. Die darin enthaltenen Informationen wurden von einem Teil der Arbeiter aufgegriffen und führten zu einer Reihe unangenehmer Fragen an die Gewerkschaftsführer.

Gegen Mitte November regten sich unter den Arbeitern der Pakaleman die ersten Stimmen, die für eine Beendigung des Streiks eintraten. Daraufhin nahmen die Hetzreden der Gewerkschaftsführer im Umfang wie auch in ihrer Aggressivität zu. Die Arbeiter wurden in übelster Manier irregeführt, das Management und die Angestellten beschimpft. Es wurde die Behauptung verbreitet, daß das Kapital der Pakaleman rein pakistanischen Ursprungs sei. Das deutsche Management habe in Pakistan nichts zu suchen. Wer mit den Deutschen zusammenarbeite, sei ein Landesverräter, dem man die Hände abhacken und das Gesicht schwärzen solle. Tatsächlich befindet sich die Mehrheit des Kapitals bei der Deutschen Transformatoren AG, Köln.

Die Gewerkschaft behauptete ferner, die Suspendierung von M. L. Riaz sei illegal und der Streik sei legal.

Die Agitation der Gewerkschaft putschte die Arbeiterschaft auf, immer wieder erschollen Sprechchöre der aufgehetzten Arbeiter.

Daraufhin forderte das Management der Pakaleman Polizeischutz an. Dieser wurde anfänglich zu Arbeitsbeginn und am Arbeitsende, später ganztägig gewährt. Es kam zu keinerlei gewalttätigen Ausschreitungen. Die Angestellten ließen sich nicht beeindrucken und gingen in bemerkenswerter Ruhe und Treue ihrer Arbeit nach.

Am 8. 12. erließ der Deputy Commissioner von Lahore eine Verfügung, den Streik zu beenden. Danach steigerten sich die Drohungen der Gewerkschaftsführer. Tätliche Angriffe gegen Angestellte und Sachbeschädigungen mußten befürchtet werden. Deshalb verfügte das Management am 11.12.1972 die Aussperrung der Arbeiter.

IV.

Die Gewerkschaft informierte nicht nur die Arbeiter, sondern auch die Öffentlichkeit falsch. Gegen Ende November erschienen von der Gewerkschaft lancierte Falschmeldungen in Tageszeitungen, die als Streikursache von Forderungen für bessere Arbeitsbedingungen sprachen. Ähnliche Meldungen mit falschen oder verzerrten Darstellungen folgten in unregelmäßigen Abständen. Am 4., 5. und 6. Dezember stellte die Gewerkschaft Arbeiter mit Schildern irreführender und aggressiver Streikparolen an verkehrsreichen Straßen der Innenstadt auf. Daraufhin veröffentlichte das Management von Pakaleman am 7.12.1972 in verschiedenen Tageszeitungen ein Inserat. Nach der Aussperrung wurde am 12.12. eine Pressekonferenz abgehalten, über die 8 Tageszeitungen in Englisch, Urdu und Gujrati zum Teil ausführlich berichteten.

V.

Am ersten Tag des Streiks, dem 24. 10. 1972, begannen die Verhandlungen vor dem Conciliation Officer des Directorate for Labour Welfare. Die Gewerkschaft stellte lediglich die Forderung, die Suspendierung des Vizepräsidenten M. L. Riaz aufzuheben. Das Management von Pakaleman lehnte diese Forderung ab. Es befürchtete, ein Nachgeben könne zur Folge haben, daß die Gewerkschaft darin eine Bestätigung ihrer Unantastbarkeit sähe. Es wurde auch damit gerechnet, daß es bei einem Nachgeben zu weiteren Willkürakten der Gewerkschaftsführer im täglichen Betrieb kommen würde. Das Management stellte deshalb die Gegenforderung, den Streik zu beenden, da er illegal sei, was von keiner Seite bestritten werde.

Die Gewerkschaft erhob die Beschuldigung, M. L. Riaz sei suspendiert worden, damit er nicht an den Verhandlungen über die Forderungen der Gewerkschaft vom 30. 8. 1972 teilnehmen könne. Daraufhin erklärte sich das Management bereit, ihm die Teilnahme an diesen Verhandlungen trotz seiner Suspendierung zu ermöglichen. Die Suspendierung aber werde dadurch nicht aufgehoben. Da die Entscheidung über die Suspendierung beim Gericht liege, solle die Gewerkschaft ebenso wie die Firma das gerichtliche Urteil abwarten und den Streik beenden. Die Gewerkschaft lehnte diese Forderung ab.

Am 6. November 1972 endeten die Verhandlungen vor dem Conciliation Officer. Einige Tage später wurde der Pakaleman das Failure Certificate zugestellt, in dem als Streikgrund die Entlassung von zwei Arbeitern und zwei Fahrern und die Suspendierung von zwei Gewerkschaftsfunktionären genannt wurde. Das Management erfuhr, daß die weiteren Streikgründe hinter dem Rücken des Managements dem Conciliation Officer von der Gewerkschaft vorgetragen worden waren. Die Entlassung des einen Arbeiters und der zwei Fahrer waren vorgeschobene Gründe, der zweite Gewerkschaftsführer war schon 6 Wochen vor Beginn des Streiks suspendiert worden.

Mit dem Failure Certificate erwirkte das Management von Pakaleman am 14. November 1972 beim Arbeitsgericht Lahore eine einstweilige Verfügung, die die Arbeiter aufforderte, die Arbeit unverzüglich aufzunehmen.

Die Gewerkschaft weigerte sich, dieser Forderung nachzukommen.

Am 15. 11. 1972 wurde die Transformatorenfabrik der Pakaleman von dem für das Industriegebiet zuständigen Sub-District-Magistrate aufgesucht. Ein Sub-District-Magistrate entspricht einem Amtsrichter. Dieser nahm den Standpunkt der Firma zur Kenntnis und bestätigte dem Management ein rechtlich einwandfreies Verhalten. Er begann Vermittlungsverhandlungen. Das Management bot an, M. L. Riaz und dem früher suspendierten Gewerkschaftsfunktionär Kamil Aziz während der Suspendierung nicht nur den gesetzlich vorgeschriebenen Lohnanteil von 50 %, sondern 100 % der Löhne weiterzuzahlen. Der Vermittlungsversuch des Sub-District-Magistrate schlug fehl, denn die Gewerkschaft lehnte auch diesen Vorschlag ab.

Der Fall wurde daraufhin an den Deputy Commissioner von Lahore verwiesen. Dieser akzeptierte am 24. 11. 1972 den Standpunkt der Firma, daß die Streikursache lediglich in der Suspendierung von M. L. Riaz zu suchen sei. Auf seine Anweisung wurde vom Sub-Distrikt-Magistrate am 28. 11. 1972 eine Kompromißvorschlag schriftlich fixiert, der eine weitere Konzession des Managements enthielt: Die Firma wird nicht gegen disziplinarische Vergehen während des Streiks vorgehen. Auch diesen Vermittlungsvorschlag lehnte die Gewerkschaft ab.

Am 4. 12. 1972 ersuchte das Management der Pakaleman den **Deputy Commissioner von Lahore um Maßnahmen von seiten seiner Verwaltung, den Streik zu beenden. Gleichzeitig sandte die Firma Telegramme mit der Bitte um Unterstützung an den zuständigen Minister in Lahore, an den Vizepräsidenten des Investitionsförderungsamtes der Regierung in Islamabad, an den pakistanischen Botschafter in Deutschland und an den deutschen Botschafter in Rawalpindi sowie an den Generalkonsul der Bundesrepublik in Karachi.

Am 5. 12. 1972 wurde der Fall unter Anwesenheit von Führern verschiedener Gewerkschaftsdachorganisationen wie auch der Vertreter der Arbeitergewerkschaft der Pakaleman vor dem Deputy Commissioner von Lahore erneut verhandelt.

Das Management wies auf die verschiedenen Konzessionen, die im Laufe der Verhandlungen gemacht worden seien, hin und erklärte, daß eine Aufhebung der Suspendierung von M. L. Riaz nicht in Betracht komme, da andernfalls die Interessen einer produktiven Betriebsführung in der Transformatorenfabrik ernstlich gefährdet seien. Ein solcher Schritt käme der Veräußerung der wichtigsten Grundrechte und der Sanktionierung jeglicher Disziplinlosigkeit und Willkür der Gewerkschaft gleich und würde dem Betrieb wie auch der Volkswirtschaft großen Schaden zufügen. Die anwesenden Gewerkschaftsführer appellierten an die Großzügigkeit des Managements. Ihre Beteuerungen, in Zukunft würden Ruhe und Ordnung garantiert werden, fanden beim Management keinen Glauben. Der Deputy Commissioner stellte in der Verhandlung fest, das Verhalten der Pakaleman sei legal und entgegenkommend gewesen. Er forderte die Gewerkschaft zum Einlenken auf. Die Gewerkschaft lehnte ab.

Am 8. 12. 1972 machte der Sub-District-Magistrate im Einvernehmen mit dem Deputy Commissioner von Lahore den Vorschlag, M. L. Riaz am ersten Arbeitstag nach dem Streik den Zutritt zur Fabrik zu gestatten, später aber nur noch zur Teilnahme an Verhandlungen mit dem Management über bestehende Gewerkschaftsforderungen zuzulassen. Damit biete sich der Gewerkschaft die Möglichkeit, das Gesicht zu wahren. Er sei sicher, daß dieser Kompromiß auch für die Gewerkschaft annehmbar sei. Mit einem scharfen Eingreifen der Behörden dürfe das Management der Pakaleman nicht rechnen. Niemand sei bereit, die Befolgung von Arbeitsgesetzen zu erzwingen, weil sonst mit der Ausbreitung von Unruhen gerechnet werden müsse.

Das Management von Pakaleman stimmte diesem Kompromißvorschlag zu. Daraufhin wurde eine Verfügung des Deputy Commissioners ausgearbeitet und vom Sub-District-Magistrate und vom Assistant Director des Ministeriums für Arbeit und soziale Wohlfahrt in Lahore unterschrieben. Diese Verfügung dekretierte die Beendigung des Streiks für den 9. Dezember 1972. Die Gewerkschaft beachtete die Verfügung nicht.

Der Fall wurde nun vom Labour Directorate Lahore an den Staatssekretär im Arbeitsministerium von West-Pakistan in Lahore verwiesen.

VI.

Am 12. Dezember 1972, einen Tag, nachdem das Management von Pakaleman die Arbeiter ausgesperrt hatte, fand in Lahore eine Verhandlung im Arbeitsministerium statt. Der Staatssekretär des Ministeriums machte den Vorschlag, den zweiten am Handgemenge beteiligten Arbeiter Latif Hassan wieder einzustellen. Mit dieser Geste könne das Management doch beweisen, daß es die Schuld weniger bei den Arbeitern als bei der Gewerkschaft sehe.

Soll das Management von Pakaleman auf diesen Vorschlag des Staatssekretärs eingehen?

Anlage 1

Anmerkungen zur Strategie der pakistanischen Gewerkschaften

1. Die Gewerkschaften stellen regelmäßig überhöhte Forderungen, denen das Management nur in langen, aufreibenden Verhandlungen begegnen kann.

2. Wenn auch nur teilweise keine Einigung über diese Forderungen erzielt wird, schaltet sich der Conciliation Officer des Directorate for Labour Welfare als Schlichtungsbeamter des Arbeiterwohlfahrtsamtes ein. Wird dort keine Einigung erzielt, stellt der Schlichtungsbeamte ein Failure Certificate aus, wodurch der Streitfall dem Industrial Court, also dem Arbeitsgericht, überwiesen wird. Gerichtsverhandlungen laufen über Jahre, so daß meistens mehrere Rechtsstreitigkeiten gleichzeitig anhängig sind. Während der Schlichtungs- und Gerichtsverfahren darf nicht gestreikt werden. In der Zwischenzeit stellt die Gewerkschaft wieder neue Forderungen.

3. Die Gewerkschaft versucht, Einfluß auf das Arbeitstempo zu nehmen. Sie fordert zum Slow down auf und versucht durch Druck auf die Arbeiter, diese zu langsamer Arbeit zu bewegen. Diese Maßnahmen haben insbesondere in der Vorbereitungsphase von Arbeitskämpfen und als Vorbereitung für die Forderungen der Gewerkschaft zur Folge, daß die Arbeitsproduktivität auf 15 - 20 % der Soll-Leistung sinkt.

4. Disziplinarisches Durchgreifen wird von der Gewerkschaft, wo immer möglich, verhindert. Zeugen werden von der Gewerkschaft zu falschen Aussagen gezwungen. Entlassungen von Arbeitern bei nachgewiesenen schweren Verstößen gegen die Betriebsordnung werden durch deren rückwirkende Ernennung zum Gewerkschaftsfunktionär erschwert, weil dann die gerichtliche Zustimmung zur Entlassung eingeholt werden muß. Praktisch jede Entlassung wird von der Gewerkschaft vor Gericht angefochten, auch wenn keine Chance besteht, den Fall zu gewinnen. Dadurch stehen die Arbeiter unter dem Eindruck, daß regelmäßige Unpünktlichkeit, unentschuldigtes Fehlen, Überschreitung des Urlaubs, simulierte Krankheit etc. keine Vergehen darstellen.

5. Die Gewerkschaften mischen sich in Angelegenheiten der Betriebsleitung ein. Das äußert sich z. B. in der Auflehnung gegen die Durchführung von Qualitätskontrollen und gegen Entscheidungen der Betriebsleitung, schlecht gefertigte Teile bei der Bestimmung der Ist-Leistung der Arbeiter nicht als fertige Stücke zu rechnen.

6. In Verhandlungen über Arbeitsstreitigkeiten erwarten die Vertreter der Öffentlichkeit immer wieder Konzessionen vom Arbeitgeber, weil sie bei diesem die größere Einsicht und Kompromißbereitschaft voraussetzen. Uneinsichtige, unnachgiebige und gesetzeswidrige Haltungen der Gewerkschaft werden als selbstverständlich hingenommen.

7. Die kommunalen und staatlichen Behörden sind nicht gewillt oder nicht in der Lage, die Gewerkschaften zur Befolgung von Arbeitsgesetzen, Gerichtsurteilen und Verfügungen zu zwingen und notfalls Polizeimaßnahmen zu ergreifen. Damit bestärken die Behörden die Gewerkschaft in der Überzeugung, daß Verstöße gegen die Arbeitsgesetze für die Gewerkschaft und die Arbeiter keine rechtlichen Gefahren in sich bergen.

Anlage 2

Rundschreiben des Pakistanischen Arbeitgeberverbandes vom 20. Juli 1972

I. *Stabilität — der Angelpunkt des wirtschaftlichen Fortschritts*

Hätte das Land auch nur für ein Jahrzehnt den Anschein einer Stabilität in seiner wirtschaftlichen Entwicklung gesehen, hätte Pakistan nicht diese massive Abwertung seiner Rupie vornehmen müssen.

Als die jetzige Regierung die Macht übernahm, beliefen sich allein die ausländischen Schulden auf 3 466 Millionen Dollar, die einen jährlichen Kapitaldienst von 270 Mio. erfordern, das sind 20 % mehr als unsere Exporterlöse. Aus diesem Grund hatten wir keine andere Alternative, als den Tatsachen ins Auge zu blicken und die Rupie abzuwerten, mit der vollen Erkenntnis, daß die einzige Abhilfe für das selbst auferlegte Unglück jetzt mehr als je zuvor in der größten Verstärkung unserer Exporte lag, damit sich die Abwertung lohnt. Daher der ständige Nachdruck der Regierung, mehr zu exportieren. Das ist der Grund, weshalb die Regierung sich redlich bemüht, die Sorgen der Arbeiter zu beseitigen, indem sie eine beispiellose Arbeitspolitik einführt, die darauf abzielt, den Arbeitern ein Gefühl der Zugehörigkeit in den Betrieben zu vermitteln und es ihnen zu ermöglichen, mehr Vorteile aus ihrer Beschäftigung zu ziehen, als sie es jemals in der Vergangenheit konnten. Kein anderes Land hatte jemals in einer so kurzen Zeit so viel für einen Teil der Gemeinschaft getan, der kaum ein Prozent der Bevölkerung ausmacht.

Gemäß einer Betriebszählung existieren 3 508 Betriebe in West-Pakistan. Diese Betriebe verschaffen 406 216 Personen Beschäftigung. Die überwiegende Zahl der Arbeiter ist sich dessen bewußt, was die Regierung für sie getan hat, und sie weiß um ihre Verantwortung. Sie möchten arbeiten. Sie haben Familie und können es sich nicht leisten, auch nur einen Tageslohn zu verlieren, und sind deshalb an keiner Art von Streik interessiert, es sei denn, sie werden dafür bezahlt. Diese Arbeiter können sich darauf verlassen, daß das Gesetz, falls nötig, angewendet wird, um sie zu beschützen. Aber es ist nicht beabsichtigt, die Helden des Aufruhrs zufriedenzustellen, die auf dem Chaos gedeihen. Sie wollen die Straßen, Parks und Fabriken in ein Chaos verwandeln und das ganze Land erpressen. Sie wären die Totengräber von Pakistan, wenn sie die Gelegenheit hätten. Die Mißachtung des Gesetzes durch eine lautstarke, gewalttätige Minderheit führt zur Einschüchterung der Mehrheit, wenn die Minderheit nicht daran gehindert wird.

Das ist in den Industriebetrieben geschehen, und es geschieht immer noch. Und doch haben die Arbeiter hervorragend mit der Regierung zusammengearbeitet.

Wenn so viel auf dem Spiel steht, dann kann jetzt wohl kaum der Zeitpunkt für sanfte Maßnahmen sein. Wir hoffen deshalb aufrichtig, daß jede Übertretung des Gesetzes ohne Angst oder Befangenheit geahndet wird, damit Recht und Ordnung um jeden Preis erhalten bleiben. Vergehen müssen in dem Zusammenhang behandelt werden, in dem sie ausgeübt wurden, und den Angeklagten sollte es nicht erlaubt werden, den richtigen Sachverhalt zu verdunkeln.

Es kann keinen Fortschritt ohne Stabilität geben. Warum dann diese selbstmörderischen Unruhen und die Mißachtung von Recht und Ordnung? Wenn diese aufgegeben werden, wofür treten wir dann überhaupt ein?

II. *Bewerber um den Preis für die beste Leistung!*
Einige Beispiele aus der Pressse.

1. Kochendes Öl wurde auf den leitenden Direktor gegossen.

   Während der leitende Direktor der „Ahmed Lebensmittelwerke" seinen normalen Rundgang durch die Fabrik machte, überfielen ihn plötzlich Arbeiter mit der Absicht, ihn zu töten, nachdem sie die Telefonleitungen von draußen durchgeschnitten hatten. Kochendes Öl wurde über ihn gegossen, und er erlitt schwere Verbrennungen. Dann wurde er mit „Dundas" und Messern angegriffen. Diejenigen, die ihn zu retten versuchten, wurden erbarmungslos verprügelt. (17. 5. 1972)

2. Gewerkschaftsführer verursachte einen Verlust von 20 Millionen Rupien.

   Es wird berichtet, daß „Taxila's Heavy Mechanical Complex", der mit Hilfe der Chinesen erbaut wurde, einen Verlust von 20 Millionen Rupien als Ergebnis von angeblichen Machenschaften eines Gewerkschaftsführers in den letzten zwei Monaten erlitten hat, die in einem illegalen Streik von 1 200 Arbeitern gipfelten. (17. 5. 1972)

3. Drohung, eine Spinnerei in Besitz zu nehmen.

   Die Direktion der „Faqir Textile Mills" hat bei der Bezirksbehörde um Schutz für die Spinnereimaschinen und die Lagerbestände gegen die angedrohte Übernahme der Spinnerei durch die Arbeiter gebeten. (17. 5. 1972)

4. 16 Hotelarbeiter wegen Verprügelung des Eigentümers festgenommen.

5. Arbeiter drohen mit der Übernahme der „Karachi Gas Company".
   (13. 5. 1973)

6. Entlassene drohen, Unternehmer umzubringen. (14. 5. 1972)

7. Androhung eines Generalstreiks.

   Gewerkschaftsführer Kamiz Fatima drohte in einer Rede vor 5 000 Arbeitern auf dem Polo-Platz mit einem Generalstreik der Arbeiter in Karachi, wenn die Arbeitspolitik nicht fallengelassen würde. (14. 5. 1972)

8. Arbeiter drohen mit der Übernahme von pharmazeutischen Firmen.
   (18. 5. 1972)

9. Industriellen wird voller Schutz im N.W.F.P. zugesagt. (18. 5. 1972)

10. Aufgebrachte Menge verbrennt Bus in Karachi. (19. 5. 1972)

11. Arbeiter übernehmen Gießerei in Lahore. (20. 5. 1972)

12. Pindi-Fahrer treten in Streik. (20. 5. 1972)

13. Sie können die Schlüssel haben!

    „Sie können die Schlüssel haben", so sagte der Vizepräsident der „Pakistan Steel Re-rolling Mills" in einem Kommentar über die gewaltsame Übernahme der „Sultan Gießerei" durch die Arbeiter. (19. 5. 1972)

14. Tarbela-Staudamm-Arbeiter drohen, Projekt lahmzulegen.
   Die Arbeit an dem Rs. 4 500-Millionen-Tarbela-Projekt kam praktisch zu einem Stillstand, als die 14 000 Arbeiter als ersten Schritt zu einem totalen Streik einen Bummelstreik einführten. (26. 5. 1972)

15. Radio und Fernsehen wurde befohlen, Anti-Arbeiter-Propaganda einzustellen. (23. 5. 1972)

16. Bankangestellte drohen, in Streik zu treten.

17. Taxila-Streik, Verlust von Rs. 4 Mio.
   Der Streik wurde am 26. 5. 1972 beendet. Das Land erlitt einen Verlust von Rs. 4 Mio. (27. 5. 1972)

18. Eigentümer der „Zaibtun Textile Mills" wurden samt ihren Familien 9 Stunden unter „Arrest" in ihren Häusern am Garden East gehalten.
   Die Haupttore des Hauses wurden von den Arbeitern besetzt gehalten, und niemand durfte hineingehen. Es wird behauptet, daß die Arbeiter das Ereignis mit einem nackten Tanz feierten. (2. 5. 1972)
   Am 29. 5. 1972 bildeten 1 500 von ihnen einen Zug und gingen zum Gebäude der „Sind Assembly". Sie warfen einen Cordon um das Gebäude und versuchten, mit Sprechchören ihre Forderungen durchzusetzen. Sie saßen ungefähr 4 Stunden in dem Gebäude, während die Anführer mit der Direktion in Qasre Naz verhandelten und schließlich Erfolg hatten.
   Zuvor waren ca. 400 von der Polizei festgenommen und wieder freigelassen worden.
   (Der Held Mr. Bawar Khan wurde später einer der Anführer in dem S.I.T.E.-Streik)

19. „Textile Mills" zu verkaufen — keine Käufer. (30. 5. 1972)

20. „Textile-Mills"-Besitzer fordern die Regierung auf, entweder die Ruhe wiederherzustellen oder die Werke zu übernehmen, um eine Schließung zu vermeiden. (30. 5. 1972)

III. *Offizielle oder anderweitige Reaktionen*

1. Besondere Polizeitruppe für Arbeitsminister.
   Der Arbeitsminister von Punjab wird in Zukunft eine gewisse Anzahl von Polizisten zur Verfügung haben, um den industriellen Frieden und Gesetz und Ordnung in den Spinnereien und Fabriken in der Provinz zu wahren. (17. 5. 1973)

2. Industrielle werden von Punjabs Arbeitsminister Mian Afzal Watto gebeten, eine Liste von unerwünschten Arbeitern aufzustellen. (17. 5. 1972)

3. Wali erinnert sich der Verdienste der Geschäftswelt. (18. 5. 1972)

4. Mumtaz beschuldigt N.A.P. (19. 5. 1972)

5. Meraj Khalid will Moralkodex für die Arbeiter. (19. 5. 1972)

6. Mumtaz warnt Unruhestifter.
   Friedensbruch wird nicht geduldet. (19. 5. 1972)

7. Das Volk wird aufgefordert, nicht zum Streik zu greifen.
   Der Ministerpräsident von Punjab appelierte an das Volk, den Ernst der Lage zu erkennen und nicht zu Streiks, „Gherao" und „Jaloo" zu greifen, um ihre Forderungen gegen die übergeordneten Interessen der Sicherheit und Integrität ihres Landes durchzusetzen. (22. 5. 1972)

8. Arbeiter arbeiten nicht fleißig — Talpur. (23. 5. 1972)

9. Khar wird auf Forderung der Öffentlichkeit Streiks verbieten. (23. 5. 1972)

10. Radio und Fernsehen sollten Sendungen mit klassenkämpferischem Inhalt unterlassen — Maulana Kausur Niazi. (26. 5. 1972)

11. Unter Druck setzen zwecklos — Mumtaz. (27. 5. 1972)

12. Mumtaz ruft zur Produktionssteigerung für erhöhten Wohlstand auf. (27. 5. 1972)

13. Industrieller Frieden — Hauptverantwortung der Regierung.
    Kasim Haji Abbas Patel, Industrieminister, Sind. (28. 5. 1972)

IV. *Aufstellung der Streiks und Aussperrungen im Gebiet von Lahore im Mai 1972*

Streiks

1. Steel Casting, Ltd. Gujranwala.	Illegal
2. Pakistan Industries Corp. Society Lahore.	Illegal
3. Sh. Charg Din Gulzai Ahmad Mohammad Iron & Steel Re-rolling Mills, Badami Bagh Lahore.	Illegal
4. Fazal Mohammad Faiyas Mohammad, Steel Re-rolling Mills, Badami Bagh, Lahore.	Illegal
5. Punjab Steel Re-rolling Mills, Badami Bagh, Lahore.	Illegal
6. Pakistan Steel Re-rolling Mills, Badami Bagh, Lahore.	Illegal
7. Lahore Chemical & Pharmaceutical Works Ltd., Lahore.	Illegal
8. Pakistan Industrial Gases, Lahore.	Illegal
9. Kisan Tube-well Engineers, Lahore.	Illegal
10. Sh. Abdul Rahman Allah Ditta, Re-rolling Mills, Lahore.	Illegal
11. Habid Bank, Ltd., Gujranwala.	Illegal
12. Habid Bank, Ltd., Sialkot.	Illegal
13. Habid Bank, Ltd., Lahore.	Illegal

Aussperrung

    Pakistan Billing Manufacturing Co., Ltd., Amedki, Sheikhupura.   Legal

V. *Bestrafung für illegalen Streik und/oder dessen Anstiftung*

    a) Die Teilnahme an illegalen Streiks wird mit Gefängnis bis zu sechs Monaten oder einer Geldstrafe bis zu Rs. 200 oder mit beidem bestraft.

    Die Ausrufung einer illegalen Aussperrung durch einen Arbeitgeber wird mit Gefängnis bis zu einem Jahr oder mit einer Geldstrafe bis zu Rs. 5 000 oder beidem bestraft.

    (Normalerweise hütet sich der Arbeitgeber, das Gesetz zu brechen, weil er als das schwarze Schaf angesehen wird.)

    b) Wer einen illegalen Streik oder Aussperrung anstiftet, kann mit Gefängnis bis zu sechs Monaten oder mit einer Geldstrafe bis zu Rs. 1 000 oder beidem bestraft werden.

VI. *Das ganze Landhi- und S.I.T.E.-Gebiet in Karachi wurde vom 8. bis zum 17. Juni 1972 von einer Welle illegaler Streiks überflutet.*

Kein Kommentar

VII. *Das Gesetz des Landes*

    Menschen können nicht ohne Gesetze leben, und es ist die Pflicht eines jeden Bürgers, zur Unterstützung der Männer beizutragen, die die Einhaltung der Gesetze überwachen. Schließlich sind sie unsere Diener, und ohne sie würden wir in Anarchie leben. Diejenigen, die jeglichen Respekt dem Gesetz sowohl innerlich als auch äußerlich verweigern, haben es eigentlich nötig, denn sonst wäre das Leben einem Dschungel gleich. Viele von denen, die äußerlich die Einhaltung der Gesetze verspotten, wären in der Stunde der Not die ersten, die nach dem Schutz des Gesetzes verlangten.

An alle Mitglieder der Vereinigung.

Anlage 3

Wirkwarenproduzenten fürchten um ihr Leben

Aus: Dawn, 12. Mai 1973

Die Vereinigung der pakistanischen Wirkwarenhersteller Karachi hat an den Ministerpräsidenten von Sind ein Telegramm geschickt, in dem darauf hingewiesen wird, daß die Arbeiter in verschiedenen Fabriken Gewalttätigkeiten verüben und damit das Leben und das Eigentum der Fabrikbesitzer gefährden.

Das Telegramm der Vereinigung, von dem Kopien an andere Minister der Provinz verschickt wurden, erklärte, daß im Gegensatz zu den allgemeinen Erwartungen der industrielle Frieden auch nach Inkrafttreten von neuen Arbeitsgesetzen nicht wiederhergestellt worden ist.

Die Vereinigung wies darauf hin, daß ein Manager der „Shafiq Hosiery Factory" von Mitgliedern der Gewerkschaft der Wirkwarenarbeiter von Karachi tätlich angegriffen wurde. Der Zwischenfall ereignete sich im Gerichtssaal, wo er einer Verhandlung beiwohnte.

Eine Übereinstimmung zwischen den Arbeitnehmern der „Airport Development Agency" und der Direktion ist erzielt worden.

Die Direktion der ADA hat zugestimmt, den Mietzuschuß in den Lohngruppen I bis V von 10 % der Grundvergütung auf 15 % per 2. Mai 1972 zu erhöhen.

Die Gewerkschaft hat auch zugestimmt, keine finanziellen Forderungen oder irgendwelche Forderungen mit finanziellen Auswirkungen vor Ablauf des gegenwärtigen Geschäftsjahres zu erheben.

Sowohl die Direktion als auch die Gewerkschaft sind sich einig, daß die Gewerkschaft nach dem 1. Juli 1972 Forderungen erheben oder vorlegen kann. In einem solchen Fall hat man vereinbart, daß die Direktion ihre endgültige Antwort gegen Anfang des nächsten Jahres der Gewerkschaft geben wird.

Der leitende Direktor der ADA, Herr Rafique Saiol, der nicht in der Stadt war, hatte der Verwaltungsdirektor der PJA, Herrn Ashraf M. Khan, gebeten, mit der Gewerkschaft über eine friedliche Lösung zu verhandeln.

Der nationale Industriegewerkschaftsverband von Pakistan hat an der Anwendung des § 144 in Karachi Kritik geübt, weil sich das negativ auf die Arbeiter bei Arbeitsversammlungen und bei Umzügen, die ihre Forderungen betreffen, auswirken wird.

Die Angestellten des Rechnungshofs für Industrie, Versorgung und Lebensmittel, Karachi, sind gestern in einen einstündigen Streik getreten. Laut einer Pressemitteilung der Vereinigung protestieren sie damit gegen die Verhaftung von drei Belegschaftsmitgliedern des Rechnungshofes aufgrund „fadenscheiniger Gründe".

Die „Globe-Textile-Mazdoor"-Gewerkschaft verurteilte gestern die Verhaftung von zwei Gewerkschaftsvertretern der Dawood Baumwoll Spinnereien in Landhi und forderte die Regierung auf, der wachsenden Zahl der Betriebsstillegungen in der Industrie entgegenzuwirken.

Die „Adamjee-Baumwollspinnerei-Mazdoor"-Gewerkschaft sagte gestern, daß die Direktion zu Verwaltungsmaßnahmen gegen die Arbeiter greift, besonders gegen die, die an den Aktionen der Gewerkschaft beteiligt sind.

Die Gewerkschaft sagt, daß diese Arbeiter ohne wichtige Gründe entlassen werden.

Die Industriegewerkschaft der Gul Ahmed Textile Mills, Landhi, hat erklärt, daß der Präsident der Gewerkschaft, Tikka Khan, und der Generalsekretär, Mohammad Rahman, im Sukkurer Gefängnis mißhandelt werden und man sie dazu zwingt, jeden Tag 16 Stunden zu arbeiten.

Die Gewerkschaft sagte, daß sie medizinische Behandlung brauchten, die ihnen nicht zuteil werde.

Die Gewerkschaft forderte die Regierung auf, die beiden unverzüglich freizulassen.

Kapitel 11

Zusammenfassende Thesen

Zusammenfassende Thesen

1. Führung hat stets drei Dimensionen:

   — personale Dimension,

   — organisatorische Dimension,

   — gesellschaftliche Dimension.

2. Die Legitimation von Herrschaft kann folgen

   — aus der Ernennung,

   — aus der Wahl des Vorgesetzten (Max Weber).

   Die Legitimation des Vorgesetzten im Unternehmen folgt aus drei Gesichtspunkten (Mitbestimmungskommission):

   — Eigentum an den Produktionsmitteln,

   — Abschluß des Arbeitsvertrages,

   — Beeinflussung der Auswahl der Personen mit Leitungsmacht durch die Geführten.

3. Führung setzt klare Abgrenzung von Kompetenzen und Verantwortung in der Organisation voraus (Verantwortung muß persönlich zugeordnet werden).

4. Jede organisatorische Regelung beschränkt die Bandbreite möglichen Verhaltens der Vorgesetzten und der Mitarbeiter. Die Organisation kann aber nie so „perfekt" sein, daß das Verhalten determiniert wird (organisatorische Unsicherheit).

5. Führung bedeutet also Beeinflussung des Verhaltens von Mitarbeitern im Rahmen der organisatorischen Regelungen im Hinblick auf die Unternehmensziele:

   — Führung ist eine Erziehungsaufgabe,

   — Führung weist häufig Elemente der Improvisation auf,

   — „Allgemeine Führungsgrundsätze" stellen Orientierungsrichtlinien für das Verhalten des Vorgesetzten in konkreten Führungssituationen dar. Wenn sie schriftlich fixiert sind, haben sie einen höheren Grad von Verbindlichkeit, weil sie zitierfähig sind.

6. Führung von Mitarbeitern setzt die Fähigkeit voraus, zu unterscheiden, ob das Verhalten des Mitarbeiters anlagebedingt oder umweltbedingt ist. Verhalten ist nicht gegen anlagebedingte Eigenschaften veränderbar.

7. Führung ist also Beeinflussung des Verhaltens von Mitarbeitern durch Schaffung von Lernsituationen:

— Lernen durch Konditionierung. Organisatorische Regelungen dienen der Konditionierung des Mitarbeiters (industrielle Disziplin als Lernen durch Konditionierung).

— Lernen durch Erfolg. Führen bedeutet Schaffung von Erfolgserlebnissen. Erfolg ist also keine objektive Größe, sondern wird erlebt. Das ist bei der Bestimmung von Belohnungen zu berücksichtigen. Schaffung von Erfolgserlebnissen ist für die Führung wichtiger als Führen durch Kontrolle des Fehlverhaltens. Intermittierendes Belohnen ist erfolgreicher als ständiges Belohnen. Erfolgserlebnisse gründen sich nicht nur auf monetäre Belohnung (Gehalt, Tantiemen, Sonderzulagen), sondern auch auf nichtmonetäre Belohnungen (Sonderurlaub, Auszeichnungen, Titel, Statussymbole, Lob unter vier Augen oder in der Öffentlichkeit usw.).

— Lernen durch Imitation. Führung bedeutet die Schaffung von Vorbildern. Vorbild kann der erfolgreiche Mitarbeiter (Kollege) sein (der Erfolg hat und deshalb imitiert wird). Konkurrenz unter den Mitarbeitern als Führungsprinzip.

— Lernen durch Problemlösungsverhalten. Erfolgreiches Problemlösungsverhalten ist das Problemlösen durch Einsicht. Führung bedeutet Änderung des Verhaltens durch Einsicht und Überzeugung.

8. Führung erfordert Wahrnehmung des Verhaltens der Mitarbeiter. Wahrnehmung ist ein psychologischer Vorgang, bei dem typische Mechanismen ablaufen. Man unterscheidet Wahrnehmung durch Selektion, durch Gestaltung, durch Akzentuierung und durch Fixierung. Diese Wahrnehmungsformen werden sichtbar im Sinne der bestehenden Persönlichkeit (in Vorurteilen, Meinungen, Halo-Effekt, also der Überschätzung des ersten Eindrucks). Um Fehleinschätzungen der Führungssituation zu vermeiden, müssen diese die „objektive Beurteilung" störenden Faktoren erkannt und in Rechnung gestellt werden.

9. Führung verlangt vom Vorgesetzten, daß er Statusautorität und persönliche Autorität zur Deckung bringt.

10. Die Rollenerwartung des Übergeordneten an den Vorgesetzten stimmt im allgemeinen nicht mit der Rollenerwartung des Untergebenen an den Vorgesetzten überein (Dilemma des Vorgesetzten).

11. Informelle Gruppen bilden sich spontan, ungeplant und unorganisiert. Die Unternehmensorganisation kann nur die Voraussetzungen für das Entstehen einer informellen Gruppe schaffen, sie aber nicht selbst zum Entstehen bringen. Die Bedingungen für das Entstehen einer informellen Gruppe sind ständiger persönlicher Kontakt, gegebenenfalls laufender Augenkontakt, Übereinstimmung der persönlichen Ziele und Wertvorstellungen, persönliche Sympathie, Übereinstimmung der menschlichen Verhaltens- und Ausdrucksweisen (Sprache, Lebensformen, Hobbys), gemeinsame Absonderung gegenüber anderen Gruppen durch Identifikationsmerkmale (Kleidung, Abzeichen, Gruppensymbole, Haartracht).

12. Jeder Mensch gehört informellen Gruppen an. Informelle Gruppen im Unternehmen sind weder vermeidbar noch von vornherein negativ zu beurteilen. Im Gegenteil: sie können für den Bestand des Unternehmens lebenswichtig sein. Auch der Vorgesetzte gehört vielfach informellen Gruppen aus mehreren Mitgliedern des Unternehmens (Kollegen) an. Das Unternehmen kann derartige informelle Gruppen begünstigen (positive Haltung zu gesellschaftlichem Kontakt unter den Vorgesetzten, Werks-Kegelclubs usw.) oder ihnen eher ablehnend gegenüberstehen.

13. Führung bedeutet, die Wirkungen einer positiv eingestellten informellen Gruppe (Füllen der Lücken der formellen Organisation!) für die Ziele der Unternehmung zu nutzen und die Wirkungen einer negativ eingestellten informellen Gruppe auszuschließen. Mittel: Erziehung, Überzeugung, Spaltung der informellen Gruppe durch Belohnung, Bestrafung einzelner, Auflösung der informellen Gruppe durch Versetzung oder Entlassung einzelner Mitglieder der informellen Gruppe (Rädelsführer).

14. Die These von Blake und Mouton, daß optimales Führungsverhalten durch die 9,9-Position im Verhaltensgitter bezeichnet wird, erscheint problematisch. Abweichungen von dieser Position können branchen-, funktions- oder situationsbedingt notwendig sein.

15. Rechtzeitige und offene Information der Mitarbeiter ist ein entscheidendes Instrument der Personalführung, insbesondere bei geplanten Betriebsverlagerungen. Information der Mitarbeiter über die Entscheidungsalternativen und Planungsüberlegungen und über die noch bestehenden Unsicherheiten ist ein wirksameres Führungsinstrument als Schweigen.

16. In der dialektischen Auseinandersetzung sind folgende Gegenstrategien (und korrespondierende Strategien) zu unterscheiden: Aufteilen und Spalten (Solidarisieren), Aufschnüren von Argumentationspaketen (Verbindung von akzeptablen und nicht akzeptablen Argumenten zu einem Paket), systematische Analyse (exemplarisches Lernen), laterale Reak-

tion, vermeiden, Textentwürfe und Vorschläge aufzugreifen, andere Vorschläge unterbreiten (Textentwürfe, Resolutionsanträge unterbreiten), die „offene" Gesellschaft überzeugt begründen und vertreten (Widersprüche des Systems aufzeigen), unberechenbar und phantasievoll reagieren (Agitation), Kommerzialisierung der Subkulturattribute (revolutionäre Subkulturen der Protestgeneration durch Kleidung und soziale Attribute pflegen), marktwirtschaftliche Änderungen als permanente Revolution durchsetzen (System revolutionär verändern).

17. Es ist glaubwürdiger, sich jeder Argumentation zu stellen, als eine Diskussion abzuwürgen. Die Strategien, wie man sich der Diskussion stellt, reichen von dem Versuch, die Gegengruppe in der Diskussion aufzubrechen und gegeneinander auszuspielen, über die Technik der Rückfrage bis zur Umkehrung der Beweislast.

18. In der agitatorischen Diskussion um die Rolle des Gewinns in der Marktwirtschaft gegenüber dem Vorwurf individueller Profitinteressen ist darauf hinzuweisen, daß Gewinnerzielung als Voraussetzung für die Sicherheit von Arbeitsplätzen, für die Erfüllung öffentlicher Aufgaben (über Steuerzahlung) erforderlich ist. Gewinn ist Indikator und Motor des technischen Fortschritts. Gewinnerzielung in einer Marktwirtschaft ist gesellschaftlich notwendig, weil die knappen Ressourcen schnell in die besten Verwendungen geleitet werden und so ein Maximum an sozialer Wohlfahrt entsteht. Diese gesellschaftlichen Aufgaben des Gewinns werden nicht erzielt, wenn Märkte monopolistisch beherrscht (Kartelle, marktbeherrschende Unternehmen) oder der Wirksamkeit der Marktgesetze entzogen (Nulltarif) werden.

19. Für die weit überwiegende Mehrzahl der Mitarbeiter ist kennzeichnend, daß sie mehr Information vom Unternehmen und durch den Vorgesetzten fordern.

20. Die „kritische Gesellschaft" stellt besondere Anforderungen an die Vorgesetzten. Das Wort „kritisch" bezeichnet dabei die Forderung nach aktiven Informationsstrategien, nach allgemeiner und objektiver, nicht gefilterter Information, die Forderung nach aufgabenbezogener Organisationsgliederung und nach objektiven Beurteilungskriterien.

21. Führungsprobleme dürfen vom Vorgesetzten nicht nur aus seiner Perspektive angegangen werden. Entscheidend ist es, daß er die Probleme aus der Perspektive des Betroffenen sieht.

22. Widerstände gegen Verbesserungen und Änderungen im Unternehmen können durch organisatorische Änderungen überwunden oder gebrochen werden.

23. Widerstände gegen Verbesserungen und Änderungen im Unternehmen, die vordergründig von einem Mitarbeiter ausgehen, können ihren Grund in einem Fehlverhalten des Vorgesetzten haben.

Zusammenfassende Thesen

24. Die Kontrolle von Mitarbeitern ist nicht nur ein Recht des Vorgesetzten, sondern auch ein Recht des Mitarbeiters. Nur in einem Kontrollsystem kann objektiv die Basis für Belobigungen und allgemeine Anerkennung seiner Leistung geschaffen werden.

25. Den Vorgesetzten trifft gegenüber Mitarbeitern, die nicht mehr die erforderliche Leistung erbringen, eine besondere Verantwortung.

26. An der Personalplanung als einem wichtigen Bestandteil der Personalführung hat der Fachvorgesetzte nachdrücklich mitzuwirken.

27. Stellenbeschreibungen und analytische Arbeitsplatzbewertungen sind ein notwendiges Führungsinstrument. Die Schwierigkeiten, diese Instrumente so präzise zu formulieren, daß kollisionsfreie Regelungen entstehen, liegen auf der Hand.

28. Personalplanung läßt sich verläßlich nur für ein bis zwei Jahre durchführen. Soweit in der Personalführung längere Zeiträume bedeutsam sind (Sorge um den Bestand und Inhalt des Arbeitsplatzes), läßt sich dieses Problem nicht durch Personalplanung lösen.

29. Die Personalplanung nach § 92 BetrVerfG umfaßt nicht die Personalbudgetplanung.

30. Die Personalabteilung hat den Fachvorgesetzten in seinen Führungsaufgaben dadurch zu unterstützen, daß sie jederzeit erreichbar und in der Lage ist, umgehend befriedigende Auskünfte zu geben.

31. Personalführung bei stärkeren Schwankungen des Geschäftsverlaufs (zeitlich und abteilungsspezifisch) läßt sich stärker, als bisher gemeinhin angenommen wird, durch Personaleinsatzplanung bewältigen. Das personale Element der Personalführung (Umsetzung durch persönliches Gespräch) ist aber bei sehr kurzfristigen Schwankungen unverzichtbar. Es erfordert nicht nur menschliches Geschick, sondern auch die Bereitschaft der Fachvorgesetzten (Abteilungsleiter), im Gesamtzusammenhang des Unternehmens und nicht nur an die eigene Abteilung zu denken.

32. Beurteilungen von Mitarbeitern sind nur sinnvoll, wenn der Beurteilende den Beurteilten mindestens ein Jahr lang kennt.

33. Ständige Beobachtungen sind ebenso notwendig wie ständige Beurteilungen, damit der Mitarbeiter bei dem eigentlichen Beurteilungsgespräch nicht überrascht ist.

34. Hauptfeind einer objektiven Beurteilung von Mitarbeitern sind Sympathie und Antipathie, Zeitdruck, unter dem die Beurteilung fertiggestellt wird, die Tendenz zur Nachsicht, Unnachgiebigkeit, Unverbindlichkeit und Strenge. Der Hang zur Verallgemeinerung von einzelnen Ereignissen und zu Übertreibungen ist auf den höheren Ebenen viel häufiger als auf den unteren.

35. Die Frage, ob für alle Mitarbeiter eines Unternehmens ein einheitliches Beurteilungsformular verwendet werden sollte oder ob ein aufgabenspezifisches Beurteilungssystem sinnvoll ist, ist nicht generell entscheidbar.

36. Beurteilungen sollten mit dem Vorgesetzten des Beurteilenden ebenso durchgesprochen werden wie mit dem Beurteilten. Beide haben das Recht zum Widerspruch und müssen dies schriftlich auf der Beurteilung zum Ausdruck bringen können.

37. Sieben Beurteilungsstufen, die Anwendung der Normalverteilung auf die Gesamtbeurteilung aller Mitarbeiter und das Ranking der Mitarbeiter sind wichtige Elemente des Beurteilungssystems.

38. Der Vorgesetzte des Beurteilenden sollte auf dem Beurteilungsbogen einen Vermerk anbringen, aus dem hervorgeht, ob der Beurteilende mild, normal oder streng urteilt.

39. Eine Selbstbeurteilung der Mitarbeiter als Vorbereitung des Beurteilungsgespräches hat mehr Vorteile als Nachteile.

40. Da es kein theoretisch richtiges und allgemein verbindliches Beurteilungsschema für Mitarbeiter gibt, sind sehr verschiedene Beurteilungsverfahren zwischen verschiedenen Unternehmen denkbar und vertretbar. Innerhalb eines Unternehmens aber muß ein einziges Beurteilungsverfahren existieren und von allen Beurteilenden in gleicher Weise gehandhabt werden.

41. Systeme zur Beurteilung von Vorgesetzten durch die Mitarbeiter sind zurückhaltend zu betrachten. Es erscheint zweckmäßiger, das Führungsverhalten durch den nächsthöheren Vorgesetzten im Rahmen der Personalbeurteilung mitzuerfassen. Andere Wege zur Beurteilung von Vorgesetzten sind Gruppendiskussionen und individuelle Diskussionen. Mindestens einmal im Jahr sollten in einem freimütigen Gespräch die Probleme angesprochen werden, die sich aus dem Führungsverhalten des Vorgesetzten ergeben.

Für die Beurteilung von Vorgesetzten ist eine Atmosphäre des Vertrauens unabdingbare Voraussetzung. Um eine solche Atmosphäre zu schaffen, müssen Privilegien, Titel und Statussymbole abgeschafft werden. Freie Kommunikation zwischen allen Unternehmensangehörigen muß zulässig sein. Eine Bindung der Kommunikationswege an das Weisungssystem ist abzulehnen.

42. Die Einstellung von Mitarbeitern erfordert eine Grundeinstellung: Wem jede Abweichung vom Durchschnitt lästig ist, der wird in seiner Einstellungspolitik langfristig nicht erfolgreich sein.

43. Bei der Einstellung von Mitarbeitern wäre es kurzsichtig, die Ahnungslosigkeit von Bewerbern auszunutzen. („Wenn Personal zu billig eingekauft wird, verdirbt die Ware!")

44. Die Einstellung eines Mitarbeiters ist wesentlicher Bestandteil der Führungsaufgabe des Fachvorgesetzten. Die erfolgreiche Einstellung setzt die Klärung der Tätigkeit durch Stellenbeschreibung, die Bestimmung der Anteile der Tätigkeitsarten Verwaltung, Problemlösung, Führung, Verhandlung sowie die Kenntnis des sozialen Feldes voraus, in das der einzustellende Mitarbeiter hineinkommt.

45. Für unterschiedliche Merkmale des Lebenslaufs eines Bewerbers (z. B. häufiger Stellenwechsel) sind unterschiedliche Erklärungen denkbar. Konsistenzprüfungen und Cross Checks der Einstellungsunterlagen sind erforderlich, um die wahren Gründe zu ermitteln.

46. Allgemeine Check-Listen für das Einstellungsgespräch sind wenig sinnvoll. Dagegen ist es zweckmäßig, für jedes Einstellungsgespräch gezielt eine Liste mit Fragen vorzubereiten.

47. Der Einstellungsvertrag sollte auch klare Verhältnisse über die Aufstiegsmöglichkeiten im Unternehmen schaffen.

48. Der private Bereich des Bewerbers ist zu respektieren.

49. Der Erfolgreiche ist belastbarer als der weniger Erfolgreiche. Wer seine Mitarbeiter ständig in stark belastenden Situationen führen muß, kann dies auf die Dauer nur dann, wenn er seinen Mitarbeitern Erfolgserlebnisse vermittelt.

50. Eine aggressive Personalpolitik kann sich deshalb als vorteilhaft erweisen, weil Regelungen in Betriebsvereinbarungen vereinbart werden können, die zu einem späteren Zeitpunkt, wenn sich auch bereits eine Meinung bei den Sozialpartnern gebildet hat, schwer erreichbar erscheinen.

51. Sofern es vom Unternehmen erlassene spezifische oder allgemeine Regelungen gibt, ist es nicht in das Belieben des Fachvorgesetzten gestellt, für seine Mitarbeiter eine andere Regelung zu treffen. Nur soweit solche organisatorischen Regelungen nicht bestehen, ist der Fachvorgesetzte frei.

52. Soweit Privilegien im Unternehmen argumentativ gerechtfertigt werden können, sind sie aufrechtzuerhalten. Soweit Mitarbeiter ihre Abschaffung fordern, ist ihnen deutlich zu machen, daß sie von einem falsch verstandenen Demokratieverständnis ausgehen.

Soweit Privilegien der einen Gruppe im Unternehmen sich nachteilig für andere Gruppen im Unternehmen auswirken, können sie nicht aufrechterhalten werden. Für die Personalführung ist es wichtig zu erkennen, daß in Zukunft Mitarbeiter immer stärker die Motivation für ihre Arbeit in der Arbeit selbst suchen werden und finden müssen. Job-Enrichment-Programme, Zusammenfassung von mehreren Tätigkeiten, Erklärung des Sinnzusammenhangs von Arbeit, Schaffung von sinnerfüllter Arbeit sind wesentliche Motivationshilfen.

53. Die Beteiligungsrechte des Betriebsrats bei Kündigung von Mitarbeitern erschweren die Personaldisposition der Betriebe. Diese Schwierigkeiten, die das neue Betriebsverfassungsgesetz gebracht hat, sollten von den Unternehmen jedoch akzeptiert und in konstruktivem Sinne in Führungsverhalten umgesetzt werden.

54. Das Recht auf vorläufige Weiterbeschäftigung eines Mitarbeiters, dem gekündigt worden ist, bringt erhebliche Störungen in den Betriebsablauf. Vielfach wird man einen zweiten Mitarbeiter daneben einstellen müssen.

55. Pensionierungen stellen einen erheblichen Einschnitt im Leben des Mitarbeiters dar. Die Unternehmen tragen die Verantwortung dafür, ihre Mitarbeiter auf die Pensionierung vorzubereiten. Ob dies durch Karriereauslaufpläne geschehen könnte, läßt sich gegenwärtig noch nicht abschließend feststellen. In der Vorbereitung auf das Alter müssen rechtzeitig diejenigen Fähigkeiten geübt werden, die nicht altersbedingt abgebaut werden.

56. Die Frage, ob die Unternehmen auch Führungsverantwortung für ihre Mitarbeiter nach der Pensionierung haben, ist umstritten. Beraterverträge, Systeme der allmählichen Pensionierung, der Pensionierung auf Raten und altersspezifische Beschäftigung stellen personalpolitische Möglichkeiten dar. Ein „dritter Ausbildungsgang" sollte geschaffen werden: Alt werden muß gelernt sein. Einige Unternehmen haben ein Kurssystem über die Frage: Wie sieht mein Leben im Alter aus? Derartige Ansätze erscheinen nachahmenswert.

57. Die Planung der Aus- und Fortbildung von Mitarbeitern ist nicht nur Aufgabe der Personalabteilungen. Der Fachvorgesetzte hat auch diese Instrumente systematisch als Führungsinstrumente einzusetzen.

58. Es ist ein Zeichen schlechten Führungsverhaltens, wenn Vorgesetzte Zurückhaltung üben, Mitarbeiter für Fortbildungsmaßnahmen zu melden, aus Sorge, es könne der Eindruck entstehen, als hätten sie zu viel Personal.

59. Besondere Anforderungen an die Führungsqualitäten von Vorgesetzten stellt es, Mitarbeiter, die an Fortbildungsveranstaltungen teilgenommen haben, aktiv und innovatorisch in die Mitarbeitergruppe wieder zu integrieren. Ihnen ist Gelegenheit zu geben, die erworbenen Kenntnisse und Fähigkeiten in ihrer Arbeit anzuwenden.

60. Die Stufenpläne in der beruflichen Ausbildung haben sich als Instrument bewährt, auch Sonderschüler, Schulabbrecher und weniger begabte junge Menschen zu einer beruflichen Qualifikation zu führen.

61. Bei der (zum Teil auch in der Öffentlichkeit ideologisch geführten) Diskussion um Fragen der beruflichen Aus- und Weiterbildung geht es vielfach nur vordergründig um Sachfragen und Probleme der Optimierung von Lernprozessen. Im Kern geht es um Machtfragen des Einflusses verschiedener gesellschaftlicher Gruppen auf die Ausbildungsinhalte.

62. Fragen der beruflichen Erstausbildung werden heute vielfach auch als Ansatzpunkt der Systemüberwindung gesehen. Strategien, mit denen derartigen Versuchen begegnet werden kann, sind der Nachweis, daß die Diskussionsgegner nicht auf dem Stand der gegenwärtigen sozialistisch-marxistischen Theorie stehen, sondern sich der Terminologie und der Argumente des frühen Marxismus bedienen. Eine zweite Strategie besteht darin, eine methodische Unsauberkeit in den Rechenbeispielen (am Beispiel der Berechnung von Nettoausbildungserträgen) nachzuweisen.

63. Die Verstärkung der Aufgaben des Betriebsrats durch das neue Betriebsverfassungsgesetz hat zu einer zweiten Führungshierarchie im Unternehmen geführt.

64. Die wichtigste Strategie im Arbeitskonflikt ist die richtige Informationstätigkeit und die Praktizierung eines richtigen Führungsverhaltens im Unternehmen. Schlechtes Führungsverhalten ist ein guter Resonanzboden für wilde Streiks.

65. Es sollte das Ziel der Personalführung sein, daß die Mitarbeiter, die gewerkschaftlich organisiert sind, sich auch gewerkschaftlich engagieren.

66. Führung im Arbeitskonflikt erfordert, daß die Führungskraft keine Emotionen sichtbar werden läßt. Grundsatz muß in diesen Situationen sein, sich selbst so zu verhalten, daß nach Beendigung des Arbeitskonflikts wieder eine vertrauensvolle Zusammenarbeit möglich ist.

67. Die Auseinandersetzung mit gesellschaftspolitischen Argumenten macht an den Werkstoren nicht mehr halt.

68. Der Betrieb als ein soziales Gebilde stellt einen wichtigen Erziehungsfaktor dar. Er prägt die Verhaltens- und Denkweisen, und diese Prägung wirkt auch in das private und gesellschaftliche Leben der Mitarbeiter hinein. Diese Verhaltens- und Denkweisen lassen sich nicht am Fabriktor ablegen. Soziale Verantwortung des Unternehmens bedeutet daher, daß den Mitarbeitern auch während und in der Arbeitszeit die Chance bleibt, sich selbst frei zu verwirklichen. Die Aufgaben, die den

Mitarbeitern gestellt werden, müssen menschlich sinnvoll gestaltet werden. Das Unternehmen braucht nicht so sachbestimmt gesehen zu werden, daß es sich gegen eine Selbstbestimmung des Arbeiters stemmen müßte.

69. Ein besonderer Betätigungsspielraum bietet sich für den Unternehmer im Bereich der sozialen Dienste. Dieser Bereich wird in der Gemeinde und im Betrieb in Zukunft erheblich größere Bedeutung erhalten. Einen Beitrag zum Ausbau und zur Verbesserung dieser Wirtschafts- und Gesellschaftsordnung zu leisten, ist die soziale Verantwortung und die Funktion des Unternehmers.

70. Die Unternehmen müssen vor allem in der täglichen Führungsaufgabe wirken. Sie müssen die Betriebs- und Abteilungsversammlungen als Chance verstehen und nutzen. Soziale Verantwortung ist personale Verantwortung im Unternehmen und äußert sich im Führungsstil.

Quellennachweis für die abgedruckten Fälle

Fall	Autor	Copyright
Charles Bullard A	Rosenberg/ Seiler	The President and Fellows of Harvard College 1968. All rights reserved. The original case, No. ICH13H42 EA-A 581, entitled Charles Bullard A from which this translation was made was prepared by D. Rosenberg under the direction of Professor J. Seiler of the Harvard University Graduate School of Business Administration as the basis for class discussion rather than to illustrate either effective or ineffective handling of an administrative situation. Translated 1970 with permission by D.M. Büchi under the direction of Professor H. Fischer of the Eidgenössische Technische Hochschule in Zürich. Harvard does not take responsibility for the accuracy of the translation. Überarbeitete Übersetzung 1975 von Professor H. Albach.
Charles Bullard B	Rosenberg/ Seiler	The President and Fellows of Harvard College 1968. All rights reserved. The original case, No. ICH13H43 EA-A 582, entitled Charles Bullard B from which this translation was made was prepared by D. Rosenberg under the direction of Professor J. Seiler of the Harvard University Graduate School of Business Administration as the basis for class discussion rather than to illustrate either effective or ineffective handling of an administrative situation. Translated 1970 with permission by D.M. Büchi under the direction of Professor H. Fischer of the Eidgenössische Technische Hochschule in Zürich. Harvard does not take responsibility for the accuracy of the translation. Überarbeitete Übersetzung 1975 von Professor H. Albach.
Der junge Vorgesetzte	Gabelin	Universitätsseminar der Wirtschaft 1972.*[1]
Der Reviersteiger	Albach	Universitätsseminar der Wirtschaft 1973.*
Kronkorken AG	Klimant	Universitätsseminar der Wirtschaft 1972.*
Das neue Formular	Albach	Universitätsseminar der Wirtschaft 1972.*

1) Das Zeichen * bedeutet: Alle Rechte der Vervielfältigung oder Verwendung des Falles (auch auszugsweise) vorbehalten.
Die Fälle des Universitätsseminars der Wirtschaft sind so entwickelt, daß sie als Grundlage für Diskussionen in den Seminaren für Führungskräfte geeignet sind. Es ist nicht Zweck der USW-Fälle, Beispiele für gute oder für schlechte Führungsentscheidungen im Unternehmen zu geben.

Quellennachweis für die abgedruckten Fälle

Fall	Autor	Copyright
Konwert AG	Hansen/ Greyser	The President and Fellows of Harvard College 1965. All rights reserved. The original case, No. HP 610, entitled Boswell Corporation from which this translation was made was prepared by J.J. Hansen and S. Greyser under the direction of Professor S. Greyser of Harvard University Graduate School of Business Administration as the basis for class discussion rather than to illustrate either effective or ineffective handling of an administrative situation. Translated 1969 with permission by Professor H. Albach of Universitätsseminar der Wirtschaft of Cologne (Germany). Harvard does not take responsibility for the accuracy of the translation. Die Übersetzung ist auch in dem Buch von Macharzina, K. und L. von Rosenstiel, Führungswandel in Unternehmung und Verwaltung, Wiesbaden 1974, S. 261, erschienen.
Der Übergangene	Albach	Universitätsseminar der Wirtschaft 1976.*
Der Diebstahl	Albach	Universitätsseminar der Wirtschaft 1972.*
Das Verhältnis	Albach	Universitätsseminar der Wirtschaft 1972.*
Die Zahnschmerzen	Albach	Universitätsseminar der Wirtschaft 1973.*
Der Agitator	Albach	Universitätsseminar der Wirtschaft 1972.*
Häusliche Schwierigkeiten	Albach	Universitätsseminar der Wirtschaft 1976.*
Klöckner Starkstrom GmbH	Albach/Liebig	Universitätsseminar der Wirtschaft 1974.*
Birch Paper	Poensgen	Von Poensgen vorgenommene Zusammenfassung einer gleichnamigen Fallstudie aus: Anthony, R.N., J. Dearden und R.F. Vancil, Management Control Systems, Cases and Readings, Homewood, Ill. 1965, S. 276—278, in: Poensgen, O.H., Geschäftsbereichsorganisation, Opladen 1973, S. 483 f.
Deutsche Lufthansa AG	Domsch/Albach/ Kremeier	Universitätsseminar der Wirtschaft 1971.*
Sussex Oil Company	Learned/Glover	The President and Fellows of Harvard College 1947. All rights reserved. The original case, No. 9-446-002 EA-A 1, entitled Sussex Oil Company from which this translation was made was prepared by Professors E.P. Learned and J.D. Glover of Harvard University Graduate School of Business Administration as the basis for class discussion rather than to illustrate either effective or ineffective handling of an administrative situation. Translated 1969 with permission by H. Ulich under the direction of Professor E. Ulich of the Technische Universität Berlin. Harvard does not take responsibility for the accuracy of the translation. Translation revised 1970.

Quellennachweis für die abgedruckten Fälle

Fall	Autor	Copyright
Die Umorganisation	Albach	Universitätsseminar der Wirtschaft 1976.*
Planung eines neuen Bürohauses	Uhl	Universitätsseminar der Wirtschaft 1973.*
Meßtechnisches Ingenieurwesen	Albach	Universitätsseminar der Wirtschaft 1976.*
Die Nachlackierung	N.N./Albach	Universitätsseminar der Wirtschaft 1973.*
Die Versuchswagen	N.N./Albach	Universitätsseminar der Wirtschaft 1973.*
Bob Knowlton A, B	Bavelas/ Rubinstein/ Shepard	These cases were prepared by Professor A. Bavelas, A.H. Rubinstein and H.A. Shepard for courses in Management of Research and Development conducted at the School of Industrial Management, Massachusetts Institute of Technology, Cambridge, Mass., and are used with their permission. Translated with permission by H. Ulich under the direction of Professor E. Ulich of the Deutsche Sporthochschule Köln and the University of Heidelberg.
Der Fahrstuhl	Albach	Universitätsseminar der Wirtschaft 1972.*
Die Sachbearbeiterinnen	Albach	Universitätsseminar der Wirtschaft 1973.*
Der Fleißige	Albach	Universitätsseminar der Wirtschaft 1976.*
Die Kantine	Albach	Universitätsseminar der Wirtschaft 1973.*
Synthetics AG	Krista	Universitätsseminar der Wirtschaft 1972.*
Die verdorbene Charge	Albach	Universitätsseminar der Wirtschaft 1973.*
Der Sicherheitsingenieur	Albach	Universitätsseminar der Wirtschaft 1974.*
Der Bullige	Albach	Universitätsseminar der Wirtschaft 1976.*
Der Choleriker	Albach	Universitätsseminar der Wirtschaft 1976.*
Die Schichtarbeiter	Albach	Universitätsseminar der Wirtschaft 1976.*
Der Betriebsführer	Albach	Universitätsseminar der Wirtschaft 1976.*
Josiah Doncaster & Co., Ltd.	Murray	Professor H. Murray, London Business School. Deutsche Übersetzung von Wulff Plinke, Seminar für Angewandte Wirtschaftslehre der Ruhr-Universität Bochum.
Sombart AG	Domsch/Roese	Universitätsseminar der Wirtschaft 1970.*
Die Mitarbeiterinformation	Albach	Universitätsseminar der Wirtschaft 1973.*
Die Diskussion	Albach	Universitätsseminar der Wirtschaft 1972.*
Der Schlüssel	Albach	Universitätsseminar der Wirtschaft 1972.*

Quellennachweis für die abgedruckten Fälle

Fall	Autor	Copyright
Der Bummler	Albach	Universitätsseminar der Wirtschaft 1976.*
Transportkarre	Albach	Universitätsseminar der Wirtschaft 1976.*
Quellenhof	Albach	Universitätsseminar der Wirtschaft 1973.*
Chemikalien AG, A, B, C	Albach	Universitätsseminar der Wirtschaft 1973.*
Der Abteilungsleiter	Albach	Universitätsseminar der Wirtschaft 1973.*
Der Vorsichtige	Albach	Universitätsseminar der Wirtschaft 1972.*
Der Leistungsabfall	Gabelin	Universitätsseminar der Wirtschaft 1972.*
Laborant Meier	Albach	Universitätsseminar der Wirtschaft 1976.*
Felix Unzufrieden	Albach/Reuter	Universitätsseminar der Wirtschaft 1972.*
Der Sinneswandel	Albach	Universitätsseminar der Wirtschaft 1972.*
Weibliche Vorgesetzte	Horvath/Albach	Universitätsseminar der Wirtschaft 1972.*
Fluktuation	Heins	Universitätsseminar der Wirtschaft 1972.*
Der Gast	Albach	Universitätsseminar der Wirtschaft 1973.*
Fräulein Nellung A, B	Albach	Universitätsseminar der Wirtschaft 1973.*
Einstellungsstopp	Uhl	Universitätsseminar der Wirtschaft 1973.*
Kaufhaus AG	Albert/Domsch	Universitätsseminar der Wirtschaft 1973.*
Deutsche Fina GmbH	Domsch/Mohr	Universitätsseminar der Wirtschaft 1973.*
Gehaltsgruppen bei Einkäufern	Albach/Schwarz	Universitätsseminar der Wirtschaft 1972.*
Der Brasilianer	Albach	Universitätsseminar der Wirtschaft 1976.*
Preuß AG A, B	Albach/Schmidt/ v. Weitershausen	Universitätsseminar der Wirtschaft 1974.*
Interne Stellenausschreibung	Albach/Wuttke/ Gabelin	Universitätsseminar der Wirtschaft 1973.*
Integrated Circuits GmbH	Scharrer/Gabelin	Universitätsseminar der Wirtschaft 1973.*
Der Lagermeister	Leeven	Universitätsseminar der Wirtschaft 1972.*
Der Markttester	Gabelin	Universitätsseminar der Wirtschaft 1972.*
Das Plagiat	Albach	Universitätsseminar der Wirtschaft 1973.*
Der Schichtführer	Albach	Universitätsseminar der Wirtschaft 1976.*
Der Verlobte	Albach	Universitätsseminar der Wirtschaft 1974.*
Das Einstellungsgespräch	Albach	Universitätsseminar der Wirtschaft 1976.*
Die Vertragsklausel	Albach	Universitätsseminar der Wirtschaft 1972.*

Quellennachweis für die abgedruckten Fälle

Fall	Autor	Copyright
Krupp Stufenplan	Bärsch/Greve/Gabelin	Universitätsseminar der Wirtschaft 1972.*
Ausbildung statt Ausbeutung	Albach/Gabelin	Universitätsseminar der Wirtschaft 1973.*
Die Gehaltsliste	Albach	Universitätsseminar der Wirtschaft 1972.*
Der Kandidat	Gabelin	Universitätsseminar der Wirtschaft 1972.*
Die Frühstückspause	Gabelin	Universitätsseminar der Wirtschaft 1972.*
Sempertreu AG	Albach	Universitätsseminar der Wirtschaft 1973.*
Sprecherausschuß A, B	Albach	Universitätsseminar der Wirtschaft 1972.*
Der Vertriebsleiter	Albach	Universitätsseminar der Wirtschaft 1973.*
Hessische Chemiewerke AG	Albach	Universitätsseminar der Wirtschaft 1973.*
Precisia GmbH	Leeven	Universitätsseminar der Wirtschaft 1972.*
Pakaleman Ltd., Lahore	Albach	Universitätsseminar der Wirtschaft 1973.*

Der Beitrag „Die altersbedingte Entlassung von Mitarbeitern aus ihrer Führungsaufgabe" wurde von Dieter Sadowski, Bonn, verfaßt.

Literaturverzeichnis

AGP (Hrsg.), Humanisierung der Arbeitswelt, Köln 1975

Albach, H., Zur Theorie der Unternehmensorganisation, in: ZfhF 1959, S. 268

Albach, H., Die Koordination der Planung im Großunternehmen, in: Schneider, E. (Hrsg.), Rationale Wirtschaftspolitik und Planung in der Wirtschaft von heute, Berlin 1967

Arndt/Faßbender/Hellwig, Weiterbildung wirtschaftlicher Führungskräfte an der Universität, Düsseldorf-Wien 1968

Back, K. W., The Ambiguity of Retirement, in: Busse, E. W. und E. Pfeiffer (Hrsg.), Behavior and Adaption in Later Life, Boston 1969, S. 110

Bergedorfer Gesprächskreis zu Fragen der freien industriellen Gesellschaft: Wo bleiben die alten Menschen in der Leistungsgesellschaft? Interdisziplinäre Diskussion in der Gerontologie, Protokoll Nr. 43, Hamburg 1972, S. 21

Bergler, R., Kommunikation und Kommunikationsmodelle, in: Technische Mitteilungen 4, 1974

Bergler, R., Welche Bedeutung hat die wachsende Distanz zwischen Führenden und Geführten für die Willensbildung im Unternehmen?, in: Albach, H. und D. Sadowski (Hrsg.), Die Bedeutung gesellschaftlicher Veränderungen für die Willensbildung im Unternehmen, Schriften des Vereins für Socialpolitik, NF Band 88, Berlin 1976, S. 117

Biedenkopf, K. H., Mitbestimmung im Unternehmen, Vortrag, gehalten vor der Jahresmitglieder-Versammlung der Vereinigung der Arbeitgeber-Verbände Nordrhein-Westfalens am 18. 3. 1970 (vervielfältigtes Manuskript)

Brandstätter, H., Die Beurteilung von Mitarbeitern, in: Handbuch der Psychologie, Bd. 9, Betriebspsychologie, 2. Aufl., Göttingen 1970

Breuer, E., Wann leisten Führungskräfte Optimales?, in: Europäische Industrierevue 1971, Heft 2 (Juni)

Brokmann, W., Der altersadäquate Arbeitseinsatz, Dissertation Berlin 1969

Brun, E., Motivation in der Armee, in: Neue Zürcher Zeitung vom 10. März 1974, S. 37

Bundesminister für Arbeit und Sozialordnung, Gesellschaftliche Daten 1973, 2. Aufl., Bonn 1974

Bundesvereinigung der Deutschen Arbeitgeberverbände (BDA) (Hrsg.), Mitgliederversammlung 1973: Vorträge und Protokolle über die vier Arbeitskreise, Ak. IV: Ältere im Betrieb, Köln 1973

Burgard, H., Materielle und immaterielle Bedingungen der Motivation von Führungskräften, in: ZfB 43 (1973), S. 405

Busse, E. W. und J. M. Kreps, Criteria for Retirement — A Reexamination, in: The Gerontologist 4 (1964), S. 115

Cella, G. P., Humanisierung der Arbeit, in: Friedrichs, G. (Hrsg.), Aufgabe Zukunft: „Qualität des Lebens", Band 8, Frankfurt 1972

Chambers, P., Singer Audits its Social Performance, in: International Management 1974 (September)

Cole, R. E., Permanent Employment in Japan: Facts and Fantasies, in: Industrial and Labor Relations Review 26 (1972/1973), S. 615

Commer, H., Die Unersetzlichen, Hamburg 1972

Cook, P. W., Decentralization and the Transfer-Price-Problem, in: The Journal of Business 28 (1955), S. 87

Dean, J., Decentralization and Intracompany-Pricing, in: Harvard Business Review, July/August 1955, S. 64

Deutsche Gesellschaft für Personalführung (DGFP), Personalpolitik für außertarifliche Angestellte, Neuwied 1970

Deutsche Gesellschaft für Personalführung (DGFP), Einsatz älterer Arbeitnehmer, Neuwied/Berlin 1972

Deutsche Gesellschaft für Personalführung (DGFP), Orientierungsprobleme von Hochschulabsolventen beim Eintritt in die betriebliche Praxis, Neuwied 1972

Dorow, S., Alterssicherung international — Eine vergleichende Studie über die staatliche und betriebliche Altersversorgung in 20 Ländern, Wiesbaden 1970, Fortsetzung in: International Pension Consultants (Hrsg.), State Pension Systems and Private Pension Practice — An International Survey, Wiesbaden 1974

Drüll, D., Erfolgreich bewerben, Handbuch für Aufsteiger und Zukunftsplaner, Frankfurt 1972

Drumm, H. J., Theorie und Praxis der Lenkung durch Preise, in: ZfbF 1972 S. 253

Drumm, H. J., Zu Stand und Problematik der Verrechnungspreisbildung in deutschen Industrieunternehmungen, in: ZfbF 1973, Sonderheft 2, S. 91

Eckardstein, D. von, Laufbahnplanung für Führungskräfte, Betriebswirtschaftliche Schriften, Heft 48, Berlin 1971

Everling, W., Der Verbundeffekt und seine Erfassung, in: BFuP 15 (1963), Heft 4, S. 203

Fartke, R., Warum die Intelligenz-Debatte wieder aufgewärmt wird, in: Psychologie heute 2 (1975), Heft 9, S. 53

Friedlander, F., Job Characteristics as Satisfiers and Dissatisfiers, in: Journal of Applied Psychology 48, 1964

Froemer, F. (Hrsg.), Arbeitshumanisierung, Opladen 1975

Gaitanides, M., Industrielle Arbeitsorganisation und technische Entwicklung, Berlin-New York 1976

Gaugler, E., Instanzenbildung als Problem der betrieblichen Führungsorganisation, Berlin 1966

Gelfand, L. J., Communicate Through your Supervisors, in: Harvard Business Review, November/December 1970, S. 101

Gellermann, S. W., Motivation und Leistung, Düsseldorf-Wien 1972

Gödde, A., Konzernverrechnungspreise in der Stahlindustrie (August-Thyssen-Hütte AG), in: ZfbF 1973, Sonderheft 2, S. 37

Gottschaldt, K., Das Problem der Phänogenetik der Persönlichkeit, in: Handbuch der Psychologie, Bd. 4, Persönlichkeitsforschung und Persönlichkeitstheorie, Göttingen 1960

Gould, J. R., Internal Pricing in Firms where there are Costs of Using an Outside Market, in: The Journal of Business 37 (1964), S. 67

Grandjean, E., Die Bedeutung von Aufgabenerweiterung und Arbeitswechsel, in: Industrielle Organisation 43 (1974), S. 9

Grellert, V., Führungskräfte und Personalpolitik, Frankfurt und Aschaffenburg 1970

Greve, H.-G. und O. Meseck, Klärung des diagnostischen Wertes von Verfahren der psychologischen Eignungsuntersuchung, in: Forschungsberichte des Landes Nordrhein-Westfalen, Nr. 1516, Köln-Opladen 1966

Guilford, J. P., Psychometric Methods, 2. Aufl., New York-Toronto-London 1954

Guserl, R., M. Hofmann, Das Harzburger Modell — Idee und Wirklichkeit und Alternative zum Harzburger Modell, 2. Aufl., Wiesbaden 1976
Gutenberg, E., Unternehmensführung — Organisation und Entscheidungen, Wiesbaden 1962
Häusler, J., Personal-Investitionen nach Plan, in: Plus, Heft 7, 1969
Haire, M., E. H. Ghiselli und L. W. Porter, Managerial Thinking, An International Study, New York-London-Sydney 1966
Haller, W., Zeit ist keine feste Größe — Kurzarbeit für Angestellte, in: manager magazin, Mai 1975, S. 73
Hautekiet, L., The Human Aspect in the Quality Problematics, in: Albach, H. und D. Sadowski (Hrsg.), Die Bedeutung gesellschaftlicher Veränderungen für die Willensbildung im Unternehmen, Schriften des Vereins für Socialpolitik, NF Band 88, Berlin 1976
Heckhausen, H., Hoffnung und Furcht in der Leistungsmotivation, Meisenheim/Glan 1973
Hennenhofer, G. und K. D. Heil, Angst überwinden, Stuttgart 1973
Hertog, F. J. den, und H. C. Kerkhoff, Vom Fließband zur selbständigen Gruppe, in: Industrielle Organisation 43 (1974), S. 405
Herzberg, F., B. Mausner und B. Snyderman, The Motivation to Work, New York 1959
Heyn, P., Verrechnungspreise in der chemischen Industrie (Farbwerke Hoechst AG), in: ZfbF 1973, Sonderheft 2, S. 61
Hinterhuber, H. H., Der Weg zu neuen Formen der Arbeitsorganisation, in: Zeitschrift für Organisation, 1975, S. 426
Hirshleifer, J., Economics of the Divisionalised Firm, in: The Journal of Business 30 (1957), S. 98
Höhn, R., Stellenbeschreibung und Führungsanweisung, Bad Harzburg 1966
Höhn, R., Menschenführung im Handel, 3. Aufl., Bad Harzburg 1969
Höhn, R., unter Mitarbeit von G. Böhme, Führungsbrevier der Wirtschaft, Bad Harzburg 1969
Hubbard, L., Developments in the Field of Preparation for Retirement in the United Kingdom, Paper Presented at the CIGS Conference at Madrid, 17-21 June 1974
Hubbard, L., Preparation for Retirement in Europe, Tiverton, Devon 1974 (vervielfältigtes Manuskript)
Huber-Lutz, P., Neue Formen der Arbeitsorganisation, in: Industrielle Organisation 43 (1974), S. 3
Jegge, D., Darstellung und Vergleich des Harzburger Modells, in: Mitgliederdienst GSB 2/1970
Jungblut, M., Alle unter einem Dach. Die neuen Fabriken von ASEA und Volvo, in: Die Zeit vom 18. Juni 1976, S. 28
Kazmier, L., Einführung in die Grundsätze des Managements, München 1971
Kindlimann, W., Führungsmodelle aus der Sicht des Betriebspsychologen, in: Neue Zürcher Zeitung vom 1. März 1972, S. 87
Kirchner/Rohmert, Ergonomische Leitregeln zur menschengerechten Arbeitsgestaltung, München-Wien 1974
Klauer, K. J., Wie man einen lehrziel-orientierten Test entwickelt, in: Psychologie heute 2 (1975), Heft 2, S. 37
Kreitz, H. J., Führungskräfte richtig bewerten, Düsseldorf-Wien 1969
Kussmann, T., Der Ältere im Betrieb — Die Situation in der Sowjetunion, in: Zeitschrift für Gerontologie 8 (1975), S. 277

Ladner, O., Job Enlargement im Bürobereich, in: Industrielle Organisation 43 (1974), S. 25

Landwehrmann, F., Albring, R. et al., Der Ältere in der industriellen Arbeitswelt, Essen 1974

Lattmann, Ch., Das norwegische Modell der selbstgesteuerten Arbeitsgruppe, Betriebswirtschaftliche Mitteilungen Nr. 56, Bern 1976

Lauterburg, Ch., Motivation durch Aufgabenstrukturierung, in: Industrielle Organisation 42 (1973), S. 554

Lehr, U., Psychologie des Alterns, Heidelberg 1972

Lehr, U., Flexibilität der Altersgrenze — psychologische Aspekte, in: Bayerisches Ärzteblatt 28 (1973), S. 440

Lehr, U., Mitarbeiter, ältere, in: E. Gaugler (Hrsg.), Handwörterbuch des Personalwesens, Stuttgart 1975, S. 1290

Luhmann, N., Politische Planung — Aufsätze zur Soziologie von Politik und Verwaltung, Opladen 1971

Luhmann, N. und R. Mayntz, Personal im Öffentlichen Dienst — Eintritt und Karrieren, Baden-Baden 1973

Mager, R. F. und P. Pipe, Verhalten, Lernen, Umwelt. Weinheim und Basel 1972

Maher, J. R. (Hrsg.), Job Enrichment, Motivierung durch Arbeitsgestaltung, Zürich 1976

Mahler, H. und R. Bisagno, Personaleinsatzplanung im Detailhandel, in: Industrielle Organisation 38 (1969), S. 489

Maslow, A. H., Motivation and Personality, New York 1954

Mc Gregor, D., The Human Side of Enterprise, New York 1960

Mevert, P., Untersuchungen über die Genauigkeit von Multimomentstudien, in: Forschungsberichte des Landes Nordrhein-Westfalen, Nr. 1301, Köln und Opladen 1964

Michel, K. M., und H. Wieser, Arbeitsorganisation — Ende des Taylorismus? Kursbuch 43, Berlin 1976

Mies, W., Arbeitsrationalisierung im Verkauf. Dargestellt an Beispielen aus Verkaufs- und Warenhäusern, Köln 1964

Miner, J. B., und H. P. Dachler, Personnel Attitudes and Motivation, in: Annu. Rev. Psychol. 1973, S. 379

Mitbestimmung im Unternehmen, Bericht der Sachverständigen-Kommission, Stuttgart-Berlin-Köln-Mainz 1970

Moeller, G., Weg vom Fließband, unveröffentlichtes Manuskript vom 3. Oktober 1974

Morse, J. J., und J. W. Lorsch, Beyond Theory Y, in: Harvard Business Review, May/June 1970

Nakane, C., Japanese Society, Berkeley-Los Angeles 1970

Neuberger, O., Anerkennung und Kritik als Führungsmittel, in: Problem und Entscheidung, Heft 3, München 1970, S. 13

Neuberger, O., Experimentelle Untersuchungen von Führungsstilen, in: Problem und Entscheidung, Heft 5, München 1971, S. 50

Neuberger, O., Führungsverhalten und Führungserfolg, Berlin 1976

Poensgen, O. H., Geschäftsbereichsorganisation, Opladen 1973

Poensgen, O. H., Kapazitätspolitik und Verrechnungspreise, März 1973 (vervielfältigtes Manuskript)

Pohl, H. J., Ältere Arbeitnehmer — Ursachen und Folgen ihrer beruflichen Abwertung, Frankfurt-New York 1976

Powers, E., und W. J. Goudy, Examination of the Meaning of Work to Older Workers, in: Ageing and Human Development 2 (1971), S. 28

Pross, H. und W. Boetticher, Manager des Kapitalismus — Untersuchung über leitende Angestellte in Großunternehmen, Frankfurt/M. 1971

Rhee, H. A., Human Ageing and Retirement, International Social Security Association, Genf 1974 (vervielfältigtes Manuskript)

Riecke, H.-G., Die Motivation von Mitarbeitern in der betrieblichen Praxis, Hamburg 1976 (unveröffentlichtes Manuskript)

Rohmert, W. und F. G. Weg, Organisation teilautonomer Gruppenarbeit, Beitrag zur Arbeitswissenschaft, Reihe 1: Angewandte Forschung, Bd. 1, München-Wien 1976, S. 29

Rohracher, A., Einführung in die Psychologie, Wien und Innsbruck 1963

Rosenstiel, L. von, Wandlungen in der Personalführung durch die „autonomen Arbeitsgruppen"?, in: Albach, H. und D. Sadowski (Hrsg.), Die Bedeutung gesellschaftlicher Veränderungen für die Willensbildung im Unternehmen, Schriften des Vereins für Socialpolitik, NF Band 88, Berlin 1976, S. 521

Rosenstiel, L. von, Psychische Probleme des Berufsaustritts, in: H. und R. Reimann (Hrsg.), Das Alter, München 1974, S. 13

Rosenmayr, L., Soziologie des Alterns, in: Bergedorfer Protokoll (1972), S. 86 (siehe Bergedorfer Gesprächskreis)

Roth, G. (Hrsg.), Kritik der Verhaltensforschung, München 1974

Rühl, G., Untersuchungen zur Arbeitsstrukturierung, in: Industrial Engineering 3/1973, S. 147

Rüth, W., Invalide durch Arbeitsstreß, in: Der saarländische Arbeitnehmer 23 (1975), S. 263

Sadowski, D., Eine ökonomische Theorie optimaler Pensionierungspolitik, Dissertation Bonn 1976

Saleh, S., A Study of Attitude Change in the Pre-Retirement Period, in: Journal of Applied Psychology 48 (1964), S. 310

Salis, U. von, Führungsmodelle schweizerischen Ursprungs, in: Neue Zürcher Zeitung vom 1. März 1972

Sarfert, E. C., Führung in Zusammenarbeit mit der Personalabteilung, unveröffentlichtes Manuskript vom 23. Juni 1976

Schall, W., Führungsgrundsätze in Armee und Wirtschaft, in: Das Preußag-Seminar, Heft 3: Führungsgrundsätze in wirtschaftlichen Unternehmen, Hannover 1967, S. 25

Schein, E. H., Process Consultation: Its Role in Organization Development, Reading-Menlo Park-London-Amsterdam-Don Mills-Sydney 1969, S. 64

Schein, E. H., Individuum, Organisation und Karriere, in: Gruppendynamik, Forschung und Praxis, Korrespondenzausgabe des Journal of Applied Behavioral Science 3 (1972), Heft 2, S. 139

Schelsky, H., Die Paradoxien des Alters in der modernen Gesellschaft, in: Schelsky, H., Auf der Suche nach der Wirklichkeit, Düsseldorf-Köln 1965, S. 213

Schmalenbach, E., Pretiale Wirtschaftslenkung, Bd. 2: Pretiale Lenkung des Betriebes, Bremen 1948, S. 12

Schmalenbach, E., Über Verrechnungspreise, in: ZfhF 3 (1908/1909), S. 168

Schoeck, H., Ist Leistung unanständig?, 13 Texte Thesen, 5. erweiterte Auflage, Osnabrück 1975

Schröder, A., System der Wachstumsplanung im Unternehmen, hrsg. von der Prognos AG, München o. J.

Sebastian, A., Das St. Galler Management-Modell, Diplomarbeit Bonn 1974

Shinoda, Y., Auch Monotonie kann human sein, in: Industrielle Organisation 44 (1975), S. 469

Siegelkow, R., Die Reorganisation der IG-Farben-Nachfolger, Diplomarbeit Bonn 1972

Sofer, C., Men in Mid-Career, Cambridge 1970

Solomons, D., Divisional Performance, Measurement and Control, New York 1965

Stevens, S. S., Mathematics, Measurement and Psychophysics, in: Stevens, S. S. (Hrsg.), Handbook of Experimental Psychology, New York-London-Sydney 1964

Streib, G. F. und C. J. Schneider, Retirement in American Society — Impact and Process, Ithaca-London 1971

Taylor, F. W., The Principles of Scientific Management, New York und London 1911; Wiederabdruck als: Taylor, F. W., Scientific Management, 1947

Tews, H. P., Soziologie des Alterns, Heidelberg 1971

The Corporation and its Obligation, An Interview with C. Peter McColough of Xerox Corporation, in: Harvard Business Review, May/June 1975, S. 127

Thomae, H., Das Problem der Konstanz und Variabilität der Eigenschaften, in: Handbuch der Psychologie, Bd. 4, Persönlichkeitsforschung und Persönlichkeitstheorie, Göttingen 1960

Thomae, H. (Hrsg.), Die Motivation menschlichen Verhaltens, 5. Auflage, Köln 1969

Thomae, H. und U. Lehr, Berufliche Leistungsfähigkeit im mittleren und höheren Erwachsenenalter, Göttingen 1973

Ulich, E., Die Erweiterung des Handlungsspielraumes in der betrieblichen Praxis, in: Industrielle Organisation 43 (1974), S. 6

Ulich, E., Neue Arbeitsformen: Eine neue Aufgabe für die Arbeitspsychologie?, in: Brennpunkte 6 (1975), Heft 2, S. 7

Ulich, E., P. Grosskurth und A. Bruggemann, Neue Formen der Arbeitsgestaltung, Frankfurt 1973

Ulrich, H. und W. Krieg, Das St. Galler Management-Modell, Bern 1973

Unternehmer und Bildung, Veröffentlichung der Walter-Raymond-Stiftung, Bd. 10, Köln 1968

Vellmann, K., Das Verrechnungssystem der Henkel-Gruppe, in: ZfbF 1973, Sonderheft 2, S. 69

Vilmar, F. (Hrsg.), Menschenwürde im Betrieb, Reinbek 1973

Vogel, K., Die planerischen Voraussetzungen zur Einführung der neuen Arbeitsformen, in: Industrielle Organisation 43 (1974), S. 15

Vroom, V. H., Work and Motivation, New York 1964

Wanous, J. P., Who Wants Job Enrichment?, in: Advanced Management Journal, Bd. 41 (1976), No. 3, S. 15

Warnecke, H. J., W. Kunerth und H. Graf, Neue Produktionsstrukturen fordern neue organisatorische Lösungen, in: Industrielle Organisation 45 (1976), Heft 1, S. 21

Weber, M., Debattereden auf der Tagung des Vereins für Socialpolitik in Wien 1909 zu den Verhandlungen über „Die wirtschaftlichen Unternehmungen der Gemeinden", in: Gesammelte Aufsätze, Tübingen 1924, S. 412

Weber, M., Wirtschaft und Gesellschaft, Grundriß der verstehenden Soziologie, 4. Aufl., Tübingen 1956

Weil, R., Neue Arbeitsstrukturen in der europäischen Metallindustrie, in: IfaA-Mitteilungen 1974, passim

Wistinghausen, J., Führungsprobleme in wirtschaftlichen Unternehmen, in: Das Preußag-Seminar, Heft 3: Führungsgrundsätze in wirtschaftlichen Unternehmen, Hannover 1967, S. 7

Wojdak, J. F., An Introduction to the External Aspects of Transfer-Pricing, in: The New York Certified Public Accountant, Bd. 37 (1968), S. 341

Wunderer, R., Arbeitsplatzbeschreibung, in: Management-Enzyklopädie, Bd. 1, München 1969, S. 357

Wunderer, R. (Hrsg.), Nachfolgeregelungen für Führungskräfte, München 1973

Namenverzeichnis

Albach, H. 31, 130, 182, 359
Albring, R. 325

Back, K. W. 324, 325, 335
Bergler, R. 182, 253
Biedenkopf, K. H. **42**
Bisagno, R. **387**
Blake, R. R. **581**
Böhme, G. 29
Boetticher, W. 325
Brandstätter, H. 410
Breuer, E. 177
Brokmann, W. 321
Brun, E. 253
Busse, E. W. 325, 330

Cella, G. P. 101
Chambers, P. 246
Clague, E. 338
Cole, R. E. 328
Cook, P. W. 126, 131
Cooley, C. H. 84
Cooper, W. W. 81
Cumming, E. 326

Dahrendorf, R. 84, 86 f.
Dean, J. 126, 131
Degens, A. 331
Dorow, S. 327
Drumm, H. J. 121

Everling, W. 125

Fartke, R. 59
Fayol, H. 235
Friedlander, F. 250
Friedrichs, G. 101

Gaugler, E. 340
Gelfand, L. J. 248
Ghiselli, E. H. 197, 246
Gödde, A. **130**
Gottschaldt, K. 58
Goudy, W. J. 335
Gould, J. R. 126
Gouldner, A. W. 25
Greve, H.-G. 496
Guilford, J. P. 419
Guserl, R. 29
Gutenberg, E. 28, 32, 338, 339

Haire, M. 197, 246
Haller, W. 333

Hautekiet, L. 359
Hearnshaw, L. S. 338
Heckhausen, H. 252 f.
Heil, K. D. 60
Hennenhofer, G. 60
Henry, W. E. 326
Herzberg, F. 203, 249, 250, 335, 362, 363
Heyn, P. 126
Hirshleifer, J. 126
Höhn, R. 29, 178
Hofmann, M. 29
Homans, G. C. 84
Hubbard, L. 337, 338
Hull, C. L. 61

Jegge, D. 29, 31
Jensen, S. 59
Justen, R. 422 ff.

Kesting 89
Kindlimann, W. 29, 31
Klauer, K. J. 59
Kreps, J. M. 330
Krieg, W. 33
Kussmann, T. 328

Landwehrmann, F. 325, 334
Lauterburg, Ch. 102, 103
Lehmann, H. 319
Lehr, U. 319, 321, 322, 323, 329, 338
Lorenz, K. 58
Lorsch, J. W. 252
Luhmann, N. 332, 339

Mager, R. F. 64
Mahler, H. 387
Marcuse, H. 22
Maslow, A. H. 251
Mausner, B. 249
Mayntz, R. 332
McGregor, D. 40
Meseck, O. 496
Mevert, P. 387
Mies, W. 387
Moeller, G. 101, 108

Morse, J. J. 252
Mouton, J. S. 581

Nakane, C. 183
Neuberger, O. 44, 45, 62

Parsons, T. 26
Pawlow, I. P. 60
Pfeiffer, E. 325
Pipe, P. 64
Poensgen, O. H. 125, 126, 130
Pohl, H. J. 323
Porter, L. W. 197, 246
Powers, E. 335
Pross, H. 325

Rhee, H. A. 325, 331
Riecke, H.-G. 103
Rohracher, H. 407
Rosenmayr, L. 336
Roth, G. 58
Rüth, W. 321

Sadowski, D. 182, 359
Saleh, S. 335
Salis, U. von 32, 33
Sarfert, E. C. 246, 356
Schein, E. H. 182, 364
Schelsky, H. 318, 324, 335

Scherhorn, G. 82
Schmalenbach, E. 121
Schneider, C. J. 325
Schneider, E. 130
Sebastian, A. 33, 37
Selznick, P. 24
Siegelkow, R. 125, 126
Skinner, B. F. 61
Snyderman, B. 249
Sofer, C. 334
Solomons, D. 126
Staudacher, H. L. 325
Stevens, S. S. 415
Stirn, H. 88
Streib, G. F. 325

Taylor, F. W. 81, 249, 362
Tews, H. P. 319, 329, 330
Thomae, H. 58, 321
Thorndike, E. L. 61

Ulrich, H. 33

Vellmann, K. 126

Weber, M. 20 ff., 41, 81, 579
Wechsler, D. 319
Wojdak, J. F. 126
Wunderer, R. 178, 339, 356

Stichwortverzeichnis

Ablehnung von Vorgesetzten 86, 93
Abteilungsbildung 91
Agitation 305, 307 ff., 562
ältere Mitarbeiter 317 ff., 341 f., 343, 583
Altersgrenze 327 ff.
Anerkennung 62, 204, 250, 254, 361, 362
Anforderungskurve 82, 331, 411
Arbeitsbedingungen 64, 86, 101, 109, 164, 247
Arbeitsplatzbewertung 562, 583
Arbeitsplatzgestaltung 331
Arbeitssicherheit 228 f., 298, 487
Arbeitszeit 110, 135 ff., 375, 381 f.
—, gleitende 110, 135 ff.
Argumentationszwang 43, 181, 204, 205, 244, 254, 582
aufgabenorientiertes Führungskonzept 26, 31, 33, 37 ff., 55, 67, 179, 209 ff., 367
Ausbildung 66, 373, 494 ff., 507 ff.
Ausbildungsbeihilfe 282, 513
Aushilfskräfte 266, 388, 389 f.
ausländische Mitarbeiter 303, 307 ff., 312, 375, 403
autonome Arbeitsgruppe 103, 359
autoritärer Führungsstil 230, 358
Autorität 24, 43, 67, 82, 178, 184, 197, 203, 332, 362, 580

Beförderung 51 f., 89
Beschreibungsprozeß 409
Beschwerden 87, 236, 242
Betriebsklima 94, 135, 156, 163 ff., 169, 184, 222, 247, 341
Betriebsrat 87, 99, 112, 137, 154, 186, 203, 236, 243, 247, 263, 271, 274, 401, 466, 469, 476, 483, 488, 517 ff., 528, 562, 586, 587
Betriebsvereinbarung 477, 480 f., 585
Betriebsversammlung 300, 308, 538, 588
Beurteilung 121, 254, 360, 405 ff., 421 ff., 459 ff., 496, 582, 583 f.
Bewertungsprozeß 410
Bezugsgruppen 194
Bildungsurlaub 338, 493
Bürokratie 21 ff., 31, 81

Cornell Study of Occupational Retirement 325

Delegation 31, 33, 43, 125, 201, 359
Dienstaufsicht 178, 227
Dienstweg 87
Direktionsrecht 41
Duke Longitudinal Studies 325

Eignung 82, 366, 496
Einstellungen 165, 335
Einstellung von Mitarbeitern 99, 225, 231, 292, 367, 372, 475 ff., 477 ff., 489, 584 f.
Einzelarbeitsplatz 110
Entlassung 95, 99, 225, 310, 473 ff., 485
Erfolgskontrolle 122, 178

Fähigkeiten 82, 180 f., 252
Fehlverhalten 66, 362
Fließband 109
Fluktuation 155, 169, 257, 314, 350, 372, 376
Führungsgrundsätze 178, 186, 187 ff., 202, 244, 358, 579
Führungsstil 33, 38, 44, 182, 185, 197, 225, 230, 258, 351, 357, 367, 392, 581, 588
Führungsverantwortung 29, 202
Funktionsbeschreibung 356

Großraumbüro 170
Gruppenbewußtsein 24, 105, 180, 185

Halo-Effekt (Hof-Effekt, Überstrahlungseffekt) 580
Handlungsverantwortung 29, 202
Harmonie 38, 45
Harzburger Modell 29 f., 200 ff.
Hierarchie 83, 222, 333, 587

Identifikation 85, 89, 92, 132, 400
Informagramm 147 ff., 236 f., 242 f.
Information 30, 33, 62, 122, 146, 181, 202, 235, 275, 290, 355, 519, 528, 546, 552, 581
Informationswert 240, 361
informelle Gruppe 81 ff., 84 ff., 91, 235, 362, 581
Innovationsprozeß 364
Integrität 181, 362

Job Enlargement 102, 586
Job Enrichment 103, 586
Job Rotation 102, 204, 586

Karriere 48, 204, 254, 339, 340, 363 f., 403, 489, 585, 586
Kollegialität 183, 479
Kommunikationssystem 85, 396
Kompetenzen 20, 21
Konditionierung 60
Konflikt 25, 26, 33, 38, 40, 45 f., 86, 90, 125, 184, 307 ff., 324, 332, 356, 531 ff., 557, 587
Konstrukt 417
Kontingenztheorie 252
Kontrolle 24, 30, 33, 44, 68, 69 f., 82, 86, 105, 122, 126, 127 ff., 173, 204, 205, 207, 241, 345, 359, 391, 430, 583
kooperativer Führungsstil 33, 43 f., 64, 199 ff., 358
Koordination 35, 82
Kritik 62, 183, 204, 225, 299, 361, 439
Kündigung 225, 302, 350, 377, 478, 484, 586

Legitimation von Führung 19, 22, 41
Leistungsmotivation 56, 100, 105, 179, 182, 250, 321, 381
leitende Angestellte 522 ff., 526, 527, 528
Lernen
— durch Einsicht 64, 580
— durch Nachahmung 64, 580
— durch Verstärkung 61 f., 580
Lernpsychologie 57, 59 ff., 337, 360, 580
Lohn und Gehalt 64, 220 ff., 231, 362, 368, 520
— als Motivations- oder Hygienefaktor 163, 203, 220, 249, 563
Lohngruppen, Gehaltsgruppen 145, 220, 223, 255, 268, 401
Loyalität 47, 166, 237

Management
— by Delegation 25, 27
— by Exception 27, 200
— by Objectives 27, 173, 200, 468
— by Participation 27, 200
— by Results 27, 74
— by System 25, 27
Menschenbild 40, 81 ff., 198 ff., 206
menschenorientiertes Führungskonzept 27, 31, 37, 179, 209 ff., 367
Mitarbeiterbesprechung 31, 164, 213 ff.
Mitarbeiterentwicklung 142, 242, 251, 429, 435, 466, 484, 586

Mitarbeitergespräch 186, 248, 256, 355, 363, 433
Mitbestimmung 42, 87
Mitbestimmungskommission 42, 579
Mitwirkung 132, 172, 204, 205
Motivation 30, 33, 43, 56, 102, 111, 126, 129 ff., 174, 180, 203, 249, 358
Motivationsinstrumente 62, 63, 98, 102, 122, 163, 203 f., 253 ff., 335, 363, 586

Nachfolger 218, 226, 339, 364, 477
Normen 25, 84, 86, 90

Ordnung (am Arbeitsplatz) 69 ff., 300 f.
Organisations-Veränderung 68, 168, 169 ff., 172, 263 ff., 459 ff., 582
Organogramm 160 f., 237, 394, 399, 460

partizipativer Führungsstil 197 ff., 358
Pausenregelung 521
Pensionierung 317 ff., 343, 586
Pensionskasse 290
Personalabteilung 143, 206, 231, 246, 312 ff., 355, 369, 401, 404, 459 ff., 489
Personalkosten 377 ff., 383
Personalplanung 374, 583
Probezeit 100, 371

rationales Verhalten 88
Regelungen, unpersönliche 25, 90
Reliabilität 416
Rolle 26, 64, 84, 185, 209 ff., 325, 580
Rorschachtest 407

SIB-Modell 29, 32
situativer Führungsstil 72, 180, 252
Sozialbericht 266
soziale Indikatoren 188
Sozialisationsprozeß 364
Sozialplan 269 ff., 276
Sozialwesen 296
Statussymbole 219, 222, 224, 346, 392, 393, 400
Stellenausschreibung 475, 478, 482
Stellenbeschreibung 142, 178, 347, 355, 356 f., 583, 585
Stellenbesetzung 55, 284, 366, 483
Stellvertreter 487
Stereotypien 319
St. Galler Management-Modell 29, 33 f.
Streik 310, 534 ff., 562, 563 ff.
Stufenausbildung 494 ff., 587
Synergie 35, 339

Tarifvertrag 278 ff., 401, 519, 533 ff., 560
Teamarbeit 205

Unternehmensziele 36, 192

Validität 417
Verhaltensänderung 57 ff., 69 ff.
Verhaltenserwartungen 82, 92, 177 ff.
Verhaltensgitter 581
Verrechnungspreise 121 ff., 133 ff.
Versetzung 97, 366, 478, 581
Verwarnung 345, 487
Vorbild 200
Vorschlagswesen 256, 303, 305

Wahrnehmungsprozeß 406 ff., 580
weibliche Führungskräfte 349
Weiterbildung 204, 242, 247, 332, 363, 403
Wertvorstellungen 35, 252

Ziele 47, 82, 85, 195, 253, 357
Zielprofil 35
Zielvereinbarung 358 f.
Zusammenarbeit 168, 587

USW-Schriften für Führungskräfte

Band 1: Management und Computer

Band 2: Horst Albach:
Beiträge zur Unternehmensplanung

Band 3: Management-Ausbildung in Deutschland – 1. Zehnwochen-Seminar für Führungskräfte im Universitätsseminar der Wirtschaft

Band 4: Die Herausforderung des Managements im internationalen Vergleich

Band 5: Friedrich Hanssmann:
Unternehmensforschung, Hilfsmittel moderner Unternehmensführung

Band 6: Das Unternehmen in der Gesellschaft

Band 7: Gegenwartsfragen der beruflichen Aus- und Weiterbildung

Band 8: Zukunftsprobleme unserer Wirtschaft, dargestellt am Beispiel der Pharma-Industrie

Band 9: Horst Albach und Thomas Gabelin:
Mitarbeiterführung – Text und Fälle

Band 10: Horst Albach (Hrsg.):
Kostenrechnung der beruflichen Bildung – Grundsatzfragen und praktische Probleme

Band 11: Horst Albach, Walther Busse von Colbe und Hermann Sabel (Hrsg.):
Lebenslanges Lernen

Die Reihe wird fortgesetzt.